上海普通高校优秀教材

21世纪普通高等教育
法学系列教材

竞争法学（第四版）

王先林 著

中国人民大学出版社
·北京·

图书在版编目（CIP）数据

竞争法学 / 王先林著. --4 版. --北京：中国人民大学出版社，2023.7

21 世纪普通高等教育法学系列教材 上海普通高校优秀教材

ISBN 978-7-300-31915-5

Ⅰ.①竞… Ⅱ.①王… Ⅲ.①反不正当竞争-经济法-中国-高等学校-教材 Ⅳ.①D922.294

中国国家版本馆 CIP 数据核字（2023）第 121988 号

上海普通高校优秀教材
21 世纪普通高等教育法学系列教材
竞争法学（第四版）
王先林 著
Jingzheng Faxue

出版发行	中国人民大学出版社		
社　　址	北京中关村大街 31 号	**邮政编码**	100080
电　　话	010－62511242（总编室）		010－62511770（质管部）
	010－82501766（邮购部）		010－62514148（门市部）
	010－62515195（发行公司）		010－62515275（盗版举报）
网　　址	http://www.crup.com.cn		
经　　销	新华书店		
印　　刷	北京昌联印刷有限公司	**版　　次**	2009 年 7 月第 1 版
开　　本	787 mm×1092 mm　1/16		2023 年 7 月第 4 版
印　　张	21.25 插页 1	**印　　次**	2025 年 5 月第 3 次印刷
字　　数	553 000	**定　　价**	58.00 元

作者简介

王先林，男，1965 年生，安徽霍山人。于 1987 年、1990 年和 2001 年分别获得安徽大学、中国政法大学和中国人民大学法学学士、硕士和博士学位。2002—2004 年在武汉大学法学院从事博士后研究工作；2007—2008 年在美国乔治·华盛顿大学法学院从事访问研究一年；受国家留学基金委“高级研究学者”项目资助，2017—2018 年在位于德国慕尼黑的马克斯·普朗克创新与竞争研究所从事访问研究半年。1998 年被破格晋升为教授；2003 年被选聘为安徽省“皖江学者计划”首批讲席教授。曾任安徽大学法学院教授、博士研究生导师、副院长，以及上海交通大学法学院副院长、常务副院长。

现为上海交通大学特聘教授、二级教授、博士研究生导师，法学院经济法学科带头人，竞争法律与政策研究中心主任，上海市“曙光学者”。兼任国务院反垄断委员会专家咨询组成员、中国法学会经济法学研究会副会长、国际竞争网络（ICN）非政府顾问（香港竞争事务委员会推荐）、中国市场监督管理学会常务理事、上海市法学会竞争法研究会会长等职。曾被聘为商务部 WTO 贸易与竞争政策专家咨询组成员、国务院法制办公室反垄断法审查修改专家顾问委员会成员和国家工商行政管理总局市场监管专家委员会委员，并入选国家知识产权战略专家库。

主要研究方向为竞争法和知识产权法。出版独著、合著十多部，发表学术论文、文章二百余篇。有十多项成果在省部级和全国性评奖中获奖，包括安徽省社会科学优秀成果一等奖（2 项，2006 年）、二等奖（2001 年），上海市决策咨询研究成果二等奖（2007 年），“安子介国际贸易研究奖”三等奖（2008 年），司法部第三届全国法学教材与科研成果一等奖（2009 年），上海市第十届哲学社会科学优秀成果二等奖（2010 年），上海市优秀教材奖（2011 年、2015 年）。获第三届和第六届全国“杰出中青年法学家”提名奖（2002 年、2010 年）；2004 年被教育部、人事部授予“全国模范教师”称号；2005 年起享受国务院特殊津贴；2008 年入选教育部“新世纪优秀人才支持计划”；2009 年被人力资源和社会保障部等七部门批准为“新世纪百千万人才工程”国家级人选，被授予“上海市优秀中青年法学家”称号；2012 年获上海市育才奖；2015 年获宝钢优秀教师奖；2020 年获上海交通大学“教书育人奖”一等奖。主持上海市精品课程和首批国家精品在线开放课程、国家级本科一流课程“经济法”。

第四版修订说明

自本书第三版出版以来，时间过去了近五年，在这期间竞争法领域的变化非常大，因此本书的内容需要再次更新。

首先，2022 年 6 月 24 日第十三届全国人大常委会第三十五次会议通过了《关于修改〈中华人民共和国反垄断法〉的决定》，完成了自该法实施十四年来的首次修改。这既是落实近年来党和国家“强化反垄断和防止资本无序扩张”政策的重要体现，也是健全、完善我国反垄断规则制度的重要一步。虽然这次修改属于“修正”（小修）而不是“修订”（大修），但是修改的幅度仍然是比较大的，至少算得上“中修”，使条文从 57 条增加到 70 条。这次修改从竞争政策、数字经济和法律实践等多个维度回应了现实的需求，相应地，与《反垄断法》相配套的六个法规和规章也基本上同步修改，其中四个新规章已经发布并从 2023 年 4 月 15 日起实施。这使作为本书核心内容的反垄断法部分急需更新。

其次，在我国《反不正当竞争法》于 2017 年 11 月 4 日进行了首次修订后，2019 年 4 月 23 日第十三届全国人大常委会第十次会议通过了《关于修改〈中华人民共和国建筑法〉等八部法律的决定》，对该法进行了修正。虽然这次修正的内容仅涉及商业秘密方面，但是通过这次修正我国商业秘密法律制度的内容发生了重要的变化，尤其是新增的第 32 条明确了商业秘密侵权诉讼中举证责任分配等重要的规则。同时，最高人民法院《关于审理侵犯商业秘密民事案件适用法律若干问题的规定》（法释〔2020〕7 号）和最高人民法院《关于适用〈中华人民共和国反不正当竞争法〉若干问题的解释》（法释〔2022〕9 号）陆续发布、实施。因此，本书反不正当竞争法部分的内容也需要修订。

最后，近年来国家反复强调“强化竞争政策基础地位”，“强化反垄断和防止资本无序扩张”，“加强反垄断和反不正当竞争执法司法”，以及随着《关于强化反垄断深入推进公平竞争政策实施的意见》的出台，反垄断和公平竞争政策已经成为我国的顶层设计。在这样的背景下，我国反垄断法和反不正当竞争法的实施力度明显加大，一批典型案例陆续出现，尤其是阿里巴巴集团、美团公司和唯品会公司的“二选一”垄断案和不正当竞争案受到国内外的广泛关注。同时，我国的公平竞争审查制度也不断完善，实施成效明显。随着 2021 年 11 月国家市场监督管理总局加挂“国家反垄断局”的牌子，我国反垄断执法进一步走向专业化、持续化和常态化。党的二十大报告强调要“加强反垄断和反不正当竞争，破除地方保护和行政性垄断，依法规范和引导资本健康发展”。这为我国进一步完善公平竞争制度、持续实施公平竞争政策提出了更高的要求和明确的指引。竞争法律和政策实践的发展也需要在本书中及时得到体现。

与此同时，近年来我国竞争法的理论研究也日趋活跃，新的学术成果不断涌现，“平台经济领域的反垄断规制”还入选了“2021 年度中国十大学术热点”。本书也需要吸收这方面的最新研究成果。

由于作者水平有限，本书在本次修订后仍然可能存在这样或者那样的问题。恳请读者朋友不吝指正，以便今后改进和完善。

王先林
2022 年 7 月第四次修订
2023 年 4 月出版前微调

编写说明

本书是中国人民大学出版社组织编写的“21世纪普通高等教育法学系列教材”中的一种，并获得了上海交通大学教材建设的立项。此外，本书的写作得到了教育部“新世纪优秀人才支持计划”的资助。

如果从1990年的硕士学位论文算起，笔者从事竞争法的学习和研究已近20年。其间，笔者虽然撰写了为数不算少的竞争法论文和若干专著，也合作出版过若干教材（包括主编、副主编），但是单独撰写一本竞争法的教材还是第一次。笔者将本书的撰写视为在竞争法方面的一次全面学习和总结的机会，当然，这也是一个不小的挑战。与从事专题研究相比，教材的撰写虽然不强调内容的前沿性和学术的深度，但强调内容的准确性和知识的广度，把握好后者亦非易事。在撰写过程中，笔者尽量摆脱专题研究的思维惯性，而按照基础、简明、准确的要求进行，但现在还不敢肯定是否已达到了这个要求。

本书在结构上由三编、十六章组成。第一编“竞争法总论”包括三章，主要阐述竞争和竞争法的基本理论问题以及竞争法的历史发展情况。第二编“反不正当竞争法”包括七章，主要阐述反不正当竞争法的基本原理和制度，重点介绍我国《反不正当竞争法》中的六种典型不正当竞争行为的规制制度。第三编“反垄断法”包括六章，主要阐述反垄断法的基本原理和制度，重点介绍我国《反垄断法》中的四大基本实体制度以及相应的实施制度。在涉及反不正当竞争法和反垄断法的基本实体制度的十章（第五章至第十章和第十二章至第十五章）中分别附上2～3个案例，它们有的是刚刚发生的有影响的案例，有的是竞争法中的经典案例，供读者结合相关理论和制度进行分析思考。本书的最后还附上了历年国家司法考试中涉及竞争法的题目，以方便读者在学习时查阅。

本书花了两年的时间才写完。尽管笔者尽了最大努力，但书中肯定还会存在这样或那样的问题。诚恳地欢迎读者朋友按照教材的标准对本书提出批评、建议，以便于今后改进。

王先林
2009年3月于上海交通大学

目　录

第一编　竞争法总论

第二编　反不正当竞争法

第一编

竞争法总论

第一章

竞争、竞争理论与竞争政策

第一节　竞争的含义和性质

一、竞争的基本含义和类型

竞争法是规范竞争行为、调整竞争关系的法律规范。因此，在学习和研究竞争法的问题之前有必要对竞争的基本问题有所了解。

竞争是一个广泛存在于自然界和人类社会的现象，因而竞争概念的使用领域是非常广泛的。在生态学上，竞争被认为是同种或异种个体间为了争夺共同资源而相互施加不利影响的现象。竞争主要发生在共同资源有限的情况下，例如一方对食物或配偶的需求得到满足，使另一方饥饿或得不到机会“传宗接代”；但有时资源并不缺乏，双方仍互相施加不利影响，如两个植株都释放抑制对方生长的交互作用剂。前者被称为掠夺式竞争，后者被称为干扰式竞争。自从达尔文发表进化学说①以来，人们越来越认识到竞争在生物进化上的意义。同种生物间竞争的结果是优存劣汰，这使种群得以保持在与资源适应的范围内而不至于降低生活质量。异种生物在有限的共同资源面前是不会长期共处的，这称为竞争排除原理，其结果或是一方失败，或是改变了对资源的需求，也即双方选取不同的资源。这种自然生物生态意义上竞争的动因在于生物种群的生存和繁衍本能，受自然规律支配。从生物进化的角度来看，人类本身也正是从自然界的残酷竞争中生存和发展起来的“地球之花”。

在人类社会领域，社会个体之间、社会群体之间也充满了竞争，体现在政治、军事、经济、文化、科技、体育等各个方面，这种竞争展现了人类社会内部错综复杂的关系。竞争的目的也更为丰富、复杂，既有本能层次的生存繁衍目的，也有精神层面和物质层面获取更多满足和利益的驱动因素。人类社会竞争的表现形式多种多样，其中最残酷和最极端的形式便是战争和武装冲突，但其主要还是缘于生存发展资源的稀缺或者经济利益的考量。在当代，经济竞争成为人类社会竞争的最主要、最基本的形式。用于生存、发展和享受的资源的稀缺性和成功机会的稀缺性是人类社会竞争产生的根本动因。人类社会领域中竞争的结果，是生产力不断发展、生产关系不断变革、上层建筑不断改进、文明程度逐步提高、大国兴衰不断变化。因此，竞争是世界的普遍规律，而且从总体上说，竞争是推动事物发展、前进的动力。

对于社会领域的竞争的概念可以从不同的角度进行概括。基于竞争主体、竞争范围、竞争动因和竞争目标这四要素，有人对竞争的一般含义进行了界定：竞争是指在一定时空之下，由于（成功或生存）机会和相关资源的稀缺性，某个（类）主体为了实现某个（组）目标而在某个点、层次或范围内与同类或相关主体之间进行角逐和博弈或对抗的行为、现象、过程或状态。② 通俗地说，竞争是两个以上的社会主体为了自身生存或发展而与其他主体进行某种形式

---

① 其《物种起源》中有人们熟悉的名言——“物竞天择，适者生存”。

② 参见伍业峰：《竞争概念辨析与竞争理论初探》，载《经济师》，2005（11）。

的角逐和较量的活动或过程。

对于这种范围广泛的竞争，可以从各种不同的角度对其进行分类。例如，根据主体的不同，可以分为国家间竞争、企业间竞争、政党间竞争等；根据空间范围的不同，可以分为国际竞争、国内竞争、地区内竞争等；根据领域的不同，可以分为政治竞争、军事竞争、经济竞争、文化竞争、科技竞争、体育竞争等。由于经济领域的竞争是现代社会的主要和基本的竞争形式，所以经济竞争也成为主要的研究对象，以至于在没有特别限定的情况下所说的竞争一般就是指经济竞争，并且主要表现为经营者在市场上的竞争。这种竞争当然是经济学研究的对象，同时也是调整某种经济关系的法律（竞争法）的调整对象，因而是本书所研究的对象。

经济学意义上的竞争是指，经济主体在市场上为实现自身的经济利益和既定目标而不断进行角逐的过程。它有三个标志：第一，存在一个赖以生存的市场；第二，存在至少两个以上的生产者或消费者；第三，竞争参与者之间是相互对立、相互制约的。因此，竞争表现为参与者之间内有动力、外有压力的持续不断的市场较量过程。①

虽然在经济领域，竞争一词可能是指存在竞争的市场状态，也可能是指竞争过程或竞争机制，还可能是指竞争行为，但是从法律调整的角度来看，主要是指竞争行为。世界多数国家和地区都有对竞争行为进行调整的法律，但很少有对竞争直接进行定义的。日本《禁止私人垄断及确保公正交易法》第2条第4款规定："本法所称'竞争'，是指两个以上事业者在通常的事业活动范围内，且无须对该事业活动的设施或者形态加以重要变更而实施或者能够实施下列行为的状态：一、向同一需要人提供相同或类似的商品或劳务的；二、从同一供给人取得相同或类似的商品或劳务的。"②

基于此，本书对竞争法所调整的经济竞争进行大致的概括：竞争是指两个或者两个以上的经济活动的主体（经营者）在特定的市场上通过提供有利的价格、数量、质量、服务或其他条件，争取交易机会以获得更大经济利益的行为。对于这个定义，可以作进一步的分析说明。

首先，竞争的主体是两个或者两个以上经济活动的主体，主要是经营者。"经营者"是我国有关经济立法的习惯表达，而且往往有明确的定义。例如，我国《反垄断法》第12条第1款即规定："本法所称经营者，是指从事商品生产、经营或者提供服务的自然人、法人和其他组织。"我国《反不正当竞争法》第2条第3款也有类似的表述，即"本法所称的经营者，是指从事商品生产、经营或者提供服务（以下所称商品包括服务）的自然人、法人和非法人组织"。因此，经营者的范围是非常广泛的，实际上是所有从事或者参加市场竞争的经济活动主体。而且，市场竞争发生在至少两个经营者之间，单个经营者是不存在市场竞争的（尽管其内部的组成单位或者个人之间仍然存在某种形式的竞争，但这是另外一个问题了）。虽然市场竞争本身是发生在直接从事或者参加经济活动的经营者之间，但是有些不直接作为经营者从事或者参加市场竞争的主体，其行为会对他人之间的市场竞争发生直接或者间接的影响。这方面的典型是我国《反垄断法》所规定的"行政机关和法律、法规授权的具有管理公共事务职能的组织"；此外，还有虽不直接从事市场经营活动但往往会影响该行业市场竞争的行业协会，以及虽不直接经营但影响其他经营者的经济活动的事业单位、社会团体和自然人，如医院、学校、单位内部职工等。因此，在一些国家的竞争法上，任何人、任何团体都可能因为其某一特定行为而被视为参与或者影响了经济竞争，因而都是经济竞争关系的主体。综上，从狭义上讲，竞

① 参见陈秀山：《现代竞争理论与竞争政策》，4页，北京，商务印书馆，1997。

② 但是，该法第四章（股份的持有、干部的兼任、合并及营业的受让）所规定的竞争，不包括实施或者能够实施该款第2项规定行为的状态。

争的主体就是直接从事或者参加经济竞争活动的经营者；而从广义上讲，竞争的主体还包括虽不直接从事或者参加经济竞争活动但会影响他人之间经济竞争活动的其他经济活动主体。在进行有关的竞争立法或者法律解释时，可以根据其立法宗旨和调整范围，对竞争的主体作出相应的限定。

其次，竞争的范围或者领域是在经济活动中，具体是在特定的市场上。由于现代社会所讲的经济竞争要以商品经济为基础，通过商品交换来实现（排除暴力掠夺或者权力强制分配），因而这种竞争总是发生在一定的市场范围内。由于市场上的总资源是有限的，因而笼统地说，市场上的所有经营者之间都有竞争关系。但是，受到关注的和需要法律规制的竞争主要还是在特定市场上经济主体之间的具体竞争。竞争发生在特定的市场上并不意味着竞争主体一定是提供相同或类似商品或服务的经营者，具体的市场范围可以根据分析的角度和法律调整的性质而有所不同。例如，反不正当竞争法关注的竞争发生的特定市场的范围往往更为广泛，而反垄断法关注的竞争发生的特定市场范围相对较为狭窄。进一步说，对相关市场的界定常常是反垄断法分析的首要问题或者前提。在对特定竞争的市场范围进行界定时，涉及相关产品和服务种类的确定（相关商品市场）、地域范围的确定（相关地域市场）以及时间因素方面的考虑（相关时间市场）。界定的市场范围不同（例如在地域上可以是全球市场、若干国家的共同市场、全国市场、国内的区域市场、某个城市甚至更小的地区市场），有关主体的市场地位和实力就不同，其行为对市场竞争的影响程度也有很大差异，因此在法律上往往需要区别对待。

再次，竞争的动因和目标是争取交易机会，最终是为了获得更大的经济利益。由于经济领域的竞争不同于其他领域的竞争，竞争是通过在特定市场上的商品交换进行的，而一定市场的交易机会总是有限的，因此这种竞争的动因和目标就是争夺有限的交易机会，表现为尽可能争取更多的客户，扩大市场占有份额，增大销售额，提高利润率，以最大限度地获得经济利益。虽然竞争者在竞争过程中也可能牺牲其眼前或局部利益，如在一定时期采取薄利多销甚至低价倾销的手段，但这仍然是为了获得根本的和长远的经济利益。

最后，竞争的手段是提供有利的价格、数量、质量、服务或其他条件。通过市场、以争取交易机会为目标的竞争，要想取得竞争中的优势，就要采取各种手段吸引更多的顾客，这就要为顾客提供相对于竞争对手来说更有利的交易条件，例如更有利的价格、数量、质量、服务等。虽然竞争在本质上就意味着某种排挤和争夺，每一个竞争者为了达到自己所追求的目的而使用某种竞争手段或者方法时在客观上都会给竞争对手造成一种不利的竞争条件，但竞争所使用的手段仍然有是否正当与合法之分。这就是说，竞争者在排除对手进行交易机会的争夺时所使用的手段，可能是符合公认的商业道德规范和法律规则的，也可能是违反这些道德规范和法律准则的。市场机制可以在一定范围内约束和矫正某种竞争失范的行为（例如明显不诚信的经营者最终在市场上无立足之地），但是仅靠这种市场自发的约束是不够的，而且从根本上说，这种情况恰恰是市场失灵的一个方面的表现。因此，为了维护市场竞争的秩序，法律就需要对竞争者采取的竞争手段进行规范。

在广义上，竞争包括卖者之间的竞争、买者之间的竞争以及买者和卖者之间的竞争。这些竞争活动都是与供求关系和价格变动联系在一起的。在商品生产者（卖者）之间的竞争中，竞争的压力会把以有货币支付能力为条件的社会所需要的商品量提供给市场，并能迫使生产者削减超过有支付能力的需求的商品的供给。在买者之间的竞争中，竞争的压力会使购买者把市场的商品量吸收掉，并能促进供不应求的商品供给量的增加。而买者与卖者之间的竞争，会使商品的市场价格由于供求的变动不断偏离并重新趋于市场价值，从而调节商品生产和商品流通，调节商品生产者之间、商品生产者和消费者之间的经济利益关系。通常所讲的竞争主要是指卖者之间的竞争，即卖方相互之间为争取有利的生产和销售条件，就商品和服务的价格、质量和其他条件所进行的较量。前面关于竞争的有关分析，也主要是基于卖者之间的竞争。竞争法主要调整的是卖者之间的竞争，但也调整买者之间的竞争以及卖者与买者（如供应商与零售商）之间的竞争，尽管后者主要由合同法加以调整。竞争法上的竞争主要是经营者之间的竞争，一般不包括消费者之间的竞争。

竞争也可分为部门内的竞争和部门间的竞争（直接竞争和间接竞争）。部门内的竞争是生产同一种商品或提供同一种服务的各个经营者之间为了更有利地销售商品或提供服务和获得超额利润而进行的较量，也就是在同一市场上进行交易机会的直接争夺。部门间的竞争则是不同部门的经营者为了更有利地投资而进行的较量，这种竞争的结果是使不同部门的利润趋于平均。有些不同部门的产品之间存在某种替代关系（如煤炭与石油部门之间，公路、铁路与航空部门之间），因此这些经营者之间也存在着某种程度上的竞争。

二、竞争的基本条件和属性

竞争是商品经济的产物，商品经济是经济竞争产生的基本条件。在原始社会，部落成员内部不存在经济方面的竞争，部落之间只存在军事和暴力竞争。在自然经济状态下，生产的目的是使用价值的获取和积累，人与人之间不存在现代意义上的经济竞争。在商品经济条件下，三方面的因素引起了竞争的发生：首先是主体人格平等，否定了暴力剥夺；其次是主体利益独立，否定了无偿占有和平均分配；最后是有较高程度的专业化和固定的分工，使人们为交换而生产，交换使人们形成了前所未有的社会经济关系，劳动也成为社会劳动，因而劳动产品必须接受市场的检验。这个过程，就是竞争。

首先，商品经济中使用价值与价值的矛盾是产生竞争的一个重要内因。商品生产者生产商品不是为了满足自己的需要，而是为了把它卖出去，实现商品的价值。为此，当商品生产出来后，其主人都必须把它投入市场参加交换过程。在交换中，生产者力图把自己有限的商品换得更多的货币，而购买者力图用自己的有限的货币换得更多的商品，这就必然产生竞争。

其次，生产商品的个别劳动时间与社会必要劳动时间的矛盾是产生竞争的另一个重要内因。商品价值不是由个别劳动时间而是由社会必要劳动时间所决定的。在市场上，商品就是按照由社会必要劳动时间决定的社会价值即市场价值出售的。但在实际生活中，各个商品生产者的生产条件不同，生产同样的商品耗费的个别劳动时间不同，因而商品就有不同的个别价值，各个商品生产者为了把自己商品的个别价值实现为社会价值，追求自身的经济利益，就必然发生激烈的竞争。

最后，商品供求状况及其变化则是市场竞争发展的外部原因。各种类型的竞争都受供求状况的影响。就卖者之间的竞争来说，在商品供过于求时，竞争就会很激烈；而在商品供不应求或者卖者能够独自或联合控制供应量的情况下，卖者之间便没有真正的竞争或者竞争受到很大的限制。

市场竞争的客观基础是商品生产者之间经济利益上的差别，并以获取物质利益为主要内容。这就决定了竞争是商品经济的本质属性，是商品经济的强制规律，它与价值规律是并存的，它们同为商品经济的产物，与商品经济不可分割。马克思说："……社会分工则使独立的商品生产者互相对立，他们不承认任何别的权威，只承认竞争的权威，只承认他们互相利益的压力加在他们身上的强制，正如在动物界中一切反对一切的战争多少是一切物种的生存条件一样。"① 恩格斯说："……一种没有竞争的商业，就是说有一个没有躯体的人，一种没有产生思想的大脑的思想。"②

市场经济是以商品经济为基础的，是其高级发展形态，它以市场作为资源配置的决定性方式和手段，充分发挥市场机制的作用。在市场经济条件下，要实现对社会资源最有效、最合理的配置，就必须遵循商品生产的价值规律。而价值规律的实现是离不开竞争机制的，其调节资源和经济活动的作用是通过竞争来实现的。正如恩格斯所指出的："只有通过竞争的波动从而通过商品价格的波动，商品生产的价值规律才能实现，社会必要劳动时间决定商品价值这一点才能成为现实。"③ 竞争是市场经济活动的核心，支配着每一个经营者。在竞争机制作用下，整个社会经济才会充满活力。因此，竞争是市场最基本的运行机制，其他机制（供求机制、价格机制等）都要通过竞争机制来实现。从这个角度来看，竞争是市场经济的内在属性和固有规律。竞争作为伴随市场经济而存在的体制要求和体制现象，构成了市场经济体制的内在要素，市场经济运行过程自始至终表现为竞争过程。④

本来，既然竞争是商品经济的产物，那么有商品经济就必然有竞争。但由于人类历史上首先出现的商品经济是以私有制为基础的，其中最发达的又是资本主义的商品经济；同时，由于长时期以来传统观念认为社会主义经济不是商品经济，至少在全民所有制经济领域没有真正的商品关系，这样合乎逻辑的结论也就必然是，竞争只是私有制经济，特别是资本主义商品经济所特有的东西。人们在观念上形成了一种定式，似乎竞争是资本主义的专利，它所带来的只能是欺诈、侵吞和掠夺，因而"竞争"在我国一直被视为贬义词，人们忌讳竞争，害怕竞争，甚至谈"争"色变。直到20世纪80年代我国实行经济体制改革以后，竞争才和商品经济一道被重新认识，恢复其应有的意义。事实上，社会主义社会既然存在商品经济，那么也就必然存在着竞争，尽管社会主义竞争与资本主义竞争在性质、形式和后果等方面存在着重要的区别。

把握竞争产生的基本条件和属性，可以使我们更深刻地理解为什么在计划经济体制下只能开展劳动竞赛、无法展开竞争。在计划经济体制下，我们虽然避免了竞争的残酷性和种种弊端，但也必然会失去竞争带来的更大利益。下面就对竞争的利与弊进行分析。

三、竞争的积极作用和消极影响

（一）竞争的积极作用

竞争的积极作用也就是竞争的功能。对此，有不同的分析。有人认为，竞争的独特功能有三：一是适应与协调功能，即经济活动主体适应价格信号的变化以调整自己生产经营活动的功能；二是刺激与创新功能，即经济活动主体在"优胜劣汰"的压力下提高经济效率与推动技术进步的功能；三是分配与监督功能，即通过竞争实现对经济活动主体按效率进行初次分配，这种分配客观上也对竞争者形成监督的功能。⑤ 有的认为，竞争有两个重要的经济功能，即选择功能和激励功能。⑥ 具体来看，竞争作为市场经济的最基本的运行机制，具有多方面的积极

---

① 《马克思恩格斯全集》，2版，第44卷，412页，北京，人民出版社，2001。

② 《马克思恩格斯全集》，2版，第3卷，450页，北京，人民出版社，2002。

③ 《马克思恩格斯文集》，第4卷，209页，北京，人民出版社，2009。

④ 参见陈秀山：《现代竞争理论与竞争政策》，1、4页，北京，商务印书馆，1998。

⑤ 参见陈秀山：《现代竞争理论与竞争政策》，8～10页，北京，商务印书馆，1997。

⑥ 参见［美］约瑟夫·E. 斯蒂格利茨：《社会主义向何处去——经济体制转型的理论与证据》，周立群等译，127页，长春，吉林人民出版社，1998。

作用。

首先，竞争使稀缺资源得到合理配置。在市场经济体制下，某种资源如何使用、使用多少是通过竞争过程实现的。通过不断的竞争和交换，每一种资源最终都会卖给出价最高者，即投入了最有效的利用，实现了所谓帕累托最优。也就是说，社会资源分配的任何调整，都不可能再增进任何人的福利，而又不同时减少其他人的福利。竞争能最大限度地调动经营者的积极性，并对经营者造成可能失败的压力，通过无情的优胜劣汰，使社会资源得到合理配置，并使经济活动充满活力、健康发展。

其次，竞争推动经济技术进步。在竞争的市场上，经营者只有降低成本、提高劳动生产率，才能获取更多利润，求得发展。因此，竞争就促使经营者通过不断完善经营管理，不断开发和采用新技术、新工艺等手段，向市场提供优质廉价的产品，提高经济技术水平和劳动生产率。

再次，竞争促进收入的合理分配。竞争促使全社会形成平均利润率，任何企业、任何行业都不能较长时期地获取或维持依赖非经济力量的超额利润。在竞争开展充分的条件下，某个企业在较短时期内获得超额利润，应归因于其先进的生产技术和较低的生产成本；对这样的企业在短期内以超额利润的形式予以鼓励，对社会有利，也是合理的。竞争使所有的资源所有者无法凭借超经济强制来获取额外利益，而只能按市场需求获得出让资源的对价。

又次，竞争使消费者的利益得到充分的保护。消费者是经营者之间竞争的最大受益者，因为在竞争性市场上，消费者有较大的选择余地。经营者为了自身的生存和发展，都会极力争取消费者手中的选票（钞票），这样消费者就能得到尊重和利益的保护。正如联邦德国经济学家和政治家路德维希·艾哈德所指出的："竞争是获致和保证繁荣最有效的手段。只有竞争才能使作为消费者的人们从经济发展中受到实惠。它保证随着生产力的提高而俱来的种种利益，终于归人们享受。"①

最后，竞争还有利于保障人们的经济自由，创造社会平等的经济基础，维护政治民主的经济基础。正如美国联邦最高法院的布莱克法官在反托拉斯的判决中所指出的："无限制的竞争力的相互作用将产生最佳的经济资源分配、最低的价格、最高的质量和最大的物质进步。由此所提供的环境将有助于保持民主的政治和社会制度。"②

（二）竞争的消极影响

竞争是市场机制的重要方面和表现，但市场并非万能的，其在具有不可替代的积极作用的同时，也具有其固有的缺陷和局限性。例如，市场调节是微观的、事后的，具有自发性和盲目性；市场机制本身不能解决外部不经济性问题；市场机制不能保证效率与公平的统一；尤其是，市场机制调节生产有可能使市场主体以牺牲他人利益的办法来实现自己的利益，因为市场机制是通过影响每个市场主体的经济利益的增减来发挥作用的，在利益的驱动下，市场主体为使自己获得最大利益可能损害他人利益，而在市场机制自身不完善（如市场存在着垄断）的情况下，这种行为可能更加突出。因此，竞争在具有积极作用的同时，也可能会产生某些消极的影响。

首先，竞争的规律是优胜劣汰，其在促进资源合理配置的同时，往往会造成企业破产、工人失业、贫富悬殊等社会问题，引起经济效率与社会公正之间的矛盾，影响社会的和谐和

---

① ［德］路德维希·艾哈德：《来自竞争的繁荣》，祝世康等译，11页，北京，商务印书馆，1983。

② ［美］马歇尔·C. 霍华德：《美国反托拉斯法与贸易法规》，孙南申译，3页，北京，中国社会科学出版社，1991。

稳定。

其次，由于市场调节的滞后性、自发性和分散性以及规模经济效应的影响，竞争可能引起在一个较短时期内经济的盲目性，造成某一特定的行业或部门的资源浪费和经济社会的动荡衰退。

最后，在竞争的过程中往往会产生破坏竞争的力量，主要表现为出现垄断与不正当竞争的问题，前者使竞争受到限制、排除，后者使竞争无序发展，都使竞争的积极作用不能正常发挥、经济秩序受到破坏、经济的活力受到抑制。

鉴于竞争的这种二重性，现代社会都要通过相应的政策和法律来对市场竞争进行引导、调节和规范，以尽量减少竞争可能产生的消极影响。其中，要解决竞争可能带来的社会问题需要社会保障法律制度，要解决竞争带来的盲目性需要宏观调控法律制度，而要解决竞争带来的垄断和不正当竞争问题需要竞争法律制度。

第二节　竞争理论的基本问题

“竞争是经济学家的主要范畴，是他最宠爱的女儿，他始终娇惯和爱抚着她……”① 竞争理论是经济理论的一个非常重要的内容，竞争理论的演变几乎贯穿了整个经济学说史的全过程。竞争在西方经济学家心目中的理想模式及相应的政策主张并非一致和一贯的。西方经济学中的竞争理论本身经历了一个发展和演变的过程，不同的竞争理论流派都有各自的理论模型和政策主张，它们从静态到动态，从理想到现实，从规范到实证，对竞争进行了深入、细致的探讨，为经济学作出了不同程度的贡献，也对各国不同时期的竞争政策和竞争法的制定和执行产生了直接或者间接的影响。西方经济学竞争理论与马克思主义的竞争理论既有某些共性，也有明显分歧。鉴于竞争理论对于理解竞争法，尤其是反垄断法的问题具有重要的意义，本节对主要的竞争理论作一简述。

一、古典竞争理论

竞争理论的产生是从古典学派开始的。古典竞争理论就是指以亚当·斯密为代表的古典学派的竞争理论。作为古典学派最杰出的代表，亚当·斯密首创了古典自由竞争理论，他对竞争过程的分析是贯穿于其分工理论、价值理论和资本理论之中的。亚当·斯密的自由竞争理论内容十分丰富，归纳起来大致包括“经济人”假设、竞争机制或“看不见的手”以及自然秩序三项内容，这一理论成为经济学竞争理论的基础。他在 1776 年发表的《国民财富的性质和原因的研究》（《国富论》）中提出，在市场竞争过程中，每个追求自身利益的人的自利行为，在客观上会有利于社会整体，而引导这种自利行为的是一只“看不见的手”，即市场竞争过程中价值规律的作用。简单地说，每个生产者都希望将自己的产品卖出最高的价钱，每个购买者都希望以最低的价格购得对自己效用最大的商品，这样，连续的交易就能使每一产品都能最终达到出价最高的购买者手中，即从全社会来看其效用达到最大；因此，只要允许自由竞争，所有的财富都可以得到最充分的利用。根据这种分析，亚当·斯密主张政府应尽量减少对市场的干预，自由竞争本身通过“看不见的手”，可以使个人和社会都获得最大利益。亚当·斯密的这种基本观点和政策主张，至今仍然代表着新古典学派经济理论的基本倾向。

① 《马克思恩格斯选集》，3 版，第 1 卷，33 页，北京，人民出版社，2012。

亚当·斯密虽然认识到了竞争的积极作用，但他对市场的竞争结构并没有进行具体分析。由于亚当·斯密把自由竞争下的市场机制作为最佳的经济调节机制，没有看到自由竞争必然导致私人垄断、个人利益与社会利益也非自动协调一致的，因而也就没有提出保持自由竞争和防止私人垄断的具体的竞争政策，而主张实行自由放任的经济政策，这实际上是一种没有竞争政策的政策。此后，马克思主义竞争理论和西方经济学竞争理论对此进行了发展，形成了丰富的竞争理论。

二、马克思主义竞争理论

源于古典竞争理论的马克思主义竞争理论，贯穿于其价值理论与剩余价值理论之中，在经济学说史上具有重要地位。马克思充分肯定了竞争在资本主义经济发展中的作用，并揭示了在竞争现象背后支配资本主义经济的运动规律。马克思对竞争的研究重点考察的是生产者之间的竞争及与此相关的生产者与消费者之间的竞争。竞争包括两种：一种是同一部门内的竞争在价值形成和价值实现过程中的作用。其核心思想有两点：（1）同一部门内的生产者之间的竞争使商品的个别价值形成为社会价值；（2）同一部门内生产者与消费者之间的竞争，即供求关系的变化，制约着商品社会价值确立的界限，决定着商品价值的实现程度。另一种是不同部门生产者之间的竞争在价格形成中的作用。通过资本在不同部门之间根据利润率升降进行的分配，供求之间就会形成这样一种比例，以至于不同生产部门都有相同的平均利润，因而价值也就转化为生产价格。在分析方法上，马克思始终把竞争看作是一个动态过程，他考察了在竞争过程中技术进步导致劳动生产率提高，对价值形成和价值实现的影响，并且把这一变化过程看作是规律性的、长期的必然趋向。因而，马克思在竞争理论发展史上第一次揭示了竞争过程的动态性质。该理论分析的对象是资本主义自由竞争，他把竞争看作历史的范畴，并且第一次揭示了在竞争现象背后被掩盖的经济关系本质。①

马克思主义竞争理论后来经历了列宁的竞争理论、希法亭等后马克思学派的竞争理论和20世纪70年代以后马克思主义学者关于竞争理论的进一步发展。马克思主义竞争理论和西方经济学竞争理论都源于古典学派的竞争理论，二者都强调竞争在促进资源合理配置中的作用，但二者关于自由竞争的前提条件、竞争的目的和手段、竞争的形式、竞争的作用、垄断与竞争的关系等问题存在一系列分歧。马克思主义竞争理论注重对竞争的实质和竞争过程内在规律的研究，在竞争与垄断的关系上强调二者之间的内在联系；在竞争作用上，不仅研究竞争的积极作用，而且分析其消极影响，更加全面、客观。西方经济学竞争理论则注重对竞争的外部表现形式以及企业在市场竞争过程中的具体对策和手段的研究，在竞争与垄断的关系上，将二者割裂开来；在竞争的作用上，只强调竞争对经济生活的积极作用，未免失之偏颇；但它对竞争的新形式和新手段以及竞争优势来源的分析，对于深刻认识当今世界竞争格局和竞争优势来源的变化，提升我国的竞争力，具有重要的现实意义。②

三、新古典竞争理论

（一）完全竞争理论

完全竞争理论是指从19世纪70年代开始至20世纪20年代，以新古典学派的瓦尔拉斯、

① 参见陈秀山：《现代竞争理论与竞争政策》，28～30页，北京，商务印书馆，1997。

② 参见杜朝晖：《马克思主义竞争理论与西方经济学竞争理论的比较》，载《教学与研究》，2008（4）。

帕累托和马歇尔等人为代表，围绕市场均衡理论和价格理论而形成的竞争理论。在经济学史上，瑞士洛桑学派和英国剑桥学派对完全竞争理论的形成起了重要作用。完全竞争理论主要研究实现完全竞争状态所需要的条件，以及完全竞争状态所达到的社会福利最大化，即帕累托最优。完全竞争理论将完全竞争静态均衡作为理想的市场状态，其他状态都被看作对完全竞争的偏离。

完全竞争理论建立在两组基本假定之上，即经济处于静止状态和具备完全竞争的条件。前者包括：生产技术不变；人口和生产要素数量不变；需求结构和收入不变。后者包括：生产者和消费者都是经济人；产品同质；参与者具有完全信息，生产要素和产品具有完全流动性；供求双方能够对市场变化作出迅速反应；不存在对价格形成的干预；市场是出清的，不存在外部效果；形成众多供给者和需求者多头竞争的市场，供求双方都是既定价格的接受者。在完全竞争市场上，所有的生产者为了生存和发展，都不得不把平均成本降到最低限度；而所有购买者都会按最低价格购买产品来满足自己的需要。这样，亚当·斯密提出的个人利益与社会利益的一致就得到了实现，国民经济达到均衡，资源配置最合理，社会福利最大化。

按照完全竞争理论的竞争政策结论，国家的任务就是通过竞争政策，创造和保持完全竞争的条件，任何违背完全竞争要求的国家干预和调节的政策措施，都被视为破坏或干扰了经济运行均衡的因素，因而是多余的、无益的。在相当长的一段时期内，直至第二次世界大战结束的20世纪40年代，完全竞争理论模式都被视为理想的竞争政策的理论基础。①

完全竞争理论的意义在于，它第一次试图比较严谨地、系统化地说明市场竞争所需具备的条件，为竞争理论后来的发展奠定了理论基础，同时也为现实生活中某些市场的分析提供了指南。但是这种竞争理论有明显的缺陷，受到后来一些经济学家的质疑和批评，主要是：完全竞争理论所设定的条件太严苛，与市场竞争过程的实际状况相去甚远，以其为基础的竞争政策在现实经济中根本无法实现。而且，后来的理论发展也证明了，即使其假设的前提条件能够具备，完全竞争模式也并非竞争政策所应遵循的理想模式，完全竞争导致的经济运行结果也不是最优的。该理论忽略了竞争活动的动态性和竞争过程的重要性，将竞争概念变成一个长期均衡的概念，并采取了对竞争过程的一种过分狭窄的观点，将全部注意力都放在价格上，而忽略了产品竞争、技术竞争等。

（二）不完全竞争（垄断竞争）理论

不完全竞争理论是指在20世纪30年代，由英国经济学家罗宾逊夫人和美国经济学家张伯伦各自提出的竞争理论。他们认为现实的竞争不是完全竞争，而是垄断竞争或不完全竞争。张伯伦和罗宾逊夫人几乎在同时分别发表了《垄断竞争理论》和《不完全竞争经济学》，开始了所谓的“垄断竞争革命”。

不完全竞争理论认为，由于存在消费者偏好和产品之间的差异，因而市场是不完善的，每种具有特殊差异的产品的生产者都是这种产品的垄断者。同时，这种产品在市场上又可在一定程度上被同类产品替代，因此又在一定程度上受到竞争的压力。完全竞争和完全垄断都是极端的状态，现实市场中的竞争状态绝大多数是介于二者之间的这种“垄断者”之间的竞争，即垄断竞争，或者称为不完全竞争。

不完全竞争或垄断竞争理论是对完全竞争理论的发展，它指出了现实市场上竞争与垄断之间的相互渗透和复杂关系，有助于分析一些竞争现象。但是，这种发展是十分有限的，从总体上看还没有摆脱完全竞争理论的教条与束缚。他们仍然把完全竞争作为一种理想状态，认为它

① 参见陈秀山：《现代竞争理论与竞争政策》，38～40页，北京，商务印书馆，1997。

还是比不完全竞争或垄断竞争更为有效，竞争政策的目标仍然是力求实现完全竞争，从长期来看，现实市场竞争状态将与完全竞争状态非常接近。此外，不完全竞争或垄断竞争理论基本上沿袭了完全竞争理论的静态观察方法，不完全竞争或垄断竞争只是一种新的竞争静态形式而不是一个动态的过程。因此，不完全竞争或垄断竞争理论根本不是什么对完全竞争理论的革命，而仅仅是进行了有限的发展和局部的修正。[1] 从这个意义上讲，它仍然属于新古典竞争理论的范畴。

四、现代竞争理论

现代竞争理论是相对于古典竞争理论和新古典竞争理论而言的。现代竞争理论在内容上是相对独立的、系统的，成为微观经济理论的一个特定研究领域；在分析方法上采取动态分析，把竞争作为一个动态的变化过程；在时间上始于 20 世纪 40 年代，特别是在二战后的五六十年代取得了进一步发展；在政策效应上是为政府的竞争政策服务的，其政策效应远远大于古典竞争理论和新古典竞争理论的政策效应。[2] 现代竞争理论的产生，打破了以把完全竞争作为现实和理想竞争状态为主要标志的传统静态竞争理论。

（一）创新与动态竞争理论

在传统静态竞争理论向现代动态竞争理论转变的过程中，奥地利学派的代表人物熊彼特的创新和动态竞争理论具有开创性作用。熊彼特认为：竞争经济的实现自始至终是一个变动的过程，完全竞争不是常规，而仅仅是一种例外。市场竞争实际上是一个“新组合”不断代替“旧组合”的过程，在这一过程中，具有创新精神的企业家则是“创新”、生产要素“新组合”以及经济发展的主要组织者和推动者。熊彼特还认为：完全竞争不仅是不可能的，而且是低劣的。因为在完全竞争中，竞争者既没有必要也没有能力开发新产品、运用新技术，所以完全竞争无法实现经济和技术进步。这就从根本上推翻了完全竞争理论建立的基础。

熊彼特对竞争理论发展的重要贡献是对竞争过程采取了动态分析方法，认为不仅从时序上看竞争是一个动态过程，更重要的是从内部结构上看，竞争是一个演进的动态过程，是一个创新与技术进步的动态过程。这种分析方法上的革新，得出了与传统竞争理论完全不同的结论：竞争作为一个动态过程最重要的作用是推动创新与技术进步，而承担这一功能的主要角色是大规模生产的企业。大企业由于创新和技术进步形成的垄断，不是真正的垄断，企业利润中包含的垄断盈利，是颁给成功者的奖金。这种企业由于一方面要同原有旧技术、旧产品的企业竞争，另一方面受到潜在竞争的威胁，因而实际上仍处于竞争之中，“哪一种垄断都不是可以高枕无忧的”。所以从长期的动态过程来看，由于竞争压力和运用新技术、新生产组织形式，这些大规模生产企业决定的“垄断价格”并不必然比竞争价格高，其产量也并不比竞争产量少。与价格竞争相比，创新能使企业获得更大的竞争优势。熊彼特关于大企业最适合于创新以及把垄断当作资本主义经济中创新与技术增长的“发动机”的论点，被后来的西方学者称为熊彼特假说。

较之以前的竞争理论，创新与动态竞争理论可以更有效地解释现实世界，并理性地为经济分析指出了一个新的方向，对后来的竞争理论发展产生了很大的影响。特别是其中关于大企业能够实现技术进步的观点，虽然后来的研究有与其相反的结论，但其仍然是一个在竞争理论中争论不休和在竞争政策中值得关注的问题。

---

① 参见陈秀山：《现代竞争理论与竞争政策》，45～46 页，北京，商务印书馆，1997。

② 参见上书，2 页。

（二）有效竞争理论

有效竞争理论是克拉克在放弃其早期有关可行性竞争的结论的基础上，于20世纪五六十年代提出和最终形成的现代竞争理论的第一个完整的理论体系。该理论认为，完全竞争理论是不现实的、不可能存在的，因此在无法实现理想的竞争模式时，我们只能追求在现实条件下可行并且确有实效的竞争。所谓有效竞争，就是由“突进行动”和“追踪反应”这两个阶段构成的一个无止境的动态过程的竞争。在“突进行动”阶段是由先锋企业进行创新，运用新技术、推出新产品、开发新市场、实行新的组织形式，从而获得“优先利润”，在竞争中占据市场优势地位。在随后的“追踪反应”阶段中，其他竞争企业开始模仿、追随先锋企业的方式，以求分得一份优先利润，从而使利润平均化，之后再由先锋企业进行创新。克拉克认为，在竞争过程中，在一段可以自由反应时期内存在垄断的市场地位是必要的、合理的，它不同于企业间相互勾结串通来协调市场行为，或者依靠独占及非经济因素形成市场的垄断。竞争政策的目标，不应是消除竞争不完善或垄断因素，而是要保证竞争过程的动态性质，把实现经济技术进步放在优先位置。

克拉克有效竞争的观点和政策结论是对竞争理论的重大发展，竞争理论的主流派从此放弃了传统竞争理论的静态均衡模式，把分析起点建立在了动态竞争的基础之上。有效竞争理论摆脱了追求完全竞争目标模式的定型化思路，提出了市场不完善因素或垄断因素是实现有效竞争的前提条件，但其没有进一步具体说明哪些不完善因素在什么程度上是合乎有效竞争的要求的。①

（三）哈佛学派的竞争理论

20世纪50年代以哈佛大学教授梅森和他的学生贝恩为代表的哈佛学派建立了产业组织理论体系。产业组织理论从经验研究出发，具体分析了在竞争过程中市场结构（S）、市场行为（C）以及市场绩效（P）之间的相互关系，进一步发展了克拉克的有效竞争理论。梅森于1957年总结了有效竞争的市场结构标准和市场绩效标准。在此基础上，贝恩于1959年提出了产业组织的三个基本范畴，并阐明了它们的相互关系，即市场结构决定市场行为，市场行为决定市场绩效。贝恩认为有效竞争是能够带来有效市场绩效的竞争。他分析了有效竞争的结构性条件，并指出：在寡头垄断行业，理想的市场绩效是与适度的或中等的市场集中度和进入壁垒联系在一起的。

哈佛学派认为：竞争政策的目标就是要保证竞争过程达到有效的市场成果。过多的小企业、生产能力长期过剩、垄断价格的形成、在原子式结构市场上的毁灭性竞争和长期资源配置低效、不合乎期望的外部效益等，都是与期望的市场成果的偏离。为了保持有效竞争，获得令人满意的市场成果，必须对市场结构和市场行为进行干预、调节，具体政策措施包括：阻止卡特尔和协调行为方式、拆散市场中占统治地位的企业、控制合并、通过国家影响提高要素流动性、国家直接干预等。

哈佛学派的竞争理论曾在第二次世界大战后至20世纪70年代的相当长的时期内，成为美国政府制定竞争政策的理论依据。尽管产业组织理论由于存在一些不足而受到了芝加哥学派的批评并逐渐为后者所代替，但其强调的经验研究方法和主张通过对市场结构、市场行为的干预来保证有效竞争的观点仍具有现实意义。就是在今天的美国反垄断执法中，也依然体现着结构主义的思想，如在并购分析和图谋垄断案件中，通过市场份额来判断市场力量的大小仍然是很常用的方法。

① 参见陈秀山：《现代竞争理论与竞争政策》，59页，北京，商务印书馆，1997。

（四）芝加哥学派的竞争理论

20世纪70年代以来，芝加哥学派的一些经济学家和法学家，如施蒂格勒、博克、德姆塞茨等，提出一系列关于竞争的基本思想和政策主张，形成了芝加哥学派的竞争理论，对20世纪80年代以来的美国竞争政策的转变起了很大的作用。芝加哥学派竞争理论的基础是经济自由主义思想和社会达尔文主义。

芝加哥学派认为：市场竞争过程是一个没有国家干预的市场力量自由发挥作用的过程，国家对市场竞争过程的干预应该被限制在为市场竞争过程确立制度框架条件。市场均衡不是最终状态，而是所有市场行为和市场过程所追寻的目标。市场均衡是不能通过人为的竞争政策实现的。芝加哥学派的竞争理论认为，竞争的唯一目标是保证消费者福利最大化，竞争政策的任务就是要保持能够保证消费者福利最大化，特别是国民经济资源最佳配置的市场机制的作用。制定竞争政策的具体依据，就是资源配置效率和生产效率的标准。芝加哥学派的竞争政策主张强调，反托拉斯法是保护竞争，而不是单纯保护竞争者。一方面，如果市场上竞争者过多，不利于规模经济效益的提高，就应允许竞争者之间的兼并，在这个意义上说，某行业中企业数量减少、大企业占主导地位是件好事。另一方面，反对不问性质、简单地一概禁止兼并，而主张仅仅禁止以固定价格为最终目的的垄断性兼并，因为只有这种兼并限制市场竞争（哪怕是少数企业之间的竞争），可能导致长期生产中的经济效益下降和广大消费者利益的损失。兼并是企业实现外部增长的主要途径，原则上不会对竞争构成危害，因为它使社会资源集中到具有生存能力的、高效益的企业手中，并且是对那些管理不善、低效益的企业和管理人员的一种惩罚。只要不存在法律上的市场进入限制，潜在竞争的压力就会迫使兼并后的企业仍然被置于竞争之中，不会形成长期垄断地位。因此，对实施反托拉斯法的适用标准的分析重点，应从市场份额转向经济效益。

芝加哥学派的竞争理论在20世纪80年代以后对美国和其他国家的竞争政策产生了重要的影响，并且这种影响不仅仅是技术层面的，它改变了反垄断法的基本价值观念和目标，因而还是系统的和革命性的。芝加哥学派的贡献被概括为反垄断法的“一个目标和一个方法”，即反垄断法的目标是经济效率，反垄断法的分析方法是经济学方法。[①] 但该理论仍然存在明显的缺陷，受到了很多的质疑和批评。例如，过于相信市场的自我调节能力，因而弱化了国家实施竞争政策的作用；采用了新古典分析方法，局限于个别观察，始终从单个企业观察和效率标准出发，很难把握整个社会的总体福利；把竞争目标仅仅归结为消费者福利最大化，忽视了市场竞争机制作为监督控制机制的作用；等等。

（五）新奥地利学派的竞争理论

新奥地利学派的主要代表学者有米塞斯、哈耶克等人。这一学派以哈耶克的自由主义经济思想为基础，对市场的调整功能给予很高的评价，而对政府的介入抱有极强的不信任感；强调竞争是信息不完全条件下的知识的发现过程，通过这一过程，价格就会起到调整各种各样的不同人的个别行为的作用。市场中企业家的作用是在信息不完全、不确定的环境下，迅速发现获利机会，并先于他人将其事业化。哈耶克等人认为，企业规模是由市场过程决定的，垄断大企业是在激烈的市场竞争中获胜而留下的有效率的企业，“竞争与垄断相连时，竞争才达到最佳状态”。垄断和市场控制是市场竞争的结果，这是伴随企业家采取优于他人的产品和生产方法而出现的暂时现象，不会永远持续下去。只要没有政府进入管制和对资源排他所有，其他企业就会进入，从长期看还是会形成竞争状态。另外，企业规模的扩大，对市场过程并非有害。合

① 参见于立、吴绪亮：《产业组织与反垄断法》，23页，大连，东北财经大学出版社，2008。

并是促进市场调整的手段，合并即使排除了竞争者，也是竞争中本来应有的“对非效率的排除过程”，因此对合并的管制是不必要的。基于此，新奥地利学派全面否定反托拉斯政策的必要性，主张对私人垄断应该完全自由放任，只需保证“自由的进入机会”这一唯一的条件，而反托拉斯政策不过是妨碍市场过程的有害的政府介入之一，所以应该将其废除。

新奥地利学派的竞争理论在20世纪70年代以后，与芝加哥学派的竞争理论同时对反托拉斯政策产生了重要的影响。虽然二者在方法论和基础理论上是完全不同的，但它们在对垄断的宽容态度以及反对政府干预等观点上是一致的。① 其极端自由主义的政策主张虽然在经济生活中是不现实的，但其关于市场作为一种过程的理论分析有一定的价值。

（六）可竞争市场理论

可竞争市场（contestable market）理论是在20世纪80年代由美国的鲍莫尔等人提出的。所谓“可竞争市场”，是指一个具有进出绝对自由且进出成本绝对小的市场，即一个市场是可竞争的，就必须不存在严重的进入或退出障碍。可竞争市场理论强调范围经济和成本的弱增性。范围经济是厂商在一定规模经济下生产多种不同产品的成本优势，一家厂商同时生产数种产品或劳务的成本小于多家厂商分别专业化地生产一种产品或劳务的成本总和。一家厂商如果扩大一种新的经营种类或生产供给一种新的产品或劳务，在现有的经营基础上所需支付的投资成本，要小于初创一家经营新产品的企业的成本，这种成本增量比率较低的性质即为成本的弱增性。鲍莫尔等人认为，在可竞争市场中，垄断厂家不以超额垄断利润为定价水准，因为垄断高价会引起潜在进入者利用范围经济和成本弱增性以低价进入市场，而是按照垄断厂商规模经济和范围经济相结合时的最低成本来确定价格，即采取可能维持性定价，所以能够实现社会资源的最优配置。在可竞争市场中，规模经济和范围经济相结合决定了厂商的数目有限但规模会扩大。可竞争市场中市场机制的特点是对市场的竞争，而不是在市场内展开竞争，多元产品的厂家在不同市场交叉经营，并不排除竞争，相反，有利于保证一定的创新利润而实现技术进步。基于此，鲍莫尔将这种市场机制称为“有效的看不见的手”②。可竞争市场理论的竞争政策强调，国家竞争政策的主要任务是最大可能地消除市场限制，设法降低“沉没成本”，扶植可竞争市场中的潜在竞争，采取便于资本流动及推进企业垂直联合和改组的政策，以保证市场的可竞争性和多元产品厂商的收益稳定。在近似的完全可竞争市场中，自由放任政策比通过行政手段或反托拉斯手段主动干预更能有效地保护一般公众利益。传统观点认为，有形成垄断势力之嫌的少数几个大厂商垂直兼并、横向兼并及其他组合，在可竞争性存在时，它们都变成无害的，甚至可能是更有效率的了。

可竞争市场理论主张进一步实行经济自由化，把可竞争市场视为理想状态标准，从而与芝加哥学派的竞争理论是相近的。尽管有的经济学家对可竞争市场理论严格的假设条件颇有微词，如认为潜在竞争者可以在瞬间无须成本地进入或退出某一行业的条件是不现实的。但是，这一理论的分析是有价值的，在实践中也产生了相当的影响，特别是对20世纪八九十年代以来美、英等发达市场经济国家政府管制政策思路的转换及措施调整产生了重大的影响。

（七）交易费用理论

交易费用理论是以科斯、诺斯、威廉姆森为代表的新制度经济学的竞争理论，从节省交易费用的观点来考察经济制度，重视企业组织在市场中的作用。所谓交易费用，是指通过市场机制组织交易所支付的成本，包括收集交易信息、谈判、签约和履行合约的监督费用。根据新制

---

① 参见吴小丁：《现代竞争理论的发展与流派》，载《吉林大学社会科学学报》，2001（2）。

② 吴汉洪：《西方寡头市场理论与中国市场竞争立法》，110～112页，北京，经济科学出版社，1998。

度主义学派的观点，交易费用是界定企业边界的中心，企业是市场的替代物，当在市场上交易费用较高时，就会出现企业来替代市场，以降低交易费用。但企业的规模也不是无限扩大的，不断扩大的企业规模会增加管理成本，当增加的管理成本大于减少的交易费用时，企业规模就会停止。

交易费用理论认为，在（垂直交易关系等）一些情况下，替代市场的并不是政府管制，而是特定的企业“组织单位”和企业间的“垂直”分工关系。该理论也不像芝加哥学派那样信任“市场的调整能力”，认为垄断企业并不是效率的代表，自由放任的政策路线是行不通的，政府对垄断企业的介入是有必要的。在现实中，有时是竞争对手企业的非效率，而使有的企业只因“相对的”效率而成为垄断企业的。这种企业一旦获得支配地位，即使非效率，也难以被市场的力量淘汰。所以应该把非效率的垄断大企业分割，这并不会损伤企业家的精神，相反，分割后诞生的新企业互相竞争，促进组织创新，会形成更为有效率的企业组织。对垄断企业的结构管制（企业分割）是使企业组织更有效率的手段。但是，对寡占企业没有必要管制，因为存在“机会主义”，个别企业间采取统一行动实际上是困难的。这是独占与寡占的最大不同。如果企业能证明其纵向限制产生了重大的交易费用经济，那么就不应该指控或确认它犯有违反托拉斯法的罪行。交易费用理论只涉及竞争的一个侧面，但其分析方法有其独到之处。

（八）后芝加哥学派的竞争理论

后芝加哥学派的竞争理论也被称为新产业组织理论。研究市场在不完全竞争条件下的企业行为和市场构造的产业组织理论，在经过了哈佛学派和芝加哥学派的发展后，也面临新的发展，以适应新经济的出现和竞争的日趋国际化、全球化。哈佛学派和芝加哥学派争论的核心在于是否承认垄断也存在效率效应，后芝加哥学派则集中于垄断的可维持性问题和垄断行为的可信性问题，提出了策略主义。后芝加哥学派主要产生于20世纪90年代后期，当时一些反垄断经济学家应用博弈论工具和新实证产业组织经济学分析工具对企业策略行为进行了深入分析，用策略博弈理论、沉没成本、激励理论等理论工具和概念，对一些传统理论解释不清或不准确的产业组织问题给出了新的、更科学的解释。随着新实证主义产业组织理论的发展，更有学者运用经验分析技术来检验理论和为案件的裁决提供支持。这同样对反垄断法产生了重要的影响。

后芝加哥学派认为：在现实市场中相关企业的数量是有限的，企业之间存在策略性相互作用，企业是博弈参与人而不是单纯的价格接受者。在反垄断执法过程中，不能完全抛弃市场结构的判断标准，因为很多限制竞争的企业策略性行为发生的重要条件是企业拥有市场势力，在企业不具有市场势力的情况下，企业的策略性行为更可能是基于效率原因，而且采用市场结构作为执法的重要步骤可以大大降低执法成本，提高执法的效率和有效性。由于沉没成本的存在，在位企业和潜在企业的竞争是不完全的。企业并购可能会使并购企业单方面地滥用市场势力和提高价格。在非竞争性的寡头垄断市场上，企业之间的纵向并购或纵向限制会封锁其他企业获得必要投入品或进入某一市场的能力，从而提高竞争对手的经营成本，产生危害竞争的后果。在有效的惩罚机制下，企业之间的合谋是可以维持的。国家出于促进创新的目的授予企业一定时期的创新成果独占权，并不意味着要保护企业的市场垄断权，企业的滥用行为仍然要受到反垄断法的禁止。基于以上认识，后芝加哥学派认为，在现实市场中的企业策略行为可能导致垄断，并且市场机制本身无法消除这种垄断，因此政府用反垄断法来调整企业策略性行为是有必要的。

后芝加哥学派经济学家用博弈论等更先进的分析工具发展了一些新的理论，用于分析企业策略性行为和评估政府进行反垄断干预的市场结构依据，对于推动经济学理论的发展和反垄断执法的科学化作出了重大贡献。但目前后芝加哥学派并没有形成一个统一的可以替代其他学派的分析范式，很多理论还处在发展之中；而且其也暴露出一些缺陷，如多重均衡的结果限制了执法规则的具体化和可操作性，实证研究发展的滞后制约了其应用性发展，假设条件的严格也影响了其结论成立，等等。随着后芝加哥学派理论的完善和可应用化，其对反垄断法的影响将会进一步扩大。①

（九）新布兰代斯学派的竞争理论

进入21世纪20年代，在强化数字平台反垄断已经成为全球范围内的普遍现象和明显趋势的大背景下，特别是在美国总统拜登宣称"以伯克法官为代表的芝加哥学派思想作为反垄断的指导思想是错误的"后，新布兰代斯学派的反垄断或者竞争理论受到广泛关注。拜登政府先后聘任了三位主张积极反垄断的新布兰代斯学派的代表性人物负责主管反垄断的政策、协调与执法方面的工作，分别是联邦贸易委员会主席莉娜·汗（Lina M. Khan）、联邦司法部负责反垄断事务的助理部长乔纳桑·坎特（Jonathan S. Kanter），以及美国国家经济委员会科技与竞争事务总统特别助理吴修铭（Timothy S. M. Wu）。他们对芝加哥学派的一些核心概念与衡量指标提出了强烈的质疑，对大型企业的并购等行为抱持严厉的批判态度，甚至对一些数字平台持有明显的敌视立场。②

路易斯·布兰代斯是在镀金时代反垄断领域的杰出代表，他在1916年成为美国最高法院法官。其主要观点包括：第一，反垄断的目标不应该只是单纯的经济效率，也应该包含竞争和经济民主；第二，垄断未必就是效率，规模和效率的关系也并不是线性的，因此反垄断并不是对效率的破坏，而是对效率的促进；第三，反垄断的手段是多样的，除应该依靠法律之外，还应该依靠舆论监督，以及人民参与等其他的手段；第四，对于金融机构来讲，为了防止货币托拉斯的形成，保证业务之间的分离是十分必要的。③

作为在数字经济，特别是平台经济迅猛发展时代兴起的新布兰代斯学派，其反垄断理论与布兰代斯的观点一脉相承，其核心内容是：第一，反垄断是在民主基础上构建社会的关键工具和哲学基础；第二，反垄断不仅仅包括反垄断法，反垄断法只是反垄断众多工具的其中一个；第三，反垄断并不意味着"只要大就是不好"；第四，反垄断法必须关注市场结构和竞争过程，而不是仅关注结果；第五，不存在市场"自然力量"这样的东西，对政治经济问题只能通过法律和政策来解决。④

虽然新布兰代斯学派似乎已经逐步从边缘走向了政策中心，但是到目前为止，反垄断的主流学界并没有认同这个新的学派。新布兰代斯学派也还没有发展出一套完整的分析工具，因而没有充分的证据证明他们的政策主张可以带来更好的后果。因此，这个学派究竟能够发展到何种程度还有待观察。不过，虽然新布兰代斯学派在对反垄断问题的分析上通常没有其他学派那么精致，但其对政策和公众的影响力要比其他的学派大得多。2020年10月，美国众议院司法委员会曾发布过一份《数字市场竞争状况调查报告》，就是以新布兰代斯学派的观点作为主要

---

① 参见于立、吴绪亮：《产业组织与反垄断法》，23～26页，大连，东北财经大学出版社，2008。

② 例如，莉娜·汗还曾于2017年在《耶鲁法学期刊》上发表了一篇名为《亚马孙的反垄断悖论》（Amazon's Antitrust Paradox）的学术论文，从多个角度剖析了亚马孙，打破了美国数十年关于反垄断的思维定式。而乔纳桑·坎特是谷歌的长期批评者。

③ 参见陈永伟：《从布兰代斯法官到"新布兰代斯主义"》，见经济观察网，http：//www.eeo.com.cn/2021/0731/496974.shtml，最后访问日期：2022-07-07。

④ See Lina Khan，The New Brandeis Movement：America's Antimonopoly Debate，Journal of European Competition Law and Practices，2018，Vol. 9，No. 3.

指导思想的。莉娜·汗自执掌美国联邦贸易委员会以来对脸书等大型平台企业发起的执法行动也说明了这一点。因此，我国对该学派的理论不必盲从，但需要密切关注。

第三节　竞争政策的基本问题

一、竞争政策的含义和基础地位

竞争政策是一个可以从不同的角度去理解，因而有着不同含义的概念。从最广泛的意义上讲，凡是与市场竞争有关的或者能够影响一国国内或与其他国家间的竞争条件或竞争环境的所有政策都属于竞争政策的范畴，包括限制竞争的政策。[①] 但通常认为，竞争政策是促进竞争而不是限制竞争的，因此竞争政策是市场经济国家为保护和促进市场竞争而实施的一项基本的经济政策。其核心目标是通过保护和促进市场竞争，确保竞争机制在相关市场发挥作用，从而提高生产效率和资源配置效率，增进消费者福利。这就是所谓的广义上的竞争政策，其在内容上既包括竞争法律，也包括旨在促进国内经济竞争自由和市场开放的各项政策措施，例如政府放松管制政策、国有企业私有化或者民营化政策、削减政府补贴或者优惠政策等。即使在某些特殊的领域需要限制竞争，那也是作为竞争政策适用范围的限制或者适用除外的形式而存在的，实际上是与其他经济政策，特别是产业政策相协调和平衡的结果，因此其在总体上不影响竞争政策作为促进竞争政策的基本定位。如果将限制竞争的政策也包括在竞争政策中，那么所谓竞争政策与产业政策等的协调也就谈不上了。

而在狭义上，竞争政策就等同于竞争法，特别是其中的反垄断法。虽然在很多国际文件中将竞争政策与竞争法等同使用或者并列使用，但是在已经有了竞争法概念的基础上还要提出竞争政策的概念，就是因为竞争政策比竞争法在范围上更广泛，内容也更丰富，因此，竞争政策更多的是在广义上来使用的。我国《反垄断法》第12条规定的国务院反垄断委员会职责中的“研究拟订有关竞争政策”，依其本意，应指广义上的竞争政策。

广义的竞争政策无疑是以狭义的竞争政策即竞争法为核心的，因为竞争政策本身在很大程度上是一种法律化的经济政策或者主要是通过法律来实施的经济政策。“与其他经济政策相比，竞争政策的一个重要特点是以有关具体的法律为基础的，或者说这些法律本身就属于竞争政策的内容”；“竞争政策是直接的规则调节，而不是间接的参数调节；它以法律形式规定了哪些市场竞争行为是允许的，哪些行为是不允许的，而不是斟酌使用、灵活运用的；它是长期相对稳定的、持续有效的，而不是随机应变、可有可无的。”[②] 狭义的竞争政策直接关系到竞争法，尤其是反垄断法的实施方向、方式和力度，但其有效作用又离不开广义的竞争政策。例如，通过产业调整形成合理的竞争结构，即非狭义的竞争政策所能企及，却又是狭义竞争政策发挥作用的前提或条件。

竞争政策在不同类型国家经历的发展阶段和路径是不完全相同的。“在发达国家，大多是从广义的竞争政策出发，确立清晰的竞争政策目标，再聚焦到狭义竞争政策即竞争法的实施；而在发展中国家和转型经济国家，则普遍通过竞争立法及其实施再逐步实现广义竞争政策的全

---

① 例如，在日本有学者认为，“为了促进垄断的政策，或是为了限制竞争的政策，也可称之为有关竞争的政策”（［日］金泽良雄：《经济法概论》，满达人译，165页，北京，中国法制出版社，2005）。

② ［日］金泽良雄：《经济法概论》，满达人译，134、138页，北京，中国法制出版社，2005。

面推行。"① 我国在制定和实施了《反垄断法》和《反不正当竞争法》等狭义的竞争政策之后，现在到了需要重视制定和实施广义的竞争政策的时候了。

从政府的经济政策体系来看，竞争政策只是其中的一个组成部分，此外还有财政政策、货币政策、产业政策、贸易政策和分配政策等其他政策。这些政策的作用领域和方式各不相同，它们在不同的经济体制、发展阶段和国际环境下所处的地位和所发挥的作用也是有差异的。但是，基于分类标准的差异，不同的经济政策之间可能存在一些内容的交叉，而且总体来说，这些政策之间需要相互协调、配合，共同促进经济社会的发展。相对于其他经济政策，竞争政策应是在市场经济条件下的一项基础性和优先性的经济政策，这是由市场经济本身的特点所决定的。作为市场经济最基础、最重要的运行机制，竞争是推动市场主体进行合理决策的基础。产业的发展，离不开一个有效的竞争环境，只有竞争才能迫使市场主体对价格信号作出及时反应，促使企业不断根据市场变化，对生产要素进行重新组合，从而达到资源的最佳配置。竞争具有合理配置稀缺资源、推动经济技术进步、促进收入的合理分配、使消费者利益得到充分的保护，并保障人们的经济自由、创造社会平等的经济基础等多种功能。可以说，竞争是市场经济的灵魂和发展的动力，市场经济本质上是一种竞争性经济。但是，竞争不能是自发、盲目和无序的，需要国家通过有效的竞争政策加以引导和规范。完善的竞争政策不仅是使市场在资源配置中起决定作用的重要法宝，也是其他经济政策发挥作用的前提，并有利于防止政府不当干预经济活动。基于此，有经济学家提出了"促进和保护竞争应当是政府首要的经济职能"的命题。②

而从现实来讲，竞争政策在我国以往的很长时间里并不被重视，尤其是相对于产业政策来说。随着改革的深化，竞争政策在我国不仅逐步受到学界的关注，而且越来越受到国家的重视。特别是进入 2015 年以来，中共中央、国务院一系列的政策文件都强调竞争政策的作用，从"逐步确立"到"强化"，从"基础性地位"到"基础地位"，竞争政策在我国得到了前所未有的重视，其地位日益得到提高。2021 年 8 月 30 日中央全面深化改革委员会第二十一次会议审议通过了《关于强化反垄断深入推进公平竞争政策实施的意见》，表明竞争政策已经被提升到我国的顶层设计的高度。2022 年修正后的《反垄断法》第 4 条增加规定"国家坚持市场化、法治化原则，强化竞争政策基础地位"，这意味着竞争政策的基础地位正式上升到法律的高度。

竞争政策的基础地位是在经济政策体系中来说的，即竞争政策是最基本的经济政策，其他经济政策的制定与实施，原则上不得违背竞争政策的基本要求。竞争政策基础地位的判断包含三层含义：一是追求国家利益的公共政策，可以突破竞争政策基础地位的限制；二是追求非经济性社会利益的公共政策，原则上应遵守竞争政策的基础地位，但必要时可以通过限制竞争的方式来实施；三是追求经济利益的各种经济政策，应以竞争政策为底线，严格遵守竞争政策的基础地位。③ 竞争政策基础地位，一方面要求竞争政策成为各种经济政策的底线和评价标准，另一方面要求以竞争政策为基础来协调相关经济政策。这意味着，竞争政策不是要取代或者废止产业政策、财税政策、信贷政策等其他经济政策，而是要以市场竞争机制为基础，以充分发挥市场竞争机制的作用为目标来制定和实施其他经济政策，从而使竞争政策和其他经济政策相互协调，共同促进经济与社会的发展。

---

① 徐士英：《竞争政策研究——国际比较与中国选择》，5 页，北京，法律出版社，2013。

② 参见《人民日报》，2002-12-16。

③ 参见焦海涛：《竞争政策优先战略的确立与实现》，载王先林主编：《竞争法律与政策评论》，第 5 卷，8～9 页，北京，法律出版社，2019。

二、竞争政策基础地位的主要实现机制

竞争政策的目标需要通过相应的路径和机制去实现。一般来说，这些路径和机制大体上包括制定和实施竞争法、实行竞争中性原则、实施公平竞争审查制度以及积极进行竞争倡导等。其中，制定和实施竞争法是核心，开展竞争倡导为实施反垄断法和实现广义竞争政策目标提供文化基础；而实行竞争中性原则和实施公平竞争审查制度是在反垄断法之外的重要制度性措施，前者确认和保障各类市场主体有着公平竞争的整体市场环境，后者则以公平竞争的标准去衡量和修正政府的其他经济政策。

竞争中性也称竞争中立，根据经济合作与发展组织（以下简称“OECD”）的定义，当市场中没有经营实体享有过度的竞争优势或者竞争劣势时，市场就达到了竞争中立状态。① 竞争中立具体包括企业经营形式、成本确认、商业回报率、公共服务义务、税收中性、监管中性、债务中性与补贴约束、政府采购等八方面的标准。虽然不同国家和地区对竞争中立的含义有不同的界定，特别是美国基于贸易保护主义的动机（主要是对付中国的大量国有企业），而将所有与政府有联系的市场商业活动都贴上违背“竞争中立”的标签，从而在国际经贸活动中将竞争中立原则扩大化、工具化，但是，在国内经济活动中强调对各类市场主体（包括国有企业和非国有企业）一视同仁，既与市场经济的基本要求相一致，也是我国进一步深化改革的重要目标。我国确立竞争中性原则既是强化竞争政策基础地位的要求和实现路径，也有相关法律法规和政策上的依据；同时，我国所提出的竞争中性也不限于所有制中性，为内资和外资、国有与民营、大公司与中小企业创造公平竞争的市场环境，都是竞争中性原则的要求和目标。

公平竞争审查是规范和约束政府行为的重要工具，是竞争政策基础地位实现的重要抓手。从公平竞争审查针对的对象来看，其调整的是政府出台妨碍公平竞争的政策措施这一类行为，具体的就是行政机关和法律、法规授权的具有管理公共事务职能的组织（统称政策制定机关）制定市场准入、产业发展、招商引资、招标投标、政府采购、经营行为规范、资质标准等涉及市场主体经济活动的规章、规范性文件和其他政策措施。随着改革的深化和法治的完善，我国政府权力的行使越来越多地受到了制约，但是目前在经济活动中仍然存在地方保护、行业壁垒、违法给予优惠政策等不符合形成全国统一市场和公平竞争要求的现象。2016 年 6 月 1 日，国务院出台了《关于在市场体系建设中建立公平竞争审查制度的意见》。这标志着我国公平竞争审查制度的落地，并在 2019 年实现了国家、省、市、县四级政府全覆盖。2021 年 6 月 29 日，国家市场监督管理总局（除个别地方外，以下简称“市场监管总局”）、国家发展和改革委员会、财政部、商务部、司法部五部门联合发布《公平竞争审查制度实施细则》，2017 年 10 月发布的《公平竞争审查制度实施细则（暂行）》同时废止。2022 年修正后的《反垄断法》第 5 条明确规定“国家建立健全公平竞争审查制度”。

竞争倡导是许多国家和国际组织认可的推动竞争政策落实以及构建竞争文化的重要机制。一般认为，竞争倡导指竞争执法机构实施的除竞争执法以外的一切改善竞争环境的行为，这些行为主要通过协调与政府机关的关系以及增强社会公众对竞争益处的意识来实现。竞争文化是竞争倡导实施的重要评价标准，一国竞争文化环境的优劣往往会直接影响到竞争政策和竞争法的实施。对于那些刚刚实施竞争法的国家而言，竞争文化一般都是欠发达的，在这些国家应首先通过开展针对社会公众的竞争推进措施培育广为接受的竞争文化，再开展具体的执法措施。我国竞争法的出台时间相对比较晚，虽然在法律实施方面取得了较大的成绩，但不可否认的

① See OECD, *Competitive Neutrality and State-Owned Enterprise*: *Challenges and Policy Options*, 2011, p. 3.

是，不论是政府机关还是社会公众，对于竞争文化并没有太多认同。从这个意义上来看，竞争倡导在我国就尤其应当受到重视。

三、竞争政策与其他经济政策

一项有效的竞争政策，不仅其本身应该是合理的、完善的，还应该与其他经济政策相协调。竞争政策与其他多项经济政策都有密切的关系，其中，与产业政策、贸易政策的关系尤为明显。

（一）竞争政策与产业政策

概括地说，产业政策是政府为了实现一定的经济和社会目标而对产业的形成和发展进行干预的各种政策的总和。产业政策的实质是政府对经济活动的一种自觉干预，以实现特定的政策目标，包括实现经济振兴与赶超、结构调整与转换以及保持经济领先地位与维持经济增长势头等。产业政策主要包括产业结构政策和产业组织政策，还包括产业区域布局政策和产业技术政策等。

竞争政策与产业政策是国家经济政策的两种基本形式，是国家干预经济发展、进行经济管理的重要表现。两者有着密切的联系，并具有某种程度的一致性。

两者的一致性，首先表现在它们都建立在市场经济的基础上。以保护和促进市场竞争为目标的竞争政策是以市场经济为基础的，无市场经济也就无竞争政策可言；而现代的产业政策也是普遍建立在市场经济的基础上的，政府制定与实施产业政策不是要取代或者排斥市场机制进行经济活动的基础性调节，而是要在充分尊重并利用市场机制的基础作用的前提下，对市场缺陷的必要补充。因此，竞争政策、产业政策都与经济统制时期或计划经济时期的直接计划指令和行政直接干预明显不同，市场经济为竞争政策与产业政策的产生和发展提供了条件和环境，同时两者都弥补了一定的市场机制缺陷。

两者的一致性，其次表现在两者的最终目标具有一致性。竞争政策与产业政策都是国家实现经济发展目标、优化资源配置的重要手段，都以共同提高国家整体经济效率、维护社会公共利益为最终目标。从长期的动态视角来看，竞争政策与产业政策的执行具有一致性：产业政策的目标之一是维护产业内部的竞争机制，竞争政策的根本目的也是维护竞争机制。两者都以增强企业竞争力为目标，都是为了实现社会整体利益最大化，在根本的政策目标方面殊途同归。特别是在有些国家，产业政策本身就是以竞争为导向的。例如，“一个世纪以来，反托拉斯法已成为美国的一项具有连贯性的政策。它被用来改善产业的行为——这是我们唯一的产业政策”①。在这种情况下，竞争政策与产业政策的一致性就更为明显。

基于此，竞争政策与产业政策之间不是此消彼长，而是相互依存与相互补充的关系。竞争政策的实施需要在产业组织之间或产业组织内部这个大舞台上进行，产业政策的落实同样离不开竞争政策维护的公平市场机制。

虽然竞争政策与产业政策存在上述的一致性，但从总体来看，两者在不少方面存在明显的差异，因此存在着潜在的冲突。

第一，调整手段的差异。竞争政策一般通过竞争法或反垄断法表现出来，调整整个市场和所有产业，运用市场公平竞争机制，往往采取单一的法律规制方法，具有强制性。产业政策突出政府以直接干预资源配置的方式来实现其政策目标，强调政府扶持重点行业和重点企业的人

---

① 转引自杨沐：《产业政策研究》，3页，上海，上海三联书店，1989。

为选择过程，其实施是国家行使宏观调控权的表现，其调整手段具有多样性和宏观综合性。

第二，作用机制的差异。竞争政策作用机制的发挥更多地体现了直接性和强制性，多属于事后型被动性的禁止性规范，除经营者集中需事前申报审查外，一般不涉及直接的事前预防性调整。产业政策作用机制的运用则更多地体现了间接性和劝导性，多属于事前型主动性的鼓励性规范，其功效体现在解决过度竞争所带来的社会负效应，实现经济协调、稳定发展，更强调经济的集中、行业的指导，因此往往涉及事前的审查、事中的调整和事后的规制的不同方面。

第三，调整范围的差异。竞争政策的调整范围只限于纠正市场机制固有的外在缺陷，即清除市场障碍，以维护市场竞争机制，因而其调整范围相对具有微观性和单一性。产业政策调整的主要是产业结构，从外部引导产业结构的优化，主要是对市场机制的局限性和固有的内在缺陷进行补救，即对市场失灵进行纠正，因而其调整范围相对具有宏观性、综合性。

第四，价值导向的差异。竞争政策的价值导向是鼓励市场主体之间开展积极竞争，追求的是整体消费者福利的提升和社会公平竞争秩序的维持，一般来说，它保护的是竞争而不是竞争者，注重保护消费者的利益。产业政策的价值导向主要是通过政策倾斜对弱势行业、企业进行扶持而体现某种差别待遇，注重的是特定市场主体的后发优势与整个市场的规模效益，具有明确的产业指向性，以支持生产者的发展为重点，很少直接顾及消费者的利益。

第五，实施过程的差异。虽然竞争政策具体的规则和执法的宽严存在差异，但其所调整的领域和规制的内容具有相对的稳定性。产业政策则是经常调整和变动的，它对主导产业的支持、对弱小产业的扶持、对衰退产业的调整呈现阶段性变化。①

总体来说，由于竞争政策是市场经济体制内在的、基本的经济政策，而产业政策也不是要取代或者排斥市场机制对经济活动的基础性调节，而是要在充分尊重并利用市场机制的基础作用的前提下对市场缺陷进行必要补充，因而竞争政策应当具有更优先的地位。有学者认为，随着市场经济和国际竞争的不断发展，产业政策的弊端越来越明显，产业政策正在逐渐淡出历史舞台，“竞争政策优先于产业政策”已经变成一种趋势，成为许多市场经济国家政策制定、执行的原则。② 目前，我国在确立竞争政策基础地位的前提下，强调建立竞争政策与产业政策的协调机制。

（二）竞争政策与贸易政策

所谓贸易政策，是指一国为实现其特定的贸易利益而对其对外贸易活动进行干预的各种措施的总称。这是国内法层面的贸易政策。在现代社会，作为各国贸易政策相互协调的产物，也产生了国际法层面的贸易政策。

贸易政策，按照其目的和内容，可以分为贸易保护政策和自由贸易政策。贸易保护政策是指国家通过关税和非关税措施等，限制外国商品进入，同时对本国出口商品在政策上给予鼓励，借以保护本国的产业和市场，提高本国产品在国际市场上的竞争力。自由贸易政策则是指国家对进出口贸易一般不施加行政干预和限制，允许商品和服务自由输出和输入，并实行减免关税和自由竞争的政策，也就是在该政策下各国之间在无限制的条件下进行商品、劳务的交换活动。从总体上看，国际贸易政策的发展表现为各国在接受和充分利用自由贸易所带来的利益的同时，又不断寻求保护本国最大限度利益的过程，也就是各国根据本国经济发展实际获取最大限度利益的过程。

在传统上，竞争政策与贸易政策这两类重要的经济政策之间的界限是很明显的，因为：贸

① 参见王先林、丁国峰：《反垄断法实施中对竞争政策与产业政策的协调》，载《法学》，2010（9）。

② 参见于立、吴绪亮：《产业组织与反垄断法》，8页，大连，东北财经大学出版社，2008。

易政策专司对外贸易，主要针对政府及其行为，采用与进出口密切相关的、适用于国与国之间的政策措施，协调各国市场之间的资源配置；竞争政策则专司对内交易，主要针对厂商及其行为，采取适用于一国市场以内的政策措施配置本国市场内的资源。但是，在现代社会，两者之间又有着非常密切的联系。总体来说，竞争政策与自由贸易政策既有相互一致的方面，又有相互冲突的地方。

竞争政策与自由贸易政策在追求的目标和面临的现实条件方面具有一致性。竞争政策与自由贸易政策首先具有共同的目标，即都追求资源配置的效率以及总体经济福利的最大化，都为了保证贸易自由与公平竞争，最终使消费者获利。同时，尽管完全的自由竞争和自由贸易是最理想的状态，但是现实条件与理想状态并不一致，现实条件往往受到一定程度的扭曲与限制。充分竞争受到的限制是垄断、合谋等各种市场主体的限制竞争行为，自由贸易受到的限制是关税、配额、出口补贴、反倾销税、自愿出口限制等。

竞争政策与自由贸易政策在功能上具有相互促进和补充的作用。一方面，竞争政策通过促进和保护竞争，最终使消费者得以享受质优价廉的产品或服务，这对自由贸易政策起着重要的促进和补充作用。如果没有竞争政策的作用，特别是有效的竞争法的规制，各国市场的种种反竞争或限制竞争行为会阻碍自由贸易政策目标的实现，自由贸易的种种好处便为政府的或私人的限制竞争行为所抵消。另一方面，自由贸易政策通过削减关税和非关税贸易壁垒，开放国内市场，使价廉物美的商品或服务得以比较利益的原则在各国之间自由流通，这同时也促使竞争跨越国界而在国际市场上展开，进而有利于各国的消费者。因此，贸易与投资的自由化可以刺激竞争，在自由贸易政策下，各国国内市场的竞争程度都会得到提高，从而使资源得到合理的配置。更为重要的是，这种来自国外的潜在竞争者的威胁，会有效地制约国内市场上那些拥有垄断或者市场支配地位的企业滥用其市场支配力。显然，这在很大程度上会促进各国国内竞争政策目标的实现。

但是，竞争政策与自由贸易政策又具有多方面的差异性，存在着潜在的冲突。这主要体现在以下三个方面。

首先，两者的作用领域不同。竞争政策作用的领域在传统上是各国国（境）内市场上的竞争问题，其主要着眼于消除企业限制竞争行为在国内市场上形成的市场障碍，以创造国内市场的自由公平竞争环境，提升国内的资源使用或配置效率。而自由贸易政策作用的领域是跨国（境）的市场准入问题，其着眼于消除政府制造的国与国之间的关税和非关税贸易壁垒，以使货物与服务可以自由进出境，从而优化国家之间的资源配置。同时，并非所有的竞争政策都与自由贸易政策有关。

其次，两者的价值观念和取向不同。一般来说，竞争政策的价值观念相对较为单一，其通过促进和保护竞争来实现实质公平和整体效率的目标，其对消费者利益的保护是更为直接的，即消费者能够享受到有效竞争所带来的更低的价格、更好的质量以及更多的产品和服务。而自由贸易政策的价值观念是多重的，其虽然也要考虑到竞争，但还要考虑到其他更重要的经济和政治方面的因素（如国家安全、产业的国际竞争力、国内就业机会和外交关系等），并且一般来说，其更关注国内生产者的利益，保护国家的利益，而对消费者的保护是比较间接的，甚至在某种情况下还是不利于消费者的。

最后，两者的具体处理和作用方式不同。自由贸易政策往往伴随着一些保护和救济制度，而这些保护和救济制度在具体执行中容易产生反竞争效果，从而与竞争政策产生冲突。例如，基于两者的价值观念和取向上的不同，贸易政策上的反倾销制度和竞争政策上的禁止掠夺性定价制度之间就容易产生冲突。根据反倾销制度，如果一国产品的出口价格低于该国国内市场价格或第三国销售价格，则可能构成倾销，为确保国内其他竞争者利益不受损害，进口国就可以采取征收反倾销税的保护措施。而依据禁止掠夺性定价制度，除非企业定价低于成本且有排挤竞争对手的意图，否则低价销售行为并不违法，并且其因为将有效率生产的利益分享给社会大众（消费者）而值得鼓励。因此，实施反倾销制度虽然强调其目的在于公平竞争，但其采取的标准并非以市场机制下的竞争为基础，实施的效果往往会妨碍或者阻止竞争，而非鼓励竞争，容易被进口国生产商的利益集团滥用以对国际贸易施加不正当限制，甚至被当作贸易保护主义的工具。同样，贸易政策中的保障措施等贸易救济制度作为保护丧失产业竞争力者的手段，是用来限制或阻止进口国相关市场竞争的，这与竞争政策保护“竞争”而不是保护“竞争者”的基本原则和理念也是不同的。

思考题

1. 如何理解竞争法所调整的经济竞争？
2. 如何理解竞争的积极作用和消极影响？
3. 现代竞争理论有哪些主要流派？它们各自对竞争法有什么影响？
4. 如何理解竞争政策在经济政策体系中的地位？
5. 如何理解竞争政策与产业政策、贸易政策的关系？

第二章 竞争法基本理论问题概述

第一节　竞争法的概念和调整对象

一、竞争法的概念

竞争法是以规范市场竞争行为，维护自由、公平的市场竞争秩序为基本内容的法律规范的总称。它确认市场竞争的基本原则，规范市场竞争行为，以禁止垄断和不正当竞争为主要内容，目的是确保市场竞争机制能够正常发挥作用，维护自由、公平的市场竞争秩序，维护消费者利益和社会公共利益。竞争法既是经营者从事市场竞争行为必须遵循的行为准则和法院必须遵循的相应的裁判准则，也是政府专门职能部门监督管理市场竞争行为的执法准则。因此，竞争法既是市场竞争行为准则法，也是竞争规制法，即确认和规范国家对市场竞争行为进行监督管理之法。

竞争法的概念有广义和狭义之分。广义上的竞争法包括反垄断法和反不正当竞争法两部分；而狭义上的竞争法仅指反垄断法，不包括反不正当竞争法。例如，在欧盟和一些国际组织的文件中，竞争法仅指反垄断法。我国与多数国家的情况一样，一般是从广义上来使用竞争法这一概念的。实际上，竞争法的称谓只是在一般意义上使用的一个概念，在不同的国家、不同的时期，还有许多不同的称谓，如反托拉斯法、公平交易法、管制限制性商业行为（惯例）法等。这与不同国家和地区的具体立法模式、法律传统以及概念使用的范围等差异有关。

竞争法是现代经济法中最早发展起来的部分，也是其核心和典型的部分。它是国家干预市场及其法治化的产物。尽管在资本主义以前的社会就有市场，有市场竞争，也有国家对市场竞争的某些管理活动和相应的法律规范，例如早在罗马法和唐律中就有某些类似禁止市场垄断行为的法律规则，但那时的市场很不发达，国家对市场竞争的管理很有限，有限的市场竞争法律规范也是与其他性质的法律规范合为一体的。在自由资本主义时期，市场的规模和作用得到了空前的发展，此时的市场竞争虽然也伴随着仿冒和诋毁等损人利己的现象，但总体上还是比较平和的，其固有的弊端尚未明显地暴露出来。这时国家对市场竞争的全面干预就显得多余。政府也信守“干预最少的政府是最好的政府”的原则，只充当“守夜人”的角色；国家对市场的职能只是以裁判者的身份制定市场行为的基础性规则，即体现了“契约自由”原则的民商法，并保证该规则的执行，让市场这只“无形之手”充分发挥调节作用。而随着商品经济和社会化大生产的发展，无限制的自由竞争导致竞争的无序以及垄断的形成和发展。垄断的出现加剧了市场上的各种矛盾和冲突，而这是市场机制本身所不能克服的，恰恰是市场失灵的表现，是在传统民商法的范围内所不能解决的。为矫正市场的失灵，克服其局限性，国家这只“有形之手”对市场竞争的干预和管理应运而生，并日益成为其一项重要的职能。正是在此基础上，现代经济法逐渐形成并不断得到发展。竞争法正是其最先得到发展和最重要的部分。竞争法的产生标志着国家干预市场的自觉化和法治化。

由于竞争法是建立在市场经济的基础之上的，因而在社会主义国家，只要存在着市场经济，就存在着竞争法的客观基础。不过，与资本主义国家的竞争法产生于由自由资本主义向垄断资本主义过渡、市场机制较为完善、国家加强对市场的干预的时期不同，我国的竞争法产生于由传统的计划经济体制向社会主义市场经济体制过渡、市场机制不够完善、国家相对弱化对市场的全面干预的时期。这说明，竞争法所确认和规范的是国家对市场竞争行为进行的适当和必要的干预，不同国家、不同时期的竞争法虽然有着不同的背景和具体内容，但都有着大致相同的基础。竞争法律制度的建立有利于促进市场竞争行为及其管理的规范化，形成和维护良好的市场竞争秩序，为市场竞争机制作用的发挥创造一个良好的环境。

二、竞争法的调整对象

对于竞争法的调整对象，目前大多数学者认为是经营者之间的竞争关系，或者是经营者之间的竞争关系（竞争关系）和国家对市场竞争秩序的管理关系（竞争管理关系或者竞争规制关系）。但是，也有学者认为，竞争法调整的是竞争规制关系，竞争关系作为平等主体之间的市场关系，是由民商法来进行调整的。[①] 这里主要涉及对竞争关系的理解以及竞争关系的法律调整问题。

从市场竞争的含义和性质来说，竞争关系是发生在经营者之间的为争夺交易机会而进行相互较量的经济关系，不同于发生在经营者与交易相对人之间的为进行交易而发生的交易关系，但其与交易关系有着密切的联系。在广义上，卖者与买者之间的交易关系本身属于竞争关系的一种，即使在狭义上，即就卖者与卖者之间的竞争关系来说，其也要以交易关系作为中介，也就是竞争关系需要通过交易关系直接或者间接地表现出来。"盖两个事业之所为要具有竞争之意义，必须有与第三人之缔约机会的争取为其目标。"[②] 由于竞争关系涉及作为平等主体的经营者之间以及与交易相对人（尤其是消费者）之间的财产利益，有时甚至涉及人身利益，因而它也要受到民商法（合同法、侵权法等）的调整。

但是，民商法调整的不是竞争关系的全部，它并不排除其他法律从不同角度对竞争关系进行调整。事实上，民商法对竞争关系的调整是一种运用私法方法的基础性的调整，而且往往调整与具体交易关系相联系的竞争关系，而这种调整一般只确认竞争行为的原则规范，即违反规定的竞争行为无效或者要承担侵权法上的责任。而在现代市场经济条件下，竞争关系已经远远超出了具体交易关系的范畴，往往与社会公共利益直接相关，因为非法垄断和不正当竞争都会造成市场竞争机制的破坏，从而使资源配置效率和整体的消费者福利受损。因此竞争关系在受到民商法的基础性调整之后，还要受到专门的竞争法的进一步调整。借鉴经济学中所谓市场调节是第一次调节、政府调节是第二次调节的说法，竞争法对市场竞争关系的调整也可以被看作是在民商法的基础性调整（以契约自由为特点）之后进行的第二次调整（以对契约自由加以必要限制、防止其被滥用为特点），是一种从社会公共利益出发的更高级的调整。

作为一种专门性的调整，竞争法对竞争关系的调整不是抽象的、概括的调整，而是具体的、细致的调整，其深入竞争关系的内部，通常有政府专门机构的主动介入，不仅有事后的介入，还有事前的介入，因而属于主要运用公法方法的矫正性、恢复性的调整。因此，竞争法也调整竞争关系，但是它运用公法的方法调整，这种调整所形成的法律规范主要表现为禁止性规

① 参见王显勇：《论竞争法的调整对象》，载《河北法学》，2004（9）。

② 黄茂荣：《公平交易法专题研究》，315页，台北，植根法学丛书编辑室，1998。

范，体现了国家对竞争关系的监督管理。竞争法既确立了经营者之间的竞争行为规则，也确立了国家对市场竞争行为的监督管理规则，因而竞争法的调整对象既包括经营者之间的竞争关系，也包括政府与经营者之间的竞争监督管理关系或者竞争规制关系。这与民商法只调整经营者之间的竞争关系是不同的。事实上，由于竞争法在本质上属于竞争行为管理规则法，因而竞争法的调整对象主要和直接地表现为竞争规制关系，而经营者之间的竞争关系是在调整竞争规制关系中间接地表现出来的。这体现了竞争法调整竞争关系的特点。

第二节　竞争法的体系构成和立法模式

一、竞争法的体系构成及相互关系

从多数国家和地区的情况来看，竞争法通常由反垄断法和反不正当竞争法两个核心部分构成。其中，反不正当竞争法是旨在禁止以违反商业道德等不正当手段从事市场竞争行为，维护公平竞争秩序的法；而反垄断法是旨在反对限制竞争、维护自由公平竞争和经济活力的法。在我国，无论是在法学理论上还是在立法实践中，竞争法的概念都是在广义上使用的，即我国的竞争法包含这两个部分。

反不正当竞争法和反垄断法在保护竞争上有着共同的取向和积极作用，它们都对市场竞争行为进行规制，都有利于维护经营者和消费者的合法利益，对于维护自由、公平的市场竞争秩序来说，二者都是必不可少的。两者在功能上是相互补充的：反不正当竞争法维护公平竞争秩序要以竞争能够自由展开为条件，这就需要反垄断法发挥其功能；而反垄断法维护自由竞争秩序也需要公平竞争的环境，否则自由竞争就会成为恶性竞争。此外，两者在内容上还相互交叉，这主要表现在反垄断法中的禁止滥用市场支配地位制度与反不正当竞争法中的相关制度存在一些重合之处。因此，在一些国家或地区甚至采取反不正当竞争与反垄断的合并立法，并由同一执法机构负责执行。但是，两者又存在多方面的重要差别。

第一，产生的背景与法律渊源不同。不正当竞争行为在简单商品经济时代和自由竞争的资本主义时代就产生和存在，因此在古罗马法上就已经有一些针对不正当竞争行为的规定，大陆法系国家的民法典中和早期的普通法中也有针对不正当竞争行为的规定。反不正当竞争法有多种法律表现形式，既有专门的成文法，也有判例法和民法中关于侵权行为的规定等，其规定和适用主要针对较为具体的侵权行为。而垄断行为或限制竞争行为主要是在垄断资本主义产生之后出现的，是现代社会化大生产的产物，因此反垄断法的产生时间要晚于广泛意义上的反不正当竞争法。反垄断法主要表现为专门的成文法，其规定和适用的灵活性和政策性更强。不过，第一部现代成文的反不正当竞争法（1896 年的德国《反不正当竞争法》）和第一部反垄断法（1890 年的美国《谢尔曼法》）的产生时间大致相同。

第二，规制的目的和侧重点不同。反不正当竞争法的目的是防止竞争过度，消除恶性竞争的影响，主要是保障具体交易场合特定当事人之间的利益平衡，侧重维护微观的竞争秩序，追求局部和个案的公正，保障静态的财产权和人身权，可以说它是经济领域的侵权法。而反垄断法的目的是防止竞争不足，保护竞争机制本身不受扭曲，竞争不被排除或限制，主要是维护宏观的竞争秩序，侧重追求整体和宏观的效率，实现动态的交易安全。如果说反不正当竞争法侧重维护公平竞争，那么反垄断法侧重于维护自由竞争。

第三，规制对象的性质和违法的构成不同。反不正当竞争法规制的是不正当竞争行为，这种行为在性质上是违反商业道德的，在分析时只存在是否构成的问题，而不存在适用除外和豁免的问题。而反垄断法所规制的既包括垄断行为，也包括垄断状态，而且垄断行为大多是结构性垄断行为，这种行为的违法性一般不直接涉及商业道德，具有相对性和动态性，在分析时往往根据不同情形分别采取本身违法原则和合理原则，需要大量运用经济分析方法，并存在适用除外和豁免的问题。

第四，规制方法与责任形式不同。反不正当竞争法主要是事后规制，以民事制裁（主要靠私人提起损害赔偿诉讼）手段为主，辅以行政制裁和刑事制裁的手段。而反垄断法既有事前规制，如调查市场结构情况、对经营者集中进行事前审查以及对某些垄断协议进行事前核准（一些国家和地区曾有这类制度）等，也有事后规制，以行政制裁手段为主，辅以民事制裁和刑事制裁的手段，并且救济措施既有行为性的，也有结构性的，如分拆大企业或者责令实施合并的企业恢复到并购前的状态。因而，反垄断法较之反不正当竞争法具有更多的公法因素。

反不正当竞争法和反垄断法的这些区别表明，将二者分别立法，可能更加合理。当然，两者应当彼此协调，以实现保护市场竞争的共同目标。总体来说，由于反垄断法涉及的问题是全局性、宏观性的，政策性更强，与整体的经济效率和社会公正息息相关，因而它在推动和保护竞争方面所起的作用就远远大于反不正当竞争法。在西方一些国家被称为“经济宪法”的主要是狭义上的竞争法即反垄断法，而一般不包括反不正当竞争法。

二、竞争法的立法模式

由于反不正当竞争法和反垄断法之间既有密切的联系又有明显的区别，各个国家和地区在进行竞争立法时就根据各自的情况，采取了不同的立法模式。目前，有关国家和地区的竞争立法模式大致可以分为以下三类。

第一，分别立法的模式。采用此种立法模式的主要有德国、日本等多数以制定法为法律渊源的国家。如，德国在1896年制定《反不正当竞争法》，1957年又制定了《反限制竞争法》；日本在1934年制定了《不正当竞争防止法》，1947年制定了《禁止私人垄断及确保公正交易法》（以下简称《禁止垄断法》）。此外，韩国、瑞士等也是采用此种立法模式的。韩国在1986年制定了《不正当竞争防止法》（后经多次修改，其中1998年修改时将名称改为《防止不正当竞争及保护营业秘密法》），1980年制定了《规制垄断与公平交易法》（后经多次修改）。

第二，合并立法的模式。采用此种立法模式的主要有澳大利亚、匈牙利等。这些国家将反不正当竞争法律制度和反垄断法律制度规定在一部法律内。例如，澳大利亚1974年的《交易行为法》、匈牙利1996年的《禁止不正当市场行为和限制竞争法》（取代了1990年的《禁止不正当竞争法》及更早的1984年《竞争法》），都包含了反垄断和反不正当竞争的法律规范，有的甚至还包括了保护消费者的法律规范（如澳大利亚）。

第三，以反垄断为主的立法模式。采取这种立法模式的主要是美国，其竞争立法主要表现为一系列反垄断立法，例如《谢尔曼法》、《克莱顿法》、《联邦贸易委员会法》和《罗宾逊-帕特曼法》等，其中附带涉及反不正当竞争规范（如《联邦贸易委员会法》第5条），同时以其他法律（如《商标法》等）规制不正当竞争行为。欧盟的竞争立法也主要是反垄断立法，而很少有反不正当竞争的规范。

我国在1993年制定了《反不正当竞争法》（2017年修订和2019年修正），又在2007年制定了《反垄断法》（2022年修正），可见我国采取分别立法的模式。

第三节　竞争法的性质和地位

一、竞争法的性质

从性质上将法律划分为公法和私法是法律的基本分类，所以竞争法的性质，主要是指它在公、私法的基本分类中如何归类的问题。法律规范因其属于公法或私法而有不同的性质、原则及调整方法。由于竞争法是经济法的核心和典型的组成部分，因而竞争法的性质取决于经济法的性质。

关于公法和私法的划分标准，大致有三种学说：一是利益说，即以规定国家利益者为公法，以规定私人利益者为私法；二是意思说，即规定权力者与服从者的意思者为公法，规定对等者的意思者为私法；三是主体说，即公法主体至少有一方为国家或国家授予公权者，私法主体法律地位平等。我国目前比较公认的一种说法是：公法调整非平等主体之间的社会关系，以确认公权并使其服从法律规制为根本任务；私法调整平等主体之间的社会关系，以确认私权并保证其实现为己任。①

总体来说，经济法学界都认为经济法具有公法的性质，但在是否仅具有公法性质的问题上有不同的认识。有的学者认为经济法只具有公法的性质，它“并不是外在于公法和私法之外，也不是存在于交叉渗透的公法和私法之间，而是内在于公法之中”②。似乎有更多的学者则认为经济法在具有公法性质的同时，还具有一定的私法性质，但在具体的表述上不完全相同：有的表述为经济法“‘是以公为主、公私兼顾’的法，是介乎于二者之间，对二者进行平衡协调的一种新型的法”③；有的表述为“经济法是以公法性质为主，兼具私法的性质”④；有的表述为“经济法应是介于公法和私法之间的法律部门”⑤；有的表述为“经济法是以公法为主，私法为辅的社会法”⑥。虽然这些不同表述之间还隐含着对于经济法是否为公、私法之外的第三法域的不同认识，但都认为经济法横跨公、私法两个领域。这在一定程度上反映了现代法的“公法私法化”和“私法公法化”的趋向，以及公法和私法的分野日益模糊的现象。

作为经济法的重要组成部分，竞争法也是兼具公法与私法性质的。竞争法运用公法的方法调整竞争关系，体现了国家对市场竞争行为的干预，其公法性质是非常明显、毋庸置疑的。但同时，竞争法也具有一定的私法性质，因为它调整的竞争关系是经济关系的一种，也属于私法的调整对象，而它的调整方法是公法的方法，如禁止、命令、承认、认可、指定等。用公法的方法调整原本由私法调整的领域，这正是竞争法乃至整个经济法既具有公法性又具有私法性的主要原因。⑦

竞争法中除主要运用公法的调整方法以外，也有运用某些私法调整方法的情况，违反竞争法的行为要承担损害赔偿等民事责任。美国的反托拉斯法还允许受害的当事人提起3倍的损害赔偿之诉。不过，竞争法中这种私诉的目的主要是弥补公诉力量的不足，并以私人对损害的1

---

① 参见王保树主编：《中国商事法》，10页，北京，人民法院出版社，1996。

② 张守文、于雷：《市场经济与新经济法》，80页，北京，北京大学出版社，1993。

③ 潘静成、刘文华主编：《经济法》，68页，北京，中国人民大学出版社，1999。

④ 王保树主编：《经济法原理》，85页，北京，社会科学文献出版社，1999。

⑤ 李昌麒：《经济法——国家干预经济的基本法律形式》（修订本），246页，成都，四川人民出版社，1997。

⑥ 周林彬主编：《市场经济法》，40页，兰州，兰州大学出版社，1994。

⑦ 参见曹士兵：《反垄断法研究》，10页，北京，法律出版社，1996。

倍至3倍求偿权作为威慑的一种利益机制来实现竞争法的公益目标。在这里，弥补受害人作为私人的损失只是一个相对次要的目标。这与一般民事侵权法中允许受害的当事人提起损害赔偿诉讼的立法目的是有所不同的。日本的金泽良雄教授也就此作了类似的论述，他指出：禁止垄断法的规制已经超越了以私益为保护法益的市民法的限度，因此其保护的法益，非私益，应为公益，是作为公益的自由竞争秩序。对于违反《禁止垄断法》者，采取公正交易委员会的排除措施，即行政处分，并科以刑罚。该法关于无过失损害赔偿责任的规定也并不能改变其保护法益是公益的基本性质。①

总体来说，竞争法在性质上是以公法性质为主，同时兼有某些私法性质的。不过，反不正当竞争法和反垄断法在体现公法和私法性质的程度上是不相同的。具体来说，反不正当竞争法相较于反垄断法更多地体现了私法性质，以至于有人将其归入民事侵权法的范畴。在这个意义上可以说，反不正当竞争法是侵权行为法在市场竞争领域的延伸和专门化。但是，现代反不正当竞争法并非单纯的私法，而是越来越多地渗入了公法的因素，因此也兼具公法和私法的性质，与反垄断法一样都属于经济法的范畴。

二、竞争法的地位

竞争法的地位是指竞争法在法律体系中处于何种位置，以及它与相关法律的关系问题。法律体系作为法的规范体系（区别于立法体系或规范性文件体系），是由多层次的法律部门（部门法）组成的、具有内在联系的有机统一整体。法律部门是根据一定标准和原则所划定的同类法律规范的总称。对法律体系在作第一次划分形成基本部门以后，还可以在各部门内进行第二次、第三次或者更多次的划分，这样就相应地形成了不同层次上的法律部门。“在法的部门中可以形成一种比制度更大的构成体（规范联合体），也叫作子部门，它是法的部门的相对独立部分，由调整包含在法的部门范围中的一个特殊种类的社会关系的规范或制度构成。”② 可见，在法律体系中的法律部门是多层次的。明确某一特定的法律规范集合体在法律体系中的地位，就是要确定该法律规范集合体属于何种层次的法律部门。

在不同的国家和地区，法律部门的划分和法律体系的构成情况是不完全一样的。在我国，虽然人们对经济法的调整范围和地位曾有不同的认识，但是现在有关经济法是在宪法统率下的我国法律体系中一个独立的法律部门，既是学界的共识，也得到了最高立法机关的明确肯定。而竞争法就是作为独立部门法的经济法体系的一个重要组成部分。作为经济法的一个组成部分，竞争法典型地体现了平衡协调、社会本位、实质公正等经济法的基本原则和理念。而且，由于竞争机制是最基本的市场运行机制，因而为确保竞争机制正常发挥作用的竞争法是市场经济条件下的一项基本法律制度，特别是其中的反垄断法，在一些发达市场经济国家甚至被视为“经济宪法”、“市场经济的基石”和“自由企业大宪章”。

竞争法作为经济法的一个组成部分，在外部区别于民商法等其他法律部门，在内部与经济法的其他组成部分既相互区别又相互联系。经济法作为一种法律规范体系，是由众多法律规范构成的。这一体系首先可以分为两大规范群，即市场规制法和宏观调控法，而这两大规范群又分别由不同的亚部门法组成，竞争法就是其中的市场规制法的龙头和核心。竞争法作为市场规制法，与宏观调控法之间既有联系又有区别。其联系表现为：二者都是基于市场的缺陷和局限性而产生的，都体现了国家对市场的干预；而且，竞争法对市场竞争进行监督管理是宏观调控

① 参见［日］金泽良雄：《经济法概论》，满达人译，184页，北京，中国法制出版社，2005。

② 孙国华主编：《法理学教程》，379页，北京，中国人民大学出版社，1994。

有效发挥作用的前提，而宏观调控法所确认和规范的宏观调控也为市场竞争监督管理的顺利实现提供了重要的外部环境。因此，二者互为补充、互相配合，共同促进市场经济的健康发展。其区别主要表现为：竞争法对市场竞争行为进行具体的监督管理，侧重于运用行政手段；而宏观调控法表现为对市场进行整体的调节控制，侧重于运用经济手段。

第四节 竞争法的特征和基本原则

一、竞争法的特征

作为经济法中典型的一种子部门法，竞争法具有经济法的一般特征，如经济性或专业性、政策性、行政主导性和综合性等。当然，竞争法在体现经济法的这些一般特征的同时又有自己的调整方式，从而形成了其在经济法中的一些特殊性。从竞争法的基本性质、内容和各国的竞争立法、执法情况出发，这里将竞争法的基本特征概括为以下三个方面，这些特征也具体地、典型地体现了经济法的特征。

（一）国家干预性

如果说用国家干预或政府干预可能尚难以完全概括现代经济法调整的丰富而深刻的内涵，那么用它概括作为经济法的典型部分的竞争法的调整内涵还是比较适当的。竞争法在本质上就是国家为弥补民商法调整的不足而自觉地干预市场，以维护自由、公平的竞争秩序和经济活力而产生的。尽管笼统地说，国家对经济生活或者市场的干预是伴随着国家的产生而产生的，但是这种干预的前提和出发点在不同国家、不同时期是各不相同的。现在所说的国家干预必须以市场经济作为共同的基础，因而它与在自然经济和计划经济基础上的国家经济统制是完全不同的。而在市场经济的基础上所进行的国家干预也呈现出不同的情形，大体上可以分为干预不足、干预过度和干预适度三种情形。竞争法反对非法垄断和不正当竞争，是促进和保证国家适度干预的重要力量。显然，这种国家干预不应是为干预而干预，不是为了限制、扼杀经济自由而干预，恰恰相反，是为了扫除对经济自由的不正当限制以实现自由、公平的竞争而干预。博登海默认为，“任何自由都容易为肆无忌惮的个人和群体所滥用，因此为了社会福利，自由就必须受到某些限制，而这就是自由社会的经验……无限制的经济自由也会导致垄断的产生。人们出于种种原因，通常都乐意使他们的自由受到某些对社会有益的控制”①。竞争法所体现的国家干预不是对民商法所确认的营业自由和契约自由的否定，而是为了更好地确保这种自由，立足于社会整体利益而进行的调整。竞争法的国家干预性具体体现了经济法的行政主导性。

（二）社会本位性

法的各个部门在处理社会整体和个体之间的关系方面，有不同的主旨和调整方式，对国家和非公共组织、个人的保护和制约也有不同的侧重，从而区分出不同的法律调整模式。一般来说，行政法以国家权力为本位，民法以个人权利为本位，包括竞争法在内的经济法具有明显的社会性，并且以社会为本位。经济法的社会本位，是指它在对经济关系的调整中立足于社会整体，在任何情况下都以大多数人的意志和利益为重。在经济法的社会本位方面，竞争法表现得尤为明显：它保护的既不是单纯的国家利益，也不是完全的社会个体的利益，而是同这两者既有密切联系又有明显区别的社会公共利益，即广大人民群众所享受的利益。竞争法对社会公共

---

① ［美］E. 博登海默：《法理学：法律哲学与法律方法》，邓正来译，281～282页，北京，中国政法大学出版社，1999。

利益的维护是通过对自由和公平的市场竞争秩序的维护来实现的。它对垄断结构、垄断行为和不正当竞争行为的规制是以社会公共利益为出发点和目的的，其实际效果亦应如此。竞争法的这一特征实际上是对其主体（国家和各类市场参与者）行为的引导和限制，无论是国家还是各类市场参与者，在竞争问题上都必须对社会共同尽责。

（三）经济政策性

相对于其他部门法来说，经济法在整体上具有较强的政策性，而其中竞争法（特别是反垄断法）的政策性更加明显。这不仅表现在竞争法的制定、修改本身与国家的经济政策密切相关，而且表现在其执法和司法活动带有很强的政策性，从而具有较大的灵活性，同样的法条在不同的国家以及相同国家的不同时期，其执行情况可能有很大的差异。“条文大同小异的反垄断法，在美国被执行的力度就比在诸如日、韩等国要严厉得多；在美国，不同时期对反垄断法的执行力度也是不一样的。”[①] 正是由于竞争法的政策性明显，因而它在很多国家往往被称为竞争政策法。英国的约翰·亚格纽认为竞争法“是与经济政策紧密相关的法律领域，因而并不是特别适合于司法推理”[②]。竞争法的经济政策性及由此而派生的灵活性使其适用的难度较大，因为“‘公平交易法’几乎不可避免地充满概括条款或不确定法律概念，例如竞争、独占、市场、市场占有率、景气等‘法律’名词皆是，再加上随着经济现象的不断变化，经济学理论的不断更新，‘公平交易法’的运作很难像一般‘法律’一样，依传统的法律解释方法得出合理的结果”[③]。德国的闵策励认为，在反垄断法里，黑白之间即合法与不合法之间的明晰区别往往是没有的，几乎全部都是昏暗不明的灰色区域。“同一形式和内容的法律行为由于各种情况可能是合法的，也有可能是非法的。例如，签订买卖合同和建立公司（或联合、协作关系）的合同，是市场经济条件下最普通的法律行为，保护签订合同的自由就是保护竞争法的一个内容。但是这样的合同也有可能是套购合同或建立垄断组织的合同，亦即破坏竞争的合同。”[④] 美国的霍温坎普（Hovenkamp）认为，反托拉斯法基本上是一种授权立法（enabling legislation），要求法院体察市场及厂商行为，并发展出一套准则，使之有利于社会。法则的标准因此将不可避免地随着意识形态、科技及美国的经济环境的改变而改变。[⑤] 竞争法的这一特点就对有关执法者的经济理论素养和政策水平提出了更高的要求。

二、竞争法的基本原则

任何法律部门（不同层次的）除应有各种具体的规范以外，还应有体现于具体规范之中并指导这些规范的根本规则，即基本原则。竞争法同样有自己的基本原则，这是指贯穿于竞争法之中的，体现国家监督管理市场竞争行为的基本目标和价值判断标准的根本规则。它虽然由竞争法律规范来确认和体现，但又不同于这种具体规范，而是一种不确定的、原则性的规定。它具有普遍的适用性和约束力，即它贯穿于竞争法的全部规范之中，并且指导着从立法到守法、执法和司法的全部过程。这样，无论是立法机关制定、修改有关竞争法律、法规，还是经营者从事市场竞争活动，有关职能机关依据这些法律、法规行使监督管理职能以及司法机关依其处理争议和追究责任，都必须符合竞争法的基本原则，而不得与之相违背。简单地说，竞争法基

① 史际春、邓峰：《经济法总论》，59页，北京，法律出版社，1998。

② ［英］约翰·亚格纽：《竞争法》，徐海等译，18页，南京，南京大学出版社，1992。

③ 苏永钦：《经济法的挑战》，125页，台北，五南图书出版公司，1994。

④ ［德］闵策励：《联邦德国的反垄断法》，载《法学研究》，1986（6）。

⑤ 参见赖源河编审：《公平交易法新论》，27页，台北，月旦出版社股份有限公司，1997。

本原则具有立法准则、行为准则、执法准则和司法准则的功能。竞争法律规范本身就属于强行性规定，竞争法基本原则所负载价值的根本性决定了其强行性更为明显。另外，竞争法基本原则的不确定性等性质还起到“克服法律规定的有限性与社会关系的无限性的矛盾、法律的相对稳定性与社会生活的变动不居性的矛盾、法律的正义性与法律的具体规定在特殊情况下适用的非正义性的矛盾的作用”①。因此，竞争法的基本原则具有重要的意义。

竞争法的基本原则当然要靠法律予以确认和体现。我国的竞争法并不是一部统一的法典，而是表现为《反不正当竞争法》和《反垄断法》，并且这两者又存在很多差别，因此，对竞争法的基本原则只能根据已有的法律规定及竞争法的根本任务和内在要求来进行分析、概括。目前，学界对于竞争法基本原则的具体表述并不一致，但在基本精神上还是大致相同的。由于竞争法的根本任务是维护自由、公平的市场竞争秩序，最终实现社会公共利益，所以竞争法的基本原则可被概括为保护自由竞争原则、保护公平竞争原则和维护社会公共利益原则。这里的原则表述中包含“保护”“维护”的修饰，不仅表明竞争法和国家在维护竞争秩序中的能动作用，政府在这方面负有积极性义务，还体现出竞争法规范的强行性，而不仅仅是对市场主体的一般性要求。②

（一）保护自由竞争原则

市场竞争机制正常发挥作用的一个基本前提是竞争能够自由开展。如果竞争受到各种限制甚至被排除，那么其有效配置经济资源、促进经济技术进步和保护消费者利益等积极作用也就受到限制或者无从谈起。而且，自由竞争是公平竞争的前提，在竞争受到排除和限制的情况下，所谓的公平竞争也就根本谈不上。竞争自由虽然是市场经济的内在要求，但是往往受到各种人为的干扰和阻碍。作为市场经济条件下调整市场竞争关系、规范市场竞争行为的竞争法，自然就要担负起维护自由竞争的重任，并且将保护自由竞争作为一项基本原则。

保护自由竞争原则是经济民主原则在竞争法领域的具体要求和体现。经济民主是法治经济之本义所在，是经济体制改革的必然要求，是相对于经济集中而言的，它所强调的是对企业法人和自然人的合法权利的保护。③ 竞争法虽然是“管理”之法、“干预”之法，却要贯彻经济民主和竞争自由的原则。“只要存在着对竞争的不正当限制或者对消费中、购买中合理判断的严重障碍，那么，实际的政府干预就是必要的。这种社会控制与其说是对自由企业体制本身进行限制，不如说是用来扩大企业在市场上的总体自由。作为基本的指南，反托拉斯与贸易法规为企业的（市场）进入、扩展和存在提供了有效的便利，并为消费者的有效决策提供了充分的帮助。”④ 正因为这样，竞争法（特别是其中的反垄断法）在一些国家被称为“自由企业大宪章”。

保护自由竞争原则虽然不一定被明确写在有关竞争法的条文之中，但却贯穿于竞争法的基本精神和基本制度之中。这一原则的基本要求是：反对市场经营主体经济力量的过度集中和对市场的支配、控制，尤其反对利用其市场支配地位从事各种不公平的交易，反对经营者利用自身的优势对消费者进行各种限制和强制；同时，也反对来自政府的不适当强制，包括政府不适当地参与市场交易、排挤经营者的竞争，也包括政府在行使管理市场职能时不适当地限制市场主体的自由经营。这就需要由相应的法律规范即反垄断法、反不正当竞争法来体现。其目的是

① 徐国栋：《民法基本原则解释》，18页，北京，中国政法大学出版社，1992。

② 参见史际春、邓峰：《经济法总论》，167～168页，北京，法律出版社，1998。

③ 参见王保树：《市场经济与经济民主》，载《中国法学》，1994（2）。

④ ［美］马歇尔·C. 霍华德：《美国反托拉斯法与贸易法规》，孙南申译，4页，北京，中国社会科学出版社，1991。

防止市场上不适当的集中和限制的发生，并在实际发生时予以矫正。

当然，如同任何领域的自由都不是无限制的自由一样，对竞争自由的保护也不可能是绝对的，表现在法律上就是，法律在反对非法垄断的同时，又要允许某些垄断的例外存在，以谋求垄断与竞争的某种平衡。这是由竞争的二重性和竞争法的政策目标的非唯一性所决定的，因为在某些领域、某些方面，对竞争的自由加以一定的限制反而是有利于社会公共利益的。

（二）保护公平竞争原则

市场竞争不但应当是能够自由开展的，还应当是公平进行的。正义与公平、公正所表达的意思基本相同，都是人类所追求的一种理想。[①] 公平、正义是法律的灵魂和根本价值，可以说，任何法律都应以维护一定的公平、正义为目标，以至于“无论在中国或西方语言中，法律都是正义的同义语”[②]。“从严格意义上说，竞争法乃至整个经济法的着眼点，并不在于对单个竞争者利益的保护，而在于实现社会公平正义。”[③] 虽然公平、正义是所有法律的共同追求，但是不同的法律所要强调和体现公平、正义的具体领域和侧重点又是不同的。竞争法作为调整竞争关系的专门法律，对公平、正义的追求就具体体现在保护公平竞争原则上。保护公平竞争原则是经济法乃至整个法律的本质要求在竞争法领域的具体体现。

保护公平竞争作为竞争法的基本原则，要求市场主体间竞争机会均等、竞争条件平等和竞争手段正当。这既要求政府为经营者参与市场竞争创造一个公平的环境和条件，而不应有各种歧视和差别待遇，也要求经营者之间在竞争过程中采取正当的手段和方式，而不得有不正当竞争行为和排除、限制竞争的行为。由于在市场经济活动中不能自动实现竞争的公平，而往往存在各种破坏公平竞争的情况，所以国家需要通过竞争法来保护公平竞争。对公平竞争的保护常常体现在有关竞争法的原则和宗旨的条款中，例如，我国《反不正当竞争法》第 1 条规定的宗旨中包含“鼓励和保护公平竞争”，第 2 条第 1 款规定的经营者在市场交易中应当遵循的原则中也包括“公平”；我国《反垄断法》第 1 条规定的宗旨中同样包括“保护市场公平竞争”。对公平竞争的保护更应该体现在竞争法的各项具体制度中。虽然在竞争法的体系中，反不正当竞争法的具体制度侧重于保护公平竞争，其体现保护公平竞争原则自不待言；反垄断法的具体制度侧重于保护自由竞争，但是其同样要贯彻保护公平竞争的原则，只有竞争本身是公平的，自由竞争才有意义，才不至于走向恶性竞争、无序竞争。事实上，反垄断法不仅在原则上体现了保护公平竞争，而且其具体制度，特别是禁止滥用市场支配地位制度同样体现了保护公平竞争。因此，保护公平竞争原则贯穿于竞争法的各个方面和环节，既体现为反不正当竞争法对经营者的各种不正当竞争行为的认定和处理，也体现为反垄断法对经营者的垄断行为的事前控制和事后制裁，还体现为反垄断法对行政机关和法律、法规授权的具有管理公共事务职能的组织滥用行政权力限制竞争行为的禁止。

（三）维护社会公共利益原则

竞争法体现保护自由竞争原则和保护公平竞争原则，维护自由、公平的市场竞争秩序，最终还是为了实现社会公共利益，即不特定的大多数人的利益。虽然在市场竞争中竞争者的个体利益与社会公共利益之间有一致的方面，这一点在古典经济学中得到了充分的强调，但它们之间也有矛盾和冲突的方面，因此市场竞争过程不能自动地、无条件地实现社会公共利益。从实

① 参见孙国华主编：《法理学教程》，106 页，北京，中国人民大学出版社，1994。

② 徐国栋：《民法基本原则解释》，325 页，北京，中国政法大学出版社，1992。

③ 王保树：《适应建立社会主义市场经济法律体系的要求积极推进民法学经济法学研究》，载《法学与实践》，1993（4）。

际的情况来看，经营者在市场竞争中为了追求自身利益的最大化，在损害竞争者或者交易相对人的利益的同时，也会损害社会公共利益，因而竞争法在调整市场竞争关系、规范市场竞争行为的过程中必须遵循维护社会公共利益原则。

维护社会公共利益原则要求竞争法在调整市场结构，规范竞争行为，维护市场秩序，保护和促进自由、公平竞争的过程中，始终以社会公共利益为最根本的准则。不论是反不正当竞争法和反垄断法对各种不正当竞争行为和非法垄断行为的禁止，还是反垄断法对特定垄断行为的豁免，都应当是为了社会公共利益的实现。例如，我国《反垄断法》不仅在第1条将维护社会公共利益明确规定为立法宗旨之一，而且在具体制度中也都体现了这一原则，其中，第34条规定：经营者集中具有或者可能具有排除、限制竞争效果的，国务院反垄断执法机构应当作出禁止经营者集中的决定；但是，经营者能够证明该集中对竞争产生的有利影响明显大于不利影响，或者符合社会公共利益的，国务院反垄断执法机构可以作出对经营者集中不予禁止的决定。

在竞争法中，维护社会公共利益原则在很大程度上是通过维护正常的市场竞争机制和竞争秩序来实现的，即所谓竞争法保护的是“竞争”而不是“竞争者”。而社会公共利益常常是以作为整体的消费者的利益来代表的。从经营者的角度来说，消费者实际上就是其市场，就是其竞相争夺的目标，因此在市场竞争中的一切行为都会直接或间接地影响到消费者。正常的市场竞争使消费者从中受益，而受到扭曲或者限制的竞争必然使消费者的福利受损，因此非法垄断行为和不正当竞争行为在损害了具体的竞争者、交易相对人和消费者的利益的同时，也损害了体现消费者整体利益的竞争机制和竞争秩序。因此，维护社会公共利益原则既是竞争法维护自由、公平竞争秩序的目的，也是其必然结果。

第五节　竞争法的基本价值和政策目标

一、竞争法的基本价值

法律价值是法学的基本范畴之一。法律价值是“在人（主体）与法（客体）的关系中体现出来的法律的积极意义或有用性”；“秩序、自由、正义和效益应作为法律的基本价值”①。“经济法的价值表现为实质正义、社会效益、经济自由和经济秩序的和谐，它们在本质上是统一的，但又表现为不同的方面。”② “经济法的法律价值是着重于维护社会总体效率、社会（实质）公平和建立在这样基础上的社会秩序。”③ 竞争法作为法律暨经济法的一个组成部分，无疑也应当具有上述基本的价值。不过，竞争法在总体上体现上述法律暨经济法的基本价值的同时又具有自己的特点。

由于竞争法的根本任务是维护自由、公平的市场竞争秩序，所以竞争法的基本价值蕴含在保护竞争之中。竞争法的基本价值在总体上是通过保护竞争或维护竞争秩序这种特定方式来体现的，而在保护竞争或维护竞争秩序时所要实现的具体目标在不同国家、不同时期是不完全相同的，总体来说，它都要体现公平和效率的要求。而自由、平等、秩序等都已经包含在这两者

---

① 张文显：《法学基本范畴研究》，254、256页，北京，中国政法大学出版社，1993。

② 史际春、邓峰：《经济法总论》，152页，北京，法律出版社，1998。

③ 漆多俊：《市场、调节机制与法律的同步演变》，载漆多俊主编：《经济法论丛》，第1卷，10页，北京，中国方正出版社，1999。

之中了，因为竞争的自由、平等本身就是公平竞争的题中应有之义，而有效率的竞争也必须以自由开展为前提；竞争秩序作为竞争的行为规范或准则以及相应形成的有序状态，主要关注的是竞争法的形式结构，而公平和效率是强调竞争法的内容与结果，因此，竞争法所维护的竞争秩序也应当以公平和效率为内容和结果，也就是说，这种竞争秩序应当是体现了公平和效率的秩序。在这里，竞争法所体现的公平是实质公平，它所体现的效率是社会整体的效率。因此，可以说，竞争法的基本价值就是通过保护竞争或维护竞争秩序来实现实质公平和社会整体效率。

竞争法，尤其是反垄断法在对相同情况作相同法律调整以外，还要对不同的情况、不同的人作不同的法律调整，对那些形式上、表面上公平而实质上不公平的情况加以矫正。竞争法无论是对垄断状态的控制还是对非法垄断行为、不正当竞争行为的禁止，也无论是对经济性垄断的调整还是对行政性垄断的规制，都是以促进和保障在自由、平等基础上开展竞争为目标和使命的。同时，包含自由和平等的竞争秩序得到维护也就使竞争者（尤其是中小企业）和消费者的合法权益得到保护。尽管竞争法（主要是反垄断法）的着眼点并不在于对单个竞争者之利益的保护，而在于实现社会公平、正义；尽管有竞争就会存在胜利者和失败者——这也正是优胜劣汰的竞争机制发挥资源配置作用的形式，但是，如果竞争者（特别是中小企业）的失败是其他竞争者（往往为大企业）的非法竞争行为所致，那么前者的平等、自由的竞争机会和条件就被限制、剥夺了。同样，如果消费者因为非法竞争行为而致选择机会减少并支付更高的价格，那么这些消费者就失去了自由、平等的竞争所带来的实惠，这种受到人为破坏和扭曲的竞争也是不公平的。竞争法的介入就是要矫正那些形式上公平（借助于经营自由、契约自由）而事实上不公平的结果。保护自由、平等的竞争机会、条件和作为整体的消费者的福利，是竞争法体现实质公平价值的必然要求。

任何法律都要体现效率的价值，竞争法作为直接调整特定经济关系的法律，更应该将效率作为自己的基本价值。在市场经济条件下，效率主要通过竞争来实现，因此竞争法通过对人为地破坏竞争的非法垄断行为和不正当竞争行为的禁止，维持合理的市场结构，保证有效的竞争，从而促进和保障市场竞争机制充分有效地发挥其功能，最终促进社会整体效率的提高。这样，竞争法的效率价值也就是基于其对竞争的保护来实现的。这里的效率不仅指个别主体的效率，还着重强调整体的效率；不仅强调经济的效率，还强调社会的效率，因而是社会整体的效率。这当然要依靠保护有效竞争来实现，即实现竞争活力与规模经济效益的统一。

实质公平、正义与社会整体效率共同作为竞争法的基本价值，它们在本质上是一致的。只有建立在公平、正义基础上的效率才是有意义、值得追求的效率，也只有在能够实现社会整体效率基础上的公平、正义才是更高层次的公平、正义。但是，只要价值追求不是唯一的，就有可能存在着冲突，存在优先的问题。无论是在公平、正义内部还是在其与效率之间，都存在冲突的可能。在公平、正义价值内部就存在平等与自由之间的冲突。“在经济领域，反托拉斯法所考虑的是维护竞争的平等，但它却对商业企业吞并或协作的自由起着限制作用。再从反面来看，一项授权创设联合企业和大型联合企业的法规显然会增进商业活动的自由和自主性，但与此同时却会扩大经济上的不平等。”① 在公平、正义与效率之间，也可能存在矛盾或冲突的情况，如为了体现包含自由、平等的公平、正义，有时就需要对企业单纯追求效率的行为加以限制，这可能会妨碍产业结构的适度集中和规模经济效益；而有时为了鼓励实现效率目标，又需

① ［美］E. 博登海默：《法理学：法律哲学与法律方法》，邓正来译，297页，北京，中国政法大学出版社，1999。

要对企业的自由、平等竞争加以某种限制，由此竞争者和消费者的利益可能要受到一定影响。这就存在一个更优先的价值目标的选择问题。对此，基于不同的价值取向，当然就有完全相反的选择结果。竞争法对这两个方面的价值应当尽可能协调兼顾，而且基于其社会本位性，从社会根本的、整体的利益和需要出发，它们之间也完全可以实现协调兼顾。当在特定情况下确实需要选择一个更优先的价值目标时，更能体现法律本质的公平、正义目标应当处于更优先的地位。

二、竞争法的政策目标

竞争法的政策目标，是指竞争法通过规范市场竞争行为和维护市场竞争秩序所应当保护的利益和实现的功能。竞争法的政策目标可以被看作是比较抽象的竞争法基本价值的具体化和法定化。由于反不正当竞争法和反垄断法在调整的角度和侧重点等方面存在差别，因而竞争法这两个部分在政策目标上也会有所不同，但在保护消费者利益等基本方面还是一致的。由于反垄断法涉及的问题更为宏观，政策性更强，所以竞争法的政策目标主要是就其中的反垄断法进行分析的。

虽然从美国的《谢尔曼法》算起，现代竞争法已有一百多年的历史，而且已成为许多国家、地区甚至国际组织法律体系中的重要组成部分，但无论是在理论上还是在实践中，竞争法的政策目标都没有一个统一的模式。“如果说各个法域的竞争法均以规范经营行为、维护市场竞争的基本内容为其共同特征的话，那么，在保护竞争的名义下，其所保护的利益和实现的功能却各有不同，从而使其规则的内容、解释和适用表现出种种差异。例如，竞争法之保护竞争，可以是指保护公民的经济自由，并维护政治民主的经济基础；可以是指保护竞争者，如中小企业，从而维持具体经济交往中的利益平衡；可以是指保护特定或不特定的消费者的利益；也可以纯粹是指保护竞争过程本身，从而确保市场机制发挥其资源高效配置作用和对生产效率的促进作用；还可以是指打破区域或市场之间的资源流动壁垒，推动更广大市场的一体化；等等。”①

一国竞争法的政策目标是由该国竞争法所面临的经济社会条件和国际环境所决定的。一国特定时期的经济体制背景、经济发展水平和目标、市场秩序与产业结构状况、政府权力运作情况、国际竞争环境以及当时主流的经济理论，都会影响该国竞争法的政策目标。我国现实的经济社会基本情况是：一方面，我国已经确立了建立社会主义市场经济体制的目标，并且市场经济体制的基本框架已经基本形成，但是在较长时期里带有过渡体制的特点，需要通过法律来为市场竞争机制的形成和发展创造条件，特别是消除行政权力对市场竞争的不当影响。同时，我国目前的产业结构在总体上呈现出分散化的情况，而且在经济全球化和世界经济一体化的背景下，我国企业的发展面临着巨大的国际竞争压力，因此竞争法不应影响我国企业做大、做强，这需要在竞争政策与产业政策等其他经济政策之间进行协调。另一方面，我国市场上的竞争还很不规范，公平竞争的环境尚未形成，消费者利益受到损害的情况还比较严重。这些现实的情况是在确定我国竞争法的政策目标时必须考虑的基本因素，而不应对西方国家的理论和经验予以盲从。

竞争法的政策目标作为竞争法基本价值的具体化，一般直接或者间接地体现在有关的竞争立法中。不过，相关立法规定的政策目标往往不太明确，或者干脆就没有规定。例如，美国的《谢尔曼法》就没有明确规定具体的政策目标，在其一百多年的发展过程中，其政策目标经历

① 王源扩：《我国竞争法的政策目标》，载《法学研究》，1996（5）。

了巨大的变化。有些立法如《欧洲共同体条约》（以下简称《欧共体条约》）中虽有关于立法目的的表述，但立法涉及许多事项，并非专门规定竞争问题，因此其立法目的如何适用于解释竞争法条款，主要取决于执法机构和法院的理解。我国的有关竞争立法规定了相应的立法目的，例如《反不正当竞争法》第1条规定："为了促进社会主义市场经济健康发展，鼓励和保护公平竞争，制止不正当竞争行为，保护经营者和消费者的合法权益，制定本法。"《反垄断法》第1条规定："为了预防和制止垄断行为，保护市场公平竞争，鼓励创新，提高经济运行效率，维护消费者利益和社会公共利益，促进社会主义市场经济健康发展，制定本法。"但是，这些规定之间并不完全一致，并且含义过于宽泛，也看不出不同目标之间的关系，因此需要对其进一步具体化。

结合我国现有的法律规定、竞争法的基本价值以及现阶段的基本经济社会情况，我国竞争法的政策目标可以大致被概括如下。

第一，保护公平竞争，促进社会公正。维护社会公平、正义是任何法律首要的、根本的目标。竞争法对这一目标的追求是通过维护公平、竞争的市场秩序，保证竞争机制功能的正常发挥来实现的。旨在禁止以违反商业道德等不正当手段从事市场竞争行为的反不正当竞争法，无疑要以维护公平竞争秩序为目标；而旨在禁止非法限制竞争、着重维护经济活力的反垄断法，同样要维护公平竞争秩序，这尤其体现在其禁止滥用市场支配地位制度和禁止行政性垄断制度上。这要求在竞争立法、行政执法和司法中，都应当确认、实现和保护经营者之间、经营者和消费者之间以及他们与国家和社会之间的利益平衡，无论是在整体上还是在具体个案中，都能确保体现和促进社会公正。

第二，保护有效竞争，促进经济效率。促进经济效率也是法律，尤其是直接调整经济关系的法律的根本目标。在美国，受芝加哥学派的影响，有人甚至声称"反垄断法的唯一目标就是经济效率"。竞争法对这一目标的追求是通过保护有效竞争来实现的。无论是各国主流的经济理论，还是现代竞争立法、执法实践，都认为有效竞争是竞争法（主要是反垄断法）的目标。这意味着"完全竞争"不仅在实践中不可能实现，也不是在政策上值得追求的目标。这要求竞争法对自由、公平竞争的维护不以牺牲规模经济效益为代价，而要实现两者的统一，既防止因片面强调产业组织政策而严重限制市场竞争，又防止过分反垄断而牺牲应有的规模经济效益，以提高我国企业的国际竞争力，最终促进社会主义市场经济的健康发展。我国《反垄断法》中规定的适用除外和豁免制度就具体体现了这一政策目标。

第三，保护消费者利益。这一目标实际上是上述两个目标的要求和体现。无论是不正当竞争行为还是非法垄断行为，都会使消费者的利益受到损害。竞争法通过对自由、公平竞争秩序的维护，一方面要促进良好的市场环境和经济的发展而使消费者整体利益得到实现，另一方面要通过对非法竞争行为的制止使消费者在具体交易中的利益得到保障。美国反托拉斯法的政策目标的重点虽然几经变化，但强调作为整体的消费者的福利的目标是一贯的。作为欧盟竞争法重要内容的《欧共体条约》第81条现为《欧洲联盟运行条约》（以下简称《欧盟运行条约》）第101条，在规定可豁免的某些限制竞争行为的条件时，其中重要的一条就是必须使消费者能从该行为所带来的效率及所生的利益中获得公平的一份。这也为我国《反垄断法》第20条所借鉴、吸收。日本《禁止垄断法》保护的法益，是作为公益的自由竞争经济秩序，而这种法益只要由《禁止垄断法》加以维护和促进，消费者就有了选择商品和服务的自由。这种自由正是《禁止垄断法》给予消费者的自由。[①] 我国《反不正当竞争法》和《反垄断法》都明确将保护

① 参见［日］金泽良雄：《经济法概论》，满达人译，185页，北京，中国法制出版社，2005。

消费者利益作为立法宗旨，而且社会公共利益在很大程度上也体现为作为整体的消费者的利益，因此我国竞争法以保护消费者利益作为政策目标之一是理所当然的。

这里需要说明的是，2022 年修正《反垄断法》时在第 1 条中加入了“鼓励创新”的政策目标，学界对此是存在争议的。一方面，在是否需要增加这一目标问题上有不同的看法，这种分歧不在于反垄断法是否需要重视创新，而在于本身就包含在维护竞争机制中的这一价值功能或政策目标是否需要再单独被提出；另一方面，在认为需要或者可以增加的意见中，对具体表述也有不同的看法。总体来说，《反垄断法》增加这一政策目标有一定的合理性，但其具体表述还有待进一步推敲。不同于知识产权法通过赋予权利人一定期间的独占权来直接激励创新（“胡萝卜”），反垄断法则通过规制垄断行为、维护竞争机制来促进创新（“大棒”），因此如果在《反垄断法》的立法宗旨中引入创新的价值目标，那么更适宜表述为“促进创新”。进一步说，《反垄断法》是通过维护竞争机制来促进创新的，就像《中国人民银行法》第 3 条体现的立法技术那样：“货币政策目标是保持货币币值的稳定，并以此促进经济增长。”

第六节　竞争法上的知识产权问题

由于知识产权与竞争和竞争法之间有着非常密切的关系，所以在竞争法上如何看待和处理知识产权，逐渐成为国内外法学理论和法律实践中的热点和难点问题。本节从比较完整的竞争法视角对知识产权问题进行分析。[①]

一、知识产权与竞争的基本关系

（一）知识产权在形式、微观和静态上表现为一种合法的垄断权

知识产权作为特定的主体对其创造成果依法所享有的一种专有权，由其客体的无形性（非物质性）所决定，具有专有性、地域性和时间性等基本特点，其中，专有性也就是法定垄断性。[②] 知识产权在形式上作为一种合法的垄断权，是为实现知识产权制度的基本目标所必需的。知识产权制度最基本、最主要的目标是激励创新。从现代经济理论来看，知识产权作为特定的知识财产创造者依法获得的一定的垄断权，可以被看作是国家通过相应的法律制度来解决知识产品的外部性问题，从而避免出现无偿利用他人智力成果的“搭便车”行为。知识产权法通过明确赋予知识创造者以某种专有权，让其对该知识产品享有在一定期限内的独占权。这就能够以利益驱动机制来刺激这种知识创造活动持续地进行，促进技术进步，进而不断地为经济发展提供动力和燃料。因此，知识产权可以被看作是为激励创新而依法设置的一定程度的垄断使用权。例如，作为知识产权典型和基本组成部分的专利权，正是国家代表社会以授予发明人在一定时期的独占权为代价，来换得发明人将其发明创造成果向社会公开，其结果正如美国前总统林肯所说的，是“给发明和创造新物品的天才之火添加了利益之油”。当然，知识产权制度除要实现激励创新的目标外，还要实现维护社会公正的目标。这是知识产权制度的平衡和调

① 参见王先林：《竞争法视野的知识产权问题论纲》，载《中国法学》，2009 (4)。

② 在专有权能否被理解为垄断权的问题上存在不同的认识，但其根源在于对“垄断”一词本身含义的不同理解。基于垄断最基本、最一般的含义就是对竞争的限制，而不限于经济上具有完全独占市场的地位，也不限于反垄断法所明确禁止的特定的非法垄断行为，本书认为，知识产权的这种专有权就是一种垄断性的权利，只不过它是一种法定的垄断权。

节功能，具体表现为知识产权在界定和保护时要受到某种限制。而这也是通过对知识产权这种垄断权进行法定限制（如时间上的限制和效力上的限制）来实现的。

（二）知识产权在本质、宏观和动态上体现为对竞争的促进

虽然从形式、微观和静态上来看知识产权是对竞争的限制，或者说与竞争是矛盾对立的，但是从本质、宏观和动态上来看知识产权仍然体现为对竞争的促进，或者说知识产权与竞争具有某种一致性。首先，知识产权与竞争有着内在的联系并对竞争具有促进作用。知识产权本身虽然具有某种垄断性，是一种法定的垄断权，但是作为知识产权客体的智力成果，常常是初始权利人为竞争目的或在竞争过程中所创造的。对这种成果的知识产权保护，使经营者能够事先根据法律将会赋予的独占程度，比较确定地预期其技术开发和创新投资的经济回报，从而鼓励其通过技术创新增强市场竞争力，更好地释放竞争潜能。[①] 因此，虽然知识产权在表面上是对竞争的限制，但是知识产权制度通过鼓励市场主体争相成为消费者所期待的技术、产品或服务之市场的最新进入者，从根本上推动了竞争的展开。其次，知识产权不仅是单纯的民事权利，也是市场竞争的重要工具，成为市场主体获取竞争优势和打击竞争对手的重要工具。同时，由于知识产权不仅关系单个市场主体的利益，也与国家利益息息相关，而且知识产权制度本身属于政府公共政策的范畴，所以知识产权也是现代国家之间竞争的重要工具。[②]

知识产权与竞争之间的这种复杂关系也决定了知识产权在竞争法上地位的特殊性。由于竞争法包括反不正当竞争法和反垄断法这两个既密切联系又明显区别的基本部分，所以在竞争法上看待和处理知识产权问题也需要从这两个不同的视角进行。总体来说，反不正当竞争法主要为知识产权提供补充或者兜底的保护，而反垄断法对知识产权滥用行为进行规制。当然，反不正当竞争法也可对某些类型的知识产权滥用行为进行规制。因此，笼统地或者孤立地谈论竞争法与知识产权的关系容易导致偏颇。

二、反不正当竞争法与知识产权的补充保护

（一）反不正当竞争法与知识产权的关系

相对于反垄断法来说，反不正当竞争法主要保障具体交易场合下特定当事人之间的利益平衡，侧重维护微观的竞争秩序，追求局部和个案的公正，保障静态的财产权和人身权。由于反不正当竞争法的核心内容是市场道德原则的法律化，所以其在调整技术上的一个显著的特点便是其具有所谓的“不确定性”（因而被形象地称为“不管法”），即可以对那些诚实的经营者提供补充性的保护，对那些从事不正当竞争的行为人进行兜底性的制裁。这使相对于那些作深度调整的专门法而言，其适用的领域非常广泛且富有灵活性，对经济生活具有敏锐的反应力。

反不正当竞争法与知识产权有着非常密切的联系。美国学者认为，“要理解法律为什么建立特定的知识产权（intellectual property rights），就必须首先理解法律怎样规定构成一个商业上的不公平行为（a commercial wrong）。从历史的和概念的两个方面来看，知识产权法是不公平竞争法的产物（outgrowth）”[③]。这里的结论也许有些偏颇和绝对，因为若从知识产权法的角度来看，也可以说反不正当竞争法是知识产权法的产物（实际上知识产权法比严格意义上的反不正当竞争法产生时间要早），但是，这个结论至少强调了反不正当竞争法与知识产权法之

① 参见王源扩：《试论与知识产权有关的反竞争行为及其法律控制》，载《政法论坛》，1996（4）。

② 参见王先林：《从个体权利、竞争工具到国家战略》，载《上海交通大学学报（哲学社会科学版）》，2008（4）。

③ Charles R. McManis, *Intellectual Property and Unfair Competition in a Nutshell*, fourth edition, West Group, 2000, p. 2.

间的密切关系。可以说，保护知识产权是反不正当竞争法与知识产权法实现它们的共同使命的一个具体的和直接的表现，是两者功能的交叉领域。

保护知识产权当然主要是专门的知识产权法（专利法、商标法和著作权法等）的任务，但也是反不正当竞争法最初关注的大部分甚至全部对象，因为早期的反不正当竞争法主要就是为专利法和商标法提供补充保护，因而人们往往认为反不正当竞争法是知识产权法的一部分。虽然现代反不正当竞争法关注的对象已远远不限于知识产权的保护问题，而涉及整个市场竞争领域，再笼统地说反不正当竞争法是知识产权法的一部分显然也是不恰当的，但是对知识产权进行保护无疑仍然是反不正当竞争法的一项非常重要的和基本的任务。反不正当竞争法的基本使命是维护市场的公平竞争秩序，保护知识产权正是其完成该使命的一个具体表现。这是因为，若不对知识产权提供有效保护，则不仅会因为阻碍创新而失去效率，而且会因为无偿占有他人的劳动成果而背离了基本的公平原则。从维护公平竞争秩序来看，经营者不是通过自己的经营实绩获取竞争优势，而是通过不正当地获取他人经过艰苦努力取得的知识产权进行竞争，属于一种典型的不正当竞争行为，反不正当竞争法对此进行调整，在客观上必然会产生保护知识产权的效果。

在专门的专利法、商标法和著作权法等对知识产权进行深入、细致的保护之外，还需要反不正当竞争法对知识产权提供保护，其原因在于这些专门的知识产权法在保护知识产权方面仍然存在局限性和漏洞。这是因为，专门的知识产权法一般要求严格的授权条件和保护程序，这就限制了其保护的范围，使很大一部分本应受到某种保护的客体被“漏”掉了，而这时反不正当竞争法的“不确定性”特点使其可以发挥“补漏”的作用。专门的知识产权法与反不正当竞争法从不同的角度出发，相互扬长避短，共同对知识产权提供程度不同但均为必要的保护。对此，有一个比较形象的和被广为引用的比喻：如果把专利法、商标法、著作权法这类知识产权单行法比作冰山，那么反不正当竞争法就如冰山下使其赖以漂浮的海洋。就反不正当竞争法来讲，它在知识产权保护方面的作用主要体现在，为那些不能受到专门的知识产权法保护但基于公平竞争又应该得到保护的特定知识产品提供法律保护，以弥补专门的知识产权法保护的不足。正如世界知识产权组织 1988 年所总结的那样，反不正当竞争法实际保护着专利法、商标法等专门法所保护不到的那些应予保护的权利。因此，反不正当竞争法①对知识产权的保护具有兜底和补充的性质。这决定了其与专门的知识产权法是一般法与特别法的关系，即反不正当竞争法在专门的知识产权法缺少明确规定时被适用，对专门的知识产权法有明确规定的，其一般不被重复适用；但是，当专门的知识产权法虽然有规定，但这种规定不充分或者不周延时，反不正当竞争法仍然可以继续发挥其兜底的功能，以确保市场竞争的公平，实际上这也强化了对知识产权的保护。

（二）反不正当竞争法对知识产权进行兜底保护的特点

反不正当竞争法在实现其维护公平竞争的基本功能的过程中，一般并不赋予当事人以积极的权利，而是通过对违反商业道德的行为的禁止来体现的。它在对知识产权进行保护时与专门的知识产权法具有不同的方式和立足点。如果说专门的知识产权法对知识产权提供基本的、专门的和静态的保护的话，那么可以说反不正当竞争法对知识产权提供补充的、兜底的和动态的保护。前者作为权利保护法，主要表现在它对各类知识产权的权利主体、客体、内容、获得程序、行使、限制以及救济措施等进行全面的规范，以法定专有权为核心来对知识产权进行直接的、积极的、细致的保护；而后者作为行为规制法，主要表现在它将各类利用知识产权的行

① 当然，这里主要是指《反不正当竞争法》中的一般条款，而不是其具体条款。

为作为一种市场行为进行规范，以维护市场公平竞争秩序为核心来对知识产权进行间接的、消极的、通常为原则性的保护。由于两者的出发点、调整角度和价值取向不同，它们之间既不能等同，也不能相互代替，而是相互配合、相互补充，共同对知识产权进行全方位和更充分的保护，可以说是殊途同归，都是为保护知识产权所必不可少的。在一定程度上可以说，补充保护知识产权的需要催生了反不正当竞争法，对知识产权提供兜底保护是反不正当竞争法的传统任务，也是现代反不正当竞争法的基本任务之一。保护知识产权的反不正当竞争规范不仅体现在专门的反不正当竞争法中，也体现在有关的知识产权法中，甚至体现在具有反不正当竞争性质的判例[①]中，只要其性质是从维护公平竞争秩序出发，对知识产权提供兜底保护的。

基于补充保护和兜底保护的功能定位，反不正当竞争法对知识产权的保护主要表现在以下领域：第一，保护那些不受专门的知识产权法保护而应予保护的客体，例如，对商品名称、包装、装潢以及企业名称、产地名称等识别性标识的保护，对未注册商标的保护，对作品名称的保护和对事实（非独创）数据库的保护。第二，保护那些不完全符合传统知识产权特性的某些新型客体，这方面最典型的情形是对商业秘密的保护，保护计算机网络域名也属这种情况。第三，保护那些虽然可以受到专门法保护，但是尚未正式获得授权的客体，例如尚未完成专利审查程序、被授予专利权的技术发明。第四，保护那些因不正当利用知识产权制度而受到侵害的客体。

对一个特定的客体是采取专门的知识产权法的保护还是采取反不正当竞争法的保护，要视具体情况而定，并非一成不变，它反映了一个国家特定时期的知识产权政策。一般来说，采取制定专门的知识产权法进行保护的是那些比较典型的、重要的、涉及的利益关系比较明显并且得到较好平衡的特定知识产品，而对一时难以制定专门的知识产权法保护的知识产品，则由反不正当竞争法来进行保护。随着科技、经济的发展，原先采取反不正当竞争法保护的知识产品，可能需要被纳入已有的知识产权专门法或者制定新的知识产权专门法来保护。例如，多数国家一开始都是利用反不正当竞争法来保护商业秘密的，但随着商业秘密保护问题越来越重要，涉及的利益关系越来越复杂，现在一些国家选择制定专门的商业秘密保护法的形式来保护。从这个角度来说，反不正当竞争法对知识产权的保护既具有补充性，又具有某种过渡性。当然，对有些客体的保护在性质上与专门的知识产权法的自身体系和基本逻辑并不相符，而与反不正当竞争法的性质相吻合，即使基于某种原因它们被纳入专门的知识产权法的领域，如我国《商标法》中的“反向假冒”问题和《著作权法》中的“冒名侵权”问题，但是其实质上仍然是一个反不正当竞争问题，因此可以将其视为专门的知识产权法中的反不正当竞争条款。

三、反垄断法与知识产权滥用的法律规制

（一）反垄断法与知识产权的关系

反垄断法也与知识产权有着密切的联系。知识产权的基本特点之一即是专有性或垄断性，其在本质上是法律赋予的一种合法垄断；而反垄断法的基本使命就是反对垄断，保护自由、公平的竞争，但同时也有例外，而且，一般来说，知识产权就属于这种例外中的一种情况。因此，两者之间的关系比较复杂，它们既具有某些方面的一致性，又可能存在潜在的冲突。

---

① 虽然我国不是判例法国家，但我国首例“不正当竞争”案（莒县酒厂诉文登酿酒厂不正当竞争纠纷案）的判决是在 1993 年《反不正当竞争法》出台前的 1990 年由二审法院作出的，而且也是针对知识产权问题（商品装潢）的。参见本书第五章章后的案例与思考 1。而且，现在最高人民法院还通过提供指导性案例（包括反不正当竞争法方面的案例）的形式发挥更大的作用。

一方面，知识产权法与反垄断法在基本目标与功能上具有一致性，拥有和正当行使知识产权的行为不存在违反反垄断法的问题。虽然主要作为私法的知识产权法和主要作为公法的反垄断法对竞争的关注与调整的角度和方式不同，但是它们在促进竞争、推动创新和保护消费者利益方面存在着一致性，可谓殊途同归。正是基于这种一致性，反垄断法就要尊重和保护拥有和正当行使知识产权的行为，这时知识产权对竞争的某种限制就应当视为国家实施知识产权制度以鼓励创新的必要代价，应当得到反垄断法的宽容，作为其适用除外。另一方面，不正当行使知识产权行为可能会与反垄断法形成冲突，应当受到反垄断法的规制。两者之间的实际冲突不是知识产权的拥有本身引起的，而是知识产权的具体行使行为引起的，并且是知识产权的不正当行使（滥用）行为引起的，即知识产权权利人在行使其权利的过程中超出了法律允许的范围或者正当的界限，不正当地排除、限制了市场竞争。在这里，区分知识产权的拥有和知识产权的行使以及知识产权的正当行使与不正当行使是非常必要的。知识产权的拥有本身并不必然导致与反垄断法的冲突，而且知识产权的正当行使也不会产生与反垄断法的冲突；然而，如果知识产权权利人不正当行使其权利，并且排除、限制了市场竞争，就会导致这种冲突。因此，反垄断法既要承认和尊重知识产权法所赋予的合法垄断权，又要对知识产权的行使行为进行必要的规制，防止其被滥用。我国《反垄断法》第68条明确规定："经营者依照有关知识产权的法律、行政法规规定行使知识产权的行为，不适用本法；但是，经营者滥用知识产权，排除、限制竞争的行为，适用本法。"

（二）反垄断法规制知识产权滥用行为的特点

知识产权滥用是指知识产权的权利人在行使其权利时超出了法律允许的范围或者正当的界限，导致对该权利的不正当利用，损害他人利益和社会公共利益的行为。滥用知识产权既与知识产权法本身维护社会公共利益的目标相抵触，也与民法上的公平、诚实信用和权利不得滥用等基本原则相违背，并破坏了自由、公平的市场竞争秩序，相应地，知识产权滥用行为要受到知识产权法自身的规制、民法的基本原则与反不正当竞争法的规制以及反垄断法的规制。它们从各自特有的角度出发，确保知识产权这一合法垄断权的行使不背离法律设定它的基本宗旨。

知识产权法的自身规范对知识产权滥用的规制和民法基本原则对知识产权滥用的规制，都属于民商法范围内的规制。这种规制是必要的，但受民法自身性质和手段的局限，还不足以解决知识产权滥用的更深层次的问题。反不正当竞争法兼具公、私法的性质，其对市场竞争行为的调整相对于民法的调整向前迈进了一步，但是其与同属竞争法范畴的反垄断法在调整手段、调整目标等方面还存在很大的差别。而主要具有公法性质的反垄断法对知识产权滥用行为可以在此基础上进行更高层次的规制。虽然并非所有知识产权滥用都涉及反垄断法上的问题，但是由于竞争政策是各国基本的公共政策，而且知识产权的垄断性也决定了其滥用行为往往会造成对竞争政策的破坏，因而现代各国主要是在反垄断法的框架中来解决知识产权滥用问题的。这是因为防止竞争被不正当限制是知识产权滥用法律规制的政策目标中的一个基本的方面。

当知识产权的行使违反反垄断法时，必然存在知识产权的滥用，但是，反过来并不一定成立，即有些（甚至多数）滥用并不违反反垄断法。[①] 反垄断法对知识产权滥用进行规制的基本前提和特点在于维护有效竞争，即反垄断法通过维护有效竞争来使社会个体的知识产权的行使

---

① 不过，在美国人们对知识产权滥用与反垄断违法之间关系的认识并不完全一致，在司法实践中往往也没有明确对两者加以区分。"法院常常将滥用主张和反托拉斯主张当成可以互换的。在许多案件中一个违反反托拉斯法的裁决也导致一个滥用的裁决，没有进行进一步的讨论。有时候，相反的情形也会成立，尽管仅仅证明滥用成立就推定违反了反托拉斯法似乎是不合理的。"（Herbert Hovenkamp, Mark D. Janis & Mark A. Lemley, *IP and Antitrust: An Analysis of Antitrust Principles Applied to Intellectual Property Law*, Aspen Publishers, 2004, pp. 2-3.）

行为不致破坏社会整体利益——实质公正和社会整体效率。这里的知识产权的滥用就主要表现为在行使知识产权的过程中不正当地限制竞争的行为。这是由反垄断法的社会本位性和保护竞争的特点及调整角度所决定的。反垄断法作为典型的经济法，其所进行的限制必然主要是运用不同于民法的公法的方法，有专门机关的主动介入，即反垄断法对限制竞争行为的控制主要采用政府干预的方式，并注重运用经济分析的方法，侧重对宏观利益的维护。

由于反垄断法所体现的竞争政策和知识产权法所体现的创新政策都是各国基本的公共政策，对这两者的协调就是一个很复杂的问题，对知识产权滥用行为进行规制是反垄断法中一个新兴的和敏感的领域。不同的国家、不同的时期在对知识产权滥用行为进行反垄断法规制时，有不同的分析和处理原则。在执行反垄断政策比较严厉的时期和国家，人们往往强调知识产权的特殊性，常常将拥有知识产权等同于拥有市场支配地位本身。过去曾有一段时期，美国和欧共体都假定知识产权的专有性本身就产生了市场垄断力，并假定所有的知识产权许可都产生竞争者之间的共谋。但在20世纪80年代以后，情况逐步有所改变，尤其是1995年美国司法部和联邦贸易委员会联合发布《知识产权许可的反托拉斯指南》（2017年修订）以来，各国反垄断执法机构在这一问题上的立场发生了重大的变化。总体来看，有关国家和地区在将反垄断法适用于知识产权行使行为时，仍然是将其纳入反垄断法通常的框架下进行的，既不因为知识产权固有的垄断性而对知识产权行使加以特别的约束，也不因为法律保护知识产权而对知识产权行使行为网开一面。

（三）我国知识产权领域反垄断规则的细化

我国《反垄断法》第68条的主要功能是宣示性和说明性的，即它表明反垄断法既不否定知识产权法授予的权利，也不将知识产权作为除外适用领域或者豁免事项，而是不适用于依法行使知识产权的行为，而适用于不正当行使（滥用）知识产权排除、限制竞争的行为。为了明确和细化我国知识产权领域的反垄断原则和规则，经过多年的讨论和广泛征求意见，国家工商行政管理总局于2015年4月公布了《关于禁止滥用知识产权排除、限制竞争行为的规定》，该规定自2015年8月1日起施行。该规定一方面澄清了一些重要的原则和理念，另一方面也确立了相关具体的制度规则。这对于正确理解和合理适用知识产权领域的反垄断规则具有重要的意义。在原则和理念方面，其澄清了关于反垄断和保护知识产权的关系，指出反垄断与保护知识产权具有共同的目标，即促进竞争和创新，提高经济运行效率，维护消费者利益和社会公共利益；同时，对滥用知识产权排除、限制竞争行为进行了必要的界定，表明了知识产权与市场支配地位的关系，合理界定了涉及知识产权的相关市场。在具体制度方面，其对相关滥用知识产权排除、限制竞争行为的反垄断规制进行了相应的规定，既涉及禁止垄断协议方面的规则，也涉及禁止滥用市场支配地位方面的规则，有不少的亮点和突破，特别是确立了安全港规则、拒绝许可规则、专利联营规则和涉及专利的标准制定和实施的反垄断规则。2020年10月23日，市场监管总局对其进行了小幅修订，并在2022年《反垄断法》修正后将对其进行大幅修订。

虽然国家工商行政管理总局发布并实施了前述规定，但是该规定的出台不能取代中国知识产权领域的反垄断指南的制定。一方面，该规定只是作为中国当时三家反垄断执法机构之一的国家工商行政管理总局出台的部门规章，其效力有限，适用范围也仅限于工商行政管理机关的反垄断执法活动，而不包括国家发展和改革委员会及其授权机构的反价格垄断执法活动和商务部的经营者集中反垄断审查活动；另一方面，囿于部门规章的立法权限和体例，该规定涉及的内容还比较有限，而且很多问题也未能充分展开分析，对执法机构和经营者的指引仍然有限。基于此，中国还需要制定知识产权领域的反垄断指南。经过多方面的共同努力，《国务院反垄断委员会关于知识产权领域的反垄断指南》于 2019 年 1 月 4 日发布。该指南在内容上既确立了知识产权领域反垄断的分析原则和思路，又明确了涉及具体知识产权的垄断行为的认定规则；既有分别涉及与知识产权有关的垄断协议、滥用市场支配地位和经营者集中方面的规则，也有同时涉及知识产权的不同类型的垄断行为或者涉及特定主体的规则，在不少方面有亮点和突破。而且，较之于《反垄断法》及其配套规章，这些规定比较具体，具有较强的可操作性。总体来说，该指南比较全面、具体，既吸收了美欧的相关原则和规则，又体现了我国的实际情况和特色，在形式上基本符合反垄断指南的体例，并考虑到了我国现阶段的发展特点。

思考题

1. 如何理解竞争法的调整对象？
2. 试析反不正当竞争法与反垄断法的联系和区别。
3. 简述竞争法的性质和在经济法体系中的地位。
4. 竞争法如何具体体现经济法的特征？
5. 竞争法有哪些基本原则？
6. 试析竞争法的基本价值和政策目标。
7. 反不正当竞争法如何为知识产权提供保护？
8. 反垄断法如何规制知识产权的行使行为？

第三章 竞争法的历史发展

第一节 竞争法的产生和发展概述

一、竞争法产生的原因

竞争是市场经济的内在要素和基本机制，市场经济是竞争型经济。竞争在有效配置资源、促进创新和保护消费者利益等经济乃至社会和政治方面具有不可替代的积极作用，但是这种作用的发挥需要以竞争的自由和公平为条件。然而，市场本身并不能保证竞争的自由和公平，相反，蕴含着破坏自由、公平竞争的种子。这一方面表现为在竞争中会存在排除、限制竞争的垄断倾向，另一方面表现为在竞争中会诱发各种不公平的行为。

竞争会使生产和资本趋于集中，这种集中可能带来规模经济效益，但超出一定限度也可能形成市场上的垄断，尤其是，在竞争过程中会自发产生一种排斥竞争的力量，即对市场竞争进行限制的倾向。这是因为，竞争虽是个好东西，但并不是任何人都喜欢的，或者在有些情况下喜欢（发生在自己作为买方时与卖方相互之间），在有些情况下却不喜欢（发生在自己作为卖方时与其他卖方之间）。实际情况是，市场主体为了回避竞争的压力和风险，总是千方百计地对竞争加以限制，企图追求或者维持某种垄断地位。同时，“竞争的作用是鼓励竞争者跑得更快，但竞争的优胜者会遥遥领先，从而获得控制市场的地位，破坏竞争而成为竞争最危险的敌人”①。虽然限制竞争或者垄断的企图或过程是在竞争过程中产生的，也有在客观上使竞争更趋激烈的一面，但它破坏了市场竞争秩序，使优胜劣汰的竞争规律不能正常发挥作用，消费者的选择权受到损害，国民经济的发展受到阻碍。“谁是市场的优胜者不应由政府来认定，也不应由卡特尔之类的垄断组织来认定，而只应由消费者来决定。”“每种垄断的形式都隐藏着欺骗消费者的危险性，使经济停滞不前。”②

与垄断产生于商品经济发展到较高的阶段不同，有悖于商业道德的不正当竞争行为的产生要早得多。可以说，有商品生产和商品交换就有竞争，有竞争就有相对于一时一地、与当时当地人们的观念相违背的不正当竞争。因此，作为竞争的副作用之一，不正当竞争行为是与竞争相伴而生的。这是因为，与诚实经营、公平竞争相比，从事不正当竞争行为，无论是假冒仿冒、虚假宣传，还是诋毁商誉、商业贿赂，其获利都要轻松、容易得多。由于主观的追逐利润的驱动和客观的道德、法制等环境因素的诱惑，总有一些经营者在市场竞争中千方百计采取各种不正当竞争的手段。这种行为不仅直接损害了竞争者的利益，而且损害了消费者的利益和社会公共利益，扭曲了市场竞争机制。

垄断和不正当竞争是市场机制自身所无法克服的，正是“市场失灵”的一个表现，而且，随着市场经济的发展，垄断和不正当竞争的表现形式及程度也在不断变化。因此，有了早期市

---

① ［德］闵策励：《联邦德国的反垄断法》，载《法学研究》，1986（6）。

② ［德］路德维希·艾哈德：《来自竞争的繁荣》，祝世康等译，123、121页，北京，商务印书馆，1983。

场经济因奉行自由放任政策而造成垄断恶性发展并产生严重后果等深刻教训之后，现代市场经济已不再奉行国家不干预政策，而是依靠国家这只“有形之手”的主动介入，矫正市场的失灵，克服其局限性。这其中包括了对垄断和不正当竞争的规制，以实现对自由、公平竞争的维护。并且，国家的这种介入和干预采取的是法律的形式，即通过制定和执行相应的法律来实现的。但是，对垄断和不正当竞争的规制（尤其是前者）又不是在传统民商法的范围内所能解决的，相反，它们可能正是通过民商法秩序而进行的。例如，卡特尔是根据合同或以无人格的社团形式进行的，大部分卡特尔共同销售机构采取的是商法上的公司形式；托拉斯依据股份的信托、资本参加以及公司的合并；康采恩是通过持股公司、资本参加、营业租赁、合同以及经营合同而分别形成的。[①] 可以说，它们是契约自由、营业自由的表现和结果。垄断和不正当竞争行为虽可依侵权行为法得到一定程度的规制，但是由于它们不仅损害了竞争者的利益，也损害了消费者的利益和社会公共利益，因而对其进行有效规制越来越依赖于专门的法律。因此，为了保证市场经济的正常发展，以反对非法垄断和不正当竞争为内容，以维护自由、公平竞争秩序为宗旨的新型法律制度——竞争法的产生，就成为必要和必然。

二、竞争法的萌芽和初创

竞争是商品经济的产物，因此关于竞争的法律规范可以追溯到两千多年前的古罗马时期。在古罗马法的一些法律制度中就有某些反不正当竞争性质的规范，其诚信诉讼与现代竞争法中认定不正当竞争行为的标准有着渊源关系。罗马法中还曾以单行法律制裁某些不正当的市场竞争行为。例如，公元 482 年的法律禁止包括价格行为在内的市场垄断。不过，这时的竞争法律规范数量少，内容分散，更谈不上体系，只是处于一种萌芽状态。

进入资本主义社会后，伴随着不正当竞争行为的蔓延，一些国家的民法典、刑法典以及判例中，相继出现了规范此类行为的规定。在英美法系国家，竞争规则是通过法院对契约的干预来确立的，特别是从关于仿冒之诉（action for passing-off）的判例所确定的一些原则中发展而来的。自 17 世纪以来，英国法院处理了大量擅自使用他人商业名称和产品、服务标记等方面的案件，其在处理这些案件时所确立的原则不仅影响了其他英美法系国家对此类行为的处理，也影响了欧洲邻近国家的相关立法。而在大陆法系国家，竞争规则是通过适用民法典中的侵权行为条款来创立的。例如，在法国，1850 年法院根据《法国民法典》第 1382 条[②]对某些案件所作的判决中，最早出现了“不正当竞争”的概念，即未侵犯工业产权，但在某些商业活动中导致欺诈或使人误解或对此负有责任的行为，构成不正当竞争行为。德国也试图利用《德国民法典》第 823 条和第 826 条的侵权行为条款来规范不正当竞争行为，但效果并不显著。

虽然在自由资本主义阶段，垄断或者限制竞争行为的表现还不充分，但是也有少量的法律对此进行了调整。例如，法国大革命期间颁布的《沙彼利耶法》（1791 年）就对卡特尔加以了禁止。在 19 世纪后半期英国法院的判例也发展出了影响当时以及 20 世纪初各国反垄断立法的原则，如反对贸易限制的原则和反对共谋的原则等。[③] 德国则是在 1806 年的施泰因-哈登堡改革（Stein-Hardenberg Reforms）中引入了保护营业自由，并首先在 1869 年的《北德营业条例》

① 参见［日］金泽良雄：《经济法概论》，满达人译，166 页，北京，中国法制出版社，2005。

② 该条规定：任何行为使他人受损害时，因自己的过失招致损害发生之人对该他人负赔偿的责任。

③ 参见国家工商行政管理局条法司：《现代竞争法的理论与实践》，6 页，北京，法律出版社，1993。

第 1 款中予以规定。[①]

但是，在 19 世纪 90 年代以前，各国对竞争的法律调整还处于不自觉的、被动的状态，竞争法律规范仍然是少量而分散的，尚未形成独立的法律规范群，而分散地依托于属于私法范畴的侵权行为法；法律调整的重点是不正当竞争行为，对垄断或者限制竞争行为只是略有涉及。

三、现代竞争法的产生和发展概况

在 19 世纪末，随着资本主义社会由自由竞争向垄断阶段过渡，市场竞争日益激烈并恶性发展，国家对市场竞争的干预和管理明显加强，并进而产生了现代竞争法。一般认为，现代竞争法的产生以 19 世纪末、20 世纪初的三个重要的事件为标志。

现代竞争法产生的最主要标志是 1890 年美国《谢尔曼法》的颁布。该法的全称是《保护贸易和商业不受非法限制和垄断侵害法》，它是世界上第一部成文的反垄断法。虽然该法只有短短 8 个条文，但其确立了现代反垄断法的基本原则和制度框架。该法经过后来一系列的补充和修改，特别是 1914 年《克莱顿法》和《联邦贸易委员会法》的制定，形成了美国以反垄断法为主的竞争法体系，并对世界各国（地区）竞争法的发展产生了广泛和深远的影响。

现代竞争法产生的另一个重要标志是德国 1896 年制定的《反不正当竞争法》。该法是世界上第一部专门的反不正当竞争法，后在 1909 年被新的《反不正当竞争法》所取代。1909 年的《反不正当竞争法》第 1 条通过概括条款的方式确立了一项基本原则，即“在营业中为竞争目的采取违反善良风俗的行为者，可请求其停止或赔偿损害”。该法经过了 30 多次修订，其中，2004 年进行了规模最大的一次修订，主要是为了与欧盟有关的指令相协调；2008 年的修订是为了进一步与欧盟 2005 年反不正当竞争指令针对消费者的不正当竞争行为规定相协调，但由于德国法律中表述歧义带来的混淆，欧盟委员会指责德国对指令的转化不够充分，对其启动了违反条约之诉，这直接导致了 2015 年的修订，并此后仍然在不断进行修改。在历经将近 10 年 18 个草案的反复讨论后，德国《反限制竞争法》于 1957 年出台，并先后进行了 10 次修订，最近一次是在 2021 年 1 月。至此形成了德国所代表的对反不正当竞争与反垄断分别立法、共同构成竞争法体系的分别立法模式。这种竞争立法模式对日本、韩国以及我国的竞争立法有着非常重要的影响。例如，日本在 1934 年制定了《不正当竞争防止法》，又在 1947 年制定了《禁止垄断法》，二者也都先后被多次修订。

现代竞争法产生的第三个标志是在国际层面，1883 年的《保护工业产权巴黎公约》在 1900 年的布鲁塞尔修订本中增加了不正当竞争条款。这是国际公约第一次对不正当竞争作出明确的规定。在 1911 年的华盛顿修订本中对制止不正当竞争的措施作了规定，即该公约第 10 条之二要求成员国必须对各该国国民保证予以取缔不正当竞争的有效保护。在 1925 年的海牙修订本中规定了不正当竞争行为的定义，并通过第 10 条之三要求成员国向其他成员国国民提供不正当竞争救济。公约第 10 条之二中规定的不正当竞争行为的表现在 1934 年的伦敦修订本和 1958 年的里斯本修订本中得到了增补。

现代竞争法在 19 世纪末、20 世纪初产生后，在各国（地区）以不同的方式发展着。在第二次世界大战以后，尤其是 20 世纪 80 年代以来，随着各国经济的发展和世界经济一体化的趋势日益明显，各个国家和地区纷纷进行竞争立法，竞争法得到了不断发展，不仅数量多、范围广，而且内容日益丰富，尤其是反垄断法越来越得到各国的重视，目前约有 130 个

① See Gunther Teubner (edited), "Jurisdification of Social Spheres: A Comparative Analysis in the Areas of Labor, Corporate", *Antitrust and Social Welfare Law*, De Gruyter, 1987, p. 297.

的国家和地区有了自己的反垄断立法，有关国际组织也尝试进行竞争政策和竞争法的国际协调。

除了日本和德国分别在1947年和1957年制定了各自的反垄断法并不断修改完善，一些原来已有竞争法的国家（如美国）根据形势的发展也对相关立法不断进行完善，并在司法实践中发展出重要的竞争法原则（如域外适用原则）。很多原来没有竞争法的国家也相继制定了自己的竞争法，例如，英国在1948年制定了《垄断和限制性行为（调查和管制）法》，后被1956年的《限制性贸易行为法》所废除；1973年制定了《公平交易法》；1976年制定了《限制性贸易行为法》；1980年制定了《竞争法》；1998年的《竞争法》取代了1956年的《限制性贸易行为法》，但它对于1973年《公平贸易法》中的垄断与合并制度并没有作出重大修改；2002年的《企业法》规定了新的并购控制制度。①

竞争法在世界范围内的发展，除表现在反垄断法和反不正当竞争法各自领域的发展外，还表现在一些国家和地区将这两部分内容规定在一部法律中的情况，例如，澳大利亚1974年的《交易行为法》、匈牙利1996年的《关于禁止不公平市场行为和限制竞争的法律》等。这代表了与美国以反垄断法为主的模式和德国、日本两法分立模式不同的另一种竞争立法模式。

进入20世纪80年代后期以来，许多发展中国家和苏联、东欧的经济转型国家也纷纷制定或者强化了它们的竞争法。其中，早在1991年3月俄罗斯（俄罗斯苏维埃联邦社会主义共和国）就制定了《关于发展竞争和限制商品市场垄断行为的法律》（《反垄断法》），这是俄罗斯第一部专项反垄断法律。由于这部法律是在苏联解体前制定和实施的，正值其准备向市场经济转型，因而其不仅在当代俄罗斯经济史上，而且在苏联经济史上有着重要的地位。这部法律后经多次修订，不断完善。为了更好地适应国内外经济形势的变化，发展经济竞争力，加强俄罗斯商品在国际市场的地位，2006年6月俄罗斯制定了《保护竞争法》（Federal Law of the Russian Federation on Protection of Competition），同时1991年的《反垄断法》失效。2006年的《保护竞争法》确立了俄罗斯现行反垄断法的基本制度，并且处在一直不断完善的过程中。俄罗斯反垄断法相继形成了三个阶段的系列，即：2006年的第一套（first antimonopoly package）由《竞争保护法》和《行政违法法典修正案》组成；2009年的第二套（second antimonopoly package）由《竞争保护法》《行政违法法典》《刑法典》和其他法律的修正案组成；2012年的第三套（third antimonopoly package）也由《竞争保护法》《行政违法法典》《刑法典》和其他法律的新修正案组成。②

在国际层面，竞争法也不断得到发展。在反垄断法方面，1948年的《哈瓦那宪章》对限制性商业行为作了规定，虽然其最终未获各国批准，但其中的竞争规则还是对国际领域的竞争法发展产生了影响；欧盟竞争法对国际竞争法的产生与发展产生了重要的影响，但其效力仅限于欧盟的范围内；联合国和世界贸易组织（以下简称"WTO"）则以不同的方式来对国际竞争规则进行协调，目前虽然还没有实质性结果，但是代表了国际的发展趋势。而在反不正当竞争法方面，世界知识产权组织自1967年成立以来就一直在为协调国际反不正当竞争法而努力，并在20世纪80年代初制定了《反不正当竞争示范规定》，1996年重新制定了更为系统和全面的《反不正当竞争示范条款》，推动了国际反不正当竞争法的发展。

---

① 2014年4月1日，英国政府同时撤销了原来的竞争执法机构竞争委员会和公平交易办公室，以竞争与市场管理局（CMA）和金融行为监管局（FCA）取而代之。参见《英国：不断完善反垄断法制和机构》，见新华网，http://news.xinhuanet.com/world/2014-08/12/c_1112041968.htm，最后访问日期：2015-02-12。

② 参见王先林：《金砖国家反垄断法的最新发展与主要制度比较（一）》，载《中国工商管理研究》，2012（5）。

四、竞争法的主要发展趋势

现代竞争法经过一百多年的发展演变，逐渐趋于成熟和完善。其发展演变的过程反映了竞争法的发展趋势，可概括如下。

第一，竞争法调整的范围越来越广泛。首先，在适用的行业上，竞争法的调整范围在早期主要局限于传统的工商业领域，随着社会市场化程度的提高和竞争的更加激烈，其调整范围有逐步扩大的趋势，涉及更加广泛的领域，如电信、能源、交通等在传统上被视为排斥竞争的自然垄断产业，以及体育、文化、教育、科研、旅游、医疗卫生和社会保障等所有引入了市场机制、存在市场竞争的经济生活领域。例如，美国联邦贸易委员会和联邦司法部在1994年专门颁布了有关医疗卫生领域反垄断的指南。其次，在适用的主体上，各国反垄断法在实践中还对作为垄断行为主体的企业或企业联合组织作出了较为宽泛的解释。例如，德国联邦法院认为，任何独立而持久地从事货物生产、贸易或商业服务的个人或联合都是企业；一些非企业如医生、律师、建筑师等自由业者甚至国有企业，如果从事竞争性市场活动，也被认为是企业。① 事实上，现代各个国家和地区的竞争法适用于所有参与或者影响市场经济活动的主体。正如OECD在其《竞争法的基本框架》中就“竞争法的适用范围”所指出的：“它应该被尽可能地运用于所有市场交易，而无论其属于哪个领域；它应被尽可能地运用于所有从事商业性交易的实体，而无论其所有制和法律形式。所有豁免本法的情况都应在恰当的法规中加以严格限定。”②《欧盟运行条约》第106条和德国《反限制竞争法》第130条第1款还特别规定对国有企业和私营企业一视同仁。这是竞争法维护自由、公平竞争的原则不断深化的结果和表现。

第二，竞争法越来越重视对消费者利益的保护。竞争法在最初阶段，主要是为保护经营者（竞争者）的利益而创设的。如，英国、法国19世纪中叶的不正当竞争案，都仅仅涉及对被侵害的经营者利益的保护；美国在最初的反托拉斯法中，同样没有保护消费者的规定。随着20世纪三四十年代消费者运动的兴起和消费者主权思想的形成，各种垄断和不正当竞争行为对消费者利益和社会公共利益的损害逐渐为人们所认识，因此竞争法在保护经营者利益的同时，也日益重视对消费者利益和社会公共利益的保护。③ 实际上，无论是出于公平的目标还是出于效率的目标，保护消费者利益都是竞争法的题中应有之义。即使是只强调竞争法效率目标的经济理论，也往往将这种效率理解为作为整体的消费者的福利。德国2004年修订的《反不正当竞争法》第1条开宗明义地首次规定了保护目的，即本法旨在保护竞争者、消费者以及其他市场参与者免受不正当竞争，同时保护公众在未扭曲的竞争中的利益。该规定改变了旧法纯粹地保护竞争者利益的目的。事实上，德国旧法的司法和文献业已承认反不正当竞争法的三重保护目的，即保护竞争者、消费者和其他市场参与者。④

第三，竞争法的国际化程度越来越高。这在反垄断法领域表现得特别明显。本来，反垄断法是各国国内法，但是随着经济全球化和世界经济一体化的趋势日益明显，反垄断法的国际化程度也越来越高。这主要表现在：其一，各国反垄断法在内容上呈现出趋同性，不仅在实体制度框架方面基本相同，主要表现为禁止垄断协议、禁止滥用市场支配地位、控制经营

---

① 参见王保树主编：《商事法论集》，第1卷，544页，北京，法律出版社，1997。

② 尚明主编：《反垄断——主要国家与国际组织反垄断法律与实践》，286页，北京，中国商务出版社，2005。

③ 参见国家工商行政管理局条法司：《现代竞争法的理论与实践》，13页，北京，法律出版社，1993。

④ 参见郑友德、万志全：《德国反不正当竞争法的发展与创新》，载《法商研究》，2007（1）。

者集中等，而且在具体的程序规则方面相互影响、相互借鉴。这种趋同化在欧盟国家表现得尤为明显——其成员国的反垄断法通过欧盟的统一立法和各种指令已逐渐接近，在法学方法论上发展出了“合欧盟法解释”的法律解释方法，使各个成员国的行政与司法观点都必须顾及欧盟的经验。其二，各国反垄断法在适用中越来越多地考虑国际因素。在进行相关市场的界定时，在很多情况下不再局限于国内市场，而考虑到全球市场的情况，将外国企业参与竞争的情况也考虑进去。与此相关，反垄断法对国内企业合并的控制有所放宽，而对国际范围的企业合并加强控制，甚至对国际市场上的垄断行为域外适用其反垄断法。其三，反垄断法领域的国际合作与协调越来越多。这种合作与协调包括双边的、区域性的和多边的不同机制。目前，双边的合作与协调最活跃；区域性的合作与协调逐步增多，其典型代表是欧盟，北美自由贸易协定、亚太经合组织等也在这方面作出努力；多边的合作与协调主要包括联合国及其专门组织、OECD、国际竞争网络（ICN）和 WTO 等，尤其是 WTO 框架下的努力备受关注。随着世界知识产权组织制定了新的《反不正当竞争示范条款》，反不正当竞争法领域的趋同现象也越来越明显。其四，在全球经济一体化的浪潮下，大部分的国家都在立法①与司法②中承认了“效果原则”。

第四，竞争法受经济学理论和经济政策的影响越来越大。这也主要体现在反垄断法领域。反垄断法作为对经济关系的法律调整，与经济学理论和经济政策本来就有密切的关系。但在反垄断法发展的早期，相关经济学理论对反垄断立法和执法的影响并不明显。随着产业经济学的产生，特别是哈佛学派的出现，经济学理论及其主导下的国家经济政策对反垄断法产生了深远的影响。这一点在美国反垄断法的发展变化中表现得特别明显。在 20 世纪 70 年代以前，美国反垄断法主要受哈佛学派的影响，在 20 世纪 70 年代以后则受芝加哥学派的影响。哈佛学派认为，市场结构决定市场行为，市场行为产生市场绩效，因此，反垄断法关注的重点不是企业行为而是市场结构。在 20 世纪 60 年代至 70 年代初，美国联邦最高法院的若干重要判例就充分体现了哈佛学派的反垄断理论。从 20 世纪 70 年代起，美国芝加哥学派作为竞争政策和竞争法理论中的一股强大力量登上了历史的舞台。该学派的主要观点是：反托拉斯的首要目标在于促进经济效益，应以此评价企业行为。该学派认为：竞争性行为，尤其是提高经济效益的竞争性行为，就其本性而言，是要损害竞争对手的。关键不在于某种行为是否损害竞争者或排斥竞争对手，而在于它是否促进社会的经济效益。从这一点出发，芝加哥学派强调，对实施反托拉斯法的适当标准的分析重点，应从市场份额转向经济效益。受其影响，美国联邦司法部于 1982 年、1984 年、1992 年、2010 年对合并指南作了四次修改。同时，反垄断法的经济政策性决定了国家不同时期的经济政策对反垄断法的执行的宽严也有着重要的影响。例如，民主党的克林顿政府和共和党的小布什政府对微软垄断案就有着不同的态度。此外，如本书第一章第二节所述，近年来在强化平台经济领域的反垄断中，美国的“新布兰代斯主义”经济理论也对反垄断实践（尤其是行政执法方面）产生了非常重要的影响。其他国家和地区的情况虽有差异，但在经济学理论和经济政策越来越多地影响反垄断的立法和执法这一点上，是有共同之处的。

---

① 德国《反限制竞争法》第 130 条第 2 款、我国《反垄断法》第 2 条。

② 欧盟并没有在立法中规定“效果原则”，而是欧盟法院在“EuGH Slg. 1988，1953-Zellstoff”一案中发展出来的。欧盟法院在适用上持谨慎态度，而欧盟委员会所持态度较为宽松。

第二节 美国竞争法的产生和发展

一、美国竞争法的产生和发展概况

竞争法在美国主要表现为反垄断法，通常被称为反托拉斯法。美国没有专门的反不正当竞争法，反不正当竞争法主要是判例法，但其反托拉斯法中附带规定了反不正当竞争的内容，最主要的是1914年的《联邦贸易委员会法》第5条。1946年的《兰哈姆法》（经1989年修订）第43条（a）也是美国反不正当竞争法的重要渊源，其规定，任何关于商品或者服务来源的虚假陈述以及任何关于商品或者服务基本性能的虚假陈述都是违法的。

美国建国之初，经济尚处于自由竞争阶段，因此在市场竞争方面的垄断问题尚不突出，主要矛盾是不正当竞争问题。对不正当竞争行为主要依据英国普通法上的侵权行为制度来处理，特别是限制交易规则（restraint of trade doctrine）和仿冒之诉（action for passing-off）。前者禁止交易者对对方施以不合理的交易限制，如指定购买或销售渠道，要求对方不与其竞争等；后者主要保护商品包装，防止误导、假冒。此外，对于侵害性诋毁竞争者、通谋损害竞争者，以及侵犯商业秘密、诱使他人违约以损害竞争者、不正当干涉他人交易等，也都可按普通法上的各种侵权行为之诉予以禁止。

从19世纪70年代开始，美国资本主义从自由竞争向垄断阶段过渡，科学、技术和工艺的进步推动了现代大工业的建立和发展，资本的积累和集中造就了垄断大企业，从而深刻地改变了产业结构和竞争模式。例如，长途货运业被处于独占地位的大铁路公司垄断，破坏了运输服务关系的平衡；连锁经营大行其道，极大地促进了垄断；各种托拉斯（trust）组织纷纷成立，以信托机构名义，把相互竞争的公司的股份集中管理，从而限制竞争，控制市场；一般企业为了生存，也纷纷采取各种损人利己的经营手段。这种情况的发展加剧了社会矛盾（尤其是大企业与中小企业之间的矛盾），威胁到美国式政治民主的经济和社会基础。在这种背景下，美国参议员谢尔曼提出法案，并由国会于1890年通过《保护贸易和商业不受非法限制与垄断侵害法》[①]，一般通称为《谢尔曼法》。该法不仅是美国现代竞争立法的开端，而且被全世界公认为现代竞争法的鼻祖和样板。[②]

1914年美国国会通过的《克莱顿法》和《联邦贸易委员会法》，标志着美国反托拉斯法体系进一步形成。前者的主要内容是扩大反托拉斯法的调整范围，禁止价格歧视行为，并禁止某些不利于竞争的企业合并行为等；后者则在司法部之外另设立反垄断的专门机构，即联邦贸易委员会（FTC），同时对一些不正当竞争行为作了禁止性规定。

以上三部法律构成了美国现代竞争法的基石。此后，美国国会又通过了一些法律，对这三部法律作了修改。例如，1936年的《罗宾逊-帕特曼法》主要扩大了《克莱顿法》中价格歧视条款的适用范围，并对此作出了更具体的规定，着重体现了对小企业的保护。

除了国会立法，美国作为判例法国家，法院的有关判例也是反托拉斯法的重要组成部分。由于反托拉斯法的规定大多比较笼统，因而法院审理案件所确立的带有一般性的原则和规则更

① 其英文全称为“An Act to Protect Trade and Commerce against Unlawful Restraints and Monopolies”。

② 虽然加拿大早一年即在1889年通过了《禁止限制性贸易法》，且其内容与《谢尔曼法》有类似之处，但无论是在法律调整的力度上还是就对世界的影响而言，该法都无法与《谢尔曼法》相比。

具有特别的意义。另外，在执法过程中，美国司法部和联邦贸易委员会经常分别[①]或者共同[②]就反托拉斯政策问题发布一些指导意见，这些意见虽对法院无约束力，不影响司法最终裁决，但实际上起着行政执法指导原则的作用。

进入 21 世纪以来，美国开展了如何改革其反托拉斯法的讨论。2002 年美国国会通过专门法律设立了反托拉斯现代化委员会（Antitrust Modernization Commission）。经过三四年的研究、讨论，包括召开多次听证会，该委员会在 2007 年 4 月 2 日向美国总统和国会提交了《反托拉斯现代化委员会报告和建议》（Antitrust Modernization Commission Report and Recommendations）。[③] 报告全文长达五百多页，其基本结论是：自由市场原则应当指导反托拉斯政策；总体来说，反托拉斯的原则和政策的现状是“良好的”（sound）；为解决所谓的“新经济”问题，反托拉斯法不需要新的或者不同的规则。该报告相关的建议中还包括废除《罗宾逊-帕特曼法》、通过立法推翻 Illinois Brick 案的判决等。

二、美国竞争法的基本框架

经过多年立法和判例的发展，美国反托拉斯法的核心内容主要有以下三项：禁止反竞争的合同、协议、决议或者协同行为（联合或者共谋）；禁止以不正当方式获取或者维持独占（垄断）地位，或者滥用独占（垄断）地位；禁止反竞争的企业合并以及对企业合并的申报进行审查。

作为美国反托拉斯法核心和龙头的《谢尔曼法》，其核心条款是第 1 条和第 2 条，即：“任何契约，以托拉斯形式或其他形式的联合、共谋，用来限制州际间或与外国之间的贸易或商业，是非法的。任何人签订上述契约或从事上述联合或共谋，是严重犯罪”；“任何人垄断或企图垄断，或与他人联合、共谋垄断州际间或与外国间的商业和贸易，是严重犯罪”。

《克莱顿法》则又指出了四种可能构成托拉斯行为的做法——价格歧视、独家交易、合并和连锁董事会，这些行为在“其结果……可能实质性地削弱竞争或有助于在任何商业部门形成垄断时”，便构成违法。[④] 该法确立了“早期原则”（doctrine of incipiency），即不必等到实际的损害已经发生，也不必以已经发生的事实来证明对竞争发生的有害影响，根据预期会发生的结果，便可将前述行为认定为违法。这一原则表明了《克莱顿法》与《谢尔曼法》的基本区别。有人用枪支法来比喻这两个法：根据谢尔曼法型的枪支法，一个人可以携带枪支而不必担心因此被逮捕，只要他不对某人或某物射击；根据克莱顿法型的枪支法，只要认为这个人是危险

---

① 如美国司法部在 1968 年发布并于 1982 年和 1984 年两次修订的《横向合并指南》，联邦贸易委员会于 1967 年发布的《水泥业的纵向合并指南》《食品供应行业的合并指南》等。

② 如美国司法部和联邦贸易委员会于 1992 年联合发布并于 1997 年和 2010 年两次修订的《横向合并指南》，于 1995 年联合发布的《国际经营活动中的反托拉斯实施指南》和《知识产权许可的反托拉斯指南》。

③ 其全文可从以下网址获得：http：//voluntarytrade. org/downloads/amc _ final _ report. pdf。中文可参见《美国反托拉斯现代化委员会致总统与国会的信》，王先林、丁国峰译，潘志成校，载漆多俊主编：《经济法论丛》，2009 年上卷（总第 16 卷），北京，中国方正出版社，2009。

④ 由于该法第 7 条只针对合并本身，不能控制实践中一些公司通过各种手段取得竞争对手的股份，再利用股份表决权来实现合并目的的情况，1950 年通过的《塞勒-凯弗维尔修正法》（Celler-Kefauver Act）对此进行了补充，规定禁止取得竞争对手的股份和财产的行为。1980 年通过的《反托拉斯诉讼程序改进法》还将该法的“公司”扩大到“人”，将“在任何商业部门”扩大到“在任何商业部门和/或在任何影响商业的活动中”，从而进一步扩大了该法的适用范围。

的——如认为他很可能对某人或某物射击，那么法警就可以没收这个人的枪支。①

《联邦贸易委员会法》除了规定设立具有准司法性质的联邦贸易委员会行使反对贸易限制和保护消费者的权利，其最重要的条款是第 5 条，它规定“对于商业活动中的各种不正当的竞争方法，均就此宣布为非法”②。该条的管辖范围涉及许多限制贸易的行为，有人称该法是联邦贸易委员会的谢尔曼法。③

关于判断某种行为是否触犯反托拉斯法，美国法院在审判实践中形成了两种不同的法律分析方法。一种是“合理规则”（rule of reason），按照这一规则来判断是否构成触犯反托拉斯法的行为，需要对行为的具体情况进行分析，例如在合同中订立有关限制性条款的目的、合同双方的市场力量（market power）、合同条款对相关市场产生的实际影响等等。另一种是“本身违法规则”（rule of per se illegal），也就是某些行为只要发生就可以被认定触犯了反托拉斯法，不需要对其具体情况进行分析。典型的“本身违法”行为包括固定价格、限制产量、瓜分市场、联合抵制等。“本身违法规则”是针对严重的触犯反托拉斯法的行为而制定的。由于适用这一规则时不需要进行复杂的分析判断，因而可以简化对有关案件的审理，有利于尽快地制裁性质恶劣、产生重大影响的违法行为。

美国反托拉斯法的执行机构有司法部（其专设有反托拉斯局）和联邦贸易委员会。这些部门的职责就是密切注视公司企业的商业经营行为，当出现问题时，通常首先由它们对有可能触犯反托拉斯法的行为进行调查；调查后认为有必要的，则提起诉讼，或者责令停止违法行为。这两个执法机构往往在总结执法经验的基础上，发布一些执法指南或规则，以有利于有关企业判断自己的行为是否可能触犯有关反托拉斯法。此外，法人和自然人也有权针对触犯反托拉斯法的行为向法院提起民事诉讼。对于被认定触犯了反托拉斯法的行为，法院可以发出禁令；可以宣布所涉及的合同，包括所涉及的专利权，不可实施；可以将一个公司分拆成几个公司（解散），强迫母公司收回其在子公司的股份而使后者独立为一个新的竞争者（放弃或分离），使某些所有权（如专利权和专有技术）能为其他竞争者所使用；可以判处最高达 3 倍的损失赔偿；还可以追究刑事责任，判处罚金或者监禁；等等。其中，违反《谢尔曼法》第 1 条和第 2 条的，如果参加人是公司，将被处以不超过 1 000 万美元的罚金；如果参加人是个人，将被处以 35 万美元以下的罚金，或 3 年以下的监禁，也可由法院酌情并用两种处罚。根据 2004 年《反托拉斯刑事处罚加强与改革法》的规定，对公司的最高罚金提高到 1 亿美元，对个人的最高罚金提高到 100 万美元，对个人的最长监禁期限提高到 10 年。此外，2020 年 12 月 23 日，美国总统特朗普总统签署了《刑事反托拉斯反报复法》，明确禁止雇主对举报违反反垄断法的个人进行报复，以鼓励知情者曝光违反反托拉斯法的行为并保护作为举报人的员工不受报复性行为的影响。

美国是世界上公认的实施反垄断法最严厉的国家，这尤其体现在它在百年来的反托拉斯实践中对某些构成非法垄断行为的大企业采取了分割、解散的制裁措施。④ 一百多年来，美国出

---

① 参见［美］马歇尔·C. 霍华德：《美国反托拉斯法与贸易法规》，孙南申译，39 页，北京，中国社会科学出版社，1991。

② 1938 年美国国会通过的这一法律的修正案《惠勒-利法》（Wheeler Lea Act），将原第 5 条修订为：“对于商业中的各种不公平的竞争方法和不公正或欺骗性的行为或做法，均就此宣布为非法。”1975 年，该条再次被修改为：“对于商业中和影响商业的各种不公平的竞争方法和不公正或欺骗性的行为或做法，均就此宣布为非法。”

③ 参见［美］马歇尔·C. 霍华德：《美国反托拉斯法与贸易法规》，孙南申译，35 页，北京，中国社会科学出版社，1991。

④ 不过，自进入 21 世纪以来欧盟的竞争法执法力度很大，在一些个案的处理中表现得比美国更严厉。

现了不少反垄断裁决的重大经典案例，其中不少公司都是全球行业的翘楚，因此这些判例对世界经济格局产生了深远影响。例如，洛克菲勒家族的“石油帝国”因垄断市场在1911年被肢解为三十多个独立石油公司；曾垄断美国电话市场的美国电报电话公司（AT&T）在1984年被分离成一个继承母公司名称的电报电话公司（专营长途电话业务）和7个地区性电话公司。在20世纪90年代以后，随着国际上技术创新竞争日趋激烈，美国政府在反垄断上更加注重与鼓励创新的平衡。当时，微软公司因被指控通过视窗操作系统“捆绑”销售其他软件，从而构成市场垄断而遭到司法部起诉，经过多年的诉讼，微软最终没有被要求解体，但其向竞争对手支付了7.5亿美元的巨额赔偿。2008年以来的液晶面板价格垄断案，对包括LG、夏普和日立在内的多家外国企业的罚款超过13亿美元，奇美、中华映管等公司的多名高管被判入狱。2013年9家日本汽车零部件公司因在美国多次合谋操纵价格被罚7.4亿多美元，两名高管也面临监禁的处罚。进入21世纪20年代，美国明显强化了针对大型数字平台的反垄断力度，并且在多方面都有值得关注的新发展。这不仅表现在针对超级平台企业的反垄断调查和诉讼方面，也表现在国会立法和行政措施方面。

第三节　欧盟竞争法的产生和发展

一、欧盟竞争法的产生和发展概况

在欧盟[①]，通常意义上的竞争法仅指反垄断法，而不包括反不正当竞争法。但欧盟也有一些有关不正当竞争行为的指令，如欧洲议会与欧盟委员会2005年5月11日第2005/29/EC号关于内部市场中针对消费者的不正当商业竞争行为的指令，对针对消费者的不正当竞争行为进行了统一规制，具体的则由成员国修改法律以履行内国法转化指令的义务。

第二次世界大战结束后，西欧百废待兴，为振兴经济，加深民族间的经济联系以杜绝战争，并实现欧洲联合，一些有远见的西欧政治家提出了一系列密切经济和政治联系的主张。1946年9月，英国首相丘吉尔提议建立“欧洲合众国”；1950年5月9日，法国外长罗伯特·舒曼代表法国政府提出建立欧洲煤钢联营，这个倡议得到了德、意、荷、比、卢五国的响应。20世纪50年代，西欧出现了三个共同体，即1951年4月法国、联邦德国、意大利、荷兰、比利时和卢森堡六国在巴黎订立条约而成立的欧洲煤钢共同体，上述六国于1957年订约、1958年正式生效成立、2002年失效的欧洲原子能共同体和欧洲经济共同体（EEC），其中，欧洲经济共同体最重要。1957年3月，上述六国在罗马订立的《欧洲经济共同体条约》（《罗马条约》）第85条和第86条是欧共体竞争法的主要渊源。1965年4月，上述六国签订《布鲁塞尔

---

① 在以前的很多场合，尤其是在涉及竞争法的场合，许多人将欧洲共同体（简称“欧共体”）与欧洲联盟（简称“欧盟”）交替使用。如邵景春著《欧洲联盟的法律与制度》（人民法院出版社1999年版）在“自序”中就明确指出，“欧盟法”与“欧共体法”或“共同体法”是通用的。但是，目前对于“欧盟竞争法”与“欧共体竞争法”的称谓问题，一些专家有不同的看法，在英文论著中也有不同的使用情况。欧共体是欧盟三根支柱中最大、最重要的一个，其管辖权事项限于经济领域，主要包括共同市场、共同农业政策和共同商业政策，在这些领域欧共体拥有某些超国家权力；而其他两根支柱即“共同安全与外交政策”和“司法与内务合作”，其权力仍保留在成员国手中，欧盟没有超国家权力。竞争法属于商业政策，属于欧共体管辖范围，因此严格来说，目前称欧盟竞争法还不是很妥当，在竞争法领域还是称欧共体竞争法比较合适。不过，使用欧盟竞争法的称谓也不会引起大的误解，欧洲学者也有混用的情况。（参见许光耀：《欧共体竞争法通论》，2页，武汉，武汉大学出版社，2006。）不过，随着《里斯本条约》于2009年12月1日开始生效，原来的“欧共体”称谓被“欧洲联盟”所取代，原来的《欧共体条约》也更名为《欧盟运行条约》（The Treaty on the Functioning of European Union），这样，现在就只需要使用欧盟竞争法和欧盟委员会的称谓了。

条约》，决定自1967年将三个共同体的机构合并，统称欧洲共同体（EC）。

此后，欧共体成员国不断增加。1973年1月1日英国、丹麦、爱尔兰加入，1981年1月1日希腊加入，1986年1月1日西班牙和葡萄牙加入。1986年2月，欧共体12个成员国又签署了《单一欧洲文件》，其中规定到1992年12月31日建成欧洲联盟。1990年两德合并，民主德国自然并入欧共体。1992年2月7日，12个成员国又在荷兰的马斯特里赫特签署《欧洲联盟条约》，提出在三个共同体的基础上建立一个集政治、经济联盟为一体的区域性国际组织。这样，欧洲一体化的范围不再局限于经济领域，而是将共同安全与外交政策、司法与内务等领域的合作纳入其中。1993年11月1日，欧洲联盟正式启动，欧共体并未消失，而成为欧盟三大支柱中最大、最重要的一个。1995年1月1日，奥地利、芬兰、瑞典又加入欧共体，亦为欧盟成员国。2004年5月1日，又有马耳他、塞浦路斯、波兰、匈牙利、捷克、斯洛伐克、斯洛文尼亚、爱沙尼亚、拉脱维亚、立陶宛10国加入，欧盟成员国达到25个。2007年1月1日，罗马尼亚、保加利亚加入，使欧盟成员国达到27个。进入21世纪以来，欧盟拟定并在2004年通过了《欧盟宪法》的最后文本，但这部欧盟大法在2005年法国和荷兰的全民公决中遭否决。2007年，经德、法两国积极斡旋，欧盟各国首脑在葡萄牙首都里斯本通过了《简版宪法条约》，并在当年12月的欧盟峰会上签署了《里斯本条约》，于2009年12月1日生效。这是欧洲一体化进程中具有里程碑意义的一件大事。在条约形式上，采取欧盟传统的修订条约的方式，修订了《欧洲联盟条约》与《欧共体条约》，并将后者重新命名为《欧盟运行条约》。2013年7月1日，克罗地亚正式成为欧盟第28个成员国。但是，2016年6月23日，英国举行“脱欧”公投，结果是赞成脱离欧盟的选民胜出。这意味着英国在加入欧盟43年后成为决定退出欧盟的第一个独立国家。经过几年的激烈辩论和艰难谈判，英国于2020年1月31日正式“脱欧”，结束其47年的欧盟成员国身份，过渡期到2020年12月31日结束。

欧盟的主要机构有欧洲议会、欧盟理事会（1993年前称部长理事会）、欧盟委员会（欧委会）和欧盟法院（Court of Justice of the European Union），它们分别行使立法权、执行权、司法权等。其中，欧洲议会原为监督与咨询机构，1997年的《阿姆斯特丹条约》赋予其立法权，与欧盟理事会共同行使立法权。2009年12月《里斯本条约》生效后，欧洲议会的权力有实质性扩展。欧盟理事会负责日常决策并拥有欧盟立法权。欧委会为欧盟的常设执行机构，下设若干总局（Directorates-General），其中第四总局专管竞争政策及执法（DG VI），目前约有900名工作人员。在竞争立法和执法方面，欧委会参与立法、行政执法、实施条约，协调成员国关系，发挥重要作用。欧盟法院为欧洲联盟的法院系统之总称，根据《欧洲联盟条约》第19条，由三种法院组成：(1)（欧盟）普通法院：为了减轻原欧洲共同体法院（原欧洲法院）的负担而于1989年1月1日成立，原名为“初审法院”（Court of First Instance）。随着2009年12月1日《里斯本条约》的生效，改名为“普通法院”（General Court），掌理一般案件的一审。(2) 专门法庭（specialized courts）：目前只有一个，即欧盟公务员法庭。(3) 欧洲法院：1952年设立，目前英文的正式名称为“Court of Justice”，为欧盟法院系统的最高法院，审理普通法院裁判的救济案，以及解释欧盟诸条约，统一会员国内国法院对条约的解释适用，并通过其司法裁判促进欧盟的整合。

欧盟竞争法作为欧盟经济实现一体化最终目标的战略手段之一，主要是为了保护欧盟市场的完整统一与良好运转，保证企业间充分有效竞争，维护自由公平交易，努力建成一体化的欧洲内部大市场。与此相适应，欧盟竞争法在法律效力问题上突出了“影响成员国间贸易”的要求。在欧盟竞争法与成员国竞争法的关系上，主要有两项原则：一是欧盟法效力优先原则，即当成员国法与欧盟法不一致时，无论是成员国法院，还是欧盟两级法院，均应优先适用欧盟法；二是欧盟法的直接效力原则，即欧盟法的执行，不仅是成员国政府的义务，也是全体在欧盟辖区活动的“经济实体”（economic entity）的直接义务。欧盟竞争法的超国家性质为区域性国际竞争法提供了一个典范。在立法体例上，欧盟竞争法实现了两大法系特点的融合。

虽然欧盟目前还没有完整的反不正当竞争法，但是在欧盟范围内人们对反不正当竞争法进行协调的努力几乎在欧共体成立之初就开始了。自20世纪80年代以来，欧共体对成员国的反不正当竞争法发布了相关的指令，以保护消费者的利益。欧共体的反不正当竞争法大致分为三类：第一类是禁止虚假广告的规定，如1984年禁止误导性广告的指令、1989年有关电视广告的指令、1999年关于消费者购买的指令和2000年关于电子商务的指令；第二类是比较广告的指令，如关于比较广告和误导性广告的1997年第55号指令（它将1984年禁止误导性广告的指令纳入）；第三类是关于以直接广告为目的而主动向消费者发布信息的指令，如1997年第7号指令、2000年第31号指令、2002年第65号指令等，这些指令的适用范围被概括规定在欧共体第58号关于数据库保护指令的第13条中。① 2005年欧盟实施了一项反不正当商业行为指令，该指令主要制止经营者针对消费者的不正当商业行为，涵盖经营者之间的水平竞争行为（第3条第1款），例如，直接损害消费者利益而间接损害经营者利益的不正当商业广告即属此类。因此，该指令承认经营者针对消费者的商业行为也对竞争者产生影响。该指令仅制止严重的不正当商业行为，而对于对消费者仅产生一般影响的不正当商业行为并不关心，也未涉及成员国制止仅损害竞争者利益或有关经营者间交易的不正当竞争行为的规定。根据补充原则，成员国只要愿意，仍然可以继续规制这类行为。由于欧盟反不正当商业行为指令并不包括经营者间误导广告以及比较广告的规定，故其仅仅适用于经营者针对消费者的不正当商业行为。②

二、欧盟竞争法的基本框架

欧盟竞争法主要是指《欧盟运行条约》第101条规定的禁止限制竞争的协议、协同行为与决议，第102条规定的禁止滥用市场支配地位的行为③，以及欧盟《经营者集中条例》规定的限制竞争的经营者集中行为等，这些行为的主体都是企业，行为都是具有扭曲竞争目的或效果的，并造成具有共同市场影响力的结果。同时，为了防止成员国采取限制竞争的经济干预政策，《欧盟运行条约》还在第106条、第107条以及第110条等规定了“国家援助与国家贸易垄断”制度。欧盟竞争法通过欧盟委员会的行政执法与法院的司法裁判机制来实施。

（一）欧盟禁止垄断协议和滥用市场支配地位的制度

《欧盟运行条约》第101条第1款规定，禁止与共同市场不相容的下列事项：企业之间订立的协议、企业联合组织作出的决定和协同一致的行为，可能影响成员国之间的贸易并具有阻碍、限制或者扭曲共同市场内的竞争目的或者效果的，尤其禁止下列事项：(1) 直接或者间接地限定购买价格或销售价格或者任何其他贸易条件；(2) 限制或者控制生产、销售、技术开发或者投资；(3) 划分市场或者供应来源；(4) 对与其他贸易方的相同交易施以不同的条件，从而使其处于不利的竞争地位；(5) 要求对方当事人接受在性质或者商业惯例上与合同涉及的项目无关的附加义务作为签订合同的条件。第101条第2款规定，依照本条规定而被禁止的协议

① 参见王晓晔：《竞争法学》，36～37页，北京，社会科学文献出版社，2007。

② 参见郑友德、万志全：《德国反不正当竞争法的发展与创新》，载《法商研究》，2007 (1)。

③ 原为《罗马条约》第85条和第86条。根据1997年《阿姆斯特丹条约》第12条，原来《罗马条约》第85条和第86条的重新编号分别为第81条和第82条。根据2009年《里斯本条约》修改后的《欧盟运行条约》，该两条的编号相应地变为第101条和第102条，但内容没变。

或者决定自动无效。第 101 条第 3 款则规定：第 1 款不适用于如下经营者之间的协议或者某种类型协议、经营者联合体的决议或者某种类型决议、经营者之间或者经营者联合组织之间的协同行为或者某种类型协同行为，当它们有助于改善产品生产或者销售，或者促进技术或经济进步，且消费者分享当中形成的利益，同时，（1）参与其中的经营者没有受到为实现上述目的所不必要的限制，（2）上述行为也没有排除经营者之间就相关产品的重大部分竞争的可能性。

《欧盟运行条约》第 102 条规定：一个或者多个在共同市场或者其相当部分具有支配地位（dominant position）的企业滥用这种地位的任何行为，凡可能影响成员国之间贸易的，则因与共同市场不相容而予以禁止，尤其禁止下列滥用行为：（1）直接或者间接地施加不公平的购买价格或销售价格或者其他不公平的贸易条件；（2）限制生产、销售或技术开发，损害消费者的利益；（3）对与其他贸易方的相同交易施以不同的条件，从而使其处于不利的竞争地位；（4）要求对方当事人接受在性质或者商业惯例上与合同涉及的项目无关的附加义务作为签订合同的条件。

《欧盟运行条约》第 101 条与第 102 条之间的区别点在于：前者主要涉及两个独立经营者之间的协议、协同行为或者企业联合体的决议，其目的是防止通过订立协议不合理地限制共同市场内的竞争；而后者主要涉及（但不限于）单个企业的市场行为，防止其滥用支配地位来不合理地限制共同市场内的竞争。但两者在特定情形下可以同时适用，例如，因为经营者之间订立限制竞争的协议而适用第 101 条的规定，又因为该协议导致市场支配地位，且经营者滥用这种支配地位，所以同时适用第 102 条的规定。即便根据第 101 条第 3 款被豁免的卡特尔的参与者利用该卡特尔协议形成市场支配地位并滥用时，也适用第 102 条的规定。

原来的《欧共体条约》中并没有关于控制与共同市场相抵触的企业集中行为的明确规定。在早期，欧共体委员会是适用《欧共体条约》第 81 条与第 82 条对有关企业集中行为加以处理的。1989 年 12 月 21 日欧共体理事会制定了一个专门规定企业集中的第 4064/89 号条例。该条例后被欧共体理事会 1997 年关于企业集中的第 1310 号条例所修改，后一条例又在 2004 年被关于企业集中控制的理事会第 139/2004 号条例（以下简称“第 139/2004 号条例”）所取代。同时，欧共体委员会还颁布了《横向合并评估指南》《合并调查最佳做法指南》《执行理事会第 139/2004 号条例的委员会第 802/2004 号规章》等，均自 2004 年 5 月 1 日起开始执行。欧共体委员会于 2007 年 11 月 28 日又颁布了《非横向合并指南》。这就形成了控制与共同市场相抵触的企业集中行为的比较具体、完整的规定。根据这些规定，在欧盟竞争法上的反竞争性集中行为的构成要件为：各自独立的企业或者已经控制了至少一个企业的个人；实施了合并或者获得对其他企业控制的行为；具有“共同体意义”；与共同市场不相容。对有关企业集中行为，根据不同情况有申报、责令修改协议、解散或者终止履行和罚款等处理措施。

为了实施有关竞争法的实体规范，欧共体理事会还制定了有关的程序规范，第 17/62 号法规是其中的重要规范。它规定了对实质不违反《欧盟运行条约》第 101、102 条的行为的违法否定（negative clearance）的申请认定程序，和对根据《欧盟运行条约》第 101 条第 3 款的规定申请豁免的批准程序。获得《欧盟运行条约》第 101 条第 3 款所述的豁免有两种方式：第一种是个案申报（individual notification）方式。由有关方面就协议向欧共体委员会提出一份申请，请求委员会认定所申报的协议是否会触犯竞争法。申报应当在协议实施之前提出，所提交的文件应当包括一份请求获得豁免的请求书、协议的文本以及相关信息。第二种是整批豁免或集体豁免（block exemption）方式。它不是应有关方面的申请作出，而是由欧共体委员会主动作出的一种公告。这样的公告从总的特点和类型方面告知公众哪些协议是不必申报的、哪些协议会引起欧共体委员会的关注而最好予以申报。整批豁免建立了三种类型的清单（list），分别称为白色清单、灰色清单和黑色清单。

通过一般禁止之下的个别和集体豁免机制来实现保护竞争的原则要求与合理商业需要之间的平衡，并由此增强法律的确定性，曾经是欧共体竞争法体制的鲜明特色。为适应经济全球化和欧盟扩大成员国范围的需要，应对更加一体化的市场，保证对欧共体市场竞争秩序的有效监管，并尽可能简化行政管理，欧共体理事会于 2002 年 12 月 16 日颁布《执行条约第 81、82 条竞争规则的第 1/2003 号条例》[①]（以下简称"第 1/2003 号条例"），取代了 1962 年的第 17 号条例，作为实施《欧共体条约》第 81 条、第 82 条的程序法。第 1/2003 号条例简化了欧共体竞争法的实施程序，通过建立有效的竞争法实施机制，使欧共体委员会、成员国竞争主管机构以及成员国法院合理、有效地分担实施共同体竞争法的任务。由于它彻底改革了原有的竞争法实施机制，标志着欧共体竞争法整体的现代化，因而第 1/2003 号条例被称为欧共体竞争法的"现代化条例"[②]。该条例废除了事前申报制度，实现欧共体竞争法的实施非集权化（成员国竞争主管机构和法院在实施中占有越来越重要的地位），并加强了执法机关的调查权。其中，第 1/2003 号条例废除了过去要求包括"灰色清单"协议条款的当事人向欧共体委员会申报，由欧共体委员会事前审查并确定是否适用豁免的"集权式"的竞争法执行机制，改为采用当事人自行评估适用豁免规章，由成员国的法院或竞争主管机构主动或根据申诉，事后对与欧共体相抵触的技术转让协议要求终止、采取临时措施、要求提供保证或处以罚款（第 5 条）。

欧盟委员会对违反竞争法的企业给予的处罚往往是很严厉的。例如，在 2004 年 3 月的微软垄断案中，欧盟委员会对微软公司作出了高达 4.97 亿欧元（约 6.13 亿美元）的罚款；2008 年 2 月 27 日欧盟委员会对微软公司开出 8.99 亿欧元（约合 13.5 亿美元）的罚单；2009 年 5 月 13 日欧盟委员会又对英特尔公司处以 10.6 亿欧元（约 14.5 亿美元）的创纪录反垄断罚款；2016 年 7 月欧盟针对 MAN、沃尔沃/雷诺、戴姆勒、依维柯以及 DAF 等多家卡车生产商串通操纵卡车价格总共罚款 29.3 亿欧元；2017 年 6 月，欧盟委员会由于谷歌在搜索结果中偏袒自家服务 Google Shopping 决定对其处以 24.2 亿欧元的罚款；2018 年 1 月欧盟委员会针对高通滥用市场支配地位的行为罚款 9.97 亿欧元。近几年来，欧盟在强化数字平台反垄断执法方面更是充当了急先锋，同时加强了针对数字平台的监管立法。在对超级数字平台的反垄断执法上，欧盟表现得丝毫不手软。仅在 2017 年至 2019 年的三年间，欧盟就对谷歌作出三次反垄断处罚，总计开出了 82.5 亿欧元的罚单。2022 年通过的《数字服务法》和《数字市场法》，更使大型平台企业在欧盟将面临更加严格的监管，甚至包括业务被拆分、巨额罚款等在内的严苛处罚。

（二）欧盟控制经营者集中的制度

由于欧盟与成员国之间在对经营者集中进行控制是以竞争政策为主还是以产业政策为主的问题上存在激烈的争论，因而直到 1989 年欧共体《并购条例》中都不存在经营者集中的控制制度。当时的法院试图通过适用《欧共体条约》第 81 条与第 82 条（现在分别为《欧盟运行条约》第 101、102 条）来弥补这一漏洞：当时欧共体法院首先在 1973 年涉及股权收购的 Continental Can 案[③]中，利用禁止滥用市场支配地位条款对经营者集中进行控制；进而在 1987 年 Philipp Morris/Rothmanns 案[④]的判决中确认，除了禁止滥用市场支配地位条款，禁止限制竞

---

① 英文全称为：Council Regulation (EC) No. 1/2003 of 16 December 2002 on the Implementation of the Rules on Competition Laid down in Articles 81 and 82 of the Treaty。

② 许光耀：《欧共体竞争法通论》，423 页，武汉，武汉大学出版社，2006。

③ EuGH Slg. 1973，215（244 f.）-Continental Can.

④ EuGH Slg. 4487（4584）-BAT u. Reynolds Philip/Morris.

争协议的条款也可以对经营者集中予以规制。欧共体委员会在 Continental Can 案判决后提出了第一个制定经营者集中控制条例的动议，但被欧洲理事会拒绝。经过欧共体与成员国长期的协商以及德国政府的强烈要求后，终于在 1989 年通过了《欧共体委员会关于经营者集中的条例》，该条例为 2004 年颁布的第 139/2004 号条例所取代。

目前，欧盟经营者集中控制的法律规范基础以 2004 年第 139/2004 号条例、2004 年 4 月 30 日颁布的《执行理事会第 139/2004 号条例的委员会第 802/2004 号条例》为主，以《欧盟运行条约》第 101 条与第 102 条为辅。另外，欧盟委员会结合行政实践制定了一系列指南，例如 2004 年 5 月 1 日开始执行的《横向合并评估指南》《合并调查最佳做法指南》和 2007 年 11 月 28 日颁布的《非横向合并指南》。该指南不是正式的法律渊源，不具有规范上的法律效力，因此法院没有义务予以遵守，但由于它是对实践的总结，因而它对于欧盟委员会的执法具有自我约束力，对经营者而言具有事实上的效力。

根据第 139/2004 号条例第 21 条第 1 款的规定，卡特尔的程序（适用《欧盟运行条约》第 101 条与第 102 条的程序）并不适用于《并购条例》第 3 条意义上的经营者集中，其目的在于排除对经营者集中，同时对第 139/2004 号条例与《欧盟运行条约》第 101 条、第 102 条进行双重适用。但这并不排除在特定条件下《欧盟运行条约》第 101 条与第 102 条适用于经营者集中的控制。一方面，从法律位阶上看，《欧盟运行条约》属于欧盟基础性、“宪法性”的条约，而第 139/2004 号条例属于由欧盟委员会制定的条例；另一方面，如同 Continental Can 案与 Philipp Morris/Rothmanns 案的判决所显示的那样，确实存在着同时适用《欧盟运行条约》第 101 条与第 139/2004 号条例的情形，尤其是多个经营者建立合营企业，一方面可以构成经营者集中，另一方面可以同时构成经营者之间的限制竞争的协议，从而符合《欧盟运行条约》第 101 条的规定。

欧盟关于经营者集中最重要的规范是第 139/2004 号条例。欧盟委员会的改革举措是试图将少数股权纳入经营者集中控制以及经营者集中的简化程序改革。第 139/2004 号条例由条文达 46 条的立法理由书以及条文达 26 条的正文组成。正文中第 1～3 条属于核心条款，分别规定了经营者集中的申报标准、判断标准和控制形态。

第 1 条第 1 款规定，该条例只管辖具有欧盟市场意义的经营者集中。第 2 款定义了具有欧盟市场意义的经营者集中，即：当所有参与集中的经营者在全球范围内的年总营业额之和超过 50 亿欧元，且参与集中的经营者中至少有两家在欧共体内的年营业额均各自超过 2.5 亿欧元；但参与集中的经营者的营业额在一个成员国内取得的例外。第 3 款规定，不符合第 2 款的经营者集中也具有欧盟市场意义，当：a. 所有参与集中的经营者在全球范围内的年总营业额之和超过 25 亿欧元；b. 所有参与集中的经营者在至少 3 个成员国中的年总营业总额之和各自超过 1 亿欧元；c. 所有参与集中的经营者至少有两家在 b 中所指的至少 3 个成员国中各自的年营业额均超过 2 500 万欧元；而且 d. 所参与集中的经营者中至少有两家企业在欧盟的年营业额均各自超过 1 亿欧元，但所参与集中的经营者在欧盟境内的 2/3 以上的年营业额是在相同的一个成员国中实现的例外。

第 2 条则规定了经营者集中的判断标准。与 1989 年欧共体《并购条例》相比，第 139/2004 号条例采取了德国《反限制竞争法》对经营者集中的否决标准，即“形成或者强化了市场支配地位”的标准。2004 年的《并购条例》改采“严重妨碍有效竞争标准”（significant impediment of effective competition，简称 SIEC），形成或者强化市场支配地位只是其中的一个具体形式举例。第 139/2004 号条例第 2 条第 1 款规定：本条例的经营者集中根据本条例的目标以及下列规定对共同市场的相容性进行审查。欧盟委员会在审查中顾及下列因素：a. 维护与促进在共同市场内的有效集中的必要性，尤其是顾及所有相关市场的结构与来自共同市场内外经营者的现存或者潜在竞争；b. 参与集中的经营者的市场地位与经济势力以及财务实力，供应商与采购商可选择的空间以及其进入采购与销售市场的难易，法律或者事实上的市场准入限制，各自产品与服务供需的发展趋势，中间商、消费者的利益，有利于消费者且不会阻碍竞争的技术、经济的进步发展。第 2 款规定，经营者集中，尤其是其导致形成或者强化市场支配地位，不会严重阻碍共同体全部或者相当部分市场有效竞争时，该经营者集中与共同体市场相容。第 3 款规定，经营者集中，尤其是其导致形成或者强化市场支配地位，会严重阻碍共同体全部或者相当部分市场有效竞争时，该经营者集中与共同体市场不相容。第 4 款规定，第 3 条规定的通过建立合营经营者的集中形式旨在或者导致协调独立经营者之间竞争行为后果的，则根据条约第 81 条第 1 款和第 3 款（现在的《欧盟运行条约》第 101 条第 1、3 款）进行审查，以确定其是否与共同市场相容。第 5 款规定，在进行该项审查时，欧盟委员会应当顾及：设立合营企业的经营者是否在合营企业的市场或者在该市场上、下游市场或者在相邻市场或者与其紧密相关的市场上完全地同时从事业务；以及通过建立合营企业增强的企业协调行为是否使合营企业的建立者有可能在相关产品或者服务市场上排除竞争。

第 3 条则规定了经营者集中的控制形态。经营者集中是指能引起控制权的长期性变更的行为，尤其是通过：a. 两个或者两个以上事前独立的经营者或者集中的部分进行合并；或者 b. 一个或者多个以及至少控制一个经营者的人，或者一个或多个经营者通过取得股权或者取得资产，通过合同或者其他方式，直接或者间接取得了对一个或者多个经营者的全部或者部分的控制（第 3 条第 1 款）。控制权可以通过权利、合同或者其他方法取得；控制权在顾及所有的事实或者法律的情形下，能单独或共同对另一个经营者的行为产生决定性的影响，尤其是通过：a. 企业的全部或者部分资产的所有权或者使用权。b. 能对另一个经营者的机构的组成、选举或者决议产生确定性影响（第 3 条第 2 款）。控制权的取得人或者经营者是指，a. 基于权利或者合同直接享有权利的人，或者 b. 虽然本身不是权利人或者根据合同享有权利的人，但有权行使这些权利的人（第 3 条第 3 款）。设立的合营企业持久地行使自主从事活动的经济单位的所有功能时，属于第 3 条第 1 款 b 意义上的经营者集中（第 3 条第 4 款）。

第 4～26 条进一步规定了经营者集中的程序、权限分配、处罚措施等内容。

第四节　日本竞争法的产生和发展

一、日本竞争法的产生和发展概况

在日本，竞争法采取反不正当竞争与反垄断分别立法的模式，二者都有相应的法典。日本早在 1934 年就制定了《不正当竞争防止法》，后又在 1947 年制定了《禁止垄断法》。但是，与《禁止垄断法》相比，日本的反不正当竞争法的内容要简单很多，其主要内容包括对不正当混淆行为和不当赠品等的规制，因此日本的竞争法也是以反垄断法为主的。

针对当时日本商业领域中假冒、虚假表示等行为严重存在的情况，《不正当竞争防止法》主要就各种不正当竞争行为及其法律责任作了规定。该法在 1934 年颁布后，经过了多次修改，比较重要的修改是在 1938 年、1950 年、1965 年、1975 年、1993 年、2005 年和 2015 年的修改，2018 年的修改明确规制不正当获取、使用、披露数据的行为，以适应物联网和人工智能等信息技术日新月异的发展。此外，为了防止经营者在商品和劳务的交易中利用不当的赠品和表示来引诱顾客，日本于 1962 年制定了属于反不正当竞争法范畴的《不当赠品及不当表示防止法》（又名《景表法》），后也经过修改。

《禁止垄断法》“是在高度发达的自由经济体制下，为了防止和消除经济力集中的弊害，使经济机能得以健康运转而制定的法律。认为该法在经济法体系中占有基本的或核心的地位，这是日本经济法学说一致的看法”①。1947年《禁止垄断法》的制定与美国占领军推行经济民主化政策是分不开的，因此它受美国反托拉斯法的影响很大，可以说从规制对象到执行机构的设置都仿效了美国的做法。该法的目的在于“通过禁止私人垄断、不正当的交易限制以及不公正的交易方法，防止事业支配力的过度集中，排除因联合、协议等方法形成的生产、销售、价格、技术等的不正当限制以及其他的对事业活动的不正当约束，促进公正而自由的竞争，发挥事业者的创造性，繁荣经济，提高工资及国民实际收入水平，以确保一般消费者的利益并促进国民经济民主、健康地发展”（第1条）。该法设立了专门的执行机构——公正交易委员会。当然，由于日本有着大陆法系法典化的传统，并有较完整的经济法理论作基础，因而日本《禁止垄断法》又有着自己的特色。

从广义上讲，日本反垄断法除了上述法典，还包括其他与禁止垄断有关的法律和大量的行政法规、规章，如1947年颁布的《经济力量过度集中排除法》，于1947年公布并经多次修改的《关于〈禁止私人垄断及确保公正交易法〉的适用除外等的法律》，于1953年制定并于1982年进行全面修改的《禁止私人垄断及确保公正交易法施行令》和1982年的《不公正的交易方法》等。

日本《禁止垄断法》颁布以来进行过多次修改，以适应日本经济的发展、变化。它在70余年中的两次重大修改是在1953年和1977年进行的。前一次修改趋向于缓和，其重点是：删除了典型性卡特尔的禁止条款；放宽了对企业结合（股票持有、干部兼任、合并等）的规制；将对不公正竞争方法的规制扩大为对不公正交易方法的规制；扩大了适用除外（维持转售价格合同、不景气卡特尔和合理化卡特尔）；等等。而后一次修改趋向于加强，主要内容是：对不正当交易限制等新设了课征金制度；新设了作为结构规制的对垄断状态控制的制度；规定了同步提高价格的报告义务；新设了限制大型公司股票持有总额的制度；强化了金融公司持有股份的限制；等等。

在1977年修改的《禁止垄断法》实施之后，日本公正交易委员会同时着手对已然的违法行为的严厉处罚和对未然的违法行为的事先预防，于1979年出台了《禁止垄断法关于事业者团体活动的指南》。该指南将参考例分为“原则违法行为”、“有违法可能的行为”和“原则上不违法的行为”三类。由于同时设有事前交谈制度，日本产业界对于日本公正交易委员会，由过去敬而远之转变为为了遵守《禁止垄断法》而将其作为行政机关加以利用。此后，日本公正交易委员会还制定、公布了一系列的有关指南，发挥了对违法行为的事先预防作用。②

在1989年以后，日本《禁止垄断法》受经济全球化和积极推行竞争政策的影响，进一步进行了调整、完善。首先，1989年开始的日美结构问题协议，从进一步开放日本市场的角度出发，就日本流通、交易习惯等所进行的范围广泛的讨论，对日本后来的竞争政策的内容和方向产生了重大的影响。同时，欧共体（后来为欧盟）也要求日本强化实施《禁止垄断法》、废止适用除外卡特尔制度等。其次，日本政府进一步放松管制，经济上实施竞争政策已被定位为基本政策。在这样的背景下，日本《禁止垄断法》主要发生了以下变化：第一，进一步遏制违反《禁止垄断法》的行为，于1991年再次被修改，其重要内容是将课征金的比率提高到原来

① ［日］丹宗昭信、厚谷襄儿编：《现代经济法入门》，谢次昌译，75页，北京，群众出版社，1985。
② 参见《日本禁止垄断法》，王长河、周永胜、刘凤景译，序言，18页，北京，法律出版社，1999。

的4倍。1992年《禁止垄断法》又被修改，强化了刑事处罚，将两罚规定中对企业和经营者等行为者的罚金刑分开，并在此方针下立案。第二，日本公正交易委员会的审查体制也进一步完善、强化，处理的违法案件总量增加，大案、要案屡见不鲜；同时，制定了一系列的执法指南和推行预防性行政。其中，日本公正交易委员会于1991年制定、公布了《禁止垄断法关于流通、交易习惯的指南》，全面而具体地明确了《禁止垄断法》的管制内容及执行方针。第三，日本还进一步放松政府管制和修改《禁止垄断法》适用除外制度。日本内阁会议于1995年通过了《放松管制推进计划》。根据此计划，就由特别法规定的适用除外制度中，20部法律规定的35个制度，1997年2月日本政府向国会提出一揽子修改法案，该法案于同年6月13日经国会通过，于6月20日公布、7月20日施行。此外，还进行了非特别法规定的适用除外制度的修改。第四，对持股公司解禁等的制度改造。在《放松管制推进计划》方面，添加了《禁止垄断法》中的制度改造的内容，日本国会于1997年6月修改了大型公司持有股份总额的限制、废止了国际合同的申报制度等内容。第五，对执法机构进行了改革，强化、扩充了《禁止垄断法》的执法体制，向国内外表明了进一步强化执法的方针。①

1999年对《禁止垄断法》进行修改，废止《禁止垄断法适用除外法》，对《海上运输法》《航空法》中有关适用除外的规定进行修正，还废止了在经济不景气时期适用的、被称为日本典型的豁免制度的不景气卡特尔制度，并与美国政府签订了关于在反竞争行为方面合作的协议。2000年日本废止了自然垄断行业适用除外制度，并加强民事损害赔偿制度。2002年5月日本国会对企业合并制度进行修正，规定企业合并后总资产达到100亿日元以上和参加合并的单个企业资产超过10亿日元以上的，应当在合并前向公正交易委员会进行申报，并将对法人的罚款上限由1亿日元提高到5亿日元。

2005年日本国会对《禁止垄断法》又进行了重要的修改（2006年1月4日生效）。这次修改的主要内容是：修改了课征金制度（包括增加了征缴课征金的计算比例），引入了宽恕制度和在刑事调查中采取强制措施的制度，并修改了听证程序。加强对核心卡特尔（包括国际核心卡特尔）的制裁和将宽恕制度引入日本，是国际反垄断法趋同的一个里程碑。此外，为加强《禁止垄断法》的执行，日本还进一步提高了公平交易委员会的预算和人员编制。②

在2009年6月对《禁止垄断法》进行的修改（2010年1月生效）中，调整了企业集中的申报标准，加重了不正当交易限制罪的刑事制裁，修改了有关损害赔偿诉讼法院向公正交易委员会征求意见的义务性规定等内容。

《禁止垄断法》2013年修订（2015年4月开始实施）中的一个重大变化是令人意外地废除了自1948年开始施行的公正交易委员会审判制度，在反垄断法的适用上扩大了法院的职责。③

《禁止垄断法》2019年修订是为了提高经营者协助公正交易委员会进行案件调查的效率，更好地阐明协助调查所导致的课征金减免的实际情况，以及扩大公正交易委员会的案件处理范围，从而应对复杂的经济环境。这次修订涉及实体和程序两大方面，主要包括课征金计算方法、减免制度和减免保障制度的修订。④

此外，日本还修订其他法律和制度，使之与《禁止垄断法》联动，以达到共同规范企业行

---

① 参见《日本禁止垄断法》，王长河、周永胜、刘凤景译，序言，20～26页，北京，法律出版社，1999。

② 参见［日］林秀弥：《日本禁止垄断法的最新发展》，王先林等译，载《上海交通大学学报（哲学社会科学版）》，2007（4）。

③ 参见［日］稗贯俊文：《日本反垄断法的修订及其最新发展》，张广杰译，载《华东政法大学学报》，2016（4）。

④ 参见王玉辉：《日本反垄断法的历史沿革与制度变迁（1947—2019年）》，82页，上海，上海三联书店，2021。

为的目的。如2002年制定、实施的《行政机关操纵投标防止法》规定，如果公务员参与操纵投标的行为，发标方可以提出损害赔偿请求。2006年5月修改、实施的《公司法》规定，企业有义务建立内部管理系统。这一规定旨在迫使企业经营者提高公平竞争的意识。另外，《公共工程质量保证法》《低投标价格调查制度法》《投标合同公平化法》等，均是对《禁止垄断法》的补充。

总体来说，日本《禁止垄断法》制定于二战后美国占领下的民主化改革时期，既有仿效美国反托拉斯法的特点，也因历史文化、政治经济等因素而具有自身的特色，如条款规定相对宽松、执行体制行政色彩较浓等。进入21世纪后，为适应新形势，日本多次修改《禁止垄断法》，揭示了日本竞争政策的发展方向，即更多地运用于以往的规制领域，增加和强化法律执行手段，提高执行机构的公正性和公开性，加强部门之间的协调和国民监督，与普遍认可的竞争规则接轨。①

二、日本竞争法的基本框架

在反不正当竞争法方面，日本《不正当竞争防止法》没有规定所谓的概括性条款，而是采取列举的方法罗列规定了各类具体的不正当竞争行为。该法原来所禁止的不正当竞争行为主要有六类，即假冒混淆商品的行为、假冒混淆营业的行为、虚假原产地表示行为、引起误认的商品生产地表示行为、虚假宣传行为和诋毁他人的行为。1990年引入了对商业秘密的保护，1993年引入了对著名标章的保护和禁止“依样模仿”，1998年引入了禁止贿赂外国的政府官员，1999年引入了禁止避开反复制的装置，2001年引入了对域名的保护。在不正当竞争行为的法律救济方面，该法采取了民事救济为主、刑事制裁为辅的原则。该法作为日本民事法律中的“不法行为法”的一个组成部分，是一部民事特别法，因此没有关于行政法律措施的规定。在民事法律措施方面，该法对所采取的民事法律措施规定得比较详尽，除规定损害赔偿的请求权之外，还广泛地规定了停止请求权、恢复信用的措施，并采用过错责任原则。在刑事法律措施方面，该法对有关的不正当竞争行为主体应承担的刑事责任以及刑罚的尺度都作出明确、具体的规定。该法在近期的修改中特别强化了保护商业秘密的刑事救济措施，刑事处罚条款由原来的3年修改为5年，对自然人的罚金由原来的300万日元以下修改为500万日元以下，并增加规定了法人的罚金（1.5亿日元以下）。《不当赠品及不当表示防止法》还专门禁止不当赠品和不当表示行为。

从日本《禁止垄断法》所规制的对象来看，它包括以下的行为或状态：私人垄断、不当交易限制、垄断状态、不公正交易方法、特定国际性协定或合同、事业者团体的一定行为、股份持有量、公司干部的兼任、公司合并、相当于公司合并的一定行为、价格的协调性提高。其中，私人垄断，即广义的托拉斯，就是事业者单独或与其他事业者结合或通谋，并排斥或支配另一事业者的活动，而实质性地限制某些交易领域内的竞争。不当交易限制，即卡特尔，它是几个事业者共同互相制约事业活动，从实质上限制某些交易领域内的竞争。这两者可称为《禁止垄断法》中行为规制的两大支柱。不公正交易方法以及与所谓卡特尔预防措施有关的股份持有量、主要干部兼任以及合并等规制，都可被称为主要为预防私人垄断的规制；而特定国际性协定或合同和事业者团体的规制，可被称为主要对不当交易限制的规制。② 垄断状态则是在超过一定的年国内总销售额（1 000亿日元）的商品和服务事业领域内，一个事业者的市场占有

① 参见徐梅：《战后日本〈禁止垄断法〉的发展轨迹及特点》，载《日本学刊》，2017（2）。

② 参见［日］金泽良雄：《经济法概论》，满达人译，203页，北京，中国法制出版社，2005。

率超过二分之一，或者两个事业者的市场占有率合计超过四分之三，并使新设企业有难以进入等某些市场结构以及产生市场弊害等情况。这里的垄断状态的要件包括规模要件、结构要件和弊害要件，其中弊害是指价格、利润或者一般性支出长期处于较高水平。当存在垄断状态时，日本公正交易委员会可以命令事业者转让部分营业或采取其他恢复该商品或者劳务的竞争所必要的措施。为防止构成垄断状态，大企业可以通过压低价格的方法来逃脱弊害要件的要求，从这个方面来说，关于垄断状态的规定能起到间接地控制价格的作用。垄断状态规制属于典型的结构规制。

当然，日本经济法学界也有人对《禁止垄断法》的上述实体内容进行其他方式的概括、分类，如将其分为竞争限制规制、结构规制和妨害公正竞争的规制三个部分。其中，竞争限制规制的对象是私人垄断和不当交易限制、补充不当交易限制的事业者团体的特定行为以及把事业者不当交易限制作为内容的国际协定、契约和价格的共同上涨，并且私人垄断在经济学上相当于托拉斯和辛迪加，不当交易限制则相当于卡特尔。结构规制大体上可分为三类，即：禁止控股公司、大企业的股份所有的总量规制以及金融公司的股份保有规制，合并、营业转让、股份所有、干部兼任的规制，垄断状态的规制。《禁止垄断法》通过禁止不公正的交易方法，来促进"公正而自由的竞争"①。总体来说，除对垄断状态的规制带有明显特色并体现了立法的严格性以外，日本《禁止垄断法》在基本的实体制度上与前述美国、欧盟的相应法律制度有许多类似的地方。

应该说，日本《禁止垄断法》的规定是很完整的，也是很严厉的，尤其是关于垄断状态的规制在各国反垄断法中独树一帜。作为执法机构的日本公正交易委员会也为实施该法做了大量的工作，对违法行为采取了严厉的措施。但是，日本《禁止垄断法》的实施情况在国内外都未得到普遍的认可。由于关于垄断状态的规定几乎没有实施过，因而有人戏称它是日本《禁止垄断法》上的"装饰品"。1989 年 9 月 16 日英国《经济学家》杂志上的一篇文章在评价日本《禁止垄断法》及其实施情况时甚至指出："该法本身长满牙齿，而问题是它所指定的执行机构已经被训练成不能咬人。"② 文章说，日本公正交易委员会执行《禁止垄断法》缺乏热情，以致违法者并不在意该委员会的意见。此后，"一只从来不叫也不咬人的看门狗"（a-watchdog-that-never-barks-and-bites）就成为常被日本国内外引用来嘲讽日本公正交易委员会的一个短语。但日本公正交易委员会委员系田省吾（Shogo Itoda）于 2000 年 2 月 22 日在英国皇家国际学院组织的一次会议上不同意这种说法，他认为日本《禁止垄断法》并不软弱，日本公正交易委员会的业绩也表明了它会大声叫并狠咬违法者③（barks loudly and bites violators hard），而并非不叫也不咬。他指出：该委员会每年大约要调查 200 个案件，对 30 个左右的案件采取行政处理措施。近些年来，日本通过修订《禁止垄断法》使法律规则更加严格，日本公正交易委员会也随之进一步强化了对《禁止垄断法》的实施力度。例如，2007 年 5 月 18 日，日本东京最高法院作出最终判决，对参与操纵投标的三菱重工业公司和宫路铁工所各处以 7 亿日元的罚款，对新日铁公司处以 2 亿日元的罚款，并对相关责任人作了处理。另外，还对横河桥梁等 23 家公司处以总额 67 亿日元的罚款。这是日本有史以来最大的公共建设工程腐败案。应该说《禁止

① ［日］丹宗昭信、厚谷襄儿编：《现代经济法入门》，谢次昌译，82～84 页，北京，群众出版社，1985。

② 原文是"The law itself has teeth in plenty; the problem is that its designated watchdog has been trained not to bite"。

③ 他发言的题目为：Japan Fair Trade Commission Barks—Yesterday, Today and Tomorrow: Competition Policy of Japan。

垄断法》的震慑作用还是非常明显的。[①] 此后，也不断有比较大的反垄断案件。例如，2009 年 10 月 7 日对日本松下集团旗下三家企业、韩国三星及 LG 集团旗下各一家企业处以总额 33.21 亿日元的罚款；2016 年 3 月 29 日对 Nippon Chemi-con 等日本 5 家铝质、钽质电解电容器厂的罚款合计约为 67 亿日元。近年来，日本加强了对数字平台的反垄断监管。2021 年，日本公平贸易委员会结束了长期的调查，与苹果达成部分和解协议。苹果应用商店更新后，阅读类应用用户将有可能跳过 30%的交易抽佣，通过外部网站订阅付费内容。根据 2021 年 2 月 1 日起正式生效的《提升特定数字平台的透明度和公平性的法案》，亚马逊日本、乐天市场、雅虎购物三家在线购物平台以及苹果 App Store、谷歌 Play 两家应用商店被指定为“特定数字平台企业”，需要接受该法的特别约束。[②]

第五节　我国竞争法的产生和发展

一、我国竞争法的产生和发展概况

以维护自由、公平竞争秩序为己任的竞争法要以市场经济为其存在的基础。我国在实行计划经济时期，由于否定甚至排斥市场竞争，因而没有竞争法产生的土壤。只有自实行以市场为取向的经济体制改革和对外开放以来，随着市场竞争机制被引入并发挥越来越重要的作用以及逐步融入世界经济体系，我国才相应地产生了从法律上反垄断、反不正当竞争的要求，并逐步形成了若干竞争法律规范。

早在 1980 年 10 月，国务院就颁布了《关于开展和保护社会主义竞争的暂行规定》，首次提出了反垄断的任务，明确提出了“在经济活动中，除国家指定由有关部门和单位专门经营的产品以外，其余的不得进行垄断、搞独家经营”的基本原则，并要求“任何地区和部门都不准封锁市场，不得禁止外地商品在本地区、本部门销售。对本地区出产的原材料必须保证按国家计划调出，不准进行封锁”。该规定还宣布采取行政手段保护落后、抑制先进、妨碍商品正常流通的做法是不合法的，应当予以废止。

此后，国家有关法规、规章和规范性文件中又对相应领域内的反不正当竞争和反垄断问题作了一些规定。1982 年的《广告管理暂行条例》中规定了禁止广告的垄断和不正当的竞争。1982 年 4 月国务院《关于在工业品购销中禁止封锁的通知》，要求各地、各部门一律废止限制向外地、外部门采购工业产品的规定和其他类似规定，一律撤销所有审批外购工业品的机构，并要求坚决刹住商品流通领域中的不正之风，严禁采取回扣等不正当手段推销商品。1983 年的《国营工业企业暂行条例》（已失效）也禁止企业假冒或伪造他人商标和标识或盗用他人名义、违反国家物价管理规定任意提高或降低价格、弄虚作假或用损害他人信誉的手段销售产品、用行贿或变相行贿等不正当手段进行竞争。1987 年 9 月的《价格管理条例》规定，企业之间或行业组织商定垄断价格属于价格违法行为，应进行处罚。1987 年 10 月的《广告管理条例》规定，在广告经营活动中禁止垄断和不正当竞争行为。1987 年 12 月国家体改委、国家经委《关于组建和发展企业集团的几点意见》（已失效）中指出，组建企业集团必须遵循鼓励竞争、防止垄断的原则；并指出，在一个行业内一般不搞全国性的独家垄断企业集团，鼓励同行业集

---

① 参见新华网，http：//news.xinhuanet.com/newscenter/2007－09/10/content_6699051.htm。

② 参见中国信通院：《平台经济与竞争政策观察》（2021 年），载 http：//www.caict.ac.cn/kxyj/qwfb/ztbg/202105/t20210528_378126.htm，最后访问日期：2022－06－16。

团间的竞争，促进技术进步，提高经济效益，集团内部要引入竞争机制，成员间既要加强协同合作，也要开展有益的竞争，不保护落后。1988 年 1 月国务院发布的《重要生产资料和交通运输价格管理暂行规定》（已失效）指出：国家禁止企业、行业垄断市场价格；凡是凭借垄断地位违反国家规定，哄抬市场价格，牟取暴利的，或者企业之间或者行业协会、联合会以及其他经济组织串通商定垄断价格的，均属于违法行为，必须严格查处。1989 年国家体改委、国家计委等联合发布的《关于企业兼并的暂行办法》也指出，企业兼并既要促进规模经济效益，又要防止形成垄断，以有利于企业之间的竞争。1990 年 11 月国务院发布的《关于打破地区间市场封锁进一步搞活商品流通的通知》（已失效）规定：企业有权在全国范围内自行选购所需要的商品，任何地区和部门不得设置障碍，加以干涉，特别是不得在承包经营责任制中硬性规定只准购销或硬性搭配本地商品；不得将用户不欢迎的产品，强行压给流通企业；各地区、各部门不得擅自设置关卡，阻碍商品的正常运输；不得违反国家财政、税收、金融、物价等规定，变相封锁市场。各地区、各部门立即撤销所有限制外购商品的审批机构和封锁外地商品流通的关卡，同时要坚决反对流通领域的不正之风，严禁用不正当的手段推销商品。

以 1992 年党的十四大确立建立社会主义市场经济体制的改革目标为标志，我国的经济体制改革进入了一个新的阶段，市场竞争机制的地位和作用更为重要，从法律上反不正当竞争和反垄断的要求也更为迫切。相应地，在新的基础上也出现了相关的反垄断法律规范。特别是经过多次的名称改变和内容的调整，《反不正当竞争法》终于在 1993 年 9 月 2 日通过，自 1993 年 12 月 1 日起实施。在该法第二章规定的十一种应予禁止的不正当竞争行为中，有六种属于典型的不正当竞争行为，另外五种行为则属于垄断行为（但远不是垄断行为的全部），因此，该法既不是完全狭义上的反不正当竞争法，也不是完全包含反不正当竞争和反垄断两方面内容的统一的竞争法。为了增强《反不正当竞争法》的可操作性，国家工商行政管理总局先后发布了一系列行政规章，使该法的规定进一步细化和具体化。

此外，在其他有关法律中也有若干竞争规范。例如，1993 年的《产品质量法》（2000 年、2009 年、2018 年三次修正）和《消费者权益保护法》（2009 年和 2013 年两次修正）、1994 年的《广告法》（2015 年修订、2018 年和 2021 年两次修正）、1994 年的《对外贸易法》（2004 年修订、2016 年和 2022 年两次修正）、1997 年的《价格法》、1999 年的《招标投标法》（2017 年修正）、2002 年的《政府采购法》（2014 年修正）等就包含一些反不正当竞争和反垄断的法律规范。其中，《价格法》第 14 条规定的不正当价格行为就包括：相互串通，操纵市场价格，损害其他经营者或者消费者的合法权益；在依法降价处理鲜活商品、季节性商品、积压商品等商品外，为了排挤竞争对手或者独占市场，以低于成本的价格倾销，扰乱正常的生产经营秩序，损害国家利益或者其他经营者的合法权益；提供相同商品或者服务，对具有同等交易条件的其他经营者实行价格歧视。这些行为实际上也属于垄断行为。《招标投标法》（1999 年）也包含相关的反不正当竞争和反垄断条款，例如，"依法必须进行招标的项目，其招标投标活动不受地区或者部门的限制。任何单位和个人不得违法限制或者排斥本地区、本系统以外的法人或者其他组织参加投标，不得以任何方式非法干涉招标投标活动"；"招标人不得以不合理的条件限制或者排斥潜在投标人，不得对潜在投标人实行歧视待遇"；"招标人不得强制投标人组成联合体共同投标，不得限制投标人之间的竞争"；"投标人不得相互串通投标报价，不得排挤其他投标人的公平竞争，损害招标人或者其他投标人的合法权益"；"投标人不得与招标人串通投标，损害国家利益、社会公共利益或者他人的合法权益"。2004 年修订的《对外贸易法》第 32 条第 1 款、第 33 条第 1 款也分别规定："在对外贸易经营活动中，不得违反有关反垄断的法律、行政法规的规定实施垄断行为。""在对外贸易经营活动中，不得实施以不正当的低价销售商品、串通投标、发布虚假广告、进行商业贿赂等不正当竞争行为。”并规定了相应的法律制裁措施。这有利于在对外贸易领域对垄断或限制竞争行为、不正当竞争行为进行法律规制。上述法律还分别规定了行政执法机关和法律制裁措施，尤其是行政执法措施。受损害的消费者或者其他经营者还可以提起民事诉讼，要求损害赔偿。

此外，相关行政法规如2000年的《电信条例》、2001年的《关于禁止在市场经济活动中实行地区封锁的规定》（2011年修订）和《国际海运条例》（2013年、2016年、2019年三次修订）等中也有反垄断和反不正当竞争的规范。其中，为了建立和完善全国统一、公平竞争、规范有序的市场体系，禁止市场经济活动中的地区封锁行为，破除地方保护，维护社会主义市场经济秩序，国务院在《关于禁止在市场经济活动中实行地区封锁的规定》中，对地区封锁这种典型的行政性垄断行为作了比较集中、具体的规定。该规定重申禁止各种形式的地区封锁行为，禁止任何单位或者个人违反法律、行政法规和国务院的规定，以任何方式阻挠、干预外地产品或者工程建设类服务进入本地市场，或者对阻挠、干预外地产品或者服务进入本地市场的行为纵容、包庇，限制公平竞争；并且具体规定地方各级人民政府及其所属部门不得违反法律、行政法规和国务院的规定，实行八类地区封锁行为。此外，该规定还对改变或撤销有关的规定以及对有关的纠正、处理、处罚等都作了明确的规定。

具有特别重要意义的是，经过13年的反复酝酿和修改，《反垄断法》终于在2007年8月30日由十届全国人大常委会第二十九次会议通过，自2008年8月1日起施行。该法的制定和实施不仅标志着我国反垄断基本法律制度的确立，而且标志着由《反不正当竞争法》和《反垄断法》共同构成的我国竞争法体系的基本形成。

此外，经过多年的讨论，我国《反不正当竞争法》终于在实施了24年后于2017年11月4日迎来了首次修订，修订后的该法于2018年1月1日实施。这次修订的范围广泛，涉及了大部分条文的增删和变动，尤其是删除了五种限制竞争性质的行为，体现出与《反垄断法》的协调。2019年4月23日第十三届全国人大常委会第十次会议通过了《关于修改〈中华人民共和国建筑法〉等八部法律的决定》，对《反不正当竞争法》进行了修正，内容仅涉及商业秘密方面。2022年6月24日第十三届全国人大常委会第三十五次会议通过了《关于修改〈中华人民共和国反垄断法〉的决定》，完成了对《反垄断法》实施14年来的首次修改。这次修改的幅度还比较大，既是落实近年来党和国家“强化反垄断和防止资本无序扩张”政策的重要体现，也是健全完善我国反垄断规则制度的重要一步。

二、我国竞争法的基本框架

我国现行的《反不正当竞争法》共5章33条，其核心内容主要体现在第二章明文予以禁止的七种不正当竞争行为，它们是：（1）混淆行为；（2）商业贿赂行为；（3）虚假或者引人误解的商业宣传行为；（4）侵犯商业秘密行为；（5）不正当有奖销售行为；（6）商业诋毁行为；（7）网络新型不正当竞争行为。该法还规定了对涉嫌不正当竞争行为的监督调查和法律责任。各级人民政府应当采取措施，制止不正当竞争行为，为公平竞争创造良好的环境和条件。国务院建立反不正当竞争工作协调机制，研究决定反不正当竞争重大政策，协调处理维护市场竞争秩序的重大问题。县级以上人民政府履行工商行政管理职责的部门对不正当竞争行为进行查处；法律、行政法规规定由其他部门查处的，依照其规定。经营者违反该法规定，给他人造成损害的，应当依法承担民事责任。经营者的合法权益受到不正当竞争行为损害的，可以向人民法院提起诉讼。经营者违法从事不正当竞争行为还要依法承担行政责任和刑事责任。

我国现行的《反垄断法》共8章70条。该法具有了各国反垄断法所共同具有的基本内容，即在总则之外，第二章至第四章分别规定了禁止垄断协议、禁止滥用市场支配地位和控制经营者集中这三个基本方面的实体制度。这就是我们通常所说的各国反垄断法普遍具有的经济性垄断的规制制度。这也构成了我国《反垄断法》实体制度的核心和基本内容，可见，该法也是以规制各国所普遍认同的经济性垄断为基本着眼点的。

《反垄断法》所规定的垄断协议，是指排除、限制竞争的协议、决定或者其他协同行为。《反垄断法》明确禁止经营者之间限制竞争的横向协议即具有竞争关系的经营者达成的六种垄断协议，也禁止经营者之间的纵向协议即经营者与交易相对人达成的三种垄断协议，并规定了若干豁免的情形，还明确规定行业协会不得组织本行业的经营者实施垄断协议行为；此外，还规定了纵向垄断协议的抗辩规则和安全港规则，以及轴辐协议规则。

《反垄断法》所规定的市场支配地位，是指经营者在相关市场内具有能够控制商品价格、数量或者其他交易条件，或者能够阻碍、影响其他经营者进入相关市场的能力的市场地位。该法对市场支配地位的认定依据作了六个方面的规定。这种依据不限于市场份额，但市场份额是首先被考虑的因素，并依据市场份额对市场支配地位作出推定。该法明确对典型的滥用市场支配地位的行为作出了列举，涉及不公平要价、掠夺性定价、拒绝交易、强制交易、搭售、差别待遇，并设有兜底条款。具有市场支配地位的经营者不得利用数据和算法、技术以及平台规则等从事这些滥用市场支配地位的行为。

《反垄断法》规定的经营者集中，包括经营者合并、经营者通过取得股权或者资产的方式取得对其他经营者的控制权，以及经营者通过合同等方式取得对其他经营者的控制权或者能够对其他经营者施加决定性影响等情形。该法对经营者集中申报、审查的标准、程序等作了明确规定，包括未达到申报标准的经营者集中的调查、处理程序，以及经营者集中审查期限终止计算的情形和通知要求等。

《反垄断法》在实体内容上不仅明确规制上述经济性垄断，也规制在中国经济转型时期比较突出的行政性垄断。除了在总则中规定行政机关和法律、法规授权的具有管理公共事务职能的组织不得滥用行政权力排除、限制竞争，该法还在第五章专门规定了“滥用行政权力排除、限制竞争”的内容。

在反垄断执法机构方面，《反垄断法》所建立的是在国务院设立反垄断委员会负责领导、组织、协调反垄断工作，并由国务院规定具体的反垄断执法机构负责反垄断执法工作的体制。

在对涉嫌垄断行为的调查方面，《反垄断法》除了规定执法机构在通常情况下的反垄断调查程序，为了减少执法成本，提高执法效率，还借鉴美国、日本、欧盟等的有关规定，建立了反垄断案件调查中的非正式的协商和解程序规则。

在法律责任方面，《反垄断法》分别规定了各类垄断行为的行政责任，并笼统规定了民事责任，还规定了垄断行为刑事责任的衔接性条款。其中，对于达成和实施垄断协议的，该法还特别规定了“宽大”制度。

《反垄断法》还在附则中规定了该法在知识产权领域的适用原则和对农业生产者及农村经济组织的适用除外制度。

第六节　国际竞争法的产生和发展

一、国际竞争法产生的原因

在有关国际决议、国际条约中，维护自由、公平竞争的法律一般被称为管制限制性商业行为的法律，主要是指反垄断法，一般不包括反不正当竞争法，尽管在20世纪初的《巴黎公约》中就有反不正当竞争的规定，世界知识产权组织也一直在为此进行协调，并制定了有关的示范条款。

反垄断法本来是各国的国内法，其所规制的垄断或者限制竞争行为主要发生在国内市场。但是，国内反垄断法的贸易保护主义倾向以及目前国际经济贸易领域竞争的现实情况，使对各国的反垄断法进行协调、形成国际反垄断法律制度成为必要。

首先，反垄断法以维护竞争的自由和公平为己任，其在国际经济贸易中就应成为维护自由竞争、公平贸易的重要手段。各国反垄断法在保护本国利益、维护本国市场竞争秩序的同时，也在一定程度上维护了国际经济贸易中的竞争秩序。但是，各国反垄断法在对内和对外的功能方面，既有一致的一面，也有相反的一面。因此，“从纯粹的国内反托拉斯判决中不可能归纳出适用于国际反托拉斯的原则”①。经济上的民族主义往往使反垄断法在国际经济贸易中被当作推行贸易保护主义的手段。这表现为各国反垄断法一方面允许甚至支持、鼓励本国企业对外国市场的垄断，另一方面又严格管制外国企业对本国市场的垄断。②

其次，随着乌拉圭回合谈判各项协议的签署和WTO的建立，官方贸易壁垒在逐步消除，经济全球化和世界市场一体化的进程在加快。但与此同时，国际市场又面临着私人厂商限制竞争行为的威胁：一方面，国际市场垄断程度日益加深，跨国公司作为全球市场竞争的主角垄断了世界贸易的60%、国际投资的70%、技术开发与转让的80%，在相关市场限制竞争的倾向更加明显。另一方面，跨国公司还以各种形式结成战略联盟，缔结国际卡特尔协议。此外，排他性交易、滥用知识产权许可、滥用市场优势地位等限制性商业行为在国际交易中也屡见不鲜。这些限制性商业行为扭曲了国际竞争秩序，侵蚀了多边贸易体制。③ 一些企业的限制竞争行为还是在政府的默许或纵容下形成的，这更增强了问题的复杂性，例如，美国和日本之间的柯达—富士案。

针对这种情况，为了维持与促进国家间的自由、公平竞争，就应当发展全球适用的反垄断法律规范。但是，这必须具备一定的政治条件，而要具备那些政治条件并非易事。目前的国际反垄断政策是由相互联系的三个层面发展而来的：第一，是根据国际组织或国际条约对国际卡特尔等限制国际商贸竞争的行为所进行的规制；第二，是各国反垄断法的域外适用；第三，是各国反垄断法的近似化或规范化。这三者相互关联地促进国家间竞争的不断发展，今后也须沿着这一路线前进。尽管国际协调会很困难，但从整体来说应当认识到这是前进的方向。④ 不过，严格意义上的国际反垄断法主要应是指第一个层面的情况。

二、国际竞争法的产生和发展概况

在世界范围内建立一套对各国普遍适用的关于管制限制性商业行为的法规的想法和努力并不是现在才有的，早在第二次世界大战以前就有体现。当时，国际联盟就曾组织过关于卡特尔问题的调查研究工作，试图通过缔结多边国际条约来控制国际卡特尔，但未获成功。二战以后，联合国的有关机构及其他一些国际组织继续在这方面作出努力。1948年《国际贸易组织

① ［美］马歇尔·C. 霍华德：《美国反托拉斯法与贸易法规》，孙南申译，33页，北京，中国社会科学出版社，1991。

② 参见王先林：《论我国反垄断立法中的两个基本问题》，载《中外法学》，1997（6）。

③ 参见缪剑文、卢少杰：《论多边贸易体系下竞争法的国际协调》，载陈安主编：《国际经济法论丛》，第1卷，141～142页，北京，法律出版社，1998。

④ 参见［日］伊从宽：《国际反垄断政策的发展态势》，姜姗译，载《外国法译评》，1997（3）。

宪章》(《哈瓦那宪章》) 的目标是建立一个全面处理国际贸易和经济合作事务的国际组织。该宪章第五章对管制限制性商业行为或反竞争行为也作出了若干较为具体的规定。虽然《哈瓦那宪章》中有关管制限制性商业行为（反竞争行为）的规定未能生效，也未被纳入 1994 年关贸总协定（以下简称“GATT”）的规定之中，但它作为多边框架下首次对反竞争行为进行规范的努力（并有较为具体的规定），仍然具有重要的意义。

联合国及其专门组织为促进国际竞争政策的合作与协调作出了长期不懈的努力。联合国经社理事会于 1951 年起草了国际反垄断法协议草案，并为进行反垄断实际调查成立了临时专门委员会。1953 年联合国首次提出“限制性贸易国际规范草案”。1974 年联合国大会通过的《建立新的国际经济秩序宣言及行动纲领》《各国经济权利及义务宪章》都有关于加强对国际限制性行为管制及政策协调的原则宣示。1980 年联合国贸易与发展会议（以下简称“UNCTAD”）草拟通过了《一套多边协议的控制限制性商业行为的公平原则和规则》，同年由联合国大会通过。该原则和规则作为各利益集团相互妥协的产物，在性质上属于自愿性的指导原则，而无任何法律上的拘束力，但它是到目前为止唯一属于完全多边协议的原则和竞争规则。此外，UNCTAD 草拟的《国际技术转让行为守则（草案）》和联合国经社理事会草拟的《跨国公司行动守则（草案）》，也分别提出管制技术贸易领域的限制竞争行为和跨国公司限制竞争行为的问题，但它们均未获正式通过。

成立于 1961 年、主要由发达国家参加的 OECD 较早和较多地关注到成员国之间的竞争政策和竞争法的协调问题。OECD 不仅是那些有竞争法的国家的协商机构，而且是对许多正在引入或意图引入竞争法和竞争政策的国家进行技术援助的一种资源。OECD 下设竞争法与竞争政策委员会，该委员会于 2001 年 10 月改为竞争委员会，负责编制和研究各成员国的竞争政策和有关问题。OECD 在 1979 年发出了《关于影响国际贸易的限制性商业行为合作的理事会建议》。1982 年 OECD 限制性商业行为专家委员会设立了一个竞争与贸易工作小组，该小组于 1984 年发布了《竞争与贸易政策的互动》的报告，1986 年又发出了《理事会关于在成员国间就影响国际贸易的限制性商业行为进行合作的修订建议》。1995 年，OECD 理事会在修正前三次建议的基础上，又一次公布了《理事会关于在成员国间就影响国际贸易的反竞争行为进行合作的修订建议》。1998 年 OECD 公布了《理事会关于有效打击核心卡特尔的建议》，建议各成员国确保其竞争法足以有效阻止和威慑所谓的“核心卡特尔”[①] 行为；建议各成员国相互合作以执行法律，打击这种卡特尔；并明文邀请非成员国参与并执行该建议。自 1998 年 OECD 公布建议书以来，OECD 之竞争委员会颁布了一系列有关卡特尔对经济的危害性以及进行有效立法、有效调查的必要性，揭露并制止这些典型阴谋的相关措施的报告。同时，自 2001 年起，OECD 开始举办“全球竞争论坛”，使 30 个成员国以及观察员和其他非成员国的高层竞争官员共聚一堂，进行竞争政策和竞争法的对话，并吸收非成员国参加竞争政策的协调活动。OECD 还经常在世界各重点地区或国家举办研讨会，推动竞争立法，使各国融入竞争政策。虽然 OECD 的相关文件在性质上也是自愿性的、非以立法方式制定的国际规范，对成员国没有约束力，但是其对竞争政策和竞争法的国际协调来说还是具有重要意义的，甚至被视为在竞争政策和竞争法的活动中扮演了国际的领导角色。尤其是 OECD 自 20 世纪 90 年代以来所实施的“管制改革国家审议计划”，对促进各国竞争法的协调乃至趋于一致具有重要的意义。

国际竞争网络（ICN）是又一个有关竞争议题多边国际合作的场合，且完全以竞争主管机

---

① 核心卡特尔是指固定价格、串通投标、限制产量和数量以及分割市场的反竞争联合行为。根据世界贸易组织贸易与竞争相互关系工作组的意见，使用“核心”（hardcore）一词，是为了强调这类卡特尔的危害性。

构为中心，不直接涉及贸易问题。该组织源于美国司法部于1997年所成立的“国际竞争政策咨询委员会”（ICPAC）的成果报告中所提出的“全球竞争倡议”的概念。该报告被采纳后，美国司法部和联邦贸易委员会于2001年10月25日共同宣布开展“国际竞争网络”。该网络提供一个平台，让发达国家和发展中国家的竞争主管机构共同讨论有关促进反托拉斯执行程序或实体法趋于一致的提案，并借由讨论达成共识。基于这种需要，“国际竞争网络”在美国被提出后，就得到了包括欧盟、加拿大和墨西哥等在内的许多国家（地区）的竞争主管机构的支持与参与。国际竞争网络是各国反托拉斯执法机构的网络，它对所有来自发达国家和发展中国家、负责竞争法实施的国内和多国的竞争执法机构开放。

由于在UNCTAD和OECD框架下对各国竞争政策和竞争法的协调都不具备法律约束力，因而国际上要求在GATT框架下解决这一问题的呼声很高。早在20世纪60年代，GATT就认识到企业的反竞争行为会阻碍世界贸易的增长和各国经济的发展，使关税减让和数量限制取消的利益落空，并会损害GATT的目标。如何扫除这种障碍一直是人们关注的问题，尤其是在政府的障碍已经大大减少的情况下。[1] 但是，在作为WTO前身的GATT前七个回合的多边谈判中，有关控制限制竞争行为的规则一直未能进入谈判议程，或者虽进入谈判议程，却不能达成一致意见或形成实质性内容，直到乌拉圭回合谈判时针对某些具体领域才加入了有关反竞争问题的规定。

由于在现有的国际组织中，WTO的全球性最明显，而且WTO规则具有约束力，WTO的最终目标又是建立一个非歧视竞争的全球市场，这与竞争政策的目标具有一致性，因而在WTO框架下进行竞争政策和竞争法的国际协调自然就被认为是最有效和最理想的。但是，由于各国对此存在意见分歧，所以目前远远未能实现。

虽然在1986年开始的GATT乌拉圭回合谈判中，一些发展中国家试图将限制性商业行为列入议程的努力没有成功，目前在WTO框架下还没有专门的、完整的竞争规则，但是在作为该次谈判最终成果的WTO规则中还是包含了若干竞争规则。除了WTO的基本原则和目标中包含或体现了竞争政策和竞争法的基本要求，一些WTO的协议中也体现了有关具体领域的竞争规则，如《关税与贸易总协定》第11条第1款、第17条，《服务贸易总协定》第8、9条以及后来进一步达成的《基础电信协议》和《金融服务协议》，《与贸易有关的知识产权协定》（以下简称“TRIPs”）第8条第2款、第40条。不过，这些规定过于分散，不成系统，只是在缺乏组织性的条件上解决与贸易有关的竞争法律问题。

在1995年WTO成立之后，将竞争问题纳入WTO下一轮谈判议程的呼声日益高涨。在欧盟的推动下，1996年12月WTO新加坡部长级会议决定成立一个竞争政策工作小组，对成员方提出的有关贸易和竞争政策（包括反竞争行为）之间的关系问题进行研究，以确定值得在WTO框架内进一步考虑的领域。在这次会议上提出的竞争政策与投资政策、政府采购的透明化、贸易便利化四个新议题统称为新加坡议题。1997年，WTO贸易与竞争政策相互关系工作组正式建立并开展工作。尽管欧盟向于1999年在西雅图举行的WTO部长级会议提交了开始关于竞争原则和规则的谈判的建议，竞争政策也被作为谈判的主题之一，但是部长级会议未能发起谈判。2001年11月在卡塔尔的首都多哈举行的部长级会议上，有关竞争政策谈判的问题再次被讨论，但没有就竞争政策问题形成任何有实质进展的决议，仍只是在进行一些融合性的准备工作。会议发表的《多哈宣言》中涉及竞争政策的有3段，即第23段、第24段、第25

[1] See Maher M. Dabbah, *The Internationalisation of Antitrust Policy*, Cambridge University Press, 2003, p. 207.

段。根据该宣言，在WTO框架下开展竞争政策问题的谈判需要具备以下条件：第一，必须是在第五届部长会议上对开展竞争政策的谈判另行作出决议；第二，该项决议必须依照明确的共识达成；第三，该项决议必须就将来谈判的形式进行谈判。但在2003年9月在墨西哥的坎昆召开的WTO第五届部长级会议上，由于各方未能就贸易与竞争政策谈判方式问题达成一致，因而启动WTO贸易与竞争政策谈判的条件还没有具备。2004年8月1日WTO成员就多哈回合全球多边贸易谈判的主要议题达成了框架协议，但除贸易便利化议题外，包括竞争政策在内的另外三个新加坡议题已被从WTO的谈判议程中撤销，至少在多哈工作计划期间被撤销。虽然基于政治、技术等多种原因，一度引起广泛关注和激烈争论的在WTO框架下进行贸易与竞争政策的谈判最终未能启动，而且现在看来在短期内重新启动正式谈判的可能性也不大，但是这并不意味着今后在WTO框架下对竞争政策的任何形式的协调活动都会停止，甚至也不能排除将来某个时候在各成员方之间就重新启动谈判达成妥协的可能性。

与多边贸易谈判处于停滞形成鲜明对照的是区域贸易谈判的大量出现。目前绝大多数的WTO成员都参与了一个或者多个区域贸易协定。与此同时，越来越多的贸易协定设立了竞争政策章节，规定了成员方有义务实施竞争法律和政策，消除反竞争行为，保持成员方在竞争执法领域的合作。根据WTO的官方统计，截止到2023年6月3日，WTO已经接收到的区域贸易协定通报中，已经生效的区域贸易协定有356个，其中包含竞争政策的区域贸易协定的有243个，包含指定垄断和国有企业的区域贸易协定有195个，二者都包含的区域贸易协定有177个。[①] 区域贸易协定正成为缓解各国竞争法冲突的主要平台。

总之，世界范围内的反垄断法尚未成型，尚处于酝酿阶段。一些决议、条约尚不具有法律效力，但其原则和内容对各国的反垄断立法有一定的促进作用。在一些已生效的多边条约中包含反对垄断、保护竞争的规定，虽还不算典型的、完整的反垄断法律制度，但它对于规范特定领域的竞争行为还是有积极意义的。在将来建立统一的国际反垄断法律制度的可能性是存在的，但需要国际社会继续作出长期不懈的努力。

思考题

1. 现代竞争法产生的主要标志有哪些？
2. 分析竞争法的主要发展趋势。
3. 美国反托拉斯法包括哪些主要的制度？
4. 试析欧盟竞争法的主要内容和特点。
5. 试析日本《禁止垄断法》在20世纪90年代以来的主要变化。
6. 简述我国竞争立法的主要过程。
7. 简述竞争法国际协调的原因和现状。

① 数据来源：Regional trade agreement databases，https：//rtais. wto. org/UI/PublicSearchByCr. aspx。

第二编

反不正当竞争法

第四章 反不正当竞争法基本问题概述

第一节 反不正当竞争法的概念和性质

一、反不正当竞争法的概念

反不正当竞争法是禁止以违反商业道德的手段从事市场竞争行为，维护公平竞争秩序的一类法律制度的统称。

一般认为，现代意义上的反不正当竞争法是从19世纪中期《法国民法典》中的规定和英国关于仿冒之诉（action for passing-off）判例所确定的一些原则中发展而来的。德国则在1896年制定了世界上第一部专门的反不正当竞争法。1883年的《巴黎公约》也在1900年的布鲁塞尔修订本中增加了不正当竞争的条款。在此后的一百多年时间里，反不正当竞争法在各国得到了广泛的发展。

反不正当竞争法与反垄断法一起共同构成竞争法的基本内容。相对于反垄断法来说，反不正当竞争法主要是保障具体交易场合特定当事人之间的利益平衡，侧重维护微观的竞争秩序，追求局部和个案的公正，保障静态的财产权和人身权。相应地，反不正当竞争法是事后调整，以民事制裁（主要靠私人提起民事诉讼）手段为主，辅以行政制裁和刑事制裁的手段。[①] 由于反不正当竞争法的核心内容是商业道德原则的法律化，因而其在调整技术上的一个显著的特点便是其具有所谓的"不确定性"（因而被形象地称为"不管法"），即可以对那些诚实的经营者提供补充性的保护，对那些从事不正当竞争的行为人进行兜底性的制裁。这使相对于那些作深度调整的专门法而言，反不正当竞争法适用的领域非常广泛且富有灵活性，对经济生活具有敏锐的反应力。

我国目前的反不正当竞争法的体系以《反不正当竞争法》（此即形式意义上的反不正当竞争法）为核心，包括相关法律、行政法规、部门行政规章、地方性法规和司法解释等多种法律渊源。在其他有关法律如《产品质量法》《消费者权益保护法》《广告法》《价格法》《招标投标法》等中有一些反不正当竞争的法律规范。自我国《反不正当竞争法》于1993年12月1日实施以来，国家工商行政管理局陆续制定了配套的行政规章，包括《关于禁止有奖销售活动中不正当竞争行为的若干规定》(1993年12月)、《关于禁止公用企业限制竞争行为的若干规定》(1993年12月)、《关于禁止仿冒知名商品特有的名称、包装、装潢的不正当竞争行为的若干规定》(1995年7月)、《关于禁止侵犯商业秘密行为的若干规定》(1995年11月)、《关于禁止商业贿赂行为的暂行规定》(1996年11月）和《关于禁止串通招标投标行为的暂行规定》(1998年1月）等。这些行政规章对《反不正当竞争法》作了细化、补充和发展。另外，许多省、直辖市、自治区、经济特区、省辖市以及享有立法权的较大的市先后颁布了地方性的反不正当竞争法规或者规章。最高人民法院于2007年1月12日发布了《关于审理不正当竞争民事案件应

---

① 不过，在我国《反不正当竞争法》中行政制裁占了重要地位。

用法律若干问题的解释》（法释〔2007〕2号）。

2017年11月4日第十二届全国人大常委会第三十次会议对《反不正当竞争法》进行了首次重大的修订，于2018年1月1日开始实施。2019年4月23日第十三届全国人大常委会第十次会议又对该法进行了修正。相应地，相关的行政规章和司法解释也陆续进行修改、完善。其中，市场监管总局于2020年10月29日公布的《规范促销行为暂行规定》自2020年12月1日起施行；最高人民法院《关于审理侵犯商业秘密民事案件适用法律若干问题的规定》（法释〔2020〕7号）自2020年9月12日起施行，最高人民法院《关于适用〈中华人民共和国反不正当竞争法〉若干问题的解释》（法释〔2022〕9号）自2022年3月20日起施行，法释〔2007〕2号同时废止。

二、反不正当竞争法的性质

基于本书第二章所分析的反不正当竞争法与反垄断法的主要区别，反不正当竞争法相较于反垄断法来说更多地体现了私法性质，以至于不少人将其归入侵权行为法的范畴。在一定意义上可以说，反不正当竞争法是侵权行为法在市场竞争领域的延伸和专门化。但是，现代反不正当竞争法并非单纯的私法，而是越来越多地渗入了公法的因素，甚至有专门执法机构的主动介入，因此反不正当竞争法兼具公法和私法的性质，与反垄断法一样都属于经济法的范畴。

关于对反不正当竞争法的性质的认识，实际上是与不正当竞争观念的立论基础有关的。关于不正当竞争观念的立论基础，各国的理解是不完全一致的。在法国，不正当竞争的观念是借助于判例的解释，并基于《法国民法典》第1382条和第1383条有关民事责任的一般原理而推衍出来的。不少学者也是以该条文为立论基础的。但有的学者认为，不正当竞争属于一般权利滥用的一种形态（竞争权滥用）。有的学者认为：不正当竞争之诉并非对原告的侵害，而系自由的过分运用，或违反正常关系的运用，且违反基于善良风俗的义务；这种观点更进一步认为，竞争法并非认许原告的权利，而系对被告之义务的制裁，换句话说，并非权利创设义务，而系以义务保障权利。也有学者认为：不正当竞争并非一般民事侵权行为，而系侵犯某特定权利的行为，因为对于不正当竞争行为，得行使停止请求权，以保障特定之权利，这一权利属于一种维系顾客的权利。以不正当竞争之方法吸引他人之顾客，即为对该权利之侵犯。但多数学者及判例并不这样认为：因为顾客具有变动性，法律秩序也无法保障其稳定，所以不能称它是一种权利。在美国，不正当竞争观念由法院在一个多世纪以来的判决经验中逐渐演进，其立论根据主要在于防止欺诈与不诚实交易，以及促进商务的完整与公平竞争。倘使公平交易之要素欠缺，对于受害人即得以衡平之原则加以保护。美国法院也认为，不正当竞争行为属于一种侵权行为，适用一般侵权责任的原理。在德国及瑞士，有学者主张不正当竞争行为侵犯了人格权，并应基于此理论予以制裁。但德国的法律认为不正当竞争行为违反了工商界之善良风俗，瑞士的法律则认为不正当竞争行为系经济竞争之滥用，违反了善意之原则。《巴黎公约》则认为不正当竞争行为因违反了工商业之诚实习惯而应加以取缔。[①]

本书认为，不正当竞争确实是一种侵权行为，即损害了他人合法权益的行为。不正当竞争作为一种侵权行为，不仅侵害了竞争对手的利益，而且侵害了其他交易主体和广大消费者的利益，损害了社会公共利益，扰乱了市场竞争秩序。但是，不正当竞争又不同于一般的民事侵权行为，二者最大的不同点在于，不正当竞争除损害了作为一般民（商）事主体的经营者和消费者的利益以外，还直接破坏了市场经济的最基本的机制——竞争机制。竞争本来是一种奖惩兼

① 参见曾陈明汝：《专利商标法选论》，载《台大法学丛书》，第13期，172～173页。

施（通过优胜劣汰）的市场机制，不正当竞争却破坏了这种竞争性制裁和奖励的市场机制。实施不正当竞争，如仿冒他人商业标识，一方面，使仿冒者（其产品往往质次价高）不能受到竞争的惩罚——经营不景气、亏损甚至破产倒闭，反而可以获利；另一方面，使遭受仿冒侵权的经营者受到声誉上和经济上的损失，甚至被挤出市场。这样就造成了优者不胜、劣者不汰，甚至惩罚优胜者的局面，正常的竞争机制无法发挥作用。由于通过仿冒等不正当竞争行为同样可以获利，有时这种利润还相当高，因而经营者提高产品质量和管理水平的动力与压力也就没有了。总之，不正当竞争会使正常的市场竞争机制发生扭曲，破坏公平竞争的市场秩序。这就决定了不正当竞争不是一种单纯的民事侵权行为，而是一种严重损害市场竞争机制及其所代表的公共利益的行为。基于此，许多国家除将不正当竞争行为作为民事侵权行为予以民事制裁外，还将一些不正当竞争行为作为行政违法行为甚至刑事违法行为，追究行为人相应的行政责任和刑事责任。我国也主要是基于对公平竞争秩序及其所代表的公共利益的维护而规制不正当竞争行为的。当然，这同时也就保护了其他经营者和消费者的合法权益。因此，从经济法的观点来看，不正当竞争行为属于但不限于民事侵权行为。这是认识反不正当竞争法的性质的基础。

反不正当竞争法的性质与其利益保护结构也是密切联系的。反不正当竞争法不仅具有私法的性质，也具有公法的性质，属于经济法的范畴，因而其并非单一地保护竞争者的利益，尽管这是反不正当竞争法所保护的最初的和基本的利益。现代反不正当竞争法的利益保护呈现三重的结构状态，即经营者（竞争者）的利益、消费者的利益以及竞争机制所代表的社会公众或整体利益。当然，这三者在不同的具体制度中有着直接与间接之分、主要与次要之别。正如德国学者所分析的："无论其呈现的具体形式如何，反不正当竞争法都属于经济法。即使其最初的制度基础——保护'诚实经营者'的规则——也不得不诉诸竞争：其目标不是为善良风俗而保护'善良风俗'，而是为所有经营者确立一个游戏平台，以使任何经营者都不能获得不正当的竞争优势。"①

第二节　不正当竞争行为的界定和构成要件

一、不正当竞争行为的基本含义

不正当竞争行为是一个内容广泛、性质不易确定的概念，因而众说纷纭、莫衷一是，以至于被一些外国学者比喻为外形千变万化的"海神"或"模糊而变幻不定的云彩"。这种情况恐怕与下列因素有关：首先，随着商品经济的发展，经营者在竞争中所采取的手段不断变化，判断其正当与否越来越困难；其次，不正当竞争行为与垄断行为或者限制竞争行为、损害消费者利益的行为以及侵害知识产权的行为往往交织在一起，有时界定清楚非常困难；最后，不同国家的法律传统、立法模式、理论发展等因素，也对界定不正当竞争行为产生了一定的影响。

无论是从学界使用概念的情况来看还是从各国立法的情况来看，不正当竞争的概念都存在广义和狭义之分。广义上的不正当竞争包括垄断行为在内，而狭义上的不正当竞争是与垄断行为并列的。我国原来有不少人主张在广义上使用不正当竞争的概念并据此进行立法，随着我国《反不正当竞争法》在 1993 年、《反垄断法》在 2007 年相继出台，特别是《反不正当竞争法》在 2017 年被修订，我国已经现实地走上了反不正当竞争与反垄断分别立法的道路，在狭义上

① 转引自孔祥俊：《反不正当竞争法的创新性适用》，5 页，北京，中国法制出版社，2014。

理解和运用不正当竞争的概念已逐渐成为共识和必然的选择。

从各国有关反不正当竞争的立法来看，对不正当竞争的界定在表述方式和侧重上并不完全一致。比较具有代表性的是1909年德国《反不正当竞争法》第1条关于一般条款的规定，即不正当竞争是“在营业中为竞争目的采取违反善良风俗的行为”。1986年修订的瑞士《不正当竞争法》规定：“不正当竞争是指任何欺骗性商业行为，或以其他手段，违反诚实信用原则的任何商业行为。”1988年的西班牙《商标法》第87条规定：“任何违反工业或商业诚实交易惯例的竞争均构成不正当竞争行为”。具有重要意义的是，1883年的《巴黎公约》在其1925年的海牙修订本中规定了不正当竞争行为的定义，即第10条之二规定：“凡在工商业活动中违反诚实经营的竞争行为即构成不正当竞争行为。”这已成为公认的关于不正当竞争行为的经典性定义。世界知识产权组织1996年《反不正当竞争示范条款》第1条第1款除规定其基本保护对象之外，还仿效《巴黎公约》第10条之二第2款，对不正当竞争行为作出了总定义：凡在工商业活动中违反诚实的习惯做法的行为或做法构成不正当竞争行为。①

不仅各国立法之间存在差异，而且一些国家的法学理论中关于不正当竞争的定义也是多种多样的。例如，有的认为不正当竞争系指所有以欺骗任一厂商之顾客为目的之行为与手段；有的认为不正当竞争指利用欺骗、虚伪之手段，以排斥公正与诚实；有的认为凡利用诈欺之手段出售其产品，以及厂商之行为，其目的在于从他人所取得之现状获得利益，或使他人之商品或企业解体，有时尚是使其商业市场之全部或一部受到打击之行为，均得被视为实现经济竞争之不正当竞争。②《布莱克法律辞典》认为，不正当竞争是指“在贸易或商业中不诚实或欺诈的竞争……”

从以上各种立法规定和学说可以看出，关于不正当竞争的概念，难以有一个统一的、准确的定义。不过，除去各自的具体表述和侧重点上的差异外，它们在实质内容和基本精神上是基本一致的，即都包含了与以诚实信用为核心的商业道德相悖这样的基本要素。

我国学术界对不正当竞争的含义也曾进行较为深入的探讨。除具体表述上的差异外，一个主要的差异就在于不正当竞争是否必须同时违反国家法律（包括法规、政策，下同）和商业道德。有的认为，不正当竞争必须是同时违反国家法律和商业道德的行为；有的认为两者是选择关系，不正当竞争既可以是违反国家法律的行为，也可以是违反商业道德的行为；有的认为不正当竞争仅仅是违反商业道德的行为，而不包括违反国家法律的行为。但是，仔细分析起来，这里对违反国家法律中的“法律”的含义有着不同的理解，也就是实际所指的并不完全是一回事。有的将其理解为调整某种关系的具体的法律规定；有的则将其理解为国家法律的基本精神和基本原则，包括将要制定的法律在内。如果作前种理解，那么既存在其他法律已作明文规定的不正当竞争行为，也存在其他法律尚没有规定的不正当竞争行为，但它也是违反法律的基本精神和基本原则的。因为，社会主义商业道德与国家法律的基本精神、基本原则在本质上是一致的，诚实信用和公平就是我国《民法典》规定的基本原则之一，是道德原则的法律化。在我国首例以“不正当竞争”为案由的案件即莒县酒厂诉文登酿酒厂不正当竞争纠纷案中，二审法院就是依据《民法通则》中包括诚实信用和公平在内的基本原则进行判决的。③ 而且，若行为完全不具有任何违法性，也就不能对其进行制裁。如果作后种理解，那么任何不正当竞争行为都是违法的，否则也就不必对其进行调整了。可见，以上不同意见在实质上是一致的。不过，

① 参见郑成思主编：《知识产权研究》，第6卷，276、287页，北京，中国方正出版社，1998。

② 参见曾陈明汝：《专利商标法选论》，载《台大法学丛书》，第13期，161页。

③ 参见《最高人民法院公报》，1990（3）。详细情况参见本书第五章章后的案例与思考1。

我们对不正当竞争所要强调的是行为的不正当，也就是主要看其是否符合诚实信用原则或其他商业道德。至于如何避免与其他相关法律的交叉、重复，那是立法技术和正确适用法律的问题。我国2017年修订前的《反不正当竞争法》第2条第2款规定："本法所称的不正当竞争，是指经营者违反本法规定，损害其他经营者的合法权益，扰乱社会经济秩序的行为。"这并不能算是一个完整和适当的定义。但是，在2017年该法修订后该条文修改为："本法所称的不正当竞争行为，是指经营者在生产经营活动中，违反本法规定，扰乱市场竞争秩序，损害其他经营者或者消费者的合法权益的行为。"这就有了一个相对比较完整和完善的不正当竞争的定义。

通过比较、分析国内外的立法和学说，特别是根据我国《反不正当竞争法》的有关规定，可对不正当竞争在学理上作如下界定，即不正当竞争是指市场主体在经营活动中，采取违反商业道德的手段，扰乱市场竞争秩序，损害其他经营者或者消费者的合法权益的行为。这样，不正当竞争行为的范围比较广泛，既是其他法律、法规中已有明文规定的行为，也是其他有关法律、法规中没有明文规定的行为，只要它在实质内容和基本精神上是与商业道德相违背的。

二、不正当竞争行为的构成要件

由于对不正当竞争观念的立论基础有不同的认识，关于不正当竞争行为的构成要件也随之有不同的看法。法国的判例与学说都认为构成不正当竞争应具备四个要件：行为人必须有过失；第三人受有损害；行为与损害之间须有因果关系；须有竞争要素。因而，不正当竞争行为被视为民事侵权行为。不过，晚期的判例已不同于早期的判例，不再强调"恶意"。而且在事实上，对于不正当竞争行为责任与一般民事责任的要件，在解释上仍有宽严之分。如对竞争的损害的解释较一般侵权行为责任为宽，以鼓励正常竞争，尊重道德义务。另外，现在也不再强调必须是同业者间才有不正当竞争的存在，而仅着重于"不正当"的性质，其保护范围并不限于同一行业。这特别适用于对驰名商标、商号的保护。在美国不正当竞争的观念是由判决经验推衍出来的，对于不正当竞争的构成要件，一般依每一案件的特殊事实与情况加以判断。一般地，凡欠缺公平交易要素的，就可以基于衡平原则制裁加害人。美国对于不正当竞争的取缔，主要目的是保护诚实商人、处罚加害者以及保护消费者免受欺骗；而且多数判决特别强调保护消费者。

我国《反不正当竞争法》对于不正当竞争行为的构成要件没有作出明确的规定，我国这方面的司法实践也没有提供非常清晰、完整的答案。这里，基于2017年修订后的《反不正当竞争法》的规定以及我国的现实需要和国际的发展趋势，对不正当竞争行为的构成要件大致作如下概括。

1. 不正当竞争行为的主体是各类生产经营或者市场交易活动的参加者

我国《反不正当竞争法》规定的不正当竞争行为的主体是"经营者"，修订之前的规定是"从事商品经营或营利性服务……的法人、其他经济组织和个人"，修订之后的规定是"从事商品生产、经营或者提供服务……的自然人、法人和非法人组织"。这里存在从不同角度对"经营者"进行界定的问题，即分别从主体资格的角度和行为的角度进行界定。依前者，只有具有经营（商品生产、经营或者提供服务）的法定资格（权利能力）的人才可以成为"经营者"。这样，企业职工（如在侵犯商业秘密中）、单位的法定代表人或具体经办人（如在商业贿赂中）、无照经营的人等就不能包括在内；而依后者，只要参与或从事市场行为，不论是否具有法定的经营主体资格，都可以属于《反不正当竞争法》上的"经营者"。从我国《反不正当竞争法》规定的情况来看，作后种理解更具有合理性和可行性。1995年国家工商行政管理局发布的《关于禁止侵犯商业秘密行为的若干规定》第 3 条第 1 款第 4 项将“权利人的职工违反合同约定或者违反权利人保守商业秘密的要求，披露、使用或者允许他人使用其所掌握的权利人的商业秘密”规定为侵犯商业秘密的一种形式，从而将职工直接纳入经营者的范畴。[①] 在讨论对我国《反不正当竞争法》进行修订的过程中，一般都主张不限定不正当竞争行为的主体，其应包括一切市场交易活动的参加者，这样有利于在更广泛的范围内适用反不正当竞争法。虽然《反不正当竞争法》在 2017 年修订后仍然使用了我国经济法律、法规中普遍使用的“经营者”的概念，但一方面通过将其定义与《反垄断法》中“经营者”的定义保持一致，扩大了其范围；另一方面也在相关具体条款（第 7 条和第 9 条第 2 款）中对涉及的某些特殊情况有明确的规定。因此，其范围实际上还是非常广泛的，应该可以是各类生产经营或者市场交易活动的参加者。

2. 不正当竞争行为在客观方面表现为行为人实施了与商业道德相悖的行为

不正当竞争行为的具体表现存在差异，但无论是市场混淆、虚假或引人误解的宣传、商业诋毁，还是侵犯商业秘密、商业贿赂、不当的有奖销售，其共同的实质都是不劳而获，与市场经济中商业道德的要求相背离。可见，不正当竞争行为的违法性或者不正当性的实质，正在于它直接违反了体现法律精神的商业道德。商业道德的核心是诚实信用。诚实信用由一般的道德规范上升到市场经济的法律原则，尤其是成为反不正当竞争的基本原则，从而成为确定竞争行为正当与否的最具实质性的要件，体现了市场经济对某些基本道德规范内在的、更大的需求。这是道德规范法律化的结果。它要求当事人在交易活动中诚实待人、恪守信用，不得进行任何欺诈或侵权的行为。美国法律哲学家博登海默在论述法律与道德之间的关系时特别指出：在不公平竞争法中，近年来由法院和立法机构所进行的一些变革，必须归因于道德感的增强和提升，以及由此而盛行的这样一种信念，即商业社会必须依靠比道德谴责更为有效的保护手段才能抵制某些应受指责的毫无道德的商业行为。[②] 从这个角度来说，反不正当竞争也就是维护社会经济活动中普遍认可的商业道德。

3. 不正当竞争的行为人主观上具有过错

既然不正当竞争行为是“不正当”的行为，即经营者从事的与商业道德相悖的行为，那么在认定不正当竞争行为时通常应以主体具有主观过错为要件，实行一般的违法行为归责原则。这表明，不正当竞争行为的认定在很大程度上包含了道德评价因素，其不仅在客观上而且在主观上都具有应受谴责性。实际上，经营者实施各种不正当竞争行为时都是具有明显过错的，而且在绝大多数情况下还表现为故意。对于行为人的主观过错，一般可以从是否具有损害竞争对手的目的和动机、是否具有自己牟取利益的目的和动机、是否或应否知道损害了他人利益以及是否违反了合同或商业习惯等方面来判断。最高人民法院《关于审理不正当竞争民事案件应用法律若干问题的解释》（法释〔2020〕19 号，已失效）第 1 条第 2 款规定：“在不同地域范围内使用相同或者近似的知名商品特有的名称、包装、装潢，在后使用者能够证明其善意使用的，不构成反不正当竞争法第五条第（二）项规定的不正当竞争行为。”这也从另一个方面体现了认定不正当竞争行为时的过错责任原则。在实践中，为更有效地保护受害者、减轻原告的举证负担，一些国家规定对这种过错采用推定的方法确定，即如果行为人不能证明其没有过错即推定其有过错。自己知道或应当知道的合同或商业习惯仍然违

① 参见孔祥俊：《反不正当竞争法的适用与完善》，70～72 页，北京，法律出版社，1998。

② 参见［美］E. 博登海默：《法理学：法律哲学与法律方法》，邓正来译，376 页，北京，中国政法大学出版社，1999。

反，就足以表明其有过错。

4. 不正当竞争行为所侵害的客体是三重的，即其他经营者（竞争者）的利益、消费者的利益和社会公共利益

不正当竞争行为所侵犯的客体往往不是单一的，而是多重的。早期的反不正当竞争法所关注的主要是竞争者的利益，但是现代反不正当竞争法关注的是三重的利益，即除了其他经营者（竞争者）的利益，还有消费者的利益和社会公共利益。

基于不正当竞争的性质，经营者实施不正当竞争行为首先侵害了竞争对手的利益。不正当竞争行为有时侵害了特定竞争对手的利益，如市场混淆、商业诋毁、侵犯商业秘密等；有时侵害了不特定竞争对手的利益，如商业贿赂、虚假或引人误解的宣传、不当有奖销售等。

不正当竞争行为不仅侵害了竞争对手的利益，而且侵害了交易相对人，尤其是消费者的利益。消费者是经营者在市场竞争中争夺的对象。不正当竞争行为有时在损害了经营者的利益的同时间接损害了消费者的利益，有时则直接损害了消费者的利益，特别是在市场混淆和虚假或引人误解的宣传行为中，消费者是直接的受害者，或者说通过使消费者利益受损进而影响竞争者的利益。

不正当竞争行为在损害了具体的竞争者和消费者的利益以外，还损害了代表社会公共利益的市场竞争秩序，因为不正当竞争行为直接扭曲了作为市场经济基本机制的竞争机制，使公平竞争的市场秩序受到破坏，公众也就不能享有公平竞争所带来的社会福利。

对于以上三重的利益客体，不需要它们同时受到侵害才能认定不正当竞争行为，而只要其中之一受到侵害即可。当然，社会公共利益往往是在行为扰乱了市场竞争秩序、损害了其他经营者或者消费者的合法权益的同时就体现出来了。

三、不正当竞争行为认定中的竞争关系问题

在认定不正当竞争行为时，除了涉及前面四个方面的要素，往往还涉及竞争要素的问题。对此在不同国家、不同时期的规定和做法是不完全一致的。总体来说，这方面经历了一个从严格强调到逐步淡化的过程，现在一般并不强调行为人和受害者之间的直接竞争关系。这实际上是与反不正当竞争法所保护的客体范围不断扩大相关的。

一般来说，不正当竞争作为一种市场竞争行为，是在市场经济活动中有着某种竞争关系的主体之间发生的，行为人实施不正当竞争行为仍是为了竞争。这与垄断行为不一样：垄断是一种反竞争行为，它不允许竞争（排除和限制竞争），哪怕是不正当竞争。竞争本身存在多种情况，包括卖者之间的竞争、买者之间的竞争以及买者和卖者之间的竞争，而卖者之间的竞争是主要的竞争形式。在卖者之间的竞争中又有部门内竞争和部门间竞争。其中，同一部门或者行业的卖者之间为争夺同一市场的竞争是最典型、最直接的竞争。不正当竞争行为的构成不一定都要求行为人与受害者之间存在这种直接的竞争关系。

反不正当竞争法上的竞争关系往往比反垄断法意义上的竞争关系范围要广泛。在反垄断法中，竞争关系一般是指商品之间具有替代关系（相同或者近似的商品）的经营者之间相互争夺交易机会的关系，这是狭义上的竞争关系。而在反不正当竞争法中，竞争关系往往是广义上的竞争关系。实际上，这个问题与不正当竞争行为的主体问题是联系在一起的。有学者分析，不正当竞争行为中的竞争关系可以被归纳为三种基本类型：一是行为人与他人之间存在着直接竞争关系，不正当竞争行为是一种不道德地排斥竞争对手的商业行为；二是经营者虽未排挤竞争对手，但通过不正当竞争手段来获取竞争优势，主要是搭没有竞争关系的经营者的便车来获取

竞争优势；三是以不正当手段破坏他人的竞争优势。[①] 其中，只有第一种情形属于典型的竞争关系，但后两种又确实对市场公平竞争秩序造成了破坏。

为体现这一点，一些国家和地区往往将不正当竞争行为称为不公平交易行为，以淡化这里的竞争要素。这在国际上已经成为一种趋势。例如，《巴黎公约》第 10 条之二关于不正当竞争行为的理解和认定，是建立在何为竞争行为之上的；而世界知识产权组织 1996 年《反不正当竞争示范条款》并不明确论及此。这主要是考虑到，不正当竞争行为也可能产生于并无直接或实际竞争关系的场合。该示范规定对此还在注释中提供了一个示例：有人将一驰名商标用于完全不同的商品上，尽管该使用人与驰名商标所有人不存在竞争关系，但如此使用与竞争有关，因为这种使用使他获得了相对于未使用驰名商标的竞争者的不正当优势，这种优势可能有助于使用人的商品销售。其实，早在 20 世纪 50 年代就有学者提议将《巴黎公约》第 10 条之二中不正当竞争的概念扩及（有限度的）非竞争行为上。上述示范规定是就此作出的正式改进。该示范规定第 2 条至第 6 条将《巴黎公约》第 10 条之二中的“竞争者”（competitor）改称为企业（enterprises）。同时，依据该示范规定第 5 条的规定，即使消费者协会或新闻机构不与某一领域的生产经营者直接发生竞争关系，但若其活动或陈述不顾事实而偏向第三者，间接造成对其他生产经营者商誉之贬损，亦应承担侵权责任。[②] 因此，“不正当竞争所涵盖的行为之所以被称为竞争行为，在很大程度上是用词的历史习惯和反不正当竞争法的历史发展所致，在理解上不能局限于狭义的竞争，而应当按照交易行为、商业行为或者市场行为之类的方式理解。在这种情况下，更没有必要因为使用了‘竞争’而在竞争关系上望文生义、作茧自缚和先入为主”[③]。

德国 2004 年在修订《反不正当竞争法》时用“竞争行为”替代了旧法第 1 条和第 3 条中使用的“在商业交易中旨在竞争的行为”的概念。根据新法第 2 条第 1 款第 1 项的规定，竞争行为是行为人为了自己或他人的企业，旨在促进商品的购销或服务的供求，包括不动产、权利和义务在内的各种行为。如同旧法一样，纯粹的私人行为、企业内部行为或新闻传媒的表态、消费者协会的工作等，均非竞争行为，不在新法的适用范围内。故新法适用时不再要求存在具体或抽象的竞争关系。由此，类似不利于消费者的误导广告行为自然被纳入该法的调整范围。不过，当竞争者主张排除妨碍和停止侵害请求权时，新法仍然要求其存在竞争关系（第 8 条第 3 款第 1 项）。[④] 而在 2008 年修订后，该法第 3 条改为“禁止不正当的商业行为”，第 1 款规定：“足以明显地损害竞争者、消费者与其他市场参与者利益的不正当经营行为是非法的。”[⑤] 该条以“商业行为”来取代“竞争行为”，进一步淡化了对竞争关系的强调。

在我国以往的司法实践中，曾经在不少情况下非常关注竞争要素，将行为人和受害者之间属于同一行业、具有直接的竞争关系作为认定不正当竞争行为的要件。例如，最高人民法院曾指出，要“准确理解反不正当竞争法所调整的竞争关系。竞争关系是取得经营资格的平等市场主体之间在竞争过程中形成的社会关系。认定不正当竞争，除了要具备一般民事侵权行为的构

① 参见孔祥俊：《反不正当竞争法若干问题研究》，载徐杰主编：《经济法论丛》，第 1 卷，494～495 页，北京，法律出版社，2000。

② 参见郑友德、焦洪涛：《反不正当竞争的国际通则》，载《知识产权》，1999（2）。

③ 孔祥俊：《反不正当竞争法的创新性适用》，122 页，北京，中国法制出版社，2014。

④ 参见郑友德、万志全：《德国反不正当竞争法的发展与创新》，载《法商研究》，2007（1）。

⑤ 德国《反不正当竞争法》官方英文译本（2010），见 http：//www.gesetze-im-internet.de/englisch_uwg/index.html。

成要件以外，还要注意审查是否存在竞争关系。存在竞争关系是认定构成不正当竞争的条件之一”[①]。而且，对竞争关系的理解通常是，行为人与受害人经营相同或者类似的商品，不同行业的经营者之间不存在竞争关系，从而不会发生不正当竞争行为。创磁公司、恒业公司与搜狐公司不正当竞争案的二审判决指出，“按照通常理解，不正当竞争行为必须限于竞争者之间实施的行为，以行为人和受害人之间为同业竞争者（相同或类似商品服务的经营者）为前提”[②]。一些裁判如“极路由”屏蔽视频广告不正当竞争纠纷案的判决甚至将竞争关系作为适用《反不正当竞争法》的前提条件，也即不具有竞争关系就不能适用该法来调整。[③] 但后来的司法实践有调整。例如，最高人民法院将竞争关系理解为“一般是指经营者经营同类商品或服务，经营业务虽不相同，但其行为违背了《反不正当竞争法》第2条规定的竞争原则，也可以认定具有竞争关系”。猎豹浏览器屏蔽优酷网视频广告案的二审判决指出：“竞争关系的构成不取决于经营者之间是否属于同业竞争，亦不取决于是否属于现实存在的竞争，而应取决于经营者的经营行为是否具有‘损人利己的可能性’。具体而言，取决于以下两个条件：该经营者的行为是否具有损害其他经营者经营利益的可能性；该经营者是否会基于这一行为而获得现实或潜在的经营利益（是否具有利己的可能性）。也就是说，如果经营者的行为不仅具有对其他经营者的利益造成损害的可能性，且该经营者同时会基于该行为获得现实或潜在的经济利益，则可以认定二者具有竞争关系。”[④] 有些裁判对竞争关系作了广义的理解：“竞争关系的广义化，是反不正当竞争法本身变化的结果。反不正当竞争法由民事侵权法发展而来，起初仅仅保护竞争者利益，但在其发展过程中，其立法目标已经由保护竞争者利益不断向保护消费者权益和维护公共利益方面拓宽，由单纯的私权保护不断向实现市场管制目标发展。这就使不正当竞争行为的界定不限于同业竞争者之间的竞争行为，而拓展到非同业竞争者的竞争损害。”[⑤]尤其是，在最高人民法院指导性案例第30号即兰某军、杭州小拇指汽车维修科技股份有限公司诉天津市小拇指汽车维修服务有限公司等侵害商标权及不正当竞争纠纷案[⑥]中，其裁判要点之一就是反不正当竞争法并未限制经营者之间必须具有直接的竞争关系，也没有要求其从事相同行业。经营者之间具有间接竞争关系，行为人违背反不正当竞争法的规定，损害其他经营者的合法权益的，也应当认定为不正当竞争行为。该案对于厘清实践中的困惑和疑问，正确把握《反不正当竞争法》所调整的竞争关系具有较强的指导意义。2022年3月20日起施行的最高人民法院《关于适用〈中华人民共和国反不正当竞争法〉若干问题的解释》（法释〔2022〕9号）第2条进一步明确规定：与经营者在生产经营活动中存在可能的争夺交易机会、损害竞争优势等关系的市场主体，人民法院可以认定为《反不正当竞争法》第2条规定的“其他经营者”。

在以往的行政执法中，虽然也有些案件强调竞争关系要素，但是往往还是对不正当竞争行为中的竞争关系作广义理解，主要强调行为对公平竞争的破坏，而不特别强调行为人与受害者之间存在直接的竞争关系。例如，国家工商行政管理局在《关于在非相同非类似商品上擅自将他人知名商品特有的名称、包装、装潢作相同或者近似使用的定性处理问题的答复》中指出：

---

① 最高人民法院副院长曹建明：《知识产权司法保护力度，依法规范市场竞争秩序——在全国法院知识产权审判工作座谈会上的讲话》（2004年11月11日）。

② 北京知识产权法院（2016）京73民终156号民事判决书。

③ 参见北京知识产权法院（2014）京知民终字第79号民事判决书。

④ 北京市第一中级人民法院（2014）一中民终字第3283号民事判决书。

⑤ 资料来源：中国法院网，http：//www.chinacourt.org/article/detail/2014/07/id/1334431.shtml，最后访问日期：2017－11－12。

⑥ 该案的详细情况请参见本章后面所附的案例与思考1。

仿冒知名商品特有的名称、包装、装潢的不正当竞争行为一般发生在相同或类似商品上，但经营者在非相同、非类似商品上，擅自将他人知名商品特有的名称、包装、装潢作相同或者近似的使用，造成或者足以造成混淆或者误认的，亦违反 1993 年《反不正当竞争法》第 2 条规定的市场竞争原则，可以按照 1993 年《反不正当竞争法》第 5 条第 2 项的规定认定为不正当竞争行为，并按 1993 年《反不正当竞争法》及国家工商行政管理局《关于禁止仿冒知名商品特有的名称、包装、装潢的不正当竞争行为的若干规定》的有关规定查处。

需要特别注意的是，《反不正当竞争法》在 2017 年修订中修改、完善了不正当竞争的定义，明确加入了消费者利益这一考虑因素，这样就更加不必将竞争关系作为认定不正当竞争行为的构成要件了，而需要关注行为本身是否具有市场竞争属性和不正当性、是否扰乱了“市场竞争秩序”、损害了其他经营者或者消费者的合法权益。尽管实际上大多数不正当竞争确实发生于同业竞争者之间，但是竞争关系的复杂性决定了确定是否具有损害并不限于同业竞争。因此，反不正当竞争行政执法只需考虑是否构成竞争和不正当竞争行为，而无须特别界定竞争关系。

总体来说，不正当竞争行为既可以损害特定竞争者，也可以损害消费者或者社会公众，而并不以损害特定竞争者且其相互之间具有竞争关系为必要。对不正当竞争行为只根据其是否违反竞争原则或者其他具体法律标准进行认定，而并不根据其相互之间是否具有竞争关系进行认定。在民事诉讼中，竞争关系可作为确定原告资格的考量因素，但并非不正当竞争的构成要件。[①]

第三节　反不正当竞争法中的一般条款问题

一、反不正当竞争法中一般条款的含义与功能

就世界各国或地区的反不正当竞争法来说，为了加强法律调整的针对性和可操作性，它们非常重视对各种具体的不正当竞争行为的列举。但同时，对不正当竞争行为设概括条款也可以说是有关立法的通例，并构成了其重要内容。

反不正当竞争法的一般条款是相对于具体条款而言的，是指反不正当竞争法中设立的包含了不正当竞争行为构成要件的概括规范。与那些禁止某种不正当竞争行为的具体条款不同，一般条款并不指向某种特定的不正当竞争行为，而是将法律中没有列举的其他不正当竞争行为全部归入而加以禁止。这使反不正当竞争法对市场竞争行为的规制不以法律具体、明确的条款为限。因此，反不正当竞争法一般条款的主要功能在于弥补法律具体条款的漏洞，起到兜底和补充的作用，从而增强法律的适应性和稳定性。“严格地说，成文法律条文中明确列举的不正当竞争行为乃是法定的不正当竞争行为。这些显而易见的不正当竞争行为并非实践中不正当竞争行为的‘底线’，真正的兜底是对那些法无明文规定，表面上隐性，却实为不正当竞争行为的规制。”[②] 一般条款是反不正当竞争法的灵魂，其张力大小从根本上反映了反不正当竞争法对市场自由竞争的容忍程度，其变动预测了反不正当竞争法对未知市场行为的反应模式，其存在意义的关键在于其拥有不确定的法律概念，以统领反不正当竞争法。一般条款在上游连接起立

① 参见孔祥俊：《论反不正当竞争法的新定位》，载《中外法学》，2017（3）。
② 刘春田：《司法对〈反不正当竞争法〉的补充和整合》，载《法律适用》，2005（4）。

法目的，在下游连接起法律责任，从而支撑起整部反不正当竞争法的规范适用体系。[①]

德国1896年制定的《反不正当竞争法》只着眼于禁止某些严重的不正当竞争行为，没有一个一般条款，从而使法律调整的范围和力度都有很大的局限性。而在1909年重新制定该法时增加了一个一般条款，使该法成为由一般条款加行为列举构成的法律。这种新的法律结构既保证了法律的稳定性，又能克服制定法具有的封闭、僵硬的局限性，使法律能够灵活适应市场经济情况的变化。一般条款在德国反不正当竞争法中发挥了巨大的作用，并被称为“帝王条款”，是该法的核心。据统计，在德国依据《反不正当竞争法》中的两条原则条款判决的案件占全部不正当竞争案件总数的三分之二，余下三分之一的案件是援引针对各具体不正当竞争行为的条文以及附属法令处理的。[②] 值得注意的是，德国在2004年重新修订《反不正当竞争法》时废除了这一条款，根据多年积累的经验，将其以例示若干类型的方式加以具体化、明确化。但新法的第3条设置了一项新的一般条款：“禁止足以损害竞争者、消费者或其他市场参与者，且不仅非显著地妨碍竞争的不正当竞争行为。”这取代了旧法第1条的一般条款规定。新的一般条款通过第4～7条列举的一系列不正当竞争行为示例（第4条列举了11种）而予以具体化，且新列举之示例呈开放状态。因此，新法维持了单个不正当竞争行为禁止性条款加上专设一般条款的基本构架，一般条款今后仍将起到补漏或兜底作用。[③] 虽然在2008年改革后的该法第3条在表述上有调整（出于转换欧盟不正当竞争指令的需要，增加了第3条第2款作为“消费者一般条款”，专门规制针对消费者的竞争行为），但其作为一般条款的性质并没有变化。该法在2015年的修订中对一般条款进行了拆分。[④] 美国《联邦贸易委员会法》第5条的适用范围随着实践的需要而被不断拓宽，而这实际上缘于一般条款在适用范围上的不断拓宽。这种抽象性条文的优点在于，既可避免挂一漏万，又可使执法机关针对具体化个案弹性适用。[⑤]

从有关涉及不正当竞争的国际立法文件来看，它们也都包含一般条款。例如，1883年的《巴黎公约》在其1925年的海牙修订本中规定了不正当竞争行为的定义，即第10条之二规定：凡在工商业活动中违反诚实经营的竞争行为即构成不正当竞争行为。在世界知识产权组织1996年《关于反不正当竞争保护的示范规定》中，其第1条第1款除规定其基本保护对象之外，还仿效《巴黎公约》第10条之二第2款，对不正当竞争行为进行了总定义：凡在工商业活动中违反诚实的习惯做法的行为或做法构成不正当竞争行为。

在各国或地区的反不正当竞争法和相关的国际立法文件中，一般条款的具体表述虽然形式各异，但其最核心的内容是诚实信用等商业道德。在反不正当竞争法中，诚实信用既是基本的

---

① 参见柴耀田：《反不正当竞争法一般条款的体系化功能——德国2015年〈反不正当竞争法〉改革对中国修法的启示》，载《电子知识产权》，2016（10）。

② 参见韦之：《论不正当竞争法与知识产权法的关系》，载《北京大学学报（哲学社会科学版）》，1999（6）。

③ 参见郑友德、万志全：《德国反不正当竞争法的发展与创新》，载《法商研究》，2007（1）。但也有学者认为，按照德国2004年的《反不正当竞争法》，一般条款已经不再是所谓的“帝王条款”，法院直接适用“一般条款”的可能性已经微乎其微。参见李明德：《制止不正当竞争的若干问题》，载李明德《知识产权文丛》，第14卷，北京，知识产权出版社，2008。

④ 第3条第1款删去了对市场主体的列举，仅简单明了地规定“不正当商业行为应被禁止”；第3条第2款作为“消费者一般条款”的地位更加突出，删除了“至少”这一开放性的用语。因此，针对消费者的具体条款在适用时只需要指向第3条第1款，通过其过渡到法律责任条款，而第3条第2款仅作为消费者保护的兜底条款适用。与之相对应，第3条第1款作为竞争者保护的兜底条款。此外，第3条第1款其所包含的“足够显著”标准被下移至相关的具体条款。第3条第2款作为消费者一般条款进一步向不正当竞争指令的用语靠拢，以回应欧盟委员会的指责，并被拆分，一般消费者的判断标准被拆分出来作为新的第3条第4款。参见柴耀田：《反不正当竞争法一般条款的体系化功能——德国2015年〈反不正当竞争法〉改革对中国修法的启示》，载《电子知识产权》，2016（10）。

⑤ 参见孔祥俊：《反不正当竞争法的适用与完善》，61～62页，北京，法律出版社，1998。

法律原则，也是认定不正当竞争行为的一般条款。其他商业道德可以被看作是诚实信用原则的具体化，例如公平原则是诚实信用原则维持当事人之间利益平衡的要求。因此，违反诚实信用原则在界定不正当竞争行为时具有重要的意义，构成了认定各种不正当竞争行为的具有实质性的标准。不正当竞争行为的“不正当”性，主要表现为其违反了以诚实信用为核心的商业道德。无论是我国《反不正当竞争法》明确规定的不正当竞争行为，如市场混淆、虚假或引人误解的宣传、诋毁商誉、侵犯商业秘密、商业贿赂、不当有奖销售以及互联网领域的特定行为等等，还是那些没有被明确规定的其他不正当竞争行为，其实质都是与市场经济中诚实信用等商业道德的要求相背离。

二、我国《反不正当竞争法》中一般条款问题

我国 2017 年修订前的《反不正当竞争法》第 2 条第 1 款规定：“经营者在市场交易中，应当遵循自愿、平等、公平、诚实信用的原则，遵守公认的商业道德。”这就确定了该法包括诚实信用在内的基本原则。该条第 2 款却规定：“本法所称的不正当竞争，是指经营者违反本法规定，损害其他经营者的合法权益，扰乱社会经济秩序的行为。”这使该条不是一个严格意义上的一般条款，因为“违反本法规定”就限定了认定不正当竞争行为的范围，即从立法本意来看，该法将应依法制裁的不正当竞争行为严格限定在其第二章所列明的十一种情况，不允许执法机构在此之外进行认定。主要由参加该法起草的同志撰写的著作中也明确提到：《反不正当竞争法》第二章所列明的各项不正当竞争行为就是该法所承认的不正当竞争行为，也就是说，不正当竞争行为中需要依法制裁的只限于第二章列明的各项，除非法律另有规定，否则是不允许执法机构随意认定的。这就表明我国《反不正当竞争法》具有明显的封闭性。究其原因，是“考虑到我国执法机关实际水平状况，不能给予这种权力。让一个基层的执法部门对需要根据经济形势进行判断的不正当竞争行为进行认定是无法想象的事情”。“如果允许判断，将导致一种危险：将很多正当行为当作不正当竞争行为进行制裁……”[①] 这在一定程度上反映了立法机关对执法机构的不信任。

2017 年修订后的《反不正当竞争法》第 2 条第 1 款和第 2 款的规定分别是：“经营者在生产经营活动中，应当遵循自愿、平等、公平、诚信的原则，遵守法律和商业道德。”“本法所称的不正当竞争行为，是指经营者在生产经营活动中，违反本法规定，扰乱市场竞争秩序，损害其他经营者或者消费者的合法权益的行为。”这里的规定相对以前有明显的进步，但对于其是否可以作为一般条款以及在何种程度上和范围内的一般条款，还是需要进行分析说明的。

从合理解释现行规定的角度来讲，既不能完全拘泥于字面意思而将我国《反不正当竞争法》第 2 条第 2 款理解为不具有任何一般条款的意义，又不能脱离立法原意将其解释为完全的一般条款，而是应从现行规定的现状出发，考虑到不同领域法律问题的性质，将其理解为有限的一般条款。由于行政违法行为实行法定主义，对于须予以行政处罚而《反不正当竞争法》又未列举的不正当竞争行为，按照该法第 2 条第 2 款将其确认为不正当竞争行为没有意义，除非其他法律、行政法规、地方性法规另有规定。在《反不正当竞争法》的修订过程中，曾经有很多的呼声要求在具体的列举行为之外，规定一个兜底性条款并规定相应的行政责任条款，相关的修订文本也作了相应的体现，但由于争议很大而在 2017 年最终的修订中没能保留这方面的条款，因而对于行政执法来说，2017 年修订后的第 2 条仍然不具有兜底性的一般条款的性质。但是，2017 年修订后的《反不正当竞争法》在相关具体条款中针对该行为设立了兜底条款，

① 孙琬钟主编：《反不正当竞争法实用全书》，26 页，北京，中国法律年鉴社，1993。

包括：第 6 条第 4 项（其他足以引人误认为是他人商品或者与他人存在特定联系的混淆行为）、第 12 条第 2 款第 4 项（其他妨碍、破坏其他经营者合法提供的网络产品或者服务正常运行的行为）。这就给针对相关不正当竞争行为的行政执法提供了方便和一定的灵活性。这方面的内容可参见本书第五章和第十一章的相关部分。

由于民事违法行为不实行法定主义，对于受害人请求民事赔偿而《反不正当竞争法》又未列举的不正当竞争行为，法院可以根据个案将其确认为不正当竞争行为，判令行为人承担民事责任。[①] 事实上，在我国《反不正当竞争法》制定之前，我国首例以“不正当竞争”为案由的案件即莒县酒厂诉文登酿酒厂不正当竞争纠纷案中，二审法院就是依据《民法通则》的包括诚实信用在内的基本原则进行判决的，得到了普遍的认可。[②]

事实上，在我国反不正当竞争的民事司法实践中，对于一些法律没有明文禁止的竞争行为，司法机关往往直接认定其违反了《反不正当竞争法》第 2 条的原则性规定以及不正当竞争的定义，而构成不正当竞争。例如，在北京金融城网络有限公司（以下简称“金融城公司”）诉成都财智软件有限公司（以下简称“财智公司”）不正当竞争纠纷案[③]中，原告金融城公司于 2000 年 2 月开办了 295 网站，被告财智公司在此之前也开设了财智网，两家网站中均有金融信息服务内容。为向公众提供外汇交易服务信息，原告金融城公司与中国建设银行北京市分行合作，制作了“中国建设银行北京市分行外汇币种走势图”（以下简称“外汇币种交易走势图”），在 295 网站的外汇中心频道中发布。2000 年 6 月中旬，被告财智公司未经原告许可，在其开设的财智网上，越过 295 网站的主页，直接对在该网站外汇中心频道内的“外汇币种交易走势图”设置了链接，并将其链接置于财智网外汇中心栏目下。法院认为：互联网经济本身具有特殊性，一个网站吸引的访问者越多，给其带来的相关经济利益就越大，所以经营者均努力通过制作精彩、独特的内容来吸引访问者的注意力，并使访问者记住发布这些内容的网站。而这些独特的内容一旦被他人直接链接，访问者通过设链网站看到的内容已不能准确反映制作者的身份，从而导致访问者误认，误认的结果是设链网站访问者增加，真正的内容制作网站的访问者相应减少，经济利益受到损害。被告财智公司未经金融城公司许可，擅自对 295 网站主页以下的次页面内容进行深层链接，其行为违背自愿、平等、公平和诚实信用的基本原则，构成不正当竞争。法院依据《反不正当竞争法》第 2 条第 1 款的规定，判决被告不得在其开办的网站上对原告的“外汇币种交易走势图”建立链接，赔礼道歉，并支付赔偿金 5 000 元。

2005 年 11 月最高人民法院《关于审理不正当竞争民事纠纷案件适用法律若干问题的解释（征求意见稿）》曾在第 28 条有如下规定：“对不正当竞争行为的认定，应当首先适用反不正当竞争法第二章的规定。对违反自愿、平等、公平、诚实信用的原则和公认的商业道德，损害其他经营者合法权益的行为，但在反不正当竞争法中未作具体规定的，可以依据反不正当竞争法第二条第一、二款的规定予以处理。”“在适用反不正当竞争法第二条第一款、第二款的规定认定不正当竞争行为时，应当掌握以下条件：（一）该项行为的主体是经营者；（二）该项行为为市场交易行为；（三）该项行为违反了自愿、平等、公平、诚实信用的原则和公认的商业道德；（四）该项行为造成了损害其他经营者的合法权益；（五）该项行为在反不正当竞争法中没有具体规定，并且在其他法律、法规中也没有特别规定。”这实际上就是在反不正当竞争民事

① 参见孔祥俊：《反不正当竞争法的适用与完善》，54 页，北京，法律出版社，1998。

② 如《最高人民法院公报》和《人民司法》都登载了该案例或对该案进行了评析。

③ 参见北京市第二中级人民法院（2000）二中知初字第 122 号民事判决书。

审判中将我国《反不正当竞争法》第1条、第2条解释为一般条款。虽然在2006年年底正式公布的该司法解释中没有保留这一条的内容，但其基本精神还是合理的。

以往的司法实践对于一般条款的适用方式进行了逐渐深入的探索。例如，最高人民法院在山东省食品进出口公司等与青岛圣克达诚贸易有限公司等不正当竞争纠纷再审案[①]中提出，适用《反不正当竞争法》第2条认定构成不正当竞争应当同时具备以下条件：（1）法律对该种竞争行为未作出特别规定；（2）其他经营者的合法权益确因该竞争行为而受到了实际损害；（3）该种竞争行为因确属违反诚实信用原则和商业道德而具有不正当性。其中，第1项条件是形式性的；第2、3项条件是实质性的，前者为损害条件，后者为判断是非的标准。又如，北京知识产权法院在北京淘友天下技术有限公司、北京淘友天下科技发展有限公司与北京微梦创科网络技术有限公司不正当竞争纠纷案的二审判决中指出，基于互联网行业中技术形态和市场竞争模式与传统行业存在显著差别，为保障新技术和市场竞争模式的发展空间，在互联网行业中适用《反不正当竞争法》第2条更应秉持谦抑的司法态度，在满足上述三个条件外还需满足以下三个条件才可适用：该竞争行为所采用的技术手段确实损害了消费者的利益，例如限制了消费者的自主选择权、未保障消费者的知情权、损害了消费者的隐私权等；该竞争行为破坏了互联网环境中的公开、公平、公正的市场竞争秩序，从而引发恶性竞争或者具备这样的可能性；对于互联网中利用新技术手段或新商业模式的竞争行为，应首先推定具有正当性，对于不正当性需要证据加以证明。[②] 该归纳补充了对消费者利益和市场竞争秩序的损害，并强调了推定竞争行为合法的有限干预和司法克制理念。

以诚实信用原则为核心的反不正当竞争法一般条款，不仅可确认法律未明确列举的不正当竞争行为，还可在一定程度上弥补我国《反不正当竞争法》在具体规定上的漏洞。该法既有封闭性的一面，又有具体规定可操作性不强的一面，对具体不正当竞争行为的规定过于简单、原则，不易确认，从而需要根据以诚实信用原则为核心的一般条款来作具体的判断、确认。事实上，现代立法的特点正在于原则与具体规定在确定性程度上的两极分化，即：一方面是原则规定越来越不确定，以使法官在遇到疑难案件时有充分的自由裁量余地，实现个别调整和法律的衡平性，使案件得到公正的处理。另一方面是具体规定越来越详尽、细致，甚至出现了表格式立法，详列行为的各种要件及相应的法律后果。一个案件发生后，司法者将案件的各种情况对号入座，立即可作出结论，从而提高办案效率。不确定的原则与具体、缜密的规定各有其用处，并行不悖，分别表现法律的严格规则的一面和自由裁量的一面。[③] 立法者和法学家的艺术之一就在于在以下这两个方面之间谋求平衡：一方面，使法律规则不能过分抽象和概括，以致无法成为司法实践的指引；另一方面，又必须使法律规则抽象化、概括化，以适用于一系列同类案件，而不至于仅能适用于少数乃至个别案件。[④] 以诚实信用原则为核心的一般条款在这里可以发挥其独特的作用：一方面可以增强该法的不确定性，克服其封闭性；另一方面又可以在一定程度上增强其确定性，弥补其漏洞，使对具体不正当竞争行为的判断有一个基本的标准。

反不正当竞争法一般条款的内涵和外延的不确定性，使执法机关有了较大的自由裁量权。这固然可以增强法律的灵活性，弥补立法的不足，有利于准确而合理地适用法律，但任

① 参见最高人民法院在（2009）民申字第1065号民事裁定书。

② 参见北京知识产权法院（2016）京73民终588号民事判决书。

③ 参见潘大松：《论现代西方法律形式的变化和法治原则》，载《西北政法学院学报》，1988（2）。

④ 参见沈宗灵：《比较法总论》，152页，北京，北京大学出版社，1987。

何自由裁量权都意味着一定的主观随意性，都存在被滥用的可能，因而也构成对法治的威胁。这表明以诚实信用原则为核心的一般条款也是一把“双刃剑”。为了使这把“剑”的运用符合人民的利益和法治的要求，就需要对执法机构在运用一般条款行使自由裁量权时进行制约，防止其滥用这一原则。这除了有体制上和立法技术上的外在监督制约①，基本原则和一般条款本身也应是一种内在的约束。这是因为，既然诚实信用原则是界定竞争行为正当与否的标准，那么它也必然应成为执法机构认定不正当竞争行为的最根本的标准。在法律的具体规定之外去认定其他不正当竞争行为时，更应严格遵循这一基本原则，而不允许偏离这一原则任意认定。这正是法律确定性一面的要求。因此，以诚实信用原则为核心的反不正当竞争法的基本原则和一般条款，不仅应约束着市场竞争主体的竞争行为，也应约束着适用该法的执法机构的自由裁量行为，以使法律的安全价值得到保障、法治的目标得以实现。这样，在反不正当竞争法中，以诚实信用原则为核心的一般条款既应实现该法的开放性、灵活性，又要保证其确定性、安全性。

为防止一般条款适用的随意性，最高人民法院在司法政策和有关案例中不断明晰其适用的条件和标准。例如，对于法律通过特别规定作出穷尽性保护的行为方式，不宜适用反不正当竞争法的一般规定予以管制；对于竞争行为，尤其是不属于《反不正当竞争法》第二章列举规定的行为的正当性，应当以该行为是否违反了诚实信用原则和商业道德作为基本判断标准；在反不正当竞争法中，诚实信用原则主要体现为商业道德；商业道德所体现的是一种商业伦理，是交易参与者共同和普遍认可的行为标准，应按照特定商业领域中市场交易参与者即“经济人”的伦理标准加以评判。②

鉴于在以往的司法实践中对于一般条款有明显的不适当扩张其适用范围甚至滥用的倾向，以一般条款认定不正当竞争行为涉及与竞争自由以及与专有权保护的关系，相关的司法实践已采取限制适用的态度。例如在马某庆案中，最高人民法院认为，“虽然人民法院可以适用反不正当竞争法的一般条款来维护市场公平竞争，但同时应当注意严格把握适用条件，以避免不适当干预而阻碍市场自由竞争”③。依照 2017 年修订后的《反不正当竞争法》的立法精神，依照一般条款认定不正当竞争行为仍应适当从严把握适用条件，适当限制其适用范围。

在总结审判经验的基础上，2022 年 3 月 16 日公布的最高人民法院《关于适用〈中华人民共和国反不正当竞争法〉若干问题的解释》（法释〔2022〕9 号）对条款的司法适用进行了明确。该解释第 1 条规定：“经营者扰乱市场竞争秩序，损害其他经营者或者消费者合法权益，且属于违反反不正当竞争法第二章及专利法、商标法、著作权法等规定之外情形的，人民法院可以适用反不正当竞争法第二条予以认定。”这就既厘清了一般条款与具体行为条款、知识产权专门法规定之间的适用关系，也明确了一般条款对反不正当竞争法及商标法等其他知识产权专门法的兜底适用地位。同时该解释第 24 条也规定：“对于同一侵权人针对同一主体在同一时间和地域范围实施的侵权行为，人民法院已经认定侵害著作权、专利权或者注册商标专用权等并判令承担民事责任，当事人又以该行为构成不正当竞争为由请求同一侵权人承担民事责任的，

---

① 例如，正是为了避免司法的过度创新，德国 2004 年修订《反不正当竞争法》的目的之一就是“法典化”，将判例所确立的规则，或者纳入法典之中，或者予以废除。与此相应，一般条款在反不正当竞争法中的地位显著下降，不再是可以任由司法解释的条款。参见李明德：《制止不正当竞争的若干问题》，载《知识产权文丛》，第 14 卷，北京，知识产权出版社，2008。

② 参见孔祥俊：《反不正当竞争法的创新性适用》，100 页，北京，中国法制出版社，2014。

③ 最高人民法院（2009）民申字第 1065 号民事裁定书。

人民法院不予支持。”这就限定了《反不正当竞争法》第 2 条的适用范围，厘清了反不正当竞争法和著作权法、商标法、专利法等的关系，重申了“一事不再理”原则，对解决司法实践中执法标准不统一、案由适用混乱、一事多诉等问题，具有重要指导意义。此外，根据最高人民法院《关于适用〈中华人民共和国反不正当竞争法〉若干问题的解释》（法释〔2022〕9 号）第 23 条的规定，对于《反不正当竞争法》第 2 条规定的不正当竞争行为，权利人因被侵权所受到的实际损失、侵权人因侵权所获得的利益难以确定，当事人主张依据《反不正当竞争法》第 17 条第 4 款确定赔偿数额的（根据侵权行为的情节判决给予权利人 500 万元以下的赔偿），人民法院应予支持。

第四节　我国反不正当竞争法的实施机制与法律责任

一、我国反不正当竞争法的二元实施机制

与制定反垄断法的国家和地区在法院的司法实施之外都还有一个、两个甚至三个专门的行政机构负责实施反垄断法不同的是，很多制定了反不正当竞争法的国家和地区却只采取由法院负责的一元实施机制。而在我国，《反不正当竞争法》自最初制定以来都是采取由法院和行政执法机构共同负责的二元实施机制的。

（一）反不正当竞争的行政执法机制

《反不正当竞争法》第 3 条规定：“各级人民政府应当采取措施，制止不正当竞争行为，为公平竞争创造良好的环境和条件。”“国务院建立反不正当竞争工作协调机制，研究决定反不正当竞争重大政策，协调处理维护市场竞争秩序的重大问题。”第 4 条规定：“县级以上人民政府履行工商行政管理职责的部门对不正当竞争行为进行查处；法律、行政法规规定由其他部门查处的，依照其规定。”可见，我国《反不正当竞争法》是非常重视行政执法的实施机制的，而且通过在国务院层面建立反不正当竞争工作协调机制来进一步加强这一实施机制。

我国的反不正当竞争法的执法机构以前主要是工商行政管理机关。工商行政管理机关是国家经济监督管理部门和行政执法部门，其本身就有规范市场行为的综合职能，而且相对比较超脱，因此比较适合作为反不正当竞争的执法机构。为适应《反不正当竞争法》的执法需要，国家工商行政管理局在 1994 年成立了公平交易局，并设置反不正当竞争处，专司反不正当竞争执法工作。许多地方工商行政管理机关也相应地设置了机构，承担反不正当竞争执法工作。根据 2008 年 7 月国务院批准的“三定”方案，国家工商行政管理总局成立了“反垄断与反不正当竞争执法局”。

但是，“法律、行政法规规定由其他部门查处的，依照其规定”。例如，根据《产品质量法》的规定，产品质量监督机关有权查处经营者在产品上伪造产地，伪造或者冒用他人的厂名、厂址，伪造或者冒用认证标志等质量标志的行为；根据《药品管理法》的规定，药品监督管理部门负责药品生产、经营等领域的不正当竞争行为的监督检查；根据《证券法》的规定，国务院证券监督管理机构（中国证监会）依法对证券市场上的不正当竞争行为进行监督检查；根据《对外贸易法》的规定，国务院对外经济贸易主管部门（商务部）依法对在对外贸易经营活动中实施的危害市场公平竞争的行为进行监督；等等。虽然这样的执法体制有我国行政体制的客观原因，但反不正当竞争执法机构不统一、反不正当竞争执法权不断遭到肢解的问题也很突出，影响了我国反不正当竞争统一执法体制的建立。事实上，竞争法（包括《反垄断法》和《反不正当竞争法》）在性质上属于市场经济的基本的、具有普遍性意义的法律规则，它不同

于仅在有关具体的部门或行业实施的特殊性、专门性的法律规则，它应统一实施于各个行业和部门。如果竞争执法机构的职权被各个行业监管机构所分解，那么竞争法律在各个行业的实施就会呈现差异性，不利于竞争法律的统一实施。即使考虑到某些行业的特殊性，行业监管机构可以依据相关法律和国务院的明确规定以某种方式参与各自行业内的竞争执法，也不应排除竞争执法机构在这一领域的竞争执法，并且应当在这些特殊领域实现竞争执法机构和行业监管机构之间权限的合理划分和实施过程中的协调合作。这是多数国家的普遍做法，也是我国今后进一步完善反不正当竞争法时需要充分考虑的。

基于2018年的政府机构改革，我国反不正当竞争执法机构将会在很大程度上实现整合。根据2018年3月第十三届全国人大第一次会议通过的《国务院机构改革方案》，“将国家工商行政管理总局的职责，国家质量监督检验检疫总局的职责，国家食品药品监督管理总局的职责，国家发展和改革委员会的价格监督检查与反垄断执法职责，商务部的经营者集中反垄断执法以及国务院反垄断委员会办公室等职责整合，组建国家市场监督管理总局，作为国务院直属机构”。而在此前，全国的个别省和大部分的市、县已经将工商、食药监和质检等整合为统一的市场监督管理局，因此，在国家层面的机构改革完成后，除了少数特殊的领域，我国的反不正当竞争执法将出现由市场监督管理局统一执法的局面。

《反不正当竞争法》第三章“对涉嫌不正当竞争行为的调查”，强化了执法机构的监督检查权限和职责，在原有的询问调查权基础上，赋权执法机构采取进入经营场所检查、查封、扣押财物和查询银行账户等行政强制措施。该法第13条规定：监督检查部门调查涉嫌不正当竞争行为，可以采取下列措施：“（一）进入涉嫌不正当竞争行为的经营场所进行检查；（二）询问被调查的经营者、利害关系人及其他有关单位、个人，要求其说明有关情况或者提供与被调查行为有关的其他资料；（三）查询、复制与涉嫌不正当竞争行为有关的协议、账簿、单据、文件、记录、业务函电和其他资料；（四）查封、扣押与涉嫌不正当竞争行为有关的财物；（五）查询涉嫌不正当竞争行为的经营者的银行账户。”“采取前款规定的措施，应当向监督检查部门主要负责人书面报告，并经批准。采取前款第四项、第五项规定的措施，应当向设区的市级以上人民政府监督检查部门主要负责人书面报告，并经批准。”“监督检查部门调查涉嫌不正当竞争行为，应当遵守《中华人民共和国行政强制法》和其他有关法律、行政法规的规定，并应当将查处结果及时向社会公开。”

该法第14～16条规定：监督检查部门调查涉嫌不正当竞争行为，被调查的经营者、利害关系人及其他有关单位、个人应当如实提供有关资料或者情况。监督检查部门及其工作人员对调查过程中知悉的商业秘密负有保密义务。对涉嫌不正当竞争行为，任何单位和个人有权向监督检查部门举报，监督检查部门接到举报后应当依法及时处理。监督检查部门应当向社会公开受理举报的电话、信箱或者电子邮件地址，并为举报人保密。对实名举报并提供相关事实和证据的，监督检查部门应当将处理结果告知举报人。

（二）反不正当竞争的司法实施机制

司法是最终的救济途径，我国的各级人民法院也是反不正当竞争法执行的主体。《反不正当竞争法》在第四章“法律责任”的相关条款中建立了我国的反不正当竞争法实施的司法机制。《反不正当竞争法》第17条第1、2款规定：“经营者违反本法规定，给他人造成损害的，应当依法承担民事责任。”“经营者的合法权益受到不正当竞争行为损害的，可以向人民法院提起诉讼。”显然，除了损害赔偿，民事责任还有很多其他的形式，新法以“民事责任”替代“损害赔偿责任”具有必要性和合理性，可以更加有效、充分地发挥民事司法在实施反不正当竞争法中的作用。除了民事司法为实施反不正当竞争法的主要形式，行政司法和刑事司法也发挥着重要的作用。行政司法提供行政审判，为行政执法机构查处不正当竞争行为进行司法审查和救济。刑事司法通过追究不正当竞争行为的实施者的刑事责任来保障反不正当竞争法的实施。

二、我国反不正当竞争法律责任制度

（一）不正当竞争行为法律责任概述

我国不正当竞争行为的法律责任制度被规定在《反不正当竞争法》第四章，即第 17 条至第 32 条，其内容主要分为两个部分：一是明确了行政责任、民事责任、刑事责任之间的关系，使《反不正当竞争法》凸显竞争法本位，从不正当竞争行为的法律责任承担的先后顺序上贯彻竞争法的竞争秩序矫正功能。其中，第 17 条对于经营者违反该法规定，给他人造成损害的民事责任作出规定，并确定了赔偿数额的计算方式；第 25 条规定了从轻、减轻或免除行政处罚的情形；第 26 条规定将行政处罚记录纳入信用记录并公示；第 27 条规定了民事责任优先；第 28 条规定了对妨碍监督检查机构调查的行为的行政处罚；第 29 条规定了行政复议或诉讼的救济措施；第 30 条规定了监督检查机构的工作人员违法时的处罚；第 31 条强调了构成犯罪应承担刑事责任；第 32 条规定了商业秘密民事诉讼中的举证规则。二是第 18 条至第 24 条对经营者违反该法第 6 条至第 12 条的规定，构成具体不正当竞争行为时的行政处罚作出规定，与第二章关于具体不正当竞争行为的规定相对应，更具操作性。

《反不正当竞争法》除了对具体不正当竞争行为的法律责任制度进行了完善，还在总体方面进行了完善。这体现在以下三个方面。

第一，明确民事责任优先原则。《反不正当竞争法》第 27 条规定："经营者违反本法规定，应当承担民事责任、行政责任和刑事责任，其财产不足以支付的，优先用于承担民事责任。"该条明确了在民事责任、行政责任和刑事责任承担时，不正当行为人的民事责任优先原则。在反不正当竞争法中确立民事责任优先原则，既顺应了法理上的要求，并与其他相关立法的规则保持一致，也贯彻了反不正当竞争法的基本原则，因而具有多维的积极意义。

第二，完善行政处罚的刚柔并济原则。《反不正当竞争法》对不正当竞争行为规定的行政处罚措施包括：责令停止违法行为、消除影响、罚款、没收违法商品、没收违法所得、吊销营业执照等。根据具体不正当竞争行为对竞争秩序的扭曲程度与影响，对不同不正当竞争行为也设定了不同的行政处罚措施，且根据情节的严重情况，设定了不同程度的行政处罚措施及并罚措施，形成了宽严有度的行政处罚手段，保证了反不正当竞争法的执法不是为罚而罚，而是对不正当竞争行为的有效制止、对被扭曲的竞争秩序的有效平复。此外，《反不正当竞争法》在第 25 条规定："经营者违反本法规定从事不正当竞争，有主动消除或者减轻违法行为危害后果等法定情形的，依法从轻或者减轻行政处罚；违法行为轻微并及时纠正，没有造成危害后果的，不予行政处罚。"同时，该法又对妨碍监督检查机构履行职责的行为设置了法律责任，于第 28 条规定："妨害监督检查部门依照本法履行职责，拒绝、阻碍调查的，由监督检查部门责令改正，对个人可以处五千元以下的罚款，对单位可以处五万元以下的罚款，并可以由公安机关依法给予治安管理处罚。"

第三，设立信用惩戒的责任承担新形态。《反不正当竞争法》第 26 条规定："经营者违反本法规定从事不正当竞争，受到行政处罚的，由监督检查部门记入信用记录，并依照有关法律、行政法规的规定予以公示。”该条款为不正当竞争行为增加了信用惩戒的责任承担新形态。对于市场竞争而言，信用的信息无论是对经营者还是对消费者都具有重大的意义，信用惩戒对经营者具有良好的效果，以信息记录与公开的形式增加了违法成本，有利于督促经营者诚信经营、公平竞争，从而达到预防违法的法律实施效果。同时，这一规定也有助于进一步推行和完善我国的诚信制度和诚信体系，对竞争秩序的维护有宏观的意义。

（二）不正当竞争行为的法律责任构成

1. 民事责任制度

《反不正当竞争法》第 17 条规定：因不正当竞争行为受到损害的经营者的赔偿数额，按照其因被侵权所受到的实际损失确定；实际损失难以计算的，按照侵权人因侵权所获得的利益确定。经营者恶意实施侵犯商业秘密行为，情节严重的，可以在按照上述方法确定数额的 1 倍以上 5 倍以下确定赔偿数额。赔偿数额还应当包括经营者为制止侵权行为所支付的合理开支。经营者违反本法第 6 条、第 9 条规定，权利人因被侵权所受到的实际损失、侵权人因侵权所获得的利益难以确定的，由人民法院根据侵权行为的情节判决给予权利人 500 万元以下的赔偿。

此外，被侵害的经营者的合法权益受到不正当竞争行为损害的，其可以向人民法院提起诉讼。最高人民法院《关于适用〈中华人民共和国反不正当竞争法〉若干问题的解释》（法释〔2022〕9 号）第 26 条规定：因不正当竞争行为提起的民事诉讼，由侵权行为地或者被告住所地人民法院管辖。当事人主张仅以网络购买者可以任意选择的收货地作为侵权行为地的，人民法院不予支持。第 27 条规定，被诉不正当竞争行为发生在中华人民共和国领域外，但侵权结果发生在中华人民共和国领域内，当事人主张由该侵权结果发生地人民法院管辖的，人民法院应予支持。

2. 行政责任制度

反不正当竞争法之所以对不正当竞争行为规定行政责任，是因为不正当竞争行为不仅侵害了竞争对手和客户的私人利益，而且侵害了社会公共利益，需要国家主动干预。修订后的《反不正当竞争法》规定了全部具体行为的行政责任（体现了行政违法行为法定原则），并且总体上加重了各类不正当竞争行为对应的行政责任，主要体现在：（1）提升了罚款的金额，对混淆行为根据违法经营额可并处违法经营额 5 倍以下或者并处 25 万元以下罚款，违法有奖销售的罚款起点是 5 万元，虚假或引人误解的宣传行为的罚款起点是 20 万元，其他不正当竞争行为的罚款起点均为 10 万元，最高可罚 300 万元，从而有效提高了行政处罚的威慑力。（2）对商业贿赂、虚假或引人误解的宣传行为增加吊销经营者营业执照的处罚。

3. 刑事责任制度

《反不正当竞争法》对于不正当竞争行为的刑事责任仅在第 31 条作出笼统的规定：“违反本法规定，构成犯罪的，依法追究刑事责任。”我国《刑法》对于相关不正当竞争行为的刑事责任作了规定。例如，《刑法》分则第三章第一节规定了“生产、销售伪劣商品罪”，因此相关混淆行为主体涉及“销售伪劣商品，构成犯罪的”，可以依照《刑法》分则第三章第一节有关“生产、销售伪劣商品罪”的相应规定，追究其刑事责任；又如，对于商业贿赂犯罪行为，《刑法》第 163 条、第 164 条有相应的规定。此外，《刑法》第 219 条关于侵犯商业秘密罪的规定和第三章第八节“扰乱市场秩序罪”中的有关规定，也可以作为追究相应的不正当竞争犯罪行为主体的刑事责任的依据。

至于具体的不正当竞争行为的法律责任，本编后面的7章分别在相应行为主体的规制制度中涉及。

案例与思考1

兰某军、杭州小拇指汽车维修科技股份有限公司诉天津市小拇指汽车维修服务有限公司等侵害商标权及不正当竞争纠纷案①

原告兰某军、杭州小拇指汽车维修科技股份有限公司（以下简称“杭州小拇指公司”）诉称：其依法享有“小拇指”注册商标专用权，而天津市小拇指汽车维修服务有限公司（以下简称“天津小拇指公司”）、天津市华商汽车进口配件公司（以下简称“天津华商公司”）在从事汽车维修及通过网站进行招商加盟过程中，多处使用了“小拇指图”标识，且存在单独或突出使用“小拇指”的情形，侵害了其注册商标专用权；同时，天津小拇指公司擅自使用杭州小拇指公司在先的企业名称，构成对杭州小拇指公司的不正当竞争。故诉至法院，请求判令天津小拇指公司立即停止使用“小拇指”字号进行经营，天津小拇指公司及天津华商公司停止商标侵权及不正当竞争行为、公开赔礼道歉、连带赔偿经济损失630 000元及合理开支24 379.4元。

被告天津小拇指公司、天津华商公司辩称：杭州小拇指公司的经营范围并不含许可经营项目及汽车维修类，也未取得机动车维修的许可，属于超越经营范围的非法经营，故其权利不应得到保护。天津小拇指公司、天津华商公司使用“小拇指”标识有合法来源，不构成商标侵权。杭州小拇指公司并不从事汽车维修行业，双方不构成商业竞争关系，且不能证明其为知名企业，其主张企业名称权缺乏法律依据。天津小拇指公司、天津华商公司亦不构成不正当竞争。故请求驳回原告的诉讼请求。

法院经审理认为：天津小拇指公司、天津华商公司在从事汽车维修及通过网站进行招商加盟过程中，多处使用了“小拇指图”标识，且存在单独或突出使用“小拇指”的情形，相关公众施以一般注意力，足以对服务的来源产生混淆，或误认天津小拇指公司与杭州小拇指公司之间存在特定联系。“小拇指图”标识的主体及最易识别部分“小拇指”字样与涉案注册商标相同，同时考虑到天津小拇指公司在经营场所、网站及宣传材料中对“小拇指”的商标性使用行为，应当认定该标识与涉案的“小拇指”文字注册商标构成近似。据此，法院认定被告未经许可而使用“小拇指图”及单独使用“小拇指”字样，以及通过其网站进行招商加盟的商业行为侵害了原告的注册商标专用权。

关于经营者是否存在超越法定经营范围的行为及其民事权益能否得到法律保护，天津小拇指公司、天津华商公司答辩称：杭州小拇指公司未依法取得机动车维修的相关许可，超越法定经营范围从事特许经营且不符合法定条件，属于非法经营行为，其主张的民事权益不应得到法律保护。法院认为：依据现有证据，并不能认定杭州小拇指公司存在违反行政许可法律、法规从事机动车维修或特许经营业务的行为。即使杭州小拇指公司超越法定经营范围而违反行政许可法律、法规，这属于行政责任范畴，该行为并不影响其依法行使制止商标侵权和不正当竞争行为的民事权利，也不影响人民法院依法保护其民事权益。

① 资料来源：最高人民法院指导性案例第30号，见中国法院网，http：//www.chinacourt.org/article/detail/2014/07/id/1334431.shtml。

关于如何认定《反不正当竞争法》调整的竞争关系，法院认为：根据《反不正当竞争法》第2条的规定，《反不正当竞争法》并未限制经营者之间必须具有直接的或具体的竞争关系，也没有要求经营者从事相同行业。《反不正当竞争法》所规制的不正当竞争行为，是指损害其他经营者合法权益、扰乱经济秩序的行为，从直接损害对象看，受损害的是其他经营者的市场利益。因此，经营者之间具有间接竞争关系，行为人违背《反不正当竞争法》的规定，损害其他经营者合法权益的，也应当认定为不正当竞争行为。在本案中，被诉存在不正当竞争的天津小拇指公司与天津华商公司均从事汽车维修行业，杭州小拇指公司并未实际从事汽车维修业务，但可以通过将其拥有的企业标识、注册商标、专利、专有技术等经营资源许可其直营店或加盟店使用，使其成为“小拇指”品牌的运营商，以商业特许经营的方式从事与汽车维修相关的经营活动。因此，杭州小拇指公司是汽车维修市场的相关经营者，其与天津小拇指公司及天津华商公司之间存在间接竞争关系。

法院在认定原、被告双方存在间接竞争关系的基础上，综合考虑：(1) 杭州小拇指公司的“小拇指”字号及相关服务在相关公众中已具有一定的市场知名度；(2) 作为汽车维修相关市场的经营者，天津小拇指公司对杭州小拇指公司及其经营资源、发展趋势等应当知晓，但仍将“小拇指”作为企业字号，具有主观上“搭便车”及攀附他人商誉的意图；(3) 天津小拇指公司以“小拇指”为字号登记使用，且单独或突出使用“小拇指”汽车维修、“天津小拇指”等字样进行宣传的行为，足以使相关公众对市场主体和服务来源产生混淆和误认，容易造成竞争秩序的混乱。因此法院认为，天津小拇指公司登记使用该企业名称本身违反了诚实信用原则，具有不正当性，已构成不正当竞争行为。

天津市第二中级人民法院于2012年9月17日作出一审判决：判令被告天津小拇指公司停止在其网站、宣传材料、优惠体验券及经营场所（含分支机构）使用“小拇指图”标识，并停止单独使用“小拇指”字样的行为；判令被告天津华商公司停止在其网站使用“小拇指图”标识；判令被告天津小拇指公司、天津华商公司连带赔偿兰某军、杭州小拇指公司经济损失及维权费用人民币50 000元；驳回兰某军、杭州小拇指公司的其他诉讼请求。

天津市高级人民法院于2013年2月19日作出终审判决：维持一审法院判决中第一、二、三项及逾期履行责任部分；撤销一审法院判决中第四项；判令天津小拇指公司立即停止在其企业名称中使用“小拇指”字号并赔偿杭州小拇指公司经济损失人民币30 000元。

本案是最高人民法院公布的指导性案例第30号（最高人民法院审判委员会讨论通过，2014年6月26日发布），裁判要点有二：第一，经营者是否具有超越法定经营范围而违反行政许可法律、法规的行为，不影响其依法行使制止商标侵权和不正当竞争行为的民事权利。第二，《反不正当竞争法》并未限制经营者之间必须具有直接的竞争关系，也没有要求其从事相同行业。经营者之间具有间接竞争关系，行为人违反《反不正当竞争法》的规定，损害其他经营者合法权益的，也应当认定为不正当竞争行为。本案对于厘清实践中的困惑和疑问，正确把握《反不正当竞争法》所调整的竞争关系具有较强的指导意义。

案例与思考 2

合一信息技术（北京）有限公司诉金山公司猎豹浏览器不正当竞争案①

合一信息技术（北京）有限公司（以下简称“合一公司”）是优酷网（www.youku.com）的经营者，为终端用户提供在线网络视频点播服务，并向行业广告客户提供在线网络视频的广告制作和发布服务。金山公司开发的一款猎豹浏览器具有屏蔽广告的功能，主要针对强制用户观看的片头广告，但用户可根据自身需求来决定开启或关闭该功能。猎豹浏览器屏蔽了优酷视频加载的广告，合一公司因此向北京市海淀区人民法院起诉金山公司等三家公司（以下合并称为“金山公司”），请求判定金山公司的行为构成不正当竞争，并要求停止侵权和赔偿损失。

合一公司在起诉状中称：其经营的网站优酷网为国内知名的视频网站，优酷网的营利模式包括收费模式和广告模式两种，前者即付费用户每月支付7.5元可在观看视频时选择不观看优酷网提供的广告，但该模式并非网站主要的营利模式。而广告模式为主要营利模式，针对的是免费用户，免费用户观看视频时需观看优酷网站中投放的广告，而无法跳过广告直接观看视频。自2012年起，金山公司旗下的猎豹浏览器通过技术手段恶意拦截视频网站合法贴片广告，侵害了视频网站及其广告客户的正当权益并导致其巨大的经济损失。而猎豹浏览器凭借这一卖点迅速获益，吸引了海量的用户进行下载并使用，对优酷造成了极为恶劣的影响和巨大的经济损失。合一公司认为，金山公司的行为已构成不正当竞争行为。

金山公司辩称：浏览器具备过滤网络广告的功能属于行业惯例，且猎豹浏览器的广告过滤功能默认关闭，需要用户主动开启才发生作用。浏览器仅是提供给用户使用的工具，具有技术中立特点，并未代替用户选择过滤广告。用户对于优酷网片头广告难以接受，而被诉猎豹浏览器的视频广告过滤功能有利于满足用户需求，故该行为系基于公共利益，具有合法性。

北京市海淀区人民法院经审理认为：广告与视频节目的结合提供使网站经营者、网络用户与广告主之间各取所需，形成有序的利益分配与循环。这种商业模式也因被市场普遍接受而成为当前视频网站乃至整个互联网内容服务行业较多采用的经营模式。因此，优酷网视频广告属于合一公司正当商业模式下所提供的整体服务之一部分，此种广告形式与恶意广告具有本质上的不同，合一公司对其经营的优酷网提供广告加免费视频的商业模式具有可受法律保护之利益。被告金山公司通过猎豹浏览器过滤优酷网视频广告的行为具有不正当性，应当承担相应的法律责任。据此该法院判决被告金山公司刊登声明消除影响，赔偿原告经济损失及合理支出共计30万元。

金山公司不服一审判决，向北京市第一中级人民法院提起上诉，被终审驳回上诉、维持原判。

本案判决对于理解《反不正当竞争法》所规范的经营者之间的竞争关系和把握经营者行为的正当性有参考意义。在当前互联网经济背景下，行业分工细化、业务交叉重合

① 资料来源：北京市第一中级人民法院网，http：//bj1zy.chinacourt.org/article/detail/2014/09/id/1449430.shtml。

的情况日益普遍，对竞争关系的理解就不应限定为某特定细分领域内的同业竞争关系，而应着重从是否存在竞争利益的角度进行考察，竞争利益主要体现为对客户群体、交易机会等市场资源的争夺中所存在的利益，经营者的行为不应不正当地干扰他人的正常经营活动。

案例与思考 3

北京百度网讯科技有限公司、百度在线网络技术（北京）有限公司诉北京奇虎科技有限公司、奇智软件（北京）有限公司不正当竞争案①

2012 年 2 月和 3 月，北京奇虎科技有限公司（以下简称“奇虎公司”）的 360 安全卫士在百度网（www.baidu.com）的搜索结果页面上有选择地插入了红底白色感叹号图标作为警告标识，以警示用户该搜索结果对应的网站存在风险，即使搜索结果对应的为同一个网站，对 google 等其他搜索引擎网站的结果页面却没有进行插标。而且，奇虎公司不仅进行了插标，还逐步引导用户点击安装 360 安全浏览器，通过百度搜索引擎服务对其浏览器产品进行推广。2012 年 3 月和 4 月，奇虎公司在其网址导航网站（hao.360.cn）网页上嵌入百度搜索框，改变了百度网在其搜索框上向用户提供的下拉提示词，引导用户访问本不在相关关键字搜索结果中靠前位置的，甚至与用户搜索目的完全不同的奇虎公司经营的影视、游戏等页面，以获得更多的用户访问量，并且在网络用户仅设置搜索方向并未输入相关关键词的时候，也引导其进入奇虎公司的相关网页。北京百度网讯科技有限公司、百度在线网络技术（北京）有限公司以不正当竞争为由诉至北京市第一中级人民法院。

该法院经审查认为：为了保护网络用户的合法利益，应当允许和鼓励网络安全软件经营者通过某种手段识别损害网络用户利益的信息并以适当的方式警示网络用户。本案中，奇虎公司并未证明其进行插标的搜索结果中的电话号码会损害网络用户的利益，也没有证明插标是保护网络用户免受此类信息损害的必要手段。因此，奇虎公司没有证明其在百度搜索结果网页上进行插标具有公益必要性。奇虎公司被诉与修改下拉提示词和劫持流量相关的行为并不限于在百度搜索框中自行设置下拉提示词，其在自行设置下拉提示词的同时，还采取了以下行为：在用户设置其他搜索方向的情况下插入与用户设置的搜索方向关联性很小的下拉提示词；引导用户访问本不在相关关键字搜索结果中靠前位置的，甚至与用户搜索目的完全不同的奇虎公司经营的影视、游戏等页面；点击奇虎公司设置的下拉提示词，不进入百度搜索结果网页，直接进入奇虎公司经营的影视、游戏等页面；网络用户在仅设置搜索方向并未输入相关关键词时会进入奇虎公司经营的相关网页。上述行为不仅干扰了网络用户对百度搜索的正常使用，还减少了使用百度搜索框的网络用户对百度搜索结果网页的访问。奇虎公司干扰他人互联网产品或服务正常运行的上述行为并非出于保护公共利益的目的，也不产生保护公共利益的效果，明显违反

① 资料来源：中国法院网，http：//www.chinacourt.org/article/detail/2014/04/id/1281841.shtml。

了非公益必要不干扰原则，损害了百度搜索服务提供者的合法权益，扰乱了互联网的正常经营秩序。

最终，该法院判决：奇虎公司立即停止涉案不正当竞争行为；奇虎公司连续15日在360网首页显著位置刊载消除影响的声明；赔偿北京百度网讯科技有限公司、百度在线网络技术（北京）有限公司经济损失40万元及合理支出5万元。

本案所涉互联网纠纷类型新、审理难度大，然而通过司法裁判，法院确立了互联网经营者在经营互联网产品或服务的过程中，应当遵守的公平竞争原则、和平共处原则、自愿选择原则、公益优先原则和诚实信用原则五大原则。同时，本案判决还确立了互联网产品或服务在竞争过程中应当遵守的非公益必要不干扰原则，有利于规范互联网经营者的经营行为，维护互联网产品或服务的正常竞争秩序，是规范互联网经营行为的有益尝试，但也引发很大的争议。本案对于判定《反不正当竞争法》第二章没有具体规定但违反了诚实信用等商业道德的行为，有参考价值。

思考题

1. 试析反不正当竞争法的性质。
2. 简述不正当竞争行为的构成要件。
3. 如何认识不正当竞争行为认定中的竞争关系问题？
4. 如何认识我国《反不正当竞争法》中的一般条款？
5. 试述我国反不正当竞争的执法机制和法律责任制度。

第五章
禁止市场混淆制度

第一节　市场混淆行为及其法律规制概述

一、市场混淆行为的概念

市场混淆行为是指在生产经营活动中，经营者擅自使用与他人的商业标识相同或者近似的标识，导致或者可能导致其商品或者服务与他人的商品或者服务相混淆的行为。

对于市场混淆行为，学界还使用了多种不同的其他称谓，主要有“欺骗性交易行为”“仿冒行为”。这些概念所要表达的基本含义是一致的，但角度和侧重点不同，而且范围大小也有差异。其中，“欺骗性交易行为”的表述侧重于从交易相对人或者消费者的角度来看行为的性质，但其范围比较广泛，因为像虚假宣传等行为在性质上也应属于“欺骗性交易行为”。“仿冒行为”的表述主要强调行为的手段，但其范围比较窄，因为导致混淆的手段除了仿冒，还有其他方式，并且仿冒难以涵盖假冒的情形，因为虽然假冒和仿冒都是擅自使用他人的商业标识，但在程度上有不同：假冒一般是指直接使用他人的商业标识，即将他人商业标识作相同使用；而仿冒是指模仿使用他人的商业标识，并足以引人误解，即将他人的商业标识作相似使用。相对来说，“市场混淆行为”的表述侧重于强调行为的后果，其范围较为适中。不过，由于这些称谓各自所指的基本含义是一致的，所以在实际使用中，对这些称谓可不作严格的区分，尤其是“市场混淆行为”与“仿冒行为”通常可以相互通用。2017 年修订后的《反不正当竞争法》第 6 条采用了“混淆行为”的概括性表述，既明确表达了这类行为的本质，也便于统一对这类行为的称谓。

作为一种典型的不正当竞争行为，市场混淆行为的本质特征是擅自使用他人的商业标识，盗用他人商业标识上所凝结的商业信誉或者商品声誉，从而导致市场上相关商品或者服务的混淆以及消费者的误认、误购。商标与商品的名称、包装、装潢，企业的名称或者姓名以及产地标记等商业标识，是特定经营者的商品或者服务区别于其他经营者的商品或者服务的标志，凝结着特定经营者的智慧和努力，代表了特定经营者的商业信誉以及其所经营的商品或者服务的声誉。一个获得消费者认可的商业标识是特定经营者的一项重要的无形资产，是其获得和保持竞争优势的一种重要手段，因而也容易成为他人“搭便车”的对象。显然，对他人的商业标识的擅自使用就是要搭他人商业标识上的商业信誉或商品声誉的便车，为自己谋取不正当利益。这种行为造成市场上的混淆、误认，不仅损害了其他经营者的利益，也损害了消费者的利益，扰乱了市场竞争秩序。不过，作为市场混淆行为的构成要件，混淆不仅指在客观上已经造成了市场上的混淆、误认，也包括足以（可能）造成市场上的混淆、误认的情形。

二、市场混淆行为的法律规制

市场混淆行为明显与诚实信用、公平等商业道德相悖，属于典型的不正当竞争行为，而且也是一种传统的、常见的和危害严重的不正当竞争行为，因而受到各个国家和地区反不正当竞争法以及有关国际规范的禁止。

在《巴黎公约》第 10 条之二所列举的特别禁止的三类不正当竞争行为中，第 1 项就是市场混淆行为，即“不论以什么方法，性质上对竞争者的营业所、商品或工商业活动造成混淆的一切行为”。世界知识产权组织《反不正当竞争示范条款》规定了知识产权领域应予制止的几种典型的不正当竞争行为，其中第 2 条就规定了“与他人的企业或企业的活动产生混淆”。作为一般原则，该条规定，在工商业活动中，与他人的企业或企业的活动，尤其是该企业提供的产品或服务产生或者可能产生混淆的任何行为或做法，将构成不正当竞争行为。同时，该条还列举了有关混淆的例子，即混淆尤其在有关下列事项上产生：(1) 商标，不论是否注册；(2) 商号；(3) 商标或商号以外的商业标识；(4) 产品的外观；(5) 商品或服务的表述；(6) 著名人士或众所周知的虚构形象。根据世界知识产权组织国际局对该条的注释，该条是以《巴黎公约》第 10 条之二第 3 项第一目的规定为基础的；决定一个行为是否构成不正当竞争行为时无须考虑是否有混淆的故意；混淆的概念不应当限制在商业来源或出处的混淆，还应当包括对指示商业关系的任何东西的混淆，如相同或者近似商标的两个使用者之间的混淆（有隶属、附属关系的混淆），并在一些情况下还包括有关商品或服务的商标的使用已经过另一个企业同意的混淆（有关保证人的混淆）。[①] 此外，OECD 在其《竞争法的基本框架》第 8 条反不公平竞争部分的推荐表述中所明确禁止的五种不公平竞争行为的第四种即为“欺诈性地使用他人的商标、企业名称、产品标识或者产品包装”[②]。

制定了专门的反不正当竞争法的国家和地区，都在法律中对市场混淆行为明确予以禁止。例如，德国《反不正当竞争法》和日本《不正当竞争防止法》关于禁止混淆的规定虽然都经过了多次的修改，但这方面的规定仍然是其各自法律中最重要的内容之一。韩国 2001 年修订的《防止不正当竞争及保护营业秘密法》也在第 2 条第 1 款列举了三种擅自使用他人商业标识的混淆行为。在英美法国家，一般没有专门的反不正当竞争法，但是在其有关不正当竞争的判例法中有相应的规范市场混淆的规则。例如，英国的反不正当竞争法就是在“仿冒之诉”（action for passing-off）的基础上发展起来的。

在我国，自实行以市场为取向的改革开放以来，各种市场混淆行为不断涌现，屡禁不止，并在不同的时期呈现不同的特点，但都构成了对市场竞争秩序的破坏，损害了其他经营者和消费者的合法权益。为制止这种典型的不正当竞争行为，我国在有关法律中对此作出相应的规定。除了《商标法》和《产品质量法》等法律中有一些相关规定，我国《反不正当竞争法》将其作为具体不正当竞争行为中的第一类首先加以规定。

《反不正当竞争法》第 6 条规定：“经营者不得实施下列混淆行为，引人误认为是他人商品或者与他人存在特定联系：（一）擅自使用与他人有一定影响的商品名称、包装、装潢等相同或者近似的标识；（二）擅自使用他人有一定影响的企业名称（包括简称、字号等）、社会组织名称（包括简称等）、姓名（包括笔名、艺名、译名等）；（三）擅自使用他人有一定影响的域名主体部分、网站名称、网页等；（四）其他足以引人误认为是他人商品或者与他人存在特定联系的混淆行为。”相对于此前的规定，该条关于禁止市场混淆制度有了明显的改进，不仅删除了假冒他人注册商标的规定和通过质量标志和产地等对商品质量作引人误解的虚假表示的规定，还拓宽了商业标识的保护种类和范围，而不限于知名商品特有的名称、包装和装潢及市场经营者的企业名称和姓名，凡是能够区分商品生产者或者经营者的标志均属于此处所述的商业

① 参见孔祥俊：《反不正当竞争法的适用与完善》，103 页，北京，法律出版社，1998。

② 尚明主编：《主要国家（地区）反垄断法律汇编》，737 页，北京，法律出版社，2004。

标识，这就为由于新技术或新的经营方式发展所产生的新商业标识留下了充足的保护空间。此外，还统一了混淆行为的共同构成要件，并设定了兜底条款（“小兜底”）。

最高人民法院《关于适用〈中华人民共和国反不正当竞争法〉若干问题的解释》（法释〔2022〕9号）29条中就有11条涉及市场混淆行为（第4～14条），重点从三个方面对《反不正当竞争法》第6条“仿冒混淆”的规定进行了细化：一是解释第4条明确“有一定影响的”标识的含义和认定考量因素；二是该解释第7条明确属于商标法禁用禁注范围的标志也不能获得反不正当竞争法的保护；三是参照《市场主体登记管理条例》第2条的规定，细化了名称可以受到保护的市场主体的范围。

第二节　市场混淆行为的认定

一、市场混淆行为的一般构成要件

作为一类典型的不正当竞争行为，市场混淆行为在认定时需要把握其基本的构成要件。这需要结合《反不正当竞争法》的总则规定和具体条款的规定进行概括。

根据《反不正当竞争法》第6条的规定，各类具体的混淆行为都需要具备“引人误认为是他人商品或者与他人存在特定联系”的共同要件。而且，无论商业标识是否注册，也无论商业标识的形式是商品标识、经营者标识还是商业活动中使用的标识，反不正当竞争法都予以一致的保护，只要该商业标识具有一定的影响，其他经营者使用该商业标识的行为导致了引人误认，包括高度概然性的可能引人误认，该行为即为不正当竞争。此外，在所列举的三种具体的混淆行为中，行为的表现形式都是对某种特定标识的“擅自使用”。结合《反不正当竞争法》第2条关于不正当竞争行为的总体规定，构成市场混淆行为这种不正当竞争一般需要具备以下要件。

首先，实施混淆行为的行为人是经营者，即从事商品生产、经营或者提供服务的自然人、法人和非法人组织。显然，市场混淆行为与其他各种不正当竞争行为在主体方面的要求是一样的。

其次，行为人实施了混淆行为。这也是不正当竞争行为乃至所有侵权行为在客观方面的基本要求，差别在于对“混淆”的认定。这是后面需要着重分析的。

再次，实施混淆行为的行为人存在主观过错，而且一般都是故意引人误认为是他人商品或者与他人存在特定联系。不过，这种主观的心理状态需要通过客观的行为表现去判断，而且在多数情况下都是非常明显的主观恶意。

最后，行为人实施的混淆行为造成了市场混淆的后果，侵害了他人的合法权益，如降低了商业信誉、减少了交易机会等。这既是认定混淆行为构成的要件，更是请求损害赔偿的要件。

这些基本构成要件是各类具体市场混淆行为都应该满足的，包括《反不正当竞争法》第6条第4项兜底规定的行为，即“其他足以引人误认为是他人商品或者与他人存在特定联系的混淆行为”。

在上述构成要件中，对“混淆”本身的认定显然是关键，而这涉及很多方面的具体问题，如混淆的对象、混淆的方式、混淆的程度、混淆的结果及其衍生出来的问题。下面就其要点进行进一步的分析。

二、关于混淆的对象——商业标识的认定

反不正当竞争法所规制的市场混淆行为是以各种商业标识为对象的，因此在认定混淆时就必须对商业标识进行必要的分析。

一般来说，商业标识是指构成商品或者经营主体的表征并将其与其他商品或者经营主体区别开来的特定符号，属于知识产权的范畴。商业标识的范围，按照世界知识产权组织的解释，《巴黎公约》第10条之二第3项第一目的范围是非常广泛的，涉及商人所使用的标记（mark）、品牌（sign）、包装（packaging）、商品的形状（shape）或者颜色（color）以及其他任何区别性标识（distinctive indication）。因此，不但标识用于区分商品、服务或者营业（business），而且商品的外观（the appearance of goods）和服务的表征（the presentation of services）也被认为与禁止混淆相关。世界知识产权组织《反不正当竞争示范条款》界定了《巴黎公约》规定的上述仿冒行为的商业标识范围，在第2条第2项列举了产生混淆的典型商业标识，即，混淆尤其是在下列事项上发生：（1）商标，不论是否注册；（2）商号；（3）商标或者商号以外的商业标识；（4）产品的外观；（5）商品或者服务的表述；（6）知名人士或者众所周知的虚构形象。以上六种只是商业标识的典型形式，商业标识的范围并不以此为限，还可以包括其他商业标识。只要是具有识别商品、服务或者营业活动来源的作用的标识，都可以作为混淆行为的客体。

我国《反不正当竞争法》第6条使用了“标识”的概念，但并未阐述标识的内涵，而是在示例规定的第1项中相关典型的商业标识（商品名称、包装、装潢）之后以“等”表示兜底。实际上，该条其他项所列举的混淆对象也都是商业标识的不同表现形式。因此，《反不正当竞争法》第6条明确列举的商业标识包括商品名称、包装、装潢，企业名称（包括简称、字号等）、社会组织名称（包括简称等）、姓名（包括笔名、艺名、译名等）、域名主体部分、网站名称、网页。显然，这还远远不是商业标识的全部。除了前3项各自列举的标识种类后都有“等”字进行“小兜底”，该条的第4项更是进行了兜底，即“其他足以引人误认为是他人商品或者与他人存在特定联系的混淆行为”的对象就是前面列举之外的其他商业标识。根据最高人民法院《关于适用〈中华人民共和国反不正当竞争法〉若干问题的解释》（法释〔2022〕9号）第13条，经营者实施下列混淆行为之一，足以引人误认为是他人商品或者与他人存在特定联系的，人民法院可以依照《反不正当竞争法》第6条第4项予以认定：（1）擅自使用《反不正当竞争法》第6条第1项、第2项、第3项规定以外“有一定影响的”标识；（2）将他人注册商标、未注册的驰名商标作为企业名称中的字号使用，误导公众。

商品名称、包装、装潢作为商品的标识，是最普遍、最被熟知的一类商业标识。其中，商品的名称是用来将一种商品在原料、用途等方面区别于其他商品的称呼；包装是指为识别商品以及方便携带、储运而使用在商品上的辅助物和容器；装潢是指为识别与美化商品而在商品或者其包装上附加的文字、图案、色彩及其排列组合。根据最高人民法院《关于适用〈中华人民共和国反不正当竞争法〉若干问题的解释》（法释〔2022〕9号）第8条，由经营者营业场所的装饰、营业用具的式样、营业人员的服饰等构成的具有独特风格的整体营业形象，人民法院可以认定为反不正当竞争法第六条第一项规定的“装潢”。

企业名称（包括简称、字号等）、社会组织名称（包括简称等）、姓名（包括笔名、艺名、译名等）也是经营者的重要标识。其中，企业名称是一个企业区别于其他企业的文字符号，消费者或者购买者可以通过这种标识来识别商品的来源。根据最高人民法院《关于适用〈中华人民共和国反不正当竞争法〉若干问题的解释》（法释〔2022〕9号）第9条，市场主体登记管理部门依法登记的企业名称，以及在中国境内进行商业使用的境外企业名称，人民法院可以认定

为《反不正当竞争法》第6条第2项规定的“企业名称”；有一定影响的个体工商户、农民专业合作社（联合社）以及法律、行政法规规定的其他市场主体的名称（包括简称、字号等），人民法院可以依照《反不正当竞争法》第6条第2项予以认定。同时，企业名称通常是由行政区划、字号、行业或经营特点以及组织形式诸元素构成的，其中字号最具识别意义，使用具有知名度的企业名称中的字号与使用企业名称产生同样的结果，且经济生活中涉及企业名称的仿冒行为或者权利冲突，通常都是由使用企业名称中的字号而引起的，因此具有一定的市场知名度、为相关公众所知悉的企业名称中的字号，可以被认定为这里的“企业名称”。企业名称的简称也属于这种情况。自然人的姓名与特定的商品联系起来时，也可以产生识别商品来源的作用，特别是对于图书、光盘等文化产品而言，作者、演唱者等的姓名往往成为购买者识别商品来源和作出购买决策的重要依据，倘若在商品上擅自使用他人姓名，购买者对商品来源会产生混淆、误认。考虑到在文化市场领域，使用笔名、艺名、译名的情形较为常见，有一定影响的自然人的笔名、艺名、译名也可以被认定为这里的“姓名”。擅自使用这些标识不仅侵犯了民事主体的一项重要的人身权，而且扰乱了市场竞争秩序，侵犯了其他经营者和消费者的权益。

域名主体部分、网站名称、网页属于特定领域经营活动的标识，将其作为标识类型是为了适应信息网络时代市场竞争的新情况和新需要。互联网技术的应用极大拓宽了市场经营者的经营范围，特别是电子商务的快速发展，客观上使域名、网站名称和部分网页同样有了保护的必要性。以互联网为媒介时，域名主体部分、网站名称与网页是经营者在商业活动中使用的商业标识，不同于商品的标识，也不同于经营主体的标识，但具有相同的标明商品来源的功能，因此也属于禁止擅自使用对象的范围。

三、关于商业标识“有一定的影响”的认定

特定的商业标识并不是在任何情况下都受到反不正当竞争法保护的，而是需要具备一定的条件。从商业标识的含义而言，由于其具有将商品或经营主体与其他商品或经营主体区别开来的功能，因而商业标识需在市场中具有一定的影响。从混淆行为的不正当性而言，行为的对象也必须是具有一定影响的商业标识。商业标识在市场中的影响来源于商业标识所联系的商品或经营主体在市场中的影响。商业标识在市场中被周知或者足够显著，能使相关公众联想到特定商品或经营主体，都是经营者的竞争优势。如果商业标识不具有影响，那么混淆行为发生的可能性低，即便致使少部分人发生了混淆，也不会对市场竞争秩序造成影响，因而没有必要受到反不正当竞争法的调整。

2017年修订前的《反不正当竞争法》第5条第2项所保护的是“知名商品特有的名称、包装、装潢”，国家工商行政管理局发布的《关于禁止仿冒知名商品特有的名称、包装、装潢的不正当竞争行为的若干规定》和最高人民法院《关于审理不正当竞争民事案件应用法律若干问题的解释》（法释〔2007〕2号），都对“知名商品”和“特有的名称、包装、装潢”的认定作了比较具体的规定。在最高人民法院第47号指导性案例意大利费列罗公司诉蒙特莎（张家港）食品有限公司、天津经济技术开发区正元行销有限公司不正当竞争纠纷案（最高人民法院审判委员会讨论通过，2015年4月15日发布）中，裁判要点指出：反不正当竞争法所保护的知名商品特有的包装、装潢，是指能够区别商品来源的盛装或者保护商品的容器等包装，以及在商品或者其包装上附加的文字、图案、色彩及其排列组合所构成的装潢。对他人的能够区别商品来源的知名商品特有的包装、装潢，进行足以引起市场混淆、误认的全面模仿，属于不正当竞争行为。

2017年修订后的《反不正当竞争法》第6条第1～3项关于禁止市场混淆的具体条款都明确了是对“有一定影响”的商业标识的保护，体现了反不正当竞争法对商业标识的保护不以注

册为条件，只立足于是否构成商业标识及是否容易导致市场混淆。无论是未注册商标、企业名称和姓名还是域名等标识，只有其具有实际的市场知名度，才能发挥识别商品来源的作用，才可能导致市场混淆。鉴于“知名商品”之类的措辞容易被人滥用为追求荣誉称号，《反不正当竞争法》在2017年修订时借鉴了2013年《商标法》第32条关于“一定影响的商标”的表达，统一以“有一定影响”表达对商业标识的知名度要求。因此，在适用该条款时并不需要判断是否事先存在一个“知名商品”，而只需判断商品的名称、包装、装潢等商品标识，企业名称等经营者标识以及域名主体部分等在商业活动中使用的标识，是否在一定地域范围内具有知名度而成为该商品、经营者或商业活动特有的商业标识，或者说公众是否已经在该特有的商业标识与该特定来源的商品之间建立起了稳定的联系。而这也更符合禁止混淆条款实际上补充保护未注册商业标识的立法目的，可以对第1项中商品标识（商品名称、包装、装潢等）、第2项中经营者标识（企业名称、社会组织名称、姓名等）、第3项中商业活动中使用的标识（域名主体部分、网站名称、网页等）给予一致的保护。

禁止混淆条款中对商业标识“有一定的影响”的判断更趋向于对商业标识的知名性的要求。根据最高人民法院《关于适用〈中华人民共和国反不正当竞争法〉若干问题的解释》（法释〔2022〕9号）第4条，具有一定的市场知名度并具有区别商品来源的显著特征的标识，人民法院可以认定为《反不正当竞争法》第6条规定的“有一定影响的”标识。

四、关于混淆结果的认定

反不正当竞争法禁止的市场混淆行为要求造成市场混淆的行为结果，即“引人误认为是他人商品或者与他人存在特定联系”。一般来说，混淆、误认有四种情形：将两种商品鱼目混珠、混为一谈；将两种商品误认为来源于同一经营者；误认为两种商品来源于具有商业标识使用许可、参股控股等特定联系的不同经营者；将两种商品产生联想。在混淆行为所要求的行为结果采用哪种内涵的混淆的选择中，主要国家均对混淆在立法上作广义的定义，以便规制各种形态的不正当竞争行为。按照世界知识产权组织《反不正当竞争示范条款》的解释，《巴黎公约》第10条之二认为的混淆并不限于商业来源的混淆，还包括商业联系的任何混淆，如对关联关系的混淆，甚至包括对保证关系的混淆，即虽然并不认为具有相同或者近似标识的两种商品具有同一来源，但一方使用与另一方的标识相同或者近似的标识经过了另一方的同意。这种解释并非强求一律地让成员国如此规定，但是成员国可以在这些含义中进行选择。

《反不正当竞争法》第6条规定的是“引人误认为是他人商品或者与他人存在特定联系”，这意味着我国对混淆行为的结果要件采用了广义混淆的标准，而“引人误认为”则强调广义混淆的要求是行为的结果而非行为动机。混淆的认定非常复杂，其本身具有很强的主观色彩，但同时也可以用实际混淆的证据证明，并且在长期的实践中也发展出判断混淆的一般性标准，用以指导混淆的判定。根据世界知识产权组织以及有关国家和地区的相关解释或者实际做法，判断是否造成混淆需要综合考虑一般消费者的注意力水平，商品或服务的特性、差异、价格等情形，商品知名度、企业形象及标识之独特性等事项。

在我国，如何判断是否造成了混淆往往参考商标法在这方面的规定。在对混淆进行判断时首先看相同或近似使用的商业标识，是否使一般购买者在施以普通注意力的情况下仍然产生误认。这里的“足以”是指具有较高的混淆、误认盖然性，而不是一般的可能性。此外，还可结合受保护标识的识别性程度、其所有人的经营规模或企业声誉、商业标识知名度、相关消费者的识别能力及商品或服务的相似程度等因素进行分析和判断。最高人民法院《关于适用〈中华人民共和国反不正当竞争法〉若干问题的解释》（法释〔2022〕9号）第5条、第6条、第11

条和第12条规定，《反不正当竞争法》第6条规定的标识有下列情形之一的，人民法院应当认定其不具有区别商品来源的显著特征：（1）商品的通用名称、图形、型号；（2）仅直接表示商品的质量、主要原料、功能、用途、重量、数量及其他特点的标识；（3）仅由商品自身的性质产生的形状，为获得技术效果而需有的商品形状以及使商品具有实质性价值的形状；（4）其他缺乏显著特征的标识。前款第1项、第2项、第4项规定的标识经过使用取得显著特征，并具有一定的市场知名度，当事人请求依据《反不正当竞争法》第6条规定予以保护的，人民法院应予支持。因客观描述、说明商品而正当使用下列标识，当事人主张属于《反不正当竞争法》第6条规定的情形的，人民法院不予支持：（1）含有本商品的通用名称、图形、型号；（2）直接表示商品的质量、主要原料、功能、用途、重量、数量以及其他特点；（3）含有地名。经营者擅自使用与他人有一定影响的企业名称（包括简称、字号等）、社会组织名称（包括简称等）、姓名（包括笔名、艺名、译名等）、域名主体部分、网站名称、网页等近似的标识，引人误认为是他人商品或者与他人存在特定联系，当事人主张属于《反不正当竞争法》第6条第2项、第3项规定的情形的，人民法院应予支持。《反不正当竞争法》第6条规定的“引人误认为是他人商品或者与他人存在特定联系”，包括误认为与他人具有商业联合、许可使用、商业冠名、广告代言等特定联系。

五、关于擅自使用的认定

混淆行为无论以何种行为方式进行，当导致了引人误认为是他人商品或者与他人存在特定联系时，对竞争秩序以及其他经营者、消费者的权益就将造成损害。对于“擅自使用”，既要理解“使用”的内涵，又要准确把握“擅自”的判断主旨。

在对“使用”的内涵进行解释时，一般从“使用”的文义上进行扩大，这也在我国《反不正当竞争法》2017年修订前的相关规定中有所体现。原国家工商行政管理局在一系列的批复（如《国家工商行政管理局关于擅自使用知名商品特有包装行为定性处理问题的答复》《国家工商行政管理局关于在非相同非类似商品上擅自将他人知名商品特有的名称、包装、装潢作相同或者近似使用的定性处理问题的答复》《国家工商行政管理总局关于擅自将他人知名商品特有的包装、装潢作相同或者近似使用并取得外观设计专利的行为定性处理问题的答复》《国家工商行政管理局关于擅自制造、销售知名商品特有包装、装潢的行为如何定性处罚问题的答复》）中都表明，无论是在哪一种商业活动中使用，无论是多种商业标识同时或单独使用，无论是在相同或类似还是非相同或类似商品上使用，还是使用并取得外观设计专利，甚至制造、销售等行为，在通过对有一定影响的商业标识进行商誉攀附，导致市场混淆时，都是《反不正当竞争法》第6条禁止的混淆行为，因为其对竞争秩序与合法权益的损害是无差别的。最高人民法院《关于适用〈中华人民共和国反不正当竞争法〉若干问题的解释》（法释〔2022〕9号）第10条、第14条和第15条规定：在中国境内将有一定影响的标识用于商品、商品包装或者容器以及商品交易文书上，或者广告宣传、展览以及其他商业活动中，用于识别商品来源的行为，人民法院可以认定为《反不正当竞争法》第6条规定的“使用”。经营者销售带有违反《反不正当竞争法》第6条规定的标识的商品，引人误认为是他人商品或者与他人存在特定联系，当事人主张构成《反不正当竞争法》第6条规定的情形的，人民法院应予支持。销售不知道是前款规定的侵权商品，能证明该商品是自己合法取得并说明提供者，经营者主张不承担赔偿责任的，人民法院应予支持。故意为他人实施混淆行为提供仓储、运输、邮寄、印制、隐匿、经营场所等便利条件，当事人请求依据《民法典》第1169条第1款予以认定的，人民法院应予支持。

在反不正当竞争法的语境下，对于如何理解“擅自使用”可以从对混淆结果的判断中获得启示。在对是否造成了市场混淆的结果进行判断时，一方面要考虑商业标识的相同或近似程度，另一方面要考虑商业标识是否有一定影响。从“擅自”这一概念所具有的指明禁止混淆条款需排除善意使用的作用来考虑，“擅自使用”并不对使用行为作出过多限制，既包括无权使用，也包括虽有权利使用商业标识但其使用行为具有攀附商誉的恶意、造成了市场混淆的不正当竞争行为。

六、关于“近似”的判断标准

在对混淆行为的判断中往往涉及对“近似”的判断。商品（服务）标识近似使用的认定标准比较难以掌握，这方面可参考我国以往法律实践中已经总结出的相关判断标准。最高人民法院《关于审理商标民事纠纷案件适用法律若干问题的解释》（法释〔2020〕19号）第10条规定：“人民法院依据商标法第五十七条第（一）项的规定，认定商标相同或者近似按照以下原则进行：（一）以相关公众的一般注意力为标准；（二）既要进行对商标的整体比对，又要进行对商标主要部分的比对，比对应当在比对对象隔离的状态下分别进行；（三）判断商标是否近似，应当考虑请求保护注册商标的显著性和知名度。”最高人民法院《关于适用〈中华人民共和国反不正当竞争法〉若干问题的解释》（法释〔2022〕9号）第12条规定：人民法院认定与《反不正当竞争法》第6条规定的“有一定影响的”标识相同或者近似，可以参照商标相同或者近似的判断原则和方法。在相同商品上使用相同或者视觉上基本无差别的商品名称、包装、装潢等标识，应当视为足以造成与他人有一定影响的标识相混淆。

结合上述规定以及我国的法律实践，判断混淆的商品（服务）标识是否相同或近似，应满足以下条件。

第一，以一般消费者的普通注意为标准判断。判断仿冒行为是以一般消费者的普通眼光而不是以专家的眼光或者具备某种专业知识的人的眼光为依据的。消费者是商品和服务的直接接受者，商品标识以及广告宣传都是向一般消费大众作出的，因而以一般消费者为认识主体是最可取的，同时也符合反不正当竞争法、商标法以及产品质量法保护消费者利益的原则。一般购买者在购买商品或接受服务时欠缺仔细分析商品标识的注意力，只是以依普通注意力得到的印象为基础辨别选择商品。同时，一般购买者是根据地域和购买对象所确定的一定地域范围内、相关领域的普通购买者。个性化的消费需求带来的是市场消费群体日益细密的划分，特定商品有其特定的消费对象。

第二，采用整体观察和比较主要部分原则。整体观察是指从整体形象上把握，而不局限于某一细部的差异，其目的在于考察仿冒商品给人的印象如何，如整体形象不构成近似，则包装装潢不构成近似。主要部分是指商业标识中最显著、最醒目、最易引起购买者注意的部分，或者说是指消费者在识别商品时最为注重的部分。而比较主要部分原则是指只要标识的主体部分近似并足以引起误认，就可以认定为近似，其附属部分即使不近似或者根本不同，也不影响近似的认定。

第三，采用隔离观察原则。隔离观察是指在进行比较时必须将仿冒商品与知名商品相独立，分开比较，不能并列比较。隔离观察更加符合现实生活的客观状态，消费者购买商品时，是将见到的商品实物与脑海中的既留印象作对比。由于记忆并不一定很可靠，这种经验不可能十分完整，如果以对比观察的方式来判断混淆的可能，显然与实际情况会有一定的出入，而隔离观察往往有助于发现两个标识之间哪怕是很细微的区别，从而降低混淆的可能性。

以上这些标准需要根据个案的具体情况综合加以运用。

第三节　市场混淆行为的法律责任

除了各类不正当竞争行为法律责任的共同规定，《反不正当竞争法》还就市场混淆行为规定了具体的法律责任。《反不正当竞争法》第 17 条第 4 款和第 18 条对此的规定具有明显的进步。

一、设置法定赔偿数额便于被侵权人获得补偿

《反不正当竞争法》第 17 条第 4 款规定："经营者违反本法第六条、第九条规定，权利人因被侵权所受到的实际损失、侵权人因侵权所获得的利益难以确定的，由人民法院根据侵权行为的情节判决给予权利人五百万元以下的赔偿。"这意味着针对混淆行为的民事赔偿设置了在数额难以计算时人民法院依据侵权情况的法定裁量性赔偿数额。

人民法院法定裁量性赔偿数额的规定是知识产权保护法律中设立的当赔偿数额难以计算时确立赔偿数额的方法，旨在便利被侵权人获得补偿，防止在责任明确的情况下被侵权人由于赔偿数额难以计算而无法获得补偿。不正当竞争行为中的混淆行为与侵犯注册商标权中的混淆行为在对竞争秩序的损害上具有相同的效果。在实践中，赔偿数额难以计算的情况也十分多见，虽然被侵权人对商业标识的权益不具有注册商标专用权的绝对排他性，但被侵权人因混淆行为受到的权益损害也具有及时、便利获得补偿的必要。这一规定解决了在实际生活中违法行为人拒不提供账册或故意毁坏、销毁账册使违法所得无法认定，导致赔偿难以到位的问题。

二、设立一致性的混淆行为的法律责任

2017 年修订后的《反不正当竞争法》在混淆行为中不再包括侵犯注册商标专用权行为和虚假标示行为，混淆行为的法律责任也不再需要适用其他法律的相关规定，统一依据《反不正当竞争法》第 17 条、第 18 条的规定。此外，由于混淆行为对市场竞争的损害可以通过多种变化的手段实现，禁止混淆条款中也设置了兜底性的规定，对于不属于明确列举的其他混淆行为，同样一致性地适用第 17 条、第 18 条的规定，行政执法部门依据行政责任法定的原则也可对其他混淆行为处以行政处罚。

三、没收违法商品并规定罚款与违法经营额的比例

《反不正当竞争法》第 18 条规定："经营者违反本法第六条规定实施混淆行为的，由监督检查部门责令停止违法行为，没收违法商品。违法经营额五万元以上的，可以并处违法经营额五倍以下的罚款；没有违法经营额或者违法经营额不足五万元的，可以并处二十五万元以下的罚款。情节严重的，吊销营业执照。"这一规定使违法经营者的侵权成本明显提升，同时也适当平衡了《商标法》规定的法律责任，有利于统一对比较近似的违法行为的查处力度，实现法律责任的平衡。

四、对不当登记和使用企业名称的行为规定了有针对性的纠正措施

对于将他人的注册商标、未注册的驰名商标作为企业名称中的字号使用等导致市场混淆的情形，《反不正当竞争法》第 18 条第 2 款规定了纠正措施："经营者登记的企业名称违反本法

第六条规定的，应当及时办理名称变更登记；名称变更前，由原企业登记机关以统一社会信用代码代替其名称。”这对市场混淆的不利后果进行了有效的遏制，使负责查处的市场监管部门与负责企业登记的市场监管部门各有明确的分工，也实现了运用社会信用体系倒逼经营者自觉守法经营，体现了对不正当竞争行为的社会共管。

案例与思考 1

莒县酒厂诉文登酿酒厂不正当竞争纠纷案①

原告山东省莒县酒厂以被告山东省文登酿酒厂侵害了该厂商标专用权为由，向山东省临沂地区中级人民法院提起诉讼。原告山东省莒县酒厂诉称：被告采用与原告生产的“喜凰”牌白酒注册商标相近似的文字、图形，作为被告生产的白酒的特定名称及装潢，造成消费者误认误购，使“喜凰”牌白酒销量下降，原告蒙受重大经济损失。请求被告立即停止对原告商标专用权的侵害，并赔偿由此而造成的经济损失100万元。被告山东省文登酿酒厂辩称：被告产品的注册商标是“天福山”牌，原告产品的注册商标是“喜凰”牌。被告生产的白酒名称是“喜凤酒”，原告生产的白酒名称是“喜凰酒”。双方白酒的商标既不相同也不近似，不存在侵害商标专用权的事实。

山东省临沂地区中级人民法院依法组成合议庭，经公开审理，查明：原告山东省莒县酒厂于1987年1月30日，在国家商标局核准注册了圆圈图形喜凰牌商标1枚，用于本厂生产的白酒。此酒的瓶贴装潢上，除印有圆圈图形喜凰牌的注册商标外，还印有“喜凰酒”这一特定名称。被告山东省文登酿酒厂生产的白酒，注册商标为圆圈图形天福山牌。被告山东省文登酿酒厂为与原告山东省莒县酒厂争夺市场，拿着带有原告山东省莒县酒厂商标标识“喜凰酒”的瓶贴装潢到莱州市彩印厂，让其除把喜凰牌注册商标更换为天福山牌注册商标，把“喜凰酒”的“凰”字更换为“凤”字外，其余均仿照印制。被告山东省文登酿酒厂将印好的天福山牌“喜凤酒”瓶贴装潢用于本厂生产的白酒，从1987年2月至1988年8月，共生产4 509 320瓶，销售3 421 308瓶，销售金额达2 443 284.34元。被告山东省文登酿酒厂的瓶贴装潢由于在设计构图、字形、颜色等方面与原告山东省莒县酒厂的近似，因而造成消费者误认误购。被告山东省文登酿酒厂同时还在同一市场中，采用压价的手段与原告山东省莒县酒厂竞争，致使原告山东省莒县酒厂的“喜凰”酒滞销，客户与原告山东省莒县酒厂订的合同不能履行或不能完全履行，给原告山东省莒县酒厂造成重大经济损失。原告山东省莒县酒厂为此曾通过山东《大众日报》刊登过不得侵害其商标专用权的声明。山东省工商行政管理局商标广告管理处也通知被告山东省文登酿酒厂立即停止使用“喜凤酒”瓶贴装潢，但被告山东省文登酿酒厂置之不理。山东省临沂地区中级人民法院经审理认为：原告山东省莒县酒厂生产的“喜凰”牌“喜凰”酒已由国家商标局核准注册，发给注册证，依照《商标法》第3条的规定，其注册商标专用权受法律保护。被告山东省文登酿酒厂违反国家工商行政管理局、轻工业部、商业部1980年10月11日《关于改进酒类商品商标的联合通知》中关于“酒的商标应当同其特定名称一致”的规定，在同一种商品上，使用与自己的注

① 资料来源：《最高人民法院公报》，1990（3）。

册商标不同却与原告山东省莒县酒厂的注册商标相近似的文字作酒的特定名称，从而使消费者极易把被告山东省文登酿酒厂的“喜凤”酒误认为原告山东省莒县酒厂的“喜凰”酒而购买。《商标法实施细则》第41条第2项规定，“在同一种或者类似商品上，将与他人注册商标相同或者近似的文字、图形作为商品名称或者商品装潢使用，并足以造成误认的”，属于《商标法》第38条第3项所指的侵害注册商标专用权的行为。依照《民法通则》第118条的规定，原告山东省莒县酒厂要求被告山东省文登酿酒厂停止侵害、赔偿损失，是正当的，应予支持。根据被告山东省文登酿酒厂的侵权行为，依照《商标法实施细则》第43条的规定，应处以罚款。据此，山东省临沂地区中级人民法院于1989年8月5日判决如下：(1) 被告山东省文登酿酒厂立即停止侵权行为；(2) 收缴被告山东省文登酿酒厂未使用的“喜凤酒”瓶贴，并消除现存“喜凤”酒和包装上的商标标识；(3) 被告山东省文登酿酒厂赔偿原告山东省莒县酒厂实际损失263 139元。另对被告山东省文登酿酒厂处以罚款3万元，判决生效后10日内上缴国库。

一审宣判后，山东省文登酿酒厂不服，以“原审判决离开被上诉人的注册商标，依其没有注册的装潢和酒的特定名称与上诉人的近似，认定上诉人侵害了被上诉人的注册商标专用权于法不符”为由，向山东省高级人民法院提起上诉。山东省高级人民法院经审理认为：《商标法》第37条规定：“注册商标的专用权，以核准注册的商标和核定使用的商品为限。”依此规定，被上诉人山东省莒县酒厂在本厂生产的白酒上使用的圆圈图形喜凰牌注册商标，属商标专用权的保护范围。除此之外，被上诉人山东省莒县酒厂瓶贴装潢上的图案、文字、颜色等不在注册商标专用权保护之列。上诉人山东省文登酿酒厂仿照被上诉人山东省莒县酒厂的瓶贴装潢，制作了与被上诉人山东省莒县酒厂相近似的瓶贴装潢，使用在自己生产的白酒上，原审判决把这种行为认定为侵害商标专用权，是适用法律不当。但是，上诉人山东省文登酿酒厂为与被上诉人山东省莒县酒厂竞争，违反国家工商行政管理局、轻工业部、商业部关于酒的商标应当同其特定名称统一起来的规定，使用与自己的注册商标完全不同的“喜凤酒”三个字作为自己酒的特定名称，从而制作出与被上诉人山东省莒县酒厂相近似的瓶贴装潢，造成消费者误认误购。同时，上诉人山东省文登酿酒厂还在同一市场上采用压价的手段与被上诉人山东省莒县酒厂竞争，致使其在经济上遭受一定损失。上诉人山东省文登酿酒厂的上述行为，不仅违反了《民法通则》第4条规定的公民、法人在民事活动中，应当遵循诚实信用的原则，而且违反了其第5条的规定，侵害了被上诉人山东省莒县酒厂合法的民事权益。依照《民法通则》第7条的规定，上诉人山东省文登酿酒厂的这种行为，还损害了社会公共利益，扰乱了社会经济秩序，是不正当的竞争行为，必须予以制止。被上诉人山东省莒县酒厂由此遭受的经济损失，必须由上诉人山东省文登酿酒厂赔偿。山东省高级人民法院依照《民事诉讼法（试行）》第151条第1款第2项的规定，于1990年1月2日判决如下：(1) 撤销山东省临沂地区中级人民法院（1988）临中法经字第5号民事判决。(2) 上诉人山东省文登酿酒厂必须立即停止对被上诉人山东省莒县酒厂合法民事权益的侵害；销毁现存的“喜凤酒”瓶贴；已出厂的“喜凤”酒应更换瓶贴后出售。(3) 上诉人山东省文登酿酒厂赔偿被上诉人山东省莒县酒厂实际经济损失276 838元，判决生效后10日内付清。

本案属于我国不正当竞争的经典案例，涉及的行为属于典型的市场混淆行为。本案发生于我国《反不正当竞争法》出台前，当时法院依据《民法通则》的基本原则进行审理。本案是我国首起以“不正当竞争”为案由的案件，在当时的学界和实务界都产生了重要的影响，也对我国《反不正当竞争法》的出台发挥了推动作用。

案例与思考 2

内蒙古小肥羊餐饮连锁有限公司诉河北汇特小肥羊餐饮连锁有限公司、周某清不正当竞争及注册商标侵权纠纷案①

河北汇特小肥羊餐饮连锁有限公司（以下简称“河北汇特”）曾是内蒙古小肥羊餐饮连锁有限公司（以下简称“小肥羊餐饮公司”）的加盟店，合同期满后，河北汇特未经小肥羊餐饮公司许可，以河北汇特名义继续使用“小肥羊”。小肥羊餐饮公司遂向河北省石家庄市中级人民法院起诉河北汇特不正当竞争、侵害其特有名称权和注册商标权。

一审法院经审理后认为：“小肥羊”系对一两岁小羊的习惯叫法，不具有显著区别特性，这也正是“小肥羊”注册商标申请被驳回的原因。“小肥羊”已为众多餐饮企业所使用，并加上了具有特色的服务名称，并不会导致消费者误认。因此，“小肥羊”不构成特有名称，而是涮羊肉餐饮服务行业的通用名称。原告小肥羊餐饮公司无权限制被告河北汇特使用，且被告河北汇特正常使用该通用名称也并未侵犯原告小肥羊餐饮公司的注册商标权。

小肥羊餐饮公司不服一审法院的判决，上诉至河北省高级人民法院。

二审法院经审理后认为：第一，“消费者是否可以自然地将该名称和特定经营者以及服务联系起来”是判断是否构成知名服务的特有名称的标准。本案中小肥羊餐饮公司首先将“小肥羊”用于餐饮服务行业，且通过自己的经营使其具有了特定含义，相关消费者能够把“小肥羊”与小肥羊餐饮公司相联系，故“小肥羊”已构成知名服务的特有名称。河北汇特在明知的情况下，未经小肥羊餐饮公司许可，擅自在公司名称和店面牌匾等地方使用“小肥羊”的服务名称，存在“搭便车”行为，侵害了小肥羊餐饮公司知名服务的特有名称权，构成不正当竞争，河北汇特应当承担相应的民事责任。第二，商标注册后未实际使用，不会引起消费者的混淆，他人使用并不构成侵犯商标权。小肥羊餐饮公司注册了“小肥羊”商标后从未实际使用过，不存在消费者混淆的问题，故河北汇特不构成对“小肥羊”注册商标的侵权。

基于此，二审法院撤销一审判决，责令河北汇特立即停止使用“小肥羊”名称，并向小肥羊餐饮公司支付损害赔偿费用。

① 资料来源：《法制日报·周末版》，2009－02－05，11版。

本案的焦点为作为未注册商标的“小肥羊”在餐饮服务行业是否为知名服务的特有名称，以及被告河北汇特使用“小肥羊”是否侵犯原告小肥羊餐饮公司的“小肥羊”注册商标专用权。本案由于涉及反不正当竞争法和商标法等的重要法律原则，因而曾引起法律界和媒体的广泛关注。本案的判决对于判断知名服务特有名称具有指导意义。而对注册商标侵权的认定涉及对注册商标制度的理解问题，这里有必要区分依注册产生商标权制度和依使用产生商标权制度，以及商标侵权行为的成立和损害赔偿责任的承担，因而是有讨论空间的。

案例与思考3

天津中国青年旅行社诉天津国青国际旅行社有限公司擅自使用他人企业名称纠纷案[①]

原告天津中国青年旅行社（以下简称“天津青旅”）是从事国内及出入境旅游业务的国有企业，直属于共青团天津市委员会。“天津青旅”是天津中国青年旅行社的企业简称。2007年，《今晚报》等媒体在报道天津中国青年旅行社承办的活动中已开始以“天津青旅”简称指代天津中国青年旅行社。天津青旅在报价单、旅游合同、与同行业经营者合作文件、发票等资料以及经营场所各门店招牌上等日常经营活动中，使用“天津青旅”作为企业的简称。被告天津国青国际旅行社有限公司（以下简称“天津国青”）于2010年7月6日成立，是从事国内旅游及入境旅游接待等业务的有限责任公司。

2010年年底，天津青旅发现通过Google搜索引擎搜索“天津中国青年旅行社”或“天津青旅”，在搜索结果的第一名并标注赞助商链接的位置，显示“天津中国青年旅行社网上营业厅 www. lechuyou. com 天津国青网上在线营业厅，是您理想选择，出行提供优质、贴心、舒心的服务”或“天津青旅网上营业厅 www. lechuyou. com 天津国青网上在线营业厅，是您理想选择，出行提供优质、贴心、舒心的服务”，点击链接后进入的网页是标称天津国青国际旅行社乐出游网的网站，网页顶端出现“天津国青国际旅行社—青年旅行社青旅/天津国旅”等字样，网页内容为天津国青旅游业务信息及报价，标称“网站版权所有：乐出游网—天津国青”，并标明了天津国青的联系电话和经营地址。同时，天津青旅通过百度搜索引擎搜索“天津青旅”，在搜索结果的第一名并标注推广链接的位置，显示“欢迎光临天津青旅重合同守信誉单位，汇集国内出境经典旅游线路，100%出团，天津青旅 400－611－5253 022. ctsgz. cn”，点击链接后进入的网页仍然是上述标称天津国青乐出游网的网站。

原告天津青旅诉称：被告天津国青在其版权所有的网站页面、网站源代码以及搜索引擎中，非法使用原告天津青旅企业名称全称及简称“天津青旅”，违反了《反不正当

① 资料来源：最高人民法院指导性案例第29号，见中国法院网，http：//www. chinacourt. org/law/detail/2014/06/id/147915. shtml。

竞争法》的规定，请求判令被告天津国青立即停止不正当竞争行为、公开赔礼道歉、赔偿经济损失10万元，并承担诉讼费用。被告天津国青辩称："天津青旅"没有登记注册，并不由原告天津青旅享有，原告天津青旅主张的损失没有事实和法律依据，请求驳回原告天津青旅的诉讼请求。

在该案件经过天津市第二中级人民法院审理后被告天津国青提出上诉，天津市高级人民法院经审理认为：最高人民法院《关于审理不正当竞争民事案件应用法律若干问题的解释》第6条第1款规定："企业登记主管机关依法登记注册的企业名称，以及在中国境内进行商业使用的外国（地区）企业名称，应当认定为反不正当竞争法第五条第（三）项规定的'企业名称'。具有一定的市场知名度、为相关公众所知悉的企业名称中的字号，可以认定为反不正当竞争法第五条第（三）项规定的'企业名称'。"因此，对于企业长期、广泛对外使用，具有一定市场知名度、为相关公众所知悉，已实际具有商号作用的企业名称简称，也应当视为企业名称予以保护。"天津中国青年旅行社"是原告自1986年成立以来一直使用的企业名称，原告享有企业名称专用权。"天津青旅"作为其企业名称简称，于2007年就已被其在经营活动中广泛使用，相关宣传报道和客户也以"天津青旅"指代天津中国青年旅行社，经过多年在经营活动中使用和宣传，"天津青旅"已享有一定市场知名度，为相关公众所知悉，已与天津中国青年旅行社之间建立起稳定的关联关系，具有可以识别经营主体的商业标识意义。所以，可以将"天津青旅"视为企业名称，与"天津中国青年旅行社"共同加以保护。

同时，根据《反不正当竞争法》第5条第3项的规定，经营者不得采用擅自使用他人的企业名称，引人误认为是他人的商品等不正当手段从事市场交易，损害竞争对手。因此，经营者擅自将他人的企业名称或简称作为互联网竞价排名关键词，使公众产生混淆误认，利用他人的知名度和商誉，达到宣传推广自己的目的的，属于不正当竞争行为，应当予以禁止。天津国青作为从事旅游服务的经营者，未经天津青旅许可，通过在相关搜索引擎中设置与天津青旅企业名称有关的关键词并在网站源代码中使用等手段，使相关公众在搜索"天津中国青年旅行社"和"天津青旅"关键词时，直接显示天津国青的网站链接，从而进入天津国青的网站联系旅游业务，达到利用网络用户的初始混淆争夺潜在客户的效果，主观上具有使相关公众在网络搜索、查询中产生误认的故意，客观上擅自使用"天津中国青年旅行社"及"天津青旅"，利用了天津青旅的企业信誉，损害了天津青旅的合法权益，其行为属于不正当竞争行为，依法应予制止。天津国青作为与天津青旅同业的竞争者，在明知天津青旅企业名称及简称享有较高知名度的情况下，仍擅自使用，有借他人之名为自己谋取不当利益的意图，主观恶意明显。依照《民法通则》第120条的规定，天津国青应当承担停止侵害、消除影响、赔偿损失的法律责任。

本案是2012年中国法院知识产权司法保护50件典型案例之一，也是2014年最高人民法院公布的第29号指导性案例（最高人民法院审判委员会讨论通过，2014年6月26日发布）。其裁判要点有二：第一，对于企业长期、广泛对外使用，具有一定市场知名度、为相关公众所知悉，已实际具有商号作用的企业名称简称，可以视为企业名称予以保护；第二，擅自将他人已实际具有商号作用的企业名称简称作为商业活动中互联网竞价排名的关键词，使相关公众产生混淆误认的，属于不正当竞争行为。该指导性案例的发布有利于加强网络环境下企业名称权的保护，依法制止利用他人的知名度和商誉的不正当竞争行为，维护公平竞争的市场秩序。

思考题

1. 试析市场混淆行为的含义和主要类型。
2. 试析市场混淆行为的构成要件。
3. 如何认定作为商业混淆客体的商业标识？
4. 如何认定商业标识“有一定影响”？
5. 市场混淆行为的实施者应承担什么样的法律责任？

第六章

禁止商业贿赂制度

第一节　商业贿赂及其法律规制概述

一、商业贿赂的概念、特点和危害

商业贿赂是贿赂行为的一种，是贿赂行为在商业领域或者市场交易中的具体表现。简单地说，商业贿赂是指在商业活动中经营者通过贿赂手段来获取交易机会或者经济利益的行为。按照国家工商行政管理局于1996年11月15日发布的《关于禁止商业贿赂行为的暂行规定》中的解释，商业贿赂是指经营者为销售或者购买商品而采用财物或者其他手段贿赂对方单位或者个人的行为。在2006年开展的治理商业贿赂专项工作中，为区分正常的商业行为和商业贿赂，国家工商行政管理总局特发文件对其界定标准进行了重新细化和完善，指出：商业贿赂是指经营者以排斥竞争对手为目的，为使自己在销售或购买商品或提供服务等业务活动中获得利益而采取的向交易相对人及其职员或其代理人提供或许诺提供某种利益，从而实现交易的不正当竞争行为。中央治理商业贿赂领导小组《关于在治理商业贿赂专项工作中正确把握政策界限的意见》（中治贿发〔2007〕4号）对商业贿赂的界定为“商业活动中违反公平竞争原则，采用给予、收受财物或者其他利益等手段，以提供或者获取交易机会或者其他经济利益的行为”。

从行为的含义和性质来看，商业贿赂属于一种不正当竞争行为，是受贿方利用职务之便进行利益交换，从而破坏市场竞争。作为不正当竞争行为的一种形式，商业贿赂呈现出与一般的贿赂行为不同的特点：一是商业贿赂行为具有多发性和行业性的特征。作为商业领域的一种腐败现象，商业贿赂行为具有普遍性和多发性，中外皆然，而且随着经济全球化的发展而呈现出跨越国界的特点。同时，商业贿赂行为大多具有行业性特征，例如建设领域、医药购销领域就是商业贿赂的易发领域。二是商业贿赂行为具有长期性的特征。与一般的贿赂行为大多是一事一贿的情况不同，商业贿赂往往是行贿方和受贿方之间形成一种长期的、稳定的“合作”关系，行贿方通过不断向受贿方进行贿赂来谋求较长时间的经济利益。三是商业贿赂具有更大的隐蔽性和迷惑性。一般的贿赂行为往往是简单的权钱交易，其行为的违法性比较明显，而商业贿赂行为大多会披着市场交易的外衣，而以“回扣”“手续费”“返利”等形式出现，行为往往难以被发现和认定。

在我国，随着市场化进程的加快，经济成分多样化，利益主体多元化，市场竞争日益激烈，自20世纪90年代以来商业贿赂在一些行业、领域或单位较为严重，表现形式多种多样，成为经济社会生活中的一大公害。商业贿赂造成的危害是多方面的。商业贿赂作为一种不正当竞争行为，其首要的危害就是破坏了正常的交易秩序，阻碍了市场竞争机制正常作用的发挥。它使那些投机取巧者获得竞争中的优势，而在经营中坚持诚实信用原则且本来有竞争力的经营者反而遭到淘汰，这样导致优者不胜、劣者不汰。优胜劣汰的市场竞争机制受到人为的扭曲，影响了企业生产、技术的进步和产品质量的提高，妨碍了经济的健康发展，影响社会生产力的进步。同时，商业贿赂的存在令经营者将成本转嫁给消费者，给本来就处于弱势的消费者群体增加负担；更为严重的是，商业贿赂会使一些劣质产品流入市场，损害消费者的合法利益，在医疗行业，更会损害消费者的健康乃至生命。进一步来看，商业贿赂腐蚀国家机关工作人员和企事业单位从业人员，滋生腐败现象和经济犯罪，降低政府公信力。商业贿赂还会影响国际社会对我国投资环境和商业活动的评价，破坏我国的国际形象，不利于我们有效应对和参与更加激烈的国际竞争。因此，依法规制商业贿赂行为，具有多方面的积极意义。从竞争法的角度来看，它有利于维护公平竞争秩序，营造公平和透明的市场竞争环境，确保市场竞争机制正常发挥作用，维护社会公平正义。

进入21世纪以来，跨国公司贿赂案件在中国频发，尤其是2013年跨国药企葛兰素史克部分高管在华贿赂事件，引起了国际社会的广泛关注。[①] 而葛兰素史克事件并非外企涉嫌在华行贿的孤例，之前辉瑞制药、摩根士丹利、IBM、朗讯、沃尔玛、德普、艾利·丹尼森等诸多知名跨国公司都曾在华涉嫌商业贿赂。这也对我国进一步加强对商业贿赂的法律规制提出了新的要求。

二、商业贿赂行为的法律规制

商业贿赂行为是交易双方的自愿行为，似乎是合同自由的范畴，但是这种行为破坏了市场竞争秩序，造成了竞争的不公平，损害了社会公共利益，因而各国都将商业贿赂行为作为一种不正当竞争行为加以规制。正如美国国会在辩论《反海外贿赂法》时得出的结论所认为的，贿赂行为并不是成功市场活动的要素之一，市场经济的内涵在于通过竞争提供最优价格和质量的产品或服务，贿赂恰恰导致资源配置的扭曲，破坏了市场的正常运行，而这正是政府干预的理由之一。[②]

在美国，商业贿赂行为主要作为间接价格歧视的一种而受到《克莱顿法》第2条的规制。其第2条（b）规定，任何经营商业者不得在经营过程中支付、给予或得到、接受任何有价值的东西，如佣金、回扣、其他补偿、津贴或替代津贴的折扣。《联邦贸易委员会法》第5条赋予当事人将商业贿赂作为不公平竞争行为提起诉讼的权利。该条第1项规定：商业中或影响商业的不公平竞争方法是非法的；商业中或影响商业的不公平或者欺骗性行为及惯例是非法的。美国联邦贸易委员会在政策上对卖方和买方经纪人的支付回扣行为予以禁止。当事人也可以依据《罗宾逊-帕特曼法》第2条第3项规定的非法支付提起诉讼。此外，为了维护美国企业间在海外市场上的公平竞争，禁止美国企业通过贿赂获取或保持海外业务，美国国会于1977年通过了《反海外贿赂法》（FCPA），规定，任何美国企业包括企业的董事、经理、职员、代理人或者股东，为了取得或者维护业务关系，而向外国官员、政党或者外国政党候选人支付金钱或者送礼，或者允诺这种行为，都是违法的。1988年通过的《综合贸易与竞争法》对该法进行了修订：一方面加强了处罚的强度，如对违法公司的罚款金额从100万美元提高到200万美元，对个人的处罚额度从1万美元提高到10万美元，且个人的罚款不得由公司补偿；但另一方面规定了众多的豁免，或是将众多以前被认为是违法的行为合法化，或是增加抗辩条款以及修改实体要求以增加起诉和证明的难度。该法的主要执行机构美国证监会和美国司法部逐渐加大了执法力度。进入21世纪以来，我国发生的一系列带有明显涉外因素的商业贿赂案，如

① 具体情况可参见本章后面所附的案例与思考1。

② 参见彭岳：《竞争规制腐败——美国〈反海外贿赂法〉（FCPA）评述》，载《国际商报》，2004-07-05，4版。

2004年的朗讯案、2005年的天津德普案和张恩照案，都与该法有关。①

《反海外贿赂法》是美国国内法，仅适用于美国公司和个人。美国公司为确保其在海外的业务和获得公平贸易机会，要求美国政府输出这一法制。该法国际化的一个主要途径是通过国际组织形成多边公约，成果体现在：1996年3月29日美国国家组织通过的《美洲间反腐败公约》，1997年11月21日OECD通过的《反对在国际商事交易中向外国官员行贿公约》，以及2003年12月9日的《联合国反腐败公约》。根据OECD的公约，美国又对《反海外贿赂法》进行了修订，从1998年起，该法对于在美国境内向国外政府官员行贿的外国公司和个人也适用。

德国《反不正当竞争法》以前是将商业贿赂行为作为一种独立的不正当竞争行为加以规定的。该法第12条规定，在商业交易中，行为人以竞争为目的给工业企业的职员或受托人提供、允诺或者给予某种利益，以使其在采购商品或服务时以不正当方式优待自己或某个第三人的，处1年以下监禁或罚金。同时，对商业活动中的受贿行为规定了同样的刑事责任。1997年，德国为加大惩治腐败行为的力度而颁布了专门的《反腐败法》，德国《反不正当竞争法》从而废除了关于商业贿赂的第12条。现在，德国对商业贿赂行为的规制在形式上脱离了反不正当竞争法，而归入刑法典第二十六章“反竞争的犯罪行为”之中，其第299条即是“商业活动中的索贿与受贿”。

其他一些国家和地区也以各自不同的方式在竞争法中对商业贿赂行为予以规制。

我国以前对商业贿赂行为的规制体现在国务院的有关政策文件和刑法关于贿赂犯罪的规定中。这显然不足以有效制止在发展市场经济过程中日益突出的商业贿赂行为。1993年通过的《反不正当竞争法》将商业贿赂作为应予禁止的不正当竞争行为之一明确加以规定。其第8条规定：经营者不得采用财物或者其他手段进行贿赂以销售或者购买商品。在账外暗中给予对方单位或者个人回扣的，以行贿论处；对方单位或者个人在账外暗中收受回扣的，以受贿论处。经营者销售或者购买商品，可以以明示方式给对方折扣，可以给中间人佣金。经营者给对方折扣、给中间人佣金的，必须如实入账。接受折扣、佣金的经营者必须如实入账。为了使该条具有可操作性，国家工商行政管理局于1996年11月又发布了《关于禁止商业贿赂行为的暂行规定》，对商业贿赂作了规范性定义，解释了作为我国商业贿赂主要表现形式的暗中收受回扣的行为。同时，1997年修订的《刑法》第163条、第164条分别规定了公司、企业人员受贿罪和对公司、企业人员行贿罪。

为有效治理在一定时期非常突出的商业贿赂行为，国家有时会集中开展治理商业贿赂专项工作。2006年2月8日，中共中央办公厅、国务院办公厅印发了《关于开展治理商业贿赂专项工作的意见》，对治理商业贿赂作出了总体部署。中央治理商业贿赂领导小组还发布了《关于在治理商业贿赂专项工作中正确把握政策界限的意见》（中治贿发〔2007〕4号）。通过集中多个部门力量的治理，商业贿赂行为日益猖獗的势头得到了一定程度的遏制，但从根本上消灭还是要依靠进一步完善立法和常态化的有效执法。

我国《反不正当竞争法》在2017年修订前关于商业贿赂的规定在实体内容上存在明显的

① 其中的天津德普案的大致情况是：2005年5月20日，美国司法部作出了一份对美国全球最大的专业性诊断试剂公司——美国德普（DPC）公司的处罚报告。报告指出，从1991年到2002年的11年间，美国德普公司的子公司天津德普诊断产品有限公司向中国的医疗机构和医生行贿了162.3万美元的现金，用来换取这些医疗机构购买其母公司DPC公司的产品，从中赚取了200万美元。美国司法部认定该行为触犯了美国《反海外贿赂法》有关“禁止美国公司向外国有关人员行贿”的规定，德普公司被罚向美国司法部支付200万美元的罚款和向美国证券交易委员会上缴204万美元的非法所得，并同时缴纳75万美元的预审费等费用。

问题：首先，原有规定范围过窄，将商业贿赂行为限定在商品购销环节，而实际生活中商业贿赂行为存在于市场交易的各个方面和环节，从而使大量的商业贿赂行为得不到应有的惩罚。其次，原有规定虽然首次在法律上禁止商业贿赂，但没有直接使用“商业贿赂”这一法律术语，而且规定的内容容易引起关于商业贿赂仅限于回扣的误解。最后，原有规定对商业贿赂的行政罚款最高不超过20万元，这对于很多商业贿赂行为难以产生处罚和威慑的效果。此外，原有规定比较模糊，使实践中对商业贿赂的具体构成在理解上有很大的分歧，一些做法存在偏差，背离了商业贿赂的本质。

2017年修订后的《反不正当竞争法》第7条规定：“经营者不得采用财物或者其他手段贿赂下列单位或者个人，以谋取交易机会或者竞争优势：（一）交易相对方的工作人员；（二）受交易相对方委托办理相关事务的单位或者个人；（三）利用职权或者影响力影响交易的单位或者个人。”“经营者在交易活动中，可以以明示方式向交易相对方支付折扣，或者向中间人支付佣金。经营者向交易相对方支付折扣、向中间人支付佣金的，应当如实入账。接受折扣、佣金的经营者也应当如实入账。”“经营者的工作人员进行贿赂的，应当认定为经营者的行为；但是，经营者有证据证明该工作人员的行为与为经营者谋取交易机会或者竞争优势无关的除外。”

与2017年修订前的规定相比，现在的规定有多方面的变化和完善：目的从“以销售或者购买商品”改为“谋取交易机会或者竞争优势”，丰富了构成商业贿赂的主观故意；对商业贿赂界定的重点放在了明确受贿人上，并且缩小了构成受贿主体的范围；仅做账不合规不是认定商业贿赂的依据，“账外暗中”部分退出了历史舞台；给予了经营者对“员工责任”的豁免，举证责任倒置，免责事由更重客观。此外，在法律责任部分加大了针对商业贿赂的行政处罚力度。

第二节 商业贿赂行为的认定

一、商业贿赂行为的构成要件

在我国，由于2017年修订前的《反不正当竞争法》第8条规定比较模糊，因而对于应该如何准确界定商业贿赂曾经引发很大的争议。这主要涉及确定商业贿赂在本质上是“不正当的利益引诱交易”还是“收买”，进而将商业贿赂与同样具有利诱属性的有奖销售区分开来。[①] 2017年修订后的《反不正当竞争法》第7条规定相对较为明确地包含了商业贿赂的基本构成要件。商业贿赂行为的构成需要具有主体要件、目的要件和手段要件。

（一）商业贿赂行为的主体

贿赂由互为对象的两个方面即行贿和受贿组成，贿赂的主体也就包括行贿主体和受贿主体两方。作为贿赂的一种形式，商业贿赂的主体也包括行贿者和受贿者。

商业贿赂的行贿者是经营者，即从事商品生产、经营或者提供服务的自然人、法人和非法人组织。这里经营者的范围是非常广泛的，没有组织形式、所有制等方面的限制。而且，这里不应局限于从事交易行为的经营者本人（单位或者个人），还应包括有关交易关系以外而对交易有直接影响的单位或个人，即其利益代表者。这种利益代表关系可以来自委托—代理关系，例如经营者的职工、代理人等，可以来自关联隶属关系，例如经营者的上级或下属单位等，也

① 参见李剑：《反思“雪花”啤酒案：商业贿赂本质的误读》，载《上海财经大学学报》，2009（3）。

可以来自合同关系，例如中介机构。在存在着委托—代理关系的场合，这种利益代表关系比较容易认定，行为的效果归属比较明显。在其他场合，对利益代表关系的认定就非常重要，以防止行为人以合法形式掩盖非法目的。

《反不正当竞争法》第7条第3款明确规定："经营者的工作人员进行贿赂的，应当认定为经营者的行为；但是，经营者有证据证明该工作人员的行为与为经营者谋取交易机会或者竞争优势无关的除外。"这一规定在明确商业贿赂经营者主体责任的同时，鼓励经营者积极进行诸如内部培训、不定期抽查等反商业贿赂合规建设，勉力搜集员工"独狼式"商业贿赂的证据，为确属员工个人行为的情况保留了经营者抗辩空间。在现实生活中，作为经营者的法人和非法人组织要实施贿赂行为实际上是需要通过委托—代理关系而由其职工、代理人等来实际实施的。但是，在认定职工的行为是否为代理行为时，应区分职工的个人行为和代理行为，了解职工从事的是不是职务行为、有无单位授权、是否为了单位的利益实施，从而更好地判断代理关系是否成立。

对于商业贿赂的受贿者，《反不正当竞争法》第7条明确了商业贿赂的受贿主体包含了三类：一是交易相对方的工作人员；二是受交易相对方委托办理相关事务的单位或者个人；三是利用职权或者影响力影响交易的单位或者个人。这表明，商业贿赂的受贿者不包括单纯的"交易相对方"，体现了对商业贿赂本质的认识由"利益引诱"到"权钱交易"的转变。同时，这里对受贿主体采用的是广义界定，所规定的三类主体的共同特征是能够影响到相关交易，而并未像有些国家那样严格限定在代理关系上。

在实践中，"能够影响交易的人"有不同的类型，最为常见的就是交易相对方的雇员、管理人、代理人、受托人等。在特殊情况下，行纪人、隐名代理人、实报实销专款专用的财政专项资金使用者、药品零差价销售或限定加价率销售的公立医院、为学生代购学习用品或校服的中小学校等。它们以自己的名义参与市场交易，但实质上是相关利益方的代理人、受托人或代表人，也可能成为商业贿赂的受贿主体。此外，交易参与人之外对特定项目的成交具有影响的单位或个人，也即独立于交易双方并与交易项目并无利害关系的第三人，由于对交易相对人的决策有着特殊的影响力，因此也有可能成为商业贿赂的受贿主体。这种影响力可能来自他们能够为交易相对人提供一定的服务，也可能来自他们与交易相对人之间存在行政管理关系。

（二）商业贿赂行为的目的

商业贿赂行为的目的是排除同行竞争者，为自己获取更多的交易机会或者竞争优势，其行为必然是朝着这一目标努力，即行为人只可能希望行为结果发生，而不可能放任行为结果发生，因此，商业贿赂行为的主观方面只能是故意，而不能是过失，并且还是直接故意。获取交易机会或竞争优势也是商业贿赂区别于其他贿赂的本质特征。如果贿赂的目的不是通过销售或购买商品或者提供服务等方式来获取交易机会或竞争优势，那么该行为就不是商业贿赂。

（三）商业贿赂行为的手段

商业贿赂行为的手段是多种多样的，表现为采用财物或其他手段买通交易对方或与其有关的人。这里的财物，是指现金和实物，包括经营者为销售或者购买商品，假借促销费、宣传费、赞助费、科研费、劳务费、咨询费、佣金等名义，或者以报销各种费用等方式，给付对方单位或者个人的财物。这里的其他手段，是指提供国内外各种名义的旅游、考察等给付财物以外的其他利益的手段。对于这里的"其他利益"，实践中存在不同的理解，但是一般认为应限定于经济性利益或者可转换为金钱进行衡量的利益。需要注意的是，仅做账不合格不是认定商业贿赂的依据。

在实践中商业贿赂行为的表现形式复杂多样，而且不断变化，因此一个具体行为的合法与非法之间的界限往往不是很明显，涉及对许多具体界限的把握，例如，一些商业贿赂行为打着让利促销、奖励经销商等看似合法的形式表现出来。虽然商业贿赂行为的具体形态多种多样，但是其在我国一个典型的和多发的形式是回扣，因此，如何准确地认定回扣并将其与类似行为（如折扣、佣金和附赠）相区别，是对商业贿赂行为进行认定时的一个重要问题。以下根据我国相关的法律规范分析回扣、折扣、佣金和附赠是否构成商业贿赂行为的界限。

二、商业贿赂与相关行为的比较

1. 回扣与商业贿赂

对于回扣，在我国长期以来人们的认识是不一致的，其中的部分原因是以前学者在翻译外文资料时，将与此相关的几个词都译为回扣，但实际上它们的意思差别很大。我国 2017 年修订前的《反不正当竞争法》第 8 条对回扣作了规定，但规定比较笼统，还容易让人形成回扣就是商业贿赂的误解。2017 年修订后的《反不正当竞争法》第 7 条没有规定回扣，但回扣作为我国现实经济活动中最为典型的一种商业贿赂形式，对其还是应该有所了解的。

回扣是指经营者销售商品时在账外暗中以现金、实物或者其他方式退给对方单位或者个人的一定比例的商品价款。这表明，回扣是卖方返还给买方的一定比例的商品价款，即回扣不是卖方额外从别处拿出物品或金钱给予买方，而是返还一定比例的商品价款，回扣款不过是商品价款的一部分而已，因此回扣是与特定的商品价款的返还相联系的。这是回扣区别于其他形式的商业贿赂行为的主要表现。而且，原有法律规范将“账外暗中”作为回扣本身的构成要件，不是“账外暗中”的便不叫回扣（如可以是折扣）。因此，回扣不存在合法与非法之分，都属于非法的商业贿赂。而这里的“账外暗中”，是指未在依法设立的反映其生产经营活动或者行政事业经费收支的财务账上按照财物会计制度规定明确如实记载，包括不记入财务账、转入其他财务账或者做假账等。采取以其他名目掩盖事实的入账方式，本质上都是“账外暗中”。回扣的表现形式为“现金、实物或者其他方式”。在实践中，回扣的名目繁多，大量以折扣、让利、广告费、宣传费、包装费、会议费等名义出现，企图逃避制裁；回扣的支付方式也越来越隐蔽。在认定回扣时，不能为其形式所迷惑，而要看其实质。

2. 折扣与商业贿赂

我国《反不正当竞争法》在 2017 年修订前后都明确规定了折扣，修订后的表述是：经营者在交易活动中，可以以明示方式向交易相对方支付折扣。经营者向交易相对方支付折扣，应当如实入账；接受折扣的经营者，也应当如实入账。而这里的折扣是指商品购销中的让利，是指经营者在销售商品时，以明示并如实入账的方式给予对方的价格优惠，包括支付价款时对价款总额按一定比例即时予以扣除和支付价款总额后再按一定比例予以退还两种形式，反映在会计制度上就是商业折扣和现金折扣。因此，折扣是在市场交易活动中，卖方在所成交的价款上给买方的一定比例的减让或优惠，即价格让利。

折扣与回扣在形式上是相似的，但是二者在基本性质上是完全不同的。折扣原则上是合法的，是一种正常的商业促销行为和商业惯例，而回扣是非法的商业贿赂行为。区分二者最主要的标准是：是“明示”“如实入账”还是“账外暗中”进行。这里的明示和入账，是指根据合同约定的金额和支付方式，在依法设立的反映其生产经营活动或者行政事业经费收支的财务账上按照财务会计制度规定明确如实记载。同时，在当事人方面也有差别。折扣发生在购销双方当事人之间，只给交易对方当事人，不能给其经办人员；而回扣既可能给交易对方当事人，落入单位小金库，也可能给对方单位的主管人员或经办人员，落入其个人腰包。此外，折扣通常发生在日常消费品领域，而回扣可以发生在各个领域和各个经济层次。不过，在实践中也不能完全从表面上判断，还要从其实质去看。一般来说，折扣的给予是有正当理由的，如老客户、现金支付、提前支付等。有些国家还通过确定折扣的比例（如3%）来判断其是否合法。我国折扣规则还有待进一步细化和合理化。

3. 佣金与商业贿赂

我国《反不正当竞争法》在2017年修订前后都明确规定了佣金，修订后的表述是：经营者在交易活动中，可以以明示方式向中间人支付佣金。经营者向中间人支付佣金，必须如实入账；接受佣金的经营者，也必须如实入账。佣金是在市场交易活动中的一种劳务报酬，是具有独立地位和经营资格的中间人在商业活动中为他人提供中介服务所得到的报酬。佣金不发生在交易的直接双方之间，它由商业活动的中间人或经纪人收取，可以由卖方给付，也可以由买方给付，或者双方共同支付。这里的"中间人"必须是具有合法经营资格的人，否则将直接构成一般意义上的商业贿赂。不具有合法经营资格的中间人为他人提供服务而收取佣金属无照经营。这是佣金与回扣、折扣的最大区别。另外，收受佣金必须明示并如实入账。符合这些条件的佣金是合法的，不属于商业贿赂。

对于没有明示并如实入账而收受佣金的情况，法律没有作出进一步的说明。实际上，这种情况是比较复杂的，它可能构成商业贿赂行为，也可能是违反财经纪律的行为，对其应作具体分析。

4. 附赠与商业贿赂

附赠是指经营者在市场交易中附带向交易对方无偿提供一定数量的现金及实物的行为。在现实生活中，附赠作为经营者推销商品的一种销售手段是非常多见的，原则上是合法的。但是，对附赠如不加控制也会扰乱正常的市场竞争秩序，影响经营者之间的公平竞争。为此，一些国家和地区的法律中对附赠行为作出了某种限制性的规定。我国《反不正当竞争法》在商业贿赂方面并没有规定附赠问题（但在有奖销售部分有涉及），而原来的《关于禁止商业贿赂行为的暂行规定》将附赠问题作为商业贿赂行为认定中应当考虑的一个方面。

在商业领域的附赠行为也可能构成商业贿赂。从现实经济生活中的情况来看，一些附赠的赠品价值往往与商品价格相差无几甚至高于商品价格，而购买者也是受到赠品的影响才去购买商品。这实际上已对消费者产生了不正当的引诱，使建立在质量、价格、服务基础上的竞争机制遭到破坏，影响了社会的公平竞争，故其本质上就是一种商业贿赂行为。因此，法律有必要对向消费者进行附赠的行为也进行一定的规范。当然，赠送小额广告礼品是一种商业惯例，不会对市场竞争秩序构成危害，因此就不应被认定为商业贿赂行为。此外，如果附赠被作为一种有奖销售的手段，那么它还要受我国《反不正当竞争法》第10条关于有奖销售规定的约束。

第三节　商业贿赂行为的法律责任

商业贿赂行为的实施者除要根据《反不正当竞争法》第17条的规定承担民事责任外，还要根据《反不正当竞争法》第19条的规定承担行政责任。第19条规定："经营者违反本法第七条规定贿赂他人的，由监督检查部门没收违法所得，处十万元以上三百万元以下的罚款。情节严重的，吊销营业执照。"从这一条文的规定可以看到，商业贿赂的行政责任包括了没收违法所得、罚款和吊销营业执照。

商业贿赂属于一种违法行为，只要经营者给予《反不正当竞争法》第7条所列的三类主体以财物或其他手段（物质利益），无论有没有真正达成交易或获取实质的竞争优势，商业贿赂行为就成立；同时，商业贿赂是双方行为，有受贿方和行贿方。因此，商业贿赂的违法所得认定分为不同的情况：一是给付和收受商业贿赂，且实现实质交易；二是给予和收受了商业贿赂，但交易没有达成；三是细水长流式商业贿赂，给予三类主体不固定的利益和好处，取得交易上的优势地位，但又没有和哪一个具体交易相衔接。因此，对商业贿赂的违法所得要根据个案具体分析。

构成商业贿赂罪的刑事责任的追究，应当依照《刑法》第 163 条、第 164 条的规定进行。第 163 条规定："公司、企业或者其他单位的工作人员，利用职务上的便利，索取他人财物或者非法收受他人财物，为他人谋取利益，数额较大的，处三年以下有期徒刑或者拘役，并处罚金；数额巨大或者有其他严重情节的，处三年以上十年以下有期徒刑，并处罚金；数额特别巨大或者有其他特别严重情节的，处十年以上有期徒刑或者无期徒刑，并处罚金。""公司、企业或者其他单位的工作人员在经济往来中，利用职务上的便利，违反国家规定，收受各种名义的回扣、手续费，归个人所有的，依照前款的规定处罚。""国有公司、企业或者其他国有单位中从事公务的人员和国有公司、企业或者其他国有单位委派到非国有公司、企业以及其他单位从事公务的人员有前两款行为的，依照本法第三百八十五条、第三百八十六条的规定定罪处罚。"第 164 条规定："为谋取不正当利益，给予公司、企业或者其他单位的工作人员以财物，数额较大的，处三年以下有期徒刑或者拘役；数额巨大的，处三年以上十年以下有期徒刑，并处罚金。""为谋取不正当商业利益，给予外国公职人员或者国际公共组织官员以财物的，依照前款的规定处罚。""单位犯前两款罪的，对单位判处罚金，并对其直接负责的主管人员和其他直接责任人员，依照第一款的规定处罚。""行贿人在被追诉前主动交待行贿行为的，可以减轻处罚或者免除处罚。"

在对商业贿赂行为的查处过程中，要注意对构成犯罪的商业贿赂进行追究刑事责任的衔接，特别是在 2017 年修订后的《反不正当竞争法》关于商业贿赂的法律责任规定中仅让行贿方承担行政责任（刑事责任被移到了第 31 条针对各种不正当竞争行为可能构成犯罪的共同规定中）的情况下，要利用对刑事责任的追究来对商业贿赂行为的受贿人、行贿人进行双向的遏制。

案例与思考 1

葛兰素史克商业贿赂案[①]

葛兰素史克（中国）投资有限公司［GlaxoSmithKline（China）Investment Co.，Ltd.，以下简称"GSKCI"］成立于 2001 年，总公司位于北京，是我国当时规模最大的跨国制药企业之一，公司业务涉及处方药、非处方药、疫苗和消费保健品四个领域。GSKCI 因其领先的制药技术，在业界一直享有极高声誉。

2013 年上半年，公安部门在工作中发现，包括上海临江国际旅行社（以下简称"临江旅行社"）在内的几家旅行社几乎不从事旅游业务，而与一些药企频繁接触。以临江旅行社为例：在没有旅游业务的情况下，其年营业额从成立之初的几百万元飙升至案发前的数亿元。这一事件引起了公安机关的关注。经警方查证，GSKCI 部分高管和相关旅行社的部分高层人员涉嫌严重商业贿赂和涉税犯罪。具体而言，以梁某为首的

① 资料来源：公安部网站，http：//www.mps.gov.cn/n16/n1237/n1342/n803715/3841211.html。

GSKCI 部分高管与临江旅行社等多家旅行社“合作”，由旅行社承接 GSKCI 的部分会议、培训等项目（该些项目涉嫌造假），再由旅行社通过虚报项目、费用及虚开发票等手段从 GSKCI 处套取现金，然后再返还给 GSKCI 的部分高管。这些钱部分进入高管的腰包，部分则用于向政府部门官员、医药行业协会、基金会、医院、医生等行贿。

2014 年 9 月 19 日，湖南省长沙市中级人民法院依法对 GSKCI 和马某等人进行不公开开庭审理并于当日公开宣判。法院经审理查明：被告单位 GSKCI 为扩大药品销量，谋取不正当利益，采取贿赂销售模式，以多种形式向全国多地医疗机构的从事医务工作的非国家工作人员行贿，数额巨大。被告人马某、张某、梁某、黄某、赵某等公司高管作为直接负责的主管人员，积极组织、推动、实施贿赂销售。被告单位及被告人的行为均已构成对非国家工作人员行贿罪。被告人黄某利用职务便利非法收受他人财物并为他人谋取利益，其行为还构成非国家工作人员受贿罪。

法院以对非国家工作人员行贿罪判处被告单位 GSKCI 罚金人民币 30 亿元；判处被告人马某有期徒刑 3 年，缓刑 4 年，并驱逐出境；判处被告人张某有期徒刑 3 年，缓刑 3 年；判处被告人梁某有期徒刑 2 年，缓刑 3 年；判处被告人赵某有期徒刑 2 年，缓刑 2 年；以对非国家工作人员行贿罪判处被告人黄某有期徒刑 2 年，以非国家工作人员受贿罪判处其有期徒刑 2 年，决定执行有期徒刑 3 年，缓刑 4 年。

本案是一起商业贿赂构成犯罪的案件，而且涉及外国公司，处罚力度也非常大，因此受到国内外的关注。本案体现了任何形式的商业贿赂行为，无论是内资企业的还是外资企业的，一旦触犯中国法律，都要受到法律制裁、承担相应的法律责任。就 GSKCI 之行为的定性而言，其属于商业贿赂行为，必须受到相应的处罚。本案树立了中国打击商业贿赂的标杆，也为进一步扩大开放、规范市场秩序提供了样本。

案例与思考 2

西门子公司商业贿赂案①

2006 年 11 月 15 日，德国警方搜查了西门子公司在德国的近 30 间办公室，其中包括时任 CEO 柯菲德的办公室，以及部分员工的居所。德国警方还以涉嫌挪用和在其他国家行贿的罪名，拘捕了数名西门子员工。德国检方确认的涉案金额达 2 亿欧元，而西门子内部审计的结果称，可疑资金高达 4.2 亿欧元。

2006 年 11 月，毕马威会计师事务所出具的审计报告显示，9 家与中国业务有关的公司和个人被牵扯到西门子公司贿赂案中，这些公司和个人很可能是西门子非法咨询费的接受者，贿金从几万到 600 万欧元不等。2007 年 6 月，美国德普律师行调查小组对西门子在中国展开调查，其中通信和电力是调查的重点。2007 年 8 月 20 日，西门子公司总部发言人安德里亚斯·施瓦伯承认西门子公司在中国市场的确存在不正当的商业行为，西门子公司开始陷入“贿赂泥潭”，使西门子公司的“贿赂门”事件在中国市场不断升级。西门子公司在中国的公关可谓下足了功夫，仅 2006 年西门子公司在中国的公

① 资料来源：人民网，http：//mnc. people. com. cn/GB/54849/69891/100455/ 。

关费用就高达人民币 1 亿元以上。美国司法部文件披露，西门子公司“行贿门”事件涉及在华 3 家子公司，分别是西门子中国输变电集团（以下简称“西门子 PTD”）、西门子交通（以下简称“西门子 TS”）和西门子医疗集团。美国哥伦比亚特区地方法院公布的诉讼书称，2002 年到 2007 年间，西门子 TS 支付了约 2 200 万美元给设在香港的商业咨询公司和相关机构，并通过这些机构对中国官员行贿，以得到总额逾 10 亿美元的 7 个地铁列车和信号设备项目。而在 2002 年、2003 年，西门子 PTD 通过支付约 2 500 万美元给商业咨询公司来行贿中国官员，并得到华南地区两个总价值约为 8.38 亿美元的电力高压传输线项目。同时，2003 年到 2007 年间，西门子医疗集团支付了约 1 440 万美元的贿赂款，向 5 家国内医院行贿，从而获得 2.95 亿美元的医疗设备订单。根据美国方面的调查，西门子公司在 2006 年 5 月，向中国吉林的松原医院出售一套价格为 150 万美元的核磁共振成像系统时，支付了 6.48 万美元贿赂款。关于这笔“佣金”的支出方案，时任西门子医疗集团（中国）的首席财务官曾签过字。

2008 年 12 月 15 日，德国慕尼黑市检察当局宣布，取消指控西门子公司原董事会未履行监督职能的法律诉讼。在美国华盛顿，联邦地区法院法官理查德·莱昂接受了西门子公司的认罪，证监会取消对其指控。至此，旷日持久的西门子公司全球行贿案调查尘埃落定。为此，西门子公司付出了超过 16 亿美元的有史以来腐败类案件中单家公司支付的最高罚金，包括向德国政府交纳 8.14 亿美元（含 2007 年已上缴的 2.01 亿欧元罚款），向美国证券交易委员会与美国司法部分别支付 3.5 亿美元和 4.5 亿美元。

西门子公司商业贿赂案是德国经济史上涉案范围最广、金额最多的贿赂案件，涉案国家众多，案情复杂，其中涉及在中国的案件。这说明跨国企业的商业贿赂已成为一个全球性的问题。跨国巨头在华的商业贿赂行为对我国的市场竞争秩序造成了严重的破坏，也对我国的相关立法和执法的完善提出了新的要求。

案例与思考 3

上海保驰汽车机械有限公司商业贿赂案①

2015 年 3 月 24 日，上海市静安区市场监督管理局对上海保驰汽车机械有限公司（以下简称“保驰公司”）商业贿赂案下发行政处罚决定书。

2012 年 11 月，保驰公司与上海国际机场股份有限公司（以下简称“上海机场”）签订了“0.5 巴飞机顶升气囊组套”采购合同，合同约定了购销双方的权利、义务，还在附件中约定了“工厂检验、监造”事宜。2013 年 6 月，保驰公司与某旅行社签订了出境游合同。随后，上海机场的 3 名工作人员参加了该旅行社组织的“法国德国比利时意大利 10 日游”。相关资料显示，3 人的行程均属旅游观光，没有实施合同中所谓“工厂检验、监造”活动。据查，保驰公司实际支付团费 12 万元。另查，保驰公司在采购交易中，违法所得 124 055.65 元。

① 案例及相关评析参见《中国工商报》，2015-04-08，A06 版。

上海市静安区市场监督管理局认为，当事人的行为违反了《反不正当竞争法》第8条第1款以及《关于禁止商业贿赂行为的暂行规定》第2条第1款、第2款的规定，构成了商业贿赂行为。该局根据《反不正当竞争法》第22条以及《关于禁止商业贿赂行为的暂行规定》第9条第1款的规定，责令当事人改正违法行为，并对当事人处以没收违法所得124 055.65元、罚款人民币10万元的处罚。

在本案中，经营者为了获取更多的交易机会，假借“工厂检验、监造”名义行贿赂之实，名义上是去德国Vetter公司，实际上是进行10天纯欧洲旅游观光活动。该违法行为就是典型的商业贿赂。在商业领域，这种违法现象并不罕见，如，医药企业为促进药品销量提升，假借“学术会议”之名，变相邀请医务人员旅游，等等。

思考题

1. 试析商业贿赂行为的含义。
2. 试析反不正当竞争法规制商业贿赂行为的必要性。
3. 商业贿赂行为的主体要件是如何规定的？
4. 商业贿赂有哪些典型的表现形式？
5. 如何认定折扣和佣金的性质？
6. 试析附赠行为在反不正当竞争法上的性质。

第七章
禁止虚假或者引人误解的商业宣传制度

第一节　虚假或者引人误解的商业宣传行为及其法律规制概述

一、虚假或者引人误解的商业宣传行为的概念

在现代社会的市场竞争中，以广告为主要形式的商业宣传是经营者开拓市场、促进销售，从而获取竞争优势的重要手段。商业宣传向购买者提供有关商品的信息，这些信息反映了经营者及其商品之间的差异，成为购买者选择商品的基本依据。商业宣传还能起到刺激购买者的好奇心和购买欲望、引导消费、普及商品知识、树立经营者及其商品的形象等多方面的作用。因此，商业宣传是经营者进行市场竞争的有力工具，具有促进竞争的作用。

不管是哪种形式的商业宣传，其积极作用的发挥以其本身的真实和准确为前提。若进行虚假或者引人误解的商业宣传，非但不能发挥前述的积极作用，还会产生破坏公平竞争、误导消费者、损害其他经营者的合法权益的消极作用。

所谓虚假或者引人误解的商业宣传，是指在市场交易中，经营者利用广告、商品或者其他方法，对其商品或者服务作与实际情况不符的公开宣传，导致或者足以导致购买者产生误解的行为。对此定义可以作进一步分析。

首先，虚假或者引人误解的商业宣传的手段是广告、商品或者其他方法。商业宣传按照载体和具体的行为方式可以分为广告宣传、商品宣传和其他方式的宣传。广告宣传是一种主要的宣传方式，即商品经营者或者服务提供者通过一定媒介和形式直接或者间接地介绍自己所推销的商品或者服务的商业广告活动。广告宣传的形式多种多样，其中，通过报纸、期刊、广播、电视等大众传播媒介进行的广告宣传影响最大，而在当今的互联网时代各种形式的网络广告宣传正发挥着传统媒介难以企及的影响力。商品宣传指的是在商品以及商品的包装上以文字、图形或其组合来进行宣传。在实践中，对商品的宣传既包括在商品及其包装上进行标识，也包括将标注有商品信息的标签粘贴在商品或其包装上或者随商品附带的情况。其他方式宣传是指前两种以外的其他各种商业宣传。涉及虚假或者引人误解的其他方式宣传，如，雇用或者伙同他人进行欺骗性的销售诱导，现场虚假的演示和说明，张贴、散发、邮寄虚假的产品说明书和其他宣传材料，在经营场所对商品作虚假的文字标注、说明或者解释，对商品所作的现场演示、在经营场所对商品作的文字标注或说明、通过新闻媒介所作的不同于广告的报道（变相广告），等等。再如，以“有偿新闻”的形式进行虚假的宣传报道，隐藏真相，夸大事实；一些经营者甚至采取律师“严正声明”的方式进行虚假宣传，本来自己的商品严重滞销，却煞有介事地声称其某产品深受广大消费者喜爱，但近来发现有诸多假冒，提醒消费者认准某某牌，谨防假冒；等等。

其次，虚假或者引人误解的商业宣传的内容是对商品或服务的市场信息进行不真实的或者引人误解的散布和传递。这些信息涉及商品或服务的性能、功能、质量、销售状况、用户评价、曾获荣誉等各个方面。商品或者服务的这些信息都会直接或者间接地影响特定的交易行为。经营者采取违背诚实信用、公平等商业道德的手段，对这些信息进行与事实不符的或者引人误解的散布和传递就会产生不正当竞争的效果。一段时间以来，市场上出现了很多新型的虚假或者引人误解的商业宣传行为，如对企业资信和客户情况、企业的隶属关系或合作关系、保证人的地位等方面作虚假陈述，以及虚构知识产权与获奖，甚至在慈善、社会福利或环保方面进行虚假陈述等，为自己骗取良好的社会形象。例如，1993 年 12 月，南京克立科工贸有限总公司在报刊上宣称，该公司共有六位留洋博士研制凯拉产品，并配有六位博士的姓名、简历。后经查均系克立科总公司杜撰。这是一起利用头衔进行虚假宣传的典型案例。①

最后，虚假或者引人误解的商业宣传的后果是导致或者足以导致购买者误解，从而作出错误的交易行为，并且损害了竞争者的利益，扰乱了市场竞争秩序。经营者的商业宣传是一种重要的促销和竞争手段，尤其是在现代社会，产品的科技含量日益提高，生产工艺日益复杂，产品的种类纷繁多样，消费者获取产品信息越来越依赖于经营者通过广告等多种方式的商业宣传。经营者进行虚假或者引人误解的商业宣传，一方面，会使消费者产生误解，作出错误的交易决策和购买行为，从而利益受到损害；另一方面，在市场容量既定的情况下，依靠虚假或者引人误解的商业宣传获得的竞争优势或利润，势必会使其他经营者（竞争者）的竞争利益被不正当地抢占，公平的市场竞争秩序受到人为的破坏。因此，虚假或者引人误解的商业宣传行为在性质上属于一种不正当竞争行为，应当受到反不正当竞争法的关注和规制。

二、虚假或者引人误解的商业宣传行为的法律规制

基于虚假或者引人误解的商业宣传行为的危害，各个国家和地区的竞争法以及有关国际规范以各自的方式对其进行了调整。

有关国际规范往往将虚假或者引人误解的商业宣传称为误导公众（misleading the public)。《巴黎公约》第 10 条之二第 3 项中的第三个条目针对误导行为作了特别规定，其特别禁止“在经营商业中使用会使公众对商品的性质、制造方法、特点、使用目的或数量发生混乱的表示或说法”。这也是当今世界各国规定的误导行为的来源。1996 年世界知识产权组织《反不正当竞争示范条款》在此基础上进一步作了扩展规定，其第 4 条第 1 款规定：“凡在工商业活动中对企业或其活动，尤其对由此种企业所提供的产品或服务误导或可能误导公众的行为或做法，应构成不正当竞争。”第 2 款对误导示例作了列举，即误导可能产生于广告或宣传，尤其是有关下列事项：产品的制造过程；产品或服务对特定目的的适合性；产品或服务的质量、数量或其他特性；产品或服务的地理来源；对产品或服务所承诺或提供的条件；产品或服务的价格或者其价格的计算方式。其注释 4.02 第 1 款规定：误导行为可采用任何言论的形式，包括关于某企业或某产品或某服务，或关于某企业的工商业活动的误导性表示或说法。第 1 款中关于误导的概念并不局限于本身即为虚假的言论，或局限于使消费者已实际产生虚假印象的言论。只要有关言论易于产生误导作用便已足够，甚至字面正确的言论也可能具有欺骗性，例如，如果其使人产生广告所登事实超乎寻常的误导性印象，则遗漏的信息也可能潜在地具有误导性。

在欧盟，目前还没有统一的反不正当竞争法，但有欧盟范围内专门针对引人误解的广告(misleading advertising）的规范，如关于比较广告和误导性广告的 1997 年第 55 号指令（它将 1984 年禁止误导性广告的指令纳入），2005 年的反不正当商业行为指令也涵盖针对消费者的不正当商业广告。在美国，对虚假或者引人误解的商业宣传可以适用《联邦贸易委员会法》第 5 条进行规制。在德国，虽然 2004 年修订的《反不正当竞争法》第 4 条关于不正当竞争列举的

① 参见《工商行政管理》，1994 (18)。

11种行为中没有包括虚假或者引人误解的商业宣传，但该法第5条、第6条分别规定了“引人误解的广告”和“比较广告”的内容，并且第16条还对“可罚的广告”作了专门规定。根据该法第5条的规定，从事引人误解的广告行为的，构成该法第3条意义上的不正当竞争。该条还对引人误解的广告的认定作了具体规定。

在我国，有多个法律涉及对虚假或者引人误解的商业宣传行为的规制。例如，《产品质量法》即对正确地使用质量标识进行了细致的规定，并禁止通过伪造或冒用质量标志、伪造产地等方法对商品品质作虚假表示的行为。《消费者权益保护法》则从关注消费者权益和经营者义务的角度规定：“经营者向消费者提供有关商品或者服务的质量、性能、用途、有效期限等信息，应当真实、全面，不得作虚假或者引人误解的宣传。”“经营者对消费者就其提供的商品或者服务的质量和使用方法等问题提出的询问，应当作出真实、明确的答复。”“经营者提供商品或者服务应当明码标价。”《广告法》则是对商业广告的全面规范，其在总则部分即规定：“广告应当真实、合法，以健康的表现形式表达广告内容，符合社会主义精神文明建设和弘扬中华民族优秀传统文化的要求。”“广告不得含有虚假或者引人误解的内容，不得欺骗、误导消费者。”该法其他各章节均规定了大量的禁止性和义务性规范，避免广告出现误导性后果。《价格法》第14条也明确将“利用虚假的或者使人误解的价格手段，诱骗消费者或者其他经营者与其进行交易”规定为该法禁止的不正当价格行为之一。

当然，虚假或者引人误解的商业宣传行为在本质上属于不正当竞争行为，因此从反不正当竞争法角度予以规制更具重要和普遍的意义。我国2017年修订后的《反不正当竞争法》第8条规定：“经营者不得对其商品的性能、功能、质量、销售状况、用户评价、曾获荣誉等作虚假或者引人误解的商业宣传，欺骗、误导消费者。”“经营者不得通过组织虚假交易等方式，帮助其他经营者进行虚假或者引人误解的商业宣传。”该法与《广告法》衔接，规定处罚发布虚假广告的行为优先适用《广告法》；明确规定违法行为不仅包括宣传虚假信息，还包括宣传误导性信息；并且，将通过组织虚假交易等方式帮助其他经营者进行虚假或者引人误解的商业宣传行为也纳入规制范围，这为打击电子商务领域中大量存在的“刷单”等行为提供了法律依据。

第二节　虚假或者引人误解的商业宣传行为的认定

根据《反不正当竞争法》第8条的规定，虚假或者引人误解的商业宣传行为的构成是比较明确的，即其主体是经营者，手段是利用广告、商品或者其他方法，内容是对商品的性能、功能、质量、销售状况、用户评价、曾获荣誉等作虚假或者引人误解的商业宣传，后果是欺骗、误导消费者，引起或者足以引起购买人对交易标的情况的误解。但是，在对虚假或者引人误解的商业宣传行为进行具体认定时仍有一系列问题需要进一步明确。

一、“引人误解”与“虚假”的关系

在2017年修订前的《反不正当竞争法》第9条的规定中，相关表述是“引人误解的虚假宣传”，以“引人误解”和“虚假”作为并列的要件，从字面上看两者都是宣传的限定词，因此宣传内容的“虚假”是引人误解的虚假宣传的必备条件。

而实际上，引人误解的宣传与虚假宣传是交叉的关系，在绝大部分情况下，虚假的宣传也是引人误解的，但在有些情况下，内容本身真实的宣传也可能引人误解；同时，有时内容本身

虚假的宣传未必引人误解。从反不正当竞争法关注虚假宣传的侧重点以及一些国家和地区的规定来看，对虚假宣传行为所要强调的是其引人误解（误导）的后果，而宣传的内容本身是否真实并不是问题的关键，尽管两者在绝大部分情况下是重合的。因此，这类行为往往被表述为“引人误解”或“引人误解或虚假的宣传”。2017 年修订后的《反不正当竞争法》第 8 条就将相关表述修改为“虚假或者引人误解的商业宣传”。这是符合实践经验和逻辑规范的。这种表述方式也同 2015 年修订的《广告法》的表述保持了一致。

在最高人民法院第 58 号指导性案例成都同德福合川桃片有限公司诉重庆市合川区同德福桃片有限公司、余某华侵害商标权及不正当竞争纠纷案（最高人民法院审判委员会讨论通过，2016 年 5 月 20 日发布）中，裁判要点之一指出：与“老字号”无历史渊源的个人或企业将“老字号”或与其近似的字号注册为商标后，以“老字号”的历史进行宣传的，应认定为虚假宣传，构成不正当竞争。

最高人民法院《关于适用〈中华人民共和国反不正当竞争法〉若干问题的解释》（法释〔2022〕9 号）第 16 条、第 17 条第 1 款规定：经营者在商业宣传过程中，提供不真实的商品相关信息，欺骗、误导相关公众的，人民法院应当认定为《反不正当竞争法》第 8 条第 1 款规定的虚假的商业宣传。经营者具有下列行为之一，欺骗、误导相关公众的，人民法院可以认定为《反不正当竞争法》第 8 条第 1 款规定的“引人误解的商业宣传”：（1）对商品作片面的宣传或者对比；（2）将科学上未定论的观点、现象等当作定论的事实用于商品宣传；（3）使用歧义性语言进行商业宣传；（4）其他足以引人误解的商业宣传行为。

内容真实但引人误解的宣传通常发生在歧义性的陈述或者字面上真实但有虚假的第二含义的时候。例如，日本东京法院（1983 年 12 月 23 日）有一个判例：被告出售假冒路易·威登提包，并在广告中提到这些提包不是路易·威登公司的产品，法院判决该广告是引人误解的，即其目的是使对方产生误解，并误认为其所作广告和出售冒牌货是合法的。又如，我国台湾地区学者的一些著作中提到的房地产广告，广告上说“距火车站五百公尺”，事实上也是五百公尺（500 米）左右，但这种距离是无法直接通行的直线距离，由于火车道沿线栅栏的阻隔，必须绕过 2 000 公尺（2 000 米）的地下道，绕道后距火车站竟达 4 公里（4 000 米）之远。这里“距火车站五百公尺”虽属事实，但显然是引人误解的。①

二、“引人误解”的判断标准

既然虚假或者引人误解的商业宣传行为的本质属性是“引人误解”，即具有引人误解的目的或者后果，会引起或者足以引起交易相对人的误解，那么确定会受到误解的人的范围对行为的判定至关重要。在判定一项商业宣传行为是否引人误解时，应该以该宣传所针对的对象的理解为准，而不应以宣传行为的实施者的理解为准。以美国为代表的很多国家是以一般消费者施以普通注意为标准的。我国 2017 年修订后的《反不正当竞争法》在第 8 条第 1 款的后半句增加了“欺骗、误导消费者”的表述。这一方面是出于法律体系一致的需要，在表述上同于 2015 年修订的《广告法》第 4 条——“广告不得含有虚假或者引人误解的内容，不得欺骗、误导消费者”；另一方面也实际上确立了在虚假或者引人误解的商业宣传行为认定时消费者理念的判断标准。

所谓一般消费者，是指按一般交易观念通常可能消费该商品的人。其划定范围应根据消费内容的不同而不同：对于普通的产品和服务，应以一般消费者的普通注意力进行判断；对于专

① 参见孔祥俊：《反不正当竞争法的适用与完善》，231 页，北京，法律出版社，1998。

业性的产品或服务，则要根据专业人士的普通注意力进行判断。同时，购买商品时的注意程度应是通常购买这类商品的注意程度。这种注意程度会因为不同的性别、年龄、职业，以及是否受过专业教育、对某些环境和事物的兴趣和敏感程度等的不同而大不相同。

根据最高人民法院《关于适用〈中华人民共和国反不正当竞争法〉若干问题的解释》（法释〔2022〕9号）第17条第2款，人民法院应当根据日常生活经验、相关公众一般注意力、发生误解的事实和被宣传对象的实际情况等因素，对引人误解的商业宣传行为进行认定。这说明，是否构成引人误解，主要是根据相关经济生活领域的日常生活经验和宣传行为的具体情形，按照相关公众中的一般主体是否产生误解进行判断的。这种判断标准虽然具有自由裁量性，但不能脱离一般的社会基础，具有一定的客观约束性。

此外，在判断广告等商业宣传是否引人误解时，还应把握整体观察及比较主要部分的标准。一方面，在判断时需要从宣传内容的整体出发，采取整体观察标准；另一方面，由于广告等宣传中的主要部分是构成要素中最引人注意的部分，主要部分以外的要素是附属部分，因而如果主要部分使人在观念上、名称上、外观上陷入错误的认识，那么即使附属部分的内容真实，仍应认定为属于引人误解的虚假宣传。而在作具体的比较时，还应采取隔离观察的方法。

三、比较广告中的虚假或者引人误解的商业宣传行为

比较广告是一种特殊表现形式的广告。德国《反不正当竞争法》第6条第1款规定：“比较广告，是指任何一种直接或间接指明竞争者或由某个竞争者提供的商品或服务的广告。”在比较广告中，广告主将同一行业内自己与他人的竞争商品或服务相比较，从而突出自己商品或服务的特点，以影响消费者的消费决策或其他经济行为。比较广告本身并不违法，而且内容真实、手段正当的比较广告既是经营者言论自由的表现，也有利于公众获得有关商品或者服务的真实信息。比较广告利用比较得出的信息，能让消费者更好地了解相关的市场和产品，减少消费者本人为了搜集产品信息而付出的代价，同时可以提高市场的透明度，促进良好的竞争秩序。但是，比较广告如果违背了广告的基本准则，超过了正常的界限而损害了其他经营者的合法权益，就可能构成一种不正当竞争行为。但比较广告不是一种独立的不正当竞争行为，也不是虚假或者引人误解的商业宣传行为中的一种独立的形式；它经常被使用在虚假或者引人误解的商业宣传和商业诋毁的行为中，成为这两类不正当竞争行为的表现方式。

就比较广告是否构成虚假或者引人误解的商业宣传行为来说，也要从其内容的真实或者引人误解方面进行判断。对于内容虚假的比较广告，将其认定为虚假宣传是比较容易的。而对于内容真实或部分真实却引人误解的比较广告，则需进行具体分析：首先，在比较广告中使用未确定事实的情况。未确定事实包括未发生的事实及存在争议、尚无定论的事实。由于未确定事实的真实性没有最终确定，因而不能简单认定为真实或虚假。但比较广告中使用的数据或调查结果必须有科学的依据和证明，尚未得到国家权威机构认定的不确定事实，不能作为真实的事实。因此，未确定事实在比较广告中的使用背离了公平竞争规则。其次，在比较广告中使用部分事实的情况。在比较广告中仅引用真实信息的片段，虽然可能并不损害消费者的合法权益，但在广告中隐瞒重要事实，其目的在于歪曲事实真相，误导消费者，无疑对竞争对手是不公平的。因此，在比较广告中无论是使用未确定的事实还是使用部分事实，如果对事实的陈述是客观、真实、全面的，不会造成引人误解的后果，那么对未确定的事实或部分事实的使用就是正当、合法的。如果以使消费者误解为目的，对未确定的事实或部分事实加以使用，未确定的事实或部分事实实际上与真实事实不符，并且导致或足以导致消费者的误解，那么就可构成虚假宣传行为。正是基于此，前述最高人民法院《关于适用〈中华人民共和国反不正当竞争法〉若

干问题的解释》（法释〔2022〕9 号）第 17 条第 1 款特别列举的引人误解的商业宣传就包括“对商品作片面的宣传或者对比”和“将科学上未定论的观点、现象等当作定论的事实用于商品宣传”。

四、虚假或者引人误解的商业宣传与商业诋毁的竞合

《反不正当竞争法》第 8 条规定的虚假或者引人误解的商业宣传行为与该法第 11 条规定的商业诋毁行为之间既存在区别，又有着密切的联系。两者的区别主要表现为：一是行为所针对的对象不同。虚假或者引人误解的商业宣传一般是没有明确的针对对象的，所涉及的是不特定的同类竞争的经营者；而商业诋毁通常是有针对对象的，所涉及的是同类竞争对象中的某一个特定的经营者。二是宣传内容涉及的范围不同。虚假或者引人误解的商业宣传行为只涉及自己的商品或服务，即对自己的商品或服务进行各种形式的虚假的或者引人误解的宣传；而商业诋毁行为除涉及自己的商品或服务外，还涉及其他经营者的商品或服务，而且经营者常常通过片面介绍、夸大事实、歪曲产品的优劣等方式来贬损竞争对手的商品或服务，以达到降低竞争对手的商业信誉、丑化其商业形象、使竞争对手失去有效竞争力的目的。

但是，两者在本质上都是经营者通过传播某种不真实的信息来影响消费者的购买决策，从而获取市场竞争优势和经济利益的不正当竞争行为。商业诋毁行为人正是通过向不特定的主体，特别是对竞争优势和经济利益的获取有根本影响的相关消费者传播虚伪或者引人误解的信息，通过损害竞争对手的商业信誉和商品声誉，引起消费者的误认、误购来不正当地实现自己商品或服务的交换价值，所以，两者在行为的性质、内容上具有本质的一致性。这样，两者存在竞合关系，即：一方面，商业诋毁行为往往首先构成了虚假或者引人误解的商业宣传行为，商业诋毁实际上是抬高自己商品声誉的一种手段，进一步又构成了对特定竞争对手的商业诋毁。另一方面，如果运用虚假或者引人误解的信息来表明自己的产品比被诋毁的产品优良，那么可以认定为衬托性地宣传自己的商品，也可以认为同时构成虚假宣传行为。

虚假或者引人误解的商业宣传行为与商业诋毁行为存在规范竞合，因此，在经营者采取捏造、散布虚伪事实损害竞争对手的商业信誉、商品声誉的方式来宣传或突出自己的商品或服务，导致消费者误认、误购的情况下，同时构成虚假或者引人误解的商业宣传行为和商业诋毁行为。其中，商业诋毁行为应当是虚假或者引人误解的商业宣传行为的特别行为，基于一般法与特别法原则，在实践中应当优先适用关于商业诋毁行为的法律规定。

五、帮助进行虚假或者引人误解的商业宣传行为

2017 年修订后的《反不正当竞争法》第 8 条第 2 款规定：“经营者不得通过组织虚假交易等方式，帮助其他经营者进行虚假或者引人误解的商业宣传。”这是一个新增的关于帮助进行虚假或者引人误解的商业宣传行为的规定。

虽然该法第 8 条第 1 款明确了经营者禁止在市场中从事虚假或者引人误解的商业宣传行为，并明确了认定虚假或者引人误解的商业宣传行为的要件，但是在执法和司法实践中，虚假或者引人误解的商业宣传行为往往不是由某一个经营者单独进行的，在直接从事虚假或者引人误解的商业宣传的行为人背后，通常存在着对其违法行为进行帮助的其他经营者。经营者直接从事虚假或者引人误解的商业宣传行为对竞争秩序的影响是显而易见的，帮助进行虚假或者引人误解的商业宣传的经营者同样对竞争秩序受损害产生了重要的作用。在民事责任承担上，此种帮助虚假或者引人误解的商业宣传的经营者的责任通常可以通过“共同侵权”的侵权理论得

到追究；但在行政责任的承担上，由于行政机关遵循“法无规定不可为”的执法原则，帮助虚假或者引人误解的商业宣传的经营者的责任在过去很难得到有效追究。有鉴于此，《反不正当竞争法》在修订时增加了对于帮助进行虚假或者引人误解的商业宣传的禁止条款并明确了相应的法律责任。

“组织虚假交易等方式”是经营者帮助进行虚假或者引人误解的商业宣传行为的方式。这是在《反不正当竞争法》上第一次对“虚假交易”作出规定。这种规定是对我国已经存在的一些违法行为的立法回应，最为典型的是在电子商务领域的“刷单”行为。尽管在法律中此前没有就虚假交易行为作出具体规定，但在商业惯例中已经出现了对虚假交易的内涵表述比较完整的解释，如《天猫规则》第73条规定：“虚假交易，是指用户通过虚构或隐瞒交易事实、规避或恶意利用信用记录规则、干扰或妨害信用记录秩序等不正当方式获取虚假的商品销量、店铺评分、信用积分、商品评论或成交金额等不当利益的行为。”[①] 当然，法律不可能将所有帮助虚假宣传的行为方式进行列举，所以使用了“等”进行兜底性规定。

“虚假交易”行为方式本身并不构成该款的规制对象。虚假交易本身作为一种违法商事行为，发生在特定的经营者之间，对竞争秩序和消费者的利益不会有直接的影响。即使其本身具有违法性，也可由民商事法律规范进行调整，而不属于不正当竞争行为。但虚假交易往往是帮助进行虚假或者引人误解的商业宣传的方式之一，通过虚假交易或公布交易记录等方式，违法经营者得以完成虚假或者引人误解的商业宣传，从而牟利。反不正当竞争法规制的是通过虚假交易等方式达成的虚假或者引人误解的商业宣传行为。

第三节　虚假或者引人误解的商业宣传行为的法律责任

对于虚假或者引人误解的商业宣传行为的法律责任，各国主要通过竞争法和广告法进行规定，责任形式包括停止宣传行为、行政罚款、民事赔偿等，危害严重的虚假广告的经营者还要承担刑事责任。

对于民事责任，我国2017年修订后的《反不正当竞争法》第17条作了原则规定，即经营者利用广告或者其他方法，对商品作虚假或引人误解的商业宣传，给他人造成损害的，应当依法承担停止侵害、赔偿损失、公开赔礼道歉等民事责任。根据最高人民法院《关于适用〈中华人民共和国反不正当竞争法〉若干问题的解释》（法释〔2022〕9号）第18条，当事人主张经营者违反《反不正当竞争法》第8条第1款的规定并请求赔偿损失的，应当举证证明其因虚假或者引人误解的商业宣传行为受到损失。同时，根据最高人民法院《关于适用〈中华人民共和国反不正当竞争法〉若干问题的解释》（法释〔2022〕9号）第23条的规定，对于《反不正当竞争法》第8条规定的不正当竞争行为，权利人因被侵权所受到的实际损失、侵权人因侵权所获得的利益难以确定，当事人主张依据《反不正当竞争法》第17条第4款确定赔偿数额的（根据侵权行为的情节判决给予权利人500万元以下的赔偿），人民法院应予支持。

此外，《广告法》《消费者权益保护法》《食品安全法》《民法典》等法律，从不同的角度对虚假宣传行为的损害救济进行了规定。这就产生了上述法律在民事责任中的竞合问题。例如，一个经营者的商业误导行为有可能因同时违反上述法律规定而使相对人享有撤销商品买卖合同

① 天猫网，https：//rule.tmall.com/tdetail-146.htm? spm=a2177.7731969.0.0.L4n5K3&tag=self，最后访问日期：2017-10-24。

的请求权和赔偿损失的请求权，而在行使损害赔偿请求权时还可能依据不同的法律（依据《民法典》《消费者权益保护法》等）。在民事责任竞合时，应当按照民事行为的意思自治原则，由当事人自己选择有利于自己的法律进行诉讼。

对于行政责任，2017 年修订后的《反不正当竞争法》第 20 条第 1 款规定："经营者违反本法第八条规定对其商品作虚假或者引人误解的商业宣传，或者通过组织虚假交易等方式帮助其他经营者进行虚假或者引人误解的商业宣传的，由监督检查部门责令停止违法行为，处二十万元以上一百万元以下的罚款；情节严重的，处一百万元以上二百万元以下的罚款，可以吊销营业执照。"该条规定了两类主体应当承担行政责任：第一类是直接进行虚假宣传的经营者，即违反第 8 条第 1 款规定的经营者；第二类是通过组织虚假交易等方式帮助其他经营者从事虚假宣传的经营者。

此外，行政执法机构在进行行政处罚的过程中需特别注意《反不正当竞争法》和《广告法》中条款的竞合问题。2017 年修订后的《反不正当竞争法》第 20 条第 2 款针对这个问题规定："经营者违反本法第八条规定，属于发布虚假广告的，依照《中华人民共和国广告法》的规定处罚。"虚假广告是一种最为典型的虚假宣传方式，2017 年修订后的《反不正当竞争法》明确规定，属于发布虚假广告的，应当直接按照《广告法》中的规定进行处罚。《广告法》第 28 条列举了五种典型的虚假广告形式，即：（1）商品或者服务不存在的；（2）商品的性能、功能、产地、用途、质量、规格、成分、价格、生产者、有效期限、销售状况、曾获荣誉等信息，或者服务的内容、提供者、形式、质量、价格、销售状况、曾获荣誉等信息，以及与商品或者服务有关的允诺等信息，与实际情况不符，对购买行为有实质性影响的；（3）使用虚构、伪造或者无法验证的科研成果、统计资料、调查结果、文摘、引用语等信息作证明材料的；（4）虚构使用商品或者接受服务的效果的；（5）以虚假或者引人误解的内容欺骗、误导消费者的其他情形。《广告法》第 55 条规定了从事虚假广告行为的行政责任："违反本法规定，发布虚假广告的，由市场监督管理部门责令停止发布广告，责令广告主在相应范围内消除影响，处广告费用三倍以上五倍以下的罚款，广告费用无法计算或者明显偏低的，处二十万元以上一百万元以下的罚款；两年内有三次以上违法行为或者有其他严重情节的，处广告费用五倍以上十倍以下的罚款，广告费用无法计算或者明显偏低的，处一百万元以上二百万元以下的罚款，可以吊销营业执照，并由广告审查机关撤销广告审查批准文件、一年内不受理其广告审查申请。""医疗机构有前款规定违法行为，情节严重的，除由市场监督管理部门依照本法处罚外，卫生行政部门可以吊销诊疗科目或者吊销医疗机构执业许可证。""广告经营者、广告发布者明知或者应知广告虚假仍设计、制作、代理、发布的，由市场监督管理部门没收广告费用，并处广告费用三倍以上五倍以下的罚款，广告费用无法计算或者明显偏低的，处二十万元以上一百万元以下的罚款；两年内有三次以上违法行为或者有其他严重情节的，处广告费用五倍以上十倍以下的罚款，广告费用无法计算或者明显偏低的，处一百万元以上二百万元以下的罚款，并可以由有关部门暂停广告发布业务、吊销营业执照。"对于以其他方法进行的虚假宣传，仍应按照《反不正当竞争法》第 20 条第 1 款的规定处理。

对于刑事责任，《广告法》第 55 条第 4 款规定，利用广告对商品或者服务作虚假宣传的，构成犯罪的，依法追究刑事责任。而《刑法》第 222 条"虚假广告罪"规定："广告主、广告经营者、广告发布者违反国家规定，利用广告对商品或者服务作虚假宣传，情节严重的，处二年以下有期徒刑或者拘役，并处或者单处罚金。"

案例与思考 1

北京柏安资讯科技有限公司诉北京智慧名堂商贸有限责任公司不正当竞争纠纷案①

1998 年 3 月，被告北京智慧名堂商贸有限公司为其经营的“NOVA 百脑汇资讯广场”做宣传和招商，分别在 302 路、320 路、332 路公共汽车车身上登载广告，内容为“现在买电脑马上后悔！NOVA 百脑汇资讯广场五月惊喜价”；又使用广告宣传车，以流动的方式，在中关村地区向公众散发印有“现在买电脑绝对后悔，NOVA 百脑汇资讯广场五月开幕”词句及“NOVA 百脑汇资讯广场”优惠待遇的有奖问卷。

原告北京柏安资讯科技有限公司认为，这些不当广告宣传不仅错误地引导消费者，还严重损害了自己的商业信誉和商品声誉，构成了不正当竞争，并且给自己造成了损失，于是向北京市海淀区人民法院起诉，请求法院判令被告停止侵权、公开赔礼道歉、赔偿经济损失 7 万元及商誉损失 3 万元，并承担原告因诉讼支出的合理费用和本案的诉讼费。

被告北京智慧名堂商贸有限责任公司答辩称：“百脑汇”本身不卖电脑，而是通过向入驻“百脑汇”的厂商、零售分销商提供专业的营销服务、专卖场管理和资源整合服务，向消费者提供购前培训和售后服务等，经营一个“现代化电脑大卖场”，与原告不存在竞争，更无不正当竞争可言。在公共汽车上使用上述广告语，是为了引起更多消费者的注意，替入驻的厂商先吸引人潮。“惊喜价”则是基于电脑产品性能不断提高而价格却不断下跌的事实提出的。因此，被告的行为不构成对原告的不正当竞争，原告所述与事实不符，不同意原告的诉讼请求。

北京市海淀区人民法院在查清事实的基础上认为：原、被告均是经营计算机类产品的同行业经营者，被告进行无事实依据的虚假广告宣传，目的是使消费者产生“现在买电脑绝对后悔，5 月份到被告开办的百脑汇电脑商城买电脑，享受惊喜价，一定满意”的误解，从而误导了消费者在中关村地区购买电脑类产品的行为，损害了原告的商业信誉和商品声誉，被告的行为已构成了对原告的不正当竞争。依据《反不正当竞争法》第 9 条之规定，法院判决被告向原告赔礼道歉，消除影响，赔偿原告经济损失 1 万元、商誉损失 2 万元。

被告不服一审判决，向北京市第一中级人民法院上诉。二审法院查明的事实与一审法院认定的事实相同。在二审中，上诉人向被上诉人表示歉意，被上诉人表示谅解，双方在法院的主持下达成了和解协议。上诉人给付被上诉人经济损失 28 000 元、因诉讼支出的合理费用 4 000 元，并承担诉讼费用。

在本案中，被告使用与客观事实相悖的虚假广告用语，误导消费者，从而使原告的消费群体在购买决策上产生困惑，甚至产生对非被告商品的排斥心理，因而该行为被法院认定为构成《反不正当竞争法》第 9 条规定的虚假宣传的不正当竞争行为。

① 资料来源：《北京知识产权审判案例研究》，678～681 页，北京，法律出版社，2000。

案例与思考 2

黄金假日诉携程机票预订不正当竞争案①

2006年7月11日，黄金假日公司以携程计算机公司、携程商务公司和康辉服务公司、北京携程公司为被告，向河北省高级人民法院提起诉讼称：携程计算机公司和携程商务公司并不具有经营国际、国内机票销售业务的经营许可和经营资格，却不断进行虚假宣传；康辉服务公司在河北省石家庄地区为携程计算机公司提供机票出票及送票服务，虽然取得了“民用航空客运销售代理业务经营批准证书”，但其行为实际上使携程计算机公司和携程商务公司的虚假宣传行为得以实现，是非法转让行政许可的行为，是帮助携程计算机公司和携程商务公司进行非法经营和虚假宣传的行为。故请求判令：(1) 携程计算机公司和携程商务公司停止通过“携程旅行网”进行“携程拥有行业内规模最大的统一的机票预订系统；是国内领先的电子客票服务供应商，预订量名列全国前列，机票直客预订销售量也是全国领先，是名副其实的国内领先的机票预订服务平台”“携程的机票预订、出票及送票上门的服务涵盖了国内所有重点城市。用户通过拨打携程全国免费服务电话×××，或者登录携程网站，即可在上海、北京、广州、深圳、杭州、成都、大连、青岛等43个出票城市随时随地轻松预订机票，这在全国尚属首家”的虚假宣传。(2) 被告赔偿因其虚假宣传的不正当竞争行为给原告造成的损失人民币500万元。

携程计算机公司、携程商务公司、北京携程公司、康辉服务公司答辩称：携程计算机公司和携程商务公司不存在虚假宣传行为，黄金假日公司混淆了机票预订和机票销售。携程计算机公司等四被告的行为是合法经营，不构成对原告的侵权，不应承担赔偿损失的责任。

河北省高级人民法院经审理后认为：从经营范围来看，黄金假日公司是从事旅游、旅游咨询、航空客运销售代理和互联网信息服务等业务的经营者；携程计算机公司是从事网上旅游信息服务、票务咨询的经营者，黄金假日公司与携程计算机公司在旅游信息服务方面存在同业竞争关系。携程计算机公司只是提供机票信息的中介，“预订”一词强调的是事先约定的意思，同酒店预订、旅游服务预订一样，对于一般的消费者即乘客而言，不会因该内容而引起对携程计算机公司服务方式的误解与混淆。因此，黄金假日公司诉称该部分内容构成虚假宣传的主张，理据不足，不予支持。法院于2007年1月5日判决：驳回黄金假日公司对本案所审理部分内容的诉讼请求。案件受理费35 010元，由黄金假日公司承担。

黄金假日公司不服上述判决，向最高人民法院提起上诉称：一审判决认定事实不清，适用法律错误，请求撤销一审判决，改判支持其原审诉讼请求。最高人民法院二审认为：对于上诉人有关被上诉人携程计算机公司和携程商务公司从事非法经营民航客运销售代理业务而构成虚假宣传的不正当竞争的主张，不予支持；对于上诉人有关被上诉人携程计算机公司和携程商务公司的其他宣传行为构成虚假宣传的不正当竞争的主张，

① 资料来源：最高人民法院（2007）民三终字第2号民事判决书，见 http://court.luogang.gov.cn/zscqsfbhzl/dxal/1355636827000.html。

或缺乏事实和法律依据，或与本案审理无关，亦不予支持；上诉人有关被上诉人康辉服务公司和北京携程公司构成帮助侵权的主张，亦当然不能成立。本案上诉人的上诉理由均不能成立，原判认定事实基本清楚，适用法律基本正确。最高人民法院于2009年10月20日作出终审判决：驳回上诉，维持原判。

本案是最高人民法院公布的2009年中国法院知识产权司法保护10大案件之一。本案的典型意义还在于，明确了非法经营与民事侵权的关系、虚假宣传行为的构成要件及具体判断标准、重复诉讼的构成要件及具体判断等法律适用问题。

案例与思考3

上海天府之国美食世界有限公司诉上海红磨坊俱乐部有限公司不正当竞争纠纷案[①]

原告上海天府之国美食世界有限公司（以下简称“天府之国公司”）以被告上海红磨坊俱乐部有限公司（以下简称“红磨坊公司”）的不正当竞争行为损害了原告的利益为由，向上海市静安区人民法院起诉，要求判令被告消除影响、赔礼道歉、赔偿经济损失84 360元，并承担本案诉讼费。原告诉称：被告开设火锅厅，招用原告的工作人员，身着原告的制服，使用原告的火锅单，挂出“红磨坊二楼火锅厅，特聘‘天府之国’特级火锅师主厨，欢迎品尝”的横幅，被告火锅厅经理何某还唆使原告男迎接将原告的客人介绍到被告处等，致使原告的营业额连续下跌，损害了原告的利益。被告辩称：招用原告工作人员是正常的，制服、火锅单上没有原告的名称、标志，横幅上“天府之国”是指四川而非原告。火锅厅经理何某是要求原告的男迎接在原告客满、客人要走的情况下把客人介绍到被告处，并未损害原告的利益，请求驳回原告之诉。

上海市静安区人民法院经公开审理查明：原告天府之国公司于1993年10月开张，专营川菜、火锅，系上海市旅游定点餐厅，《新民晚报》、《新闻报》、香港《大公报》几家新闻媒体先后对原告的经营作过报道，并在报道中将原告简称为“天府之国”。被告红磨坊公司在招聘了原天府之国公司工作人员何某等8人后，于同年12月30日开设火锅厅，在营业场所外显著位置挂出“红磨坊二楼火锅厅特聘‘天府之国’特级火锅师主厨，欢迎品尝”的横幅，并购买了印有原告标记的火锅单用于对外经营。拉横幅、使用原告火锅单持续一周多。被告部分服务员对外营业时，身着原告制服达一月余。此外，被告火锅厅负责人还私下要求原告的男迎接为其“拉客”。又查明：原告天府之国公司1993年11月和12月、1994年1月的营业额分别为98万元和102万元、7万元；被告红磨坊公司1993年12月、1994年1月的营业额分别为6万元、14万元。

上海市静安区人民法院认为：被告红磨坊公司的上述行为，是一种误导、欺骗的不正当竞争行为，违反了《反不正当竞争法》第5条和第9条的有关规定，而且被告的行为直接造成了原告营业额下降的损害结果。为维持公平竞争和合法经营，保障社会主义

① 参见上海天府之国美食世界有限公司诉上海红磨坊俱乐部有限公司不正当竞争纠纷案，载《最高人民法院公报》，1994（3）。

市场经济秩序健康发展，根据《反不正当竞争法》第 20 条的规定，被告应承担损害赔偿责任，同时还应依照《民法通则》第 134 条第 1 款第 1 项、第 7 项、第 9 项、第 10 项的规定承担民事责任。据此，上海市静安区人民法院于 1994 年 5 月 19 日判决：第一，被告红磨坊公司应于本判决生效之日起 20 日内在上海市一家市级报刊以十六分之一版面刊登启事，向原告天府之国公司赔礼道歉、消除影响。启事内容须经法院核准，登报费用由被告负担。第二，被告红磨坊公司应于本判决生效之日起 10 日内赔偿天府之国公司损失费 3 万元。

在本案中，被告以歧义非虚假的方式对其厨师等内容进行宣传，即通过使用“天府之国”来代表“四川”这一说法抗辩其宣传为真实的。但由于原告的名称即为“天府之国”，被告的上述宣传会对消费者造成误导，因此法院认定，在一些情况下使用真实的内容进行宣传依然会构成“引人误解的宣传”行为。

思考题

1. 试析虚假宣传行为的含义。
2. 如何理解《反不正当竞争法》第 8 条中“引人误解”和“虚假”之间的关系？
3. 如何把握“引人误解”的判断标准？
4. 比较广告在什么情况下构成虚假宣传？
5. 虚假宣传与商业诋毁是什么关系？
6. 虚假宣传行为如何承担法律责任？

第八章 禁止侵犯商业秘密制度

第一节 商业秘密及其法律保护概述

一、商业秘密的概念

关于“商业秘密”的概念，目前国内外尚无统一界定。一般认为，现代商业秘密法律制度起源于英美国家的司法实践，而后为大陆法系国家所借鉴。由于深受判例法的影响，商业秘密的概念比较灵活。直至20世纪后，各国（地区）才开始以成文法的形式尝试对商业秘密进行界定。

在美国，1939年美国法律学会出版的《侵权法重述》（第一版）和1979年美国统一州法律委员会制定的《美国统一商业秘密法》都对商业秘密作了界定。1995年《法律重述》（第三版）中的反不正当竞争部分规定：“商业秘密，指任何可用于工商经营的信息，其有足够的价值和秘密性，使相对于他人产生现实或潜在的经济优势。”“在决定有关信息是否可以得到商业秘密保护的时候，需要考虑是否采取了保密措施。”1996年美国国会制定的《经济间谍法》将商业秘密界定为“权利人采取了保密措施，不为普遍知悉，公众不易通过正当手段获取，具有独立经济价值的任何金融的、商业的、科学的、技术的、经济的、工程的信息”①。

在德国，《反不正当竞争法》没有明确对商业秘密进行定义，德国联邦法院在司法实践中一般将商业秘密界定为权利人有保密意思、具有正当的经济利益、与经营有关的未公开信息。日本1990年修订后的《不正当竞争防止法》将商业秘密界定为“有关制造或销售，在商业上具有实用性，作为秘密进行保守，不为一般公众所知悉的技术信息与经营信息”。2004年《俄罗斯联邦商业秘密法》规定：商业秘密是指在现实或可能的情况下能够为其所有人增加收入，避免不必要的损失，保持该信息所有人在商品市场、劳务市场、服务市场上的地位或者获得其他商业利益的秘密信息。构成商业秘密的信息是指具有实际的或潜在的商业价值，不为第三人所知悉和该信息的所有人对其采取了保密措施的科技、工艺、生产、财经或者其他信息（其中包括生产诀窍［专有技术］）。②

1994年达成的TRIPs，以“未披露的信息”的概念对商业秘密进行了界定，即该信息“……是保密的，即无论作为一个整体还是就其各部分精确的排列和组合而言，该信息尚不为通常处理该信息的人所普遍知晓，或不易被他们获得……因为保密而具有商业价值；并且……由该信息的合法控制人在当时的情况下采取了合理的步骤以保持其秘密性”。世界知识产权组织1996年制定的《反不正当竞争示范条款》也对商业秘密作了界定，其内容与TRIPs规定的内容基本一致，只是以“秘密信息”（secret information）代替“未披露的信息”。

我国借鉴了其他一些国家的做法，在1993年制定的《反不正当竞争法》中将商业秘密界

---

① 张玉瑞：《商业秘密法学》，699～707页，北京，中国法制出版社，1999。

② 参见邓社民、林辉：《俄罗斯联邦商业秘密法》，载《知识产权》，2006（3）。

定为“不为公众所知悉、能为权利人带来经济利益、具有实用性并经权利人采取保密措施的技术信息和经营信息”。1995 年国家工商行政管理局发布实施、1998 年修订的《关于禁止侵犯商业秘密行为的若干规定》，对商业秘密概念中的技术信息和经营信息所包括的具体内容又作了列举式规定，即：“本规定所称技术信息和经营信息，包括设计、程序、产品配方、制造工艺、制作方法、管理诀窍、客户名单、货源情报、产销策略、招投标中的标底及标书内容等信息。”

从有关国家和地区以及国际组织对商业秘密的界定来看，虽然关于商业秘密内涵的界定存在差异，但在若干基本方面是一致的，即：商业秘密不为该领域的人所普遍知悉；商业秘密必须能够为其所有人带来现实或潜在的经济利益；商业秘密所有人已经采取了合理的保密措施。同时，商业秘密的范围呈现日益广泛的趋势，目前一般认为关于商业秘密最广泛的界定是美国 1996 年颁布的《经济间谍法》中的规定，即商业秘密是指“各种形式与类型的财务、商业、科学、技术、经济或工程信息，包括模型、计划、工具、机制、组成、公式、设计、原型、程序、方法、技术、工艺、方案或密码，不论其为有形或无形，也不论其是以物理的、电子的、描述的、摄影的方式储存、编辑、记忆”。在 TRIPs 中，根本没有对商业秘密的范围作出界定，这主要是因为商业秘密的范围实质上还是由其内涵（主要是构成要件）来决定的。

我国 2017 年修订后的《反不正当竞争法》第 9 条第 3 款规定：“本法所称的商业秘密，是指不为公众所知悉、具有商业价值并经权利人采取相应保密措施的技术信息和经营信息。”而在 2019 年修正后的《反不正当竞争法》第 9 条第 4 款规定：“本法所称的商业秘密，是指不为公众所知悉、具有商业价值并经权利人采取相应保密措施的技术信息、经营信息等商业信息。”显然，在我国受到保护的商业秘密的范围在逐步扩大。

二、商业秘密的性质和特征

在商业秘密具有什么性质的问题上，人们的认识也是不完全一致的。这主要涉及：商业秘密是不是一种财产；商业秘密所有人对商业秘密所享有的是不是一种权利；如果属于某种权利，具体属于哪一类权利，其具有什么特点。

否认商业秘密是一种财产的主要理由是，其占有人不享有排他性的权利。然而，运用约翰·洛克的劳动财产权理论可以证明商业秘密也是一种财产。约翰·洛克认为，“（一个人）的身体所从事的劳动和他的双手所进行的工作，我们可以说是正当地属于他的，所以只要他使任何东西脱离自然所提供的和那个东西所处的状态，他就已经掺进他的劳动，在这上面掺进他自己所有的某些东西，因而使它成为他的财产……从而排斥了其他人的共同权利”①。而商业秘密，作为一种信息，本质上也是其所有人的智力创新成果，来自特定人的智力劳动，因而商业秘密是所有人的财产。美国联邦最高法院在相关案件中也采用了此观点，认为商业秘密是“财产”，并分析指出：“商业秘密具有许多有形资产的特征。商业秘密可以转让，商业秘密可以形成信托财产，在破产时转让给受托人。”② 同时，商业秘密作为一种智力成果，具有稀缺性、价值性，能为所有人和占有人带来现实或潜在的经济利益。

法律上的权利是指法律所允许的，权利人为了满足自己的利益而采取的由其他人的法律义务所保证的法律手段。③ 权利与利益最大的区别在于法律赋予权利人一定的法律手段，以防止

① 转引自郑成思主编：《知识产权——应用法学与基本理论》，1 页，北京，人民出版社，2005。

② ［美］罗伯特·P. 墨杰斯等：《新技术时代的知识产权法》，齐筠等译，30 页，北京，中国政法大学出版社，2003。

③ 参见孙国华、朱景文主编：《法理学》，2 版，385 页，北京，中国人民大学出版社，2004。

其权利被侵害，并实现其权利内容。对商业秘密无论是通过合同法、侵权法、反不正当竞争法还是单独立法来进行调整，权利人均有权依法请求禁止他人侵害其合法权利，以实现商业秘密对自己的价值，因此商业秘密所有人对其商业秘密所享有的本质上是一种权利。而且，根据约翰·洛克的劳动财产权理论，由于劳动是属于个人的，劳动本身又增加了价值，所以劳动者应当享有劳动成果的财产权。[①] 虽然很多侵害商业秘密的行为是以违反约定的形式表现出来的，依据"违反保密义务"可以为商业秘密的所有人提供一定程度的保护，但不能据此否定商业秘密的财产权性质：一方面，并不是所有的侵害商业秘密的行为都以违约的形式表现出来；另一方面，在以违约的形式表现出来的时候，实际发生的是违约行为与侵犯商业秘密这一财产权的行为的竞合，并不能够因为违约就排斥了财产权的存在。

商业秘密不仅具有稀缺性、价值性和可转让性等特征，而且以技术信息和经营信息表现出来的商业秘密具有无形性、一定的专有性、标的的可复制性等。因此，商业秘密具有知识产权的基本特征，在现代社会，商业秘密是一种重要的知识产权。基于此，TRIPs已经明确将商业秘密作为"未披露的信息"纳入了应当受到保护的七类知识产权中。[②] 鉴于该协议的性质和影响，可以说关于商业秘密是否是一种知识产权的争论已经没有太大的实际意义了。在我国，商业秘密首次被明确纳入知识产权的权利客体，是 2017 年 3 月施行的《民法总则》第 123 条；之后，2020 年 5 月 28 日通过的《民法典》第 123 条再次进行了重申，明确规定在中国民事权利体系中，商业秘密属于知识产权客体，权利人对商业秘密依法享有专有权利。这说明，经过 20 多年的逐步发展，立法者最终将商业秘密由"法益"上升为"权利"。

作为知识产权家族中比较新的一类，商业秘密具有不同于其他知识产权的特点。首先，商业秘密的秘密性。与专利、商标、著作权等知识产权不同，商业秘密一旦"公开"就失去了其价值，不能为权利人带来竞争优势，失去了产权性质。其次，较弱的排他性。商业秘密的权利人可以禁止他人以不正当的手段获取、使用和披露其商业秘密，但是不能够排斥他人通过独立开发和反向工程等方式获取该信息，因而出现同一个商业秘密存在不同的权利主体的现象是很有可能的，只要该信息不为公众所知。可见，商业秘密的排他性是较弱的，而专利、商标等知识产权具有很强的独占性，在权利人获得上述权利以后，他人即使通过自己的创造也无法获得同样的权利保护。最后，商业秘密没有限定的保护时限。与专利、商标、著作权等知识产权有明确的法律保护期限不同，只要构成商业秘密的信息始终处于秘密状态，有关该信息的商业秘密就受到法律的长期保护。因此，商业秘密没有确定的保护期限，少则几天，多则可能百年甚至更长，也就是说，该秘密信息被公众所知的时候就是该权利不受保护的时候。

三、商业秘密的作用与保护的必要性

在整个知识产权体系之中，商业秘密具有独特的地位。就对社会的推动作用而言，专利、商标、著作权、商业秘密制度共同鼓励发明、创作、创新，鼓励诚实经营，从不同方面保护权利人的合法权益。在发展知识经济和实施知识产权战略的过程中，商业秘密制度有着不可替代的作用。从微观层面来看，在产业化的过程中，专利、商标、著作权和商业秘密往往相辅相成，交叉性、多方位地保护权利人的合法利益。商业秘密保护的技术信息、经营信息，可转化为其他知识产权，如专有技术产生之初一般表现为商业秘密，成熟之后则可以转化为专利或同时受到著作权制度的保护。

---

① 参见郑成思主编：《知识产权——应用法学与基本理论》，2 页，北京，人民出版社，2005。

② 其他六类为：著作权与有关权、商标、地理标志、工业品外观设计、专利、集成电路的布图设计。

在知识经济和信息化时代的今天，商业秘密作为一种重要的信息，其价值也凸显，并受到人们的重视，成为企业获取竞争优势的重要资源。商业秘密关系到权利人的经济利益，企业拥有商业秘密，就拥有了现实或潜在的市场竞争优势。在市场经济条件下，人才流动趋于频繁，技术竞争日益激烈，侵犯商业秘密的问题较为突出，呈现上升趋势，严重破坏了正常的市场竞争秩序，恶化了市场交易环境。此外，商业秘密还涉及国家之间的重大贸易利益和经济安全问题。我国企业的商业秘密被国外企业窃取的情况十分严重，如我国景泰蓝、宣纸、青蒿素、两步发酵法制维C等生产技术的泄密事件，给国家和相关企业带来了难以估量的损失，其教训非常深刻。因此，保护商业秘密具有非常重要的意义。

首先，保护商业秘密有利于鼓励创新。作为知识产权的一种，商业秘密的保护同样具有鼓励创新这一知识产权保护制度的基本功能。商业秘密的创造需要投入大量的成本，如果开发者的创新成果被人免费“搭便车”，投资得不到回报，理性的经济人就都不愿意持续地进行创新活动，至少不愿用商业秘密这一形式来保护其创新成果。这必将影响到技术的进步、经济的增长和社会的发展，因此，开发和运用商业秘密是获得竞争优势的一个十分重要的途径，但要以商业秘密得到保护为前提。

其次，保护商业秘密有利于维护公平竞争秩序。保护商业秘密不仅是鼓励创新的需要，也是诚实信用、公平等商业道德所要求的，以阻止通过不正当的手段攫取他人的劳动成果。在古罗马时代对商业秘密保护之初，其主要的依据就是诱使他人泄密违反了商业道德，因此有学者指出：“营业秘密之保护，自始即具有维护商业道德及竞争秩序之寓意。”① 在商业秘密法进一步的发展中，这种功能一直被放在了诸多功能的首位。在英美法系国家，直到目前仍有一种重要观点认为被告侵犯原告的商业秘密，实质上是对原告“信赖关系”的违反，被告的侵权行为是对原告信任的滥用。美国联邦最高法院于1973年指出：“保护商业秘密的目的，在于维护商业伦理；交易中的善意、诚实与公正，是商业活动充满生命力和活力的保证。”② 这也使保护商业秘密与体现了商业道德原则的反不正当竞争法有着非常密切的联系，包括我国在内的很多国家主要是通过反不正当竞争法来对商业秘密进行保护的。

四、商业秘密法律保护的基本情况

保护商业秘密是一个古老的法律理念。“营业秘密，渊源于古罗马时代，竞业者以恶意引诱或强迫对方之奴隶泄露营业秘密之不正竞业行为，法律赋予奴隶所有人‘奴隶诱惑之诉’(actio servi corrupti)，得请求双倍之损害赔偿。”③ 近现代以来，英美法系国家较早通过判例法对商业秘密进行保护，其中，英国是世界上第一个对商业秘密予以司法保护的国家。19世纪初，英国就出现了商业秘密案件，如1817年的Newbery v. Jemes案。美国在继受英国商业秘密保护理念的基础上，在1837年也出现了商业秘密判决案，如Vickey v. Welch案。1939年，美国法律学会出版的《侵权法重述》（第一版），对商业秘密的保护进行了总结。1979年，美国统一州法律委员会正式批准《统一商业秘密法》，并建议各州采用。1995年，美国法律学会又推出了《法律重述》（第三版），将商业秘密保护规定纳入“反不正当竞争法”部分。目前，美国各州除了判例法，基本上都有自己成文的商业秘密法律制度。美国为了在全球竞争中保护

① 徐玉玲：《营业秘密的保护》，3页，台北，三民书局，1993。

② 转引自戴永盛：《商业秘密法比较研究》，3页，上海，华东师范大学出版社，2005。

③ 转引自徐玉玲：《营业秘密的保护》，3页，台北，三民书局，1993。其中，商业秘密在我国台湾地区被译为营业秘密。

美国人的经济技术优势，于1996年颁布了《经济间谍法》。该法根据主体不同，规定了外国人对美国人的“经济间谍罪”和美国人之间的“商业秘密犯罪”，从刑法角度加大了对外国人盗取美国人商业秘密的制裁，同时强化了对美国社会内部商业秘密的刑事保护。

在大陆法系国家，法国较早对商业秘密进行保护，1804年的《法国民法典》从侵权行为和合同的角度对工业性商业秘密进行保护。19世纪中叶，法国和德国在其刑法典中规定了对未经许可而泄露工厂秘密的行为的刑事制裁措施。20世纪后，大陆法系国家基于维护市场竞争秩序的目的，一般通过反不正当竞争法来保护商业秘密。德国1909年的《反不正当竞争法》规定了商业秘密侵权人的民事责任和刑事责任。德国2004年修订后的《反不正当竞争法》虽然在第4条对不正当竞争的列举中没有明确提到侵犯商业秘密的行为，但是在第17条规定了泄露商业秘密或经营秘密的刑事责任，其中规定：作为企业中的受雇人员，以竞争为目的，或出于私利，或为第三人谋利，或出于损害本企业所有人之意图，在雇佣关系存续期间，擅自将因雇佣关系掌握或获取的商业秘密或经营秘密泄露给他人的，处3年以下监禁或罚金；以前述目的，擅自获取或保全他人商业秘密或经营秘密，或者对其擅自加以利用或告知他人，处与前款相同的处罚；未遂是可罚的；情节特别严重的，处5年以下监禁或罚金。该法第19条还规定，诱使泄密和自愿泄密也要承担刑事责任。日本起初通过民法典保护商业秘密，1990年修订后的《不正当竞争防止法》增加了有关商业秘密的规定。日本在2002年出台的“知识产权战略大纲”及其年度推进计划中特别指出保护商业秘密的重要性，其国会根据“大纲”修订了《不正当竞争防止法》。

随着知识经济和经济全球化的发展，商业秘密在国际竞争中的地位和作用日益提升，对其进行国际保护也显得越来越重要。TRIPs第39条对“未披露的信息”（商业秘密）保护的相关问题作了规定：“自然人和法人均应有可能制止他人未经其同意以违反诚实商业行为的方式披露、获取或者使用其合法控制的信息……”“各缔约方应有可能防止他们所控制的信息在没有得到他们同意的条件下，被别人以违反诚实商业惯例的方式泄露、获得或者使用。”这是在一个非常重要的国际公约中明确将商业秘密的保护作为知识产权保护和反不正当竞争的一项新内容，并对此规定了最低的保护标准。由于WTO的推动，商业秘密的民事保护已经成为几乎所有国家的法律制度。在TRIPs的基础上，1996年世界知识产权组织公布了《反不正当竞争示范条款》，其第6条明确规定了“侵犯商业秘密”为不正当竞争。此外，一些区域性国际条约中也涉及了商业秘密保护，如1993年签订的《北美自由贸易协定》和1994年的《安第斯条约》等。

在商业秘密保护制度的发展中，由于各国（地区）的立法体制、文化背景不同，商业秘密保护的模式也不尽相同，主要可分为以下四种：第一，普通法（判例法）保护模式。这种模式以英国、美国为代表，主要盛行于英美法系国家，是商业秘密保护的最初模式。这种模式主要是在司法审判过程中运用侵权行为法和合同法的相关原理来保护商业秘密权利人的权利。第二，民法保护模式。在大陆法系国家，如法国、意大利等，主要通过民法中关于侵权和合同方面的有关成文法规定对商业秘密进行保护。第三，反不正当竞争法保护模式。为了维护正当的市场竞争秩序和商业道德，有些国家如德国、日本和我国等，将商业秘密纳入反不正当竞争法进行保护。第四，专门法保护模式。鉴于商业秘密的重要性和特殊性，一些国家和地区如瑞典、俄罗斯等，采用专门法来保护商业秘密。

在我国，对商业秘密进行法律保护是从改革开放以后开始的。1987年的《技术合同法》确立了技术秘密的合同债权，后来有关内容并入了1999年的《合同法》（第43条）。1993年12月1日起施行的《反不正当竞争法》第一次以法律形式明确规定了商业秘密的概念、侵权形式、法律责任（第10条和第25条）。1994年通过的《劳动法》将保守用人单位的商业秘密作为劳动合同约定条款之一，并规定了违反保密条款的法律责任。1994年实施、2005年修订的《公司法》中规定，公司董事、高级管理人员不得“擅自披露公司秘密”。1997年的《刑法》第219条规定了侵犯商业秘密罪的构成和刑事处罚。除上述法律外，我国还有许多有关商业秘密保护的法规、部门规章和司法解释等，特别是1995年11月23日国家工商行政管理局公布的《关于禁止侵犯商业秘密行为的若干规定》和2007年1月12日最高人民法院《关于审理不正当竞争民事案件应用法律若干问题的解释》（法释〔2007〕2号，已废止），从不同的角度对商业秘密的构成要件、保密措施、侵权行为认定、举证责任、损害赔偿计算等作了具体、明确的规定。2020年的《民法典》更是从民事基本法的角度规定了商业秘密为知识产权的客体。最高人民法院《关于审理侵犯商业秘密民事案件适用法律若干问题的规定》（法释〔2020〕7号）于2020年9月12日起施行。目前，我国已经形成了以《反不正当竞争法》（2017年修订、2019年修正）为主体，以其他法律、法规、规章以及相关司法解释为辅助的，多层次、多视角的商业秘密保护法律制度体系。

第二节　商业秘密的认定

在保护商业秘密或者制止商业秘密侵权行为过程中，对商业秘密本身的认定是前提和基础。并不是所有的商业信息都是商业秘密，该信息只有符合商业秘密的构成要件，才能成为法律意义上的商业秘密。从构成条件上看，包括我国在内的各国的法律规定与TRIPs的规定都比较一致，都强调商业秘密的所谓“三性”。按照我国2019年修正后的《反不正当竞争法》第9条第4款的规定，商业秘密是指不为公众所知悉、具有商业价值并经权利人采取相应保密措施的技术信息和经营信息等商业信息。因此商业秘密的构成要件包括秘密性、商业价值性和管理性（保密性）。对商业秘密的认定主要围绕这三个基本要件进行。

一、秘密性的认定

秘密性是指商业秘密所处的状态是秘密的，没有被公开过，在《反不正当竞争法》第9条第4款中的表述为“不为公众所知悉”。秘密性是商业秘密的本质特征，也是商业秘密区别于专利等其他知识产权的主要标志之一。例如，美国可口可乐畅销世界已达一百多年，但其配方只有极少数人知晓，该配方就是一种典型的商业秘密。

《关于禁止侵犯商业秘密行为的若干规定》第2条将“不为公众所知悉”解释为“不能从公开渠道直接获取”。根据最高人民法院《关于审理侵犯商业秘密民事案件适用法律若干问题的规定》（法释〔2020〕7号）第3条，权利人请求保护的信息在被诉侵权行为发生时不为所属领域的相关人员普遍知悉和容易获得的，人民法院应当认定为《反不正当竞争法》第9条第4款所称的不为公众所知悉。这意味着“不为公众所知悉”应当同时具备不为普遍知悉和并不容易获得（不能从公共渠道直接获得）两个具体条件。首先，“不为公众所知悉”具有相对性，即只要不为所属领域的相关人员普遍知悉即可，且允许权利人在采取保密措施的情况下让有必要知道商业秘密的人员知悉，而不是除权利人以外的任何人都不能知道。事实上，由于商业秘密是生产经营中的一种信息，其商业价值要通过少数人的使用才能实现，要求其不被任何人知道，在很多情况下是不可能的。其次，一项信息要构成商业秘密，不仅该信息要处于一般的保密状态，而且获得该项信息要有一定的难度，这样才符合商业秘密的秘密性要求。例如，那些相关人员不需要创造性劳动，仅仅经过一定的联想即能获得的信息，就是容易获得的信息。

为便于掌握和具体认定，在总结审判经验和借鉴国外经验的基础上，最高人民法院《关于审理侵犯商业秘密民事案件适用法律若干问题的规定》（法释〔2020〕7号）第4条规定：具有下列情形之一的，人民法院可以认定有关信息为公众所知悉：（1）该信息在所属领域属于一般常识或者行业惯例的；（2）该信息仅涉及产品的尺寸、结构、材料、部件的简单组合等内容，所属领域的相关人员通过观察上市产品即可直接获得的；（3）该信息已经在公开出版物或者其他媒体上公开披露的；（4）该信息已通过公开的报告会、展览等方式公开的；（5）所属领域的相关人员从其他公开渠道可以获得该信息的。将为公众所知悉的信息进行整理、改进、加工后形成的新信息，符合本规定第3条规定的，应当认定该新信息不为公众所知悉。

为正确理解商业秘密的“不为公众所知悉”的含义，还应从知悉的主体、被知悉的客体、知悉的方式以及新颖性方面作进一步的分析。

知悉商业秘密的主体是指商业秘密的秘密性是对什么范围的人而言的。根据现行法律、法规的规定，知悉的主体应是“公众”。这里的“公众”，不是指所有的自然人，而是指可能从商业秘密中获取经济利益的同业竞争者和准备涉足同行业并有可能从商业秘密中获取经济利益的其他人。[①] 若某一商业秘密仅在企业内部为有关职工因业务需要所知，而按照企业的规章制度或劳动合同，职工对于因工作接触的商业秘密负有明示或默示的保密义务，则该商业信息仍属于商业秘密。商业秘密因业务所需，被企业外部的原材料供应商、产品销售商、加工承揽商、修理商所知，只要局限在很小的范围内，即所有人不扩散，且按照当时、当地的行业习惯或当事人的约定，这种外部知悉者有保密义务，那么这种知悉不会使商业秘密丧失其秘密性。他人通过自己的劳动（如反向工程）独立开发出此秘密，只要其保守秘密，就不会使商业秘密失去秘密性。

被知悉的客体包括信息整体的确切内容、信息各个组成部分的确切内容以及组成部分的确切组合。这意味着，一项保密信息的确切内容不为公众所知悉当然可以认定为商业秘密，即使一项信息整体及其组成部分为公众所知悉，但具体组成部分的确切内容不为公众所知悉，或者一项信息的整体和各个组成部分的确切内容已为公众所知悉，但组成部分的确切组合不为公众所知悉，则具体组成部分的确切内容或者组成部分的确切组合也可以被认定为商业秘密。

知悉的方式是指知悉商业秘密的主体了解、掌握商业秘密的正当渠道，其实质是说明在什么范围内公开的信息不再是商业秘密。一般认为，能从公开发行的出版物、很容易被模仿的产品的公开销售和展示等渠道取得的信息不再是商业秘密。这里的出版物包括书籍、杂志、报纸、正式公布的会议记录或技术报告和专利文献等传统的传播系统，也包括用其他方式制成的公开发行的载体，如公开发行的光盘、磁盘、照片、影片等。

商业秘密的新颖性派生并依附于秘密性。工商业中的常识或者广为人知的信息，无论经营主体是否采取了保密措施，都无法构成秘密，因为信息本身不具有新颖性。如果没有新颖性的要求，任何行业内的普通信息都可成为商业秘密，被人垄断，这就会导致诉讼泛滥。商业秘密的新颖性只要求相关信息不是本行业领域内众所周知的常识，能与常识性信息保持最低限度的不同。商业秘密应具有新颖性，但这种新颖性并不绝对，有时间和地域的限制。“不为公众所知悉”只是设定了一个最低限度的要件，构成商业秘密的信息与众所周知的知识只要有最低限

① 参见倪才龙：《商业秘密保护法》，35页，上海，上海大学出版社，2005。

度的区别或者新意即可，法律对商业秘密创新性的要求并不高。[①] 商业秘密必须是具体地表现在产品当中的个别部分、具体功能和作用原理，因为某部机器或某项产品不可能全部属于商业秘密，它的一些部分总是从已知技术成果中移植过来的。

二、商业价值性的认定

商业价值性意味着商业秘密必须能被应用到实际生产或经营管理中去，并且是有经济价值，因而能够为其权利人带来实际的或潜在的经济利益和竞争优势的。在我国2017年修订前的《反不正当竞争法》第10条第3款中的表述为“能为权利人带来经济利益、具有实用性”。而2019年修正后的该法第9条第4款中则表述为“具有商业价值”。显然，后者更具合理性。不对“实用性”作出要求也与TRIPs完全一致了。维持商业秘密状态就是为了谋求商业上的价值，如果不具有商业价值或商业价值过低，就不是法律上所要保护的商业秘密了。同时，某个信息即使具有精神价值、社会价值等其他方面的价值，但如果不具有商业上的价值，也不能构成商业秘密。商业价值性是构建商业秘密法律制度的根本性的经济动因，也是商业秘密区别于国家秘密、个人隐私等信息的主要标志。

虽然世界各国大都要求商业秘密必须具有价值性，但对其理解不尽相同。如日本法要求，商业秘密的价值性仅体现为其已经在生产经营中成功地付诸实践，或因其使用确已提高经济效益。而美国法并不要求商业秘密已经在实践中被成功地付诸实践，主要看是否存在着该商业秘密付诸实施并带来经济价值的可能性。这也是目前世界上大多数国家的一致要求，我国亦然。在我国，《关于禁止侵犯商业秘密行为的若干规定》第2条第3款将其解释为“该信息具有确定的可应用性，能为权利人带来现实的或者潜在的经济利益或者竞争优势”。最高人民法院《关于审理侵犯商业秘密民事案件适用法律若干问题的规定》（法释〔2020〕7号）第7条规定：“权利人请求保护的信息因不为公众所知悉而具有现实的或者潜在的商业价值的，人民法院经审查可以认定为反不正当竞争法第九条第四款所称的具有商业价值。”“生产经营活动中形成的阶段性成果符合前款规定的，人民法院经审查可以认定该成果具有商业价值。”这表明，商业秘密的价值性包括现实的价值性和潜在的价值性。前者涉及可以现实地直接应用的信息；后者涉及虽不能现实地应用，但将来可以应用的信息，如阶段性研发成果等。同时，不论是积极信息（具有直接的应用价值）还是消极信息（对于权利人而言不再能够创造新价值），只要具有维持竞争优势的意义，都可以被作为商业秘密进行保护。

商业秘密的价值性，一方面表现为商业秘密能给权利人带来经济利益，例如经营成本的减少或收益的增加；另一方面表现为商业秘密能给权利人带来竞争优势，使经营者在竞争中处于强势地位，而竞争对手因此处于劣势或者为获取该信息必须付出很高的代价。商业秘密的这种竞争优势既不能用其产生所花费的成本来计算，也不能用通过合法手段获取商业秘密的成本来算，有时花费很小的商业秘密可能会换得巨大的商业收益。在刑事诉讼中，价值性也是判断是否已给权利人造成重大损失的一个重要依据，与刑事定罪量刑紧密相关。商业秘密的这种价值性既包括已经在商业中应用并产生经济效益的现实的价值，也包括目前暂未使用但将来可以使用并产生经济效益的潜在的价值。因此，商业秘密受法律保护的价值应当包括四大部分：一是商业秘密的开发成本；二是现实的经济效益；三是现在和将来的竞争优势；四是保密成本，即为维护商业秘密不为公众所知悉而付出的物质和劳务。[②]

---

① 参见倪才龙：《商业秘密保护法》，47页，上海，上海大学出版社，2005。

② 参见党建军：《侵犯知识产权罪》，165页，北京，中国人民公安大学出版社，1999。

三、管理性的认定

管理性，又称保密性，是指商业秘密的权利人根据需要，对商业秘密采取的合理的保护措施。作为商业秘密的权利人，在主观上必须具有保密的意愿，即把某种信息作为秘密来对待，采取行政措施、技术措施或者法律措施加以管理，否则，该信息不能被称为商业秘密。TRIPs要求商业秘密是在特定情势下合法控制该信息之人的合理保密措施的对象。合理的保密措施，就是建立在商业秘密相对秘密性的基础上，根据各种商业秘密的不同要求进行控制和保护的措施。我国2017年修订前的《反不正当竞争法》在第10条第3款也将管理性表述为“经权利人采取保密措施”。而2019年修正后的该法第9条第4款中表述为“经权利人采取相应保密措施”，吸收了此前司法解释的规定，更为合理。

权利人采取了相应的保密措施是认定商业秘密的一个重要的标准。一般来说，采取保密措施涉及三个基本方面。首先是对商业秘密本身采取的保密措施，如对涉及商业秘密的软件、文件加密隔离或由专人进行看管，对电子密码的设置要求保密级别尽可能高，并定期更新，将保密区与公开区加以隔离并由专人把守，对记载有商业秘密的废弃文件进行妥善的处理，等。其次是对公司员工的保密要求，如与员工签订保密协议和竞业禁止协议，限定商业秘密的知悉人员范围并对其提出保密要求，限定商业秘密在单位内部进行必要使用的范围，建立商业秘密使用登记制度，不让一个员工接触或掌握到全部的商业秘密，接近秘密必须经过公司的特别批准，等。最后是对公司以外人员的防范，如不让外来人员接触到公司的商业秘密，限制竞争者接触到公司商业秘密的核心部分或主要部分，禁止来访者录像或摄影，同因业务需要接触商业秘密的人签订保密协议，等等。

商业秘密必须是所有人采取了保密措施的信息，但这种保密措施也是有合理范围的。这意味着这种保密措施是相对的，绝对的保密措施并不存在，要求权利人采取万无一失的保密措施实际上是不现实的。但同时，这种保密措施也要达到一个适当的程度。根据《关于禁止侵犯商业秘密行为的若干规定》第2条第4款的规定，权利人采取保密措施，包括订立保密协议、建立保密制度及采取其他合理的保密措施。最高人民法院《关于审理侵犯商业秘密民事案件适用法律若干问题的规定》（法释〔2020〕7号）第5条规定：权利人为防止商业秘密泄露，在被诉侵权行为发生以前所采取的合理保密措施，人民法院应当认定为《反不正当竞争法》第9条第4款所称的相应保密措施。人民法院应当根据商业秘密及其载体的性质、商业秘密的商业价值、保密措施的可识别程度、保密措施与商业秘密的对应程度以及权利人的保密意愿等因素，认定权利人是否采取了相应保密措施。第6条进一步规定，具有下列情形之一，在正常情况下足以防止商业秘密泄露的，人民法院应当认定权利人采取了相应保密措施：（1）签订保密协议或者在合同中约定保密义务的；（2）通过章程、培训、规章制度、书面告知等方式，对能够接触、获取商业秘密的员工、前员工、供应商、客户、来访者等提出保密要求的；（3）对涉密的厂房、车间等生产经营场所限制来访者或者进行区分管理的；（4）以标记、分类、隔离、加密、封存、限制能够接触或者获取的人员范围等方式，对商业秘密及其载体进行区分和管理的；（5）对能够接触、获取商业秘密的计算机设备、电子设备、网络设备、存储设备、软件等，采取禁止或者限制使用、访问、存储、复制等措施的；（6）要求离职员工登记、返还、清除、销毁其接触或者获取的商业秘密及其载体，继续承担保密义务的；（7）采取其他合理保密措施的。

这些规定表明我国行政执法机关和司法机关对保密措施采取了合理的标准，即只要权利人在当时、当地的情况下采取的保密措施是合理的，就认为权利人已经尽到了保密义务。这里为所采取的保密措施设定了一个程度上的要求。如果忽视保密对象商业价值的具体情况，一律要求权利人采取程度过高的保密措施，那是不适当的。

四、技术信息和经营信息等商业信息的认定

商业秘密是一种特定的商业信息，在对构成这种信息的条件作出了认定之后，还需要进一步对这种信息本身的情况作出认定，以确定符合这些条件的信息的范围。在这方面，多数国家和有关国际公约（如 TRIPs）对商业秘密的信息范围进行了列举，而我国《反不正当竞争法》将商业秘密分为技术信息和经营信息两大基本类型，同时以“等”字表明也不完全限于这两大类。

根据《关于禁止侵犯商业秘密行为的若干规定》第 2 条第 5 款，技术信息和经营信息包括设计、程序、产品配方、制作工艺、制作方法、管理诀窍、客户名单、货源情报、产销策略、招投标中的标底及标书内容等信息。最高人民法院《关于审理侵犯商业秘密民事案件适用法律若干问题的规定》（法释〔2020〕7 号）第 1 条规定：与技术有关的结构、原料、组分、配方、材料、样品、样式、植物新品种繁殖材料、工艺、方法或其步骤、算法、数据、计算机程序及其有关文档等信息，人民法院可以认定构成《反不正当竞争法》第 9 条第 4 款所称的技术信息。与经营活动有关的创意、管理、销售、财务、计划、样本、招投标材料、客户信息、数据等信息，人民法院可以认定构成《反不正当竞争法》第 9 条第 4 款所称的经营信息。前款所称的客户信息，包括客户的名称、地址、联系方式以及交易习惯、意向、内容等信息。

技术信息是指来自人们的经验或者技艺，能在实践中，特别是在工业中应用的专门知识。技术信息包括以物理的、化学的、生物的或其他形式的载体所表现的设计、数据、配方、工艺流程、质量控制、加工方法等信息。技术信息既可以是某项专利技术的补充，即所谓的“专利说明书下的技术秘密”，也可以是自成一体或一整套的技术。技术信息在商业秘密的保护中占据最为重要的地位，司法实践中处理的案件大多是涉及技术信息的案件，在司法实践的价值评估中技术秘密的认定也较为容易。

经营信息是指技术信息以外的能够构成商业秘密的其他特定信息。不同于技术信息侧重于工业中的专门知识和经验，经营信息侧重于经营管理中的知识和经验，除了工业，还涉及商业、服务业、旅游业、金融业等广义的产业领域。相对于技术信息的认定来说，在经营信息的构成条件和范围上存在较多不易确定的地方，因而认定往往比较困难。作为商业秘密的经营信息，既包括客户名单、货源情报、产销策略、广告设计、电视节目设计、招投标中的标底以及标书内容等方面的一般经营信息，也包括与权利人各种重要经营活动相关联的文件，如权利人的采购计划、供应商清单、销售计划、销售方法、财务会计报表、分配方案等，还包括新产品的市场占有情况及如何开辟新市场的构思、产品的社会购买力情况、产品的区域性分布情况等其他与经营有关的信息。

长期以来，在人们对商业秘密的保护观念中，技术信息比经营信息要重要得多，但随着我国市场经济的快速发展，经营信息在企业的发展中越来越显得重要。美国联邦最高法院在 Kewance Oil Co. v. Bicorn Corp. 案中，阐述了保护经营秘密的必要性：“很难看出公众可从公开客户名单或产品的上市宣传计划中得到什么好处。事实正好相反，使这些对象保持秘密性，可以鼓励竞争者竞相实行新的和具有个性的经营方案。比起允许将他人开拓的市场或其他信息传播给同类企业来，保护信息的秘密性会导致经营方法的更多差异性。”①

① 转引自张玉瑞：《商业秘密法学》，45 页，北京，中国法制出版社，1999。

第三节　侵犯商业秘密行为的认定

一、侵犯商业秘密行为的构成要件

（一）主体要件

根据我国《反不正当竞争法》的规定，各种不正当竞争行为包括侵犯商业秘密行为的主体都应当是经营者，但是实际上，在各类侵犯商业秘密的行为中，由单位内部职工所实施的占到了大部分（有关材料显示为70%以上），然而难以将经营者内部的职工也解释为经营者。基于这种情况，《关于禁止侵犯商业秘密行为的若干规定》对侵犯商业秘密行为的主体范围作了扩大，即第3条将“权利人的职工违反合同约定或者违反权利人保守商业秘密的要求，披露、使用或者允许他人使用其所掌握的权利人的商业秘密”也作为侵犯商业秘密的行为。世界知识产权组织对《反不正当竞争示范条款》的解释第6.02条中提到，禁止在未经合法持有人许可的情况下泄露或使用秘密信息适用于所有人。

侵犯商业秘密的行为主体大致为以下三类：（1）单位内部工作人员，即实施侵权行为的，与商业秘密权利人存在劳动关系、订有劳动合同的人员，尤其是指相关的技术人员与管理人员；（2）合同保密义务人，即依据合同约定负有共同保密义务的当事人；（3）侵权第三人，即对他人的商业秘密权实施侵权行为的、没有特别约定保密义务的第三人。

《反不正当竞争法》在第9条第2款和第3款分别规定：“经营者以外的其他自然人、法人和非法人组织实施前款所列违法行为的，视为侵犯商业秘密。”“第三人明知或者应知商业秘密权利人的员工、前员工或者其他单位、个人实施本条第一款所列违法行为，仍获取、披露、使用或者允许他人使用该商业秘密的，视为侵犯商业秘密。”最高人民法院《关于审理侵犯商业秘密民事案件适用法律若干问题的规定》（法释〔2020〕7号）第11条规定，法人、非法人组织的经营、管理人员以及具有劳动关系的其他人员，人民法院可以认定为《反不正当竞争法》第9条第3款所称的员工、前员工。第12条规定，人民法院认定员工、前员工是否有渠道或者机会获取权利人的商业秘密，可以考虑与其有关的下列因素：（1）职务、职责、权限；（2）承担的本职工作或者单位分配的任务；（3）参与和商业秘密有关的生产经营活动的具体情形；（4）是否保管、使用、存储、复制、控制或者以其他方式接触、获取商业秘密及其载体；（5）需要考虑的其他因素。

（二）主观要件

认定侵害商业秘密行为，主观上侵权行为人应当存在过错，包括故意和过失。如果行为人主观上根本不知道所使用的是权利人的商业秘密，则其不负侵权责任。故意又可分为直接故意和间接故意。直接故意是指明知自己的行为会发生侵权的结果，并且希望这种结果发生的心理态度。间接故意是指明知自己的行为可能发生侵权的结果并且放任这种结果发生的心理态度。过失又可分为过于自信的过失与疏忽大意的过失、一般过失与重大过失。在侵权行为中，一般而言，过错程度的划分并不影响民事责任的成立与否，也不会影响赔偿责任的大小，因为只要行为人主观上有过错，无论是故意还是过失、是一般过失还是重大过失，都应承担赔偿责任。其赔偿的范围由损害的结果决定，不会因其过错较轻而减轻其赔偿责任。但是，法律另有规定的除外。

（三）行为要件

侵犯商业秘密行为在客观方面表现为行为人实施了违反法律的禁止性规定的行为，即以不正当手段获取、使用、披露或者允许他人使用权利人的商业秘密。从侵犯商业秘密行为的构成本身来看，只要实施了法律禁止的这些行为就足够，权利人可要求行为人停止侵权。但权利人要求赔偿损失的，还需要该行为造成了损害事实以及行为与损害事实存在因果关系。

最高人民法院《关于审理侵犯商业秘密民事案件适用法律若干问题的规定》（法释〔2020〕7号）第9条规定，被诉侵权人在生产经营活动中直接使用商业秘密，或者对商业秘密进行修改、改进后使用，或者根据商业秘密调整、优化、改进有关生产经营活动的，人民法院应当认定属于《反不正当竞争法》第9条所称的使用商业秘密。

二、侵犯商业秘密行为的类型

根据《反不正当竞争法》第9条第1款的规定，下列行为属于侵犯商业秘密：（1）以盗窃、贿赂、欺诈、胁迫、电子侵入或者其他不正当手段获取权利人的商业秘密；（2）披露、使用或者允许他人使用以前项手段获取的权利人的商业秘密；（3）违反约定或者违反权利人有关保守商业秘密的要求，披露、使用或者允许他人使用其所掌握的商业秘密；（4）教唆、引诱、帮助他人违反保密义务或者违反权利人有关保守商业秘密的要求，获取、披露、使用或者允许他人使用权利人的商业秘密。同时，该条第2款规定：经营者以外的其他自然人、法人和非法人组织实施前款所列违法行为的，视为侵犯商业秘密。第3款规定：第三人明知或者应知商业秘密权利人的员工、前员工或者其他单位、个人实施本条第一款所列违法行为，仍获取、披露、使用或者允许他人使用该商业秘密的，视为侵犯商业秘密。据此，可将侵犯商业秘密行为分为以下类型。

（一）不正当获取商业秘密的行为

不正当获取商业秘密的行为是指以盗窃、贿赂、欺诈、胁迫、电子侵入或者其他不正当手段获取权利人商业秘密的行为。在现实中，以非法手段获取他人的商业秘密，是常见的行为，因而也常常成为其他侵权行为成立的前提和基础。

盗窃，一般是指通过窃取商业秘密的载体而获取商业秘密。可以采用复印、照相、监听、模拟等先进技术手段窃取商业秘密权利人的商业秘密。窃取的可以是反映商业秘密的材料原件，也可以是对原材料的复制品。这些方式本身反映了商业秘密的盗窃和有体物的盗窃的不同。[①]

贿赂，是指以某种利益如金钱、物品或者其他利益为诱饵，使掌握商业秘密的人提供商业秘密；以许诺给予某种利益，如金钱、物品或者其他利益为诱饵，使掌握商业秘密的人提供商业秘密。如重金收买，诱使企业技术人员披露其所掌握的商业秘密。实践中以高薪为诱饵通过“挖走”知情雇员而获得商业秘密的情形较为多见。同时，在实践中也要区分这种行为与正当的人才流动。人才的自由流动是劳动力资源有效配置的基本手段和市场经济的基本要求。因此，仅仅利用高薪聘请、解决住房等理由将人才挖走，还不一定侵犯他人的商业秘密。只有“挖走人”的同时将原企业的商业秘密也“挖走”，才侵犯商业秘密权。[②]

欺诈，是指故意制造假象、隐瞒事实真相并可能使他人误解上当而获得商业秘密。

胁迫，是指对知悉商业秘密的人进行恐吓、威胁，以达到精神上的强制，从而迫使其提供商业秘密。

电子侵入，是指行为人不具有对存储权利人商业秘密信息电子载体的访问权限或未经授

① 参见孔祥俊：《商业秘密保护法原理》，273页，北京，中国法制出版社，1999。

② 参见张耕主编：《商业秘密法》，222～223页，厦门，厦门大学出版社，2006。

权，或超越其访问权限或授权范围，通过“黑客”“病毒植入”“爬虫”“拖库撞库”“端口监听”等相当的各种电子信息技术手段，非法获取权利人商业秘密的行为。将电子侵入作为不正当获取商业秘密的手段，为企业维护自身商业秘密安全、保持核心竞争力提供了有力的法治保障。“电子侵入”获取商业秘密具有极高的隐蔽性特征，涉及对电子证据的收集和固定等多渠道取证，以“电子侵入”方式侵犯商业秘密存在一系列的司法适用问题和认定困难。

其他不正当手段，是指盗窃、贿赂、欺诈、胁迫、电子侵入以外的其他非法手段，如侵占、抢夺载有商业秘密的技术资料等。如果其他人用正当、合法的手段获取该商业秘密，则不构成对商业秘密的侵害，如通过自己的劳动独立开发，获得此秘密；通过反向工程获得此秘密；通过产品的公开展出从该产品项目中推断出该商品秘密；从公开的文件资料中查出以及通过权利人的许可得知该商品秘密；等。最高人民法院《关于审理侵犯商业秘密民事案件适用法律若干问题的规定》（法释〔2020〕7号）第8条规定，被诉侵权人以违反法律规定或者公认的商业道德的方式获取权利人的商业秘密的，人民法院应当认定属于《反不正当竞争法》第9条第1款所称的以其他不正当手段获取权利人的商业秘密。

（二）不正当获取商业秘密后的继续侵害行为

不正当获取商业秘密后的继续侵害行为是指披露、使用或者允许他人使用以不正当手段获取的商业秘密的行为。已通过不正当手段获取了权利人的商业秘密的行为人，又实施了披露、使用或允许他人使用的行为，则构成侵犯商业秘密行为的继续。其中，“披露”是指行为人以作为方式将非法获取的商业秘密告知权利人以外的第三者，或将商业秘密的内容公布于众。当然，对其行为的表现形式法律上未作限制，披露的方式多种多样：可以向他人直接口述秘密内容，或利用广播、电视等新闻媒体公布于众，或为他人提供抄录、复制秘密原件的机会，或将载有商业秘密内容的原件或复制件卖给权利人之外的第三人等。而且，披露的公开化的程度不影响披露行为的成立。这里的“使用”是指采用上述不正当手段获取权利人商业秘密的人出于不正当竞争或者营利目的，将商业秘密运用于经营活动之中。“允许他人使用”，是指采用上述不正当手段获取权利人商业秘密的人，允许他人将自己非法获得的商业秘密运用于生产或经营之中，至于是有偿使用还是无偿使用不影响认定。

最高人民法院《关于审理侵犯商业秘密民事案件适用法律若干问题的规定》（法释〔2020〕7号）第9条规定，被诉侵权人在生产经营活动中直接使用商业秘密，或者对商业秘密进行修改、改进后使用，或者根据商业秘密调整、优化、改进有关生产经营活动的，人民法院应当认定属于反不正当竞争法第九条所称的使用商业秘密。

（三）来源正当但违背诚实义务的行为

违反保密义务或者违反权利人有关保守商业秘密的要求，披露、使用或者允许他人使用其所掌握的商业秘密，属于来源正当但违背诚实义务的行为，即非法使用合法持有的商业秘密的行为。实施这一行为，必须是违反了保密义务或者违反了权利人有关保守商业秘密的要求。显然，实施这类行为的主体只能是因工作关系、业务关系、许可关系等，由商业秘密权利人授权或委托，并与权利人订有保密约定的，知悉、掌握、使用商业秘密的有关人员或单位，既有可能是与商业秘密的权利人订立使用许可合同的一方当事人，也有可能是权利人单位知悉商业秘密的工作人员，或者从权利人处调出、离退休并与权利人订有保守秘密协议的有关人员。

认定这种侵权行为的关键是看行为人是否存在对商业秘密的明示或者默示保密义务。所谓明示的保密义务，是指权利人与他人订有保密合同，或对他人提出保密要求；所谓默示的保密义务，是指由法律关系、习惯、事实等原因决定，即使与权利人之间没有明示的保密合同，相对人也应承担保密和不使用义务。[①] 明示保密义务通常容易判断。行为人是否对商业秘密权利人存在默示保密义务，主要根据双方法律关系的性质、交易习惯等因素进行综合判定。我国一些法律法规明确规定有关行为主体对商业秘密权利人承担保密义务，如当事人在订立合同过程中知悉对方商业秘密的，不论合同关系是否成立，均应承担保守对方商业秘密的义务。除法定保密条款构成默示保密义务外，行为规则、交易习惯也可在当事人之间产生默示保密义务。这种默示保密义务的理论基础是诚实信用原则。是否存在这种默示保密义务，也应主要根据诚实信用原则等商业道德来判断。

最高人民法院《关于审理侵犯商业秘密民事案件适用法律若干问题的规定》（法释〔2020〕7号）第10条规定：当事人根据法律规定或者合同约定所承担的保密义务，人民法院应当认定属于《反不正当竞争法》第9条第1款所称的保密义务。当事人未在合同中约定保密义务，但根据诚信原则以及合同的性质、目的、缔约过程、交易习惯等，被诉侵权人知道或者应当知道其获取的信息属于权利人的商业秘密的，人民法院应当认定被诉侵权人对其获取的商业秘密承担保密义务。

（四）教唆、引诱、帮助他人侵犯商业秘密的行为

教唆、引诱、帮助他人违反保密义务或者违反权利人有关保守商业秘密的要求，获取、披露、使用或者允许他人使用权利人的商业秘密，主要表现为故意用言辞、行为或其他方法，以提供技术、物质支持，或者通过职位许诺、物质奖励等方式说服、劝告、鼓励他人违反保密义务或者违反权利人有关保守商业秘密的要求；或者以各种方式为他人违反保密义务或者违反权利人有关保守商业秘密的要求提供便利条件，以获取、披露、使用或者允许他人使用权利人的商业秘密的行为。将教唆、引诱、帮助他人违反保密义务或者违反权利人有关保守商业秘密的要求等非法间接获取商业秘密的手段也包含进侵犯商业秘密的行为中，使在《反不正当竞争法》中形成“直接＋间接”侵犯商业秘密的行为模式。新增“教唆、引诱、帮助”他人违反保密义务并“获取、披露、使用或者允许他人使用”权利人的商业秘密的侵权行为，将有效震慑实践中的自动驾驶、大数据、智能设备领域的恶意“挖墙脚”等不正当竞争行为，激发创新企业的人力资源投入积极性。

（五）非善意第三人的间接侵害行为

《反不正当竞争法》第9条第3款规定：“第三人明知或者应知商业秘密权利人的员工、前员工或者其他单位、个人实施本条第一款所列违法行为，仍获取、披露、使用或者允许他人使用该商业秘密的，视为侵犯商业秘密。”不是直接从商业秘密权利人那里获得商业秘密，而是从实施了前述行为的商业秘密权利人的员工、前员工或者其他单位、个人那里获取，是一种间接侵犯商业秘密的行为。第三人在“明知”的情况下侵权的，主观上是故意。第三人在“应知”的情况下侵权的，主观上是过失。同时，第三人明知或应知他人在向其非法传播商业秘密时，并未拒绝接受或向有关主管机关举报，反而愿意获取、使用或者披露权利人的商业秘密的，非善意第三人与直接侵权人构成共同侵权行为。

最高人民法院《关于审理侵犯商业秘密民事案件适用法律若干问题的规定》（法释〔2020〕7号）第11条规定，法人、非法人组织的经营、管理人员以及具有劳动关系的其他人员，人民法院可以认定为《反不正当竞争法》第9条第3款所称的员工、前员工。第12条规定，人民法院认定员工、前员工是否有渠道或者机会获取权利人的商业秘密，可以考虑与其有关的下列因素：（1）职务、职责、权限；（2）承担的本职工作或者单位分配的任务；（3）参与和商业秘

① 参见张玉瑞：《商业秘密法学》，523页，北京，中国法制出版社，1999。

密有关的生产经营活动的具体情形；(4) 是否保管、使用、存储、复制、控制或者以其他方式接触、获取商业秘密及其载体；(5) 需要考虑的其他因素。

三、不属于侵犯商业秘密的行为

根据商业秘密的属性，只要他人没有采用不正当手段或者违反合同约定获取商业秘密，都不构成违反反不正当竞争法的行为。最高人民法院《关于审理侵犯商业秘密民事案件适用法律若干问题的规定》(法释〔2020〕7号) 第14条规定：通过自行开发研制或者反向工程获得被诉侵权信息的，人民法院应当认定不属于《反不正当竞争法》第9条规定的侵犯商业秘密行为。前款所称的反向工程，是指通过技术手段对从公开渠道取得的产品进行拆卸、测绘、分析等而获得该产品的有关技术信息。被诉侵权人以不正当手段获取权利人的商业秘密后，又以反向工程为由主张未侵犯商业秘密的，人民法院不予支持。

通过反向工程获得商业秘密是否构成侵权是一个有争议的问题。虽然有人主张通过反向工程获得商业秘密也应当被认定为构成侵害商业秘密，其理由是担心有人以此作为规避侵权的理由，但是考虑到这种情况下获得商业秘密是通过自身努力实现的，并未通过其他违法途径，而商业秘密不具有专利权那样强的专有性，因此明确通过反向工程获得商业秘密不构成侵权是合理的。

此外，最高人民法院《关于审理侵犯商业秘密民事案件适用法律若干问题的规定》(法释〔2020〕7号) 还将符合特定条件的员工跳槽带走客户的情形排除在不正当竞争行为之外，即其第2条规定：当事人仅以与特定客户保持长期稳定交易关系为由，主张该特定客户属于商业秘密的，人民法院不予支持。客户基于对员工个人的信赖而与该员工所在单位进行交易，该员工离职后，能够证明客户自愿选择与该员工或者该员工所在的新单位进行交易的，人民法院应当认定该员工没有采用不正当手段获取权利人的商业秘密。在商业实践中，客户与某单位进行市场交易，大多情形是基于对某单位提供的交易条件和商业信誉等的认可，但也存在着例外情形，这种例外情形已经越来越多，尤其是在客户将个人服务技能和服务质量作为选择交易对象的主导因素的行业。鉴于诸如律师、医生这类职业的特殊性，其客户往往是基于对律师、医生等个人能力和品德的信赖而选择与某单位进行交易，而且该类职业的流动性也很强，如果他们离开原单位，其原先的客户不能再与其有业务往来，则有失公平。因此，如果职工可以证明客户与原单位交易是基于对其个人的信赖，离职后该客户与自己或者其新单位进行交易是自愿的，则不属于不正当竞争行为。但如果原单位与职工约定如出现上述情形属于不正当竞争行为的，则依然可以认定上述情形属于不正当竞争行为。

四、侵犯商业秘密行为的举证责任

在对侵犯商业秘密行为的行政处理和司法诉讼中，当事人之间举证责任的分配是一个非常重要的问题，并往往与处理的结果直接相连。我国《反不正当竞争法》在2017年修订前对此并没有作出规定，而原来的行政规章和司法解释分别作了规定，但在有些方面并不完全一致。

在一般的商业秘密侵权争议中，首先，主张权利的一方应当证明其拥有某项或某几项商业秘密，并明确该等商业秘密的内容和具体范围；其次，主张权利的一方还应当证明侵权方实施了不当获取其商业秘密的行为。由于在某些情况下由主张权利的一方来证明侵权方实施了不当获取商业秘密的行为从证据角度几乎是不可能的，为了平衡双方的利益关系，在学理上及法律实践中一般在满足以下条件的情况下采用推定的方式认定侵权成立：在原告证明了双方的信息相同，并证明被告接触原告信息可能的前提下，推定被告的信息来源于原告，除非被告证明自己的信息另有合理来源，否则可认定被告侵犯了原告的商业秘密。这种推定方式被简称为“接触+相同一合理来源”的侵权认定方式。这一原则在1995年国家工商行政管理总局的《关于禁止侵犯商业秘密行为的若干规定》中得到了体现，其第5条第3款规定：权利人能证明被申请人所使用的信息与自己的商业秘密具有一致性或者相同性，同时能证明被申请人有获取其商业秘密的条件，而被申请人不能提供或者拒不提供其所使用的信息是合法获得或者使用的证据的，工商行政管理机关可以根据有关证据，认定被申请人有侵权行为。依据这样的规则，商业秘密权利人的举证责任相对较轻。但是，最高人民法院《关于审理不正当竞争民事案件应用法律若干问题的解释》（法释〔2007〕2号）第14条对此作了另外一种规定，即：当事人指称他人侵犯其商业秘密的，应当对其拥有的商业秘密符合法定条件、对方当事人的信息与其商业秘密相同或者实质相同以及对方当事人采取不正当手段的事实负举证责任。其中，商业秘密符合法定条件的证据，包括商业秘密的载体、具体内容、商业价值和对该项商业秘密所采取的具体保密措施等。这里采取的仍然是“谁主张，谁举证”的民事诉讼一般举证原则。其法理依据也是很充分的，因为《反不正当竞争法》并没有规定与“谁主张，谁举证”原则相反的举证责任制度，即举证责任并不倒置给被告。

在2019年修正后的《反不正当竞争法》第32条对此作了明确规定，即：在侵犯商业秘密的民事审判程序中，商业秘密权利人提供初步证据，证明其已经对所主张的商业秘密采取保密措施，且合理表明商业秘密被侵犯，涉嫌侵权人应当证明权利人所主张的商业秘密不属于本法规定的商业秘密。商业秘密权利人提供初步证据合理表明商业秘密被侵犯，且提供以下证据之一的，涉嫌侵权人应当证明其不存在侵犯商业秘密的行为：（1）有证据表明涉嫌侵权人有渠道或者机会获取商业秘密，且其使用的信息与该商业秘密实质上相同；（2）有证据表明商业秘密已经被涉嫌侵权人披露、使用或者有被披露、使用的风险；（3）有其他证据表明商业秘密被涉嫌侵权人侵犯。最高人民法院《关于审理侵犯商业秘密民事案件适用法律若干问题的规定》（法释〔2020〕7号）第13条也进一步规定：被诉侵权信息与商业秘密不存在实质性区别的，人民法院可以认定被诉侵权信息与商业秘密构成《反不正当竞争法》第32条第2款所称的实质上相同。人民法院认定是否构成前款所称的实质上相同，可以考虑下列因素：（1）被诉侵权信息与商业秘密的异同程度；（2）所属领域的相关人员在被诉侵权行为发生时是否容易想到被诉侵权信息与商业秘密的区别；（3）被诉侵权信息与商业秘密的用途、使用方式、目的、效果等是否具有实质性差异；（4）公有领域中与商业秘密相关信息的情况；（5）需要考虑的其他因素。

这样，《反不正当竞争法》第32条对侵犯商业秘密的举证责任作了重新分配。该条第1款主要涉及商业秘密权利基础的举证责任分配，技术信息和经营信息要构成商业秘密必须符合不为公众所知悉、具有商业价值、采取相应保密措施“三要件”。权利人仍应提供初步证据证明涉案信息符合商业秘密的“三要件”，才能发生举证责任的转移。从文义解释的角度，商业秘密权利人存在的前提是商业秘密权利基础的存在，只有权利人提供证据证明涉案信息符合商业秘密“三要件”，才能构成商业秘密，才能成为适格的商业秘密权利人。立法之所以强调采取保密措施这一要件，是因为司法实务对其余两个要件的证明标准较低，权利人通常能较为轻易地完成证明，因此权利人的证明责任主要体现在采取保密措施。不为公众所知悉属于消极事实，权利人只需提供初步证据证明涉案信息不为相关人员普遍知悉或者不易获得即可，主要由涉嫌侵权人证明涉案信息已经为公众所知悉的积极事实。具有商业价值并不要求相关信息已经实际产生利润，能够带来竞争优势或者提供潜在交易机会就能被宽泛认定为具有商业价值。商业秘密权利基础的初步证明责任仍在权利人，商业秘密权利人完成初步举证责任后，关于商业秘密权利基础的证明责任就转移给涉嫌侵权人。

该条第 2 款主要涉及商业秘密侵权行为举证责任的转移。结合第 1 款的规定，当商业秘密权利人提供初步证据合理表明商业秘密被侵犯时，商业秘密权利基础的举证责任转移给涉嫌侵权人，由其证明涉案信息不符合商业秘密构成要件，如果涉嫌侵权人能完成举证义务，则无须承担侵权责任；当涉嫌侵权人无法完成举证义务，则认定涉案信息属于商业秘密，商业秘密权利人提供初步证据证明侵权行为的存在，此时举证责任又转移到了涉嫌侵权人，由其证明不存在侵犯商业秘密的行为，如果不能完成举证义务，需承担侵犯商业秘密的民事责任。第 2 款规定了商业秘密权利人初步证明存在侵权行为的三项情形，其中，第一项是有证据表明涉嫌侵权人有渠道或者机会获取商业秘密，且其使用的信息与该商业秘密实质上相同，该规定从立法上确立了商业秘密民事侵权案件的推定规则；第二项是有证据表明商业秘密已经被涉嫌侵权人披露、使用或者有被披露、使用的风险，该规定是 2019 年修法的重大调整，在商业秘密侵权认定中，不要求权利人证明被告具有披露、使用行为，只要证明涉嫌侵权人具有披露、使用的风险，举证责任就转移给涉嫌侵权人；第三项是有其他证据表明商业秘密被涉嫌侵权人侵犯，作为兜底条款，该规定为将来的法律解释预留下一定的空间，在法律适用时不宜扩大使用范围。

总之，现行的《反不正当竞争法》第 32 条对商业秘密的举证责任作出重大调整，在商业秘密权利人完成初步举证的前提下，将举证责任转移给侵权人。举证责任的转移将大幅减轻商业秘密权利人的举证负担，有力促进商业秘密权利保护。①

第四节　侵犯商业秘密的法律责任

为加强对商业秘密的保护，我国目前的法律中形成了一套针对侵犯商业秘密行为的法律责任体系，包括民事责任、行政责任和刑事责任。

一、民事责任

对于侵犯商业秘密应承担的民事责任，除了《反不正当竞争法》第 17 条的一般规定，《民法典》以及一些其他法律法规中也有规定。其承担形式既包括违约责任，也包括侵权责任。侵犯商业秘密之民事责任的具体承担方式多种多样，但停止侵害和赔偿损失是其中最主要的两种方式。

最高人民法院《关于审理侵犯商业秘密民事案件适用法律若干问题的规定》（法释〔2020〕7 号）第 26 条对商业秘密被许可人的诉讼主体资格进行了明确：对于侵犯商业秘密行为，商业秘密独占使用许可合同的被许可人提起诉讼的，人民法院应当依法受理；排他使用许可合同的被许可人和权利人共同提起诉讼，或者在权利人不起诉的情况下自行提起诉讼的，人民法院应当依法受理；普通使用许可合同的被许可人和权利人共同提起诉讼，或者经权利人书面授权单独提起诉讼的，人民法院应当依法受理。

在侵犯商业秘密案件中，确定停止侵害的时间长短有其特殊性。根据侵犯商业秘密案件的特殊性，最高人民法院《关于审理侵犯商业秘密民事案件适用法律若干问题的规定》（法释〔2020〕7 号）第 17 条第 1 款规定：人民法院对于侵犯商业秘密行为判决停止侵害的民事责任时，停止侵害的时间一般应当持续到该商业秘密已为公众所知悉时为止。依照前款规定判决停

① 参见陈健淋：《商业秘密民事诉讼的举证责任》，载《中国知识产权报》，2019-05-09。

止侵害的时间明显不合理的，人民法院可以在依法保护权利人的商业秘密竞争优势的情况下，判决侵权人在一定期限或者范围内停止使用该商业秘密。前者是考虑到只要商业秘密不公开，权利人就享有权利，侵权行为人就应当停止侵害；后者是考虑到，商业秘密自身获得的难度大小不同，如果一项商业秘密的获得比较简单，本领域的相关人员在一定的时间内即可获得，或者此项商业秘密仅在一定的范围内具有竞争优势，超出这个范围就不会对原告构成竞争威胁，人民法院往往只在保留原告的竞争优势的情况下，判决侵权人在一定期限或者范围内禁止使用。因此，在对侵犯商业秘密行为适用停止侵害的民事责任时，允许人民法院针对侵犯的商业秘密的不同情况，合理确定停止侵害的时间等，以便平衡商业秘密权利人和社会公众之间的利益。

最高人民法院《关于审理侵犯商业秘密民事案件适用法律若干问题的规定》（法释〔2020〕7号）第18～20条还对侵害商业秘密行为的责任承担问题作了专门规定：权利人请求判决侵权人返还或者销毁商业秘密载体，清除其控制的商业秘密信息的，人民法院一般应予支持。因侵权行为导致商业秘密为公众所知悉的，人民法院依法确定赔偿数额时，可以考虑商业秘密的商业价值。人民法院认定前款所称的商业价值，应当考虑研究开发成本、实施该项商业秘密的收益、可得利益、可保持竞争优势的时间等因素。权利人请求参照商业秘密许可使用费确定因被侵权所受到的实际损失的，人民法院可以根据许可的性质、内容、实际履行情况以及侵权行为的性质、情节、后果等因素确定。人民法院依照《反不正当竞争法》第17条第4款确定赔偿数额的，可以考虑商业秘密的性质、商业价值、研究开发成本、创新程度、能带来的竞争优势以及侵权人的主观过错、侵权行为的性质、情节、后果等因素。

《反不正当竞争法》第17条第1款规定，经营者违反本法规定，给他人造成损害的，应当依法承担民事责任。这比该法2017年修订前的“应当承担赔偿责任”的规定更为合理，扩充到了所有的民事责任。同时，第17条第3款规定：因不正当竞争行为受到损害的经营者的赔偿数额，按照其因被侵权所受到的实际损失确定；实际损失难以计算的，按照侵权人因侵权所获得的利益确定。经营者恶意实施侵犯商业秘密行为，情节严重的，可以在按照上述方法确定数额的1倍以上5倍以下确定赔偿数额。赔偿数额还应当包括经营者为制止侵权行为所支付的合理开支。值得注意的是，该法2017年修订后第17条增加了法定赔偿的内容，也即经营者侵犯商业秘密的，“权利人因被侵权所受到的实际损失、侵权人因侵权所获得的利益难以确定的，由人民法院根据侵权行为的情节判决给予权利人五百万元以下的赔偿”。这就大大提升了对商业秘密的保护力度。

二、行政责任

《反不正当竞争法》第21条规定：“经营者以及其他自然人、法人和非法人组织违反本法第九条规定侵犯商业秘密的，由监督检查部门责令停止违法行为，没收违法所得，处十万元以上一百万元以下的罚款；情节严重的，处五十万元以上五百万元以下的罚款。”这也大大提升了监督检查部门在执法中的执法力度与强度。《关于禁止侵犯商业秘密行为的若干规定》在这方面还有相关细化的规定。

三、刑事责任

我国《刑法》第219条、第219条之一和第220条规定了侵犯商业秘密行为的刑事责任。该罪是指以盗窃、利诱、胁迫或者其他不正当手段获取权利人的商业秘密，或者非法披露、使用或者允许他人使用其所掌握的或获取的商业秘密，给商业秘密的权利人造成重大损失的行为。

《刑法》第219条规定了侵犯商业秘密罪：有下列侵犯商业秘密行为之一，情节严重的，处

3年以下有期徒刑，并处或者单处罚金；情节特别严重的，处3年以上10年以下有期徒刑，并处罚金：(1) 以盗窃、贿赂、欺诈、胁迫、电子侵入或者其他不正当手段获取权利人的商业秘密的；(2) 披露、使用或者允许他人使用以前项手段获取的权利人的商业秘密的；(3) 违反保密义务或者违反权利人有关保守商业秘密的要求，披露、使用或者允许他人使用其所掌握的商业秘密的。明知前款所列行为，获取、披露、使用或者允许他人使用该商业秘密的，以侵犯商业秘密论。本条所称权利人，是指商业秘密的所有人和经商业秘密所有人许可的商业秘密使用人。

第291条之一规定了为境外窃取、刺探、收买、非法提供商业秘密罪：为境外的机构、组织、人员窃取、刺探、收买、非法提供商业秘密的，处5年以下有期徒刑，并处或者单处罚金；情节严重的，处5年以上有期徒刑，并处罚金。

第220条规定了单位犯侵犯知识产权罪的处罚：单位犯本节第213条至第219条之一规定之罪的，对单位判处罚金，并对其直接负责的主管人员和其他直接责任人员，依照刑法分则第三章第七节各该条的规定处罚。

案例与思考1

北京一得阁墨业有限责任公司诉北京传人文化艺术有限公司、高某商业秘密侵权案[①]

原告北京一得阁墨业有限责任公司（以下简称"一得阁公司"）是2004年7月7日由北京一得阁墨汁厂更名而来的。第二被告高某于1978年调入一得阁墨汁厂工作，1987年后任副厂长、副经理等职务，曾主管生产、行政、劳动、技术检验、市场开发等工作。一得阁墨汁厂于1967年研制成功了"北京墨汁"，又于20世纪80年代研制开发了"一得阁墨汁"和"中华墨汁"。1996年5月24日，上述两种产品被列为北京市国家秘密技术项目。1997年7月14日，一得阁工贸集团还成立了保密委员会，高某任副组长。此外，一得阁公司还自1995年开始研制开发了"云头艳墨汁"，并于2003年正式投产。2003年5月，一得阁公司与高某正式解除劳动关系。

第一被告北京传人文化艺术有限公司（以下简称"传人公司"）成立于2002年1月9日，高某出资20万元，是该公司最大的股东，其妻为法定代表人。几个月后，传人公司从一家碳黑厂购买了碳黑（一得阁墨汁厂在上一年就是从这家厂购碳黑生产墨汁），年底便生产出了"国画墨汁""书法墨汁""习作墨汁"这三种产品。

一得阁公司认为上述三种产品的品质、效果与其生产的"一得阁墨汁""中华墨汁""北京墨汁"相同或非常近似。一得阁公司认为其墨汁配方及生产工艺等是其商业秘密，高某泄露了该公司生产墨汁的商业秘密，与该公司形成不正当竞争，造成了该公司的经济损失。2003年7月，一得阁公司向北京市第一中级人民法院起诉，要求判令传人公司及高某两被告停止侵犯其商业秘密的行为，赔偿经济损失3万元。

两被告则辩称：传人公司生产的墨汁是该公司独立开发研制的产品。原告没有证据证明被告方侵犯了其商业秘密，更无证据证明被告方的墨汁配方、生产工艺与一得阁公司的相同。

一得阁公司提供了证据："一得阁墨汁"和"中华墨汁"在1996年5月被列为北京市国家秘密技术项目，保密期限为长期。一得阁墨汁厂生产的上述墨汁均在生产配料通

① 资料来源：中国法院网，http：//www.chinacourt.org/html/article/200412/30/144690.shtml。

知单上加注了“秘密”字样，在实际生产中还采取了主料、辅料分开的办法对墨汁配方进行保密。

北京市第一中级人民法院认为：原告对墨汁配方采取了合理的保密措施，其墨汁配方具有不为公众所知悉、能带给一得阁公司经济利益、具有实用性的特征，应作为商业秘密依法受到保护。虽高某与一得阁公司未签订保密协议，但高某确曾长期担任一得阁墨汁厂主管技术的副厂长，且在1997年后还担任了一得阁工贸集团保密委员会的副组长，接触过一得阁公司的上述商业秘密，不管在离职前或离职后，高某均承担保守一得阁公司商业秘密的义务。法院对两被告称其墨汁配方是独立开发的说法不予支持。作为一个没有专门技术人员的新企业，要在短时间里生产出高档的墨汁产品，没有现成的墨汁配方是不可能的。结合高某在与一得阁公司解除劳动关系前，以最大股东身份参与组建传人公司的事实，法院认定，被告高某违背了保守原告一得阁公司商业秘密的义务，不可避免地向另一被告传人公司披露了其掌握的“一得阁墨汁”的配方，该公司非法使用高某披露的墨汁配方进行生产，侵犯了原告的商业秘密。

北京市第一中级人民法院根据《民法通则》和《反不正当竞争法》的规定，作出判决：自判决生效之日起至原告一得阁公司的商业秘密解密止，被告高某不得披露其掌握的原告的商业秘密，亦不得参与墨汁产品的生产；被告传人公司不得披露、使用被告高某向其披露的原告的商业秘密，停止生产、销售墨汁产品；并将其库存的墨汁产品交法院予以销毁；两被告共同赔偿原告经济损失3万元。

两被告不服一审判决，向北京市高级人民法院提起上诉。该院于2005年9月9日作出驳回上诉、维持原判的终审判决。

本案属于单位高管离职后侵犯原单位商业秘密的情况。在2005年年底北京市高级人民法院向媒体公布的2005年北京市法院“十大知识产权案件”中，本案位列第三，这说明本案具有比较大的影响。在本案中，商业秘密本身的认定和商业秘密侵权行为的构成是核心问题。

案例与思考 2

深圳华为公司前员工侵犯商业秘密案①

涉案的被告人王某、刘某、秦某以前均为华为公司员工，均为硕士毕业生。其中，王、刘二人于1997年5月被华为公司聘用，秦某于1999年被华为公司聘用。三被告人均曾任职硬件工程师并参与了华为公司光网络设备的研发工作，在职时分别与华为公司签订了“员工聘用协议书”和“员工保密合同书”。

2001年8月至9月间，刘某、秦某、王某分别以个人求学、家庭等原因，先后申请辞职，离开了华为公司。三人辞职时均与华为公司签订了“离职员工承诺书”，承诺不带走从华为公司获取的任何保密资料，未经华为公司书面同意不得向任何单位和个人透

① 资料来源：新华网，http：//news. xinhuanet. com/fortune/2005-05/20/content _ 2979955. htm。

露该公司的商业秘密，不擅自使用华为公司的商业秘密或利用华为公司的商业秘密从事经营活动，自离职之日起1年内不得在与华为公司存在竞争关系的企业工作。但秦某在离开华为公司时，将华为公司不为公众所知悉的部分技术机密文件带走。

2001年7月，尚在华为公司工作的王某、刘某就与贝尔公司在深圳市、上海市等地商谈合作开发生产盒式的2.5G光网络设备事宜。同年11月7日，王某、刘某各出资人民币25万元，在上海市成立了沪科公司，并聘用了秦某等二十多名原在华为公司从事光网络技术研发的技术人员进入沪科公司工作。同年11月8日沪科公司与贝尔公司达成协议：由沪科公司提供盒式2.5G的光网络设备技术，贝尔公司则每月向沪科公司提供研发费用人民币588 010元，并负责组织生产及销售；产品利润由沪科公司与贝尔公司三七分成。

2002年5月，王某、刘某、秦某等人，违背其与华为公司签订的相关保密协议，利用其在华为公司工作期间掌握的以及被告人秦某从华为公司窃取的光网络设备的相关技术资料，完成了有关产品技术文档的制作，并发送给贝尔公司。贝尔公司据此生产的产品，在市场上的销售额约为人民币600万元。至同年10月双方终止合作止，沪科公司从贝尔公司获取研发费共计人民币588.01万元。2002年10月，沪科公司被UT公司整体收购，UT公司向沪科公司支付了人民币200万元现金，并授予沪科公司部分员工共计1 500万美元的股票期权。

2002年11月，王某、刘某、秦某被公安机关刑拘。随后，检察机关以涉嫌侵犯商业秘密罪提起公诉。2004年12月6日，深圳市南山区人民法院作出一审判决：三被告人均违反了其与华为公司签订的保密协议，共同给华为公司造成重大经济损失，构成侵犯商业秘密罪。王某和刘某均被判处有期徒刑3年，各处罚金人民币5万元。秦某被判处有期徒刑2年，并处罚金人民币3万元。已被冻结的沪科公司账户内款项，责令退赔给华为公司。

深圳市南山区人民法院作出一审判决后，三被告人不服，依法提起上诉。深圳市中级人民法院经过审理于2005年5月19日作出终审判决，驳回了三被告人及其辩护律师提出的上诉理由，裁定维持原判。

本案也属于单位员工离职后侵犯原单位的商业秘密的情况。案件由于涉及华为公司、UT公司和贝尔公司三大电信设备制造商，曾在IT业界引起轰动。在法院一、二审开庭审理过程中，三被告人均否认侵犯商业秘密罪的指控，其辩护人也为他们作了无罪辩护，但最终他们还是被认定侵犯了商业秘密并构成犯罪。本案中，侵犯商业秘密造成的损失的计算是一个关键问题。

案例与思考3

江西亿铂电子科技有限公司、余某等侵犯商业秘密罪案①

余某、罗某、肖某、李某原系珠海赛纳公司员工，四人在日常工作中能够接触并掌

① 资料来源：中国法院网，http：//www.chinacourt.org/article/detail/2013/10/id/1110846.shtml。

握珠海赛纳公司的品牌区、南美区、亚太区的客户资料以及2010年的销售量、销售金额及珠海赛纳公司产品的成本价、警戒价、销售价等经营性信息，并负有保守珠海赛纳公司商业秘密的义务。2011年年初，余某与他人成立江西亿铂公司，生产打印机用硒鼓等耗材产品，并成立中山沃德公司及香港Aster公司、美国Aster公司、欧洲Aster公司销售江西亿铂公司产品。余某、罗某、肖某、李某等人将各自因工作关系掌握的珠海赛纳公司的客户采购产品情况、销售价格体系、产品成本等信息私自带入江西亿铂公司、中山沃德公司，以此制定了该两公司部分产品的美国价格体系、欧洲价格体系，并以低于珠海赛纳公司的价格向原属于珠海赛纳公司的部分客户销售相同型号的产品。经对江西亿铂公司、中山沃德公司的财务资料和出口报关单审计，该两公司向原珠海赛纳公司的11个客户销售的与珠海赛纳公司相同型号的产品金额共计7 659 235.72美元；按照珠海赛纳公司相同型号产品的平均销售毛利润率计算，给珠海赛纳公司造成的经济损失共计人民币22 705 737.03元（2011年5月至12月的经济损失为人民币11 319 749.58元，2012年1月至4月的经济损失为人民币11 385 987.45元）。

广东省珠海市中级人民法院作出终审判决：江西亿铂公司、中山沃德公司、余某、罗某、肖某、李某的行为构成侵犯商业秘密罪，判处江西亿铂公司罚金人民币2 140万元；判处中山沃德公司罚金人民币1 420万元；判处余某有期徒刑6年，并处罚金人民币100万元；判处罗某有期徒刑3年，并处罚金人民币20万元；判处李某有期徒刑2年，缓刑3年，并处罚金人民币10万元；判处肖某有期徒刑2年，缓刑3年，并处罚金人民币10万元。

本案系当时全国最大一宗侵犯经营信息类商业秘密罪案，3 700万元的罚金创下商业秘密犯罪案件罚金数额全国之最。本案接连入选2013年“广东省知识产权审判十大案例”“中国法院10大创新性知识产权案”“中国检察机关保护知识产权十大典型案例”，体现了司法保护知识产权的主导作用。

思考题

1. 试析商业秘密的性质和特征。
2. 试析反不正当竞争法保护商业秘密的必要性。
3. 商业秘密的认定涉及哪些基本方面？
4. 试析侵犯商业秘密行为的构成要件。
5. 侵犯商业秘密的行为有哪些类型？
6. 侵犯商业秘密行为的抗辩理由有哪些？
7. 试析侵犯商业秘密行为的举证责任。
8. 实施侵犯商业秘密行为要承担什么责任？

第九章 禁止不正当有奖销售制度

第一节 有奖销售行为及其法律规制概述

一、有奖销售行为的概念和分类

在激烈的市场竞争中，经营者为了尽可能多地获得交易机会和竞争中的优势而挖空心思，采取各种各样的促销手段，而有奖销售就是经营者经常采用的一种重要的促销手段。

对于有奖销售的含义，2020 年 12 月 1 日施行的《规范促销行为暂行规定》第 11 条规定："本规定所称有奖销售，是指经营者以销售商品或者获取竞争优势为目的，向消费者提供奖金、物品或者其他利益的行为，包括抽奖式和附赠式等有奖销售。"该条进一步规定：抽奖式有奖销售是指经营者以抽签、摇号、游戏等带有偶然性或者不确定性的方法，决定消费者是否中奖的有奖销售行为。附赠式有奖销售是指经营者向满足一定条件的消费者提供奖金、物品或者其他利益的有奖销售行为。经政府或者政府有关部门依法批准的有奖募捐及其他彩票发售活动，不适用本规定。第 12 条还规定，经营者为了推广移动客户端、招揽客户、提高知名度、获取流量、提高点击率等，附带性地提供物品、奖金或者其他利益的行为，属于本规定所称的有奖销售。

有奖销售行为具有如下特征：首先，有奖销售是一种市场促销行为，其目的是招揽顾客，促销其商品或者服务。不论经营者对其有奖销售行为进行怎样的美化，其根本目的都是以此获取竞争优势和经济利益。其次，有奖销售既可以发生在经营者与商品购买者之间，也可以发生在经营者与其他相关者之间，只要经营者是以促销商品为目的的。再次，有奖销售是公开进行的，针对的对象是不特定的。这与目的也是促销，但是采取秘密方式进行的商业贿赂是明显不同的。最后，有奖销售在法律关系的性质上属于一种特殊的买卖合同。

对于有奖销售的法律性质，学界有不同的主张，大致有附负担赠与说、附条件的赠与说、双重合同关系说和混合合同说。相对来说，混合合同说更具合理性。所谓混合合同（契约），谓非契约之集合，而含有相当于两种以上的典型契约内容之全部或一部之单一合同。[①] 这种合同依其主要内容属于一个典型合同，但其主要目的也包含另一个合同的内容，而合同的基本性质是由主要目的决定的。在有奖销售中只有双方当事人，当事人双方只有一个要约和承诺，同时法律关系的性质应该由法律关系的内容来决定，显然有奖销售当事人双方的主要目的是买卖，因此有奖销售就是一种特殊的买卖合同。在附赠式有奖销售中，消费者给付价金，经营者给付商品，同时给付赠品，就是买卖含有赠与合同；在抽奖式有奖销售中，消费者给付价金，经营者给付商品，同时给付中奖机会，即为买卖含有博彩合同。这里的赠与合同、博彩合同是附属于主要的合同即买卖合同的，是买卖合同条件、内容的一部分。卖方违反赠与合同、博彩合同的，如赠品不合格、抽奖中有欺诈，就是违反了买卖合同本身。这样确定有奖销售行为的

---

① 参见史尚宽：《债法各论》，958 页，北京，中国政法大学出版社，2000。

性质对购买者是有利的。

对有奖销售行为，可以根据不同的标准、从不同的角度进行分类。例如：根据有奖销售行为发生的商业领域不同，可以将其分为商品销售中的有奖销售和提供服务中的有奖销售；根据奖品的形式不同，可以将其分为提供现金的有奖销售、提供实物的有奖销售和提供服务的有奖销售；根据奖品赠与范围及其确定方式的不同，可以将其分为抽奖式有奖销售和附赠式有奖销售。其中，最后一种分类是最基本的分类，也是在现有法律规范中明确提到并在规制时进行区别对待的一种分类。

抽奖式有奖销售，是指以抽签、摇号、对号码等带有偶然性的方法决定购买者、其他相关人员能否获得奖品以及获得什么奖品的有奖销售。它的主要特点是只向部分而不是全部购买者和相关者提供奖品，而且决定谁能获得奖品以及获得哪种奖品的方式具有偶然性和任意性。但经政府或者政府有关部门依法批准的有奖募捐及其他彩票发售活动，不属于这里所称的有奖销售。附赠式有奖销售，是指在满足一定条件的情况下，经营者向所有购买者和相关者提供奖品，赠品的取得具有一定的确定性的有奖销售。因此，区分抽奖式有奖销售和附赠式有奖销售的根本标准是确定中奖的方式，即是偶然的还是确定的。有些有奖销售虽然不是所有购买者都能获奖，而是要达到一定条件（如购买数量或者价值），但是达到这一条件的都肯定能够得奖，因此其仍然属于附赠式有奖销售。

有奖销售作为一种市场促销手段，能够刺激消费欲望，促进消费增长。这对于启动市场、搞活企业、加速资金周转、带动经济发展，具有一定的积极作用。但是，有奖销售作为一种利诱性质的竞争行为，如果经营者对其加以不正当的利用，也会产生消极影响。首先，不正当有奖销售使经营者不是在提高商品和服务质量、降低成本上下功夫，而是借助于奖品或者奖金的诱惑力，利用消费者的好奇心、投机赌博心理甚至直觉上的错误，影响消费者对商品和服务的选择。这就产生了不良的市场导向，危及正常的市场竞争秩序。其次，不正当有奖销售会加剧竞争的畸形和不公平的发展。例如：巨奖销售只有少数资金雄厚的大型企业才有实力进行，而中小企业可能因实力不足而无法设奖，导致其顾客流失；抽奖式的有奖销售使少数人得到好处而多数人承担成本，使正常的市场竞争受到扭曲。最后，不正当有奖销售行为容易欺骗或误导消费者，损害消费者权益。在不正当有奖销售，尤其是巨奖销售的情况下，消费者的投机赌博心理急剧膨胀，他们的购买热情其实已经偏离了购物的本意，在作出购买决定时往往忽视商品质量、价格、性能等本应考虑的因素。当部分经营者设置骗局或者推销质次价高的商品时，消费者极易上当受害。正因为不当有奖销售行为会产生这些危害，很多国家和地区的竞争法均对有奖销售行为进行某种形式的规制。

二、有奖销售行为的法律规制

基于有奖销售是一种利弊兼具的市场竞争行为，很多国家和地区采用竞争法对其加以规制，有的国家还通过专门的法律对有奖销售行为进行规制。

德国 1932 年的《附赠法》第 1 条规定：在商业交易中，禁止在一种商品或服务之外，提供、预告或给付赠品（商品或劳务）。如仅以某种微不足道的、显属虚假索要的报酬给付商品或服务，亦为附赠。为掩盖附赠性质，将某商品或服务同另一种商品或服务予以捆合而以一个总价格进行提供、预告或给付的，亦同。该条也规定了若干例外情形，并规定在提供、预告和给付这些合法的附赠品时，禁止将附赠品注明为无偿给付或以其他方式使人产生无偿给付的印象。此外，还禁止以抽签或其他偶然方式来决定附赠品的给付。但该法在 2001 年 6 月 29 日被德国联邦议会废止。不过，2004 年修订后的德国《反不正当竞争法》第 4 条所列举的 11 种不正当竞争行为中，第4～6项规定的行为都与有奖销售有关，即："在举办诸如打折、附赠或赠品的促销活动时，不明确无误地给出享受优惠的条件""在举办具有广告性质的有奖销售活动时，不明确无误地给出参与条件""将消费者购买商品或使用服务设定为参与有奖销售的条件，但有奖销售依其性质即与商品或服务发生联系的除外"。

法国政府经国会授权，在1986年公布了第86—1243号关于价格及竞争自由命令。该命令第29条禁止任何产品或财产之出售或出售之要约，或劳务提供或劳务提供之要约，即时或附期无偿地赋予消费者请求赠品之权利。该项赠品包括产品、财产或劳务，而与所出售或提供之产品、财产或劳务不同者。唯上述之禁止规定，不适用于小件物品、价值微薄的劳务及样品。关于此项物品或劳务的价值的限制为：所购买产品或为交易标的之劳务，价值在500法郎（包括500法郎）以下者，赠品金额不得超过所购金额的7%；在500法郎以上者，不得超过30法郎加1%。无论如何，赠品价值不得超过350法郎。违反附赠品出售之禁止规定者，构成第五类违警罪，科2 500至5 000法郎罚金，由违警法院受理这类案件。[①]

日本1962年的《不当赠品及不当表示防止法》对赠品的限制和禁止作出了原则性的授权规定。根据该法第3条的规定，日本公正交易委员会为了防止不当地引诱顾客，认为必要时，可以就赠品价额的最高额、总额，赠品的种类，提供方法或其他有关提供赠品的事项作出限制或禁止规定。日本对赠品和抽奖式有奖销售的最高金额分别不同情况作出了规定。其中，对附赠的奖品或奖金的最高价值限制是：交易额在1 000日元以下的，奖品和奖金的价值不得超过100日元；交易额在1 000日元到50万日元之间的，奖品和奖金的价值不得超过交易额的10%；交易额在50万日元以上的，奖品和奖金的价值不得超过5万日元。抽奖式有奖销售，交易额在500日元以下的，奖品及奖金的价值不得超过交易额的20倍；交易额在500日元至5万日元之间的，奖品及奖金的价值不得超过1万日元；交易额在5万日元至10万日元之间的，奖品及奖金的价值不得超过3万日元；交易额在10万日元以上的，奖品及奖金的价值不得超过5万日元。

在我国，1993年《反不正当竞争法》第13条规定了经营者不得从事的有奖销售，包括：(1) 采用谎称有奖或者故意让内定人员中奖的欺骗方式进行有奖销售；(2) 利用有奖销售的手段推销质次价高的商品；(3) 抽奖式的有奖销售，最高奖的金额超过5 000元的。国家工商行政管理局1993年《关于禁止有奖销售活动中不正当竞争行为的若干规定》对相关规定进行了细化。从这些规定可以看出，我国对有奖销售采取了不禁止但限制的规制原则，即允许经营者采取有奖销售的促销方式，但欺骗性的有奖销售、促销质次价高商品的有奖销售以及赠品最高额超过5 000元的有奖销售等三种情况除外。这基本上符合我国1993年制定《反不正当竞争法》时的实际情况。但是，随着经济的不断发展，我国相应的法律规范已经不能完全适应客观实际的变化，需要根据新的情况对现有的规定进行补充和完善。2017年修订的《反不正当竞争法》对此进行了完善，其第10条规定：经营者进行有奖销售不得存在下列情形：(1) 所设奖的种类、兑奖条件、奖金金额或者奖品等有奖销售信息不明确，影响兑奖；(2) 采用谎称有奖或者故意让内定人员中奖的欺骗方式进行有奖销售；(3) 抽奖式的有奖销售，最高奖的金额超过5万元。显然，这次修订细化了有关欺骗性有奖销售的规定，删除了"利用有奖销售的手段推销质次价高的商品"，提高了抽奖式有奖销售的金额，使相关制度相对更为合理。市场监管总局于2020年发布施行的《规范促销行为暂行规定》就是与这次修法相配套的，1993年的《关于禁止有奖销售活动中不正当竞争行为的若干规定》同时废止。

---

① 参见何之迈：《公平交易法专论》，354～357页，北京，中国政法大学出版社，2004。

第二节　不正当有奖销售行为的认定

根据2017年修订后的我国《反不正当竞争法》第10条和《规范促销行为暂行规定》，构成不正当有奖销售行为的有以下几类。

一、对有奖销售信息作虚假不实的表示

该行为属于欺骗性有奖销售。《规范促销行为暂行规定》第13条和第14条规定：经营者在有奖销售前，应当明确公布奖项种类、参与条件、参与方式、开奖时间、开奖方式、奖金金额或者奖品价格、奖品品名、奖品种类、奖品数量或者中奖概率、兑奖时间、兑奖条件、兑奖方式、奖品交付方式、弃奖条件、主办方及其联系方式等信息，不得变更，不得附加条件，不得影响兑奖，但有利于消费者的除外。在现场即时开奖的有奖销售活动中，对超过500元奖项的兑奖情况，应当随时公示。奖品为积分、礼券、兑换券、代金券等形式的，应当公布兑换规则、使用范围、有效期限以及其他限制性条件等详细内容；需要向其他经营者兑换的，应当公布其他经营者的名称、兑换地点或者兑换途径。因此，经营者对所设奖的种类、兑奖条件、奖金金额或者奖品等有奖销售信息作虚假不实的表示，就违反了《反不正当竞争法》及相关法律、法规的规定，属于违法行为。

二、采用谎称有奖或者故意让内定人员中奖的欺骗方式进行有奖销售

这两种有名无实的销售行为，对于购买者是一种欺诈，对于同业竞争者则是抢夺了顾客，是不正当的。《规范促销行为暂行规定》第15条和第16条规定：经营者进行有奖销售，不得采用以下谎称有奖的方式：(1) 虚构奖项、奖品、奖金金额等；(2) 仅在活动范围中的特定区域投放奖品；(3) 在活动期间将带有中奖标志的商品、奖券不投放、未全部投放市场；(4) 将带有不同奖金金额或者奖品标志的商品、奖券按不同时间投放市场；(5) 未按照向消费者明示的信息兑奖；(6) 其他谎称有奖的方式。经营者进行有奖销售，不得采用让内部员工、指定单位或者个人中奖等故意让内定人员中奖的欺骗方式。

谎称有奖的行为是经营者对外诈称其商品为有奖销售，以招揽顾客购买，实际上该经营者并未作出任何有关有奖销售的安排，不存在对消费者的奖励，致使许多购买者上当受骗。这种有奖销售行为是一个赤裸裸的骗局，比较容易被购买者戳穿。

故意让内定人员中奖是存在奖励的，只不过此奖只能由其内定的人员得到，例如其家人、亲戚、朋友、内部职工等等，而广大购买者从概率上有中奖的可能性，但实际上没有中奖机会，不能得到奖品。这种欺骗性有奖销售比较隐蔽，往往不容易被购买者发现，因为在这种有奖销售中，经营者依其所宣称的内容设立了奖项，并按程序进行抽奖，甚至邀请了有关人员见证或公证。

三、最高奖金额超过5万元的抽奖式有奖销售

这是对高额有奖销售的限制。激烈的市场竞争使某些经营者不惜以巨奖引诱消费者。实行高额的有奖销售，导致经营者在奖金金额上互相竞争，甚至以房屋、汽车作为奖品，从而干扰了正常的经营活动。对于不可能采用有奖销售的较为弱小的企业来说，高额有奖销售很可能把

这些小企业排斥出市场，因而是不公平的竞争。同时，高额有奖销售还会助长购买者的投机心理和侥幸意识，容易使人把商场当作赌场，使消费者很难依据市场供求状况、商品的效用和自己的需要等因素作出理性判断和真实的意思表示，并且因为羊毛出在羊身上，高额有奖销售必定会导致商品的价格上涨，从而损害消费者的利益。而从社会政策的角度看，以抽签方式提供巨奖的行为与赌博无异，存在败坏社会风气的隐忧，故法律应当对这类促销活动予以规制。

《规范促销行为暂行规定》第 17 条、第 18 条和第 19 条规定：抽奖式有奖销售最高奖的金额不得超过 5 万元。有下列情形之一的，认定为最高奖的金额超过 5 万元：(1) 最高奖设置多个中奖者的，其中任意一个中奖者的最高奖金额超过 5 万元；(2) 同一奖券或者购买一次商品具有两次或者两次以上获奖机会的，累计金额超过 5 万元；(3) 以物品使用权、服务等形式作为奖品的，该物品使用权、服务等的市场价格超过 5 万元；(4) 以游戏装备、账户等网络虚拟物品作为奖品的，该物品市场价格超过 5 万元；(5) 以降价、优惠、打折等方式作为奖品的，降价、优惠、打折等利益折算价格超过 5 万元；(6) 以彩票、抽奖券等作为奖品的，该彩票、抽奖券可能的最高奖金额超过 5 万元；(7) 以提供就业机会、聘为顾问等名义，并以给付薪金等方式设置奖励，最高奖的金额超过 5 万元；(8) 以其他形式进行抽奖式有奖销售，最高奖金额超过 5 万元。经营者以非现金形式的物品或者其他利益作为奖品的，按照同期市场同类商品的价格计算其金额。经营者应当建立档案，如实、准确、完整地记录设奖规则、公示信息、兑奖结果、获奖人员等内容，妥善保存 2 年并依法接受监督检查。

当然，规定固定的奖金上限可能会削弱以有奖销售作为促销手段的实际效果。譬如，在商品房买卖中，房地产开发商为了尽快回收资金，吸引公众购买商品房，而规定整座公寓的前 10 户购买者，每户赠 1 个车位，其价值可能是两三万元，远远超过了 5 000 元（以前的规定），所以按当时法规定是违法的。相反，在一个销售瓜子的展销会上，商家规定，每位购买瓜子者，都可以参加抽奖，购买 1 包有权抽一次，最高奖是价值 2 000 元的大屏幕彩电 1 台，未超过 5 000 元，因此是合法的有奖销售。事实上，前者，奖品即车位的价值虽然远超过了 5 000 元，但相对于价值一二百万元的商品房而言，是一个小数目，并不会在很大程度上影响购房者的购房决策；而后者，虽然彩电的价值与 5 000 元相距甚远，但它可能使每个人动心——即便有的人十分讨厌吃瓜子。所以，在这两种不同的情形中，价值两三万元的车位的诱惑力远比不上价值 2 000 元的大彩电的诱惑力；就影响购买者的购物决策而言，后者的作用也远大于前者。[①] 因此，以后进一步修改《反不正当竞争法》时，可以借鉴其他国家或地区的做法，将最高奖的合法限额与所售商品或所提供服务的价值相联系——商品或服务的价值低，最高奖的限额也就低；商品或服务的价值高，最高奖的限额相应也就高。

此外，附赠式有奖销售中也应有最高限额。我国《反不正当竞争法》只针对抽奖式有奖销售有最高奖金额的限制，对附赠式有奖销售的最高奖金额没有限制。实际上，在附赠式有奖销售中也应对奖金或奖品的最高额进行限制，以防止巨奖销售。参照日本等国的做法，可以考虑在法律规范中将应销售商品的价格分为不同档次，每个档次分别规定赠品与商品之间的价值比例，经营者提供赠品时不得逾越该比例。否则，有奖销售就会蜕变为搭售或者不正当削价竞销。在规定赠品与商品的价值比例的基础上，在消费者购买多个主商品的情形下还应当根据所购主商品的总额采用比例累进递减的办法，以防止巨奖销售的出现。

① 参见孙参政、刘小华：《论对有奖销售的法律规制——兼对既有规范进行检讨》，载《法治论丛》，2007 (1)。

第三节　不正当有奖销售行为的法律责任

对于不正当有奖销售行为的法律责任，我国《反不正当竞争法》只设置了民事责任和行政责任，没有规定刑事制裁措施。

关于民事责任，《反不正当竞争法》第17条规定：因不正当有奖销售行为而使其权益受到侵害的经营者可以向人民法院提起诉讼，要求损害赔偿。因不正当竞争行为受到损害的经营者的赔偿数额，按照其因被侵权所受到的实际损失确定；实际损失难以计算的，按照侵权人因侵权所获得的利益确定。赔偿数额还应包括经营者为制止侵权行为所支付的合理开支。我国法律没有明确规定因不正当有奖销售行为可以请求民事损害赔偿当事人的资格，根据德国的《反不正当竞争法》，对这种行为有权提起停止侵害之诉以及损害赔偿之诉的，除了经营同类产品或服务的企业，还包括行业协会以及其他的推动工商活动的团体。

对于行政责任，《反不正当竞争法》第22条规定："经营者违反本法第十条规定进行有奖销售的，由监督检查部门责令停止违法行为，处五万元以上五十万元以下的罚款。"相对于原来的规定，罚款力度明显加大。

案例与思考1

南京世茂房地产开发有限公司不正当有奖销售行政处罚案①

2014年6月，南京市工商行政管理局接到群众举报，反映南京世茂房地产开发有限公司发布的世茂·君望墅售楼宣传内容涉嫌违规。经查证：当事人在2014年6月以"世茂·君望墅邀您坐宝马"等为标题在江苏"三六五地产家居网"和"搜房网"的网站登出多条楼盘有奖销售信息，并在珠江路等地段登出"十载倾城，世茂10辆宝马献金陵"的楼盘销售广告，举办了一个针对其在售楼盘商品房的有奖促销活动。具体为：凡在2014年6～8月间购买当事人所开发的世茂—外滩新城和君望墅楼盘商品房的客户，均有机会参加由当事人组织的抽取宝马X1轿车的活动。奖品通过世茂集团下属的南京硕天投资管理有限公司从南京宝利丰汽车销售服务有限公司采购，单价为262 200元，两辆轿车合计524 400元。该抽奖活动于2014年9月2日结束，共抽取了2辆宝马X1轿车，其中外滩新城楼盘参与抽奖者444人，中奖率0.2%；君望墅楼盘参与抽奖者52人，中奖率1.9%。

江苏省南京市工商行政管理局认为：当事人举办购买其楼盘商品房抽取宝马轿车作为奖品的行为，属于抽奖式有奖销售，但其奖品金额超过了法律所规定的上限5 000元，违反了《反不正当竞争法》第13条第3项："经营者不得从事下列有奖销售：……抽奖式的有奖销售，最高奖的金额超过五千元。"因当事人在案件调查时不予配合，且不停止违法行为，应当对当事人从重处理。根据《反不正当竞争法》第26条"经营者

① 资料来源：南京市工商行政管理局宁工商案（2014）01880号行政处罚决定书，见人民网，http：//js.people.com.cn/n/2015/0116/c360309－23573300.html。

违反本法第十三条规定进行有奖销售的，监督检查部门应当责令停止违法行为，可以根据情节处以一万元以上十万元以下的罚款”的规定，决定对当事人处理如下：(1) 责令停止违法行为；(2) 罚款 80 000 元，上缴国库。

抽奖式有奖销售在生活中十分多见，该案件中奖品金额明显超过 5 000 元上限，造成对消费者不正当的利诱，违法性十分清楚。

案例与思考 2

陈某诉沙河实业股份有限公司奖券纠纷案①

2003 年 9 月，原告陈某参加沙河实业股份有限公司举办的开盘抽奖活动，并抽得特等奖，奖品为价值 8 万元的车位一个。当晚陈某到被告设立的领奖处领奖，因被告无法提供车位的所有权证明，且对车位大小、种类等性质未予现场明示，也未进行书面说明，陈某拒绝领奖。

原告认为被告应当依诚实信用原则向他交付奖品，于是将被告告上了深圳市南山区人民法院。被告认为公司对奖品有解释权，原告从中奖到起诉，时间接近一年半，其兑奖行为早已超过合理期限，其要求兑奖的行为不应再得到法律的支持和保护。

法院认为：根据《反不正当竞争法》的规定，经营者不得从事最高奖金额超过 5 000 元的抽奖式有奖销售。被告的有奖销售活动未经有关部门批准，且未将奖品现场明示，违反了有关法律法规的规定，应予以依法处罚。原告是在被告的有奖销售活动中善意取得获奖的车位，虽然被告的行为属于违法违规的行为，但不能因此否定被告在举办有奖销售活动中所作的兑奖承诺，也不能因此影响原告获得上述车位的权利或要求作出相应赔偿的权利。对于兑奖车位种类、大小等性质，由于被告并未现场予以明示或书面说明告知，故被告在奖券、活动计划及内部会议纪要里的说明之效力不能抗辩获奖者。被告认为原告的兑奖行为已超过合理期限并无事实和法律依据，抗辩理由不成立。被告应当根据自愿、公平、诚实信用的原则，履行兑奖义务，将价值 8 万元的车位及其所有权证按有关房地产证办理规定如期兑现给原告，否则，应当赔偿原告可得利益的损失即车位价值 8 万元。同时，法院认为被告的有奖销售活动违反有关法律、法规的规定，建议有关行政部门予以处罚。

本案涉及在被告违反《反不正当竞争法》关于有奖销售之规定的情况下，原告是否有权要求其依据兑奖承诺履行义务的问题。法院的判决给予了明确回答。

案例与思考 3

滴滴打车有奖销售案②

2014 年 4 月，滴滴打车所属的北京小桔科技有限公司，同北京良物珍品电子商务有

① 资料来源：中国法院网，http：//www.chinacourt.org/public/detail.php? id=186484。

② 参见《滴滴打车抽奖涉嫌不正当竞争》，见阿里云资讯网，https：//www.aliyun.com/zixun/content/2_7_2821.html。

限公司旗下的珍品网联合举办了抽奖活动。活动期间，只要用户使用滴滴打车并付费后，手机上就会弹出一个抽奖界面，用户可以参与抽奖活动。抽奖活动的奖品有爱马仕、香奈儿、LV 等多款奢侈品牌的商品，更吸引人眼球的是，还有一辆奥迪轿车。如此丰厚的奖品也着实吸引了不少用户使用滴滴打车，也的确有用户幸运地抽到了奥迪大奖。

而北京市工商局海淀分局关注到了这场吸引公众眼球的抽奖活动，并最终以此次抽奖式有奖销售活动违反了《反不正当竞争法》的规定，作出了行政处罚的决定。海淀分局经检科相关负责人对媒体表示，北京小桔科技有限公司由于新成立不久，没有专门的法务部门，因而导致了上述问题，综合考虑该公司的违法行为，最终给予滴滴打车 3 万元的罚款。

8 月 1 日，滴滴打车公关部工作人员在接受《法治周末》记者采访时表示，公司已经缴纳了罚款，且成立了法务部，现在公司推出的营销推广活动方案、对外签署的合同等都会事先交由法务部审核，以防范和控制法律风险。此外，该工作人员还介绍，在通过补贴和抽奖的方式培育和抢占市场后，公司会暂缓考虑推出类似的活动，而是通过增加“红包”等互动性良好的营销方式来争取用户。

根据当时的《反不正当竞争法》的规定，抽奖式有奖销售最高奖金额不得超过 5 000 元，否则构成不正当竞争，滴滴打车的这一行为明显违反了该项规定。

思考题

1. 试析有奖销售行为的含义和种类。
2. 反不正当竞争法为什么要规制有奖销售行为？
3. 我国《反不正当竞争法》规定了哪些不正当有奖销售行为？
4. 试析我国有奖销售规制制度进一步完善的思路。

第十章
禁止商业诋毁制度

第一节　商业诋毁行为及其法律规制概述

一、商业诋毁行为的概念

商业诋毁，或称诋毁商誉、商业诽谤，是指在市场交易中，捏造、散布虚伪事实，损害竞争对手的商业信誉和商品声誉，削弱竞争对手的竞争能力的行为。

商业诋毁行为的对象是他人的商誉。商誉一般是指社会公众对特定的经营者的经营能力、经营状况、资信状况、商品及服务质量等经营素质的客观评价。尽管商誉本身是一个中性词，并未说明是好的评价还是坏的评价，但实际上商誉多指好的、积极的评价。商誉主要包括商业信誉和商品声誉。商业信誉是指经营者通过公平竞争和诚实经营所取得的社会综合评价。商品声誉是指经营者制造或者销售的某种特定商品所获得的社会评价。严格来说，商品声誉是商业信誉的一个组成部分。

商誉与特定经营者或其产品、服务相联系，主要涉及特定经营者的市场形象，是经营者形象和文化的外在表现与社会认同，从而成为经营者的重要的无形资产和市场竞争力的重要组成部分。在市场经济条件下，商誉是经营者在市场竞争中赢得优势地位的资本和支柱，好的商誉意味着无限商机和丰厚的市场回报；如果商誉受损，轻则令经营者受到经济损失，重则使其陷入困境乃至破产。在会计学中，商誉一般被认为是企业由于有利的地理位置、历史悠久、经验丰富或经营有方等有利条件，而在经营上具有产生超常获利能力的潜在经济价值，即可望在同等条件下获得高于一般利润水平的能力。如同其他合法财产一样，经营者对自己的商誉依法享有商誉权，即经营者对其创造的商誉所享有的专有权和排斥他人对商誉进行侵害的权利。

对于商誉权的法律属性，存在不同的学说，主要有人格权说和复合权说：前者又包括单一人格权说和特别人格权说，后者又包括知识产权兼人格权说和知识产权说。在现代社会，商誉权除了具有人格权的性质，越来越具有财产权的性质。有学者专门论证了商誉权的知识产权属性，并认为商誉权虽然属于知识产权的范畴，具有客体非物质性的本质特征，但与著作权、专利权、商标权等传统知识产权相比，该项权利还具有自身的显著特点：一是非确定的地域性，即其效力并不具有严格的领土性；二是非法定的时间性，即它与特定主体相联系而存在，无法律限定的保护期间；三是非恒定的专有性，即商誉权是一种没有恒定保护范围的无形财产权。①

在我国，关于商誉的无形财产性质首先是通过国家间的双边条约加以确认的。1982 年我国与瑞典签订的《关于互相保护投资的协定》规定，“投资”应包括缔约的一方投资者在缔约的另一方境内，依照法律和规章用于投资的各种形式的资产，尤其是版权、工业产权、工艺流程、商号和商誉。1984 年我国与法国签订的《关于互相鼓励和保护投资的协定》规定，对

---

① 参见吴汉东：《论商誉权》，载《中国法学》，2001（3）。

“投资范围的解释亦将商誉包括在内”。此后，我国有关法律文件还从资产或产权的角度肯定了商誉权的性质和地位。1992年财政部与国家体制改革委员会联合颁发的《股份制试点企业会计制度》第37条确认：无形资产包括专利权、商标权、专有技术、土地使用权、商誉等。同年财政部发布的《企业会计准则》和《企业财务通则》两个规范性文件都规定：无形资产是指企业长期使用，但是没有实物形态的资产，包括专利权、商标权、著作权、土地使用权、非专利技术、商誉等。这说明，商誉权与著作权、专利权、商标权等权利一样，是企业财产的重要组成部分，可以单独地进行资产评估并以确定的资产值进行投资。这种资产的权利形态属于无形财产权的范畴。①

商誉作为一种重要的无形财产，是经营者在参与市场竞争过程中逐渐形成的。经营者往往需要经过长期艰苦的努力才能建立起自己良好的商业信誉。要维持这种良好的商誉也要付出巨大的努力，比如坚持守法经营、讲究职业道德、严格履行合同、经济实力雄厚、技术水平先进、商品或服务质量精良、经营风格独特。而这反过来也会为其赢得交易伙伴和消费者的信任，带来巨大的经济利益和在竞争中的优势。正是由于商誉在市场竞争中的这种地位和作用，对他人的商业信誉、商品声誉进行诋毁也就成了一些不法经营者经常采取的不正当竞争手段。

经营者为了取得优势地位和经济利益而捏造、散布虚伪事实，损害竞争对手的商业信誉、商品声誉，使某一或某些主体或者其商品的形象受到损害，从而减少市场的需求，是一种典型的不正当竞争行为，与诚实信用原则等商业道德相悖。这种行为首先损害了竞争对手的合法权益，不仅会给竞争对手的名誉造成损害，而且会给竞争对手带来经济上的损失，如失去交易伙伴和消费者，造成产品的滞销，损失大量的利润和市场竞争的优势地位，乃至破产或被迫转产。同时，这种行为也欺骗了社会公众，使消费者无法了解事实真相，发生困惑甚至上当受骗，造成市场公平竞争秩序被人为扭曲。这正是反不正当竞争法要对其进行规制的原因所在。

二、商业诋毁行为的法律规制

1896年德国颁布的世界上第一部反不正当竞争法，率先将商业诋毁行为纳入竞争法规范之中。此后，商业诋毁行为引起了世界各国的高度关注，被认为是不公平竞争的“典型”形式之一。②

《巴黎公约》第10条之二第3款第2项规定，在经营商业中损害竞争者的营业所、商品或工商业活动的信誉的虚假陈述属于三项特别应予禁止的不正当竞争行为。世界知识产权组织《反不正当竞争示范条款》第5条规定：在工商业活动中，任何虚假的或者没有根据的陈述，损害或者可能损害他人的企业或者其经营活动，尤其是损害该企业提供的商品或者服务的信誉的，构成不正当竞争行为。该条进一步对损害信誉涉及的具体事项作了列举，包括：商品的制造过程，商品或服务对特定目的的适用性，商品或服务的质量、数量或其他特征，商品或服务提供或供应的条件，商品或服务的价格或其计算方式。

在英美法系国家，商誉保护制度主要是通过判例建立起来的，商业诋毁行为被视为侵权行为而适用普通法关于侵权行为的规则。例如，在英国1901年的国内税收专员诉穆勒一案中，法院将商誉称为“形成习惯的吸引人的力量”，抑或“企业的良好名声、声誉和往来关系带来

① 参见吴汉东：《论商誉权》，载《中国法学》，2001（3）。

② 参见世界知识产权组织国际局：《世界反不公平竞争法的新进展》，郑友德等译，载漆多俊主编：《经济法论丛》，第1卷，305页，北京，中国方正出版社，1999。

的惠益和优势”，明确承认商誉的无形财产属性。[①] 在美国，对商业诋毁行为除作为普通法上的侵权行为加以制裁外，还可加以竞争法上的规制，如适用《联邦贸易委员会法》第5条。

在大陆法系，多数国家（地区）采用反不正当竞争法来保护商誉。德国2004年修订的《反不正当竞争法》第4条所列举的11种不正当竞争行为中，第7项规定的是“贬低或诋毁其他竞争者的标志、商品、服务、活动或个人关系或商业关系”。第8项还规定：对于其他竞争者的商品、服务或其经营者或企业领导层的成员，声称或散布足以损害企业经营或企业信用的事实，但以这些事实无法证明是真实的为限；如有关事实涉及秘密的通知，而且通知人或受领人对通知具有正当的利益，则只有在违反事实真相声称或散布这些事实的情况下，才构成不正当竞争。此外，该法第6条关于比较广告的规定中，也指出：“比较贬低或诋毁其他竞争者的商品、服务、活动、个人关系或商业关系”，属于该法第3条意义上的不正当竞争行为。

在我国，在1993年《反不正当竞争法》颁布以前，对法人的商业信誉和商品声誉的法律保护主要适用1986年通过的《民法通则》中关于法人名誉权的规定。由于仅仅作为人身权的名誉权与发生在工商业活动中的商誉权有很大差别，因而以法人名誉权制度来代替商誉权的专门保护是不够的。1993年通过的《反不正当竞争法》对侵害他人商誉权的商业诋毁行为进行了明确规制。该法第14条规定：“经营者不得捏造、散布虚伪事实，损害竞争对手的商业信誉、商品声誉。”这为我国保护商誉权，制裁商业诋毁行为提供了直接的法律依据。此外，1994年通过、2015年修订的《广告法》第13条也规定：“广告不得贬低其他生产经营者的商品或者服务。”这是对通过广告形式实施的商业诋毁行为进行的规制。2017年修订的《反不正当竞争法》第11条规定：“经营者不得编造、传播虚假信息或者误导性信息，损害竞争对手的商业信誉、商品声誉。”相较于原来的规定，现行相关表述更为准确、适当。

第二节 商业诋毁行为的认定

根据我国2017年修订后的《反不正当竞争法》第11条的规定，商业诋毁行为的构成应当具备以下要件：第一，行为的主体是经营者，并且行为人与受害者之间具有竞争关系；第二，行为人主观上具有过错；第三，行为人在客观上有诋毁行为，即编造、传播虚假信息或者误导性信息的行为；第四，行为的后果是被诋毁者的商业形象或商品形象方面的社会评价降低或有降低的可能性。这些要件在具体的认定中需要进一步明确相关问题。

一、关于行为主体

《反不正当竞争法》规定的不正当竞争行为的主体是经营者，因此商业诋毁行为的主体也不例外。这样，商业诋毁行为的主体应当具有经营者的身份，即只有从事商品生产、经营或者提供服务的自然人、法人和非法人组织所实施的损害竞争对手商誉的行为才构成这里的商业诋毁行为。非经营者所实施的对他人（包括经营者）侮辱、诽谤、贬低的行为，属于一般侵犯名誉权的行为。1998年8月31日最高人民法院《关于审理名誉权案件若干问题的解释》（法释〔1998〕26号）第9条规定，消费者对生产者、经营者、销售者的产品质量或服务质量进行批评、评论，借机诽谤、诋毁，损害其名誉的，应当认定为侵害名誉权；新闻单位对生产者、经

① 转引自梁上上：《论商誉和商誉权》，载《法学研究》，1993（5）。

营者、销售者的产品质量或者服务质量进行批评、评论，主要内容失实，损害其名誉的，应当认定为侵害他人名誉权。在这里，消费者和新闻单位不属于经营者，因此即使其实施了对经营者的诽谤、诋毁行为，也不构成商业诋毁行为，而仅仅作为一般侵犯名誉权的行为对待，不能适用《反不正当竞争法》的有关规定。

构成商业诋毁行为不仅要求行为人本身是经营者，而且要求行为人与受害者之间具有竞争关系，并且是狭义上的竞争关系。这可从《反不正当竞争法》第11条规定中的“竞争对手”的用语中看出。这使《反不正当竞争法》上的商业诋毁行为区别于民法上一般的侵害名誉权的行为。关于这一点，从《巴黎公约》到很多国家的反不正当竞争法都是这么规定的。当然，也有一些国家如瑞典、比利时、瑞士的竞争法，已放弃了对竞争关系的要求，即诋毁可以由不存在竞争关系的非竞争对手作出。1996年世界知识产权组织《反不正当竞争示范条款》第5条的规定也与《巴黎公约》的有所不同。该条的用语是“企业”，而不是“竞争者”。而且，世界知识产权组织国际局对此进一步作了解释：被损害的个人或公司常常是竞争者，或者至少在有关当事人之间存在某种竞争关系。但是，不但竞争者如此，像消费者团体或媒体也可以实施违反公平竞争原则的行为。如果它们对某个企业的产品、服务或商业活动作出虚假的或者没有根据的陈述，就可以提起损害名誉的诉讼。然而，如果反不正当竞争的保护扩及媒体或消费者团体的陈述，那么国家免除这些组织的陈述的责任范围必须加以考虑；本条第1款并未像《巴黎公约》第10条之二第3款第2项将其范围限于“竞争者”[①]。我国《反不正当竞争法》在2017年修订时没有在这方面作出调整。

此外，商业诋毁行为可以是经营者自己单独实施，也可以是其与他人共同实施，还可以是利用他人加以实施。他人既可能是其他的同业或非同业经营者，也可能是作为非经营者的其他主体。如果特定经营者与他人之间就实施商业诋毁行为有共谋，该他人就应与该经营者一起对该行为承担法律责任。按照我国《反不正当竞争法》的规定，对非同业的经营者和非经营者不按该法的商业诋毁行为进行认定，而应适用侵犯名誉权的一般规定。不过，从我国司法实践来看，尽管大多数法院仍特别强调商业诋毁以竞争关系的存在为前提，但将商业诋毁适用于非竞争关系的做法不乏先例。例如，在北京永不停顿信息技术有限公司诉中国惠普有限公司损害商业信誉纠纷案中，北京永不停顿信息技术有限公司为代理商，与中国惠普有限公司并非竞争关系。[②] 前者认为后者将其列入代理商黑名单的做法属于商业诋毁行为，这种情形被某些学者称为“自力救济中的商业诋毁”[③]。

二、关于主观过错

商业诋毁行为的构成需要具有主观要件即过错是不言而喻的，但对于过错的具体形态即仅由故意构成还是故意与过失都能构成，学者间的主张有所不同。根据我国《反不正当竞争法》第11条的规定，经营者故意实施侵害他人商誉的行为构成商业诋毁行为是不容置疑的，但关于经营者过失侵害他人商誉的行为是否构成商业诋毁行为有分歧。有学者认为，商业诋毁行为的主观方面为故意而不是过失。行为人实施商业诋毁行为以削弱竞争对手的市场竞争能力，并谋求自己的市场竞争优势为目的，通过捏造、散布虚伪事实等不正当手段，对竞争对手的商业信誉、商品信誉进行恶意的诋毁、贬低，因此只有故意行为才构成这种不正当的竞争行为。从

---

① 孔祥俊：《反不正当竞争法的适用与完善》，599页，北京，法律出版社，1998。

② 案例来源：北大法宝，http：//www.pkulaw.cn/Case/pfnl_117457482.html？match=Exact。

③ 谢晓尧：《在经验与制度之间——不正当竞争司法案例类型化研究》，366页，北京，法律出版社，2010。

过错心理方面来分析，行为人明知自己的行为会发生损害他人商誉的结果（认识因素），但希望或者放任这种毁损商誉的危害结果的发生（意志因素），行为人的这种主观故意性是明显而确定的。[①] 这种主张在行为人捏造并传播虚假信息或者误导性信息的情况下是成立的。但是，由于捏造和传播虚假信息或者误导性信息都能构成商业诋毁行为，因而在捏造和传播不是由同一人所为的情况下，上述主张就未必合理了。因为，捏造肯定是故意的，但传播既可以是故意的，也可以是过失（疏忽大意或放任）的。而且，对于行为人的过错一般采取推定的办法，以减轻受害人（权利人）的举证负担。这有利于充分保护当事人的合法权益，维护公平竞争秩序。因此总体来说，故意和过失都能构成商业诋毁行为。

三、关于客观方面的行为

根据我国《反不正当竞争法》第 11 条的规定，商业诋毁行为在客观方面表现为捏造、传播虚假信息或者误导性信息。捏造意味着凭空编造，既包括无中生有、凭空编造全部虚假信息或者误导性信息的情形，也包括恶意歪曲、夸大部分事实或者虚构部分事实的情形。传播是对捏造的事实加以散布。传播的方式是多方面的，可以是书面的，也可以是口头的。传播的途径是多种多样的：可以通过宣传媒体进行，也可以是专门投递；可以出现在广告中，也可以在产品订货会、发布会上进行；可以在公开场合传播，也可以在暗地里向与竞争者有关的经营者散布。

捏造、传播的内容一般是虚假信息，如果内容是真实的，即使对他人的商誉造成了影响，也不构成这里的商业诋毁行为。例如，在上海柯达视听教育器材经营维修部与伊士曼柯达公司等损害商业信誉纠纷案中，被告伊士曼柯达公司在"郑重声明"中称原告上海柯达视听教育器材经营维修部使用"柯达"名称未经其许可属实，与实际情况相符，因此法院认定该行为不构成商业诋毁行为。

根据世界知识产权组织国际局对《反不正当竞争示范条款》第 5 条的解释，不仅虚假的陈述，而且没有根据的陈述，也可以具有损害信誉的后果。它并不要求严格的不真实，如果"抨击"被夸大了，或者所用的措辞是贬低的，在有些情况下也被认为是不正当竞争。真实但不完全的陈述可以具有同样的后果。这意味着，除了捏造、传播虚假的信息可以构成商业诋毁行为，捏造、传播那些虽非完全不真实但对他人商誉产生损害的行为，也可构成商业诋毁行为，例如，在比较广告和产品促销活动中，对同类产品、服务的评价使用贬损性质的言辞；或在未有科学定论的情况下，片面宣传某些产品、服务的副作用或者消极因素。我国 2017 年修订后的《反不正当竞争法》在第 11 条所规制的侵害商誉的行为，除了针对捏造、传播虚假信息，也明确包括了捏造、传播误导性信息。这使有关表述更准确和更全面。

就捏造和传播的关系来说，捏造并传播虚假信息、误导性信息当然构成商业诋毁行为，捏造虚假信息、误导性信息和传播虚假信息、误导性信息也都可以单独构成商业诋毁行为。在实践中，有些商业诋毁行为就是由不同的行为人共同完成的。但是，仅捏造虚假信息、误导性信息的，要在之后该信息被他人传播，才能构成商业诋毁行为。最高人民法院《关于适用〈中华人民共和国反不正当竞争法〉若干问题的解释》（法释〔2022〕9 号）第 20 条规定，经营者传播他人编造的虚假信息或者误导性信息，损害竞争对手的商业信誉、商品声誉的，人民法院应当依照《反不正当竞争法》第 11 条予以认定。

商业诋毁行为的表现形式是多种多样的。从实践中的情况来看，主要有以下几类：(1) 利

① 参见吴汉东：《论商誉权》，载《中国法学》，2001 (3)。

用散发公开信、召开新闻发布会或刊登对比性广告、声明性广告等形式，制造、散布贬损竞争对手商业信誉、商品声誉的虚假事实；（2）在与他人的业务交往中，向业务客户及消费者散布虚假事实，以贬低竞争对手的商业信誉，诋毁其商品或服务的质量声誉；（3）利用商品的说明书，吹嘘本产品质量上乘，贬低同业竞争对手生产、销售的同类产品；（4）唆使他人在公众中造谣并传播、散布消息称竞争对手所售的商品质量有问题，使公众对该商品失去信赖，以便自己的同类产品取而代之；（5）组织人员，以顾客或者消费者的名义，向有关监督管理部门作关于竞争对手的产品质量低劣、服务质量差、侵害消费者权益等情况的虚假投诉，以达到贬损其商业信誉的目的。商业诋毁行为可以针对特定的竞争者，也可以针对不特定的竞争者，但相关公众可以从中推测其指向，后者尤其表现在不正当的比较广告中。

四、关于行为的后果

商业诋毁行为的后果是使被诋毁者的商业信誉或商品声誉受到损害，即被诋毁者的商业形象或商品形象方面的社会评价降低或有降低的可能性。

在司法实践中，认定经营者商誉的实际损害，首先要判断特定主体在某一特定区域内是否建立了自己的商誉。而这要考察该特定主体是否有产品在该地区销售或有服务业务在该地区开展，或在该地区有与生产和流通直接联系的经济行为，抑或有从事生产和服务的分支机构；同时，考察是否有一定数量的消费者意识到当事人的产品或服务的存在。在确认该主体在某一地区建立起了商誉的基础上，进一步认定存在商誉受到损害或者有损害可能性的情况。商誉损害的内容包括对商事主体的产品质量、经营现状、销售状况、履约能力及态度等经济能力进行贬损、误导以及施加不当影响的事实。商誉受到损害的事实是关于社会评价降低的损害事实，往往会造成特定主体财产利益的损失，但并非当然或绝对发生实际经济损失。因此，只要被诋毁者的商业形象或商品形象方面的社会评价降低或有降低的可能性，就可认定商业诋毁行为的存在，已造成实际的经济损失并不是认定商业诋毁行为的必要条件。

第三节　商业诋毁行为的法律责任

一、民事责任

关于商业诋毁行为的民事责任，主要依据2017年修订的《反不正当竞争法》第17条关于不正当竞争行为民事责任的一般规定进行处理。侵害商誉权的民事责任形式，除损害赔偿以外，还有其他形式，如停止侵害、赔礼道歉、恢复商誉、消除影响。

根据最高人民法院《关于适用〈中华人民共和国反不正当竞争法〉若干问题的解释》（法释〔2022〕9号）第19条的规定，当事人主张经营者实施了《反不正当竞争法》第11条规定的商业诋毁行为的，应当举证证明其为该商业诋毁行为的特定损害对象。同时，根据最高人民法院《关于适用〈中华人民共和国反不正当竞争法〉若干问题的解释》（法释〔2022〕9号）第23条的规定，对于《反不正当竞争法》第11条规定的不正当竞争行为，权利人因被侵权所受到的实际损失、侵权人因侵权所获得的利益难以确定，当事人主张依据《反不正当竞争法》第17条第4款确定赔偿数额的（根据侵权行为的情节判决给予权利人500万元以下的赔偿），人民法院应予支持。

二、行政责任

我国《反不正当竞争法》在修订之前，并没有专门规定商业诋毁行为的行政责任，通常只在商业诋毁行为与虚假宣传行为发生竞合时，类比适用虚假宣传行为的行政责任规定。2017年修订后的《反不正当竞争法》对行政责任进行了明确规定。2017 年修订后的《反不正当竞争法》第 23 条规定："经营者违反本法第十一条规定损害竞争对手商业信誉、商品声誉的，由监督检查部门责令停止违法行为、消除影响，处十万元以上五十万元以下的罚款；情节严重的，处五十万元以上三百万元以下的罚款。"

商业诋毁行为所侵犯的商誉权是以私权为主的知识产权，规定商业诋毁的民事责任是为了补偿受害人的损失。由于商业诋毁行为不仅侵害了经营者的商业信誉与商品声誉，还损害了消费者正当的权益，并对整个市场良好的竞争秩序造成了破坏，因而仅仅依靠民事责任予以规制是远远不够的，带有惩戒性质的行政规制手段也必须参与进来。这样，才能有效打击商业诋毁这种典型的不正当竞争行为。

行政执法机关在对商业诋毁行为进行调查处理时，还应结合商业诋毁行为的特点实施下列措施：责令停止违法行为和消除影响。由于商业诋毁是一种欺骗性的信息行为，采取必要的措施消除影响以恢复公平的市场竞争秩序可以充分体现《反不正当竞争法》之立法目的。

三、刑事责任

对于商业诋毁行为的刑事责任，我国《刑法》第 221 条、第 231 条作了以下规定："捏造并散布虚伪事实，损害他人的商业信誉、商品声誉，给他人造成重大损失或者有其他严重情节的，处二年以下有期徒刑或者拘役，并处或者单处罚金。""单位犯本节第二百二十一条至第二百三十条规定之罪的，对单位判处罚金，并对其直接负责的主管人员和其他直接责任人员，依照本节各该条的规定处罚。"

案例与思考 1

杭州娃哈哈集团公司诉珠海巨人高科技集团公司不正当竞争纠纷案①

原告杭州娃哈哈集团公司（以下简称"娃哈哈集团"）以被告珠海巨人高科技集团公司（以下简称"巨人集团"）有不正当竞争行为为由，向浙江省杭州市中级人民法院提起诉讼。原告诉称："娃哈哈儿童营养液"是本公司研制生产的产品，其广告词"喝了娃哈哈，吃饭就是香"已经家喻户晓。该产品先后获全国最受欢迎的保健产品、国家星火二等奖、中国优质保健品金奖等二十余项大奖，销售额近年来一直保持在全国同类产品的领先地位。原告也由于此产品在海内外享有较高的商业信誉和商品声誉。1995年年初，被告巨人集团生产了一种与"娃哈哈儿童营养液"类似的产品"巨人吃饭香"投放全国市场，并专门印制了一种《巨人集团健康产品销售书、巨人大行动》的宣传册子，在全国各地的食品、医药等销售单位、消费者中广为散发。该宣传册子中称"据说娃哈哈有激素，造成小孩早熟，产生许多现代儿童病"。为此，全国各地娃哈哈产品的

① 资料来源：中国法院网，http：//www.chinacourt.org/html/article/200211/04/16742.shtml。

销售商和消费者纷纷要求原告对此作出解释。被告的这一行为，致使娃哈哈儿童营养液在全国各地的销售量下跌，出现了自1987年投产以来的第一次负增长，就连原告“大本营”杭州市的销售量也难逃厄运。截止到1995年12月31日，原告由此减少销售收入4 492.92万元，直接经济损失达673.938万元。更为严重的是，原告良好的商业信誉、商品声誉和企业形象亦因此而受到了极大损害。被告的行为已构成不正当竞争，侵害了原告的合法权益。故请求法院判令被告立即停止损害原告商业信誉和商品声誉的不正当竞争行为；要求被告赔偿直接经济损失673.938万元和名誉损失费320万元；并要求被告公开赔礼道歉、恢复影响及承担本案诉讼费用等。被告巨人集团未作书面答辩。

浙江省杭州市中级人民法院经审理查明：原告娃哈哈集团的产品“娃哈哈儿童营养液”经鉴定，证明不存在“有激素，造成小孩早熟，产生许多现代儿童病”的问题。原告举证充分，经查证明所诉属实。浙江省杭州市中级人民法院认为：《反不正当竞争法》第14条规定：“经营者不得捏造、散布虚伪事实，损害竞争对手的商业信誉、商品声誉。”被告巨人集团散布虚伪事实损害原告的商品声誉，是不正当竞争行为，依照《反不正当竞争法》第20条的规定，应当承担侵权损害赔偿责任，并应当承担原告因调查其不正当竞争行为所支付的合理费用。据此，浙江省杭州市中级人民法院依照《民事诉讼法》第85条的规定，在查明事实、分清是非的基础上主持调解。被告表示要对自己的侵权行为进行反思并引以为戒。被告的态度得到原告的谅解。

在法院的主持下，双方于1996年10月7日达成调解协议如下：(1) 被告巨人集团承认有不正当竞争行为，给原告娃哈哈集团的商业信誉和商品声誉造成损害，愿意承担相应的法律责任。(2) 巨人集团停止不正当竞争行为。在本案结束后，双方以新闻发布会形式，由巨人集团向娃哈哈集团赔礼道歉，消除影响。具体时间与方式双方另行商定。(3) 巨人集团向娃哈哈集团赔偿直接经济损失人民币200万元，由巨人集团以相等价值的房产折抵。具体手续由双方按有关规定办理。(4) 上述款项由巨人集团在1996年10月10日支付给娃哈哈集团。巨人集团向娃哈哈集团补偿其他费用190 340元。(5) 娃哈哈集团放弃其他诉讼请求。案件受理费59 660元由巨人集团负担。

1997年1月22日，巨人集团与娃哈哈集团在杭州联合召开新闻发布会，由巨人集团向娃哈哈集团公开道歉，并履行调解协议中赔偿娃哈哈集团经济损失的义务。

本案属于典型的商业诋毁行为，其行为的违法性和危害性都非常明显。

案例与思考2

宣达实业集团有限公司与孟莫克公司、孟山都（上海）有限公司商业诋毁纠纷案[①]

2009年11月12日，原告宣达实业集团有限公司（以下简称“宣达公司”）诉称：其是国内著名的特种阀门、化工成套设备和耐腐蚀材料生产企业，是硫酸行业重要的特种材料供应商。2004年以来原告成功研发出了系列耐硫酸腐蚀特种材料，并据此成为首家设计推广应用于硫酸生产线的国产热能回收装置的企业。2005年原告通过其下属

① 资料来源：上海市第一中级人民法院（2009）沪一中民五（知）初字第228号民事判决书，见北大法宝。

企业上海奥格利环保工程有限公司（以下简称“上海奥格利公司”），为位于浙江省上虞市的浙江龙盛控股有限公司（以下简称“龙盛公司”）与日本伊藤忠商事株式会社（以下简称“伊藤忠公司”）合资设立的浙江忠盛化工有限公司（以下简称“忠盛公司”），成功提供了一套全国产化的低温热能回收系统。被告孟莫克公司、孟山都（上海）有限公司（以下简称“孟山都公司”）系原告的竞争对手。两被告在明知原告的技术线路完全不同于被告产品的情况下，于2006年在上海市第一中级人民法院提起针对原告的侵犯商业秘密诉讼。在该案件判决生效之前，被告委托律师向包括忠盛公司及其股东伊藤忠公司在内的原告客户或潜在客户、相关地方政府部门持续大量地公开邮寄、散发书面资料，指责原告在硫酸行业“没有任何技术和经验”，“盗窃”“窃取”了其公司的技术并“恶意”“持续”地“侵权”，还声称很快会在相关诉讼中“胜诉”，相关设施会被“拆除”，相关工程的质量“存在重大隐患”，甚至要求客户终止与原告的合作。被告的上述行为严重破坏了原告的商业信誉，导致已建成的工程迟迟不能正式投入使用，所有缔约谈判中的客户均流失，近四年中未能签订任何新的热能回收工程合同，给原告带来巨大经济损失，构成商业诋毁行为。故诉至法院请求判令：(1) 确认两被告的行为构成不正当竞争，诋毁原告的商业信誉，禁止两被告继续从事相同或类似行为；(2) 两被告连带赔偿原告经济损失人民币1 800万元；(3) 两被告在《浙江日报》上公开消除影响。

被告辩称：(1) 被告向有关方呈递的函件内容都属于商业秘密诉讼民事起诉状的范围内，被告为此还提供了相应的证据。被告对于商业秘密诉讼的进展情况及可能的法律后果的描述并无不妥之处，也没有“捏造虚伪事实”的行为。(2) 被告没有“散布虚伪事实”的行为，相关函件仅仅发给相对的收件人，并未在公众中公布或扩散，也未向任何媒体提供任何关于商业秘密诉讼的材料。

法院经审理后认为：被告发送函件的对象为地方职能部门和行业协会，如果其旨在督促处理存在的问题，不能仅仅由于激烈的言辞等而认定其散布了虚伪的事实。但是，如果向这些部门表达意见时超出了正常反映问题的范围，则有可能损害被反映一方的商业信誉。本案中，被告发送的上述函件的内容除了包括被告孟莫克公司提起侵犯商业秘密诉讼所依据的事实及理由，还包括原告技术设备“存在重大安全隐患”，以及阻止原告在2007年5月中国硫黄市场及硫黄制酸座谈会和第26届硫酸技术交流会上宣传DWHS技术和产品的行为，取消安排与会代表参观忠盛项目的议程等内容。其内容显然已经超出了正常反映问题的范围，会对原告的生产经营产生不良影响，从而损害原告的商业信誉。另外，在两被告发送该律师函时，法院对其提起的侵犯商业秘密诉讼尚未作出判决。两被告在没有提供相关事实依据以及司法机关未对原告等是否侵犯其商业秘密作出权威认定的情况下，擅自发布上述对原告不利的否定性评价。两被告的行为已经对原告的正常经营造成了实质性影响，足以损害原告的商业信誉。综上所述，两被告的行为构成对原告的商业诋毁，两被告依法应承担停止侵害、消除影响、赔偿损失等民事责任。

本案被评为2011年中国法院知识产权司法保护50件典型案例之一，涉及就司法未决事实向行业内特定对象陈述是否构成商业诋毁的问题。法院认定，在没有提供相关事实依据以及司法机关未对有关当事人是否侵犯其商业秘密作出权威认定的情况下，擅自发布对该当事人不利的否定性评价，已经对该当事人的正常经营造成了实质性影响，足以损害该当事人的商业信誉，构成商业诋毁的不正当竞争行为。这对于处理实践中多发的类似滥用知识产权的行为具有参考意义。

案例与思考3

奇虎公司、奇智公司与腾讯公司、腾讯计算机公司不正当竞争纠纷案[①]

腾讯公司、腾讯计算机公司是提供互联网综合服务的互联网公司，腾讯QQ即时通讯软件和腾讯QQ即时通讯系统是其核心产品和服务。2010年10月29日，腾讯公司等发现奇虎公司通过www.360.cn网站向用户提供奇智公司开发的“360扣扣保镖”软件的下载，并通过各种途径进行推广宣传。腾讯公司等认为该软件直接针对腾讯QQ软件，通过虚假宣传，鼓励和诱导用户删除腾讯QQ软件中的增值业务插件、屏蔽其客户广告，同时将奇虎公司的产品和服务嵌入腾讯公司QQ软件的界面，借机宣传和推广自己的产品。腾讯公司等认为奇虎公司等前述行为不仅破坏了其合法的经营模式，导致其产品和服务的完整性和安全性遭到严重破坏，其公司商业信誉和商品声誉亦遭到严重损害，故以奇虎公司等的行为违反了公认的商业道德，构成不正当竞争等为由，诉至广东省高级人民法院，请求法院判令两被告：(1) 立即停止涉案不正当竞争行为，包括但不限于停止开发、传播和发行“360扣扣保镖”及相关软件，停止已发行和传播的“360扣扣保镖”软件现有功能，停止诋毁原告及原告的产品和服务的行为；(2) 连续3个月在相关网站和报纸上就其不正当竞争行为向原告赔礼道歉，消除影响；(3) 连带赔偿原告经济损失人民币125 000 000元；(4) 承担原告因维权支出的合理费用及全部诉讼费用。

本案经广东省高级人民法院一审，原告胜诉。最高人民法院在二审中认为：市场经济是由市场在资源配置中起决定性作用，自由竞争能够确保市场资源优化配置，但市场经济同时要求竞争公平、正当和有序。经营者在市场交易中，应当遵循自愿、平等、公平、诚实信用的原则，遵守商业道德。违反反不正当竞争法的规定，损害其他经营者的合法权益，扰乱社会经济秩序的行为属于不正当竞争。本案奇虎公司等为达到其商业目的，诱导并提供工具积极帮助用户改变QQ软件的运行方式，并同时引导用户安装360安全卫士，替换QQ软件安全中心，破坏了QQ软件相关服务的安全性并对QQ软件整体具有很强的威胁性，减少了腾讯公司的经济收益和增值服务交易机会，违反了诚实信用原则和公认的商业道德。奇虎公司等无事实依据地宣称QQ软件会对用户电脑硬盘中的隐私文件强制性查看，并且以自己的标准对QQ软件进行评判并宣称QQ存在严重的健康问题，造成用户对QQ软件及其服务的恐慌及负面评价，该评论已超出正当商业评价、评论的范畴，突破了法律界限。奇虎公司等在经营“扣扣保镖”时，将自己的产品和服务嵌入QQ软件界面，取代了QQ软件的部分功能，其根本目的在于依附QQ软件的强大用户群，通过对QQ软件及其服务进行贬损的手段来推销、推广360安全卫士，从而增加自己的市场交易机会并获取市场竞争优势，此行为本质上属于不正当地利用他人市场成果，为自己谋取商业机会从而获取竞争优势的行为，违反了诚实信用和公平竞争原则，构成不正当竞争。基于此作出判决：(1) 奇虎公司、奇智公司连带赔偿腾讯公

[①] 资料来源：最高人民法院（2013）民三终字第5号民事判决书，见中国法院网，http://www.chinacourt.org/article/detail/2014/04/id/1285759。

司、腾讯计算机公司经济损失及合理维权费用共计500万元。(2)奇虎公司、奇智公司连续15日在其网站(www.360.cn、www.360.com)首页显著位置,在新浪网(www.sina.com)、搜狐网(www.sohu.com)和网易网(www.163.com)的网站首页显著位置,连续7日在《法制日报》和《中国知识产权报》第一版显著位置就其不正当竞争行为向腾讯公司、腾讯计算机公司赔礼道歉,消除影响。

本案是2013年最高人民法院在公众开放日公开庭审的案件,也是最高人民法院审理的第一起涉及互联网领域不正当竞争的二审案件。本案涉诉双方均为互联网相关领域的重要企业,案件审理结果广受关注。通过对本案的审理,最高人民法院澄清并确立了相关市场竞争规则,对于相关互联网企业之间开展有序竞争,促进市场资源优化配置具有里程碑的意义。

思考题

1. 试析商业诋毁行为的含义。
2. 试析商誉的法律属性。
3. 商业诋毁行为的构成需要具备哪些要件?
4. 商业诋毁行为如何承担法律责任?

第十一章

禁止网络新型不正当竞争行为制度

第一节　网络新型不正当竞争行为及其法律规制概述

一、网络新型不正当竞争行为的含义和特点

随着我国信息网络技术日新月异的发展，互联网经营者的技术手段和服务模式不断推陈出新，市场竞争非常激烈。基于网络数字化、开放性的特点，经营者利用网络开展商业活动更具便利性，经营活动不再拘泥于实体环境，贸易壁垒不易形成，因而竞争更为充分自由，效率大为提高。但同时，网络经营活动中的不正当竞争问题也相伴而生，甚至在一些领域愈演愈烈。由于我国新兴的互联网行业尚未形成严格的行业自律规范和完善的市场制约机制，竞争公平日益成为网络市场需要重点关注的问题。近些年来，腾讯公司诉奇虎公司等一批互联网领域的不正当竞争案件引起了广泛的关注。

网络领域的不正当竞争行为，有些可以看作是传统不正当竞争行为在互联网领域的延伸，适用《反不正当竞争法》相应的规定（如禁止商业诋毁、虚假宣传等的规定）即可；而有些是互联网领域所特有的或者更为突出的（如不当链接、恶意设置不兼容等利用技术手段的行为等），因而需要单独进行规制。后者就是这里所指的网络新型不正当竞争行为，这种行为的实施必须依靠技术手段，且普遍与网络运营市场惯常的商业模式存在很强的相关性。根据 2017 年修订后的《反不正当竞争法》第 12 条的表述，网络新型不正当竞争行为可概括为：经营者利用技术手段，通过影响用户选择或者其他方式，妨碍、破坏其他经营者合法提供的网络产品或者服务正常运行的行为。

网络新型不正当竞争行为以互联网等网络为背景，是网络产业发展的产物。这里的网络最主要指的是互联网，但是随着科技的进一步发展，“网络”这一概念的含义还会进一步拓展。随着移动通信网的迅速崛起，手机也会和电脑一样被纳入网络终端体系中，人们利用手机也可以和电脑一样进行商品交易和信息分享。网络不正当竞争行为以互联网等网络为背景并不是由于行为发生的领域与传统交易发生的领域有所不同，而是因为网络不正当竞争由于网络经济与网络领域竞争而发展出了与传统不正当竞争有所不同的特点，从而导致了这类网络不正当竞争行为的新型特性，使对新型网络不正当竞争行为的规制难以纳入 2017 年修订前的《反不正当竞争法》的规制条款中。

结合网络经济的发展特性，我国新型网络不正当竞争行为具有以下特点：

第一，参与竞争的企业数量众多，竞争激烈。网络经营无时空限制、无实体要求。网络经济中的经营活动通常没有时间限制，需要时可随时登录网站挑选任何商品；服务范围广，无地域、国界的限制，服务范围不会界定于具体区域。另外，网络市场的经营实行无店铺方式，不需要店面、装潢、商品陈列和销售人员，传统经营成本往往向技术投入倾斜。相较于传统的市场竞争限于较小的地域和参与数量，网络市场的交易平台没有地域限制且对所有的企业开放，企业进入这一市场的门槛较低，在网络市场上参与竞争的企业的数量远多于传统市场中的企业数量。在这样的激烈竞争中，竞争参与者的竞争规范意识参差不齐，市场竞争风气尚处于低层次的消灭式竞争的阶段。成熟的网络市场常采用差异式竞争、合作式竞争，共生共赢，而我国的网络经营活动中竞争理念还处在你死我活的消灭式竞争层次，使这一领域的不正当竞争行为多发。

第二，技术性强，隐蔽性高。技术性是指网络新型不正当竞争行为与互联网技术息息相关，在这一领域的竞争中，借助互联网开放平台通过修改隐藏着的计算机代码就可以限制用户正常使用其他经营者的软件，通过技术的升级就可以使自己的软件产生不兼容的效果。与传统竞争相比较，由于网络信息的极大丰富性和网络世界的虚拟性，竞争中经营者之间的界限非常地不明显，从而使网络不正当竞争行为比较隐蔽，不容易被发现。

第三，行为的交互性强。互联网不同于其他信息传播和分享媒介的另外一个特征是交互性，即各个网络参与者可以借助互联网提供的平台相互交流信息、分享资源。借助网络的互动功能，企业可以和顾客快速交换信息，用户可以直接、自助达成交易，用户在产品交易中被赋予传统市场无法比拟的选择自由。由于这一特性，网络市场是一个同类企业数量巨大、同类产品种类和相应信息极其丰富的交易集市，其中，消费者在供求双方交易过程中的地位由被动转变为主动。为争夺消费者，企业间的竞争加剧。但相应的，通过从不同角度影响用户的选择，从事不正当竞争的经营者也通过交互性而不断地变换手段。

第四，行为造成的损害影响大。网络空间具有无限性，任何网络环境下的不正当竞争行为，其影响范围不受地域限制。例如，两个不同的网络服务提供商都有众多的网络用户，它们的经营行为能够广泛影响这些网络用户，一旦一方经营者在其软件安装中诱导用户将另一方经营者的软件删除，那么广大用户就要承受自己无法同时获得所需要的两种服务的结果。另外，网络信息传递具有即时性，因此不正当竞争行为一旦实施，会立刻影响该竞争市场上的用户和经营者，从而使损害后果被放大。

二、对网络新型不正当竞争行为进行法律规制的必要性

网络新型不正当竞争行为一旦出现就会产生多方面的危害，主要体现在以下三个方面。

首先，不正当地破坏了他人的竞争优势，获取自己的竞争优势。网络领域的竞争激烈，面对着技术与商品（服务）创新的强大压力，一些经营者运用技术手段来保护自身竞争优势，采取了损人利己的手段，破坏他人的竞争优势，损害竞争秩序。例如，在奇虎公司、奇智公司与腾讯公司、腾讯计算机公司不正当竞争纠纷案[①]中，法院认定：奇虎公司专门针对QQ软件开发、经营“扣扣保镖”，以帮助、诱导等方式破坏QQ软件及其服务的安全性、完整性，减少了腾讯公司的经济收益和增值服务交易机会，干扰了腾讯公司的正当经营活动，损害了腾讯公司的合法权益；同时，奇虎公司在经营“扣扣保镖”时，将自己的产品和服务嵌入QQ软件的界面，取代了腾讯公司QQ软件的部分功能，其根本目的在于依附QQ软件的强大用户群，通过对QQ软件及其服务进行贬损的手段来推销、推广360安全卫士，从而增加奇虎公司的市场交易机会并获取市场竞争优势。此行为本质上属于不正当地利用他人市场成果，为自己谋取商业机会，从而获取竞争优势的行为。

其次，搭别人的便车，阻碍对创新的激励。在网络新型不正当竞争行为中的不正当设置链接行为等都是“搭便车”行为的典型表现。这些行为反映出实施主体想要利用具有竞争优势的

① 参见腾讯科技（深圳）有限公司、深圳市腾讯计算机系统有限公司与北京奇虎科技有限公司、奇智软件（北京）有限公司不正当竞争纠纷案［最高人民法院（2013）民三终字第5号民事判决书］。

经营者的良好商誉和客户信赖度而不当获利。例如，在百度网讯公司诉很棒公司案[1]中，法院认为：从很棒公司的行为性质看，用户下载很棒公司的小秘书软件后，该软件在 windows 启动时即自动运行。当用户在百度网讯公司下属的百度网站进行搜索时，键入相关关键词，该软件会在百度网页搜索结果页面右下侧强行插入预置的广告页面，使百度搜索页面发生重大改变。该行为在一定程度上利用了百度网讯公司网站的知名度及市场份额，进行商业性运作，并从中获利。同时，很棒公司未经百度网讯公司许可在百度搜索结果页面上强行添加广告窗口，遮挡了百度搜索结果网页的部分广告位置，使百度网讯公司不能按照自己的意志向互联网用户提供服务，破坏了百度网讯公司的商业运作模式，损害了百度网讯公司的经济利益，并在一定程度上损害了百度网讯公司的商誉。

最后，损害了消费者的利益。各种类型的网络新型不正当竞争行为都会使消费者成为最终的受害者。这类行为中有的会对网络用户造成正常使用浏览器或者应用软件的障碍，让网络用户的网络活动自由受到不正当的限制；有的会造成网络市场上充斥着消费者不需要的商品，严重破坏消费者的消费体验；有的会误导消费者为错误的商品或服务付出代价，从而使消费者自由选择的权利成为空谈。此外，互联网经济活动是一种远程服务，信息均是以网络图片、文字的形式呈现在消费者面前的，另外，互联网商品复杂且充斥着高深的技术，消费者因为缺乏消费经验和无法直观检查自己获取的商品或服务，很容易在互联网上受到欺骗。例如，在百度公司诉三七二一公司案[2]中，百度公司与三七二一公司的两涉案软件之间存在冲突，法院认为软件之间的正常冲突现象表现为在后安装的软件生效，但仍保留在先安装的软件，用户仍有对在先安装的软件的选择权。而上述涉案冲突现象的存在使用户的计算机操作系统无法再识别在先安装的软件。继而用户无法再使用在先安装的软件，而只能使用在后安装的软件。此冲突现象不仅使用户不能正常行使选择权，而且使在先安装的软件不能接受用户的平等选择，从而使软件权利人丧失了相应的交易机会。

针对网络新型不正当竞争行为的危害，反不正当竞争法需要对其进行相应的规制。我国《反不正当竞争法》在修订之前，一般依据其总则的原则性规定对一些网络不正当竞争行为进行规制，如最高人民法院公布的指导性案例第 45 号百度公司诉奥商网络公司等不正当竞争纠纷案。[3]

为适应现实的需要，我国在 2017 年修订《反不正当竞争法》时就为此设置了专门的条款。该法第 12 条一方面规定经营者利用网络从事生产经营活动应当遵守该法的各项规定，另一方面又采取列举加兜底的方式规定经营者不得利用技术手段，通过影响用户选择或者其他方式，从事妨碍、破坏其他经营者合法提供的网络产品或者服务正常运行的行为。这是对互联网在现代社会地位和作用不断提升以及近年来互联网领域的不正当竞争纠纷非常突出现象的及时和必要回应，体现了这次法律修订的与时俱进和鲜明的时代特点。

第二节　网络新型不正当竞争行为的认定

为保障我国网络产业市场竞争的健康、有序进行，网络新型不正当竞争行为是 2017 年修

---

① 参见北京百度网讯科技有限公司与上海很棒信息技术有限公司、北京锐聪科技有限公司不正当竞争和侵犯著作权纠纷案［北京市第一中级人民法院（2006）一中民初字第 11337 号民事判决书］。

② 参见百度在线网络技术（北京）有限公司与北京三七二一科技有限公司侵犯著作权及不正当竞争纠纷案［北京市第二中级人民法院（2004）二中民终字第 02387 号民事判决书］。

③ 参见本章后所附案例与思考 3。

订后的我国《反不正当竞争法》第二章新增的唯一一类不正当竞争行为。该法第 12 条规定："经营者利用网络从事生产经营活动，应当遵守本法的各项规定。""经营者不得利用技术手段，通过影响用户选择或者其他方式，实施下列妨碍、破坏其他经营者合法提供的网络产品或者服务正常运行的行为：（一）未经其他经营者同意，在其合法提供的网络产品或者服务中，插入链接、强制进行目标跳转；（二）误导、欺骗、强迫用户修改、关闭、卸载其他经营者合法提供的网络产品或者服务；（三）恶意对其他经营者合法提供的网络产品或者服务实施不兼容；（四）其他妨碍、破坏其他经营者合法提供的网络产品或者服务正常运行的行为。"

该条将网络新型不正当竞争行为界定为利用技术手段，通过影响用户选择或者其他方式妨碍、破坏其他经营者合法提供的网络商品或者服务正常运行的行为。这一定义充分体现了网络领域新型不正当竞争行为的特征，其中，"利用技术手段"体现了此类行为在技术利用上区别于传统不正当竞争行为的技术性；"妨碍、破坏"的行为描述，体现了此类不正当竞争行为能够直接妨碍或者破坏其他经营者竞争优势的不正当性；而在行为手段上，"通过影响用户选择或者其他方式"的开放式定义体现了网络新型不正当竞争行为手段的多样性。该条前 3 项所列举的三类具体的妨碍、破坏其他经营者合法提供的网络商品或者服务正常运行的行为，实际上是对我国过去若干年对网络新型不正当竞争纠纷处理经验的总结。而该条第 4 项还禁止"其他妨碍、破坏其他经营者合法提供的网络产品或者服务正常运行的行为"。这种兜底性的规定符合网络新型不正当竞争行为多变的行为特点，有利于提高该条规定的适应性。下面简要分析这些行为的具体认定中的问题。

一、网络链接中的不正当竞争行为

这类行为是指未经其他经营者同意，在其合法提供的网络产品或者服务中，插入链接、强制进行目标跳转。这类行为最常见的表现形式是"流量劫持"，即互联网经营者通过利用恶意软件修改其他经营者提供的应用等手段，强制用户访问某链接，从而造成其他经营者用户浏览损失的情形。网络链接即超文本链接，互联网用户不用输入各种域名，只需要点击链接就可以方便地访问其他网络资源。这种省略了各种复杂操作的链接方式无疑给广大的网络用户提供了更加便捷的网络服务体验。网络链接中的不正当竞争行为主要表现为以下几种形式。

一是通过文字链接"劫持流量"。文字链接技术给资源访问带来便利的同时也会在不正当竞争行为中被利用，特别是在未经其他经营者同意，在他人提供的网络产品或者服务中插入指向自己网络产品或服务的链接，将会造成不当获得其他经营者网络产品或服务流量的可能。而在强制跳转或其他情形的共同作用下，设置链接的行为可能构成"劫持流量"的行为。

二是利用纵深链接的不正当竞争行为。纵深链接是指通过点击该链接可以访问到该网页的其他分网页的链接。在利用纵深链接的不正当竞争中，由于平时网络用户不会把注意力放在所在的网址，因而如果分网页上没有特别明显的标志，网络用户可能认为自己仍然身处设链网站中。在非经其他经营者同意制作纵深链接的情形下，设置链接的经营者明显具有故意利用其他经营者的网络产品或服务，诱导用户访问自身网站的嫌疑。

三是利用图像链接的不正当竞争行为。图像链接是指网络设计者利用超文本置标语言制作图像命令，可以使其他网络经营者网站内的各种内容，包括文字、图像、音视频，直接在自己的网站中显示，网络用户无须登录这些资源所在的原始网页就可以浏览这些信息。这项技术方便、快捷，但是此项技术的应用可能对被显示资源的原始发布网站造成损失，有构成不正当竞争的嫌疑。

四是利用加框链接的不正当竞争行为。加框链接是指网络经营者在其设计的网页内部设置众多不同的视框，在每一个框架内部显示本网站之外的其他网站的内容，网络用户无须登录该发布信息的原始网站即可浏览相关的内容，更重要的是网络用户在浏览相关信息的时候网址是不会发生改变的，即在设置视框的网站浏览其他网站的信息的时候，并不跳转网页，也不会给提供该信息的网站带来更多的浏览量。由于视框链接的技术特点，在利用视框链接技术的不正当竞争中，行为人通常的行为模式是加框链接在没有获得被链网站授权的情况下，在自己的网站上显示被链作品，导致分散用户对被链网站的点击量，并且会在被链作品旁边放置自己的广告以获得额外的经济收入，甚至以自己网站的标志遮挡住被链网站的信息，使用户对作品的来源认知产生混淆，达到设链者无偿利用被链网站的资源与其争夺市场，并从中获得关注度和经济收益的不正当竞争效果。

需要注意的是，尽管插入链接通常与强制进行目标跳转相关联，但是不是必然关联。在我国《反不正当竞争法》修订的过程中，“强制进行目标跳转”行为的构成要件曾经与“插入链接”行为的构成要件以逗号相连接，似乎需要这两个不同的行为同时具有的情况下才构成利用链接技术的不正当竞争行为。在这样的理解下，“强制进行目标跳转”成为必要的行为条件，而这会使利用链接技术的不正当竞争行为的范围不恰当地被缩小，行为人只要不实行强制性的目标跳转，转而采用其他手段强化用户点击链接的可能性，就能规避《反不正当竞争法》对此类行为的规制。因此，在最终的修订文本中“插入链接”与“强制进行目标跳转”中间以顿号连接。这表明强制跳转并非必要条件。

最高人民法院《关于适用〈中华人民共和国反不正当竞争法〉若干问题的解释》（法释〔2022〕9号）第21条规定：未经其他经营者和用户同意而直接发生的目标跳转，人民法院应当认定为《反不正当竞争法》第12条第2款第1项规定的“强制进行目标跳转”。仅插入链接，目标跳转由用户触发的，人民法院应当综合考虑插入链接的具体方式、是否具有合理理由以及对用户利益和其他经营者利益的影响等因素，认定该行为是否违反《反不正当竞争法》第12条第2款第1项的规定。这就针对“流量劫持”行为确立了主观的“双重同意许可”与客观的“双重行为判断”两个维度，为互联网企业设计相关产品或服务提供了一定的引导，即需要注意明示取得用户同意、明确提示商品或服务的来源、全力保障用户的知情权和选择权，同时还要注意不干扰其他经营者的产品或服务的正常运行。

二、违背用户意愿的网络不正当竞争行为

“误导、欺骗、强迫用户修改、关闭、卸载其他经营者合法提供的网络产品或者服务”的不正当竞争行为的不正当性体现在，通过误导、欺骗、强迫的方式，违背用户意愿，妨碍、破坏他人合法提供的网络产品或服务的正常运行。对此类不正当竞争行为较容易作出判断：既因为违背用户意愿损害了消费者的权益，又因为妨碍、破坏行为损害了其他网络产品或服务的经营者的合法权益，对反不正当竞争法保护的竞争秩序与多元权益造成了同向的损害。

这类行为具体表现为以冲突提示和安装失败、强制卸载、系统蓝屏、死机故障等恶意诱导、欺骗、强迫用户卸载或者关闭其他合法软件的情形。早期的行为见于北京阿里巴巴信息技术有限公司诉北京三际无限网络科技有限公司不正当竞争纠纷案。该案中，被告“奇虎安全卫士”客户端软件自行将“雅虎助手”软件标注为“恶意软件”，将“雅虎 Widget”软件标注为“危险”，并默认选中清除。该案的一、二审法院经过审理，均认定北京三际无限网络科技有限公司的行为构成不正当竞争，判令其承担停止侵权、消除影响、赔偿损失的民事责任。此后，此类行为被认定构成不正当竞争的案例层出不穷。例如，2007年7月，某客户端软件被控“对同业竞争者的产品进行恶评，并默认选中清除”。2010年12月，某客户端软件被控“操纵用户

对竞争对手（以下简称竞品）软件的投票结果，将竞品软件定义为恶评插件，并在查杀病毒、木马时，将该软件标识并虚假描述诱导用户删除”，法院经审理认定该行为违反了商业道德，损害了原告的商业信誉，构成不正当竞争。

在网络商品或服务的经营中，由于网络技术的专业性、复杂度以及信息的不对称，用户容易在误导、欺骗以及强迫之下作出违背自身意愿的选择。违背用户意愿的妨碍、破坏他人网络产品或服务正常运行的不正当竞争行为包括两种：其一，侵犯用户选择权，强迫用户修改、关闭、卸载他人合法提供的网络产品或者服务；其二，通过误导、欺骗的不诚实手段，使用户修改、关闭、卸载他人合法提供的网络商品或者服务。反不正当竞争法对这类行为的禁止体现了反不正当竞争法通过保护自由、自愿交易来维护竞争秩序、保护消费者权益。

最高人民法院《关于适用〈中华人民共和国反不正当竞争法〉若干问题的解释》（法释〔2022〕9号）第22条规定，经营者事前未明确提示并经用户同意，以误导、欺骗、强迫用户修改、关闭、卸载等方式，恶意干扰或者破坏其他经营者合法提供的网络产品或者服务，人民法院应当依照《反不正当竞争法》第12条第2款第2项予以认定。这里在《反不正当竞争法》的基础上增加了“经营者事前未明确提示并经用户同意”和“恶意干扰或者破坏其他经营者合法提供的网络产品或者服务”两个要件。同时，考虑到具体侵权行为难以穷尽，本条在“修改、关闭、卸载”行为后面增加“等”字，为未来规制网络环境下干扰用户使用的其他同类行为预留了解释空间。经营者凡是通过误导、欺骗、强迫用户实施某种行为，以最终达到“恶意干扰或者破坏其他经营者合法提供的网络产品或者服务”的行为（如屏蔽、拦截或妨碍下载、安装、运行、更新等），均有可能落入本条的适用范围中。

三、恶意不兼容的不正当竞争行为

恶意对其他经营者合法提供的网络产品或者服务实施不兼容作为一类新型的不正当竞争行为在《反不正当竞争法》修订过程中曾引发许多争议。争议点集中于不兼容行为能否属于妨碍、破坏的行为，如果认为只有恶意的不兼容行为属于妨碍、破坏行为，而非恶意的不兼容行为不属于不正当竞争，那么“恶意”的判断标准如何把握。

显然，反不正当竞争法禁止的只是恶意实施不兼容的行为，而不是禁止不兼容作为客观现象本身。一般来说，是否与他人的产品或者服务兼容是经营者出于市场利益最大化而进行的理性选择，是市场机制作用的结果，不属于法律强制的范畴；而只有在特定经营者具有市场支配地位时才可以限制其兼容自由，但这属于反垄断法调整的问题。既然只禁止恶意不兼容，那么就要求这种不正当竞争行为以作为的方式实施，要求不兼容的现象源自行为人的积极作为，而不就由于网络商品或服务提供者的不作为而存在的不兼容现象对行为人予以苛责。判断行为人是否恶意的一个可行思路是考虑相同情况下善良行为人的行为方式或者作为行业惯例的行为方式，通过比较适宜的行为方式与行为人选择的争议的行为方式，来判断行为人是否有进行不正当竞争的恶意。这种“恶意”的判断在很大程度上转化为行为是否具有正当理由的判断。

在具体适用时应注意以下三个方面：一是考虑行为本身，行为人是否有导致不兼容现象产生的实质行为，既可以是在网络产品设计时就故意进行针对性的不兼容设置，也可以是在两种或两种以上网络产品共存时实施技术攻击。二是考虑行为人是否具有恶意，避免将善良的行为人难以避免的导致不兼容的行为或者无意的行为错误认定为不正当竞争。三是对认定思路的把握，根据具体案情对行为在不同方面的体现综合进行判断，对包括但不限于当事人提出的抗辩理由进行考察，得出令人信服的结论。

四、其他妨碍、破坏其他经营者合法提供的网络产品或者服务正常运行的行为

除了上述三项典型的新型网络不正当竞争行为，还存在其他妨碍、破坏其他经营者合法提供的网络产品或者服务正常运行的行为。这里的妨碍、破坏行为大概可以分成两类：其一是利用技术手段不正当利用他人经营的行为；其二则是利用技术手段妨碍、破坏他人经营的行为。网络产品或服务中技术的快速发展尤为突出，技术影响下的不正当竞争行为的表现形式也必然有更多的变化，在认定其他妨碍、破坏行为时也不可完全依赖于既有经验的判断，还应结合所列举的三项典型妨碍、破坏行为的不正当性认定标准来考量涉案行为是否具有不正当性，更要注意在行为表现与不正当竞争相似、行为结果有损其他经营者权益的情况下，行为是否具有合理理由。抗辩的理由通常包括：技术中立，技术创新，行业惯例，以及公共利益和用户需求等。

需要注意的是，这里的兜底性条款比较抽象，网络领域的竞争又是实现创新和超越所必需的，因此在适用这种兜底条款时需要慎重，对其进行必要的目的性限缩解释，而不能在适用范围上扩大化。

2021年1月，市场监管总局依法对唯品会（中国）有限公司涉嫌不正当竞争行为立案调查。经查，2020年8月至12月，唯品会（中国）有限公司为获取竞争优势及交易机会，开发并使用巡检系统，获取同时在本公司和其他公司上架销售的品牌经营者信息，利用供应商平台系统、智能化组网引擎、运营中台等提供的技术手段，通过影响用户选择及限流、屏蔽、商品下架等方式，减少品牌经营者的消费注意、流量和交易机会，限制品牌经营者的销售渠道，妨碍、破坏了品牌经营者及其他经营者合法提供的网络产品和服务正常运行，违背了自愿、平等、公平、诚信原则，扰乱了公平竞争市场秩序，违反了《反不正当竞争法》第12条的规定。2021年2月8日，市场监管总局依法对唯品会（中国）有限公司作出行政处罚决定，处罚金额300万元。[①]

总体来说，从反不正当竞争法的角度来看，分析互联网新型不正当竞争行为的基本逻辑思路应该是：首先，看现行《反不正当竞争法》第12条的互联网专条第2款前面三种具体列举的行为能否适用；其次，在前面不能适用的情况下，再看该条第2款第4项的小兜底条款能否适用；最后，在小兜底条款仍然不能适用的情况下，再看看该法第2条的一般条款（大兜底条款）能否适用。

第三节　网络新型不正当竞争行为的法律责任

一、民事责任

2017年修订前的我国《反不正当竞争法》并没有专门针对网络新型不正当竞争行为的规范条款，也就没有专门的法律责任规定，相关的纠纷主要通过民事诉讼，由法院依据《反不正当竞争法》第2条认定是否构成不正当竞争行为，构成的，则依照当时的《反不正当竞争法》第20条确定被告需承担的民事责任。

2017年修订后的《反不正当竞争法》虽然在第12条规定了专门的网络新型不正当竞争行为条款，但在民事责任方面还是适用其第17条关于不正当竞争行为民事责任的一般规定，即："经营者违反本法规定，给他人造成损害的，应当依法承担民事责任。""经营者的合法权益受

① 处罚决定载于市场监管总局官网，http：//www.samr.gov.cn/xw/zj/202102/t20210208_325978.html。

到不正当竞争行为损害的，可以向人民法院提起诉讼。”“因不正当竞争行为受到损害的经营者的赔偿数额，按照其因被侵权所受到的实际损失确定；实际损失难以计算的，按照侵权人因侵权所获得的利益确定。赔偿数额还应当包括经营者为制止侵权行为所支付的合理开支。”

根据最高人民法院《关于适用〈中华人民共和国反不正当竞争法〉若干问题的解释》（法释〔2022〕9号）第23条的规定，对于《反不正当竞争法》第12条规定的不正当竞争行为，权利人因被侵权所受到的实际损失、侵权人因侵权所获得的利益难以确定，当事人主张依据《反不正当竞争法》第17条第4款确定赔偿数额的（根据侵权行为的情节判决给予权利人500万元以下的赔偿），人民法院应予支持。

二、行政责任

2017年修订后的《反不正当竞争法》第24条规定：“经营者违反本法第十二条规定妨碍、破坏其他经营者合法提供的网络产品或者服务正常运行的，由监督检查部门责令停止违法行为，处十万元以上五十万元以下的罚款；情节严重的，处五十万元以上三百万元以下的罚款。”该条是专门针对网络新型不正当竞争行为设置的行政责任，规定了法定的行政措施包括责令停止违法行为与罚款，使网络新型不正当竞争行为与商业诋毁等行为的行政责任包括罚款金额的上限、幅度都相一致，以责令停止违法行为类制止不正当竞争行为对竞争秩序的继续影响，以罚款类对进行不正当竞争的经营者予以惩戒。

在修订的《反不正当竞争法》增加网络新型不正当竞争行为的规定之前，我国相关主管部门出台了涉及网络不正当竞争行为的行政责任的规定。例如，《规范互联网信息服务市场秩序若干规定》第16条规定：“互联网信息服务提供者违反本规定第五条、第七条或者第十三条的规定，由电信管理机构依据职权责令改正，处以警告，可以并处1万元以上3万元以下的罚款，向社会公告；其中，《中华人民共和国电信条例》或者《互联网信息服务管理办法》规定法律责任的，依照其规定处理。”该规定设置的网络不正当竞争行为的行政责任包括责令改正、警告、罚款，并且将行政处罚的情况向社会公告。其与2017年修订后的《反不正当竞争法》第24条的不同之处主要在于包含了警告的责任形式，在罚款金额的上限上也有较大的差异。不过，“向社会公告”的处理类似于2017年修订后的《反不正当竞争法》第26条规定的将对不正当竞争行为的行政处罚情况“记入信用记录”与“予以公示”的处理。这也体现了我国涉及网络不正当竞争行为的法律规范的发展。

案例与思考1

上海汉涛信息咨询有限公司（以下简称“汉涛公司”）诉爱帮聚信（北京）科技有限公司（以下简称“爱帮科技公司”）等不正当竞争纠纷案①

汉涛公司和爱帮科技公司分别为“大众点评网”“爱帮网”的经营者。汉涛公司诉称，爱帮科技公司通过“爱帮网”长期大量复制“大众点评网”的内容获取不当的浏览量和竞争优势。爱帮科技公司辩称：自己提供的是垂直搜索服务，符合搜索服务行业的通用展示模式。

① 案例来源：北大法宝。

北京市第一中级人民法院在二审中认为：汉涛公司通过商业运作吸引用户在“大众点评网”上注册、点击、评论，并有效地收集和整理信息，进而获得更大的商业利润，该合法权益应受法律保护。爱帮科技公司作为提供搜索、链接服务的网络服务提供商，应遵守法律规定和相关行业规范，对特定行业网站的信息的利用，须控制在合理的范围内。但“爱帮网”对“大众点评网”的点评内容使用，已达到了网络用户无须进入“大众点评网”即可获得足够信息的程度，超过了适当引用的合理限度，事实上造成“爱帮网”向网络用户提供的涉案点评内容对“大众点评网”的相应内容的市场替代，对汉涛公司的合法利益产生实质性损害。因此，爱帮科技公司的行为，客观上是有竞争目的的市场竞争行为，违背了商业道德，扰乱了网络环境下的经济秩序，对市场竞争产生了损害，已构成《反不正当竞争法》所禁止的不正当竞争行为，依法应当承担停止侵害的法律责任。因此，北京市第一中级人民法院维持了北京市海淀区人民法院的一审判决，并判令爱帮科技公司赔偿汉涛公司 50 万元。

本案在 2014 年入选北京市第一中级人民法院发布的该院近年来审理的十起涉互联网不正当竞争典型案例，有比较大的影响。本案判决确认垂直搜索技术的使用应控制在合理的范围之内，超出合理范围则构成不正当竞争。这对类似案件的处理具有参考价值。

案例与思考 2

北京爱奇艺科技有限公司（以下简称“爱奇艺公司”）诉
深圳聚网视科技有限公司（以下简称“聚网视公司”）
其他不正当竞争纠纷案[①]

爱奇艺公司系国内知名视频内容提供商，通过“爱奇艺”网站（www.iqiyi.com）、爱奇艺电脑客户端，安卓、苹果等移动平台客户端，向网络用户提供视频播放服务。聚网视公司开发并运营“VST 全聚合”软件，该软件可以安装于安卓平台的 PAD、手机和电视机顶盒。爱奇艺公司认为聚网视公司开发运营的“VST 全聚合”软件具有“视频广告过滤功能”，用户在网络机顶盒、安卓智能电视、安卓手机、安卓平板中安装该软件后，可以直接通过该软件观看“爱奇艺”平台的视频内容，而不再需要观看视频广告。这一行为降低了广告主在爱奇艺公司处投放广告的曝光率，导致爱奇艺公司的网站访问量以及爱奇艺公司的播放器客户端的下载量下降，聚网视公司却无须支付高昂的视频作品版权许可费。聚网视公司的行为严重破坏了正常商业秩序，侵害了爱奇艺公司的正当权益。

上海知识产权法院于 2016 年 4 月 26 日作出（2015）沪知民终字第 728 号民事判决，维持了上海市杨浦区人民法院于 2015 年 10 月 14 日作出的（2015）杨民三（知）初字第 1 号民事判决。法院生效裁判认为：爱奇艺公司的经营模式是以免费提供视频节目的播放服务来吸引用户，用户免费观看视频节目的对价是在视频内容播放前观看长度不等的广告，或者选择成为付费会员跳开片前广告直接观看正片。爱奇艺公司对其提供

① 案例来源：上海法院网，http：//shfy. chinacourt. org/article/detail/2017/08/id/2948790. shtml。

的视频采取了加密措施，聚网视公司通过破解爱奇艺公司的验证算法，取得了有效密钥，生成向爱奇艺公司的服务器请求播放视频的SC值，从而绕开爱奇艺公司的片前广告，实现无须观看片前广告即可获得视频播放的目的，侵害了爱奇艺公司的合法利益。绕开爱奇艺公司的片前广告直接播放视频，是聚网视公司采取技术手段的结果。聚网视公司未支付版权费用和带宽成本，凭借该技术手段就能使用户无须观看片前广告（时间成本）或支付会员费（金钱成本）即能播放爱奇艺公司的视频。这将导致爱奇艺公司的用户转向聚网视公司，以及爱奇艺公司的广告点击量下降，进而导致爱奇艺公司商业利益的损失。

另外，即使“VST全聚合”软件完整链接爱奇艺公司的广告和视频，亦应当在对其采用的技术手段进行区分后，判断是否构成不正当竞争：（1）如果“VST全聚合”软件采取合法正当的手段完整链接、播放来源于爱奇艺公司的视频内容，并明确标注片源来自“爱奇艺”，使爱奇艺公司的广告统计系统能够统计到通过“VST全聚合”软件播放的其广告数量。在这种情形下，不会损害爱奇艺公司的合法利益，故该行为不构成不正当竞争。（2）如果“VST全聚合”软件系通过破解爱奇艺公司的密钥（Key值）的方式，完整链接爱奇艺公司的广告和视频，即使表面上呈现给用户的是完整的内容，但采用的方法不能使爱奇艺公司的广告统计系统统计到广告播放的数量。这种行为损害了爱奇艺公司的合法利益，构成不正当竞争。聚网视公司通过不正当竞争行为吸引了爱奇艺公司的网络用户，虽然聚网视公司辩称其并未获利，但在互联网环境下，已经形成一定规模且相对固定的用户群体即意味着未来巨大的盈利空间。且聚网视公司的行为使爱奇艺公司的网络用户非正常流失以及广告收益减少，对爱奇艺公司造成了较大的经济损失。故聚网视公司应当承担赔偿爱奇艺公司经济损失的民事责任。

本案代表了对以视频聚合盗链行为经营视频软件或网页的行为是否构成不正当竞争的认定，媒体在报道本案时称“这是我国法院首次认定视频聚合盗链行为构成不正当竞争”。本案对类似案件的处理有参考价值。

案例与思考3

北京百度网讯科技有限公司（以下简称“百度公司”）诉青岛奥商网络技术有限公司（以下简称“奥商网络公司”）等不正当竞争纠纷案①

百度公司经营范围为互联网信息服务业务，核准经营网址为www.baidu.com的百度网站，主要向网络用户提供互联网信息搜索服务。奥商网络公司经营范围包括网络工程建设、网络技术应用服务、计算机软件设计开发等，其网站为www.og.com.cn。百度公司诉称，奥商网络公司（联通青岛公司、联通山东公司）在山东省青岛地区，利用网通的互联网接入网络服务，在百度公司网站的搜索结果页面强行增加广告的行为，损害了百度公司的商誉和经济效益，违背了诚实信用原则，构成不正当竞争。

① 参见最高人民法院指导性案例第45号。案例来源：《人民司法·案例》，2016（26）。

山东省高级人民法院于2010年3月20日作出（2010）鲁民三终字第5-2号民事判决，维持了山东省青岛市中级人民法院于2009年9月2日作出的（2009）青民三初字第110号民事判决。法院生效裁判认为：本案中联通青岛公司与奥商网络公司实施的行为，是利用了百度网站搜索引擎在我国互联网用户中被广泛使用的优势，利用技术手段，让使用联通青岛公司提供的互联网接入服务的网络用户，在登录百度网站进行关键词搜索时，在正常搜索结果显示前强行弹出奥商网络公司发布的与搜索的关键词及内容有紧密关系的广告页面。这种行为诱使本可能通过百度公司搜索结果检索相应信息的网络用户点击该广告页面，影响了百度公司向网络用户提供付费搜索服务与推广服务，属于利用百度公司提供的搜索服务来为自己牟利。该行为既没有征得百度公司同意，又违背了使用其互联网接入服务用户的意志，容易导致上网用户误以为弹出的广告页面系百度公司所为，会使上网用户对百度公司提供服务的评价降低，对百度公司的商业信誉产生不利影响，损害了百度公司的合法权益，同时也违背了诚实信用和公认的商业道德，已构成不正当竞争。据此判决联通青岛公司与奥商网络公司应当承担停止侵权、赔偿损失、消除影响的民事责任。

本案是最高人民法院发布的指导性案例第45号（最高人民法院审判委员会讨论通过，2015年4月15日发布），裁判要点是从事互联网服务的经营者，在其他经营者网站的搜索结果页面强行弹出广告的行为，违反诚实信用原则和公认的商业道德，妨碍其他经营者正当经营并损害其合法权益，可以依照《反不正当竞争法》第2条的原则性规定认定为不正当竞争。作为指导性案例，本案对其他类似案件的指导意义更明显。

思考题

1. 试析网络新型不正当竞争行为的含义和特点。
2. 如何理解网络链接中不正当竞争行为的要件？
3. 如何理解违背用户意愿的网络不正当竞争行为的要件？
4. 认定恶意不兼容的网络不正当竞争行为需要注意哪些问题？
5. 实施网络新型不正当竞争行为需要承担什么法律责任？

第三编

反垄断法

第十二章 反垄断法基本问题概述

第一节　反垄断法的概念和制度框架

一、反垄断法的概念和性质

反垄断法是反对限制竞争，维护自由、公平竞争和经济活力的法律规范的总称。它与禁止以违反商业道德的手段从事市场竞争行为、维护公平竞争秩序的反不正当竞争法共同构成竞争法的基本内容。相对于反不正当竞争法来说，反垄断法主要维护宏观的竞争秩序，侧重追求整体和宏观的效率，实现动态的交易安全，侧重维护自由竞争，因此，反垄断法涉及的问题更具有全局性、宏观性、政策性，与整体的经济效率和社会公正息息相关。

反垄断法是通称，但它在不同的国家或者地区有着不同的称谓。例如：在美国一般称为反托拉斯法；德国的相关立法称为反限制竞争法，又通称反卡特尔法；欧盟和有些国家称为竞争法（此即狭义上的竞争法）；还有的称公平交易法、管制限制性商业行为法等。虽然名称各异，但它们所规制的对象是大致相同的，即各种垄断或者限制竞争行为。当然，在不同的称谓和立法体例下，它所包含的内容可能不完全相同。

虽然反垄断、维护竞争的思想可以追溯到古希腊奴隶社会和中国战国时期[①]，这方面的法律规范最早可以追溯到古罗马时代[②]，但是现代意义上的反垄断法是以1890年美国制定的《谢尔曼法》为标志的。在此后的一百多年的时间里，反垄断法律制度在世界各国得到普遍的建立和发展。在早期，反垄断法主要集中在发达市场经济国家，成为这些国家保障和促进经济发展的重要政策法律工具。在一些西方国家，反垄断法被称为“经济宪法”“市场经济的基石”“自由企业大宪章”等，可见其对于市场经济发展的重要性。20世纪90年代以来，越来越多的发展中国家也制定和实施了反垄断法，以保障和推动经济的改革和发展。目前大约有130个国家和地区有各自不同形式的反垄断法。

2007年8月30日通过、2008年8月1日起实施的《反垄断法》确立了我国反垄断法律制度的基本框架。2022年6月24日，该法完成了首次修改，修正的内容自2022年8月1日起施行。我国的反垄断法的体系以《反垄断法》（此即所谓的形式意义上的反垄断法）为核心，包括相关法律、行政法规、部门规章和司法解释等多种法律渊源。在其他有关法律如《消费者权益保护法》《价格法》《招标投标法》《对外贸易法》等中有一些反垄断的法律规范。随着《反垄断法》的实施，相关配套的法规、规章、指南和司法解释也会陆续出台，其中，《国务院关于经营者集中申报标准的规定》已于2008年8月3日发布、施行，于2018年作出了小幅修订，并拟于2023年修订。

---

① 参见戚聿东：《中国现代垄断经济研究》，序，21～22页，北京，经济科学出版社，1999。

② 参见［德］闵策励：《联邦德国的反垄断法》，载《法学研究》，1986（6）。

作为竞争法的基本组成部分之一，反垄断法也是兼有公法与私法性质的。基于本书第二章对反垄断法与反不正当竞争法主要区别的分析，反垄断法相较于反不正当竞争法来说更多地体现了公法的性质。这主要体现在反垄断法运用公法的方法调整市场竞争关系。相应地，凡是建立了反垄断法律制度的国家和地区，都有各自形式的反垄断行政执法机构。而在这一点上，反不正当竞争法的情况有些不同，因为有些国家（如德国）虽有反不正当竞争法，但没有专门的反不正当竞争执法机构。当然，反垄断法也运用私法的调整方法，主要体现为私人（竞争者和消费者）可以依法对垄断行为提起损害赔偿诉讼。反垄断法中的损害赔偿，除了补偿性的赔偿，一些国家和地区还规定了惩罚性的赔偿。这样，私人提起的反垄断民事诉讼与专门机构的反垄断执法相配合，共同维护市场竞争秩序。因此，反垄断法在性质上是以公法性质为主，同时兼有某些私法性质的。

二、反垄断法的基本制度框架

尽管各国的反垄断法在立法模式和具体内容上存在差异，但是它们在基本的制度框架上是大致相同的。这种制度框架包括反垄断实体制度和反垄断实施制度两个基本的组成部分。

现代各国反垄断法的实体规范一般由禁止垄断协议制度、禁止滥用市场支配地位制度和控制经营者集中制度这三个最基本的方面组成。其他的一些具体制度都附属于这些基本制度或由这些基本制度派生出来。例如豁免与适用除外制度是反垄断法中的一个重要内容，但它们往往是分别附属于前面三个制度的，构成它们各自的有机组成部分，因而一般可不作为独立的基本制度存在。当然，这些基本制度在不同国家的侧重点可能不完全相同，而且，少数国家还有一些特别的制度，如日本反垄断法中的垄断状态规制制度。总体来说，这些规定各有其具体的价值目标，但又结合在一起，实现反垄断法的整体目标。其中，反垄断法对规模经济效益的维护主要是通过其允许垄断状态或垄断地位本身和豁免某些垄断行为的规定来实现的。这种协调使反垄断法对自由、公平竞争秩序的维护不以牺牲规模经济效益为代价，相反，可以在一定条件下和一定程度上实现两者的统一。

在我国，反垄断法律制度的实体内容除了上述各国所共同具有的基本内容，还有一个重要方面的内容，即对行政性垄断规制的规定。虽然行政性垄断不是中国所特有的，但是其在我国由传统计划经济体制向社会主义市场经济体制转轨过程中显得非常突出。在我国的《反垄断法》中，既在第10条原则禁止行政性垄断，又在第五章专章规定了“滥用行政权力排除、限制竞争”。因此，我国《反垄断法》的基本实体制度是由四个部分组成的，即禁止垄断协议制度、禁止滥用市场支配地位制度、控制经营者集中制度和禁止滥用行政权力排除限制竞争制度，它们构成了我国反垄断法的四大支柱。

虽然反垄断法中的实体制度是非常重要的，但是它们并非反垄断法的全部内容，这些实体制度只有与反垄断法的实施制度结合在一起，才能构成完整的反垄断法律制度。这里所说的实施制度包括反垄断法实体制度以外的其他制度，主要包括反垄断执法机构的设置及职责权限的制度、反垄断执法程序制度和反垄断法律责任制度，在不少国家还包括反垄断法的域外适用制度。这些实施制度虽然不像实体制度那样规定具体的市场竞争规则，但是其对于这些规则的有效实施起着非常重要的作用，因而在整个反垄断法律制度中占有重要的地位。实际上，在很多国家的反垄断法中，这些实施制度的条文在数量上远远超过了实体制度的条文。例如，德国《反限制竞争法》除在第一编规定了作为实体制度的“限制竞争行为”，还在第二编专门规定了“卡特尔当局”，第三编专门规定了“程序”，而且仅“程序”部分的条文就远远超过了“限制竞争行为”部分的。相较之下，我国《反垄断法》在实施制度方面的规定比较简单，在反垄断执法程序方面的规则非常笼统，属于粗线条的。这对于我国反垄断法实体制度的有效实施会产生不利的影响，今后需要逐步加以完善。

第二节　反垄断法所规制的垄断

一、垄断在经济学上的含义与分类

从最一般的意义上来说，垄断是作为竞争的对立面而存在的，表现为对竞争的排除或者限制。经济学上的垄断一般是指从资本主义社会开始的经济现象，主要是指在自由竞争中通过内部积累和外部扩张而形成的垄断。但垄断并不是资本主义社会所特有的经济现象。正如经济学家指出的，垄断问题是一个古老的经济学命题。从文献的记载来看，大约从古希腊的亚里士多德和中国的孟子时代起，学者们就已经开始议论垄断问题了。亚里士多德的《政治学》第一卷第十二章和孟子的《孟子·公孙丑下》就分别记载了时代大致相同的古希腊奴隶社会和中国封建社会初期（战国时期）的典型垄断情形，后者还伴随着政府对垄断行为的管理。[①] 此后，以工商业活动的官方垄断即国家垄断为主的中国封建社会的垄断，以及主要以行会和私人垄断形式出现的西方国家封建社会的垄断都以各自的形式发展着。因此，在资本主义社会的现代垄断产生之前就已经有其他形式的垄断存在。这正如马克思在《哲学的贫困》中指出的："蒲鲁东先生所讲的只是由竞争产生的现代垄断。但是，大家知道，竞争是由封建垄断产生的。可见，原来竞争是垄断的对立面，并非垄断是竞争的对立面。因此，现代垄断并不是一个单纯的反题，相反地，它是一个真正的合题。"[②] 事实上，资本主义社会的自由竞争也正是在打破各种形式的封建垄断枷锁的基础上才充分开展起来的。

尽管垄断为经济学的核心概念之一，但是人们对它的具体理解和概括并不一致。相对来说，以下表述是在对各种"垄断特殊"进行归纳的基础上所得出的较为一般性的概括，即垄断是指"特定经济主体为了特定目的通过构筑市场壁垒从而对目标市场所做的一种排他性控制状态"[③]。如果说这里的"特定经济主体""特定目的""通过构筑市场壁垒""目标市场"的运用都是为了最大限度地扩大垄断概念的涵盖面，避免以往垄断概念不能完全概括某些具体的特殊垄断的情形，那么"排他性控制状态"则注重垄断的结构（垄断状态）方面，而没有充分重视垄断概念对垄断行为的概括，因为"垄断结构与垄断行为没有必然联系，而且，垄断行为与垄断者的行为也根本不是一回事"[④]。这比较典型地体现了现代经济学关注垄断问题的侧重点，即主要关注垄断作为市场结构的方面，这是微观经济学的市场结构理论以及产业组织理论所要解决的问题。正是在这个意义上，微观经济学一般将市场类型或者市场结构分为完全竞争市场、完全垄断市场、不完全竞争市场（垄断竞争市场）和寡头垄断市场。[⑤] 垄断的意义在于市场主体的少数甚至唯一，对供给进而对价格的控制[⑥]，竞争则呈现相反的情形。

经济学上的垄断可以进行不同的分类。马克思在资本论中提到三种垄断，即自然垄断、偶

---

① 参见戚聿东：《中国现代垄断经济研究》，序，21～22 页，北京，经济科学出版社，1999。

② 《马克思恩格斯选集》，3 版，第 1 卷，255 页，北京，人民出版社，2012。

③ 戚聿东：《中国现代垄断经济研究》，10 页，北京，经济科学出版社，1999。

④ 戚聿东：《中国现代垄断经济研究》，10 页，北京，经济科学出版社，1999。

⑤ 参见马洪主编：《什么是社会主义市场经济》，23～24 页，北京，中国发展出版社，1993。

⑥ 张伯伦认为，"垄断的普遍意义是对供给的控制，因之同时也就控制了价格"（［美］张伯伦：《垄断竞争理论》，5 页，北京，三联书店，1958）。

然垄断和人为垄断，其中，“人为垄断”是指“资本主义生产方式本身造成的垄断”[①]。有学者将经济学上的垄断分为以下三种类型：一是由生产技术上的规模导致的“自然垄断”（natural monopoly），二是由少数厂商的合谋行为导致的“行为垄断”（behavioral monopoly），三是由政府限制竞争的法令和政策导致的“法定垄断”（statutory monopoly）。法定垄断又分为增强效率的和损害效率的两类，前者又分为为了实现规模经济（在自然垄断行业）和为了外部经济的内在化（如专利权）两种情况。[②] 还有的学者从不同角度进行考察并据以对垄断进行更具体的分类。例如，按主体可以分为企业垄断、行会垄断和政府垄断，按性质可以分为经济集中型垄断和行政割据型垄断，按集中程度可以分为完全垄断、双头垄断、双边垄断、寡头垄断和垄断竞争，按组织形式可以分为卡特尔、辛迪加、托拉斯、康采恩以及混合联合公司，按成因可以分为自然垄断和人为垄断，按内容可以分为垄断结构和垄断行为，等等。[③] 对垄断进行分类是必要的，它有助于我们从不同的角度认识垄断，并区分不同的垄断而采取相应的法律对策。

二、反垄断法所规制的垄断

上述从经济学角度对垄断的一般界定和分类，对于我们全面把握垄断的基本含义具有重要的意义，但反垄断法中的垄断与经济学中的垄断并不是一回事。

各国反垄断法中并没有关于垄断的一般性定义，而只是根据各自需要解决的主要问题侧重从某个方面或者角度对相关问题加以规定，并且各国因其具体国情、法律文化和垄断的主要表现等差异，对垄断有着不完全相同甚至完全不同的界定方法。同时，各国反垄断法对其所要解决的垄断问题也并非都冠以垄断的称谓。美国对垄断的规定主要体现在《谢尔曼法》的前两条。其第 1 条是直接针对联合或共谋限制贸易活动的情形，但未明确其具体构成，美国联邦最高法院在长期的审判实践中确定了“本身违法原则”和“合理原则”。其第 2 条是针对垄断化或者图谋垄断化的情形，也未明确界定其含义，而交由法院来解释，法院在不同时期分别采取了结构主义规制和行为主义规制来加以判定。此外，在《克莱顿法》和《罗宾逊-帕特曼法》等中，还分别对企业合并、价格歧视等垄断行为作了规定。因此，在美国反托拉斯的立法和判例中，其所规制的垄断大致包括横向限制竞争行为、纵向限制竞争行为、滥用市场优势以及企业合并等具体种类。德国《反限制竞争法》则分别规定了卡特尔协议、具有市场支配地位的企业滥用其地位以及企业合并等。其中，对卡特尔明确规定了合法的卡特尔形式；对构成支配地位的市场状态预先作了法律上的明文规定，并强调只有企业滥用支配地位才构成对反垄断法的违反。日本《禁止垄断法》则明确而详细地规定了私人垄断、不正当限制交易、垄断状态和不公正的交易方法等，采取了行为和结构的双重规制。

虽然各国反垄断法所规制的垄断的侧重点和具体形式不完全相同，但它们的重点一般均不放在市场结构上，而是放在市场行为上，并且主要着眼于其消极后果，因而受到法律禁止或限制的垄断要同时具备危害性和违法性的构成要件：前者是指某种行为或状态导致某一生产或流通领域的竞争受到实质性的限制和损害，后者则是指某种行为或状态违反了法律的明文规定。[④] 由此也决定了反垄断法并不反对所有的垄断（包括状态和行为），更不是一概地反对大企业，而是有自己特定的对象或范围，即只是控制、反对那些实质性限制和损害竞争且具有违

① 吴汉洪：《西方寡头市场理论与中国市场竞争立法》，183～184 页，北京，经济科学出版社，1998。
② 参见张维迎、盛洪：《从电信业看中国的反垄断问题》，载《改革》，1998（2）。
③ 参见戚聿东：《中国现代垄断经济研究》，10～11 页，北京，经济科学出版社，1999。
④ 参见张守文、于雷：《市场经济与新经济法》，330 页，北京，北京大学出版社，1993。

法性的垄断状态和垄断行为。

综观各国反垄断法的规定，其所规制的垄断可分为垄断状态和垄断行为两个基本方面。与垄断状态相关的叫法还有垄断结构、垄断规模、市场支配地位等。对垄断状态进行规制就意味着，当一个企业或者少数几个企业在某种商品或服务领域的市场占有率达到或者超过一定比例，使该领域的竞争受到实质限制时，就被判定为构成垄断。按照反垄断法的规定，这种市场将要进行结构调整——分割垄断企业或者划出部分营业，以增加市场竞争主体，恢复有效竞争。值得注意的是，明确对市场状态本身进行直接规制的只有个别国家的反垄断法，日本《禁止垄断法》被认为是这种典型，属于纯粹结构主义的反垄断立法，但它关于垄断状态的规定迄今尚未真正被运用过。大多数国家的反垄断法并不认为单纯的垄断状态或者市场支配地位本身违法，而只将对这种垄断状态或者市场支配地位的滥用规定为违法，这实际上已是垄断行为的问题了，只是这种垄断行为以一定的垄断状态为前提，即结构性垄断行为。有的国家如美国，对垄断状态的态度并非体现在专门法律的明确规定中，而是由法院或者专门机构根据不同时期的经济形势对“垄断化或图谋垄断化”加以认定、处理，因而其态度是不一贯的。如美国法院在1920年美国诉美国钢铁公司案和1945年美国诉美国铝业公司案中就采取了截然不同的态度。于前者，法院宣称“法律不会仅因为企业的规模或具有尚未发挥的支配力而宣布该企业违法”；于后者，法院在判决中否定了被告作出的“企业具有大规模并非违法”的辩解，指出“没有一个垄断者不知道它自己所进行的是垄断行为”[①]。但在1964年美国诉格里内尔（Grinnel）公司案中，美国法院又采取了与在1945年美国诉美国铝业公司案中不同的态度。虽然美国法院在此后的几十年一般并不认为企业拥有垄断地位本身违法，并且有放松企业兼并控制的迹象，但是由于美国反垄断法的实施中保留了分割、解散大企业的制裁措施，因而美国反垄断法仍然带有“准结构主义”的色彩，被认为是实际上执行得最为严厉的反垄断法。

垄断行为则是具备市场支配地位（垄断地位）的企业滥用其垄断地位的限制竞争行为，或者以谋求获得垄断利益为目的的限制竞争行为。前者主要包括搭售以及附加其他不合理交易条件、差别待遇、掠夺性定价、强制交易、限制转售价格、独家交易等；后者则主要包括订立固定价格、限制产量、瓜分市场等各种卡特尔协议以及企业合并、股份保有、董事兼任等。有的学者进一步将垄断行为或限制竞争行为分为结构性行为和非结构性行为，结构性行为又包括利用市场支配地位的行为和利用市场优势地位的行为。[②] 显然，这里的垄断行为也不完全是垄断者的行为，但它们都统一于对竞争的限制这一共同基础。从实际情况来看，垄断行为是各国反垄断法的主要规制对象，在多数国家还是唯一的规制对象。虽然各国反垄断法对垄断状态的态度差异很大，但对垄断行为的态度是基本一致的，尽管在具体范围、构成要件和宽严程度等方面也各有其特点。

反垄断法所规制的垄断虽然可以分为垄断状态和垄断行为，但这两者并非截然分开的，相反，两者关系非常密切，常常互为因果。一方面，垄断状态是垄断行为所追求的目标；另一方面，垄断状态形成后又往往导致另一些垄断行为，比如搭售、差别待遇等（属于垄断地位滥用的情形）。因此，两者往往是结合在一起的，在确定某些垄断行为（结构性垄断行为）

① ［美］马歇尔·C. 霍华德：《美国反托拉斯与贸易法规》，孙南申译，169～170页，北京，中国社会科学出版社，1991。

② 参见陈爱斌：《结构与行为——论反垄断法的规制对象》，载漆多俊主编：《经济法论丛》，第1卷，446页，北京，中国方正出版社，1999。

时需要对相关的垄断状态进行确定。例如在确定滥用市场支配地位行为时，首先就要确定行为主体在特定市场上是否存在某种垄断状态或者支配地位，在对企业合并行为进行控制时也需要对合并后的市场结构情况进行分析。当然，许多垄断行为，尤其是各种垄断协议，并不一定都发生在具有垄断状态的企业之间，只是在具有垄断状态的企业之间发生的这种行为对竞争的限制更明显。因此，在反垄断法中垄断行为与垄断状态的联系未必是一一对应的，也并不是必然的。

基于上述分析，反垄断法所规制的垄断可概括为特定主体在经济活动中排除、限制竞争的状态或行为，具体来说，是指企业或其他组织单独或者联合地采取经济的或者非经济的手段，在特定市场实行排他性控制，从而排除、限制竞争的状态或行为。它不仅表现为实质性限制竞争的状态（垄断状态），而且更多地表现为各种实质性限制竞争的行为（垄断行为）；它可以是单个企业的单独行为，也可以是两个或者两个以上企业之间的联合或者默契行为；它可以是企业或者其他市场经营主体以经济手段追求或滥用垄断地位的行为即所谓的经济性垄断，也可以是非市场经营主体以非经济手段（超经济手段）从事的垄断行为，即所谓的行政性垄断。此外，由于反垄断法都有除外规定，因而广泛意义上的垄断除包括法律所禁止或限制的非法垄断，还包括法律所允许和保护的合法垄断；后者除了法律一般未予以明确规定的垄断状态，还包括法律明确规定的某些垄断行为。可见，这里的垄断定义是对反垄断法中各种具体垄断的一般性的概括。当然，如果某个国家的反垄断法完全是采取行为主义的，则其反垄断法所规制的垄断就可以仅被界定为垄断行为。例如，我国《反垄断法》在第 1 条立法目的、第 2 条适用范围中都明确规定的是“垄断行为”，并在第 3 条列举了该法规定的“垄断行为”的种类，即经营者达成垄断协议、经营者滥用市场支配地位，以及具有或者可能具有排除、限制竞争效果的经营者集中。此外，该法规制的垄断行为还包括行政机关和法律、法规授权的具有管理公共事务职能的组织滥用行政权力，排除、限制竞争的行为。

需要说明的是，有人主张在反垄断法中不使用垄断行为的概念，而使用限制竞争行为的概念来加以代替，从而将垄断的概念严格限制在经济学意义上，即主要表示垄断结构或者垄断状态，以避免概念使用上的混乱；有人甚至据此进一步认为我国并不需要制定反垄断法，而只需要制定反限制竞争法；有人虽然使用垄断行为的概念，但将其与限制竞争行为相并列，分别指代不同的情况。[①] 本书认为，在反垄断法中，各种限制竞争行为也就是垄断行为。因为，从最一般的意义上来讲，垄断本来就是对竞争的排除或者限制，垄断与限制竞争的含义本来就是一致的。“就垄断而言，无论是促成垄断的扩张和联合过程，还是垄断造成独占的结果，都是对竞争的限制；限制竞争的行为，则无不是垄断性行为。”“区分垄断和限制竞争在竞争法领域并无实际价值；相反，若人为地对此加以区分的话，反而会从理论上、逻辑上模糊垄断的性质。因为，垄断也是限制竞争，而且是典型的限制竞争的行为或状态。”[②] 因此，在反垄断法中没有必要人为地区分垄断与限制竞争行为。使用垄断行为的概念既可以与垄断状态相区别、相对应，又与反垄断法的名称相一致。

---

① 自原国家工商行政管理局条法司编写的《现代竞争法的理论与实践》一书（法律出版社，1993）将现代竞争法所规范的各种行为概括为垄断行为、限制竞争行为和不正当竞争行为以来，有关论著大多将垄断行为与限制竞争行为并列，给人以垄断似乎不属于限制竞争的范畴的印象；或者在垄断行为之外还列举了其他的限制竞争行为，这就将垄断行为仅仅等同于垄断者的行为。

② 史际春：《关于中国反垄断法的概念和对象》，载《法学前沿》，第 3 辑，130 页，北京，法律出版社，1999。

第三节　反垄断法中的适用除外制度

一、反垄断法中的适用除外的含义与依据

各国反垄断法中不仅有禁止或限制的非法垄断，还有得到允许和保护的合法垄断，即反垄断法中有关于适用除外的规定。所谓适用除外，是指基于某种政策考虑，对特定行业、特定组织或特定行为不适用反垄断法的一项法律制度。适用除外的对象主要涉及对维护本国整体经济利益和社会公共利益有重大意义的行业或领域，以及对市场竞争关系影响不大，但对社会整体利益有益的限制竞争行为。各国反垄断法的适用除外规定主要采取两种方式：一是由反垄断法本身直接加以规定，二是在有关特别法中加以规定。此外，个别国家还通过司法判例确定某些领域不适用反垄断法。

谈到反垄断法的适用除外，就需要明确其与反垄断法上另一个重要的相近概念——豁免之间的关系。对于反垄断法的适用除外与豁免的关系，学者间的理解是很不一致的。有的认为两者是完全不同的，不能混淆；有的将两者完全等同看待，认为只是对同一概念的不同翻译；有的认为两者是包含关系，豁免只是适用除外的一种情形。有关立法中对这两个概念的使用也不是很严格、严谨。

有学者就两者的不同进行了分析，认为反垄断法的适用除外（exception）是指对特定经济领域不适用反垄断法，将其排除在反垄断法的适用范围外，该领域即使表面上符合垄断行为的构成要件也不受反垄断法的调整；而豁免（exemption）有“网开一面”的意思，即对于违反反垄断法的行为，由于其符合反垄断法本身规定的免责条件，因而反垄断法对其不予禁止。在此基础上，该学者还具体分析了两者在规制方式、自由裁量权、规制对象、效力范围以及发展趋势方面的差别。①

有学者认为反垄断法的适用除外与豁免是相同的。“豁免又可译为除外（exemption），这只是翻译方法的不同。”② 但有学者分析指出，豁免（exemption）在美国和欧盟的反垄断法中的含义是根本不同的。在欧盟，竞争法的豁免制度主要是指合法性判断，即特定行为是否可以因其带来的益处大于危害而免受竞争法规制，其主要判断标准和考察因素就是竞争法自身的基本原则和制度，如特定行为对竞争的限制程度、是否存在合理的抗辩理由等。而在美国，反托拉斯法豁免实际上主要是指反垄断法的适用范围，即针对特定的行为或特定的行业、领域，反托拉斯法是否以及在何种程度上可以适用，其主要的判断标准和考察因素并不是特定行为、领域对竞争的影响，而是与反托拉斯法平行的其他法律制度是否存在合理的理由排除反托拉斯法的适用。而这恰恰是前述适用除外的含义，因此美国反托拉斯法的豁免等同于适用除外。而且，我国《反垄断法》第20条本来规定的是豁免问题，但是其中也涉及某些属于适用除外的内容。③

还有的学者通过引用日本学术界的分析框架，从“本来界限”与“倒退界限”、“确认说”与“创设说”的角度进行分析，认为“适用除外”可以包含“适用豁免”与“适用例外”这两种情况。所谓的“例外”情况，是指这些行为是因本身的特殊性而作为反垄断法的例外，不为

---

① 参见许光耀：《欧共体竞争法通论》，163～174页，武汉，武汉大学出版社，2006。

② 孔祥俊：《反垄断法原理》，658页，北京，中国法制出版社，2001。

③ 参见黄勇：《中国〈反垄断法〉中的豁免与适用除外》，载《华东政法大学学报》，2008（2）。

反垄断法所规制，故对此加以“适用除外”，如自然垄断行业的某些垄断行为，知识产权法所保护的一些垄断行为等；所谓的“豁免”情况，是说这些行为本身直接违反了反垄断法的具体规定，但是基于某一特殊政策的原因，构成“违法阻却”，从而将其从反垄断法的规制范围内排除出去，最典型的例子就是对卡特尔的适用除外。[①] 不过，这里的“除外”与“例外”无论在中文中还是在英文中，都是难以分清的。

本书认为，从严格意义上讲，反垄断法的适用除外和豁免确实是不同的，两者应是并列的关系。适用除外是指在反垄断法中或者通过其他法律特别规定某些行业或领域不适用反垄断法，而无须任何机关的许可，它又被称为“本来的适用除外”；而豁免的对象是依照反垄断法应当或可以禁止的行为，只是基于法律规定的免责条件，而不认定其违法，不追究其责任。豁免有时需要向特别机关申报并获得批准，它又被称为“后退的适用除外”[②]。由于适用除外和豁免在本质上都不适用反垄断法，其作用和理论基础也基本相同，加上学术文献和相关立法中往往对这两者不作严格的区分，因而为行文的方便，本书也在广义上使用“适用除外”的概念，其既包括“本来的适用除外”（狭义上的适用除外），也包括“后退的适用除外”（豁免）。

适用除外制度是反垄断法中的一项重要的制度，对于促进国家经济发展、实现国家产业政策、维护社会公共利益具有重要作用。反垄断法中的适用除外制度保护特殊领域的垄断，容忍对竞争的一定限制，因此是“对反垄断法基本制度的修正，也是对反垄断法基本目的的‘反动’”，“属于垄断促进法的范畴”[③]。其依据在于垄断的二重性以及反垄断法价值目标的非唯一性。一方面，垄断在使资源错误配置、消费者福利受损、技术进步迟滞等方面具有明显的消极作用，因此要通过制定和执行反垄断法对其进行限制或禁止；另一方面，垄断又具有产生规模经济效益、避免资源浪费以及在某些特殊行业和领域促进创新、推动国民经济的整体发展等积极作用。因此，在反垄断法中，维护和促进竞争是最基本的目标，但还必须同时考虑到一个国家或地区其他的经济社会目标，在某些情况下，允许限制竞争可能对整体经济或公共利益更有利。正如德国联邦卡特尔局指出：“竞争虽然是配置资源的最佳方式，但有些市场因其特殊的条件，优化资源的配置只有在限制竞争的条件下才能实现。在这种情况下，通过合作实现合理化就比自由竞争更可取。”[④] 适用除外制度在本质上是反垄断法的目标与其他经济、社会目标协调的结果，是法律权衡利弊后的理性选择。适用除外制度使反垄断法的双重职能得到实现，既能克服过度垄断造成的弊端，又能防止在反垄断的同时因过度竞争或盲目竞争而损害规模经济效益和社会公共利益，运用竞争的活力抵制垄断的停滞性，利用垄断的组织性克服竞争的无序性，真正实现“有效竞争”。

二、有关国家和地区反垄断法适用除外的范围及其演变

从有关国家和地区反垄断法在不同时期的规定来看，适用除外的范围大致包括特定的行业、特定的组织、特定的行为以及其他某些特殊性质的问题。当然，这些类别的划分是相对的，它们之间往往相互交叉，最终都会落脚到具体的行为上。

---

① 参见齐虹丽：《例外与豁免：中国〈反垄断法〉适用除外之观察》，载《法学杂志》，2008（1）。

② “本来的适用除外”和“后退的除用除外”之分类，参见［日］木元锦哉等：《经济法》，151页，东京，青林书院，1986。转引自王保树：《论反垄断对行政垄断的规制》，载王晓晔编：《反垄断法与市场经济》，137页，北京，法律出版社，1998。

③ 曹士兵：《反垄断法研究》，77页，北京，法律出版社，1996。

④ 转引自王晓晔：《德国竞争法中的卡特尔制度》，载《法学家》，1995（4）。

（一）特定的行业

属于反垄断法适用除外的行业主要是自然垄断行业、金融业、农业、实行国家专营专卖的行业以及体育行业的某些项目等。

自然垄断一般是指一个经营者能够以低于两个或者更多的经营者的成本向整个市场供给一种产品或服务而产生的垄断。自然垄断行业主要包括交通、电信、电力、石油、天然气、供热、供水、邮政等提供公共服务的企业和部门。传统经济学理论认为，自然垄断行业必须由国家经营，因为这些行业具有规模经济效应和沉淀成本，而独家经营的行业容易出现损害消费者利益的情况，所以这些行业是实行国家管制的。相应地，这些行业在很多国家和地区的反垄断法中被作为适用除外领域。但是，20 世纪 80 年代以来，随着技术进步而出现的替代技术使细分行业出现竞争，市场规模的急剧扩大也使新企业进入成为可能，于是新经济学理论对自然垄断的合理性进行了反思，很多国家也纷纷进行管制改革，在自然垄断行业引入竞争机制。在此背景下，各国反垄断法对公用事业的态度也发生了变化，并逐渐形成一种趋势，即转为“一般适用，例外豁免”。例如，欧共体委员会在 1987 年发表推进欧洲电信市场竞争和自由化的绿皮书，欧共体理事会于 1996 年通过电力行业的指令等，均致力于在自然垄断行业打破垄断。德国在 1998 年第六次修订《反限制竞争法》时就基本取消了对公用事业的豁免，对自然垄断行业和国家管制领域，从普遍豁免转向了全面介入，目前只有能源和供水领域有特殊的规定。日本 1996 年的《禁止垄断法》规定，铁路、电力、煤气及其他性质上属于自然垄断行业的经营者所实施的该行业所固有的生产、销售或者供应行为不适用本法。但 2005 年修改该法时删除了这一规定。目前，各国（地区）对适用除外规定的趋势是限于特定行为而不是整个行业。实际上，对自然垄断行业的适用除外也主要是认可其垄断地位或者垄断状态本身，并不免除对其垄断行为（滥用垄断地位或者市场支配地位的行为）的法律规制，因此对于绝大多数不禁止垄断状态本身的国家来说，反垄断法是否将自然垄断行业作为适用除外没有太大的实际意义。

银行和保险等金融业属于特殊的行业。如果对这些行业的竞争不作限制，因竞争而引起的动荡或企业破产，对于存款人、被保险人的利益及社会安定都会产生不利的影响，因此，一些国家曾将这些行业作为反垄断法的适用除外领域，这些行业可以在贷款政策、利率、保险费率等方面进行横向联合或共同行动以避免过度竞争。但是，这种适用除外也是相对的，实际上是限于这些行业的某些行为。例如，美国《麦克卡兰-费古森法》授权州政府对保险业进行规制，只有在州政府未对保险业进行规制时，保险业才适用反垄断法。该法颁布后，各州都制定了规范保险业的规则，使保险业不受反垄断法调整，但保险业中的联合抵制等行为除外。目前，美国法院通过对“保险业”作狭义解释，对“联合抵制”作宽泛界定，使保险业豁免适用反垄断法的范围缩小。同时，这一领域的适用除外也是在不断变化的。例如，德国《反限制竞争法》以前在第 29 条规定，信用机构或保险企业联合会的协议、决议和建议，可以豁免适用本法关于纵向垄断协议的规定。但是，该条规定在该法 2005 年的第七次修订中就被废止了。很多新制定反垄断法的国家也都没有这方面的除外规定。

农业（包括林业、牧业、渔业等）对自然条件有很强的依赖性，生产者不便适应市场供求和价格的变化而迅速转产。同时，这些行业在国民经济中居于基础地位，影响人民基本生活需求。因此，许多国家不仅允许经营者订立限制竞争协议，往往还规定最低保护价格，或由国家给予补贴，或由国家直接参与购销活动。例如，根据《欧盟条约》第 42 条的规定，农业是欧盟竞争法豁免的唯一行业，欧盟委员会《关于处理农业领域协议的 26 号法规》规定，对农业给予反垄断法的“类别豁免”。美国《克莱顿法》不禁止为合法目的而采取互助措施的农业和园艺组织的活动。同时，美国《凯普-伏尔斯蒂德法》和《合作推销法》也规定农产品生产者在生产、收集、储存、经销农产品方面的合作和共同行动豁免于反托拉斯法。德国《反限制竞争法》第 28 条也规定，该法第 1 条（禁止限制竞争协议）不适用于农业生产者企业，也不适用于农业生产者企业的联合组织以及这些联合组织的联盟作出的有关协议和决议，还不适用于涉及农产品分类或者包装的垂直协议。但是，这种适用除外也是相对的。例如，德国《反限制竞争法》第 28 条同时规定，为储存、加工、处理农产品，使用共同设施的协议和决议，要作为反垄断法适用除外的条件是其不含价格约束和不排除竞争。

国家专营专卖是指国家基于社会经济总体和长远利益及政治、国防和其他国计民生等方面的政策性考虑，不仅允许垄断，还规定由国家直接投资经营，并在一定程度上排除非国家资本的进入，比如烟草行业和食盐行业等。

此外，体育行业或者某些体育项目也能得到反垄断法的除外适用。在美国，不适用反垄断法的体育项目主要是棒球。根据判例，职业棒球联盟对职业运动队的数量及分布范围的控制，对棒球运动员转会自由的限制等，不受反垄断法的约束。同时，根据美国《体育运动广播法》的规定，任何由有组织的职业联合会包括足球、棒球、篮球和曲棍球联合会签订的广播权转让协议、职业足球联盟的合并行为不适用反垄断法。

（二）特定的组织

根据各国的法律规定和惯例，工会、特定企业组合等组织在实现其成员合法目的的过程中损害了市场竞争的，可以不受反垄断法的追究。

工会是一个具有政治性质的组织，在保护工人的利益方面具有特殊作用。美国对工会与雇主根据《国家劳工关系法》就强制性事项进行集体谈判达成的协议可豁免适用反托拉斯法。但当工会与一群雇主签订工资标准或其他强制协议，并将其强加给另一些雇主，从而构成限制竞争的合谋时，就失去反垄断法豁免权。美国 1935 年的《国家劳工关系法》规定了上述内容。早在 1914 年通过的《克莱顿法》就明确规定，人类的劳动不是商品，所以工会组织的活动不适用反垄断法的规定。随后的立法进一步明确规定，工会组织为促进其成员的合法利益所从事的活动，即使损害商业竞争也免受反垄断法追究。如高工资地区的工会组织可以组织其成员抵制来自低工资地区的商品，从而保护本地区工人的利益，而不管这种行为是否会损害商业竞争。于是，美国 1932 年颁布的《诺里斯-拉瓜迪亚法》规定劳工免受反托拉斯法的约束。①

中小企业团体组织在维护中小企业的利益、增强与大企业竞争能力方面具有重要作用。有关国家也将其作为反垄断法的适用除外。例如，日本《中小企业团体组织法》及《中小企业合作社法》将中小企业组织规定为反垄断的适用除外。其不适用反垄断法必须具备相应的条件：其成员应该是中小企业，且不得使用不公正交易方法在一定交易领域实质性地限制竞争。

（三）特定的行为

其他类型的适用除外最终也体现为某种行为。这里属于反垄断法适用除外（准确地讲应是豁免）的特定行为主要是那些可以依法豁免的卡特尔行为。

卡特尔在性质上是一种典型的限制竞争行为，应该受到反垄断法的禁止。但是，某些情况下的卡特尔也是有积极作用的。如果权衡利弊，某些卡特尔所带来的积极作用大于其消极作用，其就可能受到反垄断法的豁免。很多国家和地区的反垄断法中都有这种规定。例如，在欧盟竞争法上，豁免主要体现为原《欧共体条约》第 81 条（现《欧盟运行条约》第 101 条）第 3 款以及其他条例的规定，并有两种形式：一是集体豁免，由欧共体理事会或者欧共体委员会用制定法规的形式，使符合其规定条件的某种类型的具有限制竞争性质的协议豁免于禁止规定，

① 参见郑鹏程：《美国反垄断法适用除外制度发展趋势探析》，载《现代法学》，2004（1）。

且不需申报；二是个别豁免，在 2004 年之前对于不符合集体豁免条件的协议，由当事人单独申报并经欧共体委员会审查后，认为符合《欧共体条约》第 81 条第 3 款规定的条件而授予豁免，但根据第 1/2003 号条例，这种协议不再事先申报，而由有关企业认定其协议行为符合第 81 条第 3 款的规定后直接实施，由欧共体委员会事后控制。德国《反限制竞争法》原先规定了多种可豁免的卡特尔，但经过多次修改，这些可豁免的卡特尔的范围在不断缩小，但增加了《欧盟运行条约》第 101 条第 3 款规定的豁免情形。日本《禁止垄断法》《中小企业团体组织法》等法律对卡特尔的豁免也作了规定，但其范围也在逐步缩小，特别是在 1998 年废止了不景气卡特尔制度。

（四）其他特殊性质的问题

涉及反垄断法适用除外的其他特殊性质的问题主要是知识产权的行使问题。

作为特定主体对其创造成果依法所享有的一种专有权，知识产权是一种合法的垄断权，即知识产权所有人依据专利法、商标法、著作权法等知识产权法律在一定期限和地域内排他性地享有和行使其知识产权。确认和保护这种垄断权是鼓励创新、促进经济的增长所必要的。正当行使知识产权的过程虽然也在一定范围内和程度上限制了竞争，但这种对竞争的限制应当被视为国家实施知识产权制度以鼓励创新的必要代价，应当受到反垄断法的宽容。因此，知识产权的正当行使行为就成为反垄断法的适用除外领域。例如，日本《禁止垄断法》第 21 条规定："本法的各项规定不适用于被认定为根据著作权法、专利法、实用新型法、外观设计法或商标法的权利行使行为。"但是，如果知识产权权利人在行使其权利的过程中超出了法律允许的范围或者正当的界限，不正当地排除、限制了市场竞争，仍然要受到反垄断法的规制。因此，作为反垄断法适用除外的应当是拥有知识产权本身以及对知识产权的正当行使行为。

此外，在有些国家的反垄断法中还有一些其他特殊性质的问题。例如，根据美国的司法判例，州政府作为主权单位，其限制竞争的行为被豁免适用反垄断法。1975 年以前，州政府的行为被豁免适用反垄断法的范围不断扩展；从 1975 年开始，法院开始限制州政府的行为适用除外的范围。

从上述有关国家和地区反垄断法适用除外的范围及其变化来看，呈现出适用除外的范围逐步缩小的趋势。一方面，自然垄断行业中的电信、电力、铁路等行业的适用除外都逐渐被各国（地区）废止，例如韩国在 1996 年修改反垄断法时将农业、渔业、矿业、保险业、银行业和公共部门纳入适用范围，不再除外适用反垄断法。日本在 1999 年废止了《禁止垄断法适用除外法》，2000 年废止了自然垄断行业适用除外制度。现在各国（地区）的反垄断法中几乎找不到关于这些行业的豁免，这说明对自然垄断行业的豁免已逐步成为历史。另一方面，对卡特尔的豁免也日渐严格，范围越来越小。例如，德国《反限制竞争法》在 1998 年第六次修订时就取消了对折扣卡特尔、出口卡特尔和进口卡特尔的豁免规定。在 2005 年第七次修订后，在规定豁免的一般条件之外主要保留了中小企业卡特尔。日本 1998 年修改《禁止垄断法》时废止了不景气卡特尔。

同时，反垄断法的适用除外并非全面的、绝对的豁免，而是有条件的、相对的豁免。例如，对一些公用事业部门，可以允许其独占地位（垄断状态）的豁免，但不能允许其独占地位的滥用（垄断行为）；对银行、保险业一般只允许其在利息、费用以及其他方面进行协调和合作，但其本身不属于可以保持独占地位的行业；出口企业和中小企业的豁免一般也只限于某些方面的协调、联合行为，而不是全面豁免适用反垄断法的各种规定。

三、我国《反垄断法》规定的适用除外制度

《反垄断法》根据我国的实际情况，并借鉴其他国家的最新做法，初步建立了我国的适用

除外制度，但这些规定是分散在法律不同地方的。

（一）关于特定行业经营者的垄断状态的适用除外

我国《反垄断法》第 8 条规定："国有经济占控制地位的关系国民经济命脉和国家安全的行业以及依法实行专营专卖的行业，国家对其经营者的合法经营活动予以保护，并对经营者的经营行为及其商品和服务的价格依法实施监管和调控，维护消费者利益，促进技术进步。""前款规定行业的经营者应当依法经营，诚实守信，严格自律，接受社会公众的监督，不得利用其控制地位或者专营专卖地位损害消费者利益。"这可看作将特定行业经营者的垄断状态作为反垄断法的适用除外。

在我国，一些特定的行业和领域，如电力电网、铁路路网、长距离输油输气管道等具有自然垄断性质的行业，以及其他关系国家安全和国民经济命脉的重点行业和领域，主要是由国有和国有控股企业经营的。此外，依照有关法律、行政法规的规定，对于对公众健康和国家税收影响重大的烟草制品和盐业，实行专营专卖制度。对于这些特定行业经营者依法从事的经营活动，国家当然要给予保护。同时，由于这些行业的竞争受到限制，因而更需要国家对其经营者的经营行为加强监管和调控，包括依照价格法的规定，实行政府定价或者政府指导价；并且，推进垄断行业改革，积极引入竞争机制，在这些行业中引导、推进经营者之间开展竞争，促进技术进步。对于经营者滥用其市场支配地位损害消费者利益的行为，应当依法查处。

实际上，这条规定主要起到一种宣示的作用。因为我国《反垄断法》与绝大多数国家的反垄断法一样，并不反对垄断地位或市场支配地位本身，而只反对市场支配地位的滥用行为，因此这些特定行业（国有经济占控制地位的关系国民经济命脉和国家安全的行业以及依法实行专营专卖的行业）的企业，基于其自然垄断的特征或者某种特殊的性质而享有的垄断地位或市场支配地位本身并不违法，但其滥用这种地位的行为如垄断高价、搭售等仍然要受到反垄断法的规制。我国《反垄断法》第 8 条一方面明确了这些特定行业经营者的合法垄断地位，另一方面也明确强调这些特定行业经营者的垄断行为要受到监督。

（二）关于特定的垄断协议的豁免

垄断协议的反竞争性质是非常明显的，因此要受到严格的规制，但是基于种种原因，仍然有些特定的垄断协议可以得到反垄断法的豁免。我国《反垄断法》第 20 条规定了特定的垄断协议（卡特尔）豁免适用反垄断法的基本情形与条件："经营者能够证明所达成的协议属于下列情形之一的，不适用本法第十七条、第十八条第一款、第十九条的规定：（一）为改进技术、研究开发新产品的；（二）为提高产品质量、降低成本、增进效率，统一产品规格、标准或者实行专业化分工的；（三）为提高中小经营者经营效率，增强中小经营者竞争力的；（四）为实现节约能源、保护环境、救灾救助等社会公共利益的；（五）因经济不景气，为缓解销售量严重下降或者生产明显过剩的；（六）为保障对外贸易和对外经济合作中的正当利益的；（七）法律和国务院规定的其他情形。""属于前款第一项至第五项情形，不适用本法第十七条、第十八条第一款、第十九条规定的，经营者还应当证明所达成的协议不会严重限制相关市场的竞争，并且能够使消费者分享由此产生的利益。"

我国《反垄断法》第 20 条对垄断协议的豁免采取的是规定豁免类型的方式。这里的规定与《欧盟运行条约》第 101 条第 3 款的规定比较类似。但相对来说，我国《反垄断法》第 20 条规定的条件更宽松，列举的范围更广泛，而且有兜底条款，因而可以据此获得豁免的情况会更多，并且需要权衡的因素不限于经济效率方面，还包括社会政策方面。此外，这里对垄断协议的豁免也没有规定申报制度，而是由经营者自行判断其协议是否符合该条规定的豁免条件，当然，经营者要承担因垄断协议被发现不符合条件而承担法律责任的风险。

（三）关于经营者集中的豁免

虽然经营者集中控制制度中专门有申报和核准的规定，其与垄断协议和滥用市场支配地位中涉及的豁免情况不同，但是在对具体的经营者集中进行审核的过程中也要进行比较、权衡，因而其在某种程度上也属于豁免的问题。我国《反垄断法》第 34 条对此作了规定："经营者集中具有或者可能具有排除、限制竞争效果的，国务院反垄断执法机构应当作出禁止经营者集中的决定。但是，经营者能够证明该集中对竞争产生的有利影响明显大于不利影响，或者符合社会公共利益的，国务院反垄断执法机构可以作出对经营者集中不予禁止的决定。"

经营者集中作为经营者扩大规模、拓展现有市场或者进入新的市场、从事新的经济活动的一种方式，也是利弊兼具的。大量的经营者集中是良性的，能够实现资源重组，形成规模经济，改善经济效益，提高经营者在市场上的竞争力，从而给竞争和消费者带来好处。但经营者集中也可能减少相关市场的竞争，产生或者加强经营者的市场支配地位，从而导致商品的供应减少、价格提高、质量降低，阻碍市场进入和技术进步，损害消费者的利益。因此，反垄断法原则上将具有或者可能具有排除、限制竞争效果作为禁止经营者集中的判断标准，从而保护竞争的市场结构，确保相关市场的有效竞争。但是，即使是对于那些具有排除、限制竞争效果的经营者集中也不是绝对地予以禁止，而是要对其利弊进行比较和衡量：如果集中的利大于弊，则集中应当得到批准，以保护经营者的合法权益和市场经济的健康发展，同时鼓励经营者依法实施集中，做大做强，扩大经营规模，提高市场竞争能力。有关集中的利大于弊的举证责任应由经营者承担，包括集中对竞争产生的有利影响明显大于不利影响，或者集中符合社会公共利益，如有利于在相当大的程度上促进就业，明显推动技术进步、增强国际竞争力等。

（四）关于知识产权正当行使行为的适用除外

知识产权是一种不同于有形财产的无形财产权，其与反垄断法之间的关系非常复杂，人们的认识和实务中的做法也不尽相同，但现在各国反垄断执法机构的认识和做法越来越接近。在我国《反垄断法》中对此问题作出澄清是非常有必要的。《反垄断法》第 68 条规定："经营者依照有关知识产权的法律、行政法规规定行使知识产权的行为，不适用本法；但是，经营者滥用知识产权，排除、限制竞争的行为，适用本法。"该条规定既明确将正当行使知识产权的行为作为反垄断法的适用除外，又规定对滥用知识产权的垄断或限制竞争行为仍然进行反垄断法规制。

依据该条规定，经营者行使知识产权的行为，不论是自己行使还是通过许可的方式授权他人行使，只要是依照有关知识产权的法律、行政法规的规定进行的，这时对市场竞争产生的排除、限制性影响，将不会受到反垄断法的规制。但是，经营者如果滥用其知识产权，排除、限制竞争，将仍然受到反垄断法的禁止。对于什么样的行为构成滥用知识产权，排除、限制竞争的行为，法律并没有作出明确的规定，而需要由反垄断执法机构和人民法院根据行为的性质、对竞争的影响等因素来具体判断。需要说明的是，滥用知识产权，排除、限制竞争的行为不是一种独立的垄断行为类型，按其具体表现形式，分别属于垄断协议、滥用市场支配地位或者具有或者可能具有排除、限制竞争效果的经营者集中。

（五）关于农业生产经营活动的适用除外

农业既是国民经济的基础产业，又是国民经济的弱势产业。农业领域的经营活动本身的特点（如分散、小规模、受土地和气候等自然因素影响较大等）决定了农业是不适合过度竞争的产业，农业生产活动难以完全适用反垄断法的规定。我国的农业发展在总体上还比较落后，基础薄弱，国家更应采取多种保护措施加以保护。基于此，《反垄断法》借鉴国外立法经验，规定农业活动可以排除适用《反垄断法》。其第 69 条规定："农业生产者及农村经济组织在农产品生产、加工、销售、运输、储存等经营活动中实施的联合或者协同行为，不适用本法。”

根据该条规定，农业生产者及农村经济组织在农产品生产、加工、销售、运输、储存等经营活动中实施的联合或者协同行为，不适用反垄断法。这里所称的农业，是大农业的概念，既包括农产品种植业，也包括林业、畜牧业和渔业。这里所称的农业生产者，既包括农民，也包括农业企业及其他直接从事农业生产经营活动的组织。这里所称的农村经济组织，既包括农民专业合作经济组织，也包括农村集体经济组织。

第四节　反垄断法中的相关市场界定

一、相关市场界定的含义与意义

相关市场（relevant market）的界定并不是反垄断法中的一项独立制度，却是建立和实施反垄断法各主要制度的基础。在已建立起反垄断法基本制度的国家和地区，相关市场的界定常常成为反垄断法实施过程中的一个非常关键的问题。因为在反垄断法中，大多数情况下对于涉嫌违法行为是通过分析其是否对竞争造成损害来判断其是否具有违法性的，这就必然涉及发生竞争的领域。而相关市场的界定就是要划定这种竞争领域范围的大小。只有通过相关市场的界定，才可知晓在一个市场上到底有多少竞争者、它们各自的市场份额有多大，进而才能判断涉嫌违法企业究竟能在多大程度上正在行使或者将来可能行使其市场支配力（market power），从而使其行为具有或者可产生限制竞争的违法性效果。在大多数场合，相关市场的界定实际上是竞争分析的出发点和基本前提，虽然其内容未必规定在反垄断法的具体条文中，但它蕴含在反垄断法的各主要制度之中。

《反垄断法》第15条第2款规定：“本法所称相关市场，是指经营者在一定时期内就特定商品或者服务（以下统称商品）进行竞争的商品范围和地域范围。”在反垄断执法实践中，通常需要界定相关商品市场和相关地域市场。相关商品市场，是指根据商品的特性、用途及价格等因素，由需求者认为具有较为紧密替代关系的一组或一类商品所构成的市场。这些商品表现出较强的竞争关系，在反垄断执法中可以作为经营者进行竞争的商品范围。相关地域市场，是指需求者获取具有较为紧密替代关系的商品的地理区域。这些地域表现出较强的竞争关系，在反垄断执法中可以作为经营者进行竞争的地域范围。在这里，商品和地域只是界定相关市场过程中的两个维度，并非两个独立的市场，其意味着在确定一个具体案件的相关市场时，必须从不同的角度出发，如此界定出的相关市场才更加符合实际。此外，在相关市场的界定中有时还需要涉及所谓的相关时间市场，即在相关商品市场和相关地域市场内经营者所能展开竞争的时间范围。由于相关时间市场在很多情况下可以融入相关商品市场的界定之中，即在界定相关商品市场时应当考虑时间因素，因而可不将其作为一个单独的问题。一般来说，当生产周期、使用期限、季节性、流行时尚性或知识产权保护期限等已构成商品不可忽视的特征时，界定相关市场还应考虑时间性。在技术贸易、许可协议等涉及知识产权的反垄断执法工作中，可能还需要界定相关技术市场，考虑知识产权、创新等因素的影响。

任何竞争行为（包括具有或者可能具有排除、限制竞争效果的行为）均发生在一定的市场范围内。界定相关市场就是明确经营者竞争的市场范围。在禁止经营者达成垄断协议、禁止经营者滥用市场支配地位，以及控制具有或者可能具有排除、限制竞争效果的经营者集中等反垄断执法工作中，均可能涉及相关市场的界定问题。科学、合理地界定相关市场，对于识别竞争者和潜在竞争者、判定经营者市场份额和市场集中度、认定经营者的市场地位、分析经营者的行为对市场竞争的影响、判断经营者的行为是否违法以及在违法情况下需如何承担法律责任等关键问题，具有重要的作用。因此，相关市场的界定通常是对竞争行为进行分析的起点，是反垄断执法工作的重要步骤。

相关市场的界定一般是一个事实的认定问题，而不是一个立法上的规定问题，但是相关市场界定的这种技术中介往往可以体现反垄断执法的宽严，从而体现出一定的政策性。如果市场界定得过于狭窄，就会夸大涉嫌企业实际行使着的或者将来可能行使的市场支配力和其行为的反竞争效果，使其受到不应有的规制；而如果市场界定得过于宽泛，则该市场上有效竞争的程度就会被夸大，那些实际上行使或者将来可能行使市场支配力、从事反竞争行为的企业便有可能逃脱应有的规制。正如波斯纳所指出的："市场集中率对于反托拉斯法实施的重要性，使得界定市场以计算被告的市场份额变得至关重要。由于市场界定具有足够的弹性，高度集中变得无所不在，数量惊人的良性兼并能够被弄得好像带有危险的垄断性。"① 亚格纽也指出："从某种程度上来说，产品的每一个供应者都会成为垄断者，如果市场规定得相当狭窄的话。"② 在美国 1945 年对美国铝公司的反垄断判决中，法院仅将纯铝锭作为确定市场的依据，则美国铝公司就占有了该市场 90%的份额。而如果将铝废料也包括在市场内，美国铝公司就只占有 64%的份额；并且，如果将美国铝公司供应给它自己的制造设备排除在外的话，它的市场份额就仅有 33%。在 1956 年美国政府指控杜邦公司垄断玻璃纸生产一案中，因为玻璃纸由杜邦公司独家生产和销售，政府认定该公司在玻璃纸产品市场上占有 100%的市场份额。然而，美国联邦最高法院在这个案件中将玻璃纸看作包装材料中的一种材料，而在包装材料这一产品市场上，杜邦公司仅占 18%的市场份额。因此，政府在该案中败诉。③ 因此，反垄断政策的宽严有时并不一定需要体现在对立法条文的修改上，而完全可以体现在实施时对相关市场的界定这个技术性操作中。

当然，并不是任何一个反垄断法案件都需要界定相关市场的。一些西方国家的法院和反垄断执法机构在实践中发展出了"本身违法原则"和"合理原则"作为其基本的竞争政策分析工具。对于适用本身违法原则的行为，如固定价格、限制产量、分割市场等联合限制竞争行为，其本身的反竞争性质非常明显，法律对此也有明文禁止规定，因此，该种行为一经被认定成立即可判定为非法，无须再考虑其动机、手段以及对市场竞争影响的大小，相关市场的界定也就失去了意义。而对于适用合理原则的行为，其是否实质上限制竞争和构成违法，需要通过对企业的动机、行为方式以及对市场竞争的影响后果加以慎重考察后才能作出判断，因而需要界定相关市场。由于在反垄断法的实施中，适用"本身违法原则"的是少数，在大多数场合还是适用"合理原则"的，因而对大多数案件来说，界定相关市场是必不可少的前提性工作。

在进行相关市场界定时，有些案件只需要界定一个相关市场，而另一些案件可能需要界定两个市场甚至多个市场。一般来说，在对滥用市场支配地位行为进行分析时只需界定一个相关市场，但在涉及搭售的案件中，在分析企业的行为是否构成搭售以及搭售的合理性时，需要界定出两个相关市场：首先是界定出相关的搭售商品（tying product）市场，以此认定涉嫌搭售的企业在该市场上是否具有支配地位；其次是界定相关的被搭售商品（tied product）市场，以认定搭售行为对搭卖品市场竞争影响的程度，进而判断搭售是否违法。在垄断协议行为中，判

① ［美］理查德·A. 波斯纳：《反托拉斯法》，2 版，孙秋宁译，172 页，北京，中国政法大学出版社，2003。

② ［英］约翰·亚格纽：《竞争法》，徐海等译，56 页，南京，南京大学出版社，1992。

③ 参见［美］马歇尔·C. 霍华德：《美国反托拉斯法与贸易法规》，孙南申译，25 页，北京，中国社会科学出版社，1991。

断横向限制即在生产或销售过程中处于同一阶段的经营者之间的限制竞争行为只需要界定一个相关市场，而判断纵向限制即处于不同生产经营阶段的经营者之间的限制竞争行为，由于当事人之间并不存在着直接的竞争关系，其主要目的是排除、限制协议以外的第三者参与竞争，因而一般也需要对两个市场加以界定：首先是界定出产品的制造商或供应商所在的相关市场（上游市场），其次是界定出产品的批发商或零售商所在的相关市场（下游市场）。类似地，在经营者集中行为中，对于横向的集中行为往往只需界定一个相关市场，但对于纵向的和混合的集中行为一般须界定出两个或两个以上相关市场。

还需要说明的是，相关市场界定的宽严标准往往会因所针对的行为的具体类型不同而有所不同。例如，从有关国家和地区反垄断执法机构的做法和法院的裁决来看，在分析企业合并（经营者集中的一种主要形式）行为时所划定的相关市场，通常要比分析企业实施滥用市场支配地位行为时所划定的市场狭窄些。这是因为：企业合并行为中一般包含着比现实的垄断行为还要强的限制竞争的危险性①，其直接导致市场上竞争者数量的减少，因此，对企业合并行为的规制是在其现实的垄断行为发生之前采取的具有预防效果的控制措施；而且，企业合并一经批准，往往不可推倒重来，或者虽然可以但成本太高，反垄断执法机构在审查时往往更加谨慎，适用的执法尺度也就更加严格一些。

在相关市场的界定方面，西方国家的判例和法学理论都有很多成熟的做法和精辟的见解，可供我国相关执法机构参考，但最终的实际操作还必须结合我国的具体国情。《反垄断法》在实施中必然会遇到相关市场界定这一基础的和重要的问题。而且，在实施2006年8月由国家六部委制定的《关于外国投资者并购境内企业的规定》（以下简称《并购规定》）中的反垄断审查规则的过程中，也现实地遇到了这个问题。依据《并购规定》第51、52条，商务部于2006年11月对浙江苏泊尔炊具股份有限公司（以下简称“苏泊尔公司”）和法国SEB国际股份有限公司（以下简称“SEB”）的并购协议进行反垄断调查、听证。在这一过程中，各方争议的焦点在于市场占有率的确定。苏泊尔公司称，2005年全国炊具行业的销售额约在80亿至100亿元人民币，苏泊尔公司在国内的销售额约为7亿元人民币，市场占有率不到10%，远未达到《并购规定》中要求的比例。SEB的产品目前在国内的销量量非常小，两者相加，也远不及《并购规定》要求的25%的市场占有率。但据中国行业企业信息中心提供的资料，2005年苏泊尔压力锅的市场占有率为47.04%。另据来自国家统计局更为权威的数字，1999年苏泊尔的市场占有率为48.65%，2000年为52.11%，2001年为53.11%。业内人士分析，这组数据只是城市的市场占有率，如果加上农村市场，苏泊尔的市场占有率将超过70%。对此，苏泊尔公司认为：在《并购规定》中，市场占有率是针对某个行业而言的，压力锅只是炊具行业的一个产品。拿某个产品来指代一个行业是不合适的。② 显然，这里对市场占有率作出不同判断的决定因素是对相关市场的确定，即究竟应当将苏泊尔公司的压力锅置于压力锅市场还是置于整个炊具市场来分析其市场占有率。

由于相关市场界定是反垄断法各主要制度的前提性和事实性的问题，其未必适宜在反垄断法条文中作出非常具体的规定。我国《反垄断法》第15条第2款大致勾画出了相关市场的范围和意义。国务院反垄断委员会于2009年7月6日发布的《关于相关市场界定的指南》明确了界定相关市场的基本依据、一般方法和假定垄断者测试的分析思路。同时，在相关的反垄断

① 参见王为农：《企业集中规制基本法理——美国、日本及欧盟的反垄断法比较研究》，75页，北京，法律出版社，2001。

② 参见曹虹：《从相关市场角度看我国反垄断法规的缺陷》，载《中国经济时报》，2006-12-22，5版。

规章和指南中也就所涉及的特定领域或者行业（如知识产权、平台经济、原料药、汽车业等）的相关市场界定问题进行了具体规定。

二、相关市场界定的基本分析框架

（一）界定相关市场的基本依据

1. 替代性分析

在反垄断执法实践中，相关市场范围的大小主要取决于商品（地域）的可替代程度。在市场竞争中对经营者行为构成直接和有效竞争约束的，是市场中需求者认为具有较强替代关系的商品或能够提供这些商品的地域，因此，界定相关市场主要从需求者角度进行需求替代分析。当供给替代对经营者之行为产生的竞争约束类似于需求替代时，也应考虑供给替代。

2. 需求替代

需求替代是根据需求者对商品功能用途的需求、质量的认可、价格的接受以及获取的难易程度等因素，从需求者的角度确定不同商品之间的替代程度。原则上，从需求者的角度来看，商品之间的替代程度越高，竞争关系就越强，就越可能属于同一相关市场。

3. 供给替代

供给替代是根据其他经营者改造生产设施的投入、承担的风险、进入目标市场的时间等因素，从经营者的角度确定不同商品之间的替代程度。原则上，其他经营者对生产设施改造的投入越少，承担的额外风险越小，提供紧密替代商品越迅速，则供给替代程度就越高，在界定相关市场，尤其在识别相关市场的参与者时就应考虑供给替代。

（二）界定相关市场的一般方法

1. 界定相关市场的方法概述

界定相关市场的方法不是唯一的。在反垄断执法实践中，根据实际情况，可能使用不同的方法。在界定相关市场时，可以基于商品的特征、用途、价格等因素进行需求替代分析，必要时进行供给替代分析。在经营者竞争的市场范围不够清晰或不易确定时，可以按照“假定垄断者测试”的分析思路来界定相关市场。无论采用何种方法界定相关市场，都要始终把握商品满足消费者需求的基本属性，并以此作为在相关市场界定中出现明显偏差时进行校正的依据。

2. 界定相关商品市场时考虑的主要因素

从需求替代角度界定相关商品市场，可以考虑的因素包括但不限于以下各方面：(1) 需求者因商品价格或其他竞争因素变化，转向或考虑转向购买其他商品的证据。(2) 商品的外形、特性、质量和技术特点等总体特征和用途。商品可能在特征上表现出某些差异，但需求者仍可以基于商品相同或相似的用途将其视为紧密替代品。(3) 商品之间的价格差异。在通常情况下，替代性较强的商品价格比较接近，而且在价格变化时表现出同向变化趋势。在分析价格时，应排除与竞争无关的因素引起价格变化的情况。(4) 商品的销售渠道。销售渠道不同的商品面对的需求者可能不同，相互之间难以构成竞争关系，则成为相关商品的可能性较小。(5) 其他重要因素，例如，需求者偏好或需求者对商品的依赖程度，可能阻碍大量需求者转向某些紧密替代商品的障碍、风险和成本，是否存在区别定价，等。

从供给角度界定相关商品市场，一般考虑的因素包括：其他经营者对商品价格等竞争因素的变化作出反应的证据；其他经营者的生产流程和工艺，转产的难易程度，转产需要的时间，转产的额外费用和风险，转产后所提供商品的市场竞争力，营销渠道，等等。任何因素在界定相关商品市场时的作用都不是绝对的，可以根据案件的不同情况有所侧重。

3. 界定相关地域市场考虑的主要因素

从需求替代角度界定相关地域市场，可以考虑的因素包括但不限于以下各方面：(1) 需求者因商品价格或其他竞争因素变化，转向或考虑转向其他地域购买商品的证据。(2) 商品的运输成本和运输特征。相对于商品价格来说，运输成本越高，相关地域市场的范围越小，如水泥等商品；商品的运输特征也决定了商品的销售地域，如需要管道运输的工业气体等商品。(3) 多数需求者选择商品的实际区域和主要经营者商品的销售分布。(4) 地域间的贸易壁垒，包括关税、地方性法规、环保因素、技术因素等。如关税相对商品的价格来说比较高时，则相关地域市场很可能是一个区域性市场。(5) 其他重要因素，例如，特定的区域的需求者偏好，商品运进和运出该地域的数量。

从供给角度界定相关地域市场时，一般考虑的因素包括：其他地域的经营者对商品价格等竞争因素的变化作出反应的证据；其他地域的经营者供应或销售相关商品的即时性和可行性，如将订单转向其他地域经营者的转换成本等。

（三）假定垄断者测试的分析思路

假定垄断者测试是界定相关市场的一种分析思路，可以帮助解决相关市场界定中可能出现的不确定性，目前为各国和地区制定反垄断指南时所普遍采用。依据这种思路，人们可以借助由经济学工具分析所获取的相关数据，确定假定垄断者可以将价格维持在高于竞争价格水平的最小商品集合和地域范围，从而界定相关市场。

假定垄断者测试一般先界定相关商品市场。首先从反垄断审查关注的经营者提供的商品（目标商品）开始考虑，假设该经营者是以利润最大化为经营目标的垄断者（假定垄断者），那么要分析的问题是，在其他商品的销售条件保持不变的情况下，假定垄断者能否持久地（一般为1年）小幅（一般为5%～10%）提高目标商品的价格。目标商品涨价会导致需求者转向购买具有紧密替代关系的其他商品，从而引起假定垄断者的销售量下降。如果目标商品涨价后，即使假定垄断者的销售量下降，但其仍然有利可图，则目标商品就构成相关商品市场。

如果涨价引起需求者转向具有紧密替代关系的其他商品，使假定垄断者的涨价行为无利可图，则需要把该替代商品增加到相关商品市场中，该替代商品与目标商品形成商品集合。接下来分析如果该商品集合涨价，假定垄断者是否仍有利可图。如果答案是肯定的，那么该商品集合就构成相关商品市场，否则还需要继续进行上述分析过程。

随着商品集合越来越大，集合内商品与集合外商品的替代性越来越小，最终会出现某一商品集合，假定垄断者可以通过涨价实现盈利，由此便界定出相关商品市场。

界定相关地域市场与界定相关商品市场的思路相同。首先从反垄断审查关注的经营者经营活动的地域（目标地域）开始，要分析的问题是，在其他地域的销售条件不变的情况下，假定垄断者对目标地域内的相关商品进行持久的（一般为1年）小幅涨价（一般为5%～10%）是否有利可图。如果答案是肯定的，目标地域就构成相关地域市场；如果其他地域市场的强烈替代使涨价无利可图，就需要扩大地域范围，直到涨价最终有利可图，该地域就是相关地域市场。

在使用假定垄断者测试方法界定相关市场时需要注意一些具体问题。原则上，选取的基准价格应为充分竞争的当前市场价格。但在滥用市场支配地位、共谋行为和已经存在共谋行为的经营者集中案件中，当前价格明显偏离竞争价格时，选择当前价格作为基准价格会使相关市场界定的结果不合理。在此情况下，应该对当前价格进行调整，使用更具有竞争性的价格。此外，在一般情况下，价格上涨幅度为5%～10%，但在执法实践中，可以根据案件涉及行业的不同情况，对价格小幅上涨的幅度进行分析确定。在经营者小幅提价时，并不是所有需求者

（或地域）的替代反应都是相同的。在替代反应不同的情况下，可以对不同需求者群体（或地域）进行不同幅度的测试。此时，相关市场界定还需要考虑需求者群体和特定地域的情况。

案例与思考

360诉腾讯滥用市场支配地位案件中的相关市场界定[①]

2010年10月29日，奇虎公司推出一款名为“360扣扣保镖”的安全工具。该软件直接破坏了腾讯公司的商业模式。2011年11月3日，腾讯公司公开宣称，将在装有360软件的电脑上停止运行QQ软件，QQ软件和360安全卫士只能二选一。“3Q大战”在网民中引起了强烈的反响。在工信部等三部委的积极干预下，奇虎公司收回“360扣扣保镖”，QQ软件与360软件相互兼容。随后，奇虎公司在广东省高级人民法院起诉腾讯公司滥用市场支配地位，要求赔偿1.5亿元的巨额损失。2013年3月20日，广东省高级人民法院以腾讯公司“不具有相关市场支配地位”为由，驳回奇虎公司的诉讼请求。奇虎公司不服，向最高人民法院提起上诉。2014年10月16日，最高人民法院就该案件作出了二审宣判，认为一审判决认定事实虽有不当之处，但是适用法律正确、裁判结果适当，故驳回上诉、维持原判。

在本案中，界定相关市场是确定腾讯公司市场份额并分析其是否具有市场支配地位的基础，因此在案件审理中，相关市场的界定是双方争议的焦点之一。在一审中，奇虎公司主张本案相关商品市场为集成了文字、音频及视频等综合功能的即时通信软件及其服务市场，相关地域市场为中国大陆综合功能即时通信软件及其服务市场。而腾讯公司辩称：本案的相关市场应当包含文字、音频、视频单一功能的即时通讯软件和综合功能的即时通信软件、电子邮件、SNS社交网站以及微博等产品，传统的手机、短信、电话功能也应包含在即时通信相关市场之中，而且经营者依靠平台实现盈利和提供服务，就这个平台而言，即时通讯服务越来越成为其他社交服务的附属产品，不能构成独立市场，即时通讯服务相关市场界定过窄；本案的相关地域市场应为全球市场。

一审法院经审理认为：QQ与电话虽然存在一定的竞争，但是由于商业模式不同不构成替代性，因而不是同一相关市场；由于电子邮件不具有互动的即时性，也不构成相关市场。至于社交网络、微博与QQ是不是相关产品，考虑到“竞争是一个动态的过程”和“商品或者服务所在产业的发展现状及未来一段时间的趋势”，“微博和社交网站从2010年之后在较短的时间内迅速表现出与即时通讯高度融合的经营现状”，因此法院认为QQ与社交网络、微博属于同一相关产品市场。但对于是否应当将相关市场界定为互联网应用平台，法院并没有给出确定的答案，而只是判定奇虎公司的相关市场范围主张不能成立。关于相关地域市场，法院认为互联网具有“开放性和无国界性”，参照“微软公司/Skype案”中欧盟委员会的观点，认可奇虎公司提出的“语言偏好和使用习惯不能作为划分地域市场的依据”，同时，法院认为互联网不存在额外的运输成本，所

① 最高人民法院指导性案例78号：北京奇虎科技有限公司诉腾讯科技（深圳）有限公司、深圳市腾讯计算机系统有限公司滥用市场支配地位纠纷案，见 http：//gongbao. court. gov. cn/Details/d9325ced7cf 3988 c 442c9526a34db3. html。

以将相关地域市场界定为全球市场。在相关市场界定的方法以及技术上，一审法院认可并使用了 SNNIP 方法。

在二审中，最高人民法院综合奇虎公司的上诉请求、理由以及腾讯公司的答辩意见，并结合本案的相关证据和事实，对如何界定本案中的相关市场发表了以下几点意见。

第一，在滥用市场支配地位的案件审理中，界定相关市场是评估经营者市场力量以及被诉垄断行为对竞争的影响的工具，但本身并非目的。即使不明确界定相关市场，也可以通过排除或者妨碍竞争的直接证据，对被诉经营者的市场地位以及被诉垄断行为可能的市场影响进行评估。因此，并非每一个滥用市场支配地位的案件均必须明确而清楚地界定相关市场。

第二，一审法院运用假定垄断者测试方法界定相关市场以及对该方法的运用有一定的不妥。作为界定相关市场的一种分析思路，假定垄断者测试（HMT）具有普遍的适用性。在实践中，选择何种方法进行假定垄断者测试取决于案件所涉市场竞争领域以及可获得的相关数据的具体情况。本案中，互联网服务提供商在互联网领域的竞争中更加注重质量、服务、创新等方面的竞争而不是价格竞争。因此，基于相对价格上涨的假定垄断者测试并不完全适宜在本案中适用。但是，仍可以采取该方法的变通形式，例如基于质量下降的假定垄断者测试。由于质量下降程度较难评估以及相关数据难以获得，因而可以采用质量下降的假定垄断者测试进行定性分析而不是定量分析。

第三，关于本案相关商品市场是否应确定为互联网应用平台，关键在于这一网络平台之间为争夺用户的注意力和广告主的相互竞争是否完全跨越了由产品或者服务特点所决定的界限，并给经营者施加了足够强大的竞争约束。一审法院并未明确认定本案相关市场应界定为互联网应用平台，但其指出本案相关商品市场界定应考虑互联网领域平台竞争的特点。最高人民法院认为，这种一般性的分析思路对于互联网领域竞争问题的处理是适当的，但在本案的特定情况下，由于缺乏明确的实证数据，网络平台竞争在本案中的影响并不明显，在相关市场界定阶段过多地考虑互联网应用平台，可能放大其他网络平台对腾讯公司所形成的竞争约束。

第四，关于本案的相关地域市场界定。因为互联网的即时通信服务可以低成本、低代价到达或者覆盖全球，并无额外的、值得关注的运输成本、价格成本或者技术障碍，所以在界定相关地域市场时，最高人民法院主要考虑多数需求者选择商品的实际区域、法律法规的规定、境外竞争者的现状及进入的及时性等因素。本案涉及的即时通讯、社交网站等都属于平台级的产品，尤其重要的是基于中文语言和文化背景，绝大多数用户是处于中国文化环境下的中文用户，且绝大多数位于中国境内，即使境外存在用户，其在总用户数中所占比例也非常之小。因此，应该把相关地域市场界定成国内市场为妥。

综上，最高人民法院将本案相关市场界定为“中国大陆即时通信服务市场，既包括个人电脑端即时通信服务，又包括移动端即时通信服务；既包括综合性即时通信服务，又包括文字、音频以及视频等非综合性即时通信服务”。

本案是中国《反垄断法》实施以来由最高人民法院审理的首例互联网反垄断纠纷案，在国际互联网反垄断领域也属首例，其意义已经不在于案件本身。最高人民法院详细阐述了互联网领域反垄断法意义上相关市场界定的标准、市场支配地位的认定标准以及滥用市场支配地位行为的分析原则与方法等一系列具有重要意义的法律问题，明确了反垄断法律适用的多个重要裁判标准。尤其是关于相关市场界定及其与市场支配地位认定之间的关系，相关分析非常深入和精辟，将在国内外产生重要的影响。

思考题

1. 如何理解反垄断法的基本性质？
2. 试述反垄断法的基本制度框架。
3. 反垄断法所规制的垄断与经济学上的垄断有什么不同？
4. 如何理解反垄断法的适用除外与豁免的关系？
5. 我国《反垄断法》规定了哪些适用除外和豁免？
6. 界定相关市场在反垄断法的实施中有什么意义？
7. 试析界定相关市场的基本分析框架。

第十三章
禁止垄断协议制度

第一节　垄断协议概述

一、垄断协议的概念

虽然竞争是推动经济及整个社会发展的巨大力量，但是人们对竞争的态度往往是矛盾的：一方面，希望得到由他人之间的竞争带给自己的机会和实惠，而另一方面，又力图逃避发生在自己身上的竞争带来的压力和风险，因此，竞争中的经营者往往有一种限制竞争的倾向。除了已经具有垄断或支配地位的经营者可以利用现有的市场地位限制竞争，尚不具备或不完全具备垄断或支配地位的经营者可以通过合并等集中方式企图提高自己限制竞争的能力，具有或不具有垄断或支配地位的经营者之间通过协议或默契来协调自己的市场行为以实现共同限制竞争，是常见的现象。正如古典经济学的代表人物亚当·斯密在其著名的《国富论》中写道："进行同一种贸易活动的人们甚至为了娱乐或消遣也很少聚集在一起，但他们聚会的结果，往往不是阴谋对付公众便是筹划抬高价格。"① 这正是垄断协议的情形。

"垄断协议"是我国《反垄断法》使用的概念。其他国家和地区以及国际组织中对垄断协议有各自不完全相同的称谓，例如，欧盟和德国称为"限制竞争协议"，法国称为"非法联合行为"，日本称为"不当交易限制"，韩国称为"不正当的共同行为"。我国《反垄断法》第 16 条将垄断协议解释为"排除、限制竞争的协议、决定或者其他协同行为"。这在概念的使用上存在用部分指代整体的问题，因为"协议"只是这类行为表现的一种形式（尽管是主要的和典型的形式），难以涵盖这类行为的全部。因此，用"联合限制竞争"或者"联合行为""共同行为""共谋垄断"等概念来表达也许更为合适。②

虽然在垄断协议的概念使用上存在差异，但是有关国家或地区的反垄断法就其所表达的意思是基本一致的。例如，德国《反限制竞争法》第 1 条规定，禁止以阻碍、限制或扭曲竞争为目的或者产生阻碍、限制或扭曲竞争后果的企业间协议、企业联合组织的决议以及协同行为。日本《禁止垄断法》第 2 条第 6 款规定，不当交易限制是事业者以契约、协议或其他名义，与其他事业者共同决定、维持或者提高价格，对数量、技术、产品、设备或者交易对象等加以限制，相互间约束或完成其事业活动，从而违反公共利益，对一定交易领域内的竞争构成实质性的限制。

根据国内外反垄断法的相关规定，这里对垄断协议作一大致概括。所谓垄断协议，就是指两个或两个以上的经营者，采取协议、决定或者其他协同一致的行为，共同对特定市场的竞争

---

① ［英］亚当·斯密：《国民财富的性质和原因的研究》，上卷，郭大力、王亚南译，212～213 页，北京，商务印书馆，1981。

② 笔者在以前的研究中一直使用"联合限制竞争"的概念，认为这比"垄断协议"的概念更恰当，但在我国《反垄断法》通过后，为避免因概念使用的不一致而造成混乱，也统一使用"垄断协议"的概念。

加以排除、限制的行为。

相对于垄断状态而言，垄断协议属于垄断行为；相对于滥用市场支配地位和经营者集中等结构性垄断行为而言，垄断协议属于非结构性垄断行为；相对于滥用市场支配地位在多数情况下由单个经营者所实施，垄断协议则总是由双方或多方所实施。

二、垄断协议的构成要件

从上述垄断协议的含义中可以看出，垄断协议的构成包括三方面的要素，即：垄断协议的实施主体是两个以上的独立经营者；垄断协议的表现形式除包括书面或口头协议、决议外，还包括其他协同一致的行为；垄断协议具有限制竞争的目的或产生限制竞争的效果。

首先，垄断协议的构成要求主体须为两个或两个以上的经营者，单个经营者无法形成协议或者实施联合一致的行为。但是，以团体形式出现的市场主体的联合组织为媒介很容易产生行为人的一致意见。因此，在许多国家，行业协会和股东会的决定被视为经营者间的协议。行业协会是非营利性的经营者自我管理、自我服务的自律性组织，但其成员一般是竞争性、营利性的，经营者很可能通过行业协会或公会进行通谋以固定价格、限制产量、划分市场等，所以要对其加以控制。德国和欧盟禁止经营者联合组织限制竞争的决议，日本禁止限制竞争的事业者团体的活动。在美国，不仅禁止工业或商业性的行业协会限制竞争，而且自 20 世纪 70 年代以来还禁止律师、会计、工程和医疗等职业协会通过直接或间接的方法限制竞争。[①]

其次，垄断协议的构成要求当事人之间有某种形式的共谋，具体表现为协议、决定或者其他协同一致的行为。其中："协议"是指两个或者两个以上的经营者通过书面、口头、算法等形式，就限制竞争的行为达成一致意见；"决议"是指企业集团、行业协会或者其他形式的企业联合体以书面、口头、算法等形式的决议，要求其成员企业共同实施的限制竞争的行为；"其他协同一致行为"是指经营者之间虽未明确订立协议或者决定，但实质上存在协调一致的行为。[②] 因此，共谋是指两个或两个以上的经营者关于限制它们活动的有意思联络，并基于这种意思联络而形成的一致性行动，也就是各方基于共同的意思，实施了共同的行为。在这里，共同的意思是共同的行为的前提，这种共同的意思若有明确的书面协议可以直接证明，当然比较容易认定，但在经营者之间没有明确的书面协议的情况下，由于缺少直接的证据加以证明，这时共同的意思往往难以认定。考虑到这种实际困难，"为了认定意志联络，只要有一点人为的因素就够了，不一定有事前联络交涉的事实，即使必须有这种事实，也可以从作为结果的行动一致性这种间接证据来认定这种事实"[③]。欧洲法院在审理燃料案时指出："联合一致行为是指经营者间的一种协调形式，它虽未达成正式协议，然而在实践中有关经营者却有意识地以实际合作来代替竞争的危险。"[④] 有些国家的法律还规定了在这种情况下的推定制度。例如，韩国的反垄断法第 19 条第 5 款就将两个以上经营者，在一定的交易领域作出实质上限制竞争的行为，而在这种行为不存在任何约定进行共同行为的明示合意时，也推定为不正当共同行为。这样的规定有利于堵塞法律上的漏洞，防止行为人钻法律的空子。

---

① 参见［美］马歇尔·C. 霍华德：《美国反托拉斯法与贸易法规》，孙南申译，108 页，北京，中国社会科学出版社，1991。

② 《禁止垄断协议规定》第 6 条规定，认定其他协同行为，应当考虑下列因素：(1) 经营者的市场行为是否具有一致性；(2) 经营者之间是否进行过意思联络或者信息交流；(3) 经营者能否对行为的一致性作出合理解释；(4) 相关市场的市场结构、竞争状况、市场变化等情况。

③ ［日］丹宗昭信、厚谷襄儿编：《现代经济法入门》，谢次昌译，95～96 页，北京，群众出版社，1985。

④ 国家工商行政管理局条法司：《现代竞争法的理论与实践》，115 页，北京，法律出版社，1993。

最后，垄断协议的构成要求具有限制竞争的目的或产生限制竞争的效果。垄断协议的实施使参加经营者之间原来的竞争受到限制，或者使参加经营者以外的其他经营者的交易受到限制。这种对竞争的限制性既是垄断协议达成的目的，也是垄断协议实施的必然后果，但作为垄断协议的构成要件，只要有一个即可。垄断协议既可以发生在处于同一经济阶段、有着直接竞争关系的经营者之间，也可以发生在处于不同经济阶段而有着买卖关系的经营者之间[①]，但都表现为各方共同对商品或服务的价格、数量、地区、对象等进行限制，从而阻碍、扭曲了正常的市场竞争和市场交易。与经营者集中不同，经营者之间的联合或共同行为通常形成于在一定相关市场占有相当份额的经营者之间，在大部分情况下，其内容都会对经营者之间的竞争造成直接的影响，而且约束、限制正是各种协议的精髓，因此共同行为限制竞争属于一般情况，而不限制竞争属例外情形。基于此，韩国反垄断法在 1999 年 2 月的第七次修订中将判断共同行为违法性的标准，从“在一定交易领域实质上限制竞争”修订为“不正当限制竞争”。这是有道理的。也就是说，经营者之间的联合或共同行为对竞争的限制是普遍的，而它要能构成违法还必须有“不正当”的条件。因此，垄断协议要受到反垄断法的禁止，除少数（如固定价格）属于本身违法的情形外，大多数还需要不正当限制的条件，也就是实行合理原则。

三、垄断协议的基本分类

对于垄断协议可以从不同的角度加以分类。从参与协议的经营者之间的相互关系来看，可以分为横向垄断协议和纵向垄断协议；从参与协议的经营者的意思表达形式来看，可以分为协议型的垄断协议和默契型的垄断协议；从协议的内容来看，可以分为价格型的垄断协议和非价格型的垄断协议。从法律对垄断协议进行规制的需要和有关国家反垄断立法的实际情况来看，第一种分类即分为横向垄断协议和纵向垄断协议是最基本的分类。但是，这种“二分法”难以涵盖实践中的复杂情形，因此我国《反垄断法》在 2022 年修正时增加了关于“轴辐协议”的规定。

（一）横向垄断协议

横向垄断协议，简称横向协议或者横向限制，是指两个或两个以上因生产或销售同一类型产品或提供同一类服务而处于相互直接竞争中的经营者（如生产商之间、批发商之间、零售商之间等），通过共谋而实施的限制竞争行为。经营者之间的横向限制一般又可称为卡特尔(Carte)。卡特尔是一个可以在不同意义上加以使用的术语：它既可以指经营者之间的一种联合行为，也可以指通过这种联合行为建立起来的垄断组织，还可以指限制竞争的协议或决议。[②] 但卡特尔在被用来指代垄断协议的行为时，也存在不同的使用情况。有时仅指横向的垄断协议，例如德国《反限制竞争法》第一编“限制竞争行为”之下，第一章就是“卡特尔协议、卡特尔决议及联合一致的行为”，第二章则为“纵向协议”。但在一些论著中往往也有使用“纵向卡特尔”或“垂直卡特尔”的术语。这时的卡特尔实际上就是指代整个垄断协议的行为，而不限于横向垄断协议。不仅如此，卡特尔这一术语还有进一步泛化的情况，被用来指代所有的垄断或限制竞争行为。典型的如德国的《反限制竞争法》又通常被称为“卡特尔法”，其反垄断机构也被称为卡特尔局。因此，卡特尔一词可以在不同的意义上使用。本书还是将其限定于横向垄断协议或横向限制。

从有关国家、地区和国际组织的规定来看，横向垄断协议大致有以下主要类型：(1) 固定价格协议，即确定、维持或者变更价格的协议。价格竞争是经营者之间竞争的主要方式，因此

---

① 狭义上的竞争仅包括卖者之间的竞争，广义上的竞争还包括买者和卖者之间的竞争以及买者之间的竞争。

② 参见曹士兵：《反垄断法研究》，206 页，北京，法律出版社，1996。

固定价格协议对竞争秩序的危害最大，是一种典型的垄断协议。（2）限制产量协议，即共同限制产品或者服务供应数量的协议。产品或者服务的供应数量减少，必然会导致价格上升，损害消费者的利益，因此限制产量协议也是典型的垄断协议。（3）划分市场协议，即分割地域、客户或者产品市场的协议，以避免相互竞争。（4）联合抵制协议，又称集体拒绝交易，即协议各方联合起来不与其他竞争对手、供应商或者客户交易的协议。（5）限制开发协议，即协议各方联合起来限制对特定产品的技术开发或者对新设备的引进，以减少在技术开发方面的竞争的协议。（6）串通投标协议，即在招标活动中投标人相互串通，排除或者限制其他投标人竞争的协议。但如果在招投标活动中，招标人与投标人串通，达成排除或者限制其他投标人竞争的协议，则属于纵向垄断协议。

参加横向垄断协议的经营者可自愿加入或者退出，各自在法律上、生产上和财务上保持独立性；在经营上，除就协议规定的部分受契约限制外，其余部分仍可自主经营。卡特尔维持了分散的、表面上看来似乎是竞争性的市场结构，但由于众多分散的经营者采取协调或统一行动，因而其社会经济效果实际相当于特定市场上的行业垄断。而行业垄断的结果必然是产量下降，价格上升，技术进步缓慢，消费者整体利益受损，资源配置无效益。同时，多个经营者的卡特尔行为或联合行为与单个经营者的垄断不同，它一般不会带来规模经济效益、有利于创新等积极效应。因此，这种行为常常要受到比较严格的管制。在美国，对这类行为中的多数适用本身违法原则，即只要认定共谋或协同行为的存在，根本无须实际考察其对竞争的危害，即可予以禁止和处罚。在欧盟，对这类行为一般是不予豁免的。

横向垄断协议，特别是其中的价格卡特尔，不仅在各国都有非常典型的体现，而且随着经济全球化，这种行为也出现了国际化的趋向。据美国《纽约时报》2001年6月3日的报道，多年前由炼钢所需的一种重要原材料——石墨电极的主要制造商委派的公司高级经理在伦敦市外的一家机场饭店秘密会晤，最后就建立全球卡特尔达成了一项协议。来自法国、德国、日本和美国的公司高级经理就四个问题取得一致意见：必须迅速提高价格；较小的公司将迅速跟上主要生产厂商的模式；不准提供折扣；市场份额仍然维持现状。此后5年中，公司执行官和低层经理在一系列会议中实施了这项计划。他们交换秘密协议，瓜分市场。到1997年，石墨电极的价格增加了60%以上。直到那一年（1997年），一家钢铁公司向美国联邦调查人员抱怨石墨电极行业缺乏竞争，一家石墨电极公司利用政府在1993年开始实施的特赦法，向政府提供重要线索，以换取免遭起诉的承诺，随后，这个卡特尔集团开始解散。① 2001年5月，三菱公司被判参与了一项全球价格阴谋垄断。在美国司法部历史上，这是继一桩有关生产维生素的卡特尔案件后，涉及价格垄断的第二大案件。调查人员粉碎了一起由美国、德国和日本的山梨酸盐（一种用于从奶酪到烤制食品的食品防腐剂）生产商发起的长达17年的价格垄断阴谋。在美国，这起案件涉及10亿多美元的销售。此外，调查人员还发现了一个由美国、比利时和荷兰的主要海上建筑公司组成的卡特尔。这个卡特尔在北海和墨西哥海湾等地区建造和移动巨型海上钻井平台。参与者签署了每年10亿美元的销售合同，最终造成零售油价的上涨。② 进入21世纪以来，包括我国在内的多国反垄断执法机构先后查处了维生素、液晶显示器、汽车等行业的国际卡特尔案件。近年来，随着互联网、大数据、人工智能和算法等的发展，更是出现了“数字化卡特尔”这一新型的垄断协议形式，其认定也更为复杂。

（二）纵向垄断协议

纵向垄断协议，简称纵向协议或者纵向限制，是指两个或两个以上在同一产业中处于不同

---

① 参见《法制日报》，2001-05-13。

② 参见《参考消息》，2001-06-11。

阶段而有买卖关系的经营者（如生产商与批发商之间、批发商与零售商之间等），通过共谋而实施的限制竞争行为。

从有关国家、地区和国际组织的规定来看，纵向垄断协议大致有以下主要类型：（1）维持转售价格协议，即供应商确定销售商向客户转售商品的价格的协议。可以是维持一个固定的价格，也可以是实行一个最高限价或最低限价。由于最高限价对消费者没有损害甚至有利，因而有些国家不禁止最高限价。（2）独家交易协议，又被称为排他性交易协议，通常包括一个或者一系列协议，其中约定供应商同意在特定地区内向销售商独家销售商品，或者销售商同意只从供应商处购买用于转售的商品，或者双方当事人相互承受上述两个方面的约束。独家交易协议的目的是排斥协议一方当事人与协议另一方当事人的竞争对手进行交易。（3）附加条件协议，即供应商在与销售商进行交易时，要求对方当事人接受与交易无关的附加义务，作为交易的条件，例如，规定特定的销售地区、销售渠道，搭售商品或者技术等。其中，搭售既可以是双方纵向垄断协议的产物，也可以是一方滥用市场支配地位的表现形式。

在涉及技术许可或者转让时，往往还涉及技术应用范围限制、数量限制、不竞争条款、不质疑条款、指定技术来源、一揽子许可、回授以及期满后的使用限制等纵向限制内容。同样，在一方具有市场支配地位时，这些也往往成为滥用市场支配地位的表现。

与横向垄断协议不同，纵向垄断协议不是发生在直接竞争者之间，它一般是非竞争者之间达成的协议，对于生产的社会化、经济的协调发展具有一定的积极意义，如保证产品或服务质量、经营者声誉以及消费者安全，消除“搭便车”现象，促进售后服务，增强不同品牌的同类商品间的竞争等。它对竞争的危害相对于横向垄断协议来说较小，因而它在各国受到的管制程度也较低，往往要区分不同的类型而分别对待。一般来说，对大多数纵向垄断协议是采取合理性的具体分析方法的，它们获得豁免的可能性也比较大。但是，其中的维持转售价格行为受到较多的关注，在一些国家（如美国）对其还曾长期适用本身违法原则。

（三）轴辐协议

“轴辐协议”（hub-and-spoke），也被称为“轮轴协议”“中心辐射协议”，它是横向与纵向垄断协议中间的一种特殊形态，也是经营者规避法律而产生的一种更加隐蔽的垄断协议形式。作为一种兼具横向协议和纵向协议特征的混合型垄断协议，轴辐协议在家电销售、药品销售、汽车销售和保险以及大型连锁销售或网络零售等行业尤其容易发生。但我国《反垄断法》在修改前对垄断协议采取横向协议与纵向协议的“二分法”，往往使对轴辐协议的规制面临“于法无据”的窘境，也令本应遭受处罚的垄断协议行为人逃脱制裁。这在湖南娄底保险业垄断协议案①和安徽信雅达等三家密码器企业垄断协议案②中都有非常典型的体现。2022 年修正的《反垄断法》在横向垄断协议和纵向垄断协议的规定之外，新增了第 19 条，即“经营者不得组织其他经营者达成垄断协议或者为其他经营者达成垄断协议提供实质性帮助”。这就完善了我国

---

① 在本案中，由娄底市保险行业协会牵头，组织湖南省 11 家财险公司与湖南瑞特保险经纪有限公司共同组建娄底市新车保险服务中心，由娄底市保险行业协会领导。其后，湖南瑞特保险经纪有限公司与 11 家财险公司先后签订合作协议，规定所有新车保险业务必须集中在该中心办理，并划分了各公司在新车保险业务中的市场份额。参见《湖南娄底保险行业协会联合 12 家单位搞垄断被处罚》，见人民网，http：//finance. people. com. cn/insurance/n/2013/0108/c223018－20130807. html。

② 在本案中，信雅达、北京兆日科技、上海海基业高科技三家企业是具有横向竞争关系的独立法人，虽然没有直接签订书面协议，但在实际经营活动中，共同参加了人民银行合肥中心支行组织召开的相关会议进行意思联络，一致按照分配方案划分的对象对应销售且不交叉供货，一致固定和调整销售价格，统一支付和取消代理服务费，共同开展宣传推广活动和应对媒体负面报道危机并承担相关费用等多项协同一致行为。参见张晨颖：《垄断协议二分法检讨与禁止规则再造——从轴辐协议谈起》，载《法商研究》，2018（2）。

垄断协议的类型，堵塞了规则上的漏洞。

《禁止垄断协议规定》第18条规定：经营者组织其他经营者达成垄断协议包括下列情形：一是经营者不属于垄断协议的协议方，在垄断协议达成或者实施过程中，对协议的主体范围、主要内容、履行条件等具有决定性或者主导作用；二是经营者与多个交易相对人签订协议，使具有竞争关系的交易相对人之间通过该经营者进行意思联络或者信息交流，达成法律规定的横向垄断协议；三是通过其他方式组织其他经营者达成垄断协议。经营者为其他经营者达成垄断协议提供实质性帮助，包括提供必要的支持、创造关键性的便利条件，或者其他重要帮助。

轴辐协议不同于横向垄断协议和纵向垄断协议将经营者所在的经济层次或环节作为划分标准，而是以经营者相互之间的组织、帮助关系作为标准，进一步拓展了垄断协议基本类型，确保各种违法经营者（特别是轴心经营者）都能受到反垄断法的制裁。经营者组织其他经营者达成垄断协议，其含义比较明显，而实质性帮助主要是指轴心经营者为其他竞争者提供信息交换和传递的媒介，以促成相关主体之间形成横向意思联络。

实际上，在此前已经发布的一些反垄断指南中就有关于轴辐协议的相关规定。例如，国务院反垄断委员会《关于平台经济领域的反垄断指南》（国反垄发〔2021〕1号）第8条规定：具有竞争关系的平台内经营者可能借助与平台经营者之间的纵向关系，或者由平台经营者组织、协调，达成具有横向垄断协议效果的轴辐协议。分析该协议是否属于《反垄断法》规制的垄断协议，可以考虑具有竞争关系的平台内经营者之间是否利用技术手段、平台规则、数据和算法等方式，达成、实施垄断协议，排除、限制相关市场竞争。又如，国务院反垄断委员会《关于原料药领域的反垄断指南》（国反垄反〔2021〕3号）第9条规定：经营者不得组织原料药经营者达成垄断协议或者为其达成垄断协议提供实质性帮助。具有竞争关系的原料药经营者可能借助与其他经营者之间的纵向关系，或者由其他经营者组织、协调，达成具有横向垄断协议效果的轴辐协议。分析该协议是否属于《反垄断法》规制的垄断协议，主要考虑原料药经营者是否应知或者明知其他经营者与同一原料药经销企业签订相同、相似或者具有相互配合关系的协议。

四、我国垄断协议的主要表现及危害

在我国，自实行改革开放、引入市场竞争机制以来，两个或两个以上经营者通过协议限制竞争的行为在现实经济生活中已有了较明显的表现，且涉及各个方面。早在20世纪80年代末、90年代中期，就出现了以下比较典型的垄断协议：协商统一定价，限制价格竞争；联合限制生产数量，以便维持较高售价；联合采取措施，共同抵制其竞争对手；联合拒绝新的竞争者进入其已有市场；协议划分市场，限制彼此之间的竞争；协议串通，对某项工程的招标商定相同的最低报价，以共同损害招标人的利益；等。[①] 以联合限价、限制产量、划分市场最为明显，这些都有当时有关媒体公开报道的实际事例证明。例如，1988年，由某市三家最大的彩扩经营者串联发起，召集全市三十多家彩扩经营者以成立行业协会、协调价格为名，作出共同涨价的决定，致使该市彩照冲扩费一夜之间上涨了50%；1991年，某市起重机厂等全国15家大中型起重机经营者达成协议，明确规定各厂在投标和报价时不得低于国家规定的价格，对重大项目的报价，各生产厂家应对价格事先协调，共同抵制竞争对手的压价行为；1993年，某市十多家砖瓦厂协商成立砖瓦协会，将全市各家砖瓦厂生产的红砖产量一律按上年实际产量削减30%，并共同确定一个最低售价，各家砖瓦厂不得提高产量，以压价销售；1994年，某市51家经营BP机的经营者，为了避免“自相残杀”的价格竞争，作出了联合限价的决定，企图

① 参见国家工商行政管理局条法司：《现代竞争法的理论与实践》，240～241页，北京，法律出版社，1993。

固定BP机的销售价格；1996年1月，四川某县几家米粉厂相互串通，分割销售市场，划片推销米粉，并签订联营合同，将米粉价格固定在一个较高价位上；1996年1月，某市8家商业经营者和9家生产经营者联合行动，打着保护名牌、促进民族工业发展的旗号，达成了关于统一洗衣机市场零售价格的协议，将价格普遍上涨200元左右。其中，在最后一个例子中，不仅有横向垄断协议，还有纵向垄断协议。

垄断协议往往集中在价格方面，尤其是引起各方面关注的“价格同盟”事件接连出现。“价格同盟”就是某个行业或者一些大型经营者联手定价行为，它在我国的经济生活中时有发生，例如，1998年钢铁等行业先后出现了由行业协会制定的“行业定价”，1998年和1999年间在激烈的彩电大战中，一些彩电生产厂家也试图用联手定价的方式与“长虹”的降价战略相抗衡；2000年新年伊始，国内几家主要汽车生产厂商发表“联合宣言”，称它们的轿车绝不降价，接着便是数家大型空调生产经营者共同宣布“不参与空调价格战”，几乎与此同时，国内各主要民航经营者用“联手限价，利益均沾”的方式来遏制愈演愈烈的“机票打折风”。这些“价格同盟”的加盟者都是国内市场相关领域赫赫有名的“巨头”，它们的“盟约”坚定而明确。“价格同盟”参与者的真实意图，一般不外乎两类：一类是劳动生产率低、经济效益差的经营者，企图倚靠“同盟”维持较高的市场价格，以免在自己难以承受的价格竞争中被拖垮；另一类是本来具有一定降价空间和实力的经营者，希望通过“同盟”阻止价格下跌，从而取得高额的利润，如有报道称某大型汽车生产经营者的每辆小汽车生产成本仅7万元左右，却死守现有价格防线，为的就是在中国正式“入世”之前从国内居高不下的小汽车价格中猛捞一把。[①] 这种“价格同盟”实际上是一种典型的垄断协议。此外，其他形式的垄断协议也时有发生。例如，在1999年，占市场份额90%的八大彩管经营者为了“救亡图存”实现减产300万只的目的，宣布停产1个月。

进入21世纪以来，类似价格卡特尔的行为在我国的经济生活中更是屡屡发生，有的还引起了广泛的关注。其中，银联跨行查询收费和方便面统一涨价曾受到媒体的大量报道和讨论。中国银联在2006年5月8日起对跨行查询业务收取费用，5月8日，交通银行率先在其官方网站宣布旗下太平洋卡跨行查询收费标准：境内跨行查询手续费0.30元/笔。随后，中国工商银行、中国农业银行、中国银行、中国建设银行相继发布公告，四大行采取和交通银行一样的收费标准。原深圳发展银行也紧跟其后，但将收费标准降至0.2元/笔。上述六大行的收费标准均自当年6月1日起实施。随后的7月1日，中国邮政储蓄银行也加入跨行查询收费的队伍，向其绿卡持有人收取每笔0.3元的跨行查询费用。至此，全国范围内共有7家金融机构加入跨行查询收费的阵营。这就是震动一时的银联跨行查询收费案。2006年年底到2007年7月，“世界拉面协会中国分会”先后三次召集有关经营者召开会议，协商方便面涨价事宜，直接导致国内方便面生产厂家相继调高方便面价格。从2007年7月26日开始，华龙、白象、康师傅、统一、今麦郎、日清、农心等十多家知名经营者全部参与此次统一调价，其市场覆盖率达到95%以上，其中，中低价方便面（原价格不超过1元的）涨幅在20%～40%。

在《反垄断法》自2008年8月1日实施以来，我国反垄断执法机构所查处的垄断案件中，垄断协议占了大部分，在前3年占了绝大部分。例如，国家发展和改革委员会公布的广西米粉串通涨价案、厦门餐具消毒行业串通涨价案、浙江富阳市造纸行业协会垄断协议案、广东海砂价格垄断联盟案、浙江汽车保险行业价格垄断案，国家工商行政管理总局公布的江苏连云港混凝土行业垄断协议案、辽宁省水泥行业垄断协议案、湖南车辆保险垄断协议系列案，等。

① 参见《法制日报》，2000-04-23。

近年来，我国查处的垄断协议案件主要分布在医药、建材、燃气等民生领域。例如，2021年4月，市场监管总局查处了扬子江药业集团限制下游企业药品转售价格的纵向垄断协议行为，对扬子江药业集团达成并实施垄断协议案作出行政处罚，要求其依法履行主体责任，全面修订价格条款，并处罚款7.64亿元；同年9月，浙江省市场监督管理局对公牛集团处以2.95亿元的罚款。2021年反垄断执法机构还查处了3起建材业垄断协议案，合计罚没5.37亿元。

上述种种垄断协议限制了市场经济的发展，妨碍了经营者之间的公平竞争。经营者之间联合限制价格，使价格丧失了传递供求信息和调节生产的功能，生产要素无法合理配置，同时，经营者间联合限价往往将价格固定在一个较高的水平上，从而也损害了消费者的利益。经营者之间联合限制产量则人为地制造了供应的紧张，目的也是维持垄断高价。划分市场因其限制了销售，不仅使效益好的经营者受到市场限制而无法扩大生产规模，也使效益差的经营者因为得到了保护而不能被市场淘汰，从而使资源无法合理配置，也减少了消费者在市场上的选择机会，消费者有时甚至被迫选择质次价高的商品。

第二节 垄断协议的法律规制

一、垄断协议的法律规制概述

对垄断协议进行规制是反垄断法实体制度的一个非常重要的方面。本来，由于这种制度不需要考虑市场结构的要素，属于完全的行为规制（尽管在实际上参加协议的各方常常具有相当的市场规模，而且在理论上讲，垄断寡头之间更容易发生共谋垄断），因而它不仅与经济学上的垄断概念以及某些国家反垄断法中的禁止垄断状态制度相距甚远，而且与属于结构性行为规制的禁止滥用市场支配地位制度和控制经营者集中制度有着很大的不同。但是，由于反垄断法所规制的各种行为都统一于对竞争的限制这一垄断概念的最本质的共同点上，因而禁止垄断协议制度对不当垄断协议的禁止和对自由、公平竞争的维护，使它与反垄断法的其他制度有机统一起来了。而且，在对某些行为（如搭售）进行规制时还存在禁止垄断协议制度与禁止滥用市场支配地位制度交叉的地方。行为涉及两个或两个以上的主体时又使禁止垄断协议制度与控制经营者集中制度有一定的联系。由于垄断协议行为的反竞争性质更明显，对市场经济的危害巨大，因而禁止垄断协议制度一般是反垄断法中最受关注、制裁也最严厉的部分。

事实上，各个国家和地区的反垄断法均对垄断协议采取了比较严格的规制措施；而且，有关反垄断法一般还将禁止垄断协议方面的规范置于其条文中的最突出位置，但作出具体规定的方式有所不同，大致可分为两种模式。

第一种模式是原则规定垄断协议的特征，不对垄断协议的具体类型进行列举，某种行为是否构成垄断协议，依法认定。美国《谢尔曼法》第1条就主要对垄断协议进行了如下规制："任何契约、以托拉斯形式或其他形式的联合、共谋，用来限制州际间或与外国之间的贸易或商业，是非法的。任何人签订上述契约或从事上述联合或共谋，是严重犯罪。"德国《反限制竞争法》第1条规定："禁止以阻碍、限制或扭曲竞争为目的或者产生阻碍、限制或扭曲竞争后果的企业间协议、企业联合组织的决议以及协同行为。"① 日本《禁止垄断法》第3条原则规

① 该法在1998年的第六次修订中，对被禁止的卡特尔取消了过去在民法上"无效"的规定，代之以《欧共体条约》第81条第1款规定的方式，明确规定它们是被"禁止"的，从而在措辞上表现得更为严厉。参见王晓晔：《竞争法研究》，224页，北京，中国法制出版社，1999。

定，事业者不得进行不正当交易限制。

第二种模式是对垄断协议的特征作出原则规定的同时，对典型的垄断协议进行列举。某种行为只要属于列举的范围，当然构成垄断协议；如果不属于列举的范围，则按照原则规定进行认定。但是，各国具体列举的垄断协议的种类不尽相同。例如，《欧盟运行条约》第 101 条在原则禁止垄断协议的同时，特别列举了五种垄断协议。韩国《规制垄断及公平交易法》第 19 条具体列举了七种垄断协议，并规定有兜底条款。

由于横向垄断协议和纵向垄断协议在限制竞争的性质和程度方面存在明显的差异，因而很多国家和地区的反垄断法都对这两种垄断协议分别加以规制。一般来说，反垄断法对横向垄断协议都给予严格的规制，而对纵向垄断协议，除了对涉及价格限制的协议的规制比较严格，对其余的态度都比较宽松。有些国家在反垄断法中没有明确规定纵向垄断协议，或者原来有这方面的规定，后来取消了。《欧盟运行条约》第 101 条第 1 款并没有明确区分横向垄断协议和纵向垄断协议，但是欧盟委员会和欧洲法院的执法和司法实践中对此作了区分，在有关集体豁免的规定中表现得更为明显。日本《禁止垄断法》第 3 条明确禁止不正当交易限制，但是“日本的不当交易限制只包括卡特尔，而不包括垂直限制竞争，因此范围较美国的贸易限制行为窄。在日本，不当交易限制和卡特尔是通用的”①。

一方面，随着信息技术的不断发展，计算机网络能够为广大消费者提供不同地区的价格信息，引导他们到价格最便宜的地方去采购。这样，价格的透明度和市场的竞争性似乎是增加了。但另一方面，在消费者获得更多信息的同时，经营者（生产者和销售者）也会利用信息网络来形成或保持卡特尔。近年来在电子商务和大数据迅猛发展的背景下这方面的问题更值得关注。可见，信息网络技术的发展并没有减轻反垄断的任务。同时，经济全球化的发展也给反垄断法带来了新的问题。一方面，全球化使国内的价格垄断协议难以维持，因为国外竞争者很可能愿意按更低的价格在国内市场上销售产品，从而有利于打破国内的价格垄断；另一方面，对本国以外的垄断协议进行监督难度很大，因此国内反垄断法的实施更多地需要外国政府和国际组织的合作。

二、垄断协议的分析方法

经营者之间的协议、决议或者其他协同行为是否构成反垄断法所禁止的垄断协议，应当以该协议是否排除、限制竞争为标准。由于不同类型的垄断协议在限制竞争的性质和程度上存在明显的差异，因而有关国家和地区要区分不同情况分别作出处理。在长期经验积累的基础上，一些国家的反垄断执法机构和法院针对垄断协议的性质及对竞争秩序的影响程度形成了认定和处理垄断协议的分析方法。其中，美国联邦最高法院在判例中发展出的本身违法原则和合理原则②不仅影响了美国的反垄断法实践，也影响了其他国家和地区的反垄断法实践。

本身违法原则，或称当然违法原则，是指某些行为因其明显的反竞争性而被依法确定为违法，凡发生这些行为就认定其违法，而不再根据具体情况进行分析判断。这是因为，根据实践经验，某些协议一旦达成必然会产生排除或者限制竞争的后果，对这类协议采取本身违法原则进行认定处理，可以节约进行全面调查和复杂经济分析所耗费的大量执法成本。在《谢尔曼法》制定之初，这种分析规则被大量运用到对反垄断案件的分析中，成为对《谢尔曼法》第 1

① 郭平：《卡特尔行为规制研究》，载王保树主编：《商事法论集》，第 1 卷，511 页，北京，法律出版社，1997。

② 严格来讲，这里分别是“本身违法规则”和“合理规则”。但是，目前我国多数的文献中都将这两者分别翻译成“本身违法原则”和“合理原则”。本书只是基于约定俗成的用法，而不是将其真正当作反垄断法的基本原则。

条过于原则性规定的主要分析方法。其优势在于：第一，诉讼程序的简便性。适用本身违法原则对垄断案件进行分析，只需对该案件的事实证据进行认定，例如，只要存在固定价格行为，即认定其违法，而不需要对该案的事实进行长时间的后果分析，从而缩减了诉讼时间，节约了法官和当事人的时间，节省了大量的诉讼资源。第二，判断标准的确定性，即为市场主体的经济活动提供了明确的合法性标准。然而，在实践中这一原则渐渐显露出其过于僵硬呆板和打击面过大的弊端，也正因此，出现了合理原则。

合理原则，是指对于某些行为是否在实质上构成限制竞争并在法律上予以禁止并不一概而论，而是需要对经营者的动机、行为方式及后果加以慎重考察后作出判断，予以认定。其优势在于：第一，灵活方便，适用面广。在美国的判例法上，典型的本身违法行为有横向限制中的固定价格、限定产量、划分市场、联合抵制以及纵向限制中的维持转售价格①等，其他的则一般适用合理原则来分析。第二，适用合理原则分析作出的判决大部分有其合理性。基于经济学的分析作出的判决，比仅凭存在违法事实或具有特定形式即认定其违法更具有说服力，也更易于被当事人接受。当然，运用合理原则分析也存在诉讼成本高、诉讼周期长以及结果的不确定性大等不足。

在反垄断法的历史上，人们似乎一直试图界定清楚这两种方法各自的边界，但是，美国联邦最高法院给出的结论是，“在合理原则和本身违法原则之间没有明显的界限”，执法者正确的努力方向是“在两个极端之间寻求一把滑尺”②，即按各种行为的性质分为不同的调查层次，形成类似光谱似的排列。自20世纪70年代以来，美国法院逐渐摒弃将本身违法原则和合理原则作为相反的两极的极端处理案件的方式，而是将其看作整体分析的两个部分，单纯适用本身违法原则的范围越来越小。在对某个行为决定适用本身违法原则之前就已经进行过某种识别性的合理的分析，只是经过初步分析，某些行为的反竞争性质非常明显，因而不需要进行进一步的合理分析。于是，本身违法原则和合理原则的适用范围有日益模糊的趋势。

考察位于光谱两极的案件，这两种方法的区别足够清晰。对左边这一极，我们假设某个企业的创新政策被指控为垄断化行为，适用合理原则；在右边这一极，我们假设是一个赤裸裸的价格固定行为，适用本身违法原则。对前一案件，要对被告的市场力量及行为所产生的竞争效果进行充分的调查；对后一案件，只要证明发生了价格固定协议。但是，在这两个极端行为之间的灰色区域是相当大的。转售价格维持和搭售安排都是本身违法的，但对它们进行的基本调查要复杂得多，而对搭售的分析甚至还要证明存在某种程度的市场力量。相比之下，纵向非价格限制被认为应当适用合理原则，但在90%以上的案件中，只需对市场结构进行快速审查就可以很快审理完毕。对一个复杂的本身违法的搭售安排所需要进行的调查，比对一个简单的适用合理原则的纵向限制案件所需要进行的调查，可能要详细得多。③

在总结长期经验和经济学理论的基础上，美国司法部和联邦贸易委员会于2000年4月共同发布了《竞争者之间协调行为的反托拉斯指南》，其中也分别运用了本身违法原则和合理原则的分析方法，着重体现了合理原则的运用。该指南指出，某些类型的协议非常可能对竞争造成损害，并且没有重大的促进竞争的利益，以至于无法保证对其效果进行具体调查所需要的时

① 但美国联邦最高法院在2007年6月28日就Leegin Creative Leather Products, Inc. v. PSKS, Inc. 案以5∶4作出的判决中，不再认为维持最低转售价格为“本身违法”，也要适用“合理分析”。

② [美] 盖尔霍恩、科瓦契奇、卡尔金斯：《反垄断法与经济学》，5版，任勇、邓志松、尹建平译，166页，北京，法律出版社，2009。

③ 参见[美] 霍温坎普：《联邦反托拉斯政策：竞争法律及其实践》，3版，许光耀、江山、王晨译，279页，北京，法律出版社，2009。

间和费用。一经认定，这类协议就可能被指控为本身违法。对未被指控为本身违法的其他协议都根据合理原则进行评估。合理原则分析主要将存在有关协议的竞争状态同不存在相关协议的竞争状态相比较。适用合理原则的中心问题是，与相关协议不存在时的正常情况相比，该相关协议是否会通过提高能力或增强利益驱动，来提高价格或降低产量、质量，减少服务或创新，从而可能损害竞争。为了提高当事人对一个协议可以适用合理原则的可预见性，该指南还规定了竞争者之间协调行为的安全区，即除非特殊情况，如果在受到这个相关垄断协议影响的各个相关市场上，参与协调的竞争者的市场份额总共不超过 20%，那么这个协议一般不会受到反垄断执法机构的指控。但是，安全区不适用于本身违法的协议、不进行详细的市场分析就可进行指控的协议以及合并分析所适用的竞争者之间的协调行为。

美国在判例中发展出的反垄断分析方法对其他国家和地区分析垄断协议也产生了很大的影响，但在不同的国家、不同的时期，情况并不完全相同。有些以前适用本身违法原则的协议，随着情况的变化而逐步适用合理原则。在适用合理原则方面，《欧盟运行条约》第 101 条第 1 款所禁止的是“与共同市场不相容的”“可能影响成员国之间的贸易并具有阻碍、限制或者扭曲共同市场内的竞争目的或者效果的”行为，欧洲法院则一般要根据其市场占有率、市场地位、财务资源、产品范围、贸易量、进入壁垒、行为影响范围等因素进行衡量。

我国《反垄断法》第 20 条关于豁免的规定统一适用于第 17 条规定的横向垄断协议、第 18 条第 1 款规定的纵向垄断协议和第 19 条规定的轴辐协议，因此，我国反垄断执法和司法中就没有严格意义上的所谓“本身违法”问题，都需要进行合理分析，至少要考虑到法定的豁免情况。但是，在具体执法和司法中借鉴本身违法原则和合理原则的分析方法，有助于对那些明显具有反竞争性质的垄断协议进行有效规制，慎重适用豁免的规定。

三、我国《反垄断法》对垄断协议的规制

《反垄断法》第二章对横向垄断协议和纵向垄断协议分别作了规定，并在 2022 年修正时还增加了轴辐协议的规定。横向垄断协议和纵向垄断协议的认定原则、方法以及相应的举证责任分配是有区别的。

《反垄断法》第 17 条规定了横向垄断协议：“禁止具有竞争关系的经营者达成下列垄断协议：（一）固定或者变更商品价格；（二）限制商品的生产数量或者销售数量；（三）分割销售市场或者原材料采购市场；（四）限制购买新技术、新设备或者限制开发新技术、新产品；（五）联合抵制交易；（六）国务院反垄断执法机构认定的其他垄断协议。”

横向垄断协议在这里被界定为具有竞争关系的经营者之间达成的协议。具有竞争关系的经营者，包括实际的竞争者和潜在的竞争者。实际的竞争者是指活跃于同一相关市场进行竞争的经营者。潜在的竞争者是指具备在一定时期内进入相关市场竞争的计划和可行性的经营者。处于竞争关系的经营者之间的横向协议，往往会严重排除、限制竞争，因此多数横向协议都属于反垄断法所规制的垄断协议。其中，由于价格竞争是经营者之间最重要、最基本的竞争方式，因而经营者之间通过协议、决议或者协同行为，固定或者变更商品价格的行为，是最为严重的反竞争行为。产品或者服务的供应数量减少，必然会导致价格上升，损害消费者利益，因此经营者之间限制商品的生产数量或者销售数量的协议也是典型的垄断协议；经营者之间分割销售市场或者原材料采购市场会限制商品的供应，排除、限制经营者之间的自由竞争；购买新技术、新设备或者开发新技术、新产品有利于降低成本，提高生产效率，是一种有效的竞争手段，也有利于消费者的利益，经营者通过协议对新技术、新设备的购买以及新技术、新产品的开发作出限制，是减少竞争、破坏竞争的行为；协议各方联合起来不与其他竞争对手、供应商

或者销售商交易的联合抵制交易，也是排除、限制市场竞争的行为。考虑到实践中情况比较复杂，我国《反垄断法》在对横向垄断协议作出具体列举的同时，又规定了兜底条款，即授权国务院反垄断执法机构对该条列举之外的横向协议是否属于该法规定的垄断协议作出认定。

对于《反垄断法》第17条规定的具体行为，《禁止垄断协议规定》第8～12条分别作出了进一步细化的规定。其中，第8条规定：禁止具有竞争关系的经营者就固定或者变更商品价格达成下列垄断协议：(1) 固定或者变更价格水平、价格变动幅度、利润水平或者折扣、手续费等其他费用；(2) 约定采用据以计算价格的标准公式、算法、平台规则等；(3) 限制参与协议的经营者的自主定价权；(4) 通过其他方式固定或者变更价格。本规定所称具有竞争关系的经营者，包括处于同一相关市场进行竞争的实际经营者和可能进入相关市场进行竞争的潜在经营者。第9条规定禁止具有竞争关系的经营者就限制商品的生产数量或者销售数量达成下列垄断协议：(1) 以限制产量、固定产量、停止生产等方式限制商品的生产数量，或者限制特定品种、型号商品的生产数量；(2) 以限制商品投放量等方式限制商品的销售数量，或者限制特定品种、型号商品的销售数量；(3) 通过其他方式限制商品的生产数量或者销售数量。第10条规定：禁止具有竞争关系的经营者就分割销售市场或者原材料采购市场达成下列垄断协议：(1) 划分商品销售地域、市场份额、销售对象、销售收入、销售利润或者销售商品的种类、数量、时间；(2) 划分原料、半成品、零部件、相关设备等原材料的采购区域、种类、数量、时间或者供应商；(3) 通过其他方式分割销售市场或者原材料采购市场。前款关于分割销售市场或者原材料采购市场的规定适用于数据、技术和服务等。第11条规定禁止具有竞争关系的经营者就限制购买新技术、新设备或者限制开发新技术、新产品达成下列垄断协议：(1) 限制购买、使用新技术、新工艺；(2) 限制购买、租赁、使用新设备、新产品；(3) 限制投资、研发新技术、新工艺、新产品；(4) 拒绝使用新技术、新工艺、新设备、新产品；(5) 通过其他方式限制购买新技术、新设备或者限制开发新技术、新产品。第12条规定禁止具有竞争关系的经营者就联合抵制交易达成下列垄断协议：(1) 联合拒绝向特定经营者供应或者销售商品；(2) 联合拒绝采购或者销售特定经营者的商品；(3) 联合限定特定经营者不得与其具有竞争关系的经营者进行交易；(4) 通过其他方式联合抵制交易。第13条还规定，具有竞争关系的经营者不得利用数据和算法、技术以及平台规则等，通过意思联络、交换敏感信息、行为协调一致等方式，达成前述的垄断协议。

《反垄断法》第18条第1款对纵向垄断协议作了规定："禁止经营者与交易相对人达成下列垄断协议：(一) 固定向第三人转售商品的价格；(二) 限定向第三人转售商品的最低价格；(三) 国务院反垄断执法机构认定的其他垄断协议。"第2款进一步规定："对前款第一项和第二项规定的协议，经营者能够证明其不具有排除、限制竞争效果的，不予禁止。"

纵向垄断协议在这里被界定为经营者与交易相对人之间达成的垄断协议。相互之间没有竞争关系的经营者之间的纵向协议，除少数涉及价格的协议外，多数不会排除、限制竞争，因而不属于反垄断法所规制的垄断协议。比如，生产商与销售商签订的在一定区域内的独家销售协议，排除了在该区域其他销售商销售该生产商生产的该种商品的行为，实际上排除了品牌内的竞争。但是，该协议并不能排除其他生产商与其他销售商签订独家销售协议，因此，该独家销售协议虽然排除了品牌内的竞争，但没有排除甚至加剧了品牌间的竞争，并最终使消费者受益。除涉及价格内容的以外，多数纵向垄断协议对竞争的危害没有横向垄断协议那么直接和明显，因此有关国家和地区的反垄断法在规制纵向垄断协议时主要集中在涉及价格的协议，也就是维持转售价格的协议。我国《反垄断法》第18条第1款也只对涉及价格的纵向垄断协议类型作了规定，包括协议固定向第三人转售商品的价格和限定向第三人转售商品的最低价格。其中，固定转售商品价格的协议与横向垄断协议中的固定价格协议一样，是严重的反竞争行为；限定向第三人转售商品的最低价格明显不利于保护消费者的利益。此外，考虑到实践中情况非常复杂，该条在对纵向垄断协议作出具体列举的同时，又规定了兜底条款，即授权国务院反垄断执法机构对该条列举之外的纵向协议是否属于该法规定的垄断协议作出认定。

对于《反垄断法》第18条第1款规定的具体行为，《禁止垄断协议规定》第14条作出了进一步细化的规定：禁止经营者与交易相对人就商品价格达成下列垄断协议：（1）固定向第三人转售商品的价格水平、价格变动幅度、利润水平或者折扣、手续费等其他费用；（2）限定向第三人转售商品的最低价格，或者通过限定价格变动幅度、利润水平或者折扣、手续费等其他费用限定向第三人转售商品的最低价格；（3）通过其他方式固定转售商品价格或者限定转售商品最低价格。对前款规定的协议，经营者能够证明其不具有排除、限制竞争效果的，不予禁止。第15条还规定，经营者不得利用数据和算法、技术以及平台规则等，通过对价格进行统一、限定或者自动化设定转售商品价格等方式，达成本规定第14条规定的垄断协议。

显然，我国《反垄断法》是区分横向垄断协议和纵向垄断协议而分别予以规制的，并且都采取了列举典型行为加上兜底条款的规制模式。对于横向垄断协议和纵向垄断协议的兜底条款，《禁止垄断协议规定》第16条也作出了进一步的规定：不属于本规定第8条至第15条所列情形的其他协议、决定或者协同行为，有证据证明排除、限制竞争的，应当认定为垄断协议并予以禁止。前款规定的垄断协议由市场监管总局负责认定，认定时应当考虑下列因素：（1）经营者达成、实施协议的事实；（2）市场竞争状况；（3）经营者在相关市场中的市场份额及其对市场的控制力；（4）协议对商品价格、数量、质量等方面的影响；（5）协议对市场进入、技术进步等方面的影响；（6）协议对消费者、其他经营者的影响；（7）与认定垄断协议有关的其他因素。

需要注意的是，2022年修正后的我国《反垄断法》第18条第2款增加的前述规定明确了纵向垄断协议的违法推定和举证责任分配问题。在以往的法律实践中，反垄断执法机构针对法律明确列举的横向和纵向垄断协议都直接推定具有排除、限制竞争效果，被调查的经营者可以证明其行为符合豁免的条件，即采取“禁止＋豁免”的认定方法；而人民法院对横向和纵向垄断协议实行不同的认定原则和举证责任分配制度，被诉垄断行为属于反垄断法明确列举的五项横向垄断协议的，被告应对该协议不具有排除、限制竞争的效果承担举证责任，而法律明确列举的两项纵向垄断协议，则由原告承担该行为不具有排除、限制竞争效果的举证责任。这就导致行政执法机构与法院在对固定转售价格和限定最低转售价格这两种纵向垄断协议的认定方法和举证责任上存在不一致。《反垄断法》第18条第2款的这一新增规定实际上是对过去反垄断行政执法和司法针对这两类纵向垄断协议规制存在的不同认识所作出的回应，以免这种分歧给法律的实施和市场经营带来不确定性。经过《反垄断法》的这样修改，这两类纵向垄断协议并不直接构成违法，若有证据证明所达成的纵向协议不具有排除、限制竞争的效果，则不属于《反垄断法》所禁止的纵向垄断协议，但相关证明义务需要由经营者或被告而非反垄断行政执法机构或原告承担。

四、垄断协议的豁免和“安全港”规则

如上一章所述，各国（地区）反垄断法都有关于适用除外或豁免的规定，在禁止垄断协议制度中，针对特定行为的豁免规定是其重要组成部分。不过，20世纪90年代以来一些国家（地区）对原来规定的垄断协议的豁免范围进行了限制。这体现了对垄断协议管制的严格化趋势，与当今各国放宽对企业并购行为管制的趋势形成鲜明的对比。但同时，一些国家（地区）

也对垄断协议设置了“安全港”规则。

（一）垄断协议豁免的情形和条件

在垄断协议豁免的情形和条件方面，有的在反垄断法中对豁免作出了明确规定，有的则主要由反垄断执法机构和法院按照合理原则处理。

在美国，其反托拉斯法一般并不直接规定应予豁免的垄断协议，而是由反垄断执法机构和法院依据合理原则来确定哪些垄断协议是应予禁止的。

在欧盟，《欧盟运行条约》第101条第3款规定，在同时具备以下四个条件（两个“积极条件”和两个“消极条件”）时，有关垄断协议的行为就可获得豁免：有利于改善商品的生产或者销售，或者有利于促进技术或者经济的发展；使消费者能够从由此获得的利益中分享公平的份额；不对有关企业施加并非为达到上述目标所必不可缺少的限制；不向有关企业提供在所涉及产品的相当范围的领域内消除竞争的机会。另外，欧盟还建立了所谓的“安全港”规则：横向协议市场份额不超过10%、纵向协议市场份额不超过15%、混合协议市场份额不超过10%的，属于安全港内，其对竞争的影响根据最小量原则可忽略不计。核心（恶性）卡特尔属于本身违法行为，不论市场份额大小。

根据韩国《规制垄断及公平交易法》第19条第2款的规定，如果共同行为是为了产业合理化，克服不景气，研究技术和开发，调整产业结构，提高中小经营者竞争力，交易条件的合理化而形成，并经公平交易委员会批准，则被例外认可。

我国《反垄断法》第20条第1款也规定了垄断协议受到反垄断法豁免的情况，采取的是规定豁免类型的方式，即：“经营者能够证明所达成的协议属于下列情形之一的，不适用该法第十七条、第十八条第一款、第十九条的规定：（一）为改进技术、研究开发新产品的；（二）为提高产品质量、降低成本、增进效率，统一产品规格、标准或者实行专业化分工的；（三）为提高中小经营者经营效率，增强中小经营者竞争力的；（四）为实现节约能源、保护环境、救灾救助等社会公共利益的；（五）因经济不景气，为缓解销售量严重下降或者生产明显过剩的；（六）为保障对外贸易和对外经济合作中的正当利益的；（七）法律和国务院规定的其他情形。”该条第2款还规定，在符合上述豁免情形时还需要具备以下条件才能豁免，即“属于前款第一项至第五项情形，不适用本法第十七条、第十八条第一款、第十九条规定的，经营者还应当证明所达成的协议不会严重限制相关市场的竞争，并且能够使消费者分享由此产生的利益”。

在上述规定的豁免情形中，有的是可以提高生产率，有利于经济发展和消费者利益；有的是有利于提高产品质量、降低成本、增进效率、实现规模经济，有利于保护消费者的利益；有的是有利于提高中小经营者的经营效率，增强中小经营者的竞争力；有的是有利于实现社会公共利益，促进社会的可持续发展；有的是针对特定经济时期所作的特别规定，避免对社会资源造成巨大浪费和造成大量失业；有的是为保障对外贸易和对外经济合作中的正当利益，有利于一致对外。为了增加规定的灵活性，《反垄断法》还规定了兜底条款。而对豁免条件的规定，意味着它们不是被当然豁免的，经营者还要承担相应的举证责任。

《禁止垄断协议规定》第20条规定：反垄断执法机构认定被调查的垄断协议是否属于《反垄断法》第20条规定的情形，应当考虑下列因素：（1）协议实现该情形的具体形式和效果；（2）协议与实现该情形之间的因果关系；（3）协议是不是实现该情形的必要条件；（4）其他可以证明协议属于相关情形的因素。反垄断执法机构认定消费者能否分享协议产生的利益，应当考虑消费者是否因协议的达成、实施在商品价格、质量、种类等方面获得利益。

（二）垄断协议豁免的程序

对于垄断协议豁免的程序，各个国家和地区反垄断法的规定也不一致。有的规定协议当事人向反垄断执法机构申请获准豁免；有的则规定无须申请，由经营者自行判断；也有的原来规定了申报程序，但后来取消了。

在欧盟，第 1/2003 号条例规定：自 2004 年 5 月 1 日起，垄断协议只要符合规定的条件就自动得到豁免。至于是否符合法定的豁免条件，由协议当事人自行判断，并由当事人负举证责任。

我国《反垄断法》在规定垄断协议豁免时，没有规定经营者的申报程序，而完全由经营者自行判断其协议是否符合豁免条件。如果反垄断执法机构在监管过程中发现经营者达成的垄断协议不属于规定的豁免情形，经营者将承担达成垄断协议的法律后果。这意味着这一规定一方面减轻了经营者申报的负担，并减轻了反垄断执法机构的工作量，但另一方面也增加了经营者的自行判断可能与法定条件不符的风险。为减少这种风险，经营者在自己不能确定有关垄断协议是否可获得豁免时，可主动向执法机构提出咨询，以便预先确定其行为的合法性。

（三）“安全港”规则

所谓“安全港”规则，是指满足一定前提条件的协议，即可排除它们存在竞争损害或者在无须评估具体市场情况即可认定其合法的规则。[①] “安全港”规则为那些不太可能表现出明显的反竞争效应的协议提供较为明确的豁免预期，避免禁止垄断协议制度规则的扩大化适用，同时能够提高反垄断执法的透明度并节约执法资源。

虽然我国《反垄断法》在 2022 年修正前没有规定“安全港”规则，但在之前的一些反垄断规章和指南中规定了适用于特定领域的“安全港”规则。例如，国务院反垄断委员会《关于知识产权领域的反垄断指南》第 13 条规定：“为了提高执法效率，给市场主体提供明确的预期，设立安全港规则。安全港规则是指，如果经营者符合下列条件之一，通常不将其达成的涉及知识产权的协议认定为《反垄断法》第十三条第一款第六项和第十四条第三项规定的垄断协议，但是有相反的证据证明该协议对市场竞争产生排除、限制影响的除外。（一）具有竞争关系的经营者在相关市场的市场份额合计不超过 20%；（二）经营者与交易相对人在受到涉及知识产权的协议影响的任一相关市场上的市场份额均不超过 30%；（三）如果经营者在相关市场的份额难以获得，或者市场份额不能准确反映经营者的市场地位，但在相关市场上除协议各方控制的技术外，存在四个或者四个以上能够以合理成本得到的由其他经营者独立控制的具有替代关系的技术。”

我国《反垄断法》在 2022 年修正时规定了“安全港”规则，但将其限定适用于纵向垄断协议。该法第 18 条第 3 款规定：“经营者能够证明其在相关市场的市场份额低于国务院反垄断执法机构规定的标准，并符合国务院反垄断执法机构规定的其他条件的，不予禁止。”据此，其具体的适用条件主要包括两个方面：一是经营者在相关市场的市场份额低于国务院反垄断执法机构规定的标准；二是符合国务院反垄断执法机构规定的其他条件。这种采用市场份额作为“安全港”规则适用门槛的基本考虑，其重要理论假设是损害竞争的能力与拥有实质性的市场力量是呈正比的，多数国家反垄断法中的“安全港”规则也主要是在没有突破市场份额限制的情况下给予豁免。国务院反垄断执法机构将会在未来通过更多的反垄断指南或规范性文件，明确具体市场或行业领域的“安全港”规则。

根据《禁止垄断协议规定》第 17 条，经营者与交易相对人达成协议，经营者能够证明参与协议的经营者在相关市场的市场份额低于市场监管总局规定的标准，并符合市场监管总局规定的其他条件的，不予禁止。

---

① 参见王晓晔：《〈反垄断法（修正草案）〉的评析》，载《当代法学》，2022（3）。

五、串通招投标的法律规制

串通招投标是垄断协议的一种特殊形式，是指招标者与投标者之间或者投标者与投标者之间采用不正当手段，对招投标事项进行串通，以排挤竞争对手或者损害招标者利益的行为。其中，投标者相互之间的串通投标行为属于横向垄断协议的一种形式，而投标者和招标者直接的串通招投标行为属于纵向垄断协议的一种形式。虽然串通招投标行为在我国是通过专门的《招标投标法》来规定的，但是其在性质上属于典型的垄断协议，在很多国家和地区还是反垄断执法的重点对象。

招标投标是在建设工程承包、成套设备或者其他商品的购买、企业承包经营和租赁经营、土地使用权出让、经营场所出租等领域广泛采用的竞争性交易方式。其中，招标是指招标者为购买商品或者让他人完成一定的工作，通过发布招标通知或者投标邀请书等形式，公布特定的标准和条件，公开或者书面邀请投标者投标，从中选择中标者的行为。实施招标行为的人为招标者，包括项目主办人和代理招标活动的中介机构。投标是指投标者按照招标文件的要求，提出自己的报价及相应条件的行为。实施投标行为的人为投标者。

串通招投标是一种严重破坏自由、公平竞争机制的行为。在我国，2017 年修订的《招标投标法》第 32 条也规定："投标人不得相互串通投标报价，不得排挤其他投标人的公平竞争，损害招标人或者其他投标人的合法权益。""投标人不得与招标人串通投标，损害国家利益、社会公共利益或者他人的合法权益。""禁止投标人以向招标人或者评标委员会成员行贿的手段谋取中标。"

投标者相互之间不得从事以下串通投标行为：（1）投标者之间相互约定，一致抬高或者压低投标报价；（2）投标者之间相互约定，在招标项目中轮流以高价位或者低价位中标；（3）投标者之间先进行内部竞价，内定中标人，然后参加投标；（4）投标者之间其他串通投标行为。

投标者和招标者不得进行相互勾结，实施下列排挤竞争对手的公平竞争的行为：（1）招标者在公开开标前，开启标书，并将投标情况告知其他投标者，或者协助投标者撤换标书，更改报价；（2）招标者向投标者泄露标底；（3）投标者与招标者商定，在招标投标时压低或者抬高标价，中标后再给投标者或者招标者额外补偿；（4）招标者预先内定中标者，在确定中标者时以此决定取舍；（5）招标者和投标者之间其他串通招标投标行为。

第三节　行业协会垄断行为的法律规制

我国《反垄断法》第 21 条规定："行业协会不得组织本行业的经营者从事本章禁止的垄断行为。"这就将行业协会在反垄断法上的地位问题单独提出来了。这是基于行业协会的性质和其在我国经济生活中的表现而作出的专门规定。由于行业协会实施的垄断行为类似于经营者之间达成的垄断协议，因而其被置于垄断协议中进行规定。

一、行业协会对竞争的双重影响

行业协会作为一种古老的经济组织形式，国内外对其有不同的称谓。在我国，行业协会也被称为同业公会、行业社会团体等。关于行业协会含义的界定也不尽相同。有的认为，行业协会是"以同一行业共同的利益为目的，以为同行企业提供各种服务为对象，以政府监督下的自主行为为准则，以非官方机构的民间活动为方式的非营利的法人组织”[①]；也有学者认为，行业协会是“由单一行业的竞争者所构成的非营利性组织，其目的在于促进提高该行业中的产品的销售和在雇佣方面提供多边性援助服务”[②]。但它们在实质方面是一致的。总体来说，行业协会是指由同行业的经营者自愿组成的，为会员提供服务与支持，以增进全体会员的共同利益的非营利性的组织。根据《禁止垄断协议规定》第 21 条第 2 款的规定，行业协会是指“由同行业经济组织和个人组成，行使行业服务和自律管理职能的各种协会、学会、商会、联合会、促进会等社会团体法人”。

在市场、政府和社会组织三元主体构成的现代市场经济框架中，行业协会作为连接国家与市场主体间的桥梁与纽带，在一定程度上担负着促进和保障政府与市场主体相互沟通并形成良性互动的功能。但是，行业协会对市场竞争的影响是双重的。

一方面，行业协会在沟通本行业与政府的关系、为会员企业提供信息等服务、实行行业自律，以及支持企业参与国际竞争等方面，发挥着促进竞争的积极作用。首先，行业协会作为介于政府和市场主体之间的特殊经济组织，在相当程度上提高了政府宏观调控竞争的科学性，为市场竞争的良性发展提供制度保障；其次，行业协会通过协会章程规范会员和自身的活动，及时纠正会员之间的不正当竞争行为，为会员的自主经营、公平竞争保驾护航；再次，行业协会制定行业标准，开展行业资格认证，提高整个行业的竞争力；最后，行业协会设立奖惩机制，维护市场竞争规则，维护公平竞争的市场环境。

另一方面，行业协会也可能起到破坏市场竞争的消极作用。首先，行业协会容易被会员利用，成为其实施垄断行为的“保护伞”，破坏价格机制，损害市场竞争秩序；其次，行业协会很容易被少数会员控制，并被利用来排除新会员的进入或排除新的市场竞争者；再次，行业协会通过制定行业标准或实施行业认证，可能产生低效率，阻碍市场竞争机制的作用发挥；最后，由于行业协会的形成机制存在缺陷，其在市场竞争中容易违规操作，破坏竞争秩序。因此，行业协会的行为也存在着限制竞争的可能性，特别是在本行业市场竞争激烈的时候，有些行业协会在会员企业的要求下，以行业“自律”的形式，组织会员企业签订价格同盟协议等限制竞争的协议，以排除、限制竞争。

因此，从行业协会对市场竞争的作用来看，行业协会是一个非常矛盾的组合体。它基于会员企业的集体性利益而诞生，这样的共同利益决定了行业协会的存在一方面有效地降低了企业之间竞争的成本，另一方面却天然地接近于限制竞争行为中的垄断协议。行业协会对市场竞争的这种双重性影响，决定了国家必须对其采取措施以去弊存利，既要鼓励、利用其积极的方面，又要对其可能的消极方面进行必要的规制。

二、行业协会垄断行为的主要类型

行业协会的垄断行为一般通过行业协会的“决议”实施，“决议”包括：行业协会章程的任何条款，根据该章程对会员企业或者由会员企业作出的任何决议或建议，在协会内达成的任何非正式的建议。[③] 行业协会垄断行为是以一个非营利性法律主体的名义单独或者与其会员企业共同作出的，相对于经营者所实施的垄断行为来说，其在行为方式上更加隐蔽，在行为内容上更加复杂。对这些行为可以按照一定的标准进行分类。

① 梁上上：《论行业协会的反竞争行为》，载《法商研究》，1998（4）。
② 鲁篱：《行业协会经济自治权研究》，4 页，北京，法律出版社，2003。
③ 参见孔祥俊：《反垄断法原理》，379 页，北京，中国法制出版社，2001。

按照实施主体的数量，行业协会垄断行为可以分为三种类型，即行业协会单独实施的垄断行为、“领导会员企业”利用行业协会实施的垄断行为以及行业协会和会员企业共同实施的垄断行为。在第三种类型中，实施垄断行为的会员企业按照实施行为时的主观状态可以分为“主动实施者”和“被动跟随者”。前者是指积极倡导、发起或积极响应的会员企业，后者是指害怕受到抵制、处罚而被动实施的会员企业。

按照实施行为的内容，行业协会垄断行为可以分为通过决议等形式直接形成的垄断行为和通过提供特定的服务形式间接形成的垄断行为。前者类似于经营者之间的垄断协议，如固定价格、限制产量、划分市场和联合抵制等；后者主要表现为通过标准认证和信息交换等方式实施的垄断行为。

第一，固定价格。固定价格是行业协会实施的垄断行为中最常见的一种，对市场竞争秩序的破坏最大。行业协会通常以组织会员企业签订“行业自律协议”的方式对影响价格的相关因素作出规定，其典型形式为风行一时的“行业自律价”，它实际上就是会员之间的价格联盟。

第二，限制产量。行业协会通过组织会员企业限制产量，最终还是要借此间接地控制产品的价格，避免在本行业的价格竞争。限制产量与固定价格有时直接被规定在一起。例如，2005年6月，山西省焦炭行业协会为应对焦炭价格不断下跌的市场压力，制定了《山西省焦炭行业价格自律公约》，要求各会员企业根据本企业实际情况，按投产规模的20%～40%的比例减产，第一轮限产期为3个月，每个月限产200万吨，通过控制总量的办法，达到保价增效的目的。同年7月份，山西省焦炭行业协会又公布了山西焦炭在东北、华北、华东地区的销售基准价和交易价格。由此“焦炭欧佩克”打响了直接干预市场的第一枪。①

第三，划分市场。行业协会通过决议等形式划分市场，在会员企业之间划分各自的销售区域、顾客及产品，避免会员企业之间在同一领域内针对特定顾客进行竞争。

第四，联合抵制。行业协会实施联合抵制，有的是针对交易相对方而为本行业争取有利的交易条件，有的是针对非会员企业以便将非会员企业驱逐出市场或迫使非会员企业加入该协会，还有的是内部针对个别会员企业以惩罚违反协会所定规则者。

第五，通过标准认证实施垄断行为。行业协会通过标准认证实施垄断行为有不同的形式：其一是名为设定标准、实为水平的协调行为。由于同一行业内的市场主体之间存在着竞争关系，设定统一的标准实际上就使其具有了垄断的可能性。其二是利用标准设定过程损害中小会员企业的利益。其三是通过设置标准而建立市场壁垒，拒绝新进入者，至少提高新进入者的进入成本。

第六，信息交换。行业协会会员企业之间传播那些可能以价格反映出来的价格数据和资料，这本身并不违法。但是，如果这些资料足以影响会员企业的定价，并且会员企业之间“默契”地采取了一致的价格行为，则可能构成违法。行业协会的信息交换主要有五种类型：其一是由行业协会牵头进行的信息交换，即由行业协会出面收集会员企业以及同一行业非会员企业关于价格、产量、收益以及其他相关因素的信息，然后将其发布给会员企业的情形。其二是由行业协会的“领导会员企业”所进行的关于未来商业计划的信息交换，也就是由“领导会员企业”在行业协会内部甚至大众媒体上宣布其未来的企业计划，客观上昭示了其未来的商业信息。其三是行业协会出版或编辑价格指南，表现为行业协会在运作中，出版或编辑本行业产品或服务的价格手册，借以作为会员定价的参照甚至标准，从而为会员企业提供了一个行业平均价的信息。其四是行业协会为会员企业信息交换搭建平台，比如在行业协会网页上为会员企业

① 参见《上海证券报》，2007-02-02。

提供一个载体，会员企业可以在这种平台上显示自己产品或服务的价格变化，并告知消费者和其他会员企业。其五是会员企业相互交换职员，即将两个或多个会员企业的职员相互派驻对方工作一段时间，然后再返回原属单位。[①]

三、行业协会垄断行为的法律规制

鉴于行业协会具有实施垄断行为的潜在危险性，许多国家和地区都将行业协会实施的排除、限制竞争行为纳入反垄断法的调整范围之内，以各自不同的方式对其进行规制。

有关国家和地区对行业协会垄断行为的法律规制大致有两种模式：第一种模式以美国为代表，以司法判例的方式确立行业协会的主体地位。美国的成文法没有明确规定行业协会的主体地位，只在《谢尔曼法》第1条以及司法部和联邦贸易委员会共同发布的《竞争者之间协调行为的反托拉斯指南》中，对行业协会反竞争行为隐性地予以原则性规范，后来美国联邦最高法院通过近百年的反垄断法司法实践，以各种典型判例确立了规制行业协会反竞争行为的原则和应考虑的具体因素。[②] 第二种模式以德国、日本为代表，明确在立法中把行业协会纳入反垄断法的规范对象。而这又可以分为两种情况：其一是把行业协会限制竞争行为与一般经营者垄断行为一并规定，有特殊情形的作出说明。如，德国《反限制竞争法》第1条明确禁止限制协议，其中包括企业联合组织所作出的决议。其二是设专章对行业协会反竞争行为进行具体规范，如日本在其《禁止垄断法》第三章、韩国在其《规制垄断与公平交易法》第六章中都专门列了“事业人团体”一章。这两种方式各有利弊，前者的法律文本更为简练，可以节约立法成本，但可能存在法律适用中的判断困难，并且对行业协会反竞争行为的规定不够周延和全面；后者的针对性较强，更为明确、具体，有利于法律适用中的判断，但可能造成与对一般经营者规范的重复规定。

对于行业协会垄断行为，一般适用垄断协议的基本分析方法，也可根据行为的性质分别适用本身违法原则和合理原则。不过，由于行业协会与一般经营者之间存在差异，在对行业协会垄断行为进行分析时还是有一些特别之处的。例如，美国司法部和联邦贸易委员会于2000年共同发布的《竞争者之间协调行为的反托拉斯指南》提出一个重要的概念，即“以提高经济效益为目的的经济联合”。这说明，如果当事人订立垄断协议的目的是通过经济联合来提高效益或有证据表明具有推动竞争的作用，政府就会根据合理原则进一步对其分析，即使这个协议本来应当属于本身违法行为。[③] 在日本，在《关于事业者团体活动的禁止垄断法上的指针》和《关于技术标准与竞争政策的研究报告书》中，确定了为设定标准而实施的协调和限制具有一定程度的合理性。[④]

我国《反垄断法》也对行业协会垄断行为进行法律规制。一方面，该法第14条是原则要求，正面引导，即“行业协会应当加强行业自律，引导本行业的经营者依法竞争，合规经营，维护市场竞争秩序”；另一方面，该法第21条具体禁止行业协会从事共谋限制竞争行为，即“行业协会不得组织本行业的经营者从事本章禁止的行为”。但这属于比照性规定，没有结合行业协会的自身特点对行业协会实施的各种垄断行为作出针对性规定。在这里，对行业协会适用《反垄断法》第17条、第18条第1款、第19条的禁止规定是毫无问题的，但是否适用第20条

① 参见鲁篱：《行业协会经济自治权研究》，258～261页，北京，法律出版社，2003。

② 参见王长斌：《美国和欧盟反垄断法关于行业协会立法和执法借鉴》，载《中国工商管理研究》，2004（1）。

③ 参见王晓晔：《竞争法学》，244～245页，北京，社会科学文献出版社，2007。

④ 参见王为农、黄芳：《企业联合组织滥用技术标准的反垄断规制问题》，载《浙江社会科学》，2005（3）。

的豁免规定，从字面上看不出来，但从立法的意图和行业协会的性质来看，应该是适用的。

《禁止垄断协议规定》第 21 条第 1 款规定：禁止行业协会从事下列行为：(1) 制定、发布含有排除、限制竞争内容的行业协会章程、规则、决定、通知、标准等；(2) 召集、组织或者推动本行业的经营者达成含有排除、限制竞争内容的协议、决议、纪要、备忘录等；(3) 其他组织本行业经营者达成或者实施垄断协议的行为。

第四节 垄断协议的法律责任

作为反垄断法对垄断协议进行规制的必然结果，除了依法可以豁免的，垄断协议的当事人要承担相应的法律责任。在我国，行为人除了按照《反垄断法》第 60 条的规定承担民事责任，主要依据该法第 56 条的规定承担行政责任。这又可分为经营者实施垄断协议的法律责任、垄断协议中的宽恕（宽大）政策以及行业协会垄断行为的法律责任。

一、经营者实施垄断协议的法律责任

垄断协议是一种常见的、典型的垄断行为，对市场经济的危害性极大，不但导致消费者利益和社会公共利益受到损害，而且破坏了自由、公平的市场竞争环境和秩序，因而其历来是世界各国反垄断法严厉打击的对象，各国法律往往对其处以高额的罚款，有些国家还规定了刑事责任。

我国《反垄断法》第 56 条第 1 款规定："经营者违反本法规定，达成并实施垄断协议的，由反垄断执法机构责令停止违法行为，没收违法所得，并处上一年度销售额百分之一以上百分之十以下的罚款，上一年度没有销售额的，处五百万元以下的罚款；尚未实施所达成的垄断协议的，可以处三百万元以下的罚款……"同时，《反垄断法》不但要制止已发生的垄断行为，更要防患于未然，在垄断行为发生损害市场竞争的后果之前就制止它。为此，只要有证据证明经营者达成了垄断协议，即使尚未实施，反垄断执法机构也有权根据其违法情节处以 300 万元以下的罚款。

我国《反垄断法》修正前对包括垄断协议在内的垄断行为没有规定刑事责任。但我国《刑法》对作为垄断协议的一种特殊形式的串通招投标行为规定了刑事责任。根据《刑法》第 223 条和第 231 条的规定，投标人相互串通投标报价，损害招标人或者其他投标人利益，情节严重的，处 3 年以下有期徒刑或者拘役，并处或者单处罚金；投标人与招标人串通投标，损害国家、集体、公民的合法利益的，依照前述规定处罚；单位犯本罪的，对单位判处罚金，并对其直接负责的主管人员和其他直接责任人员，依照前述规定处罚。2022 年修正后的《反垄断法》第 67 条还规定："违反本法规定，构成犯罪的，依法追究刑事责任。"这里虽然没有明确对哪些垄断行为需要承担刑事责任，但根据行为的性质和国外的做法，将来在修改刑法具体规定垄断行为的刑事责任时主要针对部分严重垄断协议行为。

此外，我国《反垄断法》在 2022 年修正时还在第 56 条第 1 款中引入了垄断协议中个人主体的法律责任，即"经营者的法定代表人、主要负责人和直接责任人员对达成垄断协议负有个人责任的，可以处一百万元以下的罚款"。虽然在外观上，经营者是从事垄断行为的主体，但是垄断行为的决策和实施最终是通过自然人来实现的。作为真正决策者和实施者的企业高管或其他直接责任人员，如果没有被科以责任，那么反垄断法的立法目标难以实现。即使他们所控制的单位主体因垄断行为而受到惩罚，事后他们还可能再次实施垄断行为。很多国家都意识到

了对直接责任人个人主体处罚所能产生的独特威慑效果，甚至在一些国家还会对经营者的负责人判处监禁刑。这种“双罚制”不仅处罚单位，而且处罚相关负责人，其威慑效果明显要大很多。

根据《反垄断法》第 56 条第 2 款的规定，经营者组织其他经营者达成垄断协议或者为其他经营者达成垄断协议提供实质性帮助的，也承担与经营者达成、实施垄断协议相同的法律责任。

二、垄断协议中的宽恕（宽大）政策

垄断协议不仅表现为书面的或者口头的协议，而且表现为彼此心照不宣的默契，因此，垄断协议的一个重要特点是其往往难以被发现和取证。同时，从事垄断协议行为要面临严厉的处罚，经营者为躲避反垄断执法机构的查处，其协议的形态更加隐秘以及规避的方式趋向多元化，这使反垄断执法机构对垄断协议的调查取证非常困难。另外，随着世界经济一体化进程的推进，现今的垄断协议大多属于跨国性行为，这也增加了打击垄断协议的难度。因此，如何有效地查处并打击垄断协议成为各国反垄断执法机构所要面对的重要课题。其中，产生于美国的宽恕（宽大）制度就是一种被证明能有效分化瓦解垄断联盟、获取垄断协议证据的重要举措，因而各国在制定、修改反垄断法时纷纷予以引进。

针对垄断协议的特点，有关当局制定了一些奖励措施，鼓励参与价格操纵者自首、告发，其中最大的奖励是“赦免”。美国的赦免措施包括：奖励那些停止操纵价格并首先向政府告发其他价格操纵公司的垄断集团成员，并常常使其可因此免于罚款。同时，如果美国公司能在内部进行守法教育，或以各种形式进行自我检查并主动报告公司可能犯有的违法行为，它就能获得较轻程度的惩罚。如果该守法教育被确认很有效的话，宽大的程度则会更大。这些奖励措施被证明非常行之有效，一些曾参与操纵价格的垄断集团成员摇身一变，成了其他成员的政府证人。因此，有人忠告价格操纵者应该懂得，在美国反垄断法的奖励政策下，今天密谋操纵价格的同伙，明天就可能急于与政府合作。① 欧盟委员会也认识到卡特尔形式越来越隐蔽，证据越来越难以获得，于是自 2002 年起也公布、实施了宽大处理政策：对于向欧盟委员会提供重要证据的参与卡特尔的当事人，对第一个自首的企业减免 30%～50%的罚款，对第二个自首的企业减免 20%～30%的罚款，对第三个自首的企业减免 20%以下的罚款。日本也在 2005 年最新修订的《禁止垄断法》中引进了这种宽恕制度。

借鉴其他国家和地区的经验，我国《反垄断法》也引入了宽恕政策。该法第 56 条第 3 款规定：“经营者主动向反垄断执法机构报告达成垄断协议的有关情况并提供重要证据的，反垄断执法机构可以酌情减轻或者免除对该经营者的处罚。”相关行政规章对其作了细化规定。《禁止垄断协议规定》第 37 条规定：经营者达成或者组织其他经营者达成垄断协议，或者为其他经营者达成垄断提供实质性帮助，主动向反垄断执法机构报告有关情况并提供重要证据的，可以申请依法减轻或者免除处罚。经营者应当在反垄断执法机构行政处罚告知前，向反垄断执法机构提出申请。申请材料应包括以下内容：（1）垄断协议有关情况的报告，包括但不限于参与垄断协议的经营者、涉及的商品范围、达成协议的内容和方式、协议的具体实施情况、是否向其他境外执法机构申请等；（2）达成或者实施垄断协议的重要证据。重要证据是指反垄断执法机构尚未掌握的，能够对启动调查或者对认定垄断协议起到关键性作用的证据。经营者的法定代表人、主要负责人和直接责任人员对达成垄断协议负有个人责任的，适用本条规定。第 38

① 参见［美］T. A. 杜岩：《反垄断离中国公司还有多远》，载《法制日报》，2001－05－13。

条规定，经营者根据前条提出申请的，反垄断执法机构应当根据经营者主动报告的时间顺序、提供证据的重要程度以及达成、实施垄断协议的有关情况，决定是否减轻或者免除处罚。第47条规定：经营者依法主动向反垄断执法机构报告达成垄断协议的有关情况并提供重要证据的，反垄断执法机构可以按照下列幅度减轻或者免除对其处罚：对于第一个申请者，反垄断执法机构可以免除处罚或者按照不低于80%的幅度减轻处罚；对于第二个申请者，可以按照30%～50%的幅度减轻处罚；对于第三个申请者，可以按照20%～30%的幅度减轻处罚。在垄断协议达成中起主要作用，或者胁迫其他经营者参与达成、实施垄断协议，或者妨碍其他经营者停止该违法行为的，反垄断执法机构不得免除对其处罚。负有个人责任的经营者法定代表人、主要负责人和直接责任人员，根据本规定第37条主动向反垄断执法机构报告达成垄断协议的有关情况并提供重要证据的，反垄断执法机构可以对其减轻50%的处罚或者免除处罚。

三、行业协会垄断行为的法律责任

行业协会垄断行为所造成的消极后果与一般经营者垄断行为所造成的后果极为相近，甚至更为严重，因此该行为也要受到相应的法律制裁。由于行业协会垄断行为在实施主体和表现形式上与一般经营者垄断行为有差异，因而基于该行为承担的责任形式也应有所不同。

我国《反垄断法》第56条第4款规定："行业协会违反本法规定，组织本行业的经营者达成垄断协议的，由反垄断执法机构责令改正，可以处三百万元以下的罚款；情节严重的，社会团体登记管理机关可以依法撤销登记。"这里明确了行业协会承担责任的方式是行政罚款和依法被撤销行业协会的社团资格。撤销登记的行政处罚对于行业协会实施垄断行为起到了较为强烈的威慑作用。

需要注意的是，经营者参加行业协会组织的垄断协议的，仍然要按照规定承担相应的法律责任，不能以行业协会的组织行为为理由要求减轻或者免除处罚。在执法实践中，往往既处罚行业协会，又处罚经营者。例如，在连云港市建筑材料和建筑机械行业协会混凝土委员会垄断协议案中，江苏省工商局对该委员会处以罚款20万元，对连云港中港混凝土有限公司等五家该协会常设委员会会员单位分别予以处罚，共处以没收违法所得136 481.21元、罚款530 723.19元。又如，在浙江保险行业联盟案中，国家发展和改革委员会依法对负主要责任的浙江省保险行业协会处以50万元的最高额罚款，对负次要责任的涉案财产保险公司处以上一年度商业车险销售额1%的罚款，共计11 019.88万元。

案例与思考1

上海黄金饰品行业协会及部分金店实施价格垄断被依法查处案[①]

2013年8月，按照国家发改委价监局的要求，上海市物价局对上海黄金饰品行业协会及部分金店的价格垄断行为作出了处罚决定。

上海黄金饰品行业协会组织老凤祥银楼、老庙、亚一、城隍珠宝、天宝龙凤等金店召开会长会议，商议制定《上海黄金饰品行业黄金、铂金饰品价格自律实施细则》，约定了黄金、铂金饰品零售价的测算方式、测算公式和定价浮动幅度。

① 资料来源：中国政府网，http：//www.gov.cn/gzdt/2013－08/13/content_2466031.htm。

上海黄金饰品行业协会成立于1996年12月，主管单位系上海市商务委员会。该协会现有各种所有制会员单位226家，行业覆盖面达到85%左右，市场销售占有率达90%以上。在上海从事黄金销售的企业，每年缴纳6万元会费，即可成为该协会的“会长单位”；而成为“副会长单位”的企业每年需缴纳的会员费为2万元。由上海黄金饰品行业协会牵头制定的《上海黄金饰品行业黄金、铂金饰品价格自律实施细则》第5条、第7条、第8条规定，上海多家金店在对所售黄金、铂金产品进行定价时，均不允许超过协会所约定“中间价”的正负2%或正负3%。上海黄金饰品行业协会对外宣称，上述细则于2011年就被政府部门制止。但知情人士向人民网透露，上海多家金店长期执行上述细则，共同“协商”黄金、铂金饰品零售价。老凤祥银楼、老庙、亚一、城隍珠宝、天宝龙凤五家金店依据该细则规定的测算公式，在规定的浮动范围内制定公司黄金、铂金饰品零售牌价，操纵黄金、铂金饰品价格。老凤祥、亚一金店的官方网站上所公示的“今日金价”均标注为“上海地区指导价”。店员对消费者解释其公示的“今日金价”时，均表示该价格是上海黄金饰品行业协会制定的“指导价”。

该行业协会的上述行为违反了《反垄断法》第16条的规定，该五家金店的行为违反了《反垄断法》第13条的规定。上海市物价局依据《反垄断法》第46条对该行业协会处以最高50万元罚款，对该五家金店处以上一年度相关销售额1%的罚款，共计人民币1 009.37万元。该协会及五家企业均提出了具体的整改措施：该协会承诺将通过全体理事大会深刻检讨错误，并发文彻底废除上述细则，从此不再组织“价格自律”相关会议；该五家金店也表示将对沿用多年的价格机制进行反思和改进，并承诺今后不再参与任何该协会组织的商议价格的活动与会议，也不会与具有竞争关系的其他金店商讨涉及价格的议题，坚持企业依法自主定价。

本案是典型的行业协会组织下的横向价格垄断案。上海黄金饰品行业协会涉嫌通过行业会议，组织具有竞争关系的企业达成了上海黄金、铂金饰品价格垄断协议，约定黄金、铂金饰品的价格计算公式并限定企业价格浮动范围，限制、排除了上海市场中黄金、铂金饰品的价格竞争，严重损害了消费者的合法权益，因此受到了上海市物价局的处罚。

案例与思考2

北京锐邦涌和科贸有限公司诉强生（上海）医疗器材有限公司、强生（中国）医疗器材有限公司纵向垄断案①

北京锐邦涌和科贸有限公司（以下简称“锐邦公司”）是一家主要从事医疗器械销售的民营企业，代理美国强生品牌爱惜康的吻合器和医用缝线。强生（上海）医疗器材有限公司、强生（中国）医疗器材有限公司（以下合并简称为“强生公司”）是美国强生公司在中国的独资企业，生产和销售强生公司的医疗器材产品，其中包括爱惜康品牌吻合器和医用缝线。

① 资料来源：上海市高级人民法院（2012）沪高民知终字第63号民事判决书，见中国知识产权裁判文书网，http：//ipr.court.gov.cn/sh/ld/201309/t20130927_157023.html。

2008年1月2日，强生公司与锐邦公司签订经销合同，合同规定，锐邦公司在强生公司指定的相关区域销售爱惜康医用缝线，期限自2008年1月1日至2008年12月25日。此外，经销合同附件规定锐邦公司不得低于强生公司规定的产品价格进行销售，同时附件还对锐邦公司的经销区域以及经销指标作出明确的规定。2008年3月锐邦公司在北京大学人民医院的竞标中，以低于强生公司规定的医用缝线价格获取了缝线经销权。由于锐邦公司违反经销合同的规定低于最低转售价格销售医用缝线，并且超出合同约定的经销区域，2008年7月1日强生公司致函锐邦公司，扣除其保证金人民币2万元，并取消其在北京阜外医院、北京整形医院的销售权，继而完全停止对其供货，使其遭受重大经济损失。

2010年8月26日上海市第一中级人民法院受理了锐邦公司诉强生公司纵向垄断协议纠纷案，判决驳回原告锐邦公司的全部诉讼请求。锐邦公司不服一审判决，上诉至上海市高级人民法院。在二审中，强生公司认为，只有协议"限定向第三人转售商品的最低价格"具有排除、限制竞争的效果才可称为垄断协议；而锐邦公司认为，只要是限定了最低转售价格，必然影响了品牌之间以及品牌内部的竞争，在纵向协议中"限定向第三人转售商品的最低价格"本身就构成垄断协议。上海市高级人民法院认为，最高人民法院《关于审理因垄断行为引发的民事纠纷案件应用法律若干问题的规定》第7条规定"被诉垄断行为属于反垄断法第十三条第一款第（一）项至第（五）项规定的垄断协议的，被告应对该协议不具有排除、限制竞争的效果承担举证责任"，因此认定《反垄断法》第13条所规定的横向协议构成垄断协议，应以该协议具有排除、限制竞争效果为前提。由于横向协议直接排除、限制了市场竞争，横向协议限制竞争的效果甚于纵向协议，举重以明轻，反竞争效果相对较弱的纵向协议构成垄断协议，更应以具有排除、限制竞争效果为必要条件。

在对限制最低转售价格行为性质的分析中，上海市高级人民法院着重分析了相关市场竞争是否充分、强生公司的市场地位是否强大、强生公司实施限制最低转售价格的动机、限制最低转售价格的竞争效果等四方面情况，认为原审判决确有错误，应予纠正。遂撤销原审判决，判决强生公司赔偿锐邦公司经济损失人民币53万元。

本案是中国法院审理的第一起纵向垄断协议纠纷案。由于对转售价格的限定规定在大多数经销合同中都有所体现，因而本案的影响并不局限在锐邦公司与强生公司的争议本身。本案的结果对于未来纵向垄断协议纠纷的诉讼以及经营者签署经销协议都具有指导意义。但本案的审理思路与贵州省物价局和四川省发展和改革委员会分别查处的茅台和五粮液公司限制转售价格案的思路有不同之处，值得深入探讨。

案例与思考3

海南裕泰科技饲料有限公司诉海南省物价局行政处罚再审案①

2017年2月28日海南省物价局作出琼价监案处（2017）5号行政处罚决定（以下

① 参见海口市中级人民法院（2017）琼01行初681号行政判决书，海南省高级人民法院（2017）琼行终1180号行政判决书，最高人民法院（2018）最高法行申4675号行政裁定书。

简称“5号处罚决定”），认定海南裕泰科技饲料有限公司（以下简称“裕泰公司”）在与经销商签订的销售合同中达成了垄断协议（虽然事实上并未实施），责令当事人立即停止违法行为和处20万元罚款。在裕泰公司提起的行政诉讼中，海口市中级人民法院作出的（2017）琼01行初681号行政判决，撤销了海南省物价局作出的5号处罚决定。在海南省物价局的上诉中，海南省高级人民法院在作出的（2017）琼行终1180号行政判决中认为，一审判决适用法律错误，海南省物价局的上诉理由成立，判决撤销一审判决。

在再审程序中，最高人民法院在（2018）最高法行申4675号行政裁定中驳回了裕泰公司的再审申请，认为本案争议的焦点问题为裕泰公司与经销商签订的合同是否构成纵向垄断协议。最高人民法院认为：在反垄断执法过程中，对经营者之间的协议、决议或者其他协同行为，是否构成《反垄断法》所禁止的垄断协议，应当以该协议是否排除、限制竞争为标准。有些经营者之间的协议、决议或者协同一致的行为，一旦形成，必然会产生排除或者限制竞争的后果，对这类协议应采取本身违法原则，即只要经营者的协议、决议或者协同一致的行为被证实存在，就构成垄断协议。除了适用本身违法原则的协议，对其他协议是否会排除、限制竞争则应当进行具体分析，在综合考虑协议所涉及的市场具体情况、协议实施前后的市场变化情况、协议的性质和后果等因素后，对是否构成垄断协议进行判断。在当前我国市场条件不够完善及市场本身纠偏能力较弱的情况下，纵向垄断协议的限制竞争效果更需要受到重视和规制，对此类协议的规制和处罚是当前反垄断执法工作的重点。在当前的市场体制环境和反垄断执法处于初期阶段的情况下，如果要求反垄断执法机构在实践中对纵向垄断协议都进行全面调查和复杂的经济分析，以确定其对竞争秩序的影响，将极大增加执法成本，降低执法效率，不能满足当前我国反垄断执法工作的需要。根据《反垄断法》第14条的规定，除了“其他垄断协议”需要由国务院反垄断执法机构认定，固定向第三人转售商品的价格及限定向第三人转售商品的最低价格这两种协议，一般情况下本身就属于垄断协议，符合《反垄断法》第13条所规定的排除、限制竞争的标准。反垄断执法机构经过调查证实经营者存在上述两种情况，即可认定为垄断协议，无须对该协议是否符合“排除、限制竞争”这一构成要件承担举证责任。当然，这种认定是可以由经营者通过提交证据进行抗辩予以推翻的。

我国反垄断法实施以来，在纵向垄断协议的构成要件认定上存在行政执法机构和法院的明显分歧。本案作为行政诉讼，一审和二审法院的认识也不一致，但最高人民法院的再审判决澄清了其中的若干关键问题，因而受到各方的关注。最高人民法院在本案的再审裁定中，确认海南省高级人民法院从反垄断法的目的条款和处罚条款分析出纵向价格限制无须考虑竞争效果存在逻辑错误，但也并未支持裕泰公司的再审申请，而是认定海南省物价局的行政执法并无错误。本案是最高人民法院在转售价格维持违法判定规则这一重大争议问题上首次阐明立场，有效协调了行政执法机构与法院系统就该问题的长期分歧，有助于解决反垄断合规中的不确定性。本案将成为中国反垄断史上的里程碑式案件，将对中国反垄断法律实践产生深远的影响。当然，2022年修正后的《反垄断法》第18条第2款已经在这方面进行了明确，从而在立法上解决了纵向垄断协议的认定方法和举证责任问题。

思考题

1. 如何理解垄断协议的含义和构成要件？
2. 简要比较横向垄断协议和纵向垄断协议的异同。
3. 试析反垄断法对垄断协议的基本分析方法。
4. 我国《反垄断法》是如何对垄断协议进行规制的？
5. 试析我国《反垄断法》关于垄断协议豁免的条件和程序规则。
6. 试析行业协会垄断行为的主要表现及法律规制。
7. 试析垄断协议中的宽恕（宽大）政策。

第十四章 禁止滥用市场支配地位制度

第一节　市场支配地位的认定

一、市场支配地位的含义和认定依据

反垄断法中禁止滥用市场支配地位制度是一项针对特定主体的行为规制。其基本的分析框架是：首先需要对市场支配地位进行认定，以确定行为的主体；同时，市场支配地位本身并不违法，具有市场支配地位的企业只有在有滥用这种地位的行为或者具有其他违法性时，才受到反垄断法的禁止。因此需要对滥用市场支配地位的行为进行确认。而被指控滥用市场支配地位的行为主体应当享有抗辩的权利；被认定滥用市场支配地位的行为主体应当承担相应的法律责任。可见，对市场支配地位进行认定是禁止滥用市场支配地位制度中一项重要的和复杂的基础性工作。

所谓市场支配地位（dominant market position），有的也译为市场优势地位，是指经营者的一种市场状态，一般是指经营者在特定市场上所具有的某种程度的支配或者控制力量。《联合国竞争法范本》第二章的定义就将“市场支配地位”解释为一企业单独或连同少数其他企业控制某一种或某一类商品或服务的相关市场。① 尽管各国（地区）反垄断法中不一定都使用市场支配地位的概念，而分别有独占、垄断力、市场支配力等不同的称谓，但它们所指的经济现象是大致相同的。

对于市场支配地位的界定，西方国家曾经讨论过不同的标准，包括市场结果方案、市场行为方案和市场结构方案等。依市场结果方案，由企业的销售价格和生产成本之间的显著差别而产生的非同寻常的盈利可归结为缺乏竞争，从而可得出企业取得了市场支配地位的结论。依市场行为方案，一个企业如果在确定其销售和价格政策的时候，不受其竞争者的销售和价格政策的影响，这个企业就是占支配地位的企业。而依市场结构方案，一个企业在特定市场上占有相当大的市场份额，就决定了该企业具有市场支配地位。在反垄断法律实践中，市场结果方案、市场行为方案都不能单独作为确定市场支配地位的基本依据，而市场结构方案是被优先使用的。尽管市场份额不是决定市场支配地位的唯一标准，还必须同时考虑其他因素，如新的竞争者进入市场的障碍、企业的财力、企业垂直联合的程度、企业转向生产其他产品的可能性、交易对手转向其他企业的可能性以及市场行为等，但是市场份额在确定市场支配地位中仍然具有决定性的意义。②

许多国家（地区）的反垄断法试图对市场支配地位本身作出界定，这种界定是从各国（地

---

① 参见尚明主编：《反垄断——主要国家与国际组织反垄断法律与实践》，404页，北京，中国商务出版社，2005。

② 参见［德］P. 贝伦斯：《对于占市场支配地位企业的滥用监督》，载王晓晔编：《反垄断法与市场经济》，204～205页，北京，法律出版社，1998。

区）自身的实际情况和具体的政策取向出发的，因而各自规定的具体内容就不尽相同，由此也在一定程度上反映出各国（地区）反垄断法之间宽严程度的差异。

德国《反限制竞争法》对市场支配地位的规定较具代表性。该法 2013 年进行第八次修订时重组了禁止滥用市场支配地位的法条结构。其第 18 条第 1 款规定，在相关产品市场与地域市场上，如果作为特定产品或者服务的经营者没有竞争者，或者不存在实质性竞争，或者与其他竞争者相比具有突出的市场优势地位，则该经营者具有市场支配地位。第 2 款规定，本法意义上的相关地域市场可以比本法的空间效力更大。第 3 款规定，在判断经营者具有突出的市场优势地位时，下列的因素要特别予以注意：市场份额，财力，采购或者销售市场的渠道，与其他经营者之间的联合程度，对其他经营者的市场准入法律上或者事实上的限制，本法适用范围内外的经营者的现实或者潜在竞争，供应或者需求转换到其他产品或者服务的能力，以及市场相对方转向其他经营者的可能性。第 4 款规定，当市场份额达到至少 40%时，推定该经营者具有市场支配地位。第 5 款规定，只要就特定的产品或者服务不存在实质竞争，整体上满足了第 1 款的规定，两个或者多个经营者具有市场支配地位。第 6 款规定：多个经营者的整体具有市场支配地位：当其由 3 个或是更少的经营者组成，且共同的市场份额达到 50%；由 5 个或者更少的经营者组成，共同的市场份额达到 2/3。第 7 款规定，当经营者之间的竞争的条件可以期待存在实质性竞争，或者多个经营者的整体与其他竞争者相比没有突出的市场优势地位，则第 6 款的推定可以推翻。

根据韩国《规制垄断与公平交易法》第 2 条第 7 项的规定，“支配市场的事业者”是指作为一定交易领域的供给者或者需求者，拥有能够单独或者与其他事业者一起决定、维持或者变更商品或者劳务的价格、数量、品质及其他交易条件的市场地位的事业者。判断支配市场的事业者时，应综合考虑市场占有率、进入市场障碍的存在及程度、竞争事业者的相对规模等。但是，在一定的交易领域内，年销售额或者购买额不满 10 亿韩元的事业者除外。

OECD《竞争法的基本框架》就支配地位所推荐的表述中认为：如果一个厂商能独立地在一段较长的时期内有利可图地、实质性限制或者减少一市场中的竞争，则该厂商就是拥有支配地位的。只有当一个厂商在特定市场中所占有的份额超过了 35%时，才能被认为是处于支配地位的。根据一个市场中的经济形势，一个占有 35%以上市场份额的厂商既可以被判定为支配厂商，也可以被判定为非支配厂商。这类市场形势包括，该厂商的市场份额、与其竞争的厂商的市场份额、它们扩大自己市场份额的能力以及新厂商进入该市场的可能性。

当然，一些国家或地区的反垄断法中对市场支配地位的界定不是来自立法中的明文规定，而是来自在有关判例中确立的规则，因而这种规则并非连贯的、一致的。美国联邦最高法院在认定企业在相关市场上是否具有垄断力时，曾经以企业占有的市场份额作为唯一的判断标准。但后来美国联邦最高法院在 1956 年的杜邦公司案中将垄断力（monopoly power）定义为企业控制价格的力量或者排除竞争的力量[①]，因而市场份额就不是衡量市场支配地位的唯一的指标。欧盟竞争法中的市场支配地位也不是由立法明确加以规定的，而是由欧洲法院用判例加以确定的。欧洲法院在 1978 年的齐奎他（Chiquita）案中指出，市场支配地位是指企业可以不受限制地开展经营活动的能力，且本身构成其他企业进入市场的障碍。[②] 欧洲法院在 1978 年的 United Brands v. Commission 案的判决中认为，市场支配地位是指一个企业所享有的经济力的地位，这种经济力能够使该企业无须考虑其竞争者、顾客和最终消费者的反应，而采取显著程

---

① See Herbert Hovenkamp, *Antitrust*, West Publishing Co., 1986, p. 98.

② 参见王晓晔：《欧洲共同体竞争法及其新发展》，载《外国法译评》，1993（3）。

度的独立行动，来妨害相关市场内有效竞争的维持。[①] 但是，由于市场支配地位本身含义的不确定性，因而认定一个企业是否具有支配地位是不容易的，对法学家来说尤其如此，欧盟委员会和欧洲法院也都没有作出一个明确的和令人信服的裁决。[②]

总体来说，市场支配地位可被概括为经营者在特定市场上具有控制商品价格、排除市场竞争的力量，也就是经营者取得了可以不受竞争压力影响的地位，从而其市场行为可以在较大程度上不必顾及同行竞争者和交易相对人（供应商、顾客和最终消费者）的反应。对此，我国《反垄断法》第 22 条第 3 款规定："本法所称市场支配地位，是指经营者在相关市场内具有能够控制商品价格、数量或者其他交易条件，或者能够阻碍、影响其他经营者进入相关市场能力的市场地位。"这种界定在总体上还是比较准确的，特别是后半部分的规定很有必要，有利于在一定条件下不仅仅依据市场份额来认定市场支配地位。根据《禁止滥用市场支配地位行为规定》第 6 条，这里的"其他交易条件"，是指除商品价格、数量之外能够对市场交易产生实质影响的其他因素，包括商品品种、商品品质、付款条件、交付方式、售后服务、交易选择、技术约束等；"能够阻碍、影响其他经营者进入相关市场"，包括排除其他经营者进入相关市场，或者延缓其他经营者在合理时间内进入相关市场，或者导致其他经营者虽能够进入该相关市场但进入成本大幅提高，无法与现有经营者开展有效竞争等情形。

依据对市场支配地位实质含义的这种集中概括，市场支配地位存在不同的具体情形，大致可包括三种情形：首先，经营者在相关市场上完全没有竞争者。这主要是指处于独家经营的垄断状态，它既可以是一种自然垄断，也可以是依法律规定而获得和维持的。其次，经营者在相关市场上虽有竞争者，但由于其居于非常显著的市场地位，其他经营者难以进入该市场，从而不存在实质性竞争的准垄断状态。这一般需要从市场行为和市场结构的结合上去把握。以上都是就单个企业而言的，但除此以外，还存在两个或两个以上的经营者共同取得市场支配地位的情况。"不仅仅一个企业可以取得一个市场支配地位，经验表明，一个相互间没有实质性竞争的企业集团，也可以在相互不存在卡特尔协议的情况下，共同支配市场。"[③] 因此，在相关市场上虽有竞争者，但两个或两个以上的经营者相互之间不存在实质性竞争的情况也是市场支配地位的表现形式，这属于寡占状态。

从上述有关市场支配地位的界定中可以看出，市场支配地位通常是多种因素综合作用的结果，因此在认定市场支配地位时需要考虑多种因素。其中，市场份额无疑是一个基本的衡量标准，因为，在一般情况下，只有当一家企业独家占有或几家企业共同占有某一市场的相当大的市场份额时，其才有足够的实力排除竞争，控制市场。这正如贝伦斯教授指出的："一个市场份额达到了 50%的企业，仅当根据其他因素可以明确地作结论说，市场上仍然存在着强度足够大的残余竞争，方可不被视为占市场支配地位的企业。在另一方面，一个市场份额占 25%的企业，仅当其他因素明确地说明，该企业的竞争者及其交易对手仅占有一个相对弱的市场地位的时候，方可被视为占市场支配地位。"[④]

但是，市场份额并不是认定市场支配地位的唯一因素，其他相关因素也是很重要的，尤其是新竞争者进入市场的障碍和市场上替代商品的情况。我国《反垄断法》第 23 条对认定经营

① See Richard Whish, *Competition Law*, fifth edition, Lexis-Nexis Butterworths, 2003, p. 179.

② See Valentine Korah, *An Introduction to EC Competition Law and Practice*, sixth edition, 1997, p. 77.

③ ［德］P. 贝伦斯：《对于占市场支配地位企业的滥用监督》，载王晓晔编：《反垄断法与市场经济》，205 页，北京，法律出版社，1998。

④ ［德］P. 贝伦斯：《对于占市场支配地位企业的滥用监督》，载王晓晔编：《反垄断法与市场经济》，205 页，北京，法律出版社，1998。

者具有市场支配地位时应当考虑的因素作了比较全面的规定，即认定经营者具有市场支配地位应当依据下列因素：“（一）该经营者在相关市场的市场份额，以及相关市场的竞争状况；（二）该经营者控制销售市场或者原材料采购市场的能力；（三）该经营者的财力和技术条件；（四）其他经营者对该经营者在交易上的依赖程度；（五）其他经营者进入相关市场的难易程度；（六）与认定该经营者市场支配地位有关的其他因素。”其中，《反垄断法》明确将“其他经营者对该经营者在交易上的依赖程度”作为认定经营者具有市场支配地位所依据的一个因素。这有利于将那些虽然未拥有显著的市场份额，但却拥有某些方面的特定优势（如重要的销售渠道或者不可替代的销售平台），以致其他经营者在交易上对其形成明显的依赖关系的经营者，在一定情形下认定为具有市场支配地位。

《禁止滥用市场支配地位行为规定》第 7～13 条对相关内容进行了细化规定：确定经营者在相关市场的市场份额，可以考虑一定时期内经营者的特定商品销售金额、销售数量或者其他指标在相关市场所占的比重。分析相关市场竞争状况，可以考虑相关市场的发展状况、现有竞争者的数量和市场份额、市场集中度、商品差异程度、创新和技术变化、销售和采购模式、潜在竞争者情况等因素。确定经营者控制销售市场或者原材料采购市场的能力，可以考虑该经营者控制产业链上下游市场的能力，控制销售渠道或者采购渠道的能力，影响或者决定价格、数量、合同期限或者其他交易条件的能力，以及优先获得企业生产经营所必需的原料、半成品、零部件、相关设备以及需要投入的其他资源的能力等因素。确定经营者的财力和技术条件，可以考虑该经营者的资产规模、盈利能力、融资能力、研发能力、技术装备、技术创新和应用能力、拥有的知识产权等，以及该财力和技术条件能够以何种方式和程度促进该经营者业务扩张或者巩固、维持市场地位等因素。确定其他经营者对该经营者在交易上的依赖程度，可以考虑其他经营者与该经营者之间的交易关系、交易量、交易持续时间、在合理时间内转向其他交易相对人的难易程度等因素。确定其他经营者进入相关市场的难易程度，可以考虑市场准入、获取必要资源的难度、采购和销售渠道的控制情况、资金投入规模、技术壁垒、品牌依赖、用户转换成本、消费习惯等因素。认定平台经济领域经营者具有市场支配地位，可以考虑相关行业竞争特点、经营模式、交易金额、用户数量、网络效应、锁定效应、技术特性、市场创新、控制流量的能力、掌握和处理相关数据的能力及经营者在关联市场的市场力量等因素。认定两个以上的经营者具有市场支配地位，除考虑以上因素外，还应当考虑市场结构、相关市场透明度、相关商品同质化程度、经营者行为一致性等因素。

二、市场支配地位的推定和抗辩

尽管在认定市场支配地位时市场份额不是唯一的因素，但是在多数情况下，市场份额又是最重要和最直观的因素。为增强法律规范的严密性和可操作性，节约执法成本和对经营者实行有效监管，一些国家和地区的反垄断法根据市场份额作出必要的法律推断。例如，前文引用的德国《反限制竞争法》第 19 条第 5 款的规定。韩国《规制垄断与公平交易法》第 4 条也规定，在一定的交易领域中，市场占有率符合以下各项规定之一的事业者，推定为支配市场的事业者：一个事业者的市场占有率在 50%以上；三个以下的事业者的市场占有率的合计在 75%以上，但是该情形中市场占有率不满 10%者除外。

借鉴国外经验，并结合我国实际情况，《反垄断法》第 24 条也规定了市场支配地位的推定制度。其第 1 款规定，有下列情形之一的，可以推定经营者具有市场支配地位：（1）一个经营者在相关市场的市场份额达到 1/2 的；（2）两个经营者在相关市场的市场份额合计达到 2/3 的；（3）三个经营者在相关市场的市场份额合计达到 3/4 的。同时，该条第 2 款又规定：有前款第2项、第3项规定的情形，其中有的经营者市场份额不足1/10的，不应当推定该经营者具有市场支配地位。这是考虑到对于市场份额太小的企业是难以确认其取得市场支配地位的。

将多个经营者作为整体推定具有市场支配地位，主要是解决寡头垄断问题。如果若干经营者占据了一个市场主要的份额，其很容易通过实施共同行为控制该市场，但反垄断执法机构很难掌握其达成垄断协议的证据。为此，将多个经营者的市场份额合并计算来推定其中的每个经营者都具有市场支配地位，这样的制度安排可以有效地对从事相同行为的寡头垄断者（没有达成垄断协议的证据）的行为进行规范和制约。根据《禁止滥用市场支配地位行为规定》第13条的规定，认定两个以上的经营者具有市场支配地位，除考虑前述因素外，还应当考虑经营者行为一致性、市场结构、相关市场透明度、相关商品同质化的程度等因素。

不过，推定与认定在承担举证责任方面是不同的。推定的举证责任在于被推定者，而认定的举证责任在于作出认定的一方。如果被推定者不提出反证或者反证不为推定方所认可，则该推定成立。既然是推定，那就要赋予被推定具有市场支配地位的经营者以进行反驳或者推翻推定的权利，即被推定的经营者可以证明相关市场上仍然存在实质性竞争，潜在竞争者没有进入市场的障碍，现有竞争者扩大产出没有障碍，购买者的市场力量强大等，从而使该推定不能成立。因此《反垄断法》第24条第3款又规定："被推定具有市场支配地位的经营者，有证据证明不具有市场支配地位的，不应当认定其具有市场支配地位。"这样规定的目的是使对经营者市场支配地位的推定尽可能建立在经济、科学、合理的基础上。当然，如果其提供的证据具有说服力，反垄断执法机构不应当认定其具有市场支配地位。

由于在界定市场支配地位时市场份额是最重要的指标，因而对市场份额的确定就是非常重要的。而市场份额的确定涉及相关市场的界定问题。市场支配地位只有置于相关市场上才是有意义的。如果不能首先明确市场的范围，那么市场支配地位也就无从确定。如在企业的年销售额确定的情况下，如果将该企业放到一个较小的市场上，它就占有较大的市场份额；而如果将该企业放到一个较大的市场上，它就占有较小的市场份额。相应地，这也影响到市场支配地位能否构成。因而，界定相关市场是确定市场份额，进而确定市场支配地位等的前提。①

第二节　滥用市场支配地位行为的法律规制

一、禁止滥用市场支配地位制度概述

经营者取得市场支配地位，有的是通过国家授权而取得，有的是因行业的特殊性质而取得，而大量的是在市场竞争中取得的。反垄断法不禁止这种支配地位本身，但是滥用市场支配地位是违法的。作为一种结构性的垄断行为，滥用市场支配地位行为是反垄断法的典型的规制对象。OECD指出，滥用市场支配地位这个词已经被明确纳入许多国家（地区）的竞争立法中，例如加拿大、欧洲经济共同体和德国，而在美国，相应的规定是那些处理垄断和试图垄断或市场垄断化的条款。②

由于具有市场支配地位的企业具有滥用这种地位的可能性，其相对于其他企业更容易从事违法行为，因而反垄断法需要对其进行"特别的关照"——监督、控制。正如德国学者希格费

① 这方面的内容具体参见本书第十二章第四节。

② 参见经济合作与发展组织编写：《产业组织经济学和竞争法律术语解释》，崔书锋、吴汉洪译，1页，北京，中国经济出版社，2006。

里德·克劳（Siegfried Klaue）指出的："按照竞争法，具有控制市场地位的企业应该承担特别的义务。譬如，在没有正当理由的前提下不允许不平等对待其他企业……国家对具有控制市场地位的企业掌握着特别的干预权。"①

禁止滥用市场支配地位制度是反垄断法实体制度的基本组成部分之一，在反垄断法中占有非常重要的地位，对于维护竞争的自由和公平是必不可少的，典型地体现了反垄断法的本质和特点。禁止滥用市场支配地位在反垄断法中属于行为规制的范畴，但又是与结构有关的行为规制，即结构性行为规制。反垄断法设立禁止滥用市场支配地位制度的宗旨在于：一是防止占有市场支配地位的企业滥用其支配地位，对其他的、其尚未取得支配地位的市场也进行垄断；二是在已经存在支配地位的市场上，禁止有关企业实施滥用支配地位的行为，以使其他现实的竞争者能够享有充分的竞争自由，潜在的竞争者能够自由进入该市场，保证该市场一定程度的开放和自由，而不致进一步被支配或被控制；三是对于与占有市场支配地位的企业之间存在交易关系的市场相对人而言，禁止滥用市场支配地位，是为了保护它们免受其对方当事人的不当剥削，保证它们享有充分的意思自由和公平交易的权利。②

已制定了反垄断法的国家和地区都以自己的方式对滥用市场支配地位行为进行规制。其中，美国《谢尔曼法》第 2 条的规定是尤其严厉的，即"任何人垄断或者企图垄断，或者与他人联合、共谋垄断州际间或者与外国间的商业和贸易，是严重犯罪"。《欧盟运行条约》第 102 条作了原则禁止和 4 项特别列举的规定。③ 韩国《规制垄断与公平交易法》第 3 条规定，支配企业不得实施以下行为：不正当地决定、维持或者变更商品的价格或者劳务的对价；不正当地调节商品的销售或者劳务的提供；不正当地妨害其他经营者的经营活动；不正当地妨碍新的竞争者的参与；为了不正当地排挤竞争者而进行交易，或者可能明显损害消费者的利益。

二、滥用市场支配地位行为的确认

在禁止滥用市场支配地位制度中，市场支配地位的确认只是为确认滥用市场支配地位行为做准备的，因为在绝大多数国家的反垄断法中，市场支配地位本身并不违法，只有对这种地位加以滥用才是违法的。因此，如何确认滥用市场支配地位行为就成为关键的问题。

正是由于市场支配地位本身并不违法，因而在确认滥用市场支配地位的行为时需要在对市场支配地位的合法利用和违法滥用之间划一条界线，而这往往是很不容易的，各国或地区的反垄断立法一般只是根据其关注的重点列举出滥用市场支配地位行为的若干典型表现，而没有关于"滥用"的一般性定义，司法判例中对此也少有明确的和概括性的表述，一般也只是就个案的具体情形来分别作出认定。欧洲法院 1979 年在审判霍夫曼公司诉欧共体委员会案时，曾涉及对滥用市场支配地位行为的解释问题："滥用优势地位的概念是与具有优势地位的企业的行为相联系的概念。有关企业由于存在着这种地位，不仅影响了市场结构，而且通过采取与商业交易中产品和服务的正常竞争所不同的手段，具有妨害现存市场上竞争程度的维持或者竞争发展的作用。"④ 这在一定程度上揭示了滥用市场支配地位行为的性质和特点。

根据行为的性质和特点，对滥用市场支配地位大致可作如下概括：滥用市场支配地位是指

① 转引自曹士兵：《反垄断法研究》，140 页，北京，法律出版社，1996。

② 参见邵建东：《论市场支配地位及其滥用》，载《南京大学法律评论》，1999 年春季号。

③ 具体条文可参加本书第三章第三节的相关部分。

④ 阮方民：《欧盟竞争法》，195 页，北京，中国政法大学出版社，1998。其中，"支配地位"与"优势地位"只是对 dominant position 的不同翻译。

具有市场支配地位的经营者凭借该地位，在相关市场上不正当地限制竞争，损害其他经营者、消费者利益和社会公共利益的行为。在这里，滥用行为与市场支配地位之间有着明显的因果关系，即经营者之所以能够实施滥用行为，就是因为其具有了市场支配地位，否则该行为在竞争机制有效运行的市场环境中是不可能实现的。同时，滥用其市场支配地位行为给市场上的有效竞争带来了危害，使同业竞争者和交易相对人的利益受到损害。这也正是要求具有市场支配地位的经营者负有特殊义务的原因之所在。

任何经营者在参加市场竞争的过程中都要涉及不同的主体，根据这些主体所处的经济阶段，可以将它们分为同一经济阶段的竞争者和不同经济阶段的交易相对人（包括供应者、顾客和最终消费者），后者又可进一步分为前置经济层次的供应人和后置经济层次的购买人。因此，滥用市场支配地位行为也可以分为两种基本类型：一类是针对同业竞争者所实施的滥用行为，另一类则是针对交易相对人所实施的滥用行为。前者主要包括掠夺性定价、独家交易、搭售（兼有前者和后者的两种性质）等，后者主要包括价格歧视等差别待遇、拒绝交易、强制交易和垄断性高价等。针对同业竞争者所实施的滥用行为的构成主要包括无正当理由妨碍了他人的公平竞争，并且产生了实质性的影响。针对交易相对人所实施的滥用行为的构成主要是其不正当或不公平。这就是说，对滥用市场支配地位行为都是适用所谓合理原则的。当然，根据滥用市场支配地位行为的特点和性质，也可以将其分为剥削性滥用和排他性滥用。前者是指拥有市场支配地位的企业可以不受竞争的制约，从而可以向交易相对人提出不合理的交易条件，特别是不合理的价格；后者是指拥有市场支配地位的企业为了排挤竞争对手，或者为了将市场力量不合理地扩大到相邻市场而实施的限制竞争行为。

尽管从本质上认识滥用市场支配地位是非常重要的，但是为了增强法律规定的确定性和可操作性，在确认滥用市场支配地位行为时往往还需要对若干典型行为加以必要的列举，以确定哪些行为是特别应当予以禁止的。例如，《欧盟运行条约》第 102 条第 2 款和德国《反限制竞争法》第 19 条第 4 款等都作了相应的列举。

我国《反垄断法》在第 22 条第 1 款对滥用市场支配地位行为作了若干列举，并设有兜底条款，即禁止具有市场支配地位的经营者从事下列滥用市场支配地位的行为：（1）以不公平的高价销售商品或者以不公平的低价购买商品；（2）没有正当理由，以低于成本的价格销售商品；（3）没有正当理由，拒绝与交易相对人进行交易；（4）没有正当理由，限定交易相对人只能与其进行交易或者只能与其指定的经营者进行交易；（5）没有正当理由搭售商品，或者在交易时附加其他不合理的交易条件；（6）没有正当理由，对条件相同的交易相对人在交易价格等交易条件上实行差别待遇；（7）国务院反垄断执法机构认定的其他滥用市场支配地位的行为。

以上规定涉及禁止超高定价、掠夺性定价、拒绝交易、强制交易、搭售、差别待遇等具体滥用市场支配地位的行为，基本上涵盖了针对同业竞争者和针对交易相对人所实施的滥用行为，是比较完整和全面的。但是，这些规定比较原则，在实际适用时还存在许多具体问题需要解决，需要反垄断执法机构在总结经验的基础上，就相关具体的滥用行为出台若干规章加以细化。同时，这里的兜底条款很重要，可以避免具体列举时的挂一漏万。[①] 当然，反垄断执法机构在具体列举之外认定滥用市场支配地位行为时必须慎重，且要接受司法审查。

《禁止滥用市场支配地位行为规定》第 20 条、第 21 条和第 23 条规定：市场监管总局认定其他滥用市场支配地位行为，应当同时符合下列条件：（1）经营者具有市场支配地位；（2）经

① 例如，原国家工商行政管理总局在利乐案中就是运用当时的《反垄断法》第 17 条第 1 款明确列举的六种滥用行为之外的兜底条款认定“忠诚折扣”构成垄断行为的。

营者实施了排除、限制竞争行为；(3) 经营者实施相关行为不具有正当理由；(4) 经营者相关行为对市场竞争具有排除、限制影响。具有市场支配地位的经营者不得利用数据和算法、技术以及平台规则等从事滥用市场支配地位行为。供水、供电、供气、供热、电信、有线电视、邮政、交通运输等公用事业领域经营者应当依法经营，不得滥用其市场支配地位损害消费者利益和社会公共利益。

三、滥用市场支配地位行为的抗辩

反垄断法对滥用市场支配地位行为的规制是采取所谓合理原则的，就是说，被指控实施了滥用市场支配地位行为的企业可以对有关指控进行抗辩，为自己的行为进行法律辩护。在欧盟，被委员会认定从事了滥用行为后，如果支配企业能够证明其排斥行为有客观合理的理由，或者能够证明其行为符合效率的要求，其所产生的效率大于其所产生的负面效果，则可以不受《欧盟运行条约》第 102 条的禁止。其中，客观、合理理由的抗辩又包括“客观必要性抗辩”和“应对竞争抗辩”。前者是指滥用行为是外在于当事人，尤其是外在于支配企业的因素所要求的必需的行为；后者是指由于竞争者的行为会使自己蒙受损失，为应对这一竞争，从而使自己的损失最小化而必须采取的措施。效率抗辩是要证明支配企业的行为虽然产生了排斥效果，但其所产生的效率超过行为可能产生的负面效果以及由此产生的对消费者的损害。①

如果处于市场支配地位的经营者能够对自己被指控滥用市场支配地位的行为作出客观、合理的解释，即它所采取的行为是维护自己合法利益的恰当手段，并且主观上出于善意，反垄断执法机构和法院就可以不认定其具有滥用行为，比如，拒绝交易是出于购买者本身的不当行为；独家交易所实施的排他性约束可以作为生产商之间开展竞争的合法手段；出于技术上和为使用者安全考虑的搭售是必要的、适当的；等等。但是，在对具体抗辩理由的审查中，反垄断执法机构和法院还会对相关公共政策进行平衡。

虽然我国《反垄断法》中并没有明确规定对滥用市场支配地位行为的这种抗辩，但从行为的性质和立法宗旨来看，其应当是被允许的。这实际上是要在处于市场支配地位的经营者的利益与其竞争者的利益之间进行平衡协调，防止明显偏向某一方。实际上，该法的条文结构也隐含了经营者的抗辩空间，因为在该法第 22 条对相关滥用行为的禁止性规定中，除了第 1 款第 1 项“以不公平的高价销售商品或者以不公平的低价购买商品”和第 7 项兜底条款，其余 5 项的规定均有“没有正当理由”的限定。这意味着只有在涉嫌经营者不提供理由，或者提供的理由不能够被证明是正当理由的情况下，才能够对违法行为作出认定。有关的规章中对这种抗辩的理由作出了一些细化的规定。例如，根据《禁止滥用市场支配地位行为规定》第 22 条的规定，反垄断执法机构认定这里的“不公平”和“正当理由”，还应当考虑下列因素：(1) 有关行为是否为法律、法规所规定；(2) 有关行为对国家安全、网络安全等方面的影响；(3) 有关行为对经济运行效率、经济发展的影响；(4) 有关行为是否为经营者正常经营及实现正常效益所必需；(5) 有关行为对经营者业务发展、未来投资、创新方面的影响；(6) 有关行为是否能够使交易相对人或者消费者获益；(7) 有关行为对社会公共利益的影响。

---

① 参见许光耀：《欧共体竞争法通论》，386～387 页，武汉，武汉大学出版社，2006。

第三节　若干典型的滥用市场支配地位行为

我国《反垄断法》第 22 条第 1 款对若干典型的滥用市场支配地位行为作了列举，同时，《禁止滥用市场支配地位行为规定》也对相关行为进行了细化规定。本节对其作简要的分析。

一、超高定价

所谓超高定价，又称不公平高价或者垄断高价，通常是指经营者在正常竞争条件下所不可能获得的远远超出公平标准的价格，也就是以经营者具有市场支配地位为前提的过高价格。超高定价实际上是经营者利用支配地位对消费者和用户进行剥削的行为，因此往往相对于掠夺性定价、独家交易等排他性滥用行为而被作为剥削性滥用行为的典型。但是，对于超高定价是否应当作为反垄断法所禁止的滥用市场支配地位的一种表现形式，在各国理论上和制度实践中都是存在争议的，其中，美国和欧盟在这方面的分歧最具有代表性。

美国反托拉斯法中没有关于超高定价的规定，理论上也认为没有必要对超高定价进行规制，因为超高定价是价格机制正常发挥作用所需要的，而且价格机制本身就具有修复超高定价的能力。美国联邦最高法院在 2004 年的 Verizon Communication v. Law Offices of Curtis V Trinko 案中的分析就非常具有代表性："仅仅因为拥有垄断势力并由此索取了垄断价格，这不能被视为违法，因为这是自由市场经济的一个重要机制。可以索取垄断价格，或至少可以在一个短时期内索取垄断价格，这对企业来说首先是一个激励机制，另一方面它还可以降低企业在创新和研发中的风险。为了保护对企业创新的激励机制，拥有市场势力不能被视为违法，除非它同时实施了反竞争的行为。"这说明，美国联邦最高法院认为超高定价非但不具有反竞争性，反而是促进竞争的，因为超高定价及其所代表的垄断利润可以激励企业创新并吸引新的竞争者进入市场。①

而在欧盟，为了消除或者减少超高定价对消费者或者资源配置的不利影响，其竞争法对超高定价作出了明确的规定。《欧盟运行条约》第 102 条所列举的禁止滥用市场支配地位行为的第 1 项即为"直接或者间接地限定购买或销售价格或者任何其他贸易条件"。在欧盟也有关于超高定价问题的有关判例。其中，在 1978 年的联合商标（United Brands）案中，虽然欧洲法院否定了欧共体委员会关于联合商标公司实行过高定价的事实认定，但它同时支持该委员会关于过高定价是滥用市场支配地位的一种形式的观点和比较价格的方法。它将过高定价定义为"索取因与所提供产品的经济价值没有任何合理联系而显得过高的价格"。欧洲法院也认为，原则上，不能经由任何客观标准证明为正当的特别高价构成市场支配地位的滥用。欧洲法院在某一个时期将滥用描述为企业试图获得高于在市场存在正常和充分有效竞争情况下将获得的贸易利益的利益的行为。

除欧盟外，还有一些国家和地区在其反垄断法中也有规制超高定价的规定。作为欧盟成员国的德国、英国等都有关于超高定价的规定。例如，德国《反限制竞争法》第 19 条第 4 款第 2 项规定，具有市场支配地位的经营者作为商品或者服务的供应者或者购买者，如果提出在有效竞争条件下不可能的报酬或者其他交易条件，就是滥用市场支配地位的行为。英国《竞争法》第 18 条第 2 款第 1 项的规定与《欧盟运行条约》第 102 条第 1 项的规定相同。韩国《规制垄断

① 参见王晓晔：《剥削性滥用行为的反垄断管制》，载《价格理论与实践》，2008（10）。

与公平交易法》第3条之二禁止的滥用市场支配地位行为的第1项，即为“不正当地确定、维持或者变更商品或者服务的价格”。波兰《反垄断法》第7条规定的具有垄断地位的经营者不得从事的行为中的第3项为“索取过高的价格”。日本《禁止垄断法》第2条第7款所规定的“垄断状态”的构成要件之一即是超高定价。俄罗斯《保护竞争法》第10条规定的禁止占支配地位的经营主体导致或可能导致禁止、限制、消除竞争和（或）损害他方利益的行为（不作为）中，第1项就是“制定、维持商品垄断高价或垄断低价”。南非《竞争法》第8条禁止具有支配地位的企业从事的五种滥用行为中，第1项就是“收取过高的价格损害消费者”。巴西《反垄断法》第21条规定的二十四种垄断行为中，也包括“制定价格或者不合理提高产品或服务价格”。

即使是在美国，虽然过高定价一般并没有被明确作为滥用市场支配地位行为的一种独立形式，但是它在认定有关滥用市场支配地位行为时也还是有意义的。例如，在1998年的微软垄断案中，微软利用其在操作系统上所拥有的垄断实力，使消费者在产品的价格上受到了不公正对待，而且使消费者没有其他选择。美国联邦地区法院杰克逊法官认定，微软在制定视窗98升级版的价格时感到自己有很大的决断权，本来对视窗98升级版收取49美元就足以有利可图，但该产品的价格从来没有低于89美元。这实际上既是微软具有垄断实力的证明，也是微软滥用垄断实力的表现。而且，自1999年11月起，已有多起消费者向微软公司提出的集体诉讼，控告微软利用其垄断优势高价出售视窗95和视窗98，赚取过高利润。另外，在1999年1月，美国消费者协会等机构发表了一份调查报告，认为微软在1996—1998年间仅在操作系统市场上就因过高定价而强加给公众的超额费用总计在100亿美元左右。该调查报告的题目就是《微软掠夺用户100亿美元》。①

我国原来没有从反垄断法角度对具有市场支配地位的经营者的超高定价行为的明确规范，只是在《价格法》等法律、法规中主要从维护消费者利益出发禁止“违反法律、法规的规定牟取暴利”。国家发展和改革委员会2003年6月发布的《制止价格垄断行为暂行规定》（已失效）第6条也规定：“经营者不得凭借市场支配地位，违反法律、法规的规定牟取暴利。”在我国反垄断立法过程中，对于是否应当规定超高定价问题进行了反复的讨论。有关外国专家反复提出：北美竞争法不认为超高定价是滥用市场支配地位的行为，因为几乎不可能决定什么是“太高”，并且因为在一个竞争的市场，可以设想支配力是能通过发明创造取得的且可能因新竞争者的进入而失去。西欧国家通常认为超高定价可能是市场支配力的滥用行为，但是所有或几乎所有这样的案子均败诉了，因为没有哪一个政府能够证明价格是超高定价。因此，这些法律通常不被执行而且正考虑予以废除。总之，他们认为反垄断法若禁止超高定价就会延缓其他经营者（潜在的竞争对手）进入这一领域，从长远来看，这与其说是在帮助消费者，毋宁说更多地损害了消费者的利益；并认为那应由专门的价格法律来解决，而不宜由反垄断法来解决。

上述意见是有一定道理的，但并不全面。这是因为：第一，超高定价是滥用市场支配地位行为的比较普遍的和典型的表现形式，是具有市场支配地位的经营者剥削消费者、获取垄断利润的形式之一。理论和实践都表明，处于市场支配地位的经营者非常可能向市场提供比其实际可能提供的生产数量少得多的产品，而索要与其生产成本相比不合理的高价。尤其是在我国目前的市场上，一些具有市场支配地位的经营者大肆盘剥消费者，严重扭曲了市场竞争机制，如任其泛滥，则消费者的利益将会受到更大的危害，而现代反垄断法恰恰特别强调对消费者利益

---

① 参见方兴东主译：《微软罪状——美国政府诉微软一案事实认定》，291页，北京，中国友谊出版公司，2000。

的保护。虽然市场机制也可以调节这一问题（通过吸引新的竞争者加入这一行业），但是这一过程可能很漫长。而且，可以实行超高定价的市场往往存在进入障碍（事实上的或者法律上的），潜在竞争者的进入要么不可能，要么成本太高、时间太长。第二，虽然超高定价可以受到专门价格法律的管制，但是反垄断法在规制滥用市场支配地位的过程中，对作为这种滥用的表现形式之一的超高定价行为进行规制也有其必要性，有时还可能更有效，“因为反垄断法的任务是要代替缺少了的竞争机制，这就使合同活动与竞争下的交易条件相一致”①。反垄断法规制超高定价就是要使被垄断行为扭曲了的交易条件得到矫正。第三，虽然证明超高定价并不容易，但是在反垄断法中这种情况是比较普遍的，这正是反垄断法本身的基本特点。市场支配地位的认定本身就不容易，但不能因此而放弃或者取消这一制度。事实上，采用时间比较、空间比较以及成本与利润比较等方法，还是可以在一定程度上判定出超高定价的。

我国《反垄断法》最终还是对超高定价作出了规定。该法第 22 条禁止具有市场支配地位的经营者从事的滥用行为中，包括“以不公平的高价销售商品或者以不公平的低价购买商品”。这里包括的“以不公平的高价销售商品”（垄断高价）和“以不公平的低价购买商品”（垄断低价）两种情况，其实质都是具有支配地位的经营者凭借该地位索取不公平的价格，也就是经营者在正常竞争条件下所不可能获得的远远超出公平标准的价格，可统称为不公平要价，一般仍然可从卖者的角度称为超高定价。《禁止滥用市场支配地位行为规定》第 14 条还对认定“不公平的高价”和“不公平的低价”应当考虑的因素作了进一步的规定，包括：（1）销售价格或者购买价格是否明显高于或者明显低于其他经营者在相同或者相似市场条件下销售或者购买同种商品或者可比较商品的价格；（2）销售价格或者购买价格是否明显高于或者明显低于同一经营者在其他相同或者相似市场条件区域销售或者购买同种商品或者可比较商品的价格；（3）在成本基本稳定的情况下，是否超过正常幅度提高销售价格或者降低购买价格；（4）销售商品的提价幅度是否明显高于成本增长幅度，或者购买商品的降价幅度是否明显高于交易相对人成本降低幅度；（5）需要考虑的其他相关因素。涉及平台经济领域，还可以考虑平台涉及多边市场中各相关市场之间的成本关联情况及其合理性。认定市场条件相同或者相似，应当考虑销售渠道、销售模式、供求状况、监管环境、交易环节、成本结构、交易情况、平台类型等因素。

有关国家和地区在实施超高定价规制制度时一般采取比较谨慎和温和的态度。这方面达成的基本共识是，禁止具有市场支配地位经营者超高定价的规定只适用于非常特殊的情形（in exceptional circumstances），这些情形包括：（1）存在重大和持久的进入和扩张的障碍；（2）这种障碍不可能消除掉；（3）市场上的投资和创新受到抑制。有些国家和地区仅仅将调查超高定价限定于那些拥有排他权或者法定垄断权的部门。② 之所以如此，原因除了对超高定价的规制面临着反垄断执法机构和法院都极力避免成为价格管制机构的角色定位的难题，最主要的还在于超高定价的标准不易确定，即究竟该怎样去判断特定的价格是否为超高定价。

---

① ［德］P. 贝伦斯：《对于占市场支配地位企业的滥用监督》，载王晓晔编：《反垄断法与市场经济》，215 页，北京，法律出版社，1998。

② See Geradin，Damien，“The Necessary Limits to the Control of ‘Excessive’ Prices by Competition Authorities-A View from Europe”，Tilburg University Legal Studies Working Paper，available at SSRN：http：//ssrn. com/abstract＝10226782.

二、掠夺性定价

掠夺性定价，在我国有不少人甚至官方往往称之为低价倾销[①]，是价格歧视的一种。它也是反垄断法所禁止的滥用市场支配地位行为的一种重要的和典型的表现形式。在我国，它是《反不正当竞争法》和《价格法》所明确规定的经营者不得从事的不正当价格（竞争）行为之一，是指经营者在依法降价处理商品之外，为排挤竞争对手或者独占市场，以低于成本的价格销售商品，扰乱正常生产经营秩序，损害国家利益或者其他经营者的合法权益的行为。我国《反垄断法》第22条禁止具有市场支配地位的经营者从事的滥用市场支配地位的行为中，包括"没有正当理由，以低于成本的价格销售商品"。《禁止滥用市场支配地位行为规定》第15条规定，认定以低于成本的价格销售商品，应当重点考虑价格是否低于平均可变成本。平均可变成本是指随着生产的商品数量变化而变动的每单位成本。涉及平台经济领域，还可以考虑平台涉及多边市场中各相关市场之间的成本关联情况及其合理性。同时，这里的"正当理由"包括：(1)降价处理鲜活商品、季节性商品、有效期限即将到期的商品或者积压商品的；(2)因清偿债务、转产、歇业降价销售商品的；(3)在合理期限内为推广新商品进行促销的；(4)能够证明行为具有正当性的其他理由。

掠夺性定价一般包括两种类型：一种是在某一地区以低于成本的价格销售产品而在另一地区以正常价格销售的地区性掠夺性定价行为。比如，某企业在需要为其在某地新设立的分支机构打开当地市场时，采用将产品价格降到成本价以下的办法，企图以此挤垮竞争对手，进而垄断该地市场。另一种是将某一产品以低于成本的价格销售而将其他产品以正常价格销售的产品性掠夺性定价行为。比如，经营者滥用其市场支配地位，就其经营的众多商品中的某种或某类商品在成本价以下进行销售，以排挤经营同种或同类商品的企业。无论是哪种形式，在反垄断法中，掠夺性定价行为的构成都以经营者具有市场支配地位为前提，其成立条件比较严格，而在2017年修订前的《反不正当竞争法》和《价格法》中没有明确要求这样的主体条件。

掠夺性定价行为是一种严重危害市场竞争的行为，它会给同类经营者造成实质性损害或者损害威胁，阻碍或威胁竞争对手的建立、生存和发展。如果经营者持续地以低于成本的非正常价格销售商品，通常会导致竞争者的经营额显著下降，给其生存带来严重困难，同时还会使购买者对竞争对手的商业信誉与商业道德产生误解。虽然这样会造成自身短时期的亏损，但从长远来看，必然会给竞争对手带来经营上的危害，并使自己取得长久利益。尽管掠夺性定价行为不同于超高定价的暴利行为，它似乎没有给消费者造成直接的危害，反而因大幅度降价而给消费者带来暂时的利益，但是在经营者达到了挤垮竞争对手或者独占市场的目的后，价格便会大大上升，而此时消费者并没有选择的余地。因此，掠夺性定价行为不仅直接损害竞争对手的利益，造成对竞争的破坏，而且从长远来看，也必然损害消费者的利益。

构成掠夺性定价行为，首先要有经营者低于成本销售商品的事实。在作出这种认定时，又必须首先确定价格所依附的产品是相同等级和质量的，这是指产品在物质上相同，即化学性质相同，而不是产品标签或包装相同。然后，要确认低于成本的事实。这是证明掠夺性定价行为的关键。在这里，对成本的确定很重要。对于产品的成本，在经济学中有不同的分析方法，因

① 当然，也有学者反对使用低价倾销的概念，认为低价不等于倾销，竞争法上的这种行为应当称为不当的低价或贱价销售（不当贱卖）。而且，倾销的概念应当严格限定在国际进出口贸易中使用，由反倾销法来调整。参见史际春、吴炯：《关于贱价竞争和人为限价的法律思考》，载史际春主编：《经济法学评论》，第1卷，北京，中国法制出版社，2000。

而也就有不同的成本。美国法院在司法实践中先后采用过平均可变成本和平均总成本作为判案的依据。可变成本是相对于固定成本而言的，是指随着产品产量而变化的成本，一般包括材料费、能源费、直接劳力、管理人员费用、修理维护费用等。这里的成本是指生产成本和经营成本。生产成本包括制造成本和管理费用、财务费用、销售费用构成的期间费用，经营成本包括购进商品的进货成本和由经营费用、管理费用、财务费用构成的流通成本。低于成本是指低于企业所经营商品的合理的个别成本；在个别成本无法确认时，由政府价格主管部门按该商品行业平均成本及其下浮幅度认定。这里的行业平均成本只能作为参考而不能作为界定的依据，以免在实际执行中将原本实行市场调节价的商品变相地转为实行政府指导价。从反垄断法的角度来看，按照行业平均成本认定掠夺性定价行为，往往会造成对价格竞争的限制和对落后的保护，与反垄断法所追求的降低价格、提高质量的目标相悖。

在认定掠夺性定价行为时，除要证明经营者的定价低于成本外，还要证明经营者有排挤竞争对手或者独占市场的目的。确定个案中某经营者的产品成本就已不容易，而证明某经营者有消灭竞争者的意图就有更大的难度，因为主观的东西比客观的东西更难证明。对于这种定价意图的确认，除了依据文字材料等直接证据，一般还可通过低于成本的定价事实本身来加以确认，即用事实来推定其意图。当然，低于成本的定价依法属于正当的情况除外。这主要是指依法处理积压商品、过季或者临近换季的商品，临近保质期限、有效期限的商品，临近保质期限的鲜活商品，以及因依法清偿债务、破产、转产、歇业等原因需要以低于成本的价格销售的商品。

欧洲法院在 AKZO v. Commission 案中用两种基本的分析方法来确定企业是否实行掠夺性定价。第一种方法是，低于平均可变成本定价不必证明其主观意图就构成自身滥用。如果企业以低于可变成本的价格销售产品，则意味着每生产和销售一件产品就会使该企业蒙受一分损失。任何经营者都不会希望这样，除了为消灭竞争者外无法理解其经济目的，即对这种情况的唯一合理解释就是，从长远的角度来看，是为了在排除竞争对手后，巩固其优势地位并提高产品价格以弥补亏损。第二种方法是，将价格定在平均总成本[①]之下、平均可变成本之上的，只有在能证明其具有消灭竞争者的意图时才可考虑构成滥用。在该案中，欧共体委员会认为具有市场支配地位的企业 AKZO 为了破坏 ECS 的生存机会，许诺以低于成本的价格并低于向自己顾客要价的价格向其供应产品。AKZO 的价格低于平均总成本而高于平均可变成本，但同时具有获得 ECS 顾客的明显意图，因此认定其构成掠夺性定价行为。

三、拒绝交易

拒绝交易是指具有支配地位的经营者没有正当理由而拒绝与交易相对人进行交易。拒绝交易在知识产权领域通常表现为拒绝许可。

在一般的商品交易领域适用合同自愿原则，当事人完全可以自由选择自己的交易相对方，不存在拒绝交易权行使的限制问题。但对于具有市场支配地位的经营者来讲，其市场实力过于强大，交易相对人和消费者除了与其交易并没有更多的选择余地，因为这些交易相对人从其他渠道难以获得该产品，获得替代性产品也比较困难。具有市场支配地位的经营者由于本身市场力量的强大或提供产品的独特性（尤其是在拥有必需设施[②]时），在没有正当理由的情形下是不能拒绝与交易相对人进行交易的，以防止其阻碍潜在的竞争者进入市场，或者意图从其自己

① 平均总成本一般是指固定成本与可变成本的总和除以产品产量的数值。

② 英文为 essential facilities，也常常被译为关键设施。

经营业务的市场上将现有的经营者加以排除。

我国《反垄断法》第22条禁止具有市场支配地位的经营者从事的滥用市场支配地位的行为中，就包括“没有正当理由，拒绝与交易相对人进行交易”。《禁止滥用市场支配地位行为规定》第16条进一步规定：禁止具有市场支配地位的经营者没有正当理由，通过下列方式拒绝与交易相对人进行交易：(1) 实质性削减与交易相对人的现有交易数量；(2) 拖延、中断与交易相对人的现有交易；(3) 拒绝与交易相对人进行新的交易；(4) 通过设置交易相对人难以接受的价格、向交易相对人回购商品、与交易相对人进行其他交易等限制性条件，使交易相对人难以与其进行交易；(5) 拒绝交易相对人在生产经营活动中，以合理条件使用其必需设施。在依据前款第5项认定经营者滥用市场支配地位时，应当综合考虑以合理的投入另行投资建设或者另行开发建造该设施的可行性、交易相对人有效开展生产经营活动对该设施的依赖程度、该经营者提供该设施的可能性以及对自身生产经营活动造成的影响等因素。这里所称“正当理由”包括：(1) 因不可抗力等客观原因无法进行交易；(2) 交易相对人有不良信用记录或者出现经营状况恶化等情况，影响交易安全；(3) 与交易相对人进行交易将使经营者利益发生不当减损；(4) 交易相对人明确表示或者实际不遵守公平、合理、无歧视的平台规则；(5) 能够证明行为具有正当性的其他理由。

既然拒绝交易在多数情况下是合理、合法的，那么对其在特定情况下违法性的判断无疑就应适用合理原则，需要对其行为的目的和后果进行具体的分析。不令人满意的绩效、资金困难、不遵守质量标准都是认定拒绝交易合法的正当理由。以美国政府为例，其已很少对拒绝交易提起诉讼，至少在20世纪后半期是如此，当然私人还是在不断提起诉讼。[①] 美国在禁止拒绝交易方面的判例中强调对拒绝交易行为进行判断的意图标准（intent test）。在1927年的Eastman Kodak Co. v. Southern Photo Materials Co. 案[②]中，Kodak公司试图统一其照相用品的销售，拒绝向其没有收购的一家零售商批发该用品，美国联邦最高法院认定其构成非法的垄断化，因为Kodak公司为追求垄断目的而拒绝交易。在1951年的Lorain Journal Co. v. United States案[③]中，一家具有垄断地位的报社拒绝接受同时又在当地广播电台做广告的人的广告，该拒绝行为就是非法的，因为其意图通过排斥竞争，维持报社的独占地位。在1992年的Eastman Kodak Co. v. Image Tech. Servs. 案[④]中，美国联邦最高法院重申了在1985年Aspen Highlands Skiing Corp. v. Aspen Skiing Co. 案[⑤]中的观点，即垄断者“只有在其拒绝具有合法的竞争原因时”才可以拒绝与竞争对手交易。

在拒绝交易行为中，有时涉及拒绝进入必需设施，即具有市场支配地位的经营者对自己控制的必需设施，拒绝其他竞争者使用。实践中对这种行为的审查要考虑以下内容：一是具有市场支配地位的经营者控制了某一必需设施，而其他竞争者不能再建其他同样的设施；二是其他竞争者进入必需设施是必要的，而不是为了便利或节省费用；三是支配者提供该设施的可行性；四是支配者拒绝其他经营者使用的理由。在1995年的Magill案[⑥]中，欧盟委员会认为，在一个经营者拥有构成另一市场必需设施的市场支配地位的情况下，该经营者就有义务在非歧视基础上允许竞争者进入和向竞争者供应该必需设施，尤其是在电信、能源传输、交通和信息

---

① 参见孔祥俊：《反垄断法原理》，575页，北京，中国法制出版社，2001。

② See Eastman Kodak Co. v. Southern Photo Materials Co.，273 U.S. 359 (1927).

③ See Lorain Journal Co. v. United States，342 U.S. 143 (1951).

④ See Eastman Kodak Co. v. Image Tech. Servs.，504 U.S. 451 (1992).

⑤ See Aspen Highlands Skiing Corp. v. Aspen Skiing Co.，472 U.S. 585 (1985).

⑥ See Joint Cases C-241-242/91P，RTE v. Commission，[1995] ECR I-0743.

技术领域。不过，反垄断执法机构和法院在处理这类案件时一般很慎重，避免过宽适用“必需设施原则”。允许其他竞争者进入必需设施的命令，只有在提供此种进入的收益超过损害时才能作出。前述我国《禁止滥用市场支配地位行为规定》第 16 条第 2 款也就必需设施的认定作出了间接规定。

四、限定交易

限定交易，是指具有市场支配地位的经营者利用其优势，限定他人按照自己的意愿进行交易，排斥其他经营者公平竞争的行为。它既包括限定他人与自己交易，也包括限定他人与其指定的特定人交易，广义上还包括限定他人不得与特定的人交易。限定交易是滥用市场支配地位的典型表现，直接体现了对其交易相对人交易（合同）自由的限制，同时也在特定领域排挤了其竞争对手的竞争机会，因为限定交易的实施就意味着同业竞争者被排挤出该销售渠道。

我国《反垄断法》第 22 条禁止具有市场支配地位的经营者从事的滥用市场支配地位的行为中，就包括“没有正当理由，限定交易相对人只能与其进行交易或者只能与其指定的经营者进行交易”。《禁止滥用市场支配地位行为规定》第 17 条进一步规定：禁止具有市场支配地位的经营者没有正当理由，从事下列限定交易行为：（1）限定交易相对人只能与其进行交易；（2）限定交易相对人只能与其指定的经营者进行交易；（3）限定交易相对人不得与特定经营者进行交易。从事上述限定交易行为可以是直接限定，也可以是采取惩罚性或者激励性措施等方式变相限定。这里的“正当理由”包括：（1）为满足产品安全要求所必需；（2）为保护知识产权、商业秘密或数据安全所必需；（3）为保护针对交易进行的特定投资所必需；（4）为维护平台合理的经营模式所必需；（5）能够证明行为具有正当性的其他理由。

限定他人与自己交易，实际上就是所谓的强买强卖，主要表现为具有支配地位的经营者限定交易相对人只能购买自己提供的某种商品或者服务，而不得购买其竞争者提供的商品或者服务。搭售在性质上与这种行为有交叉之处，但由于其已经是一种独立的滥用行为的表现，因而不必将其纳入。具有支配地位的经营者有时虽然没有直接限制他人只能与自己交易，但是明确不允许他人与其竞争者进行交易。这实际上变相地达到了限制他人只能与自己进行交易的目的，因而也属于限定交易的范畴。而限定他人与其指定的特定人交易也是滥用自己的优势地位、违背交易相对人的意愿和排斥其他竞争者的表现。

限定交易行为的主体是具有市场支配地位的经营者，而公用企业等具有独占地位的经营者的市场支配地位更为突出、典型，因此，这类经营者实施的限定交易行为的影响和危害更大。事实上，早在 1993 年的《反不正当竞争法》中就曾经对这种行为进行了明确的规制。该法第 6 条规定：“公用企业或者其他依法具有独占地位的经营者，不得限定他人购买其指定的经营者的商品，以排挤其他经营者的公平竞争。”这一规定只涉及了公用企业限定交易行为的一个方面，即指定交易（限定购买）行为，而国家工商行政管理局 1993 年 12 月发布的《关于禁止公用企业限制竞争行为的若干规定》（已失效）涉及了限定交易行为的更多方面。根据该规定，公用企业在市场交易中，不得实施下列限制竞争的行为：（1）限定用户、消费者只能购买和使用其附带提供的相关商品，而不得购买和使用其提供的符合技术标准要求的同类商品；（2）限定用户、消费者只能购买和使用其指定的经营者生产或者经销的商品，而不得购买和使用其他经营者提供的符合技术标准要求的同类商品；（3）强制用户、消费者购买其提供的不必要的商品及配件；（4）强制用户、消费者购买其指定的经营者提供的不必要的商品；（5）以检验商品质量、性能等为借口，阻碍用户、消费者购买、使用其他经营者提供的符合技术标准要求的其他商品；（6）对不接受其不合理条件的用户、消费者拒绝、中断或者削减供应相关商品，或者滥收费用；（7）其他限制竞争的行为。随着我国《反不正当竞争法》在2017年的修订，这些规定都失去了效力，只具有参考的价值了。

在利乐滥用市场支配地位案中，国家工商行政管理总局经过调查认定：红塔自主拥有牛底纸生产专利技术；红塔向第三方供应牛底纸并不影响其与利乐的合作；利乐限制红塔使用的技术信息并非其专有；利乐限制使用非利乐专有技术信息实际上限制了红塔向第三方供应牛底纸，损害了包材市场的竞争。因此，利乐对红塔向其他包材厂商供应牛底纸进行了限制（包括限制红塔与第三方合作开发牛底纸项目、限制向其他包材厂商供应牛底纸等），而这些限定交易行为不具备正当理由，且损害了包材市场的竞争。结合相关市场的界定和利乐市场支配地位的认定，利乐的这种行为就构成了限定交易的滥用市场支配地位行为。[①]

五、搭售

搭售是将两种或两种以上产品[②]捆绑成一种产品进行销售，以致购买者为得到其所想要的产品就必须购买其他产品的商业行为。前一种产品为搭售的产品（tying product），有的称之为“结卖品”；后一种产品为被搭售的产品（tied product），有的称之为“搭卖品”。

搭售与捆绑销售类似，但两者是有区别的。搭售（tying）是指卖方或出租方通过合同条款或技术条件，要求购买或租赁产品或服务的买方或承租方同时购买或租赁另外的（在购买时往往无须固定搭配）产品或服务，例如打印机和墨盒；而捆绑销售（bundling）是指产品只以固定搭配的方式进行的销售，例如鞋和鞋带、有许多版面的报纸。[③] 在认定搭售行为时，结卖品和搭卖品之间的联系是一个非常重要的因素。例如，汽车是一种产品，而附在上面的轮胎就不算一种可以与汽车分离的独立产品，这里就不存在搭售问题。但在实际的案件中，对于两种产品之间是否存在必然的联系，从而是否可构成一种产品，往往是有争议的，而对此作出认定是处理搭售案件的关键。

搭售在实践中的表现形式多样，大致可以作如下分类：（1）显性搭售和隐性搭售。前者指卖方在销售某种商品时要求买方须同时购买另一种商品。后者指卖方在销售一种商品时，虽没有直接要求买方须同时购买另一种商品，但规定买方将不得从其他任何供应商那里购买那种商品。这种搭售安排较隐蔽，但效果与前者相同。（2）契约式搭售和事实搭售。前者指明确以契约方式固定下来的搭售安排；后者指虽没有搭售契约，但通过一系列事实可推定搭售存在。[④]

一般来说，从事搭售行为的经营者在市场上具有支配地位，否则搭售是难以实行的。“一旦法院习惯了把搭售视为某一个市场垄断者用作杠杆为自己在另一个市场获取支配地位的工具，再要求证明第一个市场的垄断力似乎就成了多此一举，理由是，如果不存在这种垄断力，怎么可能实施搭售呢?”[⑤] 搭售是滥用市场支配地位行为的重要形式，尽管它也是纵向垄断协议的重要形式。[⑥] 搭售在概念上与拒绝交易和价格歧视等滥用行为也有重合的地方，因为，购买者若不同意接受搭卖品，则很可能被拒绝供应其所需要的结卖品，或者需要付出更高代价才

① 资料来源：中国政府网，http：//www.gov.cn/xinwen/2016-11/17/content_5133601.htm。

② 这里的产品应当是广义上的，包括服务和知识产权在内。

③ 参见王先林、潘志成：《反垄断执法与知识产权保护之间的平衡——美国〈反托拉斯执法与知识产权：促进创新和竞争〉报告述评》，载《知识产权》，2007（6）。

④ 参见王健：《搭售法律问题研究——兼评美国微软公司的搭售行为》，载《法学评论》，2003（2）。

⑤ ［美］理查德·A. 波斯纳：《反托拉斯法》，2版，孙秋宁译，231页，北京，中国政法大学出版社，2003。

⑥ 在搭售问题上存在明显的法律适用的竞合现象，既可能适用反垄断法中的禁止滥用市场支配地位制度的规定，也可能适用反垄断法中禁止联合限制竞争制度的规定，只要能够满足适用这些制度各自的构成要件。

能得到。

尽管某些情况下的搭售行为有一些合理的因素，如产生最佳经济技术效益、确保产品质量和消费者安全等，但是，具有市场支配地位的经营者从事搭售的危害是很明显的。它一方面限制了顾客和消费者的选择自由，另一方面又排除了结卖品市场上的竞争者。因此，美国《克莱顿法》第3条对此作了专门规定，而且《谢尔曼法》第1条和第2条的规定也适用于它。《欧盟运行条约》第102条第2款（d）对其予以特别禁止。

我国《反垄断法》第22条禁止具有市场支配地位的经营者从事的滥用市场支配地位的行为中，包括“没有正当理由搭售商品，或者在交易时附加其他不合理的交易条件”。《禁止滥用市场支配地位行为规定》第18条进一步规定：禁止具有市场支配地位的经营者没有正当理由搭售商品，或者在交易时附加其他不合理的交易条件：（1）违背交易惯例、消费习惯或者无视商品的功能，利用合同条款或者弹窗、操作必经步骤等交易相对人难以选择、更改、拒绝的方式，将不同商品捆绑销售或者组合销售；（2）对合同期限、支付方式、商品的运输及交付方式或者服务的提供方式等附加不合理的限制；（3）对商品的销售地域、销售对象、售后服务等附加不合理的限制；（4）交易时在价格之外附加不合理费用；（5）附加与交易标的无关的交易条件。这里的“正当理由”包括：（1）符合正当的行业惯例和交易习惯；（2）为满足产品安全要求所必需；（3）为实现特定技术所必需；（4）为保护交易相对人和消费者利益所必需；（5）能够证明行为具有正当性的其他理由。

一般来说，构成反垄断法上的搭售行为必须具备如下要件：结卖品与搭卖品是两个独立的产品；实施搭售行为的主体在结卖品市场上存在市场支配力；搭售行为对被搭售的产品市场有实质性的影响，将竞争优势从一个市场转到另一个市场。尽管当两种或两种以上产品搭售或捆绑，且至少其中一种产品涉及知识产权时，经济学理论可以辨别出其同时具有有利竞争的效果和不利竞争的效果，但是根据美国20世纪80年代的反托拉斯判例法，搭售安排，包括涉及知识产权的搭售安排，如果卖方在搭售品市场具有市场支配力且其他条件满足，则仍然为本身违法行为。不过，本身违法原则在对搭售安排适用时已经不断进化，包含了市场分析的要素。[①]美国的判例对搭售行为大多采用本身违法原则来进行判断。古典搭售规则尽管在经济学理论上没有完整而清晰的基础，但符合人们在现实生活中的一些实际的感受，因而对司法实践影响巨大。芝加哥学派和后芝加哥学派通过构建各种理论模型，推翻了搭售一定有损竞争的古典规则，使对搭售行为本质的认识更为深入，然而目前对司法的影响还有限。这种理论发展与实践的偏差可能主要在于理论研究和应用之间的时间迟延。[②]

在卖方能够搭售的情况下，它的结卖品必须具有某种独特的性质，并能产生消费者对它的特殊需求和一定的市场力量，否则，不愿购买搭卖品的买主就会从其他渠道得到其所需要的结卖品。产品中包含某种知识产权是形成卖方市场力量的一个重要因素。在美国有一段时期，只要结卖品具有专利权或版权，美国联邦最高法院就推定存在着必需的经济力量。[③] 国际商业机器公司曾要求它的承租人在租用其享有专利权的自动钻孔卡片制表机时，以向该公司购买制表

① Nat'l Collegiate Athletic Ass'n v. Bd. of Regents of the Univ. of Okla.，468 U.S. 85，104 n. 26 (1984)．该案判决中指出：“法院在提到适用于搭售安排的本身违法原则时，同时也确认搭售可能具有有利竞争的正当性，因而对其不结合一定的市场分析而直接加以谴责是不适当的。”

② 参见李剑：《搭售理论的经济学和法学回顾》，载《云南大学学报（法学版）》，2005（2）。

③ 在2006年的Illinois Tool Works v. Independent Ink，Inc. 案的判决中，美国联邦最高法院正式放弃了知识产权授予市场力量或垄断力的推定。

卡为条件，这就可以利用其享有专利权的机器的垄断实力来搭售无专利权的卡片。[①] 在实践中，一些企业利用其拥有的某方面的专利等知识产权而非法搭售非知识产权产品。例如，国际盐业公司曾在出租其享有专利权的化盐机和撒盐机时非法搭售盐；美国罐头公司也曾非法地要求它的承租人在租用其享有专利权的封罐机时，以向该公司购买罐头为条件。此外，搭售在美国电影业中经常被采用，被称为整套订购（block booking），它反复受到《谢尔曼法》的有效追究。[②]

六、差别待遇

差别待遇，又称歧视待遇，是指具有支配地位的经营者没有正当理由而对条件相同的交易相对人提供不同的价格或者其他交易条件，致使有的交易相对人处于不利的竞争地位。由于价格是交易条件的最主要和最典型的方面，因而价格歧视或者歧视性定价是差别待遇的一种主要和典型的表现形式。

我国《反垄断法》第 22 条禁止具有市场支配地位的经营者从事的滥用市场支配地位的行为中，包括“没有正当理由，对条件相同的交易相对人在交易价格等交易条件上实行差别待遇”。《禁止滥用市场支配地位行为规定》第 19 条进一步规定：禁止具有市场支配地位的经营者没有正当理由，对条件相同的交易相对人在交易条件上实行下列差别待遇：（1）实行不同的交易价格、数量、品种、品质等级；（2）实行不同的数量折扣等优惠条件；（3）实行不同的付款条件、交付方式；（4）实行不同的保修内容和期限、维修内容和时间、零配件供应、技术指导等售后服务条件。条件相同是指交易相对人之间在交易安全、交易成本、规模和能力、信用状况、所处交易环节、交易持续时间等方面不存在实质性影响交易的差别。交易中依法获取的交易相对人的交易数据、个体偏好、消费习惯等方面存在的差异不影响认定交易相对人条件相同。这里的“正当理由”包括：（1）根据交易相对人实际需求且符合正当的交易习惯和行业惯例，实行不同交易条件；（2）针对新用户的首次交易在合理期限内开展的优惠活动；（3）基于公平、合理、无歧视的平台规则实施的随机性交易；（4）能够证明行为具有正当性的其他理由。

就差别待遇的主要和典型的形式来说，价格歧视是指经营者在提供或接受产品或服务时，对不同的客户实行与成本无关的价格上的差别待遇。卖方对购买相同等级、相同质量的产品或服务的买方要求支付不同的价格，或者买方对提供相同等级、相同质量的产品或服务的卖方支付不同的价格，如果它们是不正常的、与成本无关的，就会构成价格歧视。它是具有市场支配地位经营者滥用行为的一种形式。价格歧视使提供或接受相同产品或服务的经营者的交易机会不同，尤其不利于中小企业获得公平竞争的机会，并可能成为阻碍制造商层次或零售商层次市场进入的障碍。因此，价格歧视对竞争的损害既包括对行为人同行竞争对手之间竞争的损害，即所谓对一线竞争的损害（primary line injury），也包括对行为人交易对方的竞争的损害，即所谓对二线竞争的损害（secondary line injury）。

原则上，具有市场支配地位的经营者也可以在产品在不同市场上作不同的用途时对同一产品实行不同的价格。实际上，不同的用途可以作为区别不同交易的一个客观因素，它允许具有市场支配地位的经营者在定价行为中考虑不同产品市场上的不同市场条件。价格歧视与合理的

---

① 该公司被判违反《克莱顿法》第 3 条，因为适用该条比适用《谢尔曼法》相对容易，只要证明该行为实质上减少了竞争或者旨在形成商业垄断即可。

② 参见［美］马歇尔・C. 霍华德：《美国反托拉斯法与贸易法规》，孙南申译，214 页，北京，中国社会科学出版社，1991。

价格差别的界限往往并不是很明确，价格歧视对市场竞争的损害也并不是绝对的，因此在认定价格歧视时需要把握其违法的构成要件。一般来说，违法的价格歧视行为需要具备以下构成要件：（1）行为人占支配地位；（2）存在价格歧视行为；（3）价格歧视不具有合理性；（4）价格歧视损害竞争。[①] 基于这种要件，一些具有价格歧视的外观的行为（价格差异），如适应竞争、成本差别、交易数量差别、条件变化等，就不应当被认定为价格歧视。

在美国，对价格歧视行为主要适用 1936 年的《罗宾逊-帕特曼法》（该法是对 1914 年的《克莱顿法》第 2 条的修改），同时还可适用《谢尔曼法》第 2 条（企图垄断）和《联邦贸易委员会法》第 5 条（不正当的竞争方法）。《罗宾逊-帕特曼法》的制定和实施，受到了经济学家的广泛批评，因为该法的通过被认为是为了保护小型零售商免受大型连锁店的冲击而不是为了增进经济效率，该法更注重于保护竞争者而非保护竞争。由于饱受非议，该法的执行也受到冷落，美国联邦贸易委员会调查处理的价格歧视案件越来越少，有时一年只有几件。特别是 2007 年 4 月 2 日公布的“反托拉斯现代化委员会报告和建议”还明确建议国会废除该法，认为该法与反托拉斯法的核心原则相悖。实际上，早在 1955 年、1969 年和 1977 年的三份报告就建议对该法加以废除或者进行实质性修改。

美国学者认为，价格歧视的经济学分析比较复杂。一个纯粹的垄断者所实施的价格歧视常常被认为是对社会有利的，因为一个纯粹的价格歧视的垄断者将会扩大生产，使其回到竞争的水平上。但价格歧视在极少数情况下可以被用来支持掠夺性价格策略或提高竞争对手的成本。另外，阻止套利交易的费用可能会减少价格歧视的社会收益。价格歧视本身是一套复杂的和有争议的规则所规范的对象。价格歧视的诉讼请求在法院很少能够获得支持。

在欧盟，价格歧视行为受到《欧盟运行条约》第 102 条第 2 款（c）的禁止。但判例法表明，这种禁止规范调整多种行为，它可以扩展到有将竞争者排挤出市场效果的价格差别，如掠夺性定价和许可费折扣，也可适用于直接造成顾客和消费者损害的定价行为，还可适用于在不同产品市场和地域市场上的差别定价行为。原则上，价格歧视是在产品本身相同或可替代时的交易价格差别。欧盟委员会和欧洲法院长期将具有市场支配地位企业的某些折扣策略视为滥用，因为它们是以排除竞争者为目标的。但欧洲法院很早就认为，若折扣因所订购的数量不同而异，则其不构成滥用。尽管在数量折扣中也可能存在歧视因素，即针对小企业的少量订购的歧视，但是允许具有市场支配地位的经营者对不同的交易施以不同的条件，只有其将交易当事人置于明显的不利竞争地位时才构成价格歧视。

第四节　滥用市场支配地位行为的法律责任

若一个经营者被认定滥用了其市场支配地位，则其应当受到相应的法律制裁。实施了滥用市场支配地位行为的经营者都要承担民事责任和行政责任。对于滥用市场支配地位的经营者，首先应当由反垄断执法机构责令其停止违法行为。如果行为人在实施滥用行为过程中有违法所得的，还应没收其违法所得。反垄断执法机构还可以根据行为人实施滥用行为的情节，对其处以一定数额的罚款。如果有关的滥用行为是通过当事人之间的合同来表现的，那么这些合同应当被宣告无效。因滥用市场支配地位行为而受到损害的当事人（经营者和消费者）有权要求得到损害赔偿，当然，他们也可以请求行为人停止违法行为。此外，为充分体现法律的权威，有

① 参见王晓晔：《竞争法学》，311～312 页，北京，社会科学文献出版社，2007。

效制裁严重滥用市场支配地位的违法者，有的国家还规定了刑事制裁条款。例如，美国《谢尔曼法》第 2 条规定：违反该条规定实施垄断或者意图垄断的行为是严重犯罪。如果参与人是公司，将处以不超过 1 亿美元的罚款；如果参与人是个人，将处以不超过 100 万美元的罚款，或 10 年以下监禁。也可由法院酌情并用两种处罚。可见其处罚是很严厉的。

我国《反垄断法》对滥用市场支配地位行为的法律责任也作了规定。其中，第 57 条规定了行政责任，即经营者滥用市场支配地位的，由反垄断执法机构责令停止违法行为，没收违法所得，并处上一年度销售额 1%以上、10%以下的罚款。这里的罚款按照上一年度销售额的一定比例计算，是借鉴了欧盟竞争法中的相关规定，但比欧盟的规定更严厉，因为欧盟只规定了上限，没有规定下限，而我国的规定中既有上限也有下限。这有利于对那些性质严重的违法行为施以有效的制裁，但在适用的时候需要特别慎重。同时，滥用市场支配地位的经营者还要依该法第 60 条第 1 款的规定承担民事责任，即“经营者实施垄断行为，给他人造成损失的，依法承担民事责任”。显然，这一规定很简单，也很原则。在民事责任方面，除了《反垄断法》第 60 条的笼统规定，具体可适用最高人民法院的相关司法解释。

案例与思考 1

华为技术有限公司诉美国交互数字技术公司、交互数字通信有限公司、交互数字公司垄断案[①]

2011 年 12 月 6 日，华为技术有限公司（以下简称“华为公司”）向深圳市中级人民法院提起诉讼称：根据我国《反垄断法》的规定，被告美国交互数字技术公司、交互数字通信有限公司、交互数字公司（以下统称为“IDC 公司”）在 3G 无线通信标准必要专利许可市场中具有市场支配地位。与苹果、三星等公司相比，被告对其标准必要专利的许可使用费存在过高定价和歧视性定价行为；被告还要求原告将其全球所有的专利无偿许可给被告，这属于附加不合理交易条件的行为；被告提出将其标准必要专利和非标准必要专利、2G、3G 和 4G 标准必要专利、全球专利打包许可，这属于搭售行为；在双方谈判过程中，被告突然在美国联邦最高法院和美国国际贸易委员会同时起诉原告，本质上是拒绝与原告进行交易的行为。据此，原告诉请三被告立即停止过高定价、差别定价、搭售、附加不合理交易条件以及拒绝交易等垄断民事侵权行为，并连带赔偿原告经济损失人民币 2 000 万元。

被告 IDC 公司答辩称：第一，IDC 公司不认可华为公司所主张的相关市场的划分，仅凭 IDC 公司自身的必要专利涵盖的技术不可能制造任何终端产品。本案中相关的地域市场应该是全球市场，而不是华为公司所划分的中国市场和美国市场。第二，IDC 公司在相关市场中不具有市场支配地位，以及排除或限制竞争的能力。第三，IDC 公司没有实施任何违反《反垄断法》、限制竞争的行为。第四，IDC 公司没有给华为公司造成任何实际损害。

深圳市中级人民法院经审理认为，原告华为公司主张相关市场的范围是：相关地域市场是中国市场和美国市场，相关商品市场为被告 IDC 公司在 3G 无线通信技术中的 WCDMA、CDMA2000、TD－SCDMA 标准下的每一个必要专利许可市场构成的集合束，

① 资料来源：广东省高级人民法院（2013）粤高法民终字第 306 号民事判决书，见人民法院报，http://rmfyb.chinacourt.org/paper/images/2018-11/17/03/2018111703_pdf.pdf。

被告在中国和美国的3G无线通信技术标准（WCDMA、CDMA2000、TD-SCDMA）中的每一个必要专利许可市场，均构成一个独立的相关市场，本案的相关市场是该一个个独立相关市场的集合束。法院对原告界定的相关市场的范围，予以确认。基于3G标准中每一个必要专利的唯一性和不可替代性，被告在3G标准中的每一个必要专利许可市场均拥有完全的份额，具有阻碍或影响其他经营者进入相关市场的能力。因此，法院认定被告在原告界定的相关市场中具有市场支配地位。

在进行必要专利的授权许可谈判时，必要专利权人掌握其必要专利达成许可条件的信息，而谈判的对方不掌握这些交易信息，由于双方信息不对称，故必要专利许可合同交易的实现，依赖于必要专利权人在合同签订、履行时均遵循公平、合理、无歧视（FRAND）的原则。将被告授权给苹果、三星等公司的专利许可条件，与被告向原告发出的要约条件进行比较，无论是按照一次性支付专利许可使用费为标准，还是按照专利许可使用费率为标准，被告拟授权给原告的专利使用费均远远高于苹果、三星等公司。被告还强迫原告给予其所有专利的免费许可，使之可以获得额外的利益。这表明被告存在过高定价和歧视性定价的行为。由于原告在与被告的谈判中一直处于善意状态，被告在美国提起诉讼，目的在于逼迫原告接受过高专利许可交易条件。这在性质上不属于拒绝交易行为，而属于逼迫原告接受过高专利许可交易条件之手段的行为。被告利用其在必要专利授权许可市场中的支配地位，将必要专利与非必要专利搭售，属于滥用市场支配地位的行为。原告指控被告将2G、3G和4G标准必要专利、全球专利打包许可属于搭售行为，缺乏依据，不予采纳。

据此，深圳市中级人民法院依法认定三被告共同实施了垄断民事侵权行为，应承担共同实施垄断民事侵权行为的法律责任；判决三被告立即停止针对原告实施的过高定价和搭售的垄断民事侵权行为，并连带赔偿原告经济损失人民币2 000万元，驳回原告的其他诉讼请求。宣判后，原、被告双方均不服一审判决，提起上诉。

2013年10月21日，广东省高级人民法院作出终审判决：驳回上诉，维持原判。

本案是我国首例原告完全胜诉的反垄断民事诉讼案，也是我国法院受理的首例由必要标准专利许可引发的垄断纠纷案件，涉及知识产权领域最前沿的疑难法律问题，广受国内外关注。最高人民法院将其列入“2013年度全国法院十大热点案件”。本案尝试在专利权保护与反垄断之间进行合理的平衡，并探讨了在涉及标准必要专利时如何界定相关市场以及如何认定过高定价和搭售等疑难问题。尽管有些结论在学术上还可以讨论，但是本案的判决在世界上树立了标准必要专利领域垄断纠纷的审判标准，具有重要的意义。

案例与思考2

国家发展和改革委员会查处美国高通公司滥用市场支配地位案①

2013年11月，国家发展和改革委员会根据举报启动了对美国高通公司（以下简称“高通公司”）的反垄断调查。在调查过程中，国家发展和改革委员会对数十家国内外

① 资料来源：国家发展和改革委员会（2015）1号行政处罚决定书。

手机生产企业和基带芯片制造企业进行了深入调查，获取了高通公司实施价格垄断等行为的相关证据，充分听取了高通公司的陈述和申辩意见，并就高通公司相关行为构成我国《反垄断法》禁止的滥用市场支配地位行为进行了研究论证。

经调查取证和分析论证，国家发展和改革委员会认定高通公司在CDMA、WCDMA、LTE无线通信标准必要专利许可市场和基带芯片市场具有市场支配地位，并实施了以下滥用市场支配地位的行为：第一，收取不公平的高价专利许可费。高通公司对我国企业进行专利许可时拒绝提供专利清单，将过期专利一直包含在专利组合中并收取许可费。同时，高通公司要求我国被许可人将持有的相关专利向其进行免费反向许可，拒绝在许可费中抵扣反向许可的专利价值或提供其他对价。此外，对于曾被迫接受非标准必要专利一揽子许可的我国被许可人，高通公司在坚持较高许可费率的同时，按整机批发净售价收取专利许可费。这些因素的结合导致许可费过高。第二，没有正当理由搭售非无线通信标准必要专利许可。在专利许可中，高通公司不将性质不同的无线通信标准必要专利与非无线通信标准必要专利进行区分并分别对外许可，而是利用在无线通信标准必要专利许可市场的支配地位，没有正当理由将非无线通信标准必要专利许可进行搭售，我国部分被许可人被迫从高通公司获得非无线通信标准必要专利许可。第三，在基带芯片销售中附加不合理条件。高通公司将签订和不挑战专利许可协议作为我国被许可人获得其基带芯片供应的条件。如果潜在被许可人未签订包含了以上不合理条款的专利许可协议，或者被许可人就专利许可协议产生争议并提起诉讼，则高通公司均拒绝供应基带芯片。由于高通公司在基带芯片市场具有市场支配地位，我国被许可人对其基带芯片高度依赖，高通公司在基带芯片销售时附加不合理条件，使我国被许可人被迫接受不公平、不合理的专利许可条件。

国家发展和改革委员会认为，高通公司的上述行为，排除、限制了市场竞争，阻碍和抑制了技术创新和发展，损害了消费者的利益，违反了我国《反垄断法》关于禁止具有市场支配地位的经营者以不公平的高价销售商品、没有正当理由搭售商品和在交易时附加不合理交易条件的规定。

在反垄断调查过程中，高通公司配合调查，主动提出了一揽子整改措施。这些整改措施针对高通公司对某些无线通信标准必要专利的许可，包括：(1) 对为在我国境内使用而销售的手机，按整机批发净售价的65%收取专利许可费；(2) 向我国被许可人进行专利许可时，将提供专利清单，不得对过期专利收取许可费；(3) 不要求我国被许可人将专利进行免费反向许可；(4) 在进行无线通信标准必要专利许可时，不得没有正当理由搭售非无线通信标准必要专利许可；(5) 销售基带芯片时不要求我国被许可人签订包含不合理条件的许可协议，不将不挑战专利许可协议作为向我国被许可人供应基带芯片的条件。高通公司提交的整改措施满足了国家发展和改革委员会决定和整改的要求。

由于高通公司滥用市场支配地位实施垄断行为的性质严重，程度深，持续时间长，国家发展和改革委员会在责令高通公司停止违法行为的同时，依法对高通公司处以2013年度在我国市场销售额8%的罚款，计60.88亿元人民币。

本案是我国《反垄断法》自2008年8月1日实施以来，罚款数额最高，受到国内外关注度也最高的案件，在我国反垄断执法中具有里程碑意义。本案也涉及标准必要专利的问题，处理结果修正了高通公司在无线通信行业某些长期的垄断行为，对同类企业起到了警示作用，有效促进了该行业的公平竞争，维护了消费者的利益。而对于全球范围内的反垄断执法而言，我国执法机构也在本案中展现了决心和能力，表明中国在重视知识产权保护的同时，也坚决反对任何滥用知识产权排除、限制竞争的行为。

案例与思考 3

国家工商行政管理总局查处利乐公司滥用市场支配地位案①

在依法开展了持续 4 年多的全面深入调查后，国家工商行政管理总局于 2016 年 11 月 16 日正式公布了对利乐公司滥用市场支配地位案的处罚决定。国家工商行政管理总局认定：在 2009—2013 年期间，利乐公司在中国大陆液体食品纸基无菌包装设备（以下简称“设备”）、纸基无菌包装设备的技术服务（以下简称“技术服务”）、纸基无菌包装材料（以下简称“包材”）三个市场，均具有市场支配地位。在 2009—2013 年期间，利乐公司凭借其在设备市场、技术服务市场的支配地位，在提供设备和技术服务过程中搭售包材；凭借其在包材市场的支配地位，通过限制原料纸供应商与其竞争对手合作、限制原料纸供应商使用有关技术信息，妨碍原料纸供应商向其竞争对手提供原料纸；凭借其在包材市场的支配地位实施追溯性累计销量折扣和个性化采购量目标折扣等排除、限制竞争的忠诚折扣，妨碍包材市场的公平竞争。利乐公司的上述行为违反了《反垄断法》的有关规定，构成了该法第 17 条第 1 款第 4 项、第 5 项和第 7 项规定的没有正当理由搭售、没有正当理由限定交易和其他滥用市场支配地位行为。依据《反垄断法》，国家工商行政管理总局责令利乐公司停止违法行为，包括不得在提供设备和技术服务时无正当理由搭售包材，不得无正当理由限制包材原纸供应商向第三方供应牛底涂布液包白卡纸，不得制定和实施排除、限制包材市场竞争的忠诚折扣；处罚款计667 724 176.88 元人民币。

本案按照反垄断法禁止滥用市场支配地位制度的基本分析框架，本着界定相关市场→认定市场支配地位→认定滥用市场支配地位行为→确定行为相应的法律责任的逻辑顺序，开展了法律分析。首先，将本案的相关商品市场界定为液体食品纸基复合材料无菌包装设备市场、液体食品纸基复合材料无菌包装设备的技术服务市场、液体食品无菌包装用纸基复合材料市场，相关地域市场界定为中国大陆市场；接着，分析认定利乐公司在这三个市场上均具有市场支配地位；进而，在此基础上分析、认定利乐公司三个方面的滥用市场支配地位行为，包括没有正当理由搭售、没有正当理由限定交易和其他滥用市场支配地位行为（忠诚折扣）；最后，根据《反垄断法》第 47 条的规定确定利乐公司应当承担的法律责任。这种法律分析是非常缜密和严谨的。

本案的调查处理还重视进行经济分析，尤其是对于在《反垄断法》第 17 条第 1 款明确列举的滥用行为之外的忠诚折扣，处罚决定书中对此进行了大量的经济分析，分别分析了追溯累计折扣具有忠诚诱导效应、目标折扣具有忠诚诱导效应，以及忠诚折扣在特定的市场条件下具有明显的反竞争效应。在这个过程中，还运用了相应的经济学模式

① 资料来源：中国政府网，http：//www.gov.cn/xinwen/2016-11/16/content _ 5133237.htm。

进行分析，这在以往的反垄断执法中是鲜见的，标志着我们反垄断执法更加专业、更加成熟，执法水平上了一个新的台阶。在这种经济分析背后实际上是有大量的调查和研究论证工作的。除了现场检查、询问调查，执法者还进行了市场问卷调查。

本案是工商行政管理机关正式调查处理完毕的第一起外国企业的垄断案，是调查时间最长的一个反垄断案件，也是工商行政管理机关反垄断执法中罚款数额最高的一个案件，在中国整个反垄断执法中的罚款数额仅次于2015年国家发展和改革委员会处罚的高通垄断案，因此其具有多方面的意义和广泛的影响力。全文公布的处罚决定书长达47页，内容翔实。本案是我国《反垄断法》实施后的一个标志性的行政执法案例，对我国今后的反垄断执法会产生直接或者间接的影响。

思考题

1. 如何理解市场支配地位的含义和认定依据？
2. 试述市场支配地位的推定制度。
3. 试析禁止滥用市场支配地位制度的宗旨和分析框架。
4. 我国《反垄断法》确认的滥用市场支配地位行为有哪些主要类型？
5. 试析我国《反垄断法》中的不公平要价和掠夺性定价行为。
6. 试析我国《反垄断法》中的拒绝交易和搭售行为。
7. 试析滥用市场支配地位行为的法律责任。

第十五章 控制经营者集中制度

第一节 经营者集中概述

一、经营者集中的概念

控制经营者集中制度是对企图形成或加强潜在的市场支配力的事前预防、控制，旨在维护合理的市场结构，防止市场力量的过度集中。为此，需要从法律上确定经营者集中的概念，界定相关市场，确定控制经营者集中的标准（增强市场支配地位或者限制竞争），确定控制经营者集中的程序。其中，明确经营者集中的概念是一项最基础的工作。

我国《反垄断法》第四章规定了“经营者集中”，这对应于日本等法域所用的“企业结合”概念。在我国反垄断法的研究中，人们往往还使用其他一些术语来表示“市场集中”的现象，如企业合并、企业兼并、企业并购和企业聚合等。其中，关于企业合并与企业兼并，有的认为企业兼并只是企业合并中的一种，即其中的吸收合并，如我国《关于企业兼并的暂行办法》第1条规定的企业兼并是作为企业合并的一种特殊形式，即吸收式合并；有的则认为反垄断法中的企业兼并不同于企业法或公司法中的企业兼并，将企业兼并与企业合并互换使用，甚至将企业合并作为企业兼并的一种。由于企业法、公司法对企业兼并或公司合并进行调整是为了维护公司或企业债权人和股东的合法权益，确保交易的安全和稳定，而反垄断法对有关企业合并或企业兼并的调整是为了规范企业合并对市场竞争关系的影响；同时，反垄断法所关注的不限于一般经济学上所讲的合并或兼并，因此在反垄断法中创设一个有着自身特定含义、包容范围更广的专用术语是必要的。我国《反垄断法》最终采用“经营者集中”的概念，这相较于以前的有关起草文本中使用的“企业合并”“企业兼并”等概念要更为准确一些。

有关国家和地区的反垄断法一般没有对经营者集中进行明确定义，而是通过列举其所包括的具体情形来对经营者集中进行界定。例如，根据欧共体理事会第139/2004号条例的规定，下列情形属于集中：两个或两个以上的独立企业之间的合并；企业或者对企业有控制权的人，通过购买证券或资产、签订合同等手段，获得对其他企业的控制权的行为。

我国《反垄断法》对经营者集中的界定也是采取列举的方式，并且其内容与其他国家和地区的规定基本一致。根据该法第25条的规定，经营者集中是指下列情形：（1）经营者合并；（2）经营者通过取得股权或者资产的方式取得对其他经营者的控制权；（3）经营者通过合同等方式取得对其他经营者的控制权或者能够对其他经营者施加决定性影响。

《经营者集中审查规定》第5条规定：判断经营者是否取得对其他经营者的控制权或者能够对其他经营者施加决定性影响，应当考虑下列因素：（1）交易的目的和未来的计划；（2）交易前后其他经营者的股权结构及其变化；（3）其他经营者股东（大）会等权力机构的表决事项及其表决机制，以及其历史出席率和表决情况；（4）其他经营者董事会等决策或管理机构的组成及其表决机制，以及其历史出席率和表决情况；（5）其他经营者高级管理人员的任免等；

(6) 其他经营者股东、董事之间的关系，是否存在委托行使投票权、一致行动人等；(7) 该经营者与其他经营者是否存在重大商业关系、合作协议等；(8) 其他应当考虑的因素。两个以上经营者均拥有对其他经营者的控制权或者能够对其他经营者施加决定性影响的，构成对其他经营者的共同控制。

概括地说，经营者集中是指为了达到特定的经济目的，通过一定方式和程序对经营者之间的资产、人员等因素进行融合的行为。具体来说，经营者集中是指两个或两个以上的经营者进行合并，或者一个或多个经营者通过收购、合同等方式对其他经营者进行实质性控制，从而导致相互关系上的持久变迁的行为。

在经营者集中的各种形式中，合并是最主要、最典型的形式，因此成为反垄断法的首先和主要的关注对象。在今天，企业合并仍然是反垄断法控制经营者集中制度的主要规制对象，甚至在一些国家（地区），反垄断法所规制的经营者集中还基本上限于传统的企业合并。但是，反垄断法所规制的经营者集中形式有着逐步扩大的趋势，这在日本和韩国的有关反垄断法中都有体现。现在，经营者集中通常包括企业合并、取得股份、合同关系控制以及对其他企业施加实质性影响的其他方式。其中，企业合并包括吸收合并和新设合并两种形式，它会直接导致在市场上至少减少一个竞争者。取得股份与企业合并的主要不同之处在于就前者而言双方的法律人格不变。合同关系控制，如通过承包经营、租赁经营、授权经营以及联营协议、合作协议、许可协议等，使一个企业获得对另一个企业的实际控制权。对其他企业施加实质性影响的其他方式，主要是人事方面的连锁董事制、控制人事任免以及因知识产权发生的联系等。它们的共同特点是使一个企业能够从实质上对另一个企业的决策施加影响，进而对市场竞争带来影响。

鉴于合并是经营者集中的最典型和最主要的形式，其他形式的经营者集中也是基于其与合并的类似作用才受到相应规制的，为方便起见，后面在分析经营者集中的相关问题时往往以合并为例。

二、经营者集中对竞争的双重影响

不管是哪一种形式的经营者集中，它们对竞争的影响都是双重的。就作为其典型形式的合并来说，尽管人们对其具体的评价可能存在差异，但是一般都承认企业合并对社会具有积极作用和消极作用的两面性。就连最极力倡导企业合并、主张尽可能少地进行干预的芝加哥学派的代表人物波斯纳也承认，企业合并存在效益型和非效益型之分。①

一般来说，企业合并的积极方面主要表现在：企业合并是扩大企业规模的最迅速、最有效的方法，有利于实现规模经济效益，增强企业的实力和发展后劲，促进大企业间激烈的竞争；企业合并使企业的存量资产及生产要素得到调整或重新组合，有利于实现资源的优化配置，促进产业结构、产品结构和企业结构的合理化；有利于在实现优胜劣汰的过程中减少对社会的冲击；有利于增强本国企业的国际竞争力；等等。正是基于经营者集中的这种积极意义，我国《反垄断法》第6条原则规定："经营者可以通过公平竞争、自愿联合，依法实施集中，扩大经营规模，提高市场竞争能力。"根据我国当前的情况，经营者集中在一定程度上是有利于经济发展的，可以改善我国的企业规模过小的情况，提高企业的生产效率和市场竞争力。特别是在经济全球化的条件下，鼓励国内企业通过合并等方式做大、做强，提高国际竞争力，有着重要的意义。

但从反垄断法的角度来看，企业合并完全可能存在对社会的消极影响，主要表现在：企业

---

① 参见张乃根：《经济学分析法学》，231～232页，上海，三联书店，1995。

合并直接会带来市场竞争者的消灭、减少，这会形成或加强合并后的企业的市场支配力量；并可以迅速推动经济的集中，甚至可以导致少数企业独占或寡占市场的情况；有可能破坏有效竞争的市场结构，形成市场竞争的障碍，带来垄断所固有的弊端；尤其是可能会损害消费者的利益，使消费者在对产品样式的选择、产品价格的选择以及产品本身种类的选择等很多方面受到很大的影响。其他类型的经营者集中也都存在类似的情况。

基于经营者集中行为影响的双重性，从反垄断法的角度来看，虽然经营者集中行为较之于经营者之间的垄断协议来说，一般不会存在“自身违法”的问题，但若不对它进行适当的控制，任其泛滥，就会对市场竞争造成危害；而且，与垄断协议相比，经营者集中行为会直接导致竞争者数目的减少，经营者在集中之后有了统一决策中心，集中形成后限制竞争的持续时间也会更长。正如在1986年美国联邦贸易委员会诉PPG公司案中，哥伦比亚地区上诉法院在判决中指出：“如果市场上的竞争者太少，竞争者之间就易于通过公开的合同或者默契就市场关系达成某种协议，限制生产的数量或者通过垄断价格实现高利润。”① 虽然在经济全球化的背景下，各国为了增强自己的国际竞争力，有逐步放松对经营者集中限制的趋势，但是作为反垄断法的一个有机组成部分的控制经营者集中制度不会也不可能完全被取消，可能改变的只是其对经营者集中规制的具体方式和宽严程度。

当然，经营者集中除了受到反垄断法的规制，还要符合其他有关法律、法规的规定。例如，以公司合并的形式实施集中的，应当符合《公司法》关于公司合并的规定。有的行业监管法律要求特定行业的经营者的重大事项变更应当经过审批。

三、经营者集中的基本类型

在许多国家和地区，经营者集中以其影响市场的效果和程度为标准，可以分为横向集中、纵向集中和混合集中。为叙述方便，这里还是以作为经营者集中典型形式的合并来加以说明。20世纪80年代以来，美国为了突出对横向合并的关注，直接将企业合并划分为横向合并和非横向合并。② 非横向合并实际上包括了纵向合并和混合合并。欧盟也采取这样的分类。

所谓横向合并，又叫水平合并，是指因生产或销售同类产品，或者提供同种服务而处于相互直接竞争中的企业之间的合并。由于它是直接竞争者间的合并，因而可以迅速扩大合并企业的规模，增加市场份额，带来的规模经济效益最明显；但同时，由于它直接减少了市场上独立经营者（竞争者）的数量，因而通常会直接影响市场结构，对市场竞争的危害也更直接。因此各国反垄断法对企业合并的控制主要集中在对横向合并的控制上。当然，这主要是指具有市场支配地位企业之间的合并，若是中小企业之间的合并，还能起到加强其市场竞争力，以更有效地参加与具有市场支配地位企业的竞争的作用。

所谓纵向合并，又叫垂直合并，是指同一产业中处于不同阶段而实际上有买卖关系的企业之间的合并，亦即某种产品的卖方和买方之间的合并或上游经营者与下游经营者之间的合并。它可以使合并企业在销售和供应上减少外部竞争的压力，节约交易成本，提高生产效率，并且

---

① 转引自王晓晔：《竞争法研究》，422页，北京，中国法制出版社，2000。

② 美国司法部分别在1968年、1982年和1984年单独发布了《企业合并指南》，1982年美国联邦贸易委员会发布了关于横向合并指南的陈述。美国司法部和联邦贸易委员会于1992年联合发布并于1997年和2010年两次修订了《横向合并指南》。2020年6月30日，美国司法部和联邦贸易委员会联合发布的《纵向合并指南》取代了1984年的《非横向合并指南》。但是，2021年9月美国联邦贸易委员会投票决定废除该指南。

一般不妨碍不同品牌的同类产品间的竞争。因此，它对市场竞争的影响比横向合并要小，且是间接的。但当纵向合并涉及的范围过广时，也可能对竞争性的市场结构产生一定的影响，它有可能加强甚至扩大合并一方原有的市场优势，促进某一市场的集中化。如同亚格纽所分析的：一个制造商兼并了它的原料供应者，这就在两个方面影响了竞争：原料供应者被要求只能为它的母公司提供原料，而母公司将来也只能从它的新的下属单位中获得原料供应，在这样的整体中，这种情形就有助于内部的系列产品的生产，但却是以丧失同类产品竞争者为代价的。[①] 所以，对这种合并也应予以一定的控制。

所谓混合合并，一般是指既不存在竞争关系也不存在买卖关系的企业之间的合并，即跨行业的企业合并。它具有三种类型：一是纯粹的混合性合并，即没有任何生产上或经营上联系的企业之间的合并；二是产品扩张型合并，即一种产品的生产者与另一种相关产品的生产者的合并；三是市场扩张型合并，即一个企业为扩大其竞争范围而与它尚未渗透的地域市场同类产品的企业进行的合并。混合合并可以使生产不同产品的企业使用共同的销售渠道，共同研制和开发新产品，减少市场风险，从而使合并各方从中获得益处，适应了现代企业多角化经营的需要，有利于实现范围经济效益。[②] 相对于横向合并和纵向合并来说，混合合并对市场结构的影响较小，从而对市场竞争影响不大，因此各国反垄断法对混合合并的控制较为宽松。但由于它可能间接地传导、放大大企业的优势，影响其他市场的竞争，因而仍应对其加以一定的控制。

可见，不同类型的企业合并有着不同的特点，它们对竞争的影响方式和程度不同，因而受反垄断法控制的程度也不尽相同。其中，横向合并虽然在不同国家、不同时期的合并总数中所占的比例不同，但其所受到的控制是最严格的。例如，德国在 1973 年到 1988 年间，向联邦卡特尔局申报或登记过的企业合并共有 9 434 起，其中横向合并 6 303 起，占合并总数的 66.8%。从 1973 年引入企业合并控制到 1989 年年底，德国发生的企业合并共计 10 848 起，其中仅 90 起遭到联邦卡特尔局的禁止，这些被禁止的合并绝大部分为横向合并。[③] 在美国二战后几十年的企业合并中，混合合并占的比例最大（1948—1978 年占 73%），横向合并所占的比例很小（1948—1978 年间不到 13%），但它是反托拉斯法所追究的主要对象。在 1951—1966 年期间，所有采掘业和制造业的大型合并都受到美国联邦贸易委员会和司法部的指控，其中有一半以上在性质上是横向合并。在 1974—1976 年期间，美国司法部所提起的 18 个有关合并的诉讼案件中就有 16 个案件是关于横向合并的。[④] 我国近年来的经营者集中审查案件中，横向集中的比例接近一半。根据市场监管总局发布的《中国反垄断执法年度报告（2022）》，2021 年审结经营者集中申报 794 件，其中，横向集中案件 376 件，占比 48%，同比增长 12%；纵向集中案件 165 件，占比 21%，同比增长 42%；混合集中案件 253 件，占比 32%，同比减少 6.3%。

---

① 参见［英］约翰·亚格纽：《竞争法》，徐海等译，104 页，南京，南京大学出版社，1992。

② 所谓范围经济是指企业在一定规模下生产多种不同产品的成本优势，即由于增加相关产品种类而获得的成本节约。一家企业同时生产数种产品的成本小于多家企业分别专业化地生产一种产品的成本的总和。

③ 参见王晓晔：《竞争法研究》，190、201 页，北京，中国法制出版社，2000。德国的横向合并中包括了在美国属于产品扩张型的混合合并部分。

④ 参见［美］马歇尔·C. 霍华德：《美国反托拉斯法与贸易法规》，孙南申译，149～150 页，北京，中国社会科学出版社，1991。

第二节 经营者集中的法律规制

一、经营者集中法律规制概述

基于经营者集中对竞争的双重影响，反垄断法对经营者集中进行规制的目的和方式不在于禁止，而在于控制，主要表现为达到一定标准的经营者集中要向反垄断执法机构申报，供其批准或者提出异议。控制经营者集中制度作为反垄断法实体制度的三大支柱之一，在反垄断法中占有非常重要的地位。它与其他两个制度有着密切的联系。

首先，如果说禁止滥用市场支配地位制度是对已经形成的现实的市场力量（垄断力）的事后监督、控制，那么控制经营者集中制度就是对企图形成或加强潜在的市场力量的事前预防、控制，旨在维护合理的市场结构，防止市场力量的过度集中，将集中可能引起的限制竞争问题扼制在其萌芽状态。这两种制度本身都属于行为规制，但又都与市场结构密切相关，即结构性行为规制，它们分别从经营者所处的不同经济阶段和市场环境入手，共同维护自由、公平的市场竞争秩序。

其次，禁止垄断协议制度是对经营者之间的共谋进行的规制，与市场结构并没有直接的联系，但如果没有控制经营者集中制度相配合，经营者之间就可以采取直接消灭竞争者的方式达到限制竞争的目的。正如德国联邦卡特尔局前局长 D. 沃尔夫针对这种情况指出的："因为一方面严格禁止卡特尔，另一方面又缺少合并控制的规定，其结果就是企业往往采取限制竞争性的经济集中策略。"① 因此，控制经营者集中制度与禁止垄断协议制度的联系也是非常密切的，它们相互配合，分别从不同角度共同担负起维护自由、公平的市场竞争秩序的重任。

控制经营者集中制度的目的是保持市场的竞争性，防止经济力量的过度集中。而控制经济力过度集中制度的范围并不限于控制经营者集中。这是因为，经济力量的集中有两种情形：一是经济力量向国民经济或具有广泛范围的整个产业部门中居领先地位的少数企业集中，二是经济力量向特定的个别市场或产业中居领先地位的少数企业集中。这两者被日本学者分别称为一般集中和市场集中。② 前者在日本《禁止垄断法》中表现为企业控股规制，包括控股公司的禁止、大规模非金融公司股份保有的限制和金融公司股份保有的限制③；后者表现为企业结合规制，通常包括股份保有、干部兼任、合并、营业转让、取得他企业的资产、受让或承租他企业全部或主要部分的营业或财产、与他企业经常共同经营或受他企业委托而经营等。多数国家的反垄断法中控制经济力过度集中的制度只表现为控制企业结合的制度。④ 我国《反垄断法》也仅涉及作为"市场集中"的控制经营者集中制度，而不涉及"一般集中"的问题。

---

① ［德］D. 沃尔夫：《德国竞争法的经验》，载王晓晔编：《反垄断法与市场经济》，259 页，北京，法律出版社，1998。

② 参见［日］丹宗昭信、厚谷襄儿编：《现代经济法入门》，谢次昌译，107 页，北京，群众出版社，1985。

③ 日本国会于 1997 年 6 月修改了大型公司持有股份总额的限制。

④ 在韩国现行反垄断法上，禁止限制竞争的企业结合与限制经济力的集中是并列的，即采取双重结构。前者是从竞争秩序角度进行规范的，包括取得股份、董事兼任、合并、经营转让、参与公司设立等方面的规定；后者是在 1986 年修订时增加的，是从防止经济力过度集中的角度进行规范的，分为限制持股公司设立和限制大规模集团两种。而在限制大规模集团中又分为限制出资、限制相互保证债务和禁止不正当支援行为三种。韩国汉城大学的权五乘教授认为，从长远角度来说，反垄断法应只限制在个别市场限制竞争的行为，对此以外的事项，由商法、税法等相关法律来控制较为妥当。也就是说，他主张反垄断法只规定企业结合制度。

虽然对经营者集中的法律控制是反垄断法实体制度的非常重要的部分，但在许多国家的反垄断法中并不像对垄断协议和滥用市场支配地位那样，一开始就对其有明确规定，而是有一个逐步发展的过程。例如在美国，1890 年的《谢尔曼法》虽然经解释可以适用于企业合并，但毕竟因为没有明确规定而难以操作。1914 年的《克莱顿法》是对《谢尔曼法》的补充，其第 7 条至今仍是美国控制企业合并的最重要的法律依据，但它开始只是禁止通过股票买卖所实现的合并，而不禁止通过资产取得所进行的合并与收购。1950 年的《塞勒—凯弗维尔修正法》修正了《克莱顿法》的这一缺陷，使其可以控制各种形式的企业合并。1976 年的《哈特—斯科特—诺迪罗反托拉斯改进法》又对《克莱顿法》第 7 条补充了第 7A 条，要求涉及大企业的合并在合并前须向反托拉斯机构申报，在规定的期限内没有异议的才可以实施合并。[①] 1980 年通过的《反托拉斯诉讼程序改进法》还将《克莱顿法》第 7 条的“公司”扩大到“人”，将“在任何商业部门”扩大到“在任何商业部门和/或在任何影响商业的活动中”，从而进一步扩大了该法的适用范围。此外，美国司法部于 1968 年、1982 年和 1984 年发布了《企业合并指南》，美国司法部和联邦贸易委员会于 1992 年联合发布了《横向合并指南》[②]，2006 年 3 月又公布了长达 71 页的对该指南的解释（Commentary on the Horizontal Merger Guidelines），该解释尽管不具有法律的拘束力，但也体现了美国反托拉斯机构的企业合并控制政策。

在德国，尽管 1957 年颁布了《反限制竞争法》，但该法一开始并没有作出对企业合并监督的规定，仅规定了一定规模的企业合并应履行登记手续，以使政府及时了解市场的集中状况，进而监督大企业，防止其滥用支配地位。直到 1973 年修改《反限制竞争法》，才加入了企业合并控制的条款，真正形成了反垄断法意义上的企业合并控制制度。在此之前，德国对企业合并采取的是一种较为放任的态度。在此之后，德国又多次修改《反限制竞争法》，使企业合并控制制度更为完善。

在法国，虽然于 1953 年 8 月 9 日出台了以保持充分、有效的竞争为目的的第一部法律文件——关于“保持与重建工商业自由竞争”的法规，但直到 1977 年立法者才建立了对企业兼并行为的控制机制，以防止形成易于导致反竞争行为的庞大经济单位。[③]

在欧盟，原先的《罗马条约》也没有对企业集中控制的规定，其控制集中的主要依据是欧共体理事会于 1989 年 12 月 21 日通过并于次年 9 月 21 日发生法律效力的第 4064/89 号条例，该条例成为欧共体竞争法上对企业集中行为进行规制的基本规则。该条例规定，欧共体委员会只能针对第 3 条定义的“集中行为”行使干预的权力。根据第 3 条的规定，“集中”包括一切有决定性影响或者一方取得了对另外一方的控制权的交易行为，涵盖了大多数的企业间的合并、获得控制权、建立联营企业、持有少数股份的共同控制；此外，还包括拥有一个企业的知识产权和全部或部分财产的使用收益权、签订管理合同等，从而能够对该企业的活动施加决定性影响的行为。1997 年 6 月 30 日，欧共体理事会通过了 1997 年第 1310 号条例，对第 4064/89 号条例进行了重要修订，自 1998 年 3 月 1 日生效。但这一条例后又被欧共体理事会第 139/2004 号条例所修改，同时欧共体委员会还颁布了《横向合并评估指南》和《合并调查最佳做法指南》，均自 2004 年 5 月 1 日开始执行。欧共体委员会于 2007 年 11 月 28 日又颁布了《非横向合并指南》。它们共同构成了现在欧盟范围内控制企业集中规则的完整体系。

---

① 2000 年美国国会的一项法律修正案又对《克莱顿法》第 7A 条进行了实质性修改。

② 1997 年对 1992 年的《横向合并指南》第四节“效率”部分作了修订，2010 年对其进行了重大修订。

③ 参见［法］罗歇·布特：《法国竞争法概要》，陈鹏译，载《法学家》，1999（3）。

二、经营者集中的法律规制方式

从各国或地区的反垄断法对经营者集中的控制形式来看，有事后监督审查制和事前申报审查制。事后监督审查制是指在经营者集中后，在反垄断执法机构（有的集中需事先向该机构登记）或者私人对集中的企业提起诉讼时，司法机构才予以审查，若判定违反，则取消该集中，并可能对有关企业进行处罚。事前申报审查制则是指经营者集中须向有关主管机构申报，经审查许可后方可进行集中，若审查后未经许可而擅自集中，则会被命令取消，并要受到相应的处罚。一般是根据一定的市场份额标准、交易额标准等要求达到该标准的企业之间的合并才需要申报。

在早期，有关国家的反垄断立法一般实行事后监督审查制，目前则有很多国家和地区的反垄断立法将事后监督审查与事前申报审查结合起来，这样有利于反垄断执法机构更及时、更主动地控制经营者集中。例如，在 1976 年以前，美国反托拉斯机构不得不通过有关的商业和金融报刊来了解有关合并的情况。《哈特—斯科特—诺迪罗反托拉斯改进法》则建立了申报制度，要求达到一定规模的公司（1987 年后还包括未经注册登记的社团）合并需要事前申报。在法国，只要合并方案较为重大，也就是说达到了一定的数额标准，就必须通知经济部，经济部在就该方案向竞争委员会咨询后将自主地作出决定：它可以禁止合并方案的实施；可以要求合并方案各方对方案作出修改、补充；也可以要求它们采取任何其他措施以保证重建正常的竞争秩序。[①] 在德国，《反限制竞争法》在 1998 年第六次修订时，将原来根据企业合并的规模分别实行的事先登记和事后申报两种制度改变为单一的事先申报制度。在欧盟，经理事会 1997 年第 1310 号条例修订的第 4064/89 号条例第 10 条规定：对共同体具有影响的合并须在宣告合并或在订立合并协议后的一周，向共同体委员会申报。申请合并的企业既不得在申报前实施合并，也不得在委员会对申报审查的过程中实施合并。但根据 2004 年修改后的新条例，合并申报的时间提前了，以前需要有约束力的协议，现在只需要意向书和当事人完成交易的诚信（Good Faith）。这样给予当事人更多的灵活性来选择什么时候将交易提交委员会或竞争主管当局审查，但未经批准不得实施合并交易的限制依然未变。[②] 正如王晓晔教授所言，虽然大企业合并的事先申报制度只是一个程序上的规则，但它是反垄断执法机构进行实质干预的基础和前提条件。[③]

对经营者集中实行的事前申报审查制，又可进一步分为申请许可制和申报异议制的不同情形。在这方面，有关国家和地区的反垄断法也是根据需要不断进行调整的。

在我国早期反垄断法的起草文本和有关的行政规章[④]中，一般都采取申请许可制，但是最终通过的《反垄断法》采取了申报异议制。《反垄断法》第 26 条规定：经营者集中达到国务院规定的申报标准的，经营者应当事先向国务院反垄断执法机构申报，未申报的不得实施集中。经营者集中未达到国务院规定的申报标准，但有证据证明该经营者集中具有或者可能具有排

① 参见［法］罗歇·布特：《法国竞争法概要》，陈鹏译，载《法学家》，1999（3）。

② 合并审查各阶段的具体时间限制也有了一些变化。第一阶段从收到完整的申报资料之日起算。在欧盟委员会收到提交案件或当事方作出修改承诺的情况下，可以延长 10 日。第二阶段从欧盟委员会作出进一步审查的决定之日起算。在当事人请求或委员会要求并经当事人同意的情况下，可以延长 15 日；在开始进一步审查 54 日后当事人作出修改承诺的，可延长 20 日。

③ 参见王晓晔：《竞争法研究》，382 页，北京，中国法制出版社，2000。

④ 参见 2003 年 3 月由原对外经济贸易部等四部门发布的《外国投资者并购境内企业暂行规定》第 19、20 条的规定，以及取代该规章的 2006 年 8 月由商务部等六部门发布的《并购规定》第五章（第 51～54 条）的规定。

除、限制竞争效果的，国务院反垄断执法机构可以要求经营者申报。经营者未依照前两款规定进行申报的，国务院反垄断执法机构应当依法进行调查。第30条同时规定：国务院反垄断执法机构应当自收到经营者提交的符合该法规定的文件、资料之日起30日内，对申报的经营者集中进行初步审查，作出是否实施进一步审查的决定，并书面通知经营者。国务院反垄断执法机构作出决定前，经营者不得实施集中。国务院反垄断执法机构作出不实施进一步审查的决定或者逾期未作出决定的，经营者可以实施集中。这种体现事前申报且贯彻异议制精神的经营者集中规制方式是比较符合我国实际需要的，既能达到控制经营者集中行为的目的，又能节约成本，提高效率。

三、经营者集中的申报标准

对经营者集中实行申报制度，由反垄断执法机构审查决定是否允许实施集中，是许多国家和地区监管经营者集中的主要手段。由于经营者集中一般是有利于提高效率的，因而大多数的经营者集中无须接受审查，只有那些对竞争产生不利影响的经营者集中才会受到反垄断法的规制；同时，经营者集中是大量、频繁发生的，反垄断执法机构也不可能对所有的集中行为进行审查，因此在反垄断法中确定一个适当的申报标准非常重要。这一标准既要使那些有较大限制竞争可能性的经营者集中得到必要的审查和有效的控制，又要使那些基本上不会限制竞争的经营者集中能够及时、顺利地进行，防止政府的不必要干预，减少交易和行政行为的成本。在这方面，有关国家和地区根据不同时期的情况作出各自的规定，大致有以下几种类型。

（1）有的以参与集中的经营者的销售额为标准。欧盟第139/2004号条例规定：参与集中的所有相关经营者在世界范围内的合计销售额超过50亿欧元，并且相关经营者中至少有两个经营者在欧盟范围内各自的销售额超过2.5亿欧元的，应当向欧盟申报；或者相关经营者在世界范围内的合计销售额超过25亿欧元，在至少三个成员国中的合计销售额均超过1亿欧元，并且相关经营者中至少有两个经营者在至少三个成员国中各自的销售额均超过2 500万欧元的，应当向欧盟申报。在欧盟范围内各自的销售额超过1亿欧元的，也应当向欧盟申报，除非参与集中的各经营者在欧盟销售额的2/3来自同一个成员国。德国《反限制竞争法》第35条第1款规定，参与经营者集中的经营者上一年度全球的销售额超过5亿欧元，并且当中至少一个经营者的销售额达到2 500万欧元，另一个经营者销售额达到500万欧元，经营者集中控制的规定得以适用。

（2）有的以参与合并的经营者的总资产额为标准。日本《禁止垄断法》规定，准备实施合并的公司，其中一家公司的总资产额超过100亿日元，另一家公司的总资产额超过10亿日元的，在合并前必须向公平交易委员会申报合并计划。

（3）有的以交易金额以及参与合并企业的总资产或净销售额为标准。美国《克莱顿法》规定，有下列情形的企业合并需要申报：一是交易规模超过5 000万美元但低于2亿美元，且拥有1 000万美元以上总资产或净销售额的一方与拥有1亿美元以上总资产或净销售额的另一方合并；二是交易规模超过2亿美元的。

（4）有的以市场占有率或销售额为标准。

就申报标准问题，我国《反垄断法》没有直接规定，而授权国务院规定。2008年8月1日国务院第20次常务会议通过了《关于经营者集中申报标准的规定》，并在2008年8月3日公布施行，该规定于2018年经过小幅修订。根据该规定，经营者集中达到下列标准之一的，经营者应当事先向国务院商务主管部门申报，未申报的不得实施集中：（1）参与集中的所有经营者上一会计年度在全球范围内的营业额合计超过100亿元人民币，并且其中至少两个经营者上一会计年度在中国境内的营业额均超过 4 亿元人民币；（2）参与集中的所有经营者上一会计年度在中国境内的营业额合计超过 20 亿元人民币，并且其中至少两个经营者上一会计年度在中国境内的营业额均超过 4 亿元人民币。同时规定，营业额的计算，应当考虑银行、保险、证券、期货等特殊行业、领域的实际情况，具体办法由国务院反垄断执法机构会同国务院有关部门制定。2009 年 7 月 15 日，商务部、中国人民银行、中国银行业监督管理委员会、中国证券监督管理委员会、中国保险监督管理委员会发布了《金融业经营者集中申报营业额计算办法》。2022 年 6 月 27 日公布后的《国务院关于经营者集中申报标准的规定（修订草案征求意见稿）》将参与集中经营者的全球合计营业额、中国境内合计营业额和单方中国境内营业额由现行 100 亿元人民币（币种下同）、20 亿元和 4 亿元分别提高到 120 亿元、40 亿元和 8 亿元，同时，要求中国境内营业额超过 1 000 亿元的经营者，并购市值（或估值）8 亿元以上并且超过三分之一营业额来自中国境内的经营者，构成集中的，需要进行申报。经营者集中即使未达申报标准，但有证据证明集中具有或可能具有排除、限制竞争效果的，国务院反垄断执法机构可以要求经营者申报。

《经营者集中审查规定》第 9～11 条规定：营业额包括相关经营者上一会计年度内销售产品和提供服务所获得的收入，扣除相关税金及附加。“上一会计年度”是指集中协议签署日的上一会计年度。参与集中的经营者的营业额，应当为该经营者以及申报时与该经营者存在直接或者间接控制关系的所有经营者的营业额总和，但是不包括上述经营者之间的营业额。经营者取得其他经营者的组成部分时，出让方不再对该组成部分拥有控制权或者不能施加决定性影响的，目标经营者的营业额仅包括该组成部分的营业额。参与集中的经营者之间或者参与集中的经营者和未参与集中的经营者之间有共同控制的其他经营者时，参与集中的经营者的营业额应当包括被共同控制的经营者与第三方经营者之间的营业额，此营业额只计算一次，且在有共同控制权的参与集中的经营者之间平均分配。金融业经营者营业额的计算，按照金融业经营者集中申报营业额计算相关规定执行。相同经营者之间在两年内多次实施的未达到申报标准的经营者集中，应当视为一次集中，集中时间从最后一次交易算起，参与集中的经营者的营业额应当将多次交易合并计算。经营者通过与其有控制关系的其他经营者实施上述行为，依照本规定处理。这里的两年内，是指从第一次交易完成之日起至最后一次交易签订协议之日止的期间。

经营者集中达到国务院规定的申报标准的，经营者应当事先向国务院反垄断执法机构申报，但是，在下列两种情况下，经营者集中即使达到申报标准，也不必向国务院反垄断执法机构申报。

第一种情况是，参与集中的一个经营者拥有其他每个经营者 50%以上有表决权的股份或者资产。参与集中的一个经营者是其他每个经营者的控股股东或实际控制人的，这类集中通常是母子公司、集团公司内部由母公司或集团公司牵头进行的股份或资产的一种重新组合，其所在的市场竞争状况并不会发生质的变化，不会对市场竞争状况产生重大影响或不产生实质性的影响。

第二种情况是，参与集中的每个经营者 50%以上有表决权的股份或者资产被同一个未参与集中的经营者拥有。这类集中同样是母子公司和集团公司的内部重新组合，母公司或集团公司的股份或财产不参与经营者集中，而子公司之间或成员公司彼此之间进行股份和资产的重新组合。这不影响或不严重影响市场总体的竞争状态，因此不需要申报审查。

四、经营者集中的申报方式和内容

依据《反垄断法》和国务院《关于经营者集中申报标准的规定》，达到申报标准的集中，经营者应当事先向国务院反垄断执法机构（商务部）申报。这涉及申报的方式和内容等问题。各个国家或地区的反垄断法在这方面的做法大同小异。我国《反垄断法》第28条、第29条对此进行了原则规定，《经营者集中审查规定》对相关规则进行细化。

通过合并方式实施的经营者集中，合并各方均为申报义务人；其他情形的经营者集中，取得控制权或者能够施加决定性影响的经营者为申报义务人，其他经营者予以配合。同一项经营者集中有多个申报义务人的，可以委托一个申报义务人申报。被委托的申报义务人未申报的，其他申报义务人不能免除申报义务。申报义务人未申报的，其他参与集中的经营者可以提出申报。申报人可以自行申报，也可以依法委托他人代理申报。

申报文件、资料应当包括如下内容：（1）申报书。申报书应当载明参与集中的经营者的名称、住所（经营场所）、经营范围、预定实施集中的日期，并附申报人身份证件或者注册登记文件，境外申报人还须提交当地公证机关的公证文件和相关的认证文件。委托代理人申报的，应当提交授权委托书。（2）集中对相关市场竞争状况影响的说明，包括集中交易概况，相关市场界定，参与集中的经营者在相关市场的市场份额及其对市场的控制力，主要竞争者及其市场份额，市场集中度，市场进入，行业发展现状，集中对市场竞争结构、行业发展、技术进步、创新、国民经济发展、消费者以及其他经营者的影响，集中对相关市场竞争影响的效果评估及依据。（3）集中协议，包括各种形式的集中协议文件，如协议书、合同以及相应的补充文件等。（4）参与集中的经营者经会计师事务所审计的上一会计年度财务会计报告。（5）市场监管总局要求提交的其他文件、资料。申报人及申报代理人应当对申报文件、资料的真实性负责。申报人应当对申报文件、资料中的商业秘密、未披露信息、保密商务信息、个人隐私或者个人信息进行标注，并且同时提交申报文件、资料的公开版本和保密版本。申报文件、资料应当使用中文。市场监管总局应当对申报人提交的文件、资料进行核查，发现申报文件、资料不完备的，可以要求申报人在规定期限内补交。申报人逾期未补交的，视为未申报。市场监管总局经核查认为申报文件、资料符合法定要求的，应当自收到完备的申报文件、资料之日予以正式受理并书面通知申报人。

经营者集中未达到申报标准，参与集中的经营者自愿提出经营者集中申报，市场监管总局收到申报文件、资料后经审查认为有必要正式受理的，应当按照反垄断法予以审查并作出决定。

符合下列情形之一的，经营者可以作为简易案件申报，市场监管总局按照简易案件程序进行审查：（1）在同一相关市场，参与集中的经营者所占的市场份额之和小于50%；在上下游市场，参与集中的经营者所占的市场份额均小于25%；不在同一相关市场也不存在上下游关系的参与集中的经营者，在与交易有关的每个市场所占的市场份额均小于25%；（2）参与集中的经营者在中国境外设立合营企业，合营企业不在中国境内从事经济活动的；（3）参与集中的经营者收购境外企业股权或者资产，该境外企业不在中国境内从事经济活动的；（4）由两个以上经营者共同控制的合营企业，通过集中被其中一个或者一个以上经营者控制的。

符合上述简易案件申报条件但存在下列情形之一的经营者集中，不视为简易案件：（1）由两个以上经营者共同控制的合营企业，通过集中被其中的一个经营者控制，该经营者与合营企业属于同一相关市场的竞争者，且市场份额之和大于15%的；（2）经营者集中涉及的相关市场难以界定的；（3）经营者集中对市场进入、技术进步、创新可能产生不利影响的；（4）经营者集中对消费者和其他有关经营者可能产生不利影响的；（5）经营者集中对国民经济发展可能产生不利影响的；（6）市场监管总局认为可能对市场竞争产生不利影响的其他情形。

五、经营者集中的审查程序和期间

一些国家和地区的反垄断法规定，经营者集中的审查分为初审和主审两个阶段。初审期一般为反垄断执法机构收到申报材料之日起的较短期间，如美国、德国、日本为30天，欧盟为25个工作日。反垄断执法机构应当在该期间内对经营者集中进行初步审查，如果认为合并对市场竞争没有严重影响，应当在期满前作出批准合并的决定；反垄断执法机构逾期没有作出决定的，视为批准。如果认为合并对市场竞争有严重影响，反垄断执法机构应当在初审期内作出实施进一步审查的决定，由此该合并申报进入时间较长的主审期。

我国《反垄断法》第30条和第31条分别规定了国务院反垄断执法机构对申报的经营者集中进行初步审查和进一步审查的程序。

在初步审查方面，国务院反垄断执法机构应当自收到经营者提交的符合规定的文件、资料之日起30日内，对申报的经营者集中进行初步审查，作出是否实施进一步审查的决定，并书面通知经营者。国务院反垄断执法机构作出决定前，经营者不得实施集中。国务院反垄断执法机构作出不实施进一步审查的决定或者逾期未作出决定的，经营者可以实施集中。这里将反垄断执法机构不作出进一步审查的决定视为反垄断执法机构已同意集中，有利于加快反垄断执法机构的审查速度，提高审查效率，在一定程度上也减少了执法成本，有利于保护参与集中的经营者的利益。

国务院反垄断执法机构对申报的经营者集中进行初步审查之后，如果在30日内作出实施进一步审查的决定，则该集中进入进一步审查程序。该程序是经营者集中的主要审查程序，对于审查集中是否具有排除、限制竞争的效果至关重要。

国务院反垄断执法机构决定实施进一步审查的，应当自决定之日起90日内审查完毕，作出是否禁止经营者集中的决定，并书面通知经营者。作出禁止经营者集中的决定，应当说明理由。审查期间，经营者不得实施集中。有下列情形之一的，国务院反垄断执法机构经书面通知经营者，可以延长前述审查时限，但延长的时限最长不超过60日：(1) 经营者同意延长审查时限的；(2) 经营者提交的文件、资料不准确，需要进一步核实的；(3) 经营者申报后有关情况发生重大变化的。国务院反垄断执法机构逾期未作出决定的，经营者可以实施集中。

2022年修正的《反垄断法》第32条建立了经营者集中审查期限"停钟"制度。此前关于经营者集中审查期限的规定有30日加90日的期限和60日的延长期限，虽然在正常情况下基本能够满足执法机构的办案需要，但是在实践中存在一些特殊的情形，如果没有中止计算经营者集中的审查期限的规定，就会导致审查工作难以在原有期限内有效完成，进一步加剧执法资源不足的问题，甚至出现经营者申请撤回重新申报的情形。根据新增的"停钟"制度，有下列情形之一的，国务院反垄断执法机构可以决定中止计算经营者集中的审查期限，并书面通知经营者：(1) 经营者未按照规定提交文件、资料，导致审查工作无法进行；(2) 出现对经营者集中审查具有重大影响的新情况、新事实，不经核实将导致审查工作无法进行；(3) 需要对经营者集中附加的限制性条件进一步评估，且经营者提出中止请求。自中止计算审查期限的情形消除之日起，审查期限继续计算，国务院反垄断执法机构应当书面通知经营者。

《经营者集中审查规定》第23～25条规定：在审查过程中，出现《反垄断法》第32条规定情形的，市场监管总局可以决定中止计算经营者集中的审查期限并书面通知申报人，审查期限自决定作出之日起中止计算。自中止计算审查期限的情形消除之日起，审查期限继续计算，市场监管总局应当书面通知申报人。在审查过程中，申报人未按照规定提交文件、资料导致审查工作无法进行的，市场监管总局应当书面通知申报人在规定期限内补正。申报人未在规定期限内补正的，市场监管总局可以决定中止计算审查期限。申报人按要求提交文件、资料后，审查期限继续计算。在审查过程中，出现对经营者集中审查具有重大影响的新情况、新事实，不经核实将导致审查工作无法进行的，市场监管总局可以决定中止计算审查期限。经核实，审查工作可以进行的，审查期限继续计算。

在市场监管总局对申报人提交的附加限制性条件承诺方案进行评估阶段，申报人提出中止计算审查期限请求，市场监管总局认为确有必要的，可以决定中止计算审查期限。对附加限制性条件承诺方案评估完成后，审查期限继续计算。在市场监管总局作出审查决定之前，申报人要求撤回经营者集中申报的，应当提交书面申请并说明理由。经市场监管总局同意，申报人可以撤回申报。集中交易情况或者相关市场竞争状况发生重大变化，需要重新申报的，申报人应当申请撤回。撤回经营者集中申报的，审查程序终止。市场监管总局同意撤回申报不视为对集中的批准。

在审查过程中，市场监管总局根据审查工作需要，可以要求申报人在规定时限内补充提供相关文件、资料，就申报有关事项与申报人及其代理人进行沟通。申报人可以主动提供有助于对经营者集中进行审查和作出决定的有关文件、资料。在审查过程中，参与集中的经营者可以通过信函、传真、电子邮件等方式向市场监管总局就有关申报事项进行书面陈述，市场监管总局应当听取。在审查过程中，市场监管总局根据审查工作需要，可以通过书面征求、座谈会、论证会、问卷调查、委托咨询、实地调研等方式听取有关政府部门、行业协会、经营者、消费者、专家学者等单位或者个人的意见。

六、经营者集中的审查标准和内容

反垄断执法机构在对经营者集中进行审查时，其基本任务就是根据一定的标准判断该集中是否会在相关交易领域内实质性地限制竞争，或者权衡它给竞争带来的消极影响是否会超过它给社会带来的积极影响。为此，首先必须确定经营者集中所涉及的一定的交易领域，即相关市场（商品市场和地域市场）；然后，必须根据若干相关因素确定拟集中的经营者在相关市场上对竞争带来的影响，从而决定对该经营者集中是否给予许可。在这一过程中，反垄断执法机构需要考虑各种相关的因素，如市场集中度、市场份额、市场进入障碍、经济效率、对消费者利益的影响、破产危险以及国际竞争力等。这些因素是非常复杂的，既有较为清晰的量化标准如市场份额与集中度，又有较为模糊的政策标准如社会公益、经济效益，彼此相互制衡。

在不同的国家（地区）、不同的时期，反垄断执法机构在确定经营者集中的审查标准和内容时所要考虑的侧重点是不同的，对类似问题的判断结果及采取的具体措施也可能不尽一致。

在美国，作为控制企业合并最主要依据的《克莱顿法》第7条，其干预企业合并的主要标准就是"其结果……可能实质性地削弱竞争或有助于在任何商业部门形成垄断"。根据美国司法部和联邦贸易委员会《横向合并指南》的基本政策，合并不得产生或者扩大或者推动行使市场力量。反托拉斯机构在对不利于竞争的合并进行干预时，要尽量避免干预那些有利于竞争或者对竞争既无利也无害的合并（中性合并）。

在欧盟，第139/2004号条例第2条规定："集中如果在共同市场或其大部分将严重妨碍有效竞争，特别是通过产生或加强市场支配地位的形式，将被宣布与共同市场不相容。"根据该条例，如果参与集中的经营者的市场份额不大，集中不会影响市场的有效竞争，集中就可以在第一阶段得到通过；如果参与集中的经营者在欧盟市场的份额不超过25%，在不影响适用《欧共体条约》第81、82条（《欧盟运行条约》第101、102条）的前提下，集中可以通过审查；如果集中后经营者的市场份额在25%～40%，除非有特殊情况，一般也认为不可能产生市场支配地位。在欧盟委员会的实践中，绝大多数的市场支配地位产生于合并后经营者的市场份额达到40%～75%。如果超过75%，虽然不是绝对垄断，但一般会被认为产生或者加强市场支配地位。除了根据市场份额评估集中对竞争的影响，还要结合消费者的需求、产品供应、潜在的竞争对手、市场进入障碍等因素作出分析。

在德国，2013年《反限制竞争法》第八次修订最显著的变化是经营者集中控制制度的进一步欧盟化，这尤其反映在禁止集中的标准上。该法第36条第1款规定，经营者集中明显地阻碍竞争，尤其是可能形成或者加强市场支配地位时，德国联邦卡特尔局得以否决集中。该条同时规定了三种情形下的例外。进一步需要证明的是，集中实施前，没有出现其他的购买者，该购买者的出现能确保一个与竞争相容的解决方案。

在英国，2002年《企业法》明确地提出要以是否削弱竞争为判断标准，除某些特定情况外，所有合并行为都以纯粹的竞争效果作为检验标准。当然，其最终的标准确定为是否有利于经济效率和消费者整体福利的提高。

总之，各个国家和地区对经营者集中的控制无论是宽还是严，也无论是优先考虑效率还是优先考虑公平和秩序，它们的基本宗旨都是一致的，即通过对经营者集中进行各自所认为的适当控制来达到保护有效竞争、促进国家整体经济利益的目的。

我国《反垄断法》也明确将是否排除、限制竞争作为经营者集中审查的标准，并进行相关的利弊权衡。该法第34条规定："经营者集中具有或者可能具有排除、限制竞争效果的，国务院反垄断执法机构应当作出禁止经营者集中的决定。但是，经营者能够证明该集中对竞争产生的有利影响明显大于不利影响，或者符合社会公共利益的，国务院反垄断执法机构可以作出对经营者集中不予禁止的决定。"在这里，利弊的权衡不仅涉及集中对竞争的影响本身，而且涉及集中对社会公共利益的影响。当然，举证责任由经营者承担。

由于合并审查的标准通常较为原则，因而有的国家和地区对合并审查需要考虑的因素作出了进一步规定，以便于反垄断执法机构对经营者集中排除、限制竞争的效果进行科学的分析和正确的定性。

在美国，根据2010年版《横向合并指南》，合并审查应当考虑的因素包括反竞争效果证据、目标消费者与价格歧视、市场界定、市场参与者与市场份额及市场集中度、单边效应、协同效应、强势买方、市场进入、效率、破产、竞争性买方合并，以及部分收购等。①

在欧盟，根据第139/2004号条例，从是否与共同市场相容的角度对集中行为进行认定时，应当考虑下列因素：第一，在共同市场内，特别是从所有相关市场结构和企业所处的欧盟内部或外部市场的实际或潜在竞争的角度，维持和发展有效竞争的需要。第二，相关企业的市场地位及经济和资金影响力，供应商和用户的选择权及市场进入的障碍，相关产品或服务的供求趋势，中间商和最终消费者的利益，技术和经济的进步给消费者带来的实惠等。

我国《反垄断法》对于经营者集中审查中应当考虑的因素也作了明确的规定。根据该法第33条的规定，审查经营者集中，应当考虑下列因素：（1）参与集中的经营者在相关市场的市场份额及其对市场的控制力；（2）相关市场的市场集中度；（3）经营者集中对市场进入、技术进步的影响；（4）经营者集中对消费者和其他有关经营者的影响；（5）经营者集中对国民经济发展的影响；（6）国务院反垄断执法机构认为应当考虑的影响市场竞争的其他因素。这些因素与其他国家和地区反垄断执法机构所要审查的内容基本上是一致的。不过，这方面的问题更多的还是在实际的审查过程中如何具体地把握。

---

① 参见韩伟：《美国〈横向合并指南〉的最新修订及启示》，载《现代法学》，2011（3）。

在进行经营者集中的反垄断审查中，市场份额和市场集中度往往是首先要考虑的因素。市场份额、市场集中度与市场支配地位、竞争的状况有着密切的联系。市场份额、市场集中度越高，产生或者加强市场支配地位的可能性也就越大，具有排除或者限制竞争效果的可能性也会越大。市场份额是指一个企业的销售量（或销售额）在市场同类产品中所占的比重，其计算相对比较简单，但其不能反映市场结构的全部情况。市场集中度是对整个行业的市场结构集中程度的测量指标，它用来衡量企业的数目和相对规模的差异，是市场力量的重要量化指标。与市场份额相比，市场集中度比较全面、精确地分析了市场结构，可以更加科学、合理地反映经营者集中对市场竞争的影响。因此，美国和其他一些国家（地区）的反垄断执法机构将市场集中度作为审查经营者集中最为重要的标准之一。

市场集中度的计量指标有多种，在反垄断经济分析中经常被运用的两个指标是行业集中率（CRn）和赫芬达尔-赫希曼指数（Herfindahl-Hirschman Index，缩写为 HHI，简称“赫希曼指数”）。其中，行业集中率是指该行业的相关市场内前 N 家最大的企业所占市场份额的总和，例如，CR4 是指四个最大的企业占有该相关市场的份额。但是，行业集中率的缺点是它没有指出这个行业相关市场中正在运营和竞争的企业的总数。赫希曼指数综合地反映了企业的数目和相对规模，能够反映出行业集中率所无法反映的集中度的差别。赫希曼指数所具有的数学上绝对法和相对法的优点使它成为较理想的市场集中度计量指标，它可以衡量企业的市场份额对市场集中度产生的影响，成为政府审查企业并购的一个重要行政性标准。根据这种测算方法，美国司法部和联邦贸易委员会 2010 年版《横向合并指南》将相关市场的市场集中度分为三种状态：第一，赫希曼指数不足 1 500 点为没有形成集中的市场，在该市场上的集中不具有排除、限制竞争的效果。第二，集中后的赫希曼指数在 1 500 点和 2 500 点之间，该市场为中度集中的市场。在该市场上，如果集中使市场的赫希曼指数较集中前提高了不足 100 点，集中不具有排除、限制竞争的效果；反之，集中可能会严重地影响有效竞争；第三，集中后的赫希曼指数在 2 500 点以上，该市场为高度集中的市场。在该市场上，如果集中使市场的赫希曼指数较集中前提高了不足 100 点，该集中不具有排除、限制竞争的效果；如果集中使市场的赫希曼指数较集中前提高了 100～200 点，可能导致严重的竞争关注；如果集中使市场的赫希曼指数较集中前提高了 200 点，可能产生或强化市场力量或者巩固、推动行使市场力量。而在欧盟，认为赫希曼指数的提高超过 2 000 点时，才属于高度集中市场，且并购后较并购前的赫希曼指数提高低于 150 个点，一般不具有反竞争效果，但有例外；如果并购后较并购前的赫希曼指数提高了 150 个点或以上，则可能具有反竞争效果，需要作进一步分析。当然，赫希曼指数标准仅供参考，不能在经营者集中的反垄断执法决策中起决定性作用，实际进行执法决策时要综合考虑市场集中度、市场份额、市场进入障碍、单边效应、协调效应与效率等因素，还要考虑是否有予以除外或豁免的事由等。

总体来说，反垄断法对经营者集中行为的控制是一个权衡利弊的结果，而这一权衡的过程也就是进行政策选择的过程，因而其灵活性和不确定性比较明显，并往往具有技术性的特点。这集中和典型地体现了反垄断法的基本特点。

《经营者集中审查规定》第 32～37 条规定：评估经营者集中的竞争影响，可以考察相关经营者单独或者共同排除、限制竞争的能力、动机及可能性。集中涉及上下游市场或者关联市场的，可以考察相关经营者利用在一个或者多个市场的控制力，排除、限制其他市场竞争的能力、动机及可能性。评估参与集中的经营者对市场的控制力，可以考虑参与集中的经营者在相关市场的市场份额、产品或者服务的替代程度、控制销售市场或者原材料采购市场的能力、财力和技术条件，以及相关市场的市场结构、其他经营者的生产能力、下游客户购买能力和转换供应商的能力、潜在竞争者进入的抵消效果等因素。评估相关市场的市场集中度，可以考虑相关市场的经营者数量及市场份额等因素。评估经营者集中对市场进入的影响，可以考虑经营者通过控制生产要素、销售和采购渠道、关键技术、关键设施、数据等方式影响市场进入的情况，并考虑进入的可能性、及时性和充分性。评估经营者集中对技术进步的影响，可以考虑经营者集中对技术创新动力和能力、技术研发投入和利用、技术资源整合等方面的影响。评估经营者集中对消费者的影响，可以考虑经营者集中对产品或者服务的数量、价格、质量、多样化等方面的影响。评估经营者集中对其他有关经营者的影响，可以考虑经营者集中对同一相关市场、上下游市场或者关联市场经营者的市场进入、交易机会等竞争条件的影响。评估经营者集中对国民经济发展的影响，可以考虑经营者集中对经济效率、经营规模及其对相关行业发展等方面的影响。评估经营者集中的竞争影响，还可以综合考虑集中对公共利益的影响、参与集中的经营者是否为濒临破产的企业等因素。

市场监管总局认为经营者集中具有或者可能具有排除、限制竞争效果的，应当告知申报人，并设定一个允许参与集中的经营者提交书面意见的合理期限。参与集中的经营者的书面意见应当包括相关事实和理由，并提供相应证据。参与集中的经营者逾期未提交书面意见的，视为无异议。

七、经营者集中审查决定的形式

反垄断执法机构在按照法定的程序和标准对申报的经营者集中进行了审查之后，需要在法定的期限内作出审查的结论。根据有关国家和地区的法律规定和实际做法，审查结论可以采取三种形式，即批准、禁止以及批准但附加限制。

反垄断执法机构对于明显利大于弊和弊大于利的经营者集中，会直接作出批准和禁止的决定。在有些情况下，申报的经营者集中在总体上利大于弊，应当予以批准，但其仍然会对竞争产生不利的影响。为了使集中对竞争产生的不利影响降低到最小的程度，充分地保护和促进市场竞争，反垄断执法机构对不予禁止的经营者集中，往往决定附加减少集中对竞争产生的不利影响的限制性条件。经营者接受附加的限制性条件是反垄断执法机构批准集中的前提。但是，为了防止反垄断执法机构滥用权力，这些限制性条件应当是与竞争因素紧密相关的，即为了减少集中对竞争产生的不利影响，不能无限扩大限制性条件的范围。从其他国家和地区获得批准的经营者集中案例来看，减少集中对竞争产生的不利影响的限制性条件主要是资产剥离。除了资产剥离，实践中比较常见的限制性条件还包括要求集中后的经营者允许竞争者有偿使用其重要设施或知识产权、采取措施保障竞争者的独立性、退出部分经营的领域等。对于涉及知识产权的合并，欧盟委员会在审查中有权坚持以许可或者交叉许可作为批准合并的前提条件。①

根据我国《反垄断法》第 34 条和第 35 条的规定，国务院反垄断执法机构对于经营者集中进行审查后作出的结论也有上述三种形式。具体来说，经营者集中具有或者可能具有排除、限制竞争效果的，国务院反垄断执法机构应当作出禁止经营者集中的决定。但是，经营者能够证明该集中对竞争产生的有利影响明显大于不利影响，或者符合社会公共利益的，国务院反垄断执法机构可以作出对经营者集中不予禁止的决定。对不予禁止的经营者集中，国务院反垄断执法机构可以决定附加减少集中对竞争产生不利影响的限制性条件。

为了保护申报集中的经营者的合法权益，帮助上下游或者同行业的其他经营者理解、把握

① See Steven D. Anderman (ed.), *The Interface between Intellectual Property Rights and Competition Policy*, Cambridge University Press, 2007, p. 105.

国务院反垄断执法机构的集中审查标准和竞争政策，从而提高国务院反垄断执法机构的行政效率，增强反垄断执法的透明度，我国《反垄断法》第36条还规定，国务院反垄断执法机构应当将禁止经营者集中的决定或者对经营者集中附加限制性条件的决定，及时向社会公布。[①] 这是由于这两种决定不仅涉及参与集中的经营者的利益，而且对消费者和其他经营者的利益有重要影响。而对于那些无条件批准的经营者集中案件，商务部也在2012年11月16日公布了2008年8月1日至2012年9月30日审结的458件无条件批准案件的统计信息，公开内容包括案件名称、参与集中的经营者等。此后商务部和市场监管总局定期汇总公开无条件批准案件的相关信息。

八、经营者集中附加限制性条件

为规范经营者集中附加限制性条件的执法工作，减少集中对竞争产生的不利影响，维护相关经营者的合法权益，《经营者集中审查规定》对不予禁止的经营者集中附加限制性条件的情况进行了规范。

根据规定，为减少集中具有或者可能具有的排除、限制竞争的效果，参与集中的经营者可以向市场监管总局提出附加限制性条件承诺方案。市场监管总局应当对承诺方案的有效性、可行性和及时性进行评估，并及时将评估结果通知申报人。市场监管总局认为承诺方案不足以减少集中对竞争的不利影响的，可以与参与集中的经营者就限制性条件进行磋商，要求其在合理期限内提出其他承诺方案。

根据经营者集中交易具体情况，限制性条件可以包括如下种类：(1) 剥离有形资产，知识产权、数据等无形资产或者相关权益（以下简称“剥离业务”）等结构性条件；(2) 开放其网络或者平台等基础设施、许可关键技术（包括专利、专有技术或者其他知识产权）、终止排他性协议或者独占性协议、保持独立运营、修改平台规则或者算法、承诺兼容或者不降低互操作性水平等行为性条件；(3) 结构性条件和行为性条件相结合的综合性条件。剥离业务一般应当具有在相关市场开展有效竞争所需要的所有要素，包括有形资产、无形资产、股权、关键人员以及客户协议或者供应协议等权益。剥离对象可以是参与集中经营者的子公司、分支机构或者业务部门等。

承诺方案存在不能实施的风险的，参与集中的经营者可以提出备选方案。备选方案应当在首选方案无法实施后生效，并且比首选方案的条件更为严格。承诺方案为剥离，但存在下列情形之一的，参与集中的经营者可以在承诺方案中提出特定买方和剥离时间建议：(1) 剥离存在较大困难；(2) 剥离前维持剥离业务的竞争性和可销售性存在较大风险；(3) 买方身份对剥离业务能否恢复市场竞争具有重要影响；(4) 市场监管总局认为有必要的其他情形。

对于具有或者可能具有排除、限制竞争效果的经营者集中，参与集中的经营者提出的附加限制性条件承诺方案能够有效减少集中对竞争产生的不利影响的，市场监管总局可以作出附加限制性条件批准决定。参与集中的经营者未能在规定期限内提出附加限制性条件承诺方案，或者所提出的承诺方案不能有效减少集中对竞争产生的不利影响的，市场监管总局应当作出禁止经营者集中的决定。

任何单位和个人发现未达申报标准但具有或者可能具有排除、限制竞争效果的经营者集中，

---

① 从2008年8月《反垄断法》实施至2022年5月，国务院反垄断执法机构共审结经营者集中案件4 497件，其中禁止的3件，附加限制性条件批准的54件，当事方因无法解决执法机构提出的竞争关注而主动放弃交易的十余件，其余都是无条件批准的。

可以向市场监管总局书面反映，并提供相关事实和证据。市场监管总局经核查，对有证据证明未达申报标准的经营者集中具有或者可能具有排除、限制竞争效果的，依照相关规定进行处理。

《经营者集中审查规定》第四章还具体规定了限制性条件的监督和实施。

九、经营者集中的反垄断审查与国家安全审查的衔接

我国《反垄断法》第38条规定："对外资并购境内企业或者以其他方式参与经营者集中，涉及国家安全的，除依照本法规定进行经营者集中审查外，还应当按照国家有关规定进行国家安全审查。"这是关于经营者集中的反垄断审查同国家安全审查的衔接性规定。

本来，我国反垄断法的制度本身是平等地适用于中国的经营者和外国的经营者的，也就是说适用国民待遇原则。但是，对涉及外资的经营者集中除要进行反垄断审查之外，还要进行其他方面的审查，包括国家安全审查。国家安全审查是独立于反垄断审查之外的，不属于反垄断审查的范畴，反垄断法对其可以不作规定。但考虑到我国的实际情况，为了明确国家这方面的政策主张，并且与反垄断审查相衔接，《反垄断法》对此作了规定。

实际上，世界许多国家（地区），特别是一些发达国家，对于外国投资对本国国家安全的影响都非常重视，普遍建立了国家安全审查制度和相应的运行机制。例如，美国设立了由财政部、国务院、国防部、商务部、司法部等十二个部门的负责人组成的外国投资审查委员会（CFIUS），专门负责对外国公司收购美国的敏感行业的企业进行经济安全审查，对于被认为威胁、损害美国国家安全的并购，提交总统决定禁止该项并购。此外，欧盟、德国、日本等也都有国家安全审查制度。中国企业在海外并购过程中也经常受到国外法律的"安全审查"。2004年联想集团收购美国IBM的个人电脑业务，美国担心该收购会对美国国家安全构成威胁，将IBM最具技术含量的北卡罗来纳三角区实验室剥离。2005年"中海油"并购美国优尼科石油公司，美国部分国会议员要求外国投资审查委员会对该项并购实施国家安全审查，致使"中海油"因收购受阻，主动撤回收购要约。

改革开放以来，引进外资对我国经济发展起到了重要作用。但进入21世纪以来外商对华投资出现了一些新的变化，外资进入中国的形式和结构的变化开始影响中国经济布局、结构与稳定，特别是一些跨国公司控制中国关键行业、敏感行业的战略意图已相当明确，引起广泛的关注。2006年，中国三大工程机械制造企业之一的徐工集团，被美国凯雷集团以20亿元的价格收购，引起了业界的强烈反响。因此，我们在继续坚持对外开放的方针、积极有效利用外资的同时，也要重视外资并购对我国国家安全的影响，从法律、政策等多方面采取有效措施加以防范。

目前，我国已初步建立并正在进一步完善对外资并购的国家安全审查制度。国务院制定的《指导外商投资方向规定》明确规定，禁止外商投资"危害国家安全或者损害社会公共利益"的项目以及"运用我国特有工艺或者技术生产产品"的项目。商务部等六部门于2006年8月联合发布、2009年修改的《并购规定》第12条明确规定："外国投资者并购境内企业并取得实际控制权，涉及重点行业、存在影响或可能影响国家经济安全因素或者导致拥有驰名商标或中华老字号的境内企业实际控制权转移的，当事人应就此向商务部进行申报。""当事人未予申报，但其并购行为对国家经济安全造成或可能造成重大影响的，商务部可以会同相关部门要求当事人终止交易或采取转让相关股权、资产或其他有效措施，以消除并购行为对国家经济安全的影响。"

为引导外国投资者并购境内企业的有序发展，维护国家安全，经国务院同意，国务院办公厅于2011年2月3日发布了《关于建立外国投资者并购境内企业安全审查的制度的通知》。2020年1月1日起正式实施的《外商投资法》第35条明确规定："国家建立外商投资安全审查

制度，对影响或者可能影响国家安全的外商投资进行安全审查”。2020 年 12 月 19 日，国家发展和改革委员会、商务部联合发布了《外商投资安全审查办法》，该办法于 2021 年 1 月 18 日正式实施。

第三节　经营者违法集中的法律责任

一、经营者违法集中的法律责任概述

虽然《反垄断法》对经营者集中行为的规制主要是事前的控制，但是企业如果违反了经营者集中的相关规定，仍然要受到相应的制裁，既包括结构性的制裁措施，也包括行为性的制裁措施。

各个国家和地区的反垄断法都有关于违反经营者集中规则的法律责任的规定，有些国家还规定得非常明确、具体和严格。例如，根据美国《克莱顿法》的规定，任何企业或其管理人员、董事、合伙人等，若不遵守关于合并控制的规定，对其违反该法的行为每天处以 1 万美元以下的处罚，该处罚可以由民事诉讼的方式获得。

欧盟第 139/2004 号条例规定：在当事人故意或过失导致未及时进行申报或进行虚假申报，或者违反欧盟委员会的决定实施企业集中时，欧盟委员会可对相关当事人处以罚款。当事人故意或过失导致未及时进行申报或进行虚假申报的，罚款金额在参与集中的企业总营业额的 1%以下；违反欧盟委员会的决定实施企业集中的，罚款金额在参与集中的企业总营业额的 10%以下。同时，欧盟委员会可以作出决定，对违反规定实施集中的个人、企业或企业协会自决定确定之日起每迟延一天处以参与集中的企业的平均每天营业总额 5%以下的定期罚款。

德国《反限制竞争法》第 41 条规定：在规定的期限届满之前，经营者不得实施未经联邦卡特尔局通过的集中行为或者参与此类合并的实施。违反该禁令的法律行为无效。已经实施集中行为，符合禁止集中条件，又没有获得联邦部长特许的，则予以解散。联邦卡特尔局下令采取解散集中的必要措施包括除恢复原状之外的其他可以消除限制竞争的方式。

韩国《规制垄断与公平交易法》对违反限制企业结合有关规定的行为规定了严格的制裁措施，公平交易委员会不但处罚违法企业，而且对其直接责任人予以处罚。第一，该法第 69 条第 2 款规定，在规定的申报期限内，没有进行企业结合申报或者虚假申报的，对事业者或者事业者团体，处以 1 亿韩币以下的罚款；对高级管理人员、从业人员或者其他利害关系人，处以 1 000 万韩币以下的罚款。第二，该法第 16 条规定，公平交易委员会对违反限制企业结合规定的企业，可以命令其采取以下纠正措施：中止该行为；出售全部或者部分股份；辞退高级管理人员；转让营业；取消债务担保；公布违法事实；采取能够防止因企业结合造成限制竞争的营业方式，限制营业范围；其他纠正违法行为的必要措施。此外，为了确保纠正措施的执行，该法规定，接到出售股份命令的企业，自接到该命令之日起，对该股份不能行使表决权。对于违反有关限制企业结合规定而进行合并或者设立公司的，公平交易委员会可以向法院提起该公司的合并或者设立行为无效之诉。第三，该法第 17 条第 3 款规定，对于接到公平交易委员会纠正措施的命令后在规定的期限内不履行的，公平交易委员会可以命令其缴纳每日不超过以下各项规定金额的 3‰的履行强制金：对于以取得股份或参与新设公司方式进行的企业结合，为取得或者持有股份的账面价值和承担的债务的实际金额；对于以合并方式进行的企业结合，为以合并对价交付的股份的账面价值和承担的债务的实际金额；对于以经营转让方式进行的企业结合，为经营转让的金额。此外，对于以兼任高级管理人员方式进行的企业结合，公平交易委员

会可以命令其每日缴纳 200 万韩币以内的履行强制金。第四，公平交易委员会对于严重违反规定而进行企业结合者，可以处以 3 年以下有期徒刑或者 2 亿韩币以下的罚金。

二、我国《反垄断法》规定的经营者违法集中的法律责任

在我国，《反垄断法》分别规定了经营者实施集中应当遵守的基本规则以及违反这些规则的法律责任。经营者如果没有遵守《反垄断法》第四章规定的实施集中的相关规则，就要承担相应的法律责任。

《反垄断法》第 58 条规定了违法集中的行政责任，即“经营者违反本法规定实施集中，且具有或者可能具有排除、限制竞争效果的，由国务院反垄断执法机构责令停止实施集中、限期处分股份或者资产、限期转让营业以及采取其他必要措施恢复到集中前的状态，处上一年度销售额百分之十以下的罚款；不具有排除、限制竞争效果的，处五百万元以下的罚款”。《反垄断法》第 60 条比较笼统地规定了垄断行为的民事责任，而在经营者集中的案件中，由于他人（竞争者、消费者）要证明自己因此所受到的损失很困难，因而在追究民事责任时也面临很多障碍。

就行政责任来说，经营者违反规定实施集中，还没有完成的，由国务院反垄断执法机构责令停止继续实施集中；已经完成了集中，或者已部分完成集中的，由国务院反垄断执法机构依据经营者集中采取的具体方式，责令经营者限期处分股份、资产或转让营业。国务院反垄断执法机构采取上述措施仍不能恢复到集中前的状态的，可以采取其认为可以采取的其他必要措施恢复到集中前的状态。另外，国务院反垄断执法机构可以对违反规定实施集中的经营者，具有或者可能具有排除、限制竞争效果的，处上一年度销售额 10%以下的罚款；不具有排除、限制竞争效果的，处 500 万元以下的罚款。

《经营者集中审查规定》第五章和第六章分别对违法实施经营者集中的调查和未依法申报经营者集中的违法行为的法律责任作了更具体的规定。其中，经营者集中达到申报标准，经营者未申报实施集中、申报后未经批准实施集中或者违反审查决定的，依照第五章规定进行调查。经营者违反《反垄断法》规定实施集中的，依照《反垄断法》第 56 条规定予以处罚。市场监管总局对违法实施经营者集中应当依法作出处理决定，并可以向社会公布。

案例与思考 1

微软收购诺基亚设备和服务业务获附条件批准案①

2014 年 4 月 8 日，商务部发布公告，决定附条件批准微软收购诺基亚设备和服务业务。

2013 年 9 月 13 日，商务部收到微软收购诺基亚设备和服务业务案的经营者集中反垄断申报。经审核，商务部认为该申报文件、资料不完备，要求申报方予以补充。10 月 10 日，商务部确认经补充的申报文件、资料符合《反垄断法》第 23 条的要求，对该项经营者集中申报予以立案并开始初步审查。11 月 8 日，商务部决定对此项经营者集中实施进一步审查。经进一步审查，商务部认为此项经营者集中对中国智能手机市场可能具有排除、限制竞争效果。2014 年 2 月 8 日，经申报方同意，商务部决定延长进一步

① 资料来源：商务部反垄断局网站，http：//fldj. mofcom. gov. cn/article/ztxx/201404/20140400542415. shtml。

审查期限，截止时间为2014年4月8日。

商务部按照《反垄断法》以及配套规定，征求了相关政府部门、行业协会和相关企业的意见，了解了相关市场界定、市场结构、行业特征、未来发展前景等方面信息，并对申报方提交的文件、资料的真实性、完整性和准确性进行了审核。审查工作结束后，商务部认定微软和诺基亚在多个市场存在纵向关联。就本案而言，微软生产和供应Surface系列平板电脑；开发和许可移动智能终端操作系统，包括智能手机操作系统Windows Phone、平板电脑操作系统Windows RT和Windows 8；开发和许可与移动智能终端相关的技术专利。诺基亚生产并销售功能手机和智能手机，并拥有大量2G、3G和4G无线通信技术专利。根据集中所涉业务，反垄断审查重点考察了智能手机市场、移动智能终端操作系统市场、与移动智能终端相关的专利许可市场。此外，还考察了集中后，诺基亚持有的移动通信标准必要专利可能引发的专利滥用问题对中国智能手机市场的影响。

反垄断审查表明，此项集中可能产生如下不利影响：(1) 微软可能会凭借其安卓项目许可排除、限制中国智能手机市场竞争。中国是手机生产大国，也是手机消费大国。考虑到微软专利对生产安卓手机的重要性，微软的任何拒绝许可行为都将实质性地阻碍竞争者进入相关市场，扭曲市场结构，排除、限制中国智能手机市场竞争。微软提高专利使用费将严重影响企业的研发投入和可持续发展。市场调查显示，中国智能手机生产企业的平均利润率较低，面对微软提高专利许可费，可能选择退出市场或者将该成本全部或者一部分传导至智能手机消费者。前者将危害市场竞争，后者则直接损害消费者的利益。(2) 集中导致诺基亚有可能会改变原有行为模式和动机，凭借其标准必要专利的许可排除、限制中国智能手机市场竞争。诺基亚持有众多标准必要专利，本项集中完成后，诺基亚可能对其标准必要专利收费策略的不合理改变，将导致中国智能手机市场竞争格局的改变，智能手机制造商知识产权的总体成本将增加，并将导致最终的消费者利益的减损。

为了减少审查中发现的这些不利影响，商务部与微软及诺基亚进行了商谈，经评估，商务部认为，微软和诺基亚分别于2014年3月6日和3月27日向商务部提交的救济方案能够减少此项经营者集中对竞争产生的不利影响。因此，根据微软、诺基亚向商务部作出的承诺，商务部决定附加限制性条件批准此项经营者集中，微软、诺基亚应按要求履行其承诺并接受商务部依法监督。这些承诺包括微软持续遵守其向标准制定组织作出的承诺，在公平、合理、无歧视（FRAND）条件下许可其标准必要专利，就上述标准必要专利，不寻求针对中国境内智能手机制造企业所制造的智能手机的禁令或排除令等。同时，要求诺基亚就标准必要专利许可继续遵循FRAND原则，不寻求不符合FRAND原则的许可条件等。交易后，商务部还将依法对微软和诺基亚的承诺履行情况进行监督。如果此项集中完成后，双方出现专利滥用造成影响市场公平竞争的情况，中国政府相关部门将依据《反垄断法》对其展开反垄断调查。

该案是《反垄断法》实施以来商务部遇到的最复杂的案件之一，通过收购，微软将正式进入智能手机设备生产行业，从而实现纵向一体化整合。由于该案涉及相关知识产权与反垄断交叉等问题，更由于中国市场因产业规模和市场规模的庞大，受该并购的影响比其他司法辖区更大，即中国受该交易的影响要大于欧美相关产业，因而商务部对其进行附条件批准，不仅对收购方附条件，而且对被收购方附条件，意义重大，受到广泛关注。

案例与思考 2

马士基、地中海航运、达飞三家航运企业经营者集中案[1]

2013 年 9 月 18 日，商务部收到丹麦穆勒马士基集团（以下简称“马士基”）、地中海航运公司（以下简称“地中海航运”）、法国达飞海运集团公司（以下简称“达飞”）设立网络中心的经营者集中反垄断申报。经审核，商务部认为该申报文件、资料不完备，要求申报方予以补充。2013 年 12 月 19 日，商务部确认经补充的申报文件、资料符合《反垄断法》第 23 条的要求，对该项经营者集中申报予以立案并开始初步审查。

经审查，商务部认定本案的相关商品市场为国际集装箱班轮运输服务市场，相关地域市场为亚洲—欧洲航线、跨太平洋航线和跨大西洋航线。根据《反垄断法》第 27 条的规定，商务部对交易方及网络中心涉及的相关市场份额、市场控制力、市场集中度、市场进入、对消费者和其他经营者的影响等因素进行了评估：（1）在相关市场份额方面。审查发现，本案交易方通过设立网络中心，整合了交易方在全球东、西航线的全部运力，与松散型的传统航运联盟在合作形式、运营程序、费用分摊等多个方面存在实质区别，属紧密型联营。（2）在市场控制力方面。截至 2014 年 1 月 1 日，马士基、地中海航运、达飞在亚洲—欧洲航线的运力份额分别为 20.6%、15.2%、10.9%，分别排名第一、第二、第三，任一交易方的运力份额均超过其他竞争对手。交易方合计运力份额高达 46.7%，运力整合后的市场控制力明显增强。（3）在相关市场的集中度方面。审查表明，交易前，市场上存在包括本案交易方在内的多个竞争者；交易后，由于交易方形成紧密型联营，减少了市场主要竞争者的数量，亚洲—欧洲航线集装箱班轮运输服务市场将从较为分散变为高度集中，市场结构将发生明显变化。（4）在市场进入方面。本次交易集合了交易方的实力，整合了交易方的运营网络，消除了相关市场中主要竞争者之间的有效竞争，可能进一步推高国际集装箱班轮海运服务市场的进入壁垒，难以产生新的有竞争力的制约力量。（5）在对其他有关经营者的影响方面。交易完成后，交易方通过整合其航线和运力资源，进一步增强其市场控制力，可能挤压其他竞争者的发展空间，使其在未来的竞争中进一步处于劣势地位。审查发现，货主企业对集装箱运输的议价能力较弱，交易方可能利用其增强的市场控制力损害货主的利益。本案还将增强交易方对港口的议价能力，为争取交易方船舶挂靠，港口可能被迫接受更低的港口服务价格，给港口发展带来负面影响。

在审查期间，商务部向交易方指出了此项经营者集中可能具有排除、限制竞争效果，并就如何解决上述竞争问题与申报方进行了多次商谈。交易方提交了多轮救济方案，2014 年 6 月 9 日，提交了最终救济方案。经评估，商务部认为交易方提交的最终救济方案缺少相应的法律依据和可信服的证据支持，不能解决商务部的竞争关注。

鉴于上述原因，商务部认为此项经营者集中形成了交易方紧密型联营，在亚洲—欧洲航线集装箱班轮运输服务市场可能具有排除、限制竞争效果。参与集中的经营者不能证明该集中对竞争产生的有利影响明显大于不利影响或者符合社会公共利益。因此，商务部决定禁止此项经营者集中。

---

① 资料来源：商务部反垄断局网站，http：//fldj. mofcom. gov. cn/article/ztxx/201406/20140600628586. shtml。

本案是我国《反垄断法》实施后第二个被禁止的经营者集中案，也是根据该法第2条关于“中华人民共和国境外的垄断行为，对境内市场竞争产生排除、限制影响的，适用本法”的规定而进行的反垄断执法。商务部作为我国当时的经营者集中反垄断执法机构，审查案件的数量不断攀升，影响日益扩大。目前，中国与美国、欧盟一起被认为是当今世界最重要的经营者集中反垄断审查管辖区。

案例与思考3

虎牙公司与斗鱼国际控股有限公司合并案①

2020年11月，市场监管总局收到腾讯控股有限公司（以下简称“腾讯”）提交的虎牙公司与斗鱼国际控股有限公司合并案经营者集中反垄断申报。2021年1月，市场监管总局予以立案审查。2021年6月24日，进一步审查延长阶段届满前，申报方申请撤回案件并得到市场监管总局同意。2021年6月，市场监管总局对申报方的再次申报予以立案审查。

市场监管总局依据反垄断法，全面分析评估参与集中的经营者在相关市场的市场份额及其对市场的控制力、市场集中度、集中对市场进入和技术进步的影响、集中对消费者和其他有关经营者的影响等因素，以及腾讯提出的附加限制性承诺方案的有效性。在审查过程中，市场监管总局广泛征求有关政府部门、行业协会、专家学者、同业竞争者及下游客户意见，并多次听取腾讯陈述意见。

审查表明，本案相关市场为中国境内网络游戏运营服务市场和游戏直播市场。腾讯在上游网络游戏运营服务市场份额超过40%，排名第一；虎牙和斗鱼在下游游戏直播市场份额分别超过40%和30%，排名第一、第二，合计超过70%。此前腾讯已具有对虎牙的单独控制权和对斗鱼的共同控制权。如虎牙与斗鱼合并，将使腾讯单独控制合并后实体，进一步强化腾讯在游戏直播市场的支配地位，同时使腾讯有能力和动机在上下游市场实施闭环管理和双向纵向封锁，具有或者可能具有排除、限制竞争效果，不利于市场公平竞争、可能减损消费者利益，也不利于网络游戏和游戏直播市场规范健康持续发展。

在审查过程中，市场监管总局与申报方就如何减少该经营者集中对竞争产生的不利影响等有关问题进行了多轮商谈，并对申报方提交的承诺方案进行了评估。经评估，市场监管总局认定，申报方提交的承诺方案不能有效减少集中对中国境内游戏直播市场和网络游戏运营服务市场竞争的不利影响。根据《反垄断法》第28条和《经营者集中审查暂行规定》第35条的规定，2021年7月市场监管总局决定依法禁止此项经营者集中。

本案是我国《反垄断法》实施以来的第三个被禁止的经营者集中案件，其调查处理标志着我国加大平台经济领域经营者集中事前审查力度，丰富平台经济领域反垄断监管方式。本案所展现的竞争效果分析思路也有助于平台企业预防、识别和评估其经营行为。

① 参见市场监管总局关于禁止虎牙公司与斗鱼国际控股有限公司合并案反垄断审查决定的公告，见 https://www.samr.gov.cn/fldys/tzgg/ftj/202204/t20220424_342157.html。

思考题

1. 试析经营者集中的含义和基本类型。
2. 经营者集中对市场竞争有什么影响?
3. 结合我国《反垄断法》的规定，分析我国控制经营者集中的方式。
4. 简要评析我国经营者集中的申报标准。
5. 试析经营者集中审查中的市场集中度因素。
6. 对经营者集中附加限制性条件需要遵守哪些规则?
7. 试析经营者违法集中的法律责任。

第十六章
禁止行政性垄断制度

第一节　行政性垄断概述

一、行政性垄断的概念

行政性垄断或行政性限制竞争行为，是我国学者在研究垄断或限制竞争行为时，为与传统的市场经营主体的垄断或限制竞争行为（所谓的经济性垄断）相区别而提出来的。我国《反垄断法》规定了属于行政性垄断的内容，但没有使用这一术语，而是使用“滥用行政权力排除、限制竞争”来表述。考虑到行政性垄断的称谓在我国已经约定俗成，含义比较明确，而且表述比较简洁，本书仍然使用这一概念，作为“滥用行政权力排除、限制竞争”的一种简约表达。而且，党的十九大报告中明确提到“打破行政性垄断，防止市场垄断”，党的二十大报告进一步要求“破除地方保护和行政性垄断”。

对于行政性垄断，目前还没有一个统一的表述。虽然人们在行政性垄断所指的基本现象上有大致相同的认识，但从众多不同的概念界定中还是可以看出它们的分歧的。这种分歧主要包括以下方面：第一，关于行政性垄断的主体的不同表述，有“政府及其所属部门”“政府和政府部门”“地方政府行政机关和国家经济管理部门”“政府行政机关或其授权单位”“行政主体”等多种；第二，行政性垄断是一种垄断状态，还是一种垄断行为，或者既包括垄断状态，也包括垄断行为；第三，行政性垄断都是非法的，还是既有非法的行政性垄断又有合法的行政性垄断。

行政性垄断的主体主要是行政机关，即政府及其所属部门，但在这之外还包括法律、法规授权的社会组织，因此可以用“行政主体”或“行政组织”来统称，以避免具体列举的不准确、不完整的问题。基于行政性垄断和国家垄断的区分[①]，这里的行政主体不包括中央政府即国务院，因为国务院作为最高国家行政机关，其作出的行政决定和制定的行政法规等规范性文件应被视为国家行为，其中涉及限制竞争的也应被视为合法的国家垄断。但是，国务院所属各部门也是行政性垄断的主体。由于立法机关、司法机关在性质上不属于行政主体，因而它们不是行政性垄断的主体。

尽管广泛意义上的垄断包括垄断状态和垄断行为两种情况，但行政性垄断只是指垄断行为，即行政性限制竞争行为，这里显然无法适用经济性垄断中的状态概念。这是因为，行政性垄断的实施主体是行政主体，而不是经营者，无法通过行政权力的滥用形成一定的市场状态。

---

① 行政性垄断和国家垄断的区别主要表现在：第一，主体不同。行政性垄断是行政主体凭借行政权力实施的垄断，其主体是行政机关及法律、法规授权的组织；国家垄断是国家实施的垄断或凭借国家权力实施的垄断，其主体是国家。第二，产生的根源不同。行政性垄断产生的根源是局部利益与个人利益，国家垄断产生的根源是国家利益与社会公共利益。第三，性质不同。行政性垄断是非法的，国家垄断是合法的。参见郑鹏程：《行政垄断的法律控制研究》，35～36 页，北京，北京大学出版社，2002。

作为行政性垄断的结果，某些经营者可能具备了在特定市场上的某种垄断状态，但是行政性垄断本身只能是行为，即限制竞争的行为。

至于行政性垄断的性质，基于其与国家垄断的区别以及其仅存在能否直接构成而不适用除外和豁免的问题，应当认为“滥用行政权力”的行政性垄断都是非法的，不存在是否合法的问题。实际上，这个问题从“滥用”本身就可清楚地看出，因为既然是滥用行政权力，就不可能是合法的。具体的滥用形式可以是多种多样的：既可以表现为实施具体行政行为时的违法，也可以表现为实施制定规范性文件等抽象行政行为时的违法；既可以是违反具体、明确的法律规定，也可以是违反法律的基本原则和精神。行政权力滥用虽有多种表现，但作为构成行政性垄断的要件的行政权力滥用，仅发生在行政主体对市场活动的干预中，也就是通过违法行使行政权力，使特定市场上的竞争受到人为的排除或者限制，表现为优待、庇护某些经营者，而歧视、排挤另一些经营者，对经营者的自主经营、自由竞争活动施加不当的影响，背离了行政主体作为经营者市场行为的公正裁判的角色。

基于以上分析，这里可对行政性垄断作最简略的界定，即行政性垄断是指行政主体滥用行政权力排除、限制市场竞争的行为。这表明，行政性垄断的主体不是一般的市场经营主体，而是除中央政府以外的行政主体，包括地方政府和中央与地方政府部门及其授权的组织，在我国《反垄断法》中表述为“行政机关和法律、法规授权的具有管理公共事务职能的组织”；其行为也不是市场经营主体自身的经济行为，而是行政主体滥用其行政权力的行为，并由此导致对市场竞争的实质限制。这里，“滥用行政权力”是判定构成行政性垄断的基本标准。

对于什么样的行为构成滥用行政权力，排除、限制竞争，我国《反垄断法》并没有明确界定，一般应考虑以下因素：首先，该行为是否具有排除、限制竞争的效果，只有排除、限制竞争的行为才为反垄断法所禁止；其次，该行为是否有法律或者政策依据，如果行政机关和法律、法规授权的具有管理公共事务职能的组织的行为是依照法律或者国家政策作出的，即使具有排除、限制竞争的效果，也不属于滥用行政权力的行为。

行政性垄断的实质是滥用行政权力排除、限制市场竞争，因此在任何社会都有产生的可能。我国曾经有不少人认为行政性垄断是中国所特有的现象，但随着认识的深化，越来越多的人认识到行政性垄断不仅存在于中国，在其他经济体制转型的国家也大量存在，甚至在西方市场经济发达国家同样存在，只不过这个问题在我国由传统计划经济体制向社会主义市场经济体制转轨过程中非常突出。行政性垄断虽然具有不同于一般经济性垄断的特点，但它们在本质上都是对竞争的限制，其结果都是破坏了自由、公平的市场竞争秩序，因而应当受到同样的规制。而且，既然行政性垄断在我国表现得更为严重和突出，那么我国也就更有理由和必要对其进行法律规制。

二、行政性垄断的基本类型

行政性垄断的具体表现是多种多样的，很多学者也从多种不同的角度对此进行了分类，有“二分法”（地区性行政性垄断、行业部门性行政性垄断）、“三分法”（国家垄断、行政性公司垄断与地区行业垄断，或者行业垄断、地区垄断和其他利用行政权力实施的垄断）和“四分法”（地区贸易壁垒、部门贸易壁垒、政府限定交易和设立行政公司，或者地区封锁、部门垄断、强制交易与强制联合限制竞争四类）。相对来说，“三分法”中的后一种分类即将其分为地区垄断、部门垄断和其他利用行政权力实施的垄断三类是比较恰当的，既列明了行政性垄断的基本类型，又使这种列举具有包容性和灵活性。

地区垄断又称为地区封锁，是指某一地区的行政主体为保护本地区企业和经济利益，滥用行政权力排斥、限制外地企业参与本地市场竞争或本地企业参与外地市场竞争的行为。这是最典型、最普遍的行政性垄断。国务院在 2001 年 4 月 21 日发布的《关于禁止在市场经济活动中实行地区封锁的规定》（2011 年修订）第 4 条列举了实践中常见的八种地区垄断行为：（1）以任何方式限定、变相限定单位或者个人只能经营、购买、使用本地生产的产品或者只能接受本地企业、指定企业、其他经济组织或者个人提供的服务；（2）在道路、车站、港口、航空港或者本行政区域边界设置关卡，阻碍外地产品进入或者本地产品运出；（3）对外地产品或者服务设定歧视性收费项目、规定歧视性价格，或者实行歧视性收费标准；（4）对外地产品或者服务采取与本地同类产品或者服务不同的技术要求、检验标准，或者对外地产品或者服务采取重复检验、重复认证等歧视性技术措施，限制外地产品或者服务进入本地市场；（5）采取专门针对外地产品或者服务的专营、专卖、审批、许可等手段，实行歧视性待遇，限制外地产品或者服务进入本地市场；（6）通过设定歧视性资质要求、评审标准或者不依法发布信息等方式限制或者排斥外地企业、其他经济组织或者个人参加本地的招投标活动；（7）以采取同本地企业、其他经济组织或者个人不平等的待遇等方式，限制或者排斥外地企业、其他经济组织或者个人在本地投资或者设立分支机构，或者对外地企业、其他经济组织或者个人在本地的投资或者设立的分支机构实行歧视性待遇，侵害其合法权益；（8）实行地区封锁的其他行为。

部门垄断是指行政主体为保护本部门的企业和经济利益，滥用行政权力实施的限制其他部门企业参与本部门市场竞争的行为。部门垄断与地区垄断在主体方面存在交叉的可能性，如地方政府部门既可能是地区垄断的实施者，亦可能是部门垄断的实施者，但就基本方面而言，两者的区分还是比较明显的，表现了行政权力的不同辐射方向。这里需说明的是，部门垄断与行业垄断有联系，但两者不是一个概念。行业垄断如果涉及行政权力滥用的就属于行政性垄断，而不涉及行政权力滥用的属于一般的经济性垄断。

其他利用行政权力实施的垄断，是指除地区垄断和部门垄断之外的其他行政性垄断情形，如强制交易和强制联合限制竞争行为（如强制联合定价，强制联合拒销、拒购）等。

作为一种行政行为，行政性垄断既可以表现为具体行政行为，也可以表现为抽象行政行为。

三、行政性垄断的成因和危害

既然行政性垄断在本质上是滥用行政权力排除、限制市场竞争，那么在任何社会，只要存在滥用行政权力干预市场竞争，就有产生行政性垄断的可能，并且行政性垄断有着大致相同的基本动因，即在根本上都是为了追求特定的政府利益。不过，行政性垄断在各个国家和地区产生的具体原因还是存在差异性的，也正是这种差异性使其在各个国家和地区的表现形式与程度有所不同。

在我国，行政性垄断表现得更为突出，其产生的原因也比较复杂：既有历史的原因，又有现实的原因；既有经济上的原因，又有体制上的原因。相对来说，我国行政性垄断产生的体制上的原因是主要的。无论是“从全局性的国家垄断到局部性的行政性垄断”还是“从行政利益的一元到行政利益的多元”①，都属于经济体制和政治体制上的转变。完全的计划经济下无所谓行政性垄断，因为一切经济活动都在国家控制之下；成熟的市场经济也最大限度地减少了行政性垄断的产生，因为政府管理经济活动是规范的。而我国处于从高度集中的计划经济体制向社会主义市场经济体制转轨的过程中，市场的不完善和政府管理经济活动的不规范就很容易形

① 王保树：《论反垄断法对行政垄断的规制》，载《中国社会科学院研究生院学报》，1998（5）。

成滥用行政权力排除、限制市场竞争的问题。可以说，新旧体制的转轨是我国产生行政性垄断的根源，我国的行政性垄断主要是体制性的产物。同时，不正当地追求经济利益是行政性垄断发生的根本动力，行政性垄断的出现与存在是以经济利益的多元化为前提的。在改革的过程中，我国经历了从行政利益的一元到行政利益的多元的转变，地方、部门独立利益的存在和强化形成了滥用行政权力排除、限制竞争的动因。当然，缺乏有效的法律规制也是我国行政性垄断长期不能得到根治的一个重要原因。

关于行政性垄断的危害，可以从很多方面来看。首先，行政性垄断具有与经济性垄断一样的危害性，即人为地在一定的交易领域里限制甚至消灭竞争，破坏了自由、公平的市场竞争秩序，扭曲了资源配置，抑制了经济活力，阻碍了全国统一市场的形成和发展，使消费者的利益受损、经营者的公平竞争机会受到排挤。其次，从其发生作用的广度和深度来看，行政性垄断较之经济性垄断对市场经济的危害更为严重，因为行政性垄断是行政主体依靠其行政权力，通过行政组织和行政手段实施的，这对市场竞争的破坏性往往是致命的、严重的，特别是抽象的行政性垄断行为，其影响的范围广泛而持久。最后，行政性垄断还具有经济性垄断所不具有的社会危害性，即政治上的危害性。例如，行政性垄断容易滋生社会腐败现象和不正之风，产生新的社会分配不公，破坏社会主义法制的统一，损害政府应有的公正形象。

在我国成为 WTO 成员之后，行政性垄断除了上述经济上、政治上的危害，还有另一个层面的危害，即与 WTO 基本原则相冲突，影响我国履行“入世”的承诺。从理论上来说，行政性垄断对一部分国内市场主体（本地区的、本行业的或者被指定的企业）给予特殊“保护”“优惠”或授予特许权，而对其他主体进入本地市场规定极其苛刻的条件。这必然导致国内的其他市场主体以及国外的市场主体受到歧视待遇，甚至被不公正地排挤出市场。这首先就与 WTO 的非歧视原则中的国民待遇原则相悖，因为：国民待遇原则要求任何成员方对其他成员方的产品、服务或服务提供者及知识产权所有者和持有者所提供的待遇，不低于本国同类产品、服务或服务提供者及知识产权所有者和持有者所享有的待遇。它通过直接约束成员方的“受政府控制的事项”，为实现国家间市场主体的公平竞争创造条件。而行政性垄断恰恰是在“受政府控制的事项”上，不仅在国内市场主体间实行差别待遇，而且必然在外国主体和部分国内主体间实行差别待遇，从而直接构成了对 WTO 国民待遇原则的违反。行政性垄断往往也违反了 WTO 其他的基本原则。例如，据以实施行政性垄断的规范性文件往往并不公开，这就违反了 WTO 透明度原则；行政性垄断以不正当限制竞争的方式在某一行业或某一地区妨碍了正常的市场准入，建立了新的壁垒，这与 WTO 自由贸易原则相悖；在实施行政性垄断的情况下，WTO 的公平竞争原则更是无法实现；实施行政性垄断更难实现程序公正的要求。此外，行政性垄断还背离了法制统一的原则，妨碍了 WTO 各项规则在我国的统一实施，因为行政性垄断往往表现为地方政府及其部门采取与中央精神相悖的立法、政策和措施。

第二节　行政性垄断行为的法律规制

一、行政性垄断行为的法律规制概述

改革开放以来，我国经济生活中存在着比较严重的行政性垄断现象，并且危害巨大，应当尽快加以消除。对此，各方面的基本认识是一致的。但是，对于如何消除行政性垄断，人们的认识就有分歧了。一些人认为，既然行政性垄断是体制性的产物，那么其最终解决就要靠深化

经济体制和政治体制改革，而不是法律，尤其是反垄断法能够解决的。不过，更多的人认为，由复杂的、综合的原因引起的行政性垄断问题需要多种手段解决，深化经济体制和政治体制改革确实是其中非常必要的方面，但不是唯一的，尤其不能坐等改革。而法律方面的改革措施更是必不可少的，除了通过包括《行政许可法》在内等其他法律的措施，其核心内容还是制定和实施包括规制行政性垄断内容在内的反垄断法。虽然不能指望一部反垄断法解决行政性垄断的全部问题，但是在实行依法治国的今天，这种措施是带有根本性的，也是最终能够靠得住的。同时，制定和实施反垄断法来规制行政性垄断本身，既是经济体制和政治体制改革的一部分，也必将进一步推动和促进经济体制和政治体制的改革。

实际上，由于行政性垄断并非我国所独有，因而存在行政性垄断现象的其他国家也有许多是通过制定和实施反垄断法来解决行政性垄断问题的。即使像美国这种传统的较为成熟的市场经济国家，也存在规制行政性垄断的法律。“美国的历史告诉我们，即使在美国，各地实施地方保护主义的力量也是很强大的，因此最高法院必须不停地遏制州及其地方政府的地方保护主义意图……”“美国禁止行政垄断的规定是在 1789 年的宪法中所确认的，这比谢尔曼法早了 100 年。美国经验认为，禁止政府机构对竞争进行限制，这比禁止私人部门的限制更具重要性和基础性。即使从历史上看，美国政府参与经济的程度相对是较低的，但是这个经验仍然是非常可靠的。”[①]

在美国反托拉斯法中，“人”（person）可以指代任何主体。美国最早的反托拉斯法《谢尔曼法》规定：任何人签订契约，或从事联合或共谋，用来限制州际或与外国之间的贸易或商业，是严重犯罪（第 1 条）；任何人垄断或企图垄断，或与他人联合、共谋垄断州际或与外国间的商业和贸易，是严重犯罪（第 2 条）。根据美国联邦最高法院的判决，反托拉斯法适用的对象也包括在诉讼中作被告的市政机关，即市政机关限制竞争的行为不能从联邦反托拉斯法中得到豁免。美国联邦最高法院虽然在 1943 年 Parker v. Brown 案中提出了州行为理论（the State Action Doctrine)，即州政府的行为可以得到反托拉斯法的豁免，美国各州为实施其经济政策而颁布的法规可以不受联邦反托拉斯法的制约。但是，依照这个判决，企业不能因执行州政府的法令而违反联邦的反托拉斯法，否则，就是违反了联邦法优于州法的原则。因此，美国各州虽然有权制定本州的市场竞争规则，但它们不得使企业的行为背离《谢尔曼法》和联邦的其他竞争规则。在之后的判决，特别是 1980 年 Midcal 案的判决中，美国联邦最高法院的这种观点有所改变，承认企业以及州政府的下属机构为贯彻和执行州政府的法令的行为，也可得到联邦反托拉斯法的豁免，但这些行为必须是经州政府以法律形式明确认可，且在州政府的监督之下进行的。由此，州政府的下属机构不能因有政府实体的地位就可以自动得到联邦反托拉斯法的豁免。1984 年美国通过的《地方政府反托拉斯法令》（The Local Government Antitrust Act）豁免了地方政府的 3 倍损害赔偿，但没有规定地方政府可以从禁令以及衡平法的其他救济中得到豁免。[②]

至于东欧、俄罗斯等经济转型国家，由于其本身也存在着较为严重的行政性垄断问题，因而其通过相关反垄断法加以规制也就不足为怪了。例如，2006 年的《俄罗斯联邦竞争法》[③] 共 10 章 54 条，涉及规制行政性垄断的就有 3 章 7 条。其中，第三章明确禁止俄罗斯联邦执行权

---

① ［美］陈懿华：《行政垄断：美国反托拉斯法的州行为论》，载王晓晔主编：《反垄断立法热点问题》，137、140 页，北京，社会科学文献出版社，2007。

② 参见王晓晔：《企业合并中的反垄断问题》，276～277 页，北京，法律出版社，1996。

③ 该法是在 2006 年 7 月合并了 1991 年的《关于商品市场上的竞争和限制垄断行为的法律》（后经过八次修改）和 1999 年的《金融市场竞争法》而制定的统一的竞争法。该法又于 2012 年进行了修订。

力机构、俄罗斯联邦主体国家权力机构、地方自治机构、其他履行上述机构职能的机构或组织，以及国家预算外基金和俄罗斯联邦中央银行限制竞争的法规、行为（不作为）、协议和协同行为；第四章规定了对招投标活动、选择金融机构和关于国家所有制及地方自治体所有制资产合同签署权的反垄断要求；第五章规定了提供国家或地方自治体特惠。又如，乌克兰于1992年2月颁布并在1995年7月修订的《禁止垄断和企业活动中不正当竞争行为法》第6条对行政性歧视行为作出了列举性规定。此外，保加利亚等国家的反垄断法中也对相关行政性垄断问题作了规定。这表明，以反垄断法规制行政性垄断已成为许多处在经济体制转轨中的国家的通行做法。

在《反垄断法》颁布之前，我国关于行政性垄断的法律规范分散在有关法律、法规之中，主要是《反不正当竞争法》第7条和2001年国务院发布施行的《关于禁止在市场经济活动中实行地区封锁的规定》（2011年修订）。但这远远满足不了我国规制行政性垄断的现实需要，因此通过制定完整的反垄断法来为我国全面规制行政性垄断提供有效的法律依据就成为必然的选择。

在我国反垄断法应当采取什么方式来规制行政性垄断的问题上也是有分歧的。例如，许多人都主张应对行政性垄断的行为表现及法律责任作出专门的规定（设立专章），我国有关部门多年来所草拟的反垄断法大纲或草案的历次文本中一般都对行政性垄断的内容设专章规定，只是2005年年底的反垄断法起草文本中行政性垄断作为专章的规定一度被删去。不过，专章的规定很快又恢复了，直到《反垄断法》最后通过。但也有学者不主张这样做，而是主张不依主体来对垄断行为进行分类，而应按照垄断行为本身的不同形态作出列举规定；并认为这样不是弱化而是强化了对行政性垄断的规制。[①] 有的学者鉴于经济性垄断和行政性垄断都是限制竞争的一种，认为不必在反垄断立法中特别标明某些垄断的经济性和某些垄断的行政性，只需在一定的条文中以列举的方式集中规定性质相同的限制竞争行为，即可在技术上解决了。[②] 也有学者主张在反垄断立法中，只要规定政府行政机关在实施限制竞争行为时与企业实施限制竞争行为时处于同等的法律地位（美国在20世纪70年代末确立的反托拉斯法中的“同等对待”原则）、同样地受反垄断法律的调整、违法时同等地接受法律制裁即可，亦即政府行政机关在限制和排斥竞争方面除非有国家特别授权，否则不享有特权。[③]

在解决了我国制定反垄断法时应当规定行政性垄断这一原则性问题的前提下，采取什么具体规定方式只是技术性的问题。从理论上来说，在反垄断法中不专门、单独规定行政性垄断，而将其与其他垄断行为按照行为的性质、类型放在一起规定更具有合理性，更符合反垄断法作为行为法的性质。这样，反垄断法对行政性垄断和对经济性垄断（也无论其主体是本国人还是外国人）一样，设定同样的竞争规则，既不放纵，也不特别严苛，而是进行合理、有效的规制。不过，从突出对行政性垄断的规制和条文设置的方便出发，以专章规定行政性垄断不失为一种选择，毕竟，行政性垄断行为在责任承担等方面还是有其特殊性的。在美国，虽然地方政府的限制竞争行为不能豁免于其反托拉斯法，但是在承担责任的方式上还是区别于企业的限制竞争行为的，例如不承担3倍的损害赔偿责任。

我国《反垄断法》采取原则规定和典型行为列举相结合的方式对行政性垄断行为进行规

① 参见史际春：《关于中国反垄断法的概念和对象》，载《法学前沿》，第3辑，137～145页，北京，法律出版社，1999。

② 参见王保树：《论反垄断法对行政垄断的规制》，载《中国社会科学院研究生院学报》，1998（5）。

③ 参见邓保同：《论行政性垄断》，载《法学评论》，1998（4）。

制。一方面，在第10条原则禁止行政性垄断，即“行政机关和法律、法规授权的具有管理公共事务职能的组织不得滥用行政权力，排除、限制竞争”；另一方面，又在第五章用七个条文分别规定了行政性垄断的主要表现形式，其中第40条是在2022年修正时增加的。应该说，这是从我国的国情出发，在反垄断法这一保护竞争的专门性、基础性法律中规制行政性垄断的一种尝试。总体来说，这些规定是对禁止滥用行政权力限制竞争的基本政策的延续和重申，相对于以前的规定来说是更加明确和具体了，基本上是合理、可行的，为处理行政性垄断行为提供了基本的法律依据。

二、我国《反垄断法》规制的行政性垄断的典型形式

（一）指定交易

指定交易是指行政机关和法律、行政法规授权的具有管理公共事务职能的组织滥用行政权力，要求他人（单位或者个人）与其指定的特定经营者进行交易。这是我国行政性垄断行为的典型表现之一，它既排除了被指定者以外的经营者在特定市场上的公平竞争机会，也使被限定的单位或个人的交易自由受到限制，并往往因该指定的商品或服务质次价高而受到经济上的损失。

事实上，早在1993年的《反不正当竞争法》第7条第1款就规定：“政府及其所属部门不得滥用行政权力，限定他人购买其指定的经营者的商品，限制其他经营者正当的经营活动。”（在该法2017年修订时已被删除）《反垄断法》第39条进一步规定：“行政机关和法律、法规授权的具有管理公共事务职能的组织不得滥用行政权力，限定或者变相限定单位或者个人经营、购买、使用其指定的经营者提供的商品。”这里的限定和变相限定的表现形式也有多种，都有一定的强制性，比如，有的通过制定行政规范性文件强制限定或变相限定，有的是在有一定垄断或资源稀缺性质的行业搞强制限制或变相限制，等等。

根据《制止滥用行政权力排除、限制竞争行为规定》第4条，指定交易主要表现为：（1）以明确要求、暗示、拒绝或者拖延行政审批、重复检查、不予接入平台或者网络等方式，限定或者变相限定经营、购买、使用特定经营者提供的商品；（2）通过限制投标人所在地、所有制形式、组织形式等方式，限定或者变相限定经营、购买、使用特定经营者提供的商品；（3）通过设置不合理的项目库、名录库、备选库、资格库等方式，限定或者变相限定经营、购买、使用特定经营者提供的商品；（4）限定或者变相限定单位或者个人经营、购买、使用其指定的经营者提供的商品的其他行为。

（二）妨碍经营者进入相关市场或者实行不平等待遇

这种行为是2022年修正《反垄断法》时新增的第40条规定，即“行政机关和法律、法规授权的具有管理公共事务职能的组织不得滥用行政权力，通过与经营者签订合作协议、备忘录等方式，妨碍其他经营者进入相关市场或者对其他经营者实行不平等待遇，排除、限制竞争”。这主要针对一些地方出现的新型行政性垄断行为，即通过招标、特许经营等方式与某些企业签订合作协议来指定特定企业经营某些业务，而排除其他企业进入市场的可能。从表面上看，这种行为并不是通过行政命令实现的，因此很难归入现行《反垄断法》规制的范围，但其在本质上仍然是一种行政性垄断行为，这一补充规定有利于堵上现有规则的漏洞。

这种行为的载体是行政主体与经营者签订的合作协议、备忘录等具有合同性质的文件，行为的方式是妨碍其他经营者进入相关市场或对其他经营者实行不平等待遇。这里的合作协议主要是指行政主体为了实现行政管理或者公共服务目标，与公民、法人或者非法人组织协商签订

的具有行政法上权利义务内容的行政协议。备忘录在商事领域，特别是涉外商事领域中广泛存在，近年来也常见于政府与社会资本合作的领域。通过与经营者签订合作协议、备忘录等方式妨碍其他经营者进入相关市场，主要是指行政主体与经营者在协议中约定，授予该经营者独家经营权或限制其他经营者的市场准入。例如，协议约定在有效期内，甲方（行政主体）不再引入其他经营者；如有其他经营者未经甲方同意进入相关市场，甲方对相关经营行为实施管控。

通过与经营者签订合作协议、备忘录等方式对其他经营者实行不平等待遇主要是指，没有法律法规依据，行政主体与经营者在协议中约定为经营者提供优惠政策，影响生产经营成本，为特定经营者提供不正当的竞争优势。这类优惠政策包括但不限于：(1) 为经营者提供财政奖励和补贴；(2) 给予经营者税收优惠；(3) 在安全生产、节能环保、质量标准等方面给予经营者特殊待遇；(4) 减免经营者应当缴纳的行政事业性收费、政府性基金、住房公积金、社会保险费用等。

（三）妨碍商品在地区之间自由流通

妨碍商品在地区之间自由流通是指行政机关和法律、法规授权的具有管理公共事务职能的组织滥用行政权力，采取不正当的方式阻碍商品在地区之间的自由流通，损害全国统一市场形成的行为。实行社会主义市场经济，需要在全国范围内建立、健全统一、开放、竞争、有序的现代市场体系。而妨碍商品在地区之间的自由流通与这一基本要求是直接相违背的，人为扭曲了竞争机制的作用和资源的合理配置，保护了落后，也损害了广大消费者和受特定保护以外的经营者的合法权益，其危害显而易见。早在 1993 年的《反不正当竞争法》第 7 条第 2 款就规定："政府及其所属部门不得滥用行政权力，限制外地商品进入本地市场，或者本地商品流向外地市场。"（在该法 2017 年修订时也已被删除）2001 年国务院发布施行的《关于禁止在市场经济活动中实行地区封锁的规定》(2011 年修订) 更是对此作了比较具体的规定。

我国《反垄断法》第 41 条在原有规定的基础上作了进一步的规定，即："行政机关和法律、法规授权的具有管理公共事务职能的组织不得滥用行政权力，实施下列行为，妨碍商品在地区之间的自由流通：(一) 对外地商品设定歧视性收费项目、实行歧视性收费标准，或者规定歧视性价格；(二) 对外地商品规定与本地同类商品不同的技术要求、检验标准，或者对外地商品采取重复检验、重复认证等歧视性技术措施，限制外地商品进入本地市场；(三) 采取专门针对外地商品的行政许可，限制外地商品进入本地市场；(四) 设置关卡或者采取其他手段，阻碍外地商品进入或者本地商品运出；(五) 妨碍商品在地区之间自由流通的其他行为。"这里列举了这种行为在实践中的四种主要表现形式，并设有兜底条款。虽然它们的表现形式各异，限制竞争的程度也不一样，但是在本质上都歧视外地商品，妨碍商品在地区之间自由流通。

根据《制止滥用行政权力排除、限制竞争行为规定》第 6 条，妨碍商品在地区之间自由流通主要表现为：(1) 对外地商品设定歧视性收费项目、实行歧视性收费标准，或者规定歧视性价格、实行歧视性补贴政策；(2) 对外地商品规定与本地同类商品不同的技术要求、检验标准，或者对外地商品采取重复检验、重复认证等歧视性技术措施，阻碍、限制外地商品进入本地市场；(3) 采取专门针对外地商品的行政许可，或者对外地商品实施行政许可时，设定不同的许可条件、程序、期限等，阻碍、限制外地商品进入本地市场；(4) 设置关卡、通过软件或者互联网设置屏蔽等手段，阻碍、限制外地商品进入或者本地商品运出；(5) 妨碍商品在地区之间自由流通的其他行为。

（四）招投标活动中的地方保护

招标投标是在建设工程承包、成套设备或者其他商品的购买、企业承包经营和租赁经营、土地使用权出让、经营场所出租等领域广泛采用的竞争性交易方式。我国大力推行招标投标制度，就是为了充分发挥市场竞争机制在公共资金采购中的作用。这种本身带有明显竞争性的交易方式尤其需要确保公平，否则对竞争的危害更为明显。除了作为招标人和投标人的经营者不得串通招投标，行政机关和法律、法规授权的具有管理公共事务职能的组织也不得在招投标活动中搞地方保护。在招标投标活动中搞地方保护，必然会大大缩小竞争规模，使充分竞争的优越性难以得到发挥，使招标投标的作用大打折扣。在招标投标活动中实行地方保护的做法，破坏了市场的统一性，违反了公平竞争的原则，严重影响招标投标活动的正常开展，也给腐败行为留下可乘之机。鉴于此，我国《反垄断法》第42条明确规定："行政机关和法律、法规授权的具有管理公共事务职能的组织不得滥用行政权力，以设定歧视性资质要求、评审标准或者不依法发布信息等方式，排斥或者限制外地经营者参加本地的招标投标活动。"

根据《制止滥用行政权力排除、限制竞争行为规定》第7条，招投标活动中的地方保护主要表现为：(1) 不依法发布招标投标信息；(2) 排斥或者限制外地经营者参与本地特定的招标投标活动和其他经营活动；(3) 设定歧视性的资质要求或者评审标准；(4) 设定与实际需要不相适应或者与合同履行无关的资格、技术和商务条件；(5) 排斥或者限制经营者参加招标投标以及其他经营活动的其他行为。

(五) 排斥或者限制在本地投资或者设立分支机构

行政机关和法律、法规授权的具有管理公共事务职能的组织滥用行政权力搞地方保护，除了限制外地商品流入本地市场或者本地商品流入外地市场这些涉及商品流通的地域性限制，还包括对资金、技术、人员流动和企业跨地区联合等方面的限制。排斥或者限制外地经营者在本地投资或者设立分支机构即是其中的一个重要方面。这种行为保护本地经营者的利益，使外地经营者无法对本地经营者形成挑战，排斥、限制正常的竞争，其结果会使可竞争的统一市场转变为垄断趋向的市场结构，破坏比较优势，保护落后，最终也不利于本地区经济的发展。为此，《反垄断法》第43条明确规定："行政机关和法律、法规授权的具有管理公共事务职能的组织不得滥用行政权力，采取与本地经营者不平等待遇等方式，排斥、限制、强制或者变相强制外地经营者在本地投资或者设立分支机构。"

根据《制止滥用行政权力排除、限制竞争行为规定》第8条，排斥或者限制在本地投资或者设立分支机构主要表现为：(1) 拒绝、强制或者变相强制外地经营者在本地投资或者设立分支机构；(2) 对外地经营者在本地投资的规模、方式以及设立分支机构的地址、商业模式等进行限制或者提出不合理要求；(3) 对外地经营者在本地的投资或者设立的分支机构在投资、经营规模、经营方式、税费缴纳等方面规定与本地经营者不同的要求，在安全生产、节能环保、质量标准、行政审批、备案等方面实行歧视性待遇；(4) 排斥、限制、强制或者变相强制外地经营者在本地投资或者设立分支机构的其他行为。

(六) 强制经营者从事垄断行为

按照反垄断法的要求，经营者在经济活动中要遵守自由、公平的市场竞争规则，不得从事非法垄断行为。行使公权力的行政机关和法律、法规授权的具有管理公共事务职能的组织要担负起指导和监督的职责。但是，在现实经济生活中，一些经营者的非法垄断行为恰恰是行政机关和法律、法规授权的具有管理公共事务职能的组织滥用行政权力，强制其从事的。这种做法违反了建立和完善社会主义市场经济体制的要求，侵害了经营者依法享有的经营自主权，也会损害消费者的合法权益。由于这种行为具有超经济的强制性和排斥竞争的封闭性，因而相对于经营者自己从事的垄断行为来说，其往往具有更大的危害性。为此，《反垄断法》第44条明确规定："行政机关和法律、法规授权的具有管理公共事务职能的组织不得滥用行政权力，强制或者变相强制经营者从事本法规定的垄断行为。”《制止滥用行政权力排除、限制竞争行为规定》第9条也强调，行政机关和法律、法规授权的具有管理公共事务职能的组织不得滥用行政权力，强制或者变相强制经营者从事反垄断法规定的垄断行为。

当然，这一问题的解决还需要更多方面的努力，包括加强行政法制建设，强化科学行政、依法行政意识，树立正确的政绩观，摆正行政机关和法律、法规授权的具有管理公共事务职能的组织的角色定位，等等。

（七）制定含有排除、限制竞争内容的规定

行政机关滥用行政权力，排除、限制竞争，既可以通过具体行政行为来实现，也可以通过抽象行政行为来实现。抽象行政行为是指以不特定的人或事为对象而制定具有普遍约束力的规范性文件的行为。行政机关以抽象行政行为排除、限制竞争是指行政机关滥用行政权力，在其发布的有约束力的规范性文件中制定含有排除、限制竞争内容的规定。与以具体行政行为排除、限制竞争相比，以抽象行政行为排除、限制竞争有以下特点：针对的对象是不特定的人或者事；其效力具有普遍性；该规定可以反复适用，而不是只适用一次；该行为通常创立了一种新的行为模式。因此，采用抽象行政行为的方式排除、限制竞争往往影响面更广，副作用更大。为此，《反垄断法》第45条明确规定：“行政机关和法律、法规授权的具有管理公共事务职能的组织不得滥用行政权力，制定含有排除、限制竞争内容的规定。”《制止滥用行政权力排除、限制竞争行为规定》第10条进一步明确，行政机关和法律、法规授权的具有管理公共事务职能的组织不得滥用行政权力，以办法、决定、公告、通知、意见、会议纪要、函件等形式，制定、发布含有排除、限制竞争内容的规定。这一规定具有非常重要的意义。

第三节　行政性垄断行为的法律责任

既然行政性垄断行为受到反垄断法的禁止，那么就应该有相应的法律责任制度对实体规则提供保障，否则，有关禁止行政性垄断行为的规定就会流于一般的政策性宣示。不过，由行政主体的性质所决定，对行政性垄断行为和经济性垄断行为作完全同样的处理（尤其是在罚款方面）也是难以做到的。因此，如何在反垄断法中合理规定行政性垄断行为的法律责任就是一个非常重要的问题。

我国1993年《反不正当竞争法》在第7条原则禁止政府及其所属部门限定他人购买其指定的经营者的商品、限制其他经营者正当的经营活动，或者限制商品在地区之间正常流通的同时，并在第30条规定了这种行为的法律责任：“……由上级机关责令其改正；情节严重的，由同级或者上级机关对直接责任人员给予行政处分。被指定的经营者借此销售质次价高商品或者滥收费用的，监督检查部门应当没收违法所得，可以根据情节处以违法所得一倍以上三倍以下的罚款。”对此规定，学界普遍认为其不足以有效制止行政性垄断行为，并希望在《反垄断法》中加以强化。

在我国反垄断立法的过程中，对于如何规定行政性垄断行为的法律责任也是经过反复讨论的。一些人主张，反垄断法应当改变由“上级机关”负责处理的做法，而应由反垄断执法机构统一处理行政性垄断行为，并且更具体、严格地规定其法律责任。但是，我国最终通过的《反垄断法》并没有采纳这样的意见。该法于2022年修正，第61条对此的规定是：“行政机关和法律、法规授权的具有管理公共事务职能的组织滥用行政权力，实施排除、限制竞争行为的，由上级机关责令改正；对直接负责的主管人员和其他直接责任人员依法给予处分。反垄断执法机构可以向有关上级机关提出依法处理的建议。行政机关和法律、法规授权的具有管理公共事务职能的组织应当将有关改正情况书面报告上级机关和反垄断执法机构。”“法律、行政法规对行政机关和法律、法规授权的具有管理公共事务职能的组织滥用行政权力实施排除、限制竞争行为的处理另有规定的，依照其规定。”

依此规定，行政机关或法律、法规授权的具有管理公共事务职能的组织滥用行政权力，排除、限制竞争的，由该行政机关或者法律、法规授权的具有管理公共事务职能的组织的上级机关责令改正，该行政机关和组织应当依法改正。对直接负责的主管人员和其他直接责任人员，依法给予警告、记过、记大过、降级、撤职、开除等行政处分。同时，对行政机关和法律、法规授权的具有管理公共事务职能的组织的上述违法行为，反垄断执法机构可以向有关上级机关提出依法处理的建议。应该说，相对于1993年《反不正当竞争法》对行政性垄断的规定来说，《反垄断法》的前述规定没有实质性的进步，而且1993年《反不正当竞争法》关于“被指定的经营者借此销售质次价高商品或者滥收费用的”，由竞争执法机构进行处罚的规定也没有得到体现。这与将行政主体实施的垄断行为（行政性垄断）与市场主体实施的垄断行为（经济性垄断）完全同样对待的理想状态有差距，也使人们对于行政性垄断行为能否依该法得到切实制止存有疑虑。可见，我国《反垄断法》对行政性垄断的规制还是有限的。

不过，《反垄断法》增加的“反垄断执法机构可以向有关上级机关提出依法处理的建议”的规定是很有必要的。这意味着专门的执法机构虽然没有直接处理行政性垄断行为的权力，但仍然有建议上级机关进行处理的权力。这可以在一定程度上加强对行政性垄断行为的监督。从以往制止行政性垄断行为的实践来看，竞争执法机构的建议还是有一定效果的。有调查表明，在工商行政管理机关制止和查处的五百多件地方政府及其所属部门滥用行政权力限制竞争的案件中，90%的案件属于所在的地方政府或地方政府所属部门领导对竞争法不了解而实施的。在这种情况下，只要竞争执法机构及时告知，相关行为就会得到自我纠正。[①] 因此，反垄断执法机构的这种建议权在一定程度上还是可以起到督促上级机关依法处理行政性垄断行为的作用的。这在《反垄断法》实施以后的相关案例中得到了体现。

而且，2022年修正的《反垄断法》又在此基础上新增“行政机关和法律、法规授权的具有管理公共事务职能的组织应当将有关改正情况书面报告上级机关和反垄断执法机构”。这将进一步加强对行政性垄断行为整改情况的监督。就此看来，这种建议权以及强制要求提交整改报告的责任规定，可以更好地起到发挥上级机关和反垄断执法机构依法处理行政性垄断行为的作用。

《制止滥用行政权力排除、限制竞争行为规定》第20、21条规定：经调查，反垄断执法机构认为构成滥用行政权力排除、限制竞争行为的，可以向有关上级机关提出依法处理的建议。在调查期间，被调查单位主动采取措施停止相关行为，消除相关竞争限制的，反垄断执法机构可以结束调查。经调查，反垄断执法机构认为不构成滥用行政权力排除、限制竞争行为的，应当结束调查。反垄断执法机构向有关上级机关提出依法处理建议的，应当制作行政建议书，同时抄送被调查单位。行政建议书应当载明以下事项：（1）主送单位名称；（2）被调查单位名称；（3）违法事实；（4）被调查单位的陈述意见及采纳情况；（5）处理建议及依据；（6）被调查单位改正的时限及要求；（7）反垄断执法机构名称、公章及日期。其中，处理建议应当能够消除相关竞争限制，并且具体、明确，可以包括停止实施有关行为、解除有关协议、停止执行有关备忘录、废止或者修改有关文件并向社会公开文件的废止或者修改情况等。被调查单位应

① 参见桑林：《对反垄断法几个有争议的问题的思考》，载《中国工商管理研究》，2006（3）。

当按照行政建议书载明的处理建议，积极落实改正措施，并按照反垄断执法机构的要求，限期将有关改正情况书面报告上级机关和反垄断执法机构。

此外，根据修正后的《反垄断法》第 55 条和《制止滥用行政权力排除、限制竞争行为规定》第 24 条，行政机关和法律、法规授权的具有管理公共事务职能的组织涉嫌违反反垄断法规定滥用行政权力排除、限制竞争的，反垄断执法机构可以对其法定代表人或者负责人进行约谈。反垄断执法机构对涉嫌违法主体的约谈属于行政约谈的一种，主要是指反垄断执法机构针对涉嫌违法的相关主体，通过信息交流、沟通协商、警示谈话和批评教育等方法，对涉嫌违法行为加以预防、纠正的行为；属于不具有处分性、惩罚性和强制性的软性执法方式。根据规定，约谈可以指出涉嫌滥用行政权力排除、限制竞争的问题，约谈结束后，反垄断执法机构可以将约谈情况通报被约谈单位的有关上级机关。省级市场监管部门应当在 7 个工作日内将约谈情况向市场监管总局备案。约谈应当经反垄断执法机构主要负责人批准。反垄断执法机构可以根据需要，邀请被约谈单位的有关上级机关共同实施约谈。反垄断执法机构可以公开约谈情况，也可以邀请媒体、行业协会、专家学者、相关经营者、社会公众代表列席约谈。

行政性垄断行为属于行政权力的不当利用，要解决这一问题，一方面要严格执行现行法律、法规的有关规定，对该行为按照组织程序及时纠正，追究直接责任人员的法律责任；另一方面也要在行政体制内通过加强行政监督，实行严格的行政责任追究制。应进一步深化经济体制改革和行政管理体制改革，转变政府职能，综合治理行政性垄断行为。《反垄断法》第 61 条第 2 款的规定，为综合治理行政性垄断行为预留了空间。

第四节　公平竞争审查制度与反行政性垄断

2016 年 6 月，国务院印发了《关于在市场体系建设中建立公平竞争审查制度的意见》，要求建立公平竞争审查制度，防止出台新的排除、限制竞争的政策措施，并逐步清理、废除已有的妨碍公平竞争的规定和做法。这既是我国确立竞争政策基础性地位的关键一步，也是我国实现反行政性垄断目标的重要路径。

一、禁止滥用行政权力排除、限制竞争是我国推进竞争政策的重要内容

各国反垄断法的主要任务无疑是预防和制止经营者的垄断行为，包括垄断协议、滥用市场支配地位以及具有或者可能具有排除、限制竞争效果的经营者集中。但是，排除、限制竞争的行为不仅来自市场主体（所谓的经济性垄断），也可能来自行政主体（所谓的行政性垄断），因此，反垄断法在规制经营者的垄断行为的同时，也规制滥用行政权力排除、限制竞争的行为。我国《反垄断法》在规制经营者的垄断行为的同时，也规制滥用行政权力排除、限制竞争的行为。该法一方面在第 10 条规定“行政机关和法律、法规授权的具有管理公共事务职能的组织不得滥用行政权力，排除、限制竞争”，另一方面又在第五章用七个条文分别规定了滥用行政权力排除、限制竞争的主要表现形式。总体来说，这些规定是对禁止滥用行政权力排除、限制竞争的基本政策的延续和重申，为在这个领域推进竞争政策和反行政性垄断提供了基本的法律依据。

但是，对于确立和推动我国的竞争政策来说，仅有《反垄断法》中禁止滥用行政权力排除、限制竞争规定是远远不够的。一方面，该法只涉及事后的监督和救济，而不涉及事前的预防和控制，而且即使是事后规制，也不是由统一的反垄断执法机构负责查处，而是由实施该行

为的行政机关或者法律、法规授权的具有管理公共事务职能的组织的上级机关责令改正，其规制效果还是有限的；另一方面，该法适用的前提是行政机关或者法律、法规授权的具有管理公共事务职能的组织的行为构成“滥用”行政权力排除、限制竞争，而很多排除、限制竞争的政策、措施对市场竞争的影响非常大，但未必属于“滥用”行政权力的范畴，特别是在政策制定过程中，很难说行政机关具有滥用行政权力的情形。因此，反垄断法对很多反竞争的政策难以有效适用。可以说，中国《反垄断法》虽然已经把行政性垄断纳入其中进行规范，但基本上沿袭了在行政系统内自我纠偏的路径。《反垄断法》实施至今，最难查处的就是滥用行政权力排除、限制竞争的行政性垄断案件。试图通过控制行政权力来解决行政性垄断的路径往往事与愿违，尤其在行政立法盛行的当下，政府通过频繁的“立法”活动，并在“依法行政”的名义下，限制竞争的行为就可因其形式的“合法性”而具有了正当性。那些“合法”的垄断者实施着并不具有正当性的行为的现象屡见不鲜。① 因此，中国还需要在《反垄断法》现有的行政性垄断规制制度之外，采取其他方面的有效措施来规范政府的有关行为，而公平竞争审查制度的出现，为规制行政性垄断带来了一个新的视角、方法和契机。

二、公平竞争审查制度是我国竞争政策和反行政性垄断目标实现的重要路径

公平竞争审查是规范和约束政府行为的重要工具，是竞争政策基础地位实现的重要抓手。从公平竞争审查针对的对象来看，其调整的是政府出台妨碍公平竞争的政策措施这一类行为，具体的就是行政机关和法律、法规授权的具有管理公共事务职能的组织（统称政策制定机关）制定市场准入、产业发展、招商引资、招标投标、政府采购、经营行为规范、资质标准等涉及市场主体经济活动的规章、规范性文件和其他政策措施。公平竞争审查制度被证明是约束政府权力不当行使，维护市场公平竞争的有力措施，为市场在资源配置中起决定性作用提供了必要的制度保障。随着改革的深化和法治的完善，我国政府权力的行使越来越多地受到了制约，但是目前在经济活动中仍然存在地方保护、行业壁垒、违法给予优惠政策等不符合形成全国统一市场和公平竞争要求的现象。虽然保证公平竞争和维护市场秩序要靠政府，但是政府的有形之手应当保障各类市场主体公平地受到法律保护，而不应介入到市场竞争环节中设置各种壁垒，妨碍公平竞争的实现。

2016 年 6 月 1 日，国务院出台了《关于在市场体系建设中建立公平竞争审查制度的意见》，这标志着我国公平竞争审查制度的落地，并在 2019 年实现了国家、省、市、县四级政府全覆盖。2021 年 6 月 29 日，国家市场监督管理总局、国家发展和改革委员会、财政部、商务部、司法部五部门联合发布《公平竞争审查制度实施细则》，2017 年 10 月发布的《公平竞争审查制度实施细则（暂行）》同时废止。六年来，我国实施公平竞争审查制度取得了明显的成效，但也面临着不少现实的困难和巨大的挑战。一方面，这是由我国目前的公平竞争审查制度本身的特点所带来的。竞争审查制度本身在各国的表现形式各异，我国的公平竞争审查作为竞争审查制度的一个类型，有着与其他国家竞争审查制度类似的地方，但又有着明显的本土化特点。例如，它跨越了管制影响评估阶段直接进入比较全面的公平竞争审查，这使其涉及的范围非常广泛，工作的内容很复杂，工作的难度很大；审查的对象包括“增量政策措施”和“存量政策措施”，但以“增量政策措施”为主，这虽然体现了主要着眼于未来的考虑，但对既有问题的纠正可能容易受到忽视，或者力度有限；实行自我审查和外部监督相结合，强调政策制定机关的自我审查，这虽是基于现实条件的理性选择，政策制定机关的自我审查也确实具有其充分掌握

① 参见徐士英：《竞争政策视野下行政性垄断行为规制路径新探》，载《华东政法大学学报》，2015（4）。

政策制定信息的独特优势，但其审查动机和实际效果也难免会令人存疑；审查标准一开始虽然列出了 4 大项 18 小项并有若干例外规定，但对具体标准的理解和把握也绝非易事，尤其是如果例外规定不能得到适当的限制，这项制度就有被规避和被架空的危险。另一方面，这也是由我国目前公平竞争审查实施机制的薄弱性和工作的不平衡性所引发的。公平竞争审查针对的是政府出台妨碍公平竞争的政策措施的行为，这在很多时候会与地方和行业的发展思路相抵触，必然会遇到各种阻力，而实行以自我审查为主的方式又进一步弱化了审查的效果。同时，我国地域辽阔，行业众多，各地区、各部门的实际情况差异比较大，对此项工作的重视程度也不会完全一致，并且还会存在开展公平竞争审查工作比较积极的地方和部门反而在利益上吃亏的情况（尤其是在打破市场进入壁垒、开放市场方面），这会反过来对这项工作产生反向激励的不利影响。

近年来，党中央、国务院对落实公平竞争审查制度不断提出更高的要求。党的十九届四中全会强调“落实公平竞争审查制度”；党的十九届五中全会明确提出“健全公平竞争审查机制”；“十四五”规划和 2035 年远景目标纲要对强化竞争政策基础地位作出专题部署，要求统筹做好增量审查与存量清理，强化公平竞争审查制度刚性约束，完善公平竞争审查细则，持续清理废除妨碍统一市场和公平竞争的规定及做法。《关于新时代加快完善社会主义市场经济体制的意见》《建设高标准市场体系行动方案》《优化营商环境条例》《关于加快建设全国统一大市场的意见》等重大政策和重大改革方案，也都对落实公平竞争审查制度提出了具体要求。为此，必须进一步强化竞争政策实施，完善和落实公平竞争审查制度，切实打破地方保护和区域壁垒，促进资源要素在全国范围内顺畅流动，使超大规模市场优势得到充分发挥，助力加快构建新发展格局，推动高质量发展。

因此，我国需要在切实执行现有公平竞争审查制度规则的基础上，不断总结经验教训，稳步推进制度的完善。结合我国实施公平竞争审查制度的初步经验和其他国家进行竞争审查的成功做法，我国公平竞争审查制度可以从以下方面进行完善：一方面，将公平竞争审查制度正式上升为法律的层面，成为国家的一项基本的法律制度；另一方面，逐步完善公平竞争审查的具体制度规则。相对来说，前一个方面更具基础性和根本性，是后一个方面的基础和保障。此前以国务院规范性文件形式建立我国的公平竞争审查制度，是在开始探索阶段快速推进该制度的一种较为实际可行的选择，有利于提高效率，尽快取得初步成效，也为全面建立该制度打下基础。但是，由于公平竞争审查是一项非常重要的制度，事关全局，而且涉及对政府权力本身的限制，必然会遇到许多困难和阻力，这就需要有权威的法律依据，既予以严格规范，也提供有力保障。因此，在经过一段时间的试行之后，在总结经验的基础上，不但需要完善制度内容，而且需要提高立法层次，将其提高到由全国人大常委会制定的法律的高度。由于直接制定公平竞争审查的法律难度比较大，时间也会很长，因此一种较为现实可行的选择是在修改《反垄断法》时增加这方面的内容，建立起这方面若干基本的制度规则，并做好与该法中禁止滥用行政权力排除、限制竞争制度（行政性垄断规制制度）的衔接、协调，具体的规则可由国务院制定相关的实施条例去建立和完善，从而形成我国以《反垄断法》为核心的竞争政策体系。

基于此，2022 年修正后的《反垄断法》第 5 条明确规定：“国家建立健全公平竞争审查制度。”“行政机关和法律、法规授权的具有管理公共事务职能的组织在制定涉及市场主体经济活动的规定时，应当进行公平竞争审查。”这就使我国的公平竞争审查制度得到了作为竞争领域基本法的《反垄断法》的确认，为今后有效实施这一制度提供了坚实的法律保障。

当然，《反垄断法》只能就公平竞争审查制度作原则性的规定，公平竞争审查的具体规则制度需要通过相关行政法规、规章和指南等予以细化和完善。例如，加大反垄断执法机构在公平竞争审查中的作用，并做好公平竞争审查与反行政性垄断执法的协调和衔接；充分利用现有的相关制度（如立法程序中的合法性审查以及规章和规范性文件的清理制度等）实施公平竞争审查；加强对公平竞争审查工作的监督和完善违反公平竞争审查制度的责任追究制度。

总之，我国《反垄断法》首次修改中在总则部分对竞争政策基础地位和公平竞争审查制度的确认，使该法不仅是我国狭义上竞争政策的主要体现，而且是广义上竞争政策的核心，真正为确立我国整体的竞争政策框架奠定了坚实的法律基础。属于事前规范行政性垄断行为的重要制度安排的公平竞争审查制度与属于事后查处行政性垄断行为的反垄断执法之间需要进行衔接和协调。《制止滥用行政权力排除、限制竞争行为规定》第 29 条增加了公平竞争审查的内容，即“行政机关和法律、法规授权的具有管理公共事务职能的组织，在制定涉及市场主体经济活动的规章、规范性文件和其他政策措施时，应当按照有关规定进行公平竞争审查，评估对市场竞争的影响，防止排除、限制市场竞争。涉嫌构成滥用行政权力排除、限制竞争行为的，由反垄断执法机构依法调查”。这为后续公平竞争审查制度的完善预留了空间。

案例与思考 1

广东省河源市人民政府会议纪要关于汽车 GPS 指定交易案[①]

2010 年 1 月 8 日，广东省河源市人民政府（以下简称“河源市政府”）召开政府工作会议，会议的主要内容是落实广东省人民政府加强道路交通安全管理的指示，推广应用卫星定位汽车行驶记录仪。在会议纪要中，河源市政府明确指定新时空导航科技有限公司（以下简称“新时空公司”）自行筹建的卫星定位汽车行驶监控平台为市级监控平台，要求该市其余几家 GPS 运营商必须将下属车辆的监控数据信息上传至新时空公司平台。此后，河源市物价局依据该会议纪要，批复同意新时空公司对其他 GPS 运营商收取每台车每月不高于 30 元的数据接入服务费。5 月 12 日，河源市政府办公室印发了《强制推广应用卫星定位汽车行驶记录仪工作方案》，明确要求全市重点车辆必须将实时监控数据接入市政府指定的市级监控平台。11 月 11 日，河源市政府召开政府工作会议，重申了上述要求，并要求交警部门对未将监控数据上传至新时空公司平台的车辆，一律“不予通过车辆年审”。

2011 年 1 月 26 日，河源市易流科技有限公司（以下简称“易流公司”）等三家汽车 GPS 运营商联名向广东省工商行政管理局（以下简称“广东省工商局”）投诉，反映河源市政府在强制推广汽车 GPS 工作中的行政行为涉嫌滥用行政权力排除、限制竞争。3 月 25 日，这三家企业又向广东省人民政府法制办公室就河源市政府的上述行政行为提起行政复议。

广东省工商局按照《反垄断法》的有关规定对上述投诉进行了调查。调查发现，截至 2010 年年底，河源市共有 GPS 运营商 11 家，其中新时空公司、威霸公司、易流公司等运营商建有企业监控平台。在确定新时空公司自建的监控平台为市级平台以前，该市所有 GPS 运营商管理的车辆监控信息均由其直接上传至省级监控数据中心。市政府不恰当的介入，严重破坏了当地 GPS 运营商的市场竞争格局。广东省工商局认为：

---

① 资料来源：《中国工商报》，2010 - 07 - 27，B01 版；国家工商行政管理总局网站，http：//www. saic. gov. cn/ywdt/gsyw/dfdt/xxb/201107/t20110727 _ 111694. html。

（1）新时空公司是GPS运营商之一，不具有政府行政管理职能，将其自行投资建设的卫星定位汽车行驶监控平台作为市级监控平台，实际上是限定其他GPS运营商接受新时空公司这一经营者提供的数据接收、上传和分发服务。（2）新时空公司对该市其他GPS运营商预收2011年下半年每辆车每月30元的数据接入服务费，否则，其他GPS运营商的数据不能接入市级监控平台。这造成其他GPS运营商在接受政府监管的同时，不得不接受新时空公司提供的有偿服务。（3）河源市政府要求交警部门对未将监控数据上传至新时空公司平台的车辆采取不予通过车辆年审的强制措施，使新时空公司变成其他GPS运营商正常经营必须依赖的对象，严重破坏了该市汽车GPS运营服务市场的竞争格局。

基于上述理由，广东省工商局认定，河源市政府的行政行为超出了法定权限和上级有关政策要求，干预了企业正常经营活动，导致排除、限制竞争的后果，违反了《反垄断法》第32条以及《工商行政管理机关制止滥用行政权力排除、限制竞争行为的规定》第3条的规定，构成行政机关滥用行政权力排除、限制竞争行为。根据《反垄断法》第51条、《工商行政管理机关制止滥用行政权力排除、限制竞争行为的规定》第6条、《工商行政管理机关制止滥用行政权力排除、限制竞争行为程序规定》第4条的规定，广东省工商局向广东省人民政府正式作出"依法纠正河源市政府上述滥用行政权力排除、限制竞争行为"的建议。

2011年6月12日，广东省人民政府作出复议决定，认为河源市政府上述行政行为违反《反垄断法》第8条、第32条和《道路交通安全法》第13条的规定，属于滥用行政职权，其行为明显不当，决定撤销其具体行政行为。河源市政府根据广东省人民政府的决定，纠正了其滥用行政权力排除、限制竞争的行为，恢复了该市汽车GPS运营市场的竞争格局。

本案是《反垄断法》实施以后第一个被查处的行政性垄断案件，具有重大意义。本案加强了各地政府对《反垄断法》关于行政性垄断的认识，增强了其守法意识和依法行政意识。虽然《反垄断法》第五章中有关行政性垄断法律责任的规定有缺陷，但如果反垄断执法机构真正依法行使建议权，相关行为还是可以得到有效纠正的。

案例与思考2

国家发展和改革委员会查处河北省三部门行政性垄断案①

2014年9月，国家发展和改革委员会根据举报，依法对河北省交通运输厅、物价局、财政厅违反《反垄断法》的相关规定，对本省客运班车实行通行费优惠政策，滥用行政权力排除、限制相关市场竞争的案件进行了调查。

调查发现：2013年10月，河北省交通运输厅、物价局和财政厅联合下发《关于统一全省收费公路客运班车通行费车型分类标准的通知》（冀交公〔2013〕548号），确定自2013年12月1日起，调整全省收费公路车辆通行费车型分类，并对本省客运班车实

① 资料来源：国家发展和改革委员会网站，http：//www.gov.cn/xinwen/2014-09/26/content_2756875.htm。

行通行费优惠政策。客运班车通过办理高速公路ETC卡或者月票，按照计费额的50%给予优惠。2013年10月30日，河北省交通运输厅下发《关于贯彻落实全省收费公路客运班车通行费车型分类标准有关事宜的通知》（冀交公〔2013〕574号），进一步明确规定，优惠政策“只适用于本省经道路运输管理机构批准，有固定运营线路的客运班线车辆”。

据调查，通行费支出对经营者的收益率影响较大。根据某运输公司测算的数据，高速公路通行费占其总收入的比重为10%～20%。河北省有关部门对本省客运班车实行通行费优惠政策，其实质是对本省客运班车经营者按照通行费额给予经济补偿，使河北省客运班车经营者的通行费成本大幅低于其他省份相关经营者，导致外省经营者处于不利的竞争地位。以天津至石家庄线路为例，天津公司单程需缴纳通行费360元，与之对开的河北省公司只缴纳180元，单次差额180元。据天津一运输公司测算，仅这一线路天津公司比河北公司每年就多支出130余万元。

河北省有关部门的上述做法，损害了河北省客运班车经营者与外省同一线路经营者之间的公平竞争，违反了《反垄断法》第8条关于“行政机关和法律、法规授权的具有管理公共事务职能的组织不得滥用行政权力，排除、限制竞争”的规定，属于《反垄断法》第33条第1项所列“对外地商品设定歧视性收费项目、实行歧视性收费标准，或者规定歧视性价格”的行为。

国家发展和改革委员会就相关问题与交通运输部进行了沟通确认，并依据《反垄断法》的相关规定，向河北省人民政府办公厅发出执法建议函，建议其责令交通运输厅等有关部门改正相关行为，对在本省内定点定线运行的所有客运企业，在通行费上给予公平待遇。通过改正相关行为，保证所有客运企业之间的公平竞争。

本案是我国《反垄断法》实施以来又一起受到较大关注的行政性垄断案，并且是由韩国驻中国大使馆举报的，影响很大。本案中国家发展和改革委员会向河北省人民政府发出的反垄断执法建议函具有积极意义，释放了严查行政性垄断的信号。

案例与思考3

深圳斯维尔科技有限公司（以下简称“深圳维尔公司”）

诉广东省教育厅行政性垄断案①

2014年年初，教育部首次将“工程造价基本技能”列为“2013—2015年全国职业院校技能大赛”赛项之一。同年4月1日，由广东省教育厅、高职院校、行业企业等组成的工程造价广东“省赛”组委会发通知称，大赛由广东省教育厅主办，广州城建职业学院承办，广联达软件股份有限公司“协办”。在随后组委会公布的《赛项技术规范》和《竞赛规程》中都明确，赛事软件指定使用广联达独家拥有的认证系统、广联达土建算量软件GCL2013和广联达钢筋算量软件GGJ2013。

一直在积极介入“工程造价基本技能”国赛和各地省赛的深圳斯维尔公司认为：广东省教育厅指定独家赛事软件的做法，有滥用行政权力之嫌，违反了《反垄断法》，因

① 资料来源：《法制日报》，2017-08-07。

为培训学校为了参加“省赛”和“国赛”，就要购买广联达软件，这样，深圳斯维尔公司不仅损失了高职院校市场，更重要的是这些学生毕业后进入施工单位、造价咨询公司，会倾向性地选择广联达软件。从长远市场战略来看，如果不对这种行政指定产品的做法加以制止，工程造价技能软件的市场将会形成“一家独大”的局面，深圳斯维尔公司将无立足之地。为此，深圳斯维尔公司多次与广东省教育厅进行口头和书面商洽，要求给予公平竞争的机会。在沟通无效的情况下，2014 年 4 月 26 日，深圳斯维尔公司向广东省广州市中级人民法院提起行政诉讼，请求法院判决确认广东省教育厅滥用行政权力指定广联达产品为独家参赛软件的行为违法。

广东省教育厅辩称：广东省选拔大赛的各项赛事规程是以教育部文件作为依据的。4 月 2 日，教育部主管的“国赛”组委会办公室发布了《“工程造价基本技能”赛项规程》，明确规定使用由广联达独家提供的“广联达网络考试系统”，并在“软件要求”中明确规定了使用由广联达提供的广联达土建算量软件 GCL2013、广联达钢筋算量软件 GGJ2013 和广联达安装算量软件 GQI2013。广东省教育厅认为，广东省选拔赛选用与“国赛”相同的软件，是为了更好地与“国赛”衔接，使选手更快适应竞赛规则，从而取得好成绩。对此，深圳斯维尔公司称，针对“国赛”组委会指定使用广联达软件程序的做法，深圳斯维尔公司曾在起诉广东省教育厅之前，就于 4 月 16 日向教育部提出了行政复议。教育部曾专门邀请相关专家对于指定参赛软件的做法是否违法进行论证，专家们给出的意见是该做法违反了反垄断法等法律规定。为此，原定于 6 月 13 日举办的工程造价技能的“国赛”没有举行。基于此，深圳斯维尔公司在 6 月 18 日撤回了行政复议申请。

广东省广州市中级人民法院认为：根据《反垄断法》第 32 条的规定，广东省教育厅“指定独家参赛软件”的行为符合构成行政性垄断的要素条件，即：在主体上，广东省教育厅是“行政机关和法律、法规授权的具有管理公共事务职能的组织”；在行为上，广东省教育厅“指定独家参赛软件行为”符合“限定或者变相限定单位或者个人经营、购买、使用其指定的经营者提供的商品”；至于“滥用行政权力”，法院依据行政诉讼法有关“行政机关应对自己的具体行政行为负有举证责任”的规定，认定广东省教育厅对自己“指定独家参赛软件”行为不能提供证据证明其合法性，为此广东省教育厅构成“滥用行政权力”。经审理，广东省广州市中级人民法院于 2015 年 2 月 2 日作出一审判决，确认广东省教育厅指定在 2014 年工程造价基本技能省级选拔赛中独家使用广联达公司相关软件的行为违法。

2017 年 8 月初广东省高级人民法院对该案作出二审判决，认定广东省教育厅在“工程造价基本技能赛项”省级比赛中，指定广联达软件为独家参赛软件的行为，属于滥用行政权力，产生了排除、限制竞争的效果，违反了反垄断法的规定，为此驳回广东省教育厅和广联达的所有上诉请求，维持一审判决。

在国家大力推进依法治国、依法行政以及司法公正的大背景下，本案无疑是我国《反垄断法》实施中具有重要意义的案件。在这起首例反行政性垄断诉讼案中，法院对广东省教育厅“指定”广联达公司相关软件为独家参赛软件的行为是否涉嫌行政性垄断作出了一系列详细的法律解释，并对有关行政性垄断的举证标准作出了明确界定。这种具有创新意义的司法裁判尺度，解决了司法实践中行政性垄断行为认定标准模糊的实务问题，为今后审理类似案件提供了司法实践的“判例”样本。这对于司法更有效惩治行政性垄断违法行为，显然也具有积极意义。

思考题

1. 什么是行政性垄断？
2. 理解行政性垄断要注意哪些主要问题？
3. 反垄断法规制行政性垄断的必要性和依据是什么？
4. 我国《反垄断法》确认的行政性垄断有哪些主要类型？
5. 简析我国《反垄断法》规定的行政性垄断的法律责任制度。

第十七章

反垄断法的实施制度

第一节 反垄断执法体制

一、反垄断执法体制概述

“徒法不能以自行”①。自由、公平的竞争秩序的确立与维护仅有反垄断法实体规范本身是不够的，还需要有相应的执法机构保证这些规范的有效执行。设置专门的反垄断执法机构是反垄断法作为现代经济法的典型和核心部分不同于民商法的一个重要方面。民商法一般只需规定实体的权利、责任等问题，在遇有违法情形时由受害者请求司法机关给予民事救济，无须规定专门的执行机构；而反垄断法因体现了国家对市场经济的积极干预，除了需要当事人的自觉遵守与民事救济，一般还要有一个专门机构负责执法。因此，建立完善的执法体制对于反垄断法的有效实施是至关重要的。这主要涉及反垄断执法机构的设置、其内部的组成以及与外部其他机构之间的关系。

在制定和实施了反垄断法的国家和地区，其所建立的反垄断执法体制是不完全一致的。

在机构设置的方式上：有的是通过反垄断法或相关法律直接设立新的执法机构，如美国依《联邦贸易委员会法》创设联邦贸易委员会，日本依《禁止垄断法》创设公正交易委员会；有的是通过反垄断法在现有的行政机关中指定反垄断的执法机构，如美国《谢尔曼法》指定司法部和州司法总长负责执行该法；德国《反限制竞争法》规定的执法机构包括德国联邦卡特尔局、德国联邦经济科技部与根据各个州的法律制定的州最高卡特尔局。②

在机构设置的数量上：有的由一个机关作为反垄断执法机构，如日本和匈牙利；有的则由两个或者两个以上的机关作为反垄断执法机构，如德国和美国。这两种体制各有所长：单一的反垄断执法机构便于反垄断权力集中，处理问题程序简便、效果迅速；而设置多个反垄断执法机构便于扩大反垄断执法的活动范围和权限，加强反垄断执法力度。③

在专门机构的性质及隶属关系上：有的反垄断执法机构具有准司法性，如美国的联邦贸易委员会、日本的公正交易委员会，它们分别隶属于总统和内阁总理大臣，皆独立从事反垄断法的执行活动，与一般行政机关在组成上有区别，均属委员会式。它们除享有一般行政权限外，还享有准司法权和准立法权，其裁决案件的程序大体类似于法院的审理程序。有的则以纯行政机关作为反垄断执法机构，这是欧洲多数国家所采取的体制，如德国联邦卡特尔局、英国的公平贸易办公室，它们分别隶属于经济科技部长和贸易与产业部大臣。这些专门行政机关的上级

---

① 《孟子·离娄章句上》第一节。

② 经营者集中控制的执法由德国联邦卡特尔局单独负责，限制竞争的协议、决议与协同行为的执法由德国联邦卡特尔局与各州最高卡特尔局共同实施。

③ 参见曹海晶：《论我国反垄断行政执法机构的设置》，载《华中师范大学学报》，1996（5）。

领导也以政策决策方式参与执行反垄断法，但专门机构在具体案件的裁决上有相当的独立性。[①] 准司法性的执行机构的地位和独立性均高于纯行政性执行机构的，有利于独立依照反垄断法作出裁决；而纯行政性执行机构体制实行专门行政机关的法律决策与其上级领导的政治决策相结合，据认为这有利于反垄断法被稳定、高效率地贯彻执行。[②]

在与反不正当竞争执法机构的关系上：有的实行反垄断执法机构与反不正当竞争执法机构合一，即由一个机构统一来执行两个法（或两方面内容合在一起的法），如澳大利亚的竞争与消费者委员会；有的则实行反垄断执法机构与反不正当竞争执法机构的分立，或者有反垄断执法机构而没有专门的反不正当竞争行政执法机构，如德国联邦卡特尔局和法国的竞争委员会只负责执行反垄断法。反垄断执法机构同时执行反不正当竞争法，有利于做到竞争法执行的统一与协调；而反垄断执法机构只执行反垄断法则任务单纯，有利于集中精力专司专业性强、复杂程度高的反垄断执法。

总之，在反垄断执法机构的具体设置体制上，各国（地区）的做法是不完全一致的，存在着这样或那样的差异。而这种差异又不能直接表明孰优孰劣，各国的不同做法是在各自特定的历史条件下由多种因素所决定的决策者政策选择的结果。

二、我国的反垄断执法体制

建立什么样的反垄断执法体制一直是我国制定反垄断法过程中的重点和难点问题，备受各方关注。在这方面，多数学者的意见是明确的和一致的，即不要在现有机构中指定反垄断执法机构，而宜在反垄断法中创设一个统一、独立和权威的执法机构。但是，由于新设机构的难度比较大，加上相关部门有自己的考虑，因而一些相关政府部门都主张在现有执法机构中指定，并且从职能相近程度和历史渊源等角度主张应由本部门负责反垄断执法。在由政府部门主导的历次起草文本中基本上都规定执法机构由国务院规定。

《反垄断法》最终确立了反垄断委员会与反垄断执法机构共存的“二元模式”，或者说建立了所谓的“双层次多机构”的执法体制。修改后的《反垄断法》第12条规定：“国务院设立反垄断委员会，负责组织、协调、指导反垄断工作，履行下列职责：（一）研究拟订有关竞争政策；（二）组织调查、评估市场总体竞争状况，发布评估报告；（三）制定、发布反垄断指南；（四）协调反垄断行政执法工作；（五）国务院规定的其他职责。”“国务院反垄断委员会的组成和工作规则由国务院规定。”修改后的《反垄断法》第13条规定：“国务院反垄断执法机构负责反垄断统一执法工作。”“国务院反垄断执法机构根据工作需要，可以授权省、自治区、直辖市人民政府相应的机构，依照本法规定负责有关反垄断执法工作。”

根据2008年7月和8月先后公布的国务院有关机构的“三定”方案，国家工商行政管理总局、国家发展和改革委员会和商务部分别负责相关的反垄断执法工作。其中，国家工商行政管理总局负责垄断协议，滥用市场支配地位，滥用行政权力排除、限制竞争的反垄断执法（价格垄断行为除外）等方面的工作[③]；国家发展和改革委员会依法查处价格垄断行为；商务部依

① 尽管德国联邦卡特尔局隶属于德国联邦经济科技部，但在业务上享有高度的独立性，历届部长都承认，不干涉德国联邦卡特尔局的业务是德国竞争法成功的重要保证。根据德国《反限制竞争法》第42条第1款第一句的规定，当限制竞争具有重大的国民经济利益或者具有重大的公共利益时，德国联邦经济科技部可以对德国联邦卡特尔局否决的经营者集中实施特别许可。但德国联邦经济科技部对此制度的实施特别谨慎：截至2014年，有22个被否决的经营者集中案件申请部长特许，其中6个被驳回，8个得到批准，其余案件则主动申请撤回。

② 参见曹士兵：《反垄断法研究》，68页，北京，法律出版社，1996。

③ 同时还负责依法查处不正当竞争、商业贿赂、走私贩私等经济违法行为。

法对经营者集中行为进行反垄断审查。[①] 这样，我国既不是实行反垄断执法机构与反不正当竞争执法机构的完全合一，也不是实行反垄断执法机构与反不正当竞争执法机构的完全分立，而是实行既分立又交叉（国家工商行政管理总局及其授权的省级工商行政管理部门负担大部分的反不正当竞争执法和部分的反垄断执法职责）的机制。这使我国的竞争执法体制比较复杂，反垄断法的有效实施面临着挑战。

从实际需要来看，我国应该单独创设专门的、统一的执法机构，并使其拥有包括对地方各级政府及其部门和国务院各部门的排除、限制竞争行为直接进行处理的广泛权力。现在《反垄断法》采取在国务院设立反垄断委员会负责领导、组织、协调反垄断工作，又由国务院规定具体的反垄断执法机构负责反垄断执法工作的体制。虽然这一架构是多方协调之下的结果，已经来之不易，但是对于有效执行反垄断法来说，这会带来许多问题。国务院反垄断委员会主要是一个协调性的机构，本身不负责具体的执法工作，其在反垄断法实施中的作用就很有限。更重要的是，按照这样的架构，具体的反垄断执法工作将由现有的多家机构承担，这必然会影响反垄断执法工作的集中统一进行，例如价格垄断行为和非价格垄断行为有时就很难截然分开，因此相互之间的衔接协调就显得很重要。虽然《反垄断法》建立的国务院反垄断委员会在目前难以发挥执行反垄断法的实质性作用，但是在存在多家执法机构的情况下，该委员会的协调作用也是很重要的，特别是它为今后的改革预留了空间。从根本和长远出发，我国还是需要建立一个统一的、独立的、权威的反垄断执法机构。

针对我国原有的反垄断执法体制，为使其能够有效发挥作用，需要理顺一系列的关系，包括国务院反垄断委员会与国务院反垄断执法机构之间的关系，三个主要的反垄断执法机构（国家工商行政管理总局、国家发展和改革委员会和商务部）之间的关系，管制性产业的监管机构与三个主要的反垄断执法机构之间的关系，国务院反垄断执法机构与其授权的执行反垄断工作的省级人民政府的相应机构之间的关系，以及反垄断行政执法机构与司法机关（法院）之间的关系。[②] 其中，管制性产业的监管机构与反垄断执法机构之间的关系，也就是对设立了专门监管机构的行业的垄断行为是由国务院反垄断执法机构还是由有关行业监管机构进行调查和处理，非常敏感、复杂，存在很多争议，涉及部门之间的权限划分问题，并且在反垄断法起草过程中，有关条文也是经常变化的。《反垄断法（草案）》曾经规定：对本法规定的垄断行为，有关法律、行政法规规定应当由有关部门或者监管机构调查处理的，依照其规定。有关部门或者监管机构应当将调查处理结果通报国务院反垄断委员会。有关部门或者监管机构对本法规定的垄断行为未调查处理的，反垄断执法机构可以调查处理。反垄断执法机构调查处理时，应当征求有关部门或者监管机构的意见。虽然最后通过的《反垄断法》取消了这个规定，但在该法实施的过程中，这个问题仍然存在，需要协调解决。由于反垄断法在性质上属于市场经济的基本的、具有普遍性意义的法律规则，因而它应统一实施于各个行业和部门，反垄断执法机构的职权也不应被各个行业监管机构所分解，以利于反垄断法的统一实施。即使考虑到这些行业的特殊性，行业监管机构也可以参与各自行业内的反垄断执法，但是这也不应排除反垄断执法机构的执法，并且应真正实现它们之间权限的合理划分和实施过程中的协调合作。在这种情况下，需要国务院反垄断委员会切实履行其组织、协调、指导反垄断工作的职责，保证反垄断执法的顺利进行。

---

① 同时还负责指导企业在国外的反垄断应诉工作，开展多边、双边竞争政策交流与合作。此外，还承担《反垄断法》规定的国务院反垄断委员会的具体工作。

② 参见时建中：《反垄断法实施仍有四难》，载《瞭望》，2008（32）。

在《反垄断法》实施10年之际，我国反垄断执法体制迎来了重大的改革。根据2018年3月第十三届全国人大第一次会议通过的《国务院机构改革方案》，“将国家工商行政管理总局的职责，国家质量监督检验检疫总局的职责，国家食品药品监督管理总局的职责，国家发展和改革委员会的价格监督检查与反垄断执法职责，商务部的经营者集中反垄断执法以及国务院反垄断委员会办公室等职责整合，组建国家市场监督管理总局，作为国务院直属机构”。同时，国务院反垄断委员会的具体工作由国家市场监督管理总局承担。这意味着将结束此前10年中国存在三家反垄断执法机构的状况。反垄断执法机构的统一有利于对垄断行为的有效规制。

为适应“强化反垄断”的要求，进一步落实党中央、国务院充实反垄断监管力量与强化竞争政策基础地位的战略部署，持续提高我国反垄断执法的专业性和执法效率，2021年11月18日，国家反垄断局正式挂牌成立，局长由市场监管总局副局长、国务院反垄断委员会秘书长担任。原先市场监管总局下设的反垄断局调整成三个司局，它们分别是：反垄断执法一司、反垄断执法二司和竞争政策协调司。这样就确立了以国家反垄断局为核心、三个司局级单位具体负责反垄断执法的新模式。三个司局级单位的工作分工如下：反垄断执法一司，负责垄断协议、滥用市场支配地位以及滥用知识产权排除、限制竞争等反垄断执法工作。其还负责对组织实施数字经济领域垄断协议、滥用市场支配地位的执法。此外，其还负责指导地方查处垄断协议、滥用市场支配地位案件，组织协调对跨省（自治区、直辖市）垄断协议、滥用市场支配地位案件的查处。反垄断执法二司，负责对经营者集中行为进行反垄断审查、查处违法实施的经营者集中案件，查处未达申报标准但可能排除、限制竞争的经营者集中案件。此外，其还负责开展数字经济领域经营者集中反垄断审查、监督执行经营者集中附加限制性条件并指导企业在国外的反垄断应诉和合规工作。竞争政策协调司，负责统筹推进竞争政策实施与反垄断综合协调工作、指导地方开展反垄断工作、牵头拟订反垄断制度措施和指南、组织实施公平竞争审查制度并督促指导各部门和地方开展公平竞争审查工作。该司还负责滥用行政权力排除、限制竞争的反垄断执法工作，承担反垄断案件内部法制审核工作并承担竞争政策和反垄断国际合作与交流工作。此外，其还承担国务院反垄断委员会日常工作。反垄断的相关工作由分工明确的三个业务司分别负责，将有利于反垄断执法工作的精细化和常态化。此外，在机构协调和整合执法资源方面，以国家局的名义推进反垄断法的实施可以更好地协调行业主管部门与市场监管部门的关系；在查处行政垄断案件的过程中，也可以更有力地推进纠正政府部门涉嫌滥用行政权力排除、限制竞争的行为。

可以说，国家反垄断局的正式成立是继2018年反垄断执法机构改革之后，我国反垄断执法体制建设工作中的又一重大制度构建，这对加快建立全方位、多层次、立体化反垄断监管体系，实现事前事中事后全链条全领域监管，营造公平、透明、可预期的反垄断执法环境，起到了重要的指导与推动作用。

需要注意的是，反垄断执法属于中央事权，原则上由国务院反垄断执法机构承担。但是，国务院反垄断执法机构根据工作需要，可以授权省、自治区、直辖市人民政府相应的机构，依照本法规定负责有关反垄断执法工作。市场监管总局于2018年12月28日印发《关于反垄断执法授权的通知》，授权各省、自治区、直辖市人民政府市场监督管理部门，负责本行政区域内有关反垄断执法工作。但是，此前经营者集中反垄断审查仍然是由市场监管总局统一进行的。为深入推进公平竞争政策实施，提升经营者集中反垄断审查效能，2022年7月市场监管总局发布《关于试点开展委托实施部分经营者集中案件反垄断审查的公告》，于2022年8月1日起试点委托北京市、上海市、广东省、重庆市、陕西省市场监督管理局开展部分适用经营者集中简易程序的案件反垄断审查工作。试点期间，市场监管总局将根据工作需要，将部分简易案件委托试点省级市场监管部门负责审查。市场监管总局统一受理经营者集中申报并在试点省级市场监管部门审查意见基础上作出审查决定。试点省级市场监管部门按照市场监管总局统一的经营者集中工作规则，进行材料审核、立案审查，并在规定时限内完成审查，将审查报告和审查建议报市场监管总局。市场监管总局作出审查决定后，试点省级市场监管部门将审查决定送达申报人。试点期间，市场监管总局将加强对试点省级市场监管部门的指导，确保审查工作统一、规范、高效。试点期限为 2022 年 8 月 1 日至 2025 年 7 月 31 日。

三、反垄断执法机构的职权

反垄断执法机构为履行其反对垄断（包括行政性垄断），维护自由、公平竞争秩序的职责，就必须拥有相应的权力。各国反垄断执法机构拥有的权力不尽相同，但大体上包括调查、检查、处罚、采用强制措施、审核批准、作出裁决以及制定规章等方面的权力。

我国《反垄断法》没有专门集中规定反垄断执法机构的具体职责、权限，但相关条文分散地体现了这些内容，如调查涉嫌垄断行为、受理并审查经营者集中的申请以及对垄断行为进行处理等。对于国家机关来说，其职责与权限是一个问题的两个方面，其享有的任何权力相对于国家来说又是其应尽的职责。根据《反垄断法》的相关规定，反垄断执法机构的职权包括以下内容。

第一，调查检查权。反垄断执法机构为履行其职能，对市场竞争参与者的行为是否违反反垄断法的规定进行调查了解和检查监督，是其最基本的权力，也是行使其他职权的前提。通过调查和检查，反垄断执法机构可以及时了解和掌握市场主体在竞争中的表现。《反垄断法》第 47 条规定："反垄断执法机构调查涉嫌垄断行为，可以采取下列措施：（一）进入被调查的经营者的营业场所或者其他有关场所进行检查；（二）询问被调查的经营者、利害关系人或者其他有关单位或者个人，要求其说明有关情况；（三）查阅、复制被调查的经营者、利害关系人或者其他有关单位或者个人的有关单证、协议、会计账簿、业务函电、电子数据等文件、资料；（四）查封、扣押相关证据；（五）查询经营者的银行账户。""采取前款规定的措施，应当向反垄断执法机构主要负责人书面报告，并经批准。"其中，查封、扣押涉及行政强制措施。反垄断执法机构在行使这项权力的过程中虽然不影响相对人实体上的权利和义务，但却令其负担一些程序上的义务，如必须配合调查、检查，如实说明情况和提供有关资料等。《反垄断法》第 50 条规定："被调查的经营者、利害关系人或者其他有关单位或者个人应当配合反垄断执法机构依法履行职责，不得拒绝、阻碍反垄断执法机构的调查。"

第二，审核批准权。这主要涉及那些对经营者集中等方面的协议或者决定进行调查并作出批准或者不批准决定的权力，以及审查垄断协议是否构成法定豁免或例外的权力。在作出这样的决定时，反垄断执法机构要根据反垄断法的规定，并考虑到特定时期的国家经济形势和产业政策等情况。因而，这一权力的行使有较大的弹性，反垄断执法机构的自由裁量余地较大。正是这种情况决定了反垄断法具有灵活性、政策性和行政主导性等特点。

第三，处理决定权。反垄断执法机构对于被调查的经营者承诺在其认可的期限内采取具体措施消除该行为后果的，可以决定中止调查；经营者履行承诺的，反垄断执法机构可以决定终止调查。反垄断执法机构对涉嫌垄断行为调查核实后，认为构成非法垄断行为的，有权进行禁止并作出处理决定。认为未实施垄断行为，或者虽然实施垄断行为但依法不应追究法律责任的，裁定行为不违法。作出违法决定的，应当制作处理决定书，并可向社会公布。

第四，行政处罚权。反垄断执法机构在依法经调查确认行为人构成对反垄断法的违反的情况下，有权依法对违法者施加行政制裁措施，如责令停止违法行为、没收非法所得、罚款、责令停止实施集中、限期处分股份或者资产、限期转让营业以及采取其他必要措施恢复到集中前的状态等。这是反垄断执法机构的一种制裁性权力，是反垄断法具有强制性的典型表现，是阻止垄断违法行为的有效措施。由于这种权力的行使直接影响到相对人实体上的权利（剥夺或限制一定的权益），因而其必须严格依法行使。

此外，国务院反垄断执法机构还有权在《反垄断法》规定的范围内就具体实施《反垄断法》制定行政规章，以利于《反垄断法》的实施，指导和规范市场主体的竞争行为。2023 年 3 月市场监管总局发布了《制止滥用行政权力排除、限制竞争行为规定》《禁止垄断协议规定》《禁止滥用市场支配地位行为规定》《经营者集中审查规定》四部与新《反垄断法》相配套的规章，它们自 2023 年 4 月 15 日起施行。这些规章除了细化相关实体制度，还分别就各自领域的反垄断执法权限和程序等问题进行规定。

反垄断执法机构在行使职权的过程中，也必须依法履行相应的义务。例如，反垄断执法机构应当为举报人保密；反垄断执法机构及其工作人员对执法过程中知悉的商业秘密、个人隐私和个人信息依法负有保密义务。

第二节　反垄断执法程序制度

一、反垄断执法程序制度概述

反垄断执法程序制度是反垄断法律制度中不可缺少的组成部分。《反垄断法》第六章专门规定了对涉嫌垄断行为的调查，确立了垄断案件调查的基本程序制度。此外，在《反垄断法》其他部分的制度中也有与调查程序直接相关的内容。例如，第四章关于经营者集中控制制度中有很多是程序问题①；又如，第 56 条第 3 款关于垄断协议法律责任制度中的宽恕或者宽大规则也涉及相应的程序问题。② 此外，《反垄断法》第 53 条还借鉴有关国家和地区的经验，规定了我国关于垄断案件的协商和解的程序制度。

需要说明的是，《反垄断法》规定的垄断案件的调查程序不适用于国务院反垄断委员会，该委员会的组成和工作规则由国务院规定。而且，《反垄断法》第六章规定的垄断案件调查程序只适用于垄断协议、滥用市场支配地位和经营者集中这三类垄断案件，原则上不适用于行政性垄断案件，后者仍然适用处理行政机关之间关系的法律程序。不过，为了提高行政性垄断规制制度的法律约束力和反垄断执法机构的权威性，2022 年修改后《反垄断法》时增加了行政性垄断被调查者的配合调查义务和对涉嫌违法主体的约谈。第 54 条规定："反垄断执法机构依法对涉嫌滥用行政权力排除、限制竞争的行为进行调查，有关单位或者个人应当配合。"第 55 条规定："经营者、行政机关和法律、法规授权的具有管理公共事务职能的组织，涉嫌违反本法规定的，反垄断执法机构可以对其法定代表人或者负责人进行约谈，要求其提出改进措施。"《制止滥用行政权力排除、限制竞争行为规定》进一步进行了明确和细化。这显然有利于加强对行政性垄断行为的调查和处理。

总体来说，《反垄断法》建立了我国垄断案件调查程序法律制度的基本框架，其在总体上是合理的、可行的。但是，由于中国的反垄断法制定不久，而且相关程序规则是比较原则性的、粗线条的，加上反垄断执法机构欠缺执法经验，因而在《反垄断法》的实施中还会面临很

① 这部分的制度内容请参见本书第十五章第二节。

② 这部分的制度内容请参见本书第十三章第四节。

多需要进一步解决的问题。

首先，《反垄断法》规定的程序制度与一般行政程序制度的关系问题。由于中国反垄断执法机构在基本性质上属于行政机关，因而其所进行的反垄断案件的调查是按照行政程序进行的，于是，反垄断执法机构调查垄断案件的程序，《反垄断法》有特别规定的，当然适用该特别规定；没有特别规定的，要适用《行政许可法》《行政处罚法》《行政复议法》等行政程序法律的一般规定。例如，《反垄断法》没有规定听证制度，但是如果对具体垄断案件的调查符合《行政处罚法》中有关听证的要求的，也要依《行政处罚法》的规定进行听证。又如，反垄断执法机构在案件调查中作的决定是具体行政行为，经营者、利害关系人对决定不服的，可以依法申请行政复议和提起行政诉讼。对此，《反垄断法》第 65 条只是分别情形作了简单的规定，即：对反垄断执法机构依法作出的有关经营者集中的处理决定不服的，可以先依法申请行政复议；对行政复议决定不服的，可以依法提起行政诉讼。对反垄断执法机构作出的其他决定不服的，可以依法申请行政复议或者提起行政诉讼。至于行政复议和行政诉讼中的其他相关问题，当然就应适用《行政复议法》和《行政诉讼法》的一般规则。

其次，反垄断程序规则的进一步细化问题。由于《反垄断法》规定的程序规则相对比较简单，而程序规则与公正和效率等基本法律价值的实现直接相关，也涉及反垄断执法机构的具体行政行为的合法性问题，且中国是一个成文法国家，因而需要对有关垄断案件调查的程序规则进一步细化。在具体的形式上，由国务院制定或者由部门制定、国务院批准相关行政法规比较理想，因为在中国行政法规也是法院处理案件的依据之一。由国务院反垄断执法机构依职权制定执法程序方面的行政规章也是可以考虑的，它至少可以保证执法的具体程序规则的统一、透明。目前这方面的细化规则都是由市场监管总局以行政规章的形式规定的。

最后，反垄断执法机构的非正式调查程序问题。一些国家的反垄断执法机构，尤其是日本公正交易委员会，在重视正式调查程序外，也重视对非正式调查程序的利用。这对于增强经营者对自己市场行为合法性的预见性，预防非法垄断行为的发生和继续，提高经营者的守法意识，具有重要的意义。在中国反垄断法开始实施不久的阶段，通过受理经营者的咨询、自愿提请的审查以及磋商和劝告等非正式程序来处理有关垄断问题更具有特别的意义。这对反垄断执法机构提出了新的、更高的要求，需要其增强服务意识。这项工作做好了，不仅有利于反垄断法的实施，维护市场竞争秩序，而且有利于改变反垄断执法机构只是经营者“天敌”（单纯处罚者）的形象，其同样可以成为经营者的朋友。

二、我国《反垄断法》规定的垄断案件调查的一般程序

调查的前提是立案。一般来说，反垄断执法机构据以立案所获得的信息主要来自两个渠道：一是一般人的举报，二是依其职权通过探查所获得的信息等。从有关国家以往被处理过的案例来看，在所有的案件线索当中，来自一般人的举报是最主要和最基本的。在美国和日本，任何人在认为有违反反垄断法的事实存在时，均可以向委员会举报，并要求采取适当的措施。而且，在这里，法律并没有对举报的形式加以限定，也就是说，无论举报人采用书面形式还是以电话、电子邮件等其他形式进行举报，反垄断执法机构均应予以受理。

根据我国《反垄断法》第 46 条的规定，反垄断执法机构依法对涉嫌垄断行为进行调查；对涉嫌垄断行为，任何单位和个人有权向反垄断执法机构举报；反垄断执法机构应当为举报人保密；举报采用书面形式并提供相关事实和证据的，反垄断执法机构应当进行必要的调查。

对于立案的案件，反垄断执法机构应启动调查程序。一般来说，反垄断执法机构在掌握了某一经营者实施的行为具有违法嫌疑之后，就可以决定对其开始进行相应的调查。在一些国

家，具体的调查活动基本上都是由调查官来负责实施的。这些专门负责对每个具体案件进行调查的调查官，都是由反垄断执法机构根据规定从其内部职员中指定的，例如，日本公正交易委员会是从审查局和地方事务所的职员中指定调查官的。在这里，调查官主要通过行使法定的审查权限，开展具体的调查活动。对此，我国《反垄断法》没有进一步具体的规定。

反垄断执法机构在案件的调查中，需要享有必要的权限，采取必要的措施，以确保案件调查的顺利进行。如上节所述，我国《反垄断法》第47条规定了反垄断执法机构调查涉嫌垄断行为可以采取的五项措施，并规定采取这些措施应当向反垄断执法机构主要负责人书面报告，并经批准。我国《反垄断法》第50条规定：被调查的经营者、利害关系人或者其他有关单位或者个人应当配合反垄断执法机构依法履行职责，不得拒绝、阻碍反垄断执法机构的调查。

但是，反垄断执法机构在案件调查中也需要履行法定的义务，遵循法定的程序，并确保行政相对人的合法权益不受侵犯。根据我国《反垄断法》第48～51条的规定，反垄断执法机构调查涉嫌垄断行为，执法人员不得少于2人，并应当出示执法证件；执法人员进行询问和调查，应当制作笔录，并由被询问人或者被调查人签字；反垄断执法机构及其工作人员对执法过程中知悉的商业秘密、个人隐私和个人信息依法负有保密义务；反垄断执法机构在审理过程中应当给予被调查的经营者、利害关系人陈述意见和提出申辩的机会；被调查的经营者、利害关系人有权陈述意见；反垄断执法机构应当对被调查的经营者、利害关系人提出的事实、理由和证据进行核实。

反垄断执法机构经过调查，确认行为人有非法垄断行为时，可以就该行为开始审理程序。在反垄断执法机构内部，审理机构与调查机构应当是分设的，以便于形成执法上的分工和相互之间的监督制约。在调查程序中已经查明的事实可以作为审理的依据。在审理程序中，又可以分为审理的开始、审理的展开和审理的结束几个阶段。审理结束，同时就伴随着相应的裁决。反垄断执法机构经过审理后，依法作出书面裁决，并终结审理程序。认定当事人实施了非法垄断行为的，裁定停止违法行为，并给予罚款和其他处罚措施。认定当事人未实施非法垄断行为的，或者虽然实施了但依法不应追究的，裁定当事人的行为不构成违法。裁决书作出后，经反垄断执法机构负责人签字并加盖公章后送达当事人。裁决自作出之日起生效，并予以公告。

对此，我国《反垄断法》第52条只作了原则规定：反垄断执法机构对涉嫌垄断行为调查核实后，认为构成垄断行为的，应当依法作出处理决定，并可以向社会公布。因此，法律没有要求每一个反垄断处罚决定书都必须向社会公布。但是，从加强法制和竞争文化宣传，增强反垄断执法透明度，并便于接受社会监督的角度来看，反垄断执法机构对每一起处罚决定书都及时公布是受到欢迎的。实际上，国家工商行政管理总局网站于2013年7月29日开通了“竞争执法公告”，全文公布工商行政管理机关所有已查结的垄断案件处理决定。目前，市场监管总局的网站首页还设有专门的“强化反垄断”频道，及时公布各种执法信息。

三、我国《反垄断法》规定的非正式的协商和解程序

在一般情况下，反垄断案件在被正式受理后，就要进入调查程序，并且要经过审理、作出裁决才能结束。这需要经过比较长的过程，往往耗时费力。一些国家和地区为解决这个问题，允许反垄断执法机构在反垄断案件的调查过程中、最后的裁决作出之前，与被调查者进行协商和解。如果经过协商，被调查者同意停止或者改变被指控的行为，并保证今后不再从事违反反垄断法的行为，反垄断执法机构就可以停止调查，撤销案件。不同的国家（地区）在这方面的具体操作上有些细微差别，但基本精神是一致的。有的由反垄断执法机构与被调查者直接达成和解即可生效，有的要求双方达成的和解协议还要经过法院批准才能最终生效。通过协商和解

的非正式程序结束反垄断案件的调查，对于被调查者来说，可以避免漫长的调查和诉讼程序对自己的经营活动的影响，还可以避免通过正式程序最后可能要承担的严重后果，只需承诺自己现在及将来不再实施某种行为即可；对于反垄断执法机构来说，可以在达到让被调查者停止违法垄断行为的目的的情况下，尽快了结该类案件，以便集中精力于那些重要的、复杂的、对方又不愿让步的案件。

我国《反垄断法》第53条借鉴了有关国家和地区的经验，规定了垄断案件调查中协商和解的程序制度，或者称为经营者的承诺制度。其内容是：对反垄断执法机构调查的涉嫌垄断行为，被调查的经营者承诺在反垄断执法机构认可的期限内采取具体措施消除该行为后果的，反垄断执法机构可以决定中止调查。中止调查的决定应当载明被调查的经营者承诺的具体内容。反垄断执法机构决定中止调查的，应当对经营者履行承诺的情况进行监督。经营者履行承诺的，反垄断执法机构可以决定终止调查。有下列情形之一的，反垄断执法机构应当恢复调查：（1）经营者未履行承诺的；（2）作出中止调查决定所依据的事实发生重大变化的；（3）中止调查的决定是基于经营者提供的不完整或者不真实的信息作出的。

在我国《反垄断法》的制度设计中，将是否接受和解的主动权完全赋予了反垄断执法机构，以便其视情况（主要看是否因此损害社会公共利益）作出是否接受和解的决定。这样，是否进入和解程序不是被调查人的一项权利，如果因公共利益需要通过正式的法律途径解决反垄断问题，那么反垄断执法机构可以不接受和解，继续进行调查、处理。同时，这里的和解协议也不需要经过法院的批准，在反垄断执法机构与被调查者之间直接达成即生效，以提高效率，并确保反垄断执法机构的权威性。

第三节　反垄断法律责任制度

一、反垄断法律责任制度概述

法律责任制度作为法律区别于其他社会规范的根本标志之一和法律规范逻辑因素（假定、处理、制裁）之一，自然也应是反垄断法中必不可少的组成部分。这方面的法律制度是否科学、合理，在很大程度上决定了反垄断法实体规范能否及在多大程度上得到有效实施。从各国反垄断法的规定来看，由于垄断行为具有侵犯他人民事权益和危害社会公共利益、破坏经济秩序的多重危害性，因而反垄断法中的法律责任是兼有民事责任、行政责任和刑事责任的综合性法律责任体系。它们对于加重违法者的成本负担，促使经营者谨慎行事都是必不可少的。

与反不正当竞争法更多地运用私法的调整方法、侧重于采取民事责任形式[①]不同，反垄断法更多地运用公法的调整方法、侧重于采取行政责任形式；同时，各国不同的法律传统和对反竞争行为的不同态度等多种因素，也决定了各国反垄断法在具体规定法律责任时呈现出较大的差异，很多国家在这方面经历了一个发展演变的过程。例如，英国的竞争立法一直以对反竞争行为的宽容而著称：在1998年竞争法之前，英国的竞争法对反竞争行为没有规定任何经济处罚，企业只是被告知要终止被发现的反竞争行为，而没有中间措施和第三方救助方式。由于垄断协议或滥用市场支配地位行为可以给企业带来巨额利润，在这种激励与约束明显不对等的条件下，企业自然会倾向于从事反竞争行为。从这种意义上看，英国过去的竞争立法为反竞争行为谋取暴利客观上提供了便利。1998年英国竞争法开始引入经济处罚条款，违反该法关于禁

① 但我国《反不正当竞争法》中的行政责任占据非常突出的位置。

止性协议和禁止滥用市场支配地位规定的行为将导致经济惩罚，处罚上限为违法企业在英国国内营业额的10%。同时，1998年竞争法提出，利益相关第三方有权向法庭提出损害赔偿请求，或要求减轻限制性协议所带来的负面影响。2002年企业法则进一步加重了对反竞争行为的惩罚力度，增加了对反竞争行为的刑事处罚条款，参与卡特尔活动的违法者将有可能受到5年监禁及无上限的罚款。该法还引入了对公司董事高达15年的解职惩罚措施，对受到反竞争行为损害的第三方的诉讼行为也作出了更为便利的制度安排。2002年企业法还取消了1998年竞争法对部分行业反竞争行为适用范围的限制，保证了各行业在更为公平的基础上进行竞争。但是，根据该法，如被调查的企业向公平交易办公室提供有关卡特尔行为的全面资料，并在调查过程中采取非常合作的态度，就可能被免予起诉。[①]

二、反垄断法中的行政责任制度

在反垄断法中，行政责任占有重要地位。行政责任由法定的行政机关或其委托的组织以国家名义追究，是以惩戒和威慑为主要目的的法律责任形式。行政责任形式不需由当事人申请，而由有关行政机关依职权主动适用，故具有直接性和及时性，这对于及时恢复被非法垄断行为破坏了的市场秩序是非常有效的。它一般适用于涉及公众或社会利益、受害人不一定特定化、社会危害性尚未达到适用刑罚程度的反竞争行为。

从其他国家和地区反垄断法的规定和执行情况来看，反垄断法中的行政责任一般多采用罚款的形式。但具体的行政责任形式是多样的，大致包括[②]：（1）劝告。它是对违法者停止违法行为的行政建议，具有法律约束力。对于尚未实施的非法垄断行为或虽已实施但未造成严重后果的非法垄断行为，由反垄断执法机构及时进行劝告，是一种及时、灵活、有效、实用的行政措施。（2）发布停止非法垄断行为的禁令。对于行政性垄断行为、违法卡特尔、滥用市场支配地位等非法垄断行为，反垄断执法机构在劝告无效或不宜采用劝告措施时可以直接向违法者下达禁令，责令违法者立即停止实施各种非法垄断行为。（3）行政罚款。[③]它是指反垄断执法机构对违法卡特尔、滥用市场支配地位以及未获批准而进行的企业合并等非法行为处以一定数额的罚款，属行政处罚之一种。需要说明的是，对于行政性垄断行为，因其主体为政府机构，故可对其发布禁令，但却不可以对其处以行政罚款，因为这既没有实际意义，也不具有可行性。（4）没收违法所得。没收违法所得又称征收违法额外利益，它是指反垄断执法机构将行为人通过非法垄断行为所获得的利益予以追缴，并上交国库。（5）发布竞争恢复措施令。它是针对特定垄断企业所规定的一种结构调整性质的措施，其目的是通过恢复竞争性的市场结构来恢复市场上的有效竞争。（6）责令暂停营业以及吊销营业执照。对于企业的一些严重非法垄断行为，尤其是一些“屡教不改”的垄断行为，如对反垄断执法机构下达的禁令置若罔闻、不予执行的行为，反垄断执法机构可以考虑在必要的情况下责令其暂停营业，直至吊销其营业执照。吊销

① 参见张嫚：《英国竞争法的制度演进》，载《中国工商管理研究》，2004（10）。

② 参见周昀：《反垄断法上的法律责任刍论》，载《法制日报》，2001-06-17。

③ 日本《禁止垄断法》规定的课征金制度不同于罚款，它只是要求将违法期间获得的不当利益返还国家，也不是对所有违反《禁止垄断法》的行为都要征收课征金，只是针对不正当的交易限制行为，如垄断价格、串通投标等违反《禁止垄断法》第3条、第8条规定的经营者以及经营者团体应当依法缴纳课征金。课征金的征收期限为违法行为的终止期限开始上溯的3年期间，超过3年的不予课征。课征标准为以经营者所在行业的平均利润率乘以其违法行为实行期间的对象商品、服务的销售额。课征金缴纳命令实施之日起的2个月后，逾期不缴纳的，按14.5%的利率征收滞纳利息。参见尚明主编：《反垄断——主要国家与国际组织反垄断法律与实践》，196页，北京，中国商务出版社，2005。

营业执照的处罚决定应由法定的专门机关实施。（7）责令改正。反垄断执法机构对于受检查者、受调查者无正当理由拒绝调查、拒不到场陈述意见、拒不提供有关账册、文件等资料和证物的，有权责令其改正，并处以一定数额的罚款。

此外，有些国家的法律还规定，对于违反反垄断法的企业高级管理人员还可解除其执业资格。例如，英国2002年企业法修改了1986年《公司董事解职法》，规定公平贸易办公室可以提请法庭解除违反竞争法律的董事执业资格。如果调查证实公司董事确有触犯竞争法律的行为，那么法庭就要向相关的董事个人出具竞争非称职指令（CDO），将其解职。公司董事解职的最长时间为15年，在这期间如果其担任公司董事或从事与公司管理有关的工作将被视为违法。公平贸易办公室除可以向法庭申请竞争非称职指令外，也可以接受个人的竞争非称职承诺（CDU），后者与前者具有同样的效力，不同之处是后者是个人向公平贸易办公室作出的具有约束力的承诺，而不是由法庭出具的命令。[①]

对于行政责任的形式，我国《行政处罚法》第9条共规定了六种行政处罚形式，即警告、通报批评，罚款、没收违法所得、没收非法财物，暂扣许可证件、降低资质等级、吊销许可证件，限制开展生产经营活动、责令停产停业、责令关闭、限制从业，行政拘留，以及法律、法规规定的其他行政处罚。根据垄断行为的特点，在我国《反垄断法》中，对于经济性垄断也规定了以罚款为主的行政责任形式，包括责令停止违法行为、没收非法所得、罚款、撤销登记、责令停止实施集中、限期处分股份或者资产、限期转让营业以及采取其他必要措施恢复到集中前的状态等。对于所涉及的罚款，反垄断执法机构在确定具体罚款数额时，应当考虑违法行为的性质、程度和持续的时间等因素。对行政性垄断，则规定“上级机关责令改正”和“对直接负责的主管人员和其他直接责任人员依法给予处分”。这里的责令改正，既适用于行政主体以具体行政行为方式作出的垄断行为，也适用于行政主体以抽象行政行为方式作出的垄断行为。2001年4月国务院发布的《关于禁止在市场经济活动中实行地区封锁的规定》（2011年修订）第21条规定：对实施地区封锁的行政主体，可以处以通报批评的行政责任。对于直接负责的主管人员和其他直接责任人员依法律程序，根据情节轻重，给予降级或撤职的行政处分。

我国《反垄断法》在第56条～第58条分别规定了经营者非法从事垄断协议、滥用市场支配地位和经营者集中的行政责任，第61条规定了行政机关和法律、法规授权的具有管理公共事务职能的组织滥用行政权力，实施排除、限制竞争行为的行政责任。[②] 该法第59条还规定，对三种垄断行为的罚款，反垄断执法机构确定具体罚款数额时，应当考虑违法行为的性质、程度、持续时间和消除违法行为后果的情况等因素。

此外，2022年修改后的《反垄断法》第63条还确立了罚款的特别威慑制度，即“违反本法规定，情节特别严重、影响特别恶劣、造成特别严重后果的，国务院反垄断执法机构可以在本法第五十六条、第五十七条、第五十八条、第六十二条规定的罚款数额的二倍以上五倍以下确定具体罚款数额”。第64条还建立了违法经营者的信用记录制度，即“经营者因违反本法规定受到行政处罚的，按照国家有关规定记入信用记录，并向社会公示”。

三、反垄断法中的民事责任制度

民事责任是由受害一方以私人名义向加害一方追究，以财产补偿为主要目的，既可由加害人自动履行，也可由国家强制追究的法律责任形式。虽然民事责任在反垄断法中所占比重没有

① 参见张嫚：《英国竞争法的制度演进》，载《中国工商管理研究》，2004（10）。

② 具体内容请见本书第十三章至第十六章的法律责任部分。

在反不正当竞争法中所占的比重大，但是反垄断法同样需要民事责任形式，这是由反垄断法的利益保护结构以及民事责任的特有功能所决定的。就总体而言，反垄断法为维护自由、公平的市场竞争秩序，实现社会公平、正义，其所保护的利益是多重的，除了国家利益和社会公共利益，还有经营者（竞争者）和消费者的利益，而且在许多情况下，国家利益和社会公共利益就是在经营者和消费者的合法权益中得到体现的，因为，如果经营者和消费者的利益受到垄断行为的损害而得不到有效的救济、补偿，那么社会经济秩序就会遭到破坏，这方面的国家利益和社会公共利益也就无从谈起。而在切实保护作为受害人的经营者和消费者的合法权益方面，民事责任措施具有不可替代的功能，它通过以损害赔偿为主的一系列制裁措施，在惩罚违法者、维护国家利益和社会公共利益的同时，也使受害经营者和消费者的损失得到补偿，甚至是超额赔偿。因此，在反垄断法中规定民事责任也是不可缺少的。

关于民事责任的具体形式，我国《民法典》规定了十一种。而在反垄断法的民事责任中，损害赔偿是最基本的形式。在多数国家，反垄断法中的损害赔偿民事责任实行实际损害赔偿原则，即赔偿以受害人的实际损害为限或以侵权人因侵权所获得的利润来计算，但也有些国家和地区对垄断行为造成的损失采取惩罚性赔偿原则。例如，美国《谢尔曼法》第 7 条即规定：任何因反托拉斯法所禁止的事项而遭受财产或营业损害的人，可在被告居住的、被发现或有代理机构的区向美国区法院提起诉讼，不论损害大小，一律给予其损害额的 3 倍赔偿及诉讼费和合理的律师费。

在我国《反垄断法》中，仅第 60 条第 1 款规定了民事责任，即“经营者实施垄断行为，给他人造成损失的，依法承担民事责任”。这一规定比较笼统，在反垄断民事诉讼实践中有一系列问题需要进一步明确。这主要涉及：(1) 反垄断民事案件的管辖和受案范围：是采取一般案件的管辖原则还是采取类似专利案件的指定管辖原则；如果实行指定管辖原则，是针对所有反垄断民事案件适用还是要考虑不同类型的垄断行为而区别对待；人民法院可以受理的反垄断民事案件的类型有哪些。(2) 反垄断民事诉讼的原告资格的界定：主要是消费者和间接购买者等能否提起反垄断民事诉讼，以及能够提起诉讼的经营者的范围和条件问题。(3) 垄断行为的民事责任形式：主要是人民法院除了可以给予受害人以损害赔偿救济，如何给予禁令、确认协议无效等救济，以及如何具体适用这些民事救济，包括损害赔偿如何计算。(4) 人民法院在反垄断民事诉讼中可以认定的垄断行为的范围：主要包括人民法院在反垄断民事诉讼中是否可以认定反垄断法明确列举情形以外的其他垄断行为。(5) 反垄断行政执法和民事诉讼的协调与衔接：主要是在一个程序中认定的事实和对行为的定性在另一个程序中如何处理。此外，在反垄断民事诉讼中，当事人如何举证、人民法院如何认定证据也是一个非常重要的问题。这些问题在短期内难以通过完善立法来解决，因此最高人民法院及时制定有针对性的司法解释就显得非常重要。

在我国反垄断立法的过程中，对于是否要规定惩罚性赔偿和无过错责任原则等问题是有意见分歧的。由于《反垄断法》中并没有特别规定惩罚性赔偿，因而目前我国反垄断法中的损害赔偿也应以赔偿实际损失为原则。实行惩罚性赔偿必须有法律的明确规定，而且要严格控制在特定的情况下。同样，由于《反垄断法》中没有规定无过错责任原则，因而我国反垄断民事责任的承担应适用一般的归责原则即过错责任原则。实际上，多数国家的反垄断法也是实行过错责任原则的，即原告必须证明被告的行为存在故意或过失，被告才承担相应的损害赔偿责任。但日本《禁止垄断法》第 25 条第 2 款对垄断行为规定了无过错责任原则，即“事业者证明其无故意或过失的，亦不能免除前款规定的责任”。

关于损害赔偿请求权的主体，原则上说，凡是因违反反垄断法的行为而受到损害的人都应是损害赔偿的请求权人。对于竞争者（经营者）来说，其作为对垄断行为行使损害赔偿请求权的主体是毫无疑问的。而一般消费者，特别是间接购买者能否成为这种损害赔偿请求权的主体是需要明确的。我国《反垄断法》中没有明确规定消费者是对垄断行为行使损害赔偿请求权的主体，但也没有规定只限于“被侵害的经营者”，而是规定“他人”，可以将其理解为包括消费者在内。因此，不论是经营者还是消费者，只要能够证明其因为非法垄断行为而受到损害，都应有权请求民事赔偿。事实上，这一点在许多国家都是很明确的。从保护受害者的诉权和有效制裁垄断行为实施者的角度出发，包括间接购买者在内的消费者也应是对垄断行为行使损害赔偿请求权的主体。

对于经营者或者消费者提起反垄断民事诉讼是否需要反垄断执法机构认定非法垄断行为成立这一前置条件，各个国家和地区的做法是不一致的。美国等多数国家没有这一前置条件，但在一些国家（如德国、日本、新加坡等）设置了这一条件。这两种做法各有其理由，不规定前置条件的主要理由是保障受到垄断行为侵害的经营者和消费者能够充分地行使其诉讼权利，也弥补专门反垄断执法机构力量的不足，以便有效实施反垄断法；而不规定前置条件的主要理由是反垄断法的专业性强，由专门执法机构进行认定可以保证反垄断法实施的准确性和统一性，并防止一些竞争者和消费者滥用诉权对经营者造成不应有的损害。不过，一些原来规定了前置条件的国家（如韩国）后来也取消了这一限制，因此总的趋势是不需要这一前置条件。我国反垄断法在起草过程中曾经规定了行政裁决的前置条件，但后来也取消了，因此我国的经营者或者消费者提起反垄断民事诉讼不以反垄断执法机构认定经营者的行为违法为前提。

由于我国《反垄断法》不仅包括市场主体的垄断行为即经济性垄断行为，还包括行政主体的垄断行为即行政性垄断行为，因而除了一般民事赔偿，还存在国家赔偿的问题。对行政性垄断行为而言，其妨碍企业竞争所造成的损害应属于我国《国家赔偿法》第3条所确定的行政赔偿范围。行政赔偿责任是国家行政机关及其工作人员违法行使职权，侵犯公民、法人或组织的人身权或财产权并造成损害，由国家承担的赔偿责任。当国家行政机关及其工作人员违法行使公共权力形成垄断并导致行政相对方财产损害时，国家应承担赔偿责任，即行政性垄断的损害赔偿责任。当具体行政性垄断行为侵害了行政相对人的利益时，行政相对人可以在行政性垄断行为被确认违法之后，单独向赔偿义务机关提出行政赔偿请求，赔偿义务机关履行了赔偿义务，赔偿请求人又无异议的，行政性垄断损害赔偿的责任便得到实现；若赔偿义务机关拒绝赔偿或赔偿请求人对赔偿数额有异议的，赔偿请求人就可以向上级行政机关申请复议，或向人民法院提起诉讼。行政相对人也可以依据《行政复议法》和《行政诉讼法》提起行政复议或行政诉讼，并根据《国家赔偿法》的规定获得赔偿。

在反垄断法中，损害赔偿与排除侵害两种民事责任形式的主要差别体现在：第一，损害赔偿因不同的原因而发生，不限于法律的明文规定；而排除侵害限于法有明文规定的情形。第二，损害赔偿主要是损害的填补，主要方法是回复原状或金钱赔偿，属于间接、温和的手段；而排除侵害是积极排除侵害状态的权利，属于直接、激烈的手段。第三，损害赔偿是以有无故意、过失或是否归责来决定责任的有无；而排除侵害不论侵害方有无过失、是否可归责，均应予排除侵害。第四，损害赔偿是有损失始有赔偿，故以有损害为前提；而排除侵害只问侵害是否存在，不问损害是否发生。①

为正确审理因垄断行为引发的民事纠纷案件，最高人民法院《关于审理因垄断行为引发的民事纠纷案件应用法律若干问题的规定》（法释〔2012〕5号，本章以下简称《垄断司法解

① 参见曾世雄：《违反公平交易法之损害赔偿责任》，载《政大法学评论》，第44期。

释》）于2012年5月3日发布，于2020年修正。该司法解释根据反垄断法的规定，结合侵权责任法、合同法、民事诉讼法等相关法律，规定了起诉、案件受理、管辖、举证责任分配、诉讼证据、民事责任及诉讼时效等问题，建立了我国反垄断民事诉讼制度的基本框架，进一步明晰了反垄断法相关规定的具体含义。其主要内容包括以下几方面。

（1）关于垄断民事纠纷案件的基本类型与原告资格。《垄断司法解释》第1条规定了垄断民事纠纷案件的两种基本类型：一是因垄断行为受到损失而引起的诉讼，通常属于侵权之诉；二是因合同内容、行业协会的章程等违反反垄断法而发生争议所引起的诉讼，这种情况既可能是合同之诉，也可能是其他诉讼。根据该条的规定，在反垄断民事诉讼中，只要原告有证据证明因垄断行为受到损失，或者因合同内容、行业协会的章程等违反反垄断法而发生争议，均可以提起诉讼，要求垄断行为人承担民事责任。

（2）关于原告的起诉方式。《垄断司法解释》第2条规定，原告既可以直接向人民法院提起民事诉讼，也可以在反垄断执法机构认定构成垄断行为的处理决定发生法律效力后向人民法院提起民事诉讼。只要符合法律规定的受理条件，人民法院均应当受理。也就是说，反垄断民事诉讼不以行政执法程序为前置条件。

（3）关于垄断民事纠纷案件的管辖。《垄断司法解释》第3条规定：第一审垄断民事纠纷案件，由知识产权法院，省、自治区、直辖市人民政府所在地的市、计划单列市中级人民法院以及最高人民法院指定的中级人民法院管辖。经最高人民法院批准，基层人民法院可以管辖第一审垄断民事纠纷案件。这就确定了垄断民事纠纷案件的集中管辖制度。这是考虑到垄断民事纠纷案件有其特殊性，主要体现为其较高的专业性、复杂性和较大的影响力。

（4）关于举证责任问题。从反垄断民事诉讼实践来看，原告取证难、证明垄断行为难已经成为反垄断民事司法的难题。如果不缓解这一难题，垄断行为受害人的权益就难以得到有效维护，反垄断民事司法的职能和作用就难以有效发挥。为此，《垄断司法解释》根据反垄断法、民事诉讼法的有关规定及法律原则和精神，对举证责任分配、免证事实、专家证据等问题作了解释和细化。在举证责任分配方面，《垄断司法解释》区分不同的垄断行为类型，明确了当事人的举证责任分配。被诉垄断行为属于《反垄断法》第13条第1款第1项至第5项规定的垄断协议的，被告应对该协议不具有排除、限制竞争的效果承担举证责任。被诉垄断行为属于《反垄断法》第17条第1款规定的滥用市场支配地位的，原告应当对被告在相关市场内具有支配地位和其滥用市场支配地位承担举证责任。被告以其行为具有正当性为由进行抗辩的，应当承担举证责任。被诉垄断行为属于公用企业或者其他依法具有独占地位的经营者滥用市场支配地位的，人民法院可以根据市场结构和竞争状况的具体情况，认定被告在相关市场内具有支配地位，但有相反证据足以推翻的除外。原告可以以被告对外发布的信息作为证明其具有市场支配地位的证据。被告对外发布的信息能够证明其在相关市场内具有支配地位的，人民法院可以据此作出认定，但有相反证据足以推翻的除外。同时，《垄断司法解释》还引导当事人通过专家证人、专家意见的方式帮助查明案件事实。这些措施的引入，对于适当降低原告的证明难度具有一定作用。

（5）关于垄断行为人的民事责任承担。《垄断司法解释》规定：被告实施垄断行为，给原告造成损失的，根据原告的诉讼请求和查明的事实，人民法院可以依法判令被告承担停止侵害、赔偿损失等民事责任。根据原告的请求，人民法院可以将原告因调查、制止垄断行为所支付的合理开支计入损失赔偿范围。被诉合同内容、行业协会的章程等违反反垄断法或者其他法律、行政法规的强制性规定的，人民法院应当依法认定其无效。

（6）关于垄断行为的诉讼时效。《垄断司法解释》规定：因垄断行为产生的损害赔偿请求权的诉讼时效期间，从原告知道或者应当知道权益受到侵害以及义务人之日起计算。原告向反垄断执法机构举报被诉垄断行为的，诉讼时效从其举报之日起中断。反垄断执法机构决定不立案、撤销案件或者决定终止调查的，诉讼时效期间从原告知道或者应当知道不立案、撤销案件或者终止调查之日起重新计算。反垄断执法机构调查后认定构成垄断行为的，诉讼时效期间从原告知道或者应当知道反垄断执法机构认定构成垄断行为的处理决定发生法律效力之日起重新计算。原告起诉时被诉垄断行为已经持续超过3年，被告提出诉讼时效抗辩的，损害赔偿应当自原告向人民法院起诉之日起向前推算3年计算。

目前，最高人民法院正在结合2022年修正的《反垄断法》，制定新的司法解释。

此外，2022年修正的《反垄断法》第60条第2款还规定了反垄断民事检察公益诉讼制度，即“经营者实施垄断行为，损害社会公共利益的，设区的市级以上人民检察院可以依法向人民法院提起民事公益诉讼”。民事检察公益诉讼是具有中国特色的法律制度。中共十八届四中全会《中共中央关于全面推进依法治国若干重大问题的决定》明确要求“探索建立检察机关提起公益诉讼制度”。全国人大常委会在2015年发布了《关于授权最高人民检察院在部分地区开展公益诉讼试点工作的决定》，对检察机关开展公益诉讼进行为期2年的试点。2017年6月，全国人大常委会通过了《关于修改〈中华人民共和国民事诉讼法〉和〈中华人民共和国行政诉讼法〉的决定》，正式从法律层面确立了民事、行政检察公益诉讼制度。近期，《中共中央关于坚持和完善中国特色社会主义制度 推进国家治理体系和治理能力现代化若干重大问题的决定》要求“拓展公益诉讼案件范围”。作为具有鲜明中国特色的法律制度，民事检察公益诉讼的价值导向在于维护社会公共利益，助力国家治理。由于垄断行为造成的损害一般是不特定的，其损害范围往往具有广泛性特征。特别是在数字经济快速发展的当下，大型数字平台企业实施的垄断行为经过平台的规模效应和网络外部性等，其造成的损害范围和影响愈发扩大，并可能危及社会公众。因此，我国《反垄断法》修正时在传统反垄断公共实施和私人实施之外，新增检察机关提起反垄断公益诉讼，可以更好地应对垄断行为造成的社会公共利益损害。需注意的是，根据规定，仅有设区的市级以上人民检察院才能提起民事公益诉讼。关于具体提起民事检察公益诉讼的程序，可以直接适用《民事诉讼法》和最高人民法院、最高人民检察院《关于检察公益诉讼案件适用法律若干问题的解释》（法释〔2020〕20号）等法律和司法解释的规定。

四、反垄断法中的刑事责任制度

刑事责任是由司法机关以国家名义对被定罪的被告人追究和执行剥夺财产、自由、生命的法律责任形式。其基本功能也是其制裁性和威慑性，是一种终极性的法律调整。在经济文化迅速发展、社会及其成员的素质不断提高的情况下，“泛刑罚化”和淡化自由刑、生命刑的“刑罚罚金化”是两个并行不悖的趋势。① 但对于在反垄断法中是否应规定刑事责任，学者间的看法和各国的做法是不完全一致的。

一般来说，某一不法行为是否需要刑法的介入即是否需要设置刑事责任，应依据理论与社会现实及伦理道德等价值判断标准来衡量、决定，而其衡量标准主要有四个方面，即：（1）不法行为所破坏之法益的价值与程度（“结果非价”）；（2）不法行为对行为客体之侵害危险性（“行为非价”）；（3）行为人在良知上之可责性（“良知非价”）；（4）刑罚之不可避免性（“社会非价”）。② 对照这些标准，有学者论证了垄断行为的“应刑罚性”：垄断行为侵害的自由竞

① 参见史际春、邓峰：《经济法总论》，144页，北京，法律出版社，1998。

② 参见赖源河编审：《公平交易法新论》，463～464页，北京，中国政法大学出版社，2002。

争是一项重大的法益；自由竞争的机制是极容易受到垄断行为侵害的，在市场经济条件下人们是不可能容忍垄断行为的；从事垄断行为的经营者在主观上具有非常明显的恶意；对垄断行为适用刑罚亦具有不可避免性，仅仅规定公法上的行政责任往往还是不充分的，并不能够有效遏制垄断行为的发生。①

目前，多数国家和地区的反垄断法都明确规定了刑事责任，但对适用于垄断行为的刑事责任一般只规定了罚金和监禁两种责任形式。在美国，《谢尔曼法》第 1 条和第 2 条为垄断或限制竞争行为规定了刑事责任，《克莱顿法》和《联邦贸易委员会法》等也都规定了相应的刑事责任，主要针对那些被确定为构成本身违法即性质严重的违法行为。美国司法部和法院近年来不断对包括国际卡特尔在内的非法垄断行为追究刑事责任。在日本，《禁止垄断法》规定：对私人垄断、不当交易限制和经营者团体的竞争限制行为，处 3 年以下的徒刑或 500 万日元以下的罚金；对国际卡特尔、限制经营者团体的人数、限制组成经营者团体的机能和活动的行为，处 2 年以下的徒刑或 300 万日元以下的罚金；对于违反禁止控股公司、限制公司持有股份和干部兼任的，处 1 年以下的徒刑或 200 万日元以下的罚金。对于违反《禁止垄断法》的行为，不能由公正交易委员会直接处以刑罚，而应当由公正交易委员会向检察总长告发，由检察官向法院起诉，法院通过审判对违法者给予刑事制裁。根据日本《禁止垄断法》第 90 条的规定，如果公正交易委员会不告发，检察官不能依职权主动向法院提起诉讼。

而在德国，刑事责任虽然可运用于几种特定的不正当竞争行为，但不适用于垄断或限制竞争行为。德国《反限制竞争法》没有规定刑事责任。但是，这并非因为其对垄断行为适用刑罚的不可避免性有不同的认识，而主要是基于对罪与非罪界限模糊这一技术难题的考虑。并且，德国的情况现在也发生了一些变化，在反垄断的其他相关法律（如《反腐败法》）中规定了对某些垄断行为的刑事责任。② 《德国刑法典》第 298 条也规定了广告中限制竞争行为的刑事责任。

我国《反垄断法》一开始没有规定垄断行为的刑事责任，只是在一些单行法中对具体限制竞争行为的刑事责任作了明确规定。比如《招标投标法》第 53 条规定："投标人相互串通投标或者与招标人串通投标的……构成犯罪的，依法追究刑事责任……"而串通投标行为属于比较典型的协议限制竞争的行为。但在 2022 年修正后的《反垄断法》第 67 条规定了刑事责任，即"违反本法规定，构成犯罪的，依法追究刑事责任"。这意味着我国反垄断法正式确立了行政、民事和刑事三位一体的法律责任体系。但根据刑法的罪刑法定原则，究竟何种垄断行为构成刑事违法，以及需要承担何种刑事责任，尚需《刑法》的进一步明确。从这个意义上说，此次《反垄断法》修正引入刑事责任，为将来与《刑法》相关罪名的对接预留了"窗口"，但在此之前，除了串通招投标行为、构成妨害公务罪的妨碍反垄断调查行为等，经营者的其他垄断行为暂时还无法受到刑事制裁。需注意的是，即使我国《反垄断法》引入了刑事制裁制度，反垄断的刑事责任应有其限度，其措施、手段的运用应进行科学合理的安排，以期与行政责任和民事责任共同达到整体的最优威慑效果。尤其要注意必须严格限定其适用范围，主要针对那些属于本身违法的垄断协议，并且只对情节特别恶劣、危害特别大的反竞争行为适用，也仅限于罚金和监禁两种责任形式。

---

① 参见邵建东：《我国反垄断法应当设置刑事制裁制度》，载《南京大学学报（哲学人文社科版）》，2004（4）。

② 参见邵建东：《我国反垄断法应当设置刑事制裁制度》，载《南京大学学报（哲学人文社科版）》，2004（4）。

第四节　反垄断法的域外适用制度

一、反垄断法的域外适用概述

本来，各国反垄断法属于国内法，其关于禁止或限制垄断的各种规定主要是针对国内经济贸易的。但是，这并不意味着反垄断法对国际经济贸易不产生任何影响。事实上，由于反垄断法的性质和特点（如强行法规范、适用范围广泛、制裁严厉等）以及国际经济贸易的实际情况（存在大量的限制竞争行为、贸易保护主义盛行等），各国反垄断法在影响国内市场的同时，也对国际经济贸易秩序产生直接或间接、积极或消极的影响。从实际情况来看，各国反垄断法一方面允许甚至支持、鼓励本国企业对外国市场的垄断（一些国家在近年来有所改变），另一方面又严格管制外国企业对本国市场的垄断。这后一方面就涉及反垄断法的域外适用问题。

所谓反垄断法的域外适用，是指一国依据某种原则将其反垄断法适用于在本国以外发生的某些垄断或限制竞争行为。其目的是防止在本国领域以外发生的垄断或限制竞争行为对本国经济造成的危害。

根据传统国际法的原则，一国法律对在其领域内发生的行为具有约束力，此即属地管辖原则；一国法律对在其领域外的本国公民和法人的行为也具有约束力，此即属人管辖原则。而在现代国际法中，属地管辖原则被延伸，即一国不仅对在本国领域内的行为有管辖权，而且对那些发生在本国领域外但在本国完成或对本国有直接影响的行为都有管辖权。前者被称为客观地域管辖原则，后者被称为主观属地管辖原则。反垄断法的域外适用涉及的是主观属地管辖原则。由于这一原则适用的结果有可能使各国对同一事项都可以主张管辖权，因而难免会发生法律冲突。

为了取得一国的反垄断法对当事人在国外的行为行使域外管辖权的理论根据，国际法协会自 1964 年以来就对这个问题进行了反复的审议。在 1972 年的纽约大会上，对于一国就在国外实施的垄断或限制竞争行为取得管辖权的问题，确认了国际法上的几项理论。尽管这些理论未被条约化、法律化，但是，作为各国反垄断法域外适用的指导方针具有重大影响。这些理论是：（1）部分行为理论。该理论认为，当符合垄断行为构成要件的行为在国外发生，并且该行为至少有一部分是在国内实施时，可以承认域外管辖权。这种理论源于属地主义，是基于国内垄断行为的客观要件而把属地主义加以扩展的原理。对此理论，国际法学界在域外适用是要求在国内实施一部分垄断行为还是要求足够的行为效果问题上，还存在很大分歧。（2）行为归属理论。该理论把行为概念抽象化，把国内子公司和国外母公司在资本关系、组织机构、支配与服从等实质机能上看作是一个有机联系的整体，因此，前者的垄断行为是按母公司的指示行事的，在确定国内子公司的行为归属于国外母公司时，即可在域外适用本国反垄断法。（3）效果理论。该理论认为，构成违反反垄断法行为的要件主要包括两方面：一是当事人在国外的行为；二是该行为在国内所产生的效果。其中，国内效果是决定因素。当国内的效果由国外的行为所直接产生，而且是作为当事人的主要意图的结果而产生时，就应当承认反垄断法的域外适用。可见，部分行为理论和行为归属理论都是主张依据当事人在本国内实施的垄断行为而行使域外管辖权的。两者的差异仅在于，一个是外国企业或公司自身在本国内实施垄断行为，另一个是支配自己的子公司实施垄断行为。因而，可以认为两者同属行为理论中的两种不同表现形式。而效果理论相反，把在本国内产生一定的“效果”看作是行使域外管辖权的决定因素，只要当事人的垄断行为的结果影响到本国市场或经济秩序并显示某种效果，即可行使域外管辖权。因此，效果理论与行为理论之间存在本质的差异。行为理论单方面强调构成垄断行为的客观要件，只要当事人实施了一国反垄断法所禁止的限制竞争行为，就可成为行使管辖权的对象，而不问其行为是否已经造成或将会造成危害自由竞争这一客观结果；而效果理论强调主、客观要件的因果联系，即当事人主观意图和客观效果这两方面的有机结合。①

反垄断法的域外适用中影响最大也最有争议的是效果理论。这一理论最先不是制定法上的明文规定，而是美国法院在判例中发展起来的。1945 年美国联邦第二巡回上诉法院在美国诉美国铝公司案的判决中确立了美国反托拉斯法域外适用的“效果理论”。根据这一理论，在美国以外订立的合同或从事的行为，如果其意图影响且在事实上影响了美国的商业，那么法院就可以对该合同行为行使管辖权，追究有关公司的反托拉斯责任，而不论该行为者是否为美国国民。此后，美国根据这一影响理论，广泛地在其领土以外适用其反托拉斯法，追究外国企业的法律责任。当然，自 20 世纪 70 年代以来，美国在立法和司法中都对反垄断法的域外适用效力作出了一定的限制。美国法院在一些案件的审理中采取其他一些原则来对效果理论进行限制或修正，例如在某些情形下应当考虑国际礼让，要对美国利益和其他国家的利益进行比较分析。1977 年美国司法部公布的《国际经营的反托拉斯实施指南》中进一步提出：“外国交易一旦对美国商业发生实质性的和可以预见的影响，不问其发生在什么地方，均受美国法律管辖。”美国 1982 年的《对外贸易反托拉斯改进法》也指出：“《谢尔曼法》实际上只适用于某些外国人的交易活动，即它们对美国国内、对美国的出口贸易或者对美国出口企业的出口机会，有着直接的、实质性的且可以合理预见的影响。”美国司法部和联邦贸易委员会 1995 年修订了 1977 年《国际经营的反托拉斯实施指南》，其中规定，如果第三国企业间的合并对美国国内、对美国的出口贸易或者对美国企业的出口机会，有着直接的、实质性的且可以合理预见的影响，得依据《克莱顿法》第 7 条决定是否批准合并。同时，该指南也指出，反托拉斯主管机构在执行反托拉斯法的时候应当考虑国际礼让。这也体现了一定的合理管辖的原则。但是，效果理论依然是美国反托拉斯法域外适用的最基本的依据。

美国依据效果理论将其反托拉斯法域外适用的做法，首先遭到了不少国家的反对和谴责。有些国家通过外交途径进行抗议，有些国家进行有针对性的法律抵制。例如，英国、加拿大和澳大利亚等国家针对美国的效果理论制定了抵制性的法规，禁止本国人向外国法院或当局提供有关反垄断案件的资料或提供其他的帮助，不承认和不执行外国法院对本国公司所作的此类判决。其中，英国 1980 年颁布的《保护贸易利益法》明确规定，外国法院或者代表外国法院所作出的在英国取得证据的请求，如果该项请求侵犯了英国的管辖权或者有损于英国的主权，英国法院不得根据 1975 年《证据（在外国诉讼）法》的规定发布执行该项请求的命令。该法还禁止英国法院执行外国法院关于惩罚性金钱损害赔偿的判决，并允许英国被告通过在英国法庭提出诉讼从最初原告那里索回超过应补偿部分的赔偿金。据估计，“对域外管辖实行‘封锁’的外国法院的数量以五比一超过司法协助的数量，对域外管辖采取外交抗议的例子以三比一超过外交支持的例子”②。这种情况也是美国后来一定程度上修正或限制其依据效果理论将反托拉斯法域外适用的一个重要原因。

但与此同时，一些国家和地区又纷纷仿效美国，也主张本国反垄断法的域外效力。如，德

① 参见杨军：《反垄断法域外适用机制之剖析》，载丁伟、朱榄叶主编：《当代国际法学理论与实践研究文集》（国际私法卷），211 页，北京，中国法制出版社，2002。

② 转引自［美］马歇尔·C. 霍华德：《美国反托拉斯法与贸易法规》，孙南申译，333 页，北京，中国社会科学出版社，1991。

国《反限制竞争法》第 130 条第 2 款规定，本法适用于任何限制竞争的行为，即便它不在德国境内。欧盟委员会和欧洲法院也都主张其竞争法的域外效力，尽管各自所主张的理论依据并不完全一致。其中，欧盟委员会在有关案件的调查和处理中明确采用效果理论主张欧盟竞争法的域外适用，欧洲法院则一般避免直接适用效果理论，而创造了实际履行地原则和单一经济体原则等作为其竞争法域外适用的依据。其他一些国家的反垄断法也都规定了各自的域外适用效力。就连一些过去对美国反托拉斯法的效果理论持坚决抵制态度的国家如英国、加拿大和澳大利亚，不仅开始在一些涉及反垄断法域外适用的案件中与美国政府进行合作，而且在修订本国反垄断法时也增加了域外适用的规定，尽管有的没有明确使用效果理论这一概念。OECD 对其成员国竞争法的推荐意见《竞争法基本框架》也指出，竞争法应适用于所有在国内产生实质性影响的事件，包括境外发生而在境内产生了后果的事件。[①] 这说明，主张反垄断法的域外适用已经成为各国反垄断法的普遍做法。

二、我国反垄断法的域外适用制度

随着经济全球化的趋势日益明显，随着我国正式加入 WTO，我国更大规模和更加频繁地参加国际经济贸易，国际市场的垄断行为对我国市场的影响也日益明显，尤其是国际卡特尔和跨国公司的大规模并购。例如，某日本公司与某法国公司是世界上生产某种特殊化学产品的主要厂家。日本公司已在中国开办生产该产品的企业，在中国境内无竞争，获利丰厚。法国公司打算在中国投资办厂生产同样的产品。日本公司得知该消息后，因害怕竞争者进入中国市场后影响其收益，遂在国外与法国公司协商，以给其一定的好处为代价，换取对方不再进入中国市场的承诺。[②] 被欧盟否决的美国通用电器与霍尼韦尔合并案和几乎遭欧盟否决的美国波音与麦道兼并案，虽然都发生在中国境外，但同样会对中国市场产生重大的影响。因此，只有规定我国反垄断法的域外效力，才能在对外开放中更好地维护我国的主权和经济利益。而且，在其他国家（尤其是我国的主要贸易伙伴）已经规定其反垄断法具有域外效力的情况下，我国也需要采取相对应的措施，以免在国际贸易活动中处于不利的地位。况且，国际社会对反垄断法的国际统一和协调虽已作过努力，但尚未产生，并且预计在短期内也难以产生一个具有正式国际约束力的统一竞争规则。在这种情况下规定国内反垄断法的域外适用，不仅是被迫采取的对等措施，而且可以起到对国际经济贸易中的垄断行为进行管制、维护国际竞争秩序的作用，在一定程度上也可起到促进国际反垄断统一立法的作用。

基于此，在我国反垄断法中规定其域外适用效力几乎是必然的选择。正像德国梅斯特梅克教授所指出的："正是坚持市场开放、防止跨国限制竞争的反限制竞争法规才会出现域外适用的效力，这种效力不取决于立法者对之期望或者不期望、规定或者不规定。因此，也谈不到放弃卡特尔法的域外适用。放弃域外适用，国家就不能对企业的行为制定一个有效的规则。"[③] 在目前国际上建立统一的反垄断法还是一件艰难的事情的情况下，"为了能够在跨国公司限制竞争的活动中保护本国消费者的利益，各国唯一可行的选择就是域外适用本国的反垄断法"[④]。因此，在我国反垄断法中应当明确规定其适用于那些发生在外国但对我国的市场和消费者有着不利影响的限制竞争行为。

---

① 参见《各国反垄断法汇编》，745 页，北京，人民法院出版社，2001。

② 转引自王晓晔：《竞争法研究》，443 页，北京，中国法制出版社，1999。

③ 转引自王晓晔：《竞争法研究》，443 页，北京，中国法制出版社，1999。

④ 王晓晔：《美国反垄断法域外适用析评》，载《安徽大学法律评论》，2002（1）。

这里的问题是，依据什么原则以及如何合理确立我国反垄断法的域外适用问题。这是因为，我国反垄断法在规定其域外适用效力时，既要维护本国的主权和经济利益，也要顾及别国的主权、经济利益和国际经济贸易秩序，尽量避免因片面的、极端的做法而引起不应有的法律冲突。

由于上述部分行为理论和行为归属理论在本质上都是主张依据当事人在本国内实施的垄断行为而行使域外管辖权的，因而依此确认本国反垄断法的域外管辖权应该没有问题。例如，实施垄断行为（如卡特尔协议）的外国当事人中有一部分或者有一方的行为是在中国境内实施的，或者是通过其分支机构在中国境内实施的，就可以依此原则域外适用我国反垄断法去追究那些外国企业或者外国母公司的责任。外国投资者并购中国境内企业就属于此种情形。

由于效果理论是目前许多国家反垄断法中明确规定的或在实际执法中依循的据以确定反垄断法域外适用的主要原则，因而我国在制定反垄断法时明确规定效果原则应该是没有问题的，也是无法避免的。这可以使我国反垄断法与其他采取同样原则的多数国家的反垄断法对等适用，可以使我国在跨国竞争活动中主动采取法律行动，维护国家经济安全和企业的正当权益，同时也有利于在平等协商的基础上与其他国家的竞争执法机构解决双方经贸活动中出现的问题，在有关国际协调中增加谈判筹码和提高自我保护能力。对此，我国《反垄断法》在第 2 条中也规定了我国反垄断法的域外效力，即“中华人民共和国境外的垄断行为，对境内市场竞争产生排除、限制影响的，适用本法”。这是一个明智的和必然的选择。

反垄断法的域外适用包括反垄断行政执法和反垄断司法诉讼两种途径。我国国务院反垄断执法机构可以根据反垄断法的域外效力，适用我国《反垄断法》，对发生在境外但对我国市场具有排除、限制竞争影响的垄断行为进行反垄断执法。同时，我国法院可以受理因垄断行为引发的民事纠纷。当垄断行为发生在我国境外时，反垄断法的域外适用条款为我国法院对涉外反垄断民事诉讼行使管辖权提供了法律依据。根据《民事诉讼法》第 29 条，“因侵权行为提起的诉讼，由侵权行为地或者被告住所地人民法院管辖”。最高人民法院《关于适用〈中华人民共和国民事诉讼法〉的解释》（法释〔2022〕11 号）第 24 条明确，侵权行为地包括侵权行为实施地和侵权结果发生地。因此，境外垄断行为对我国境内产生排除、限制竞争影响的结果发生地可以作为管辖权连结点，该地法院对涉外反垄断民事诉讼具有管辖权。同时，针对境外垄断行为的认定，应当以我国《反垄断法》为准据法。在 OPPO 公司诉西斯威尔国际有限公司滥用市场支配地位纠纷案①中，法院确认了反垄断法的域外适用原则，并且垄断纠纷案件的管辖可以被诉垄断行为产生排除、限制竞争影响的结果地作为管辖连结点。最高人民法院《关于审理因垄断行为引发的民事纠纷案件应用法律若干问题的规定》（法释〔2020〕19 号）第 4 条规定：“垄断民事纠纷案件的地域管辖，根据案件具体情况，依照民事诉讼法及相关司法解释有关侵权纠纷、合同纠纷等的管辖规定确定。”本案中，OPPO 公司注册地址和主要经营场所均在中国，其起诉主张西斯威尔国际有限公司滥用市场支配地位的行为对 OPPO 公司在中国市场产生排除、限制竞争效果并造成经济损失，中国法院对此具有管辖权。

对比，笔者认为，可以考虑将该行为产生“直接的、实质性的且可以合理预见的”限制或者不利影响作为适用的基本要件。其中，“直接的”要求在中国市场上所发生的影响与行为之间有着直接的因果关系；“实质性的”要求对中国市场或中国的竞争或竞争者所产生的影响达到了相当的即“非不重要的”程度；“可以合理预见的”则要求以客观的一般人的标准来衡量是可以合理预见的，而不是以具体的行为人在主观上是否有意图在中国发生效果或以行为主观

---

① 参见最高人民法院（2020）最高法知民辖终 392 号民事裁定书。

上有无预见在中国发生效果为准。同时，在具体执行中要求反垄断执法机构和法院权衡、分析多种相关因素，例如适用我国反垄断法是否会对其他国家的利益造成不合理的损害、我国的利益与其他国家利益的比较等。如果外国所涉及的利益较我国的利益明显重大时，那么我国应当基于“礼让”原则不宜对该案行使管辖权。这种利益衡量原则应作为上述基本要件的补充。这样，就可以比较合理地确定我国对外国企业在我国境外实施的某些限制竞争行为的管辖权，既可使我国的主权和经济利益得到维护，又不容易造成与他国的利益冲突或遭到他国的质疑。

同时，在规定了反垄断法域外效力的情况下，为了使本国的反垄断执法活动能够实际进行，尽量化解各国之间在域外适用领域的冲突和矛盾，就有必要寻求有效的国际合作。目前，反垄断法国际合作的基本特征是双边、区域以及多边层次的合作并存。这三种合作形式各有利弊，可以互相补充、共同存在。在短期内在WTO等多边框架内难以形成有效的国际合作机制的情况下，有针对性地进行双边合作就是一个现实的选择。

案例与思考1

国家工商行政管理总局垄断案件中止调查决定书[①]

2014年3月18日，中央电视台《焦点访谈》栏目报道称，当事人北京盛开体育发展有限公司（以下简称“当事人”）作为2014年巴西世界杯（以下简称“世界杯”）门票的大中华区独家代理商，在门票销售过程中捆绑酒店、参观景点等旅游产品。国家工商行政管理总局依照反垄断工作职责，于2014年3月19日对当事人立案调查。

经查，第20届世界杯足球赛于2014年6月12日至7月13日在巴西举行，国际足联拥有世界杯的所有权利，包括门票的销售权。巴西世界杯门票包括面向公众的普通票和面向高端商旅客户的官方票务计划款待套餐门票（以下简称“款待套餐”）两种。款待套餐包括优等座席，以及泊车服务、餐饮服务、礼品等配套观赛服务。瑞士MATCH HOSPITALITY AG（以下简称“MATCH公司”）被国际足联选定为款待套餐的独家代理机构，负责款待套餐在全球的销售业务。

2011年2月25日，MATCH公司与注册于香港的中国盛开体育国际有限公司（以下简称“中国盛开”）签订代理协议，授权中国盛开独家负责款待套餐在大中华区[中国大陆（内地）、香港、澳门、台湾地区]的销售业务。2011年3月，中国盛开与中国旅行社总社（北京）有限公司（以下简称“中旅北京公司”）签订“2014年巴西世界杯中国区贵宾款待计划”战略合作框架协议，约定双方共同负责款待套餐销售业务，其中，中国盛开负责提供款待套餐，中旅北京公司负责提供巴西当地的酒店住宿、交通以及旅游服务。2011年9月16日，中国盛开委托当事人在中国内地从事款待套餐的相关业务，随后，当事人开始将款待套餐与巴西当地的酒店住宿、交通以及旅游服务作为组合产品对外销售。截至2014年3月19日，当事人共销售组合产品390套，销售款待套餐54张。经调查，当事人虽然销售了54张款待套餐，但并未明示消费者可以单独购买款待套餐，部分工作人员在销售过程中明确向消费者表示不单独出售款待套餐。以上事

① 资料来源：国家工商行政管理总局垄断案件中止调查决定书[工商竞争案字（2014）1号]，见https：//www.samr.gov.cn/fldys/tzgg/xzcf/202204/t20220424 341985.html。

实均有相关证据材料证明。

在本案调查过程中，当事人承认以上事实，认识到其行为对竞争产生了不当影响、剥夺了消费者的选择权，表示要及时整改、消除影响，希望国家工商行政管理总局能够中止调查。2014年5月8日，当事人按照法律规定，向该局提交了“关于要求中止调查的申请书”，表示已开始整改。

2014年5月13日，办案人员对当事人进行了现场检查，经查，其制定了整改措施并已开始落实。5月26日，国家工商行政管理总局约谈了当事人，就其整改措施提出了进一步要求。5月28日，当事人再次向该局提交了“中止调查申请书”，提出下列整改措施：(1) 通过媒体大力宣传世界杯门票销售政策及普通门票和款待套餐的各种购买方式和渠道，让消费者充分了解相关信息；(2) 通过电话或邮件等方式对消费者进行回访，如果已购买酒店住宿、交通、旅游服务的消费者提出不再需要这些服务，将为其退款；(3) 在今后的营销中，推出两种产品供消费者选择：一种是国际足联的款待套餐，另一种是款待套餐加酒店、交通或旅游服务，并在当事人官网上公布；(4) 定期开展法律培训，教育公司全体员工认真学习法律知识，将知法守法作为当事人内部考核的一项重要指标。

当事人表示，如果违反承诺，将愿意承担相应法律责任，接受处罚。国家工商行政管理总局认为，在案件调查过程中，当事人积极配合调查，对问题认识深刻，其提出并积极予以落实的整改措施能够消除和挽回其行为造成的影响，达到了反垄断执法的目标。依据《反垄断法》第45条及《工商行政管理机关查处垄断协议、滥用市场支配地位案件程序规定》第17条、第18条、第19条的规定，国家工商行政管理总局决定：(1) 对本案中止调查；(2) 当事人应分别于2014年6月20日及7月13日，向该局提交履行承诺情况的书面报告；(3) 授权天津市工商行政管理局对当事人在销售款待套餐期限内履行承诺的情况进行监督，若当事人出现违反《反垄断法》第45条第3款及《工商行政管理机关查处垄断协议、滥用市场支配地位案件程序规定》第19条第2款规定的情形，将对本案恢复调查；(4) 若当事人在销售款待套餐期限内履行承诺，将依法对本案终止调查。

由于当事人在规定的时限内履行了整改承诺，未出现法律所规定的恢复调查情形，国家工商行政管理总局于2014年12月24日对本案作出终止调查决定。

本案是我国反垄断执法机构公布的第一个依据《反垄断法》第45条同意被调查的经营者承诺的案件，达到了既维护市场竞争秩序和消费者利益又节约行政执法资源的目的。这对于今后类似案件的处理具有启示意义。

案例与思考2

谷歌收购摩托罗拉移动公司经营者集中案①

2011年8月15日，谷歌宣布以125亿美元收购摩托罗拉移动公司（以下简称“摩

① 资料来源：商务部反垄断局网站，http：//fldj.mofcom.gov.cn/article/ztxx/201205/20120508134324.shtml；http：//fldj.mofcom.gov.cn/article/ztxx/201501/20150100862331.shtml。

托罗拉移动”）。9月30日，商务部收到谷歌收购摩托罗拉移动的经营者集中申报。经审核，商务部认为该申报文件、材料不完备，要求申报方予以补充。11月21日，商务部确认经补充的申报文件、资料符合《反垄断法》第23条的要求，对该项经营者集中申报予以立案并开始初步审查。

根据《反垄断法》及其相关规定，商务部对此项集中涉及的相关市场状况、安卓系统的免费及开源问题、谷歌公平对待终端制造商问题、摩托罗拉移动专利许可问题、市场进入等进行了审查，综合评估了此项集中对相关市场竞争等方面的影响：(1) 在相关市场方面。经调查，商务部认定，移动智能终端和移动智能终端操作系统构成本案的相关商品市场。目前移动智能终端及其操作系统市场具有全球市场的特征，商务部在审查中考虑全球市场的竞争状况的同时，重点考察了中国市场状况。(2) 在相关市场状况方面。移动智能终端市场集中度相对分散，摩托罗拉移动相对于其他竞争者并不具备明显优势，而在移动智能终端操作系统市场，谷歌开发的安卓系统占据73.99%中国市场份额，考虑到安卓系统超高的市场份额、移动智能终端制造商对安卓系统的高度依赖性、谷歌公司雄厚的财力和技术开发能力以及很高的市场进入门槛，商务部认定安卓系统在移动智能终端操作系统市场占据市场支配地位，且该市场支配地位还将在相当一段时间内维持和巩固。(3) 在安卓系统的免费、开源问题方面。目前，安卓系统已经形成完整的生态产业链，移动智能终端制造商、软件开发商、最终用户均对安卓系统形成很强的依赖性，若谷歌在此项集中完成后改变安卓系统目前免费、开源的商业模式，将对相关各方产生重大不利影响。(4) 谷歌公平对待终端制造商问题。此项集中完成后，摩托罗拉移动成为谷歌的全资子公司，谷歌可能给予摩托罗拉移动优于其他移动智能终端操作系统制造商的待遇，这种差别待遇将扭曲该市场的竞争，使摩托罗拉移动之外的其他终端制造商处于不利的竞争地位。(5) 在专利许可方面。谷歌收购摩托罗拉移动的主要目的就是拥有其手机专利，此项集中完成后，谷歌可能借助其在移动智能终端操作系统市场的支配地位，在专利许可中向相对方附加不合理的许可条件，对相关市场的竞争造成损害，并最终损害消费者的利益。(6) 在市场进入方面。安卓系统、塞班系统和苹果iOS系统占据了97%以上的市场份额，此项集中无论对市场的边缘竞争者还是新进入者，它们都将面临极高的进入门槛，在可预期的未来，市场进入难以减轻或消除上述排除、限制竞争效果。

在审查期间，商务部向谷歌指出了此项集中将产生的排除、限制竞争效果，并就如何解决上述竞争问题进行了多轮商谈。2012年5月15日，谷歌向商务部提交了解决竞争问题的最终承诺。2012年5月19日，商务部发布2012年第25号公告，附条件批准谷歌收购摩托罗拉移动，要求谷歌履行如下义务：(1) 谷歌将在免费和开放的基础上许可安卓平台，与目前的商业做法一致；(2) 谷歌应当在安卓平台方面以非歧视的方式对待所有原始设备制造商；(3) 本次交易后，谷歌应当继续遵守摩托罗拉移动在摩托罗拉移动专利方面现有的公平、合理和非歧视（FRAND）义务；(4) 根据商务部《关于实施经营者集中资产或业务剥离的暂行规定》，谷歌委托独立的监督受托人对谷歌履行上述义务的情况进行监督。根据公告要求，第1项和第2项义务自商务部决定之日起5年内有效。如果市场状况或市场竞争发生变化，则谷歌可以向商务部申请变更或解除上述两项义务。如果谷歌不再控制摩托罗拉移动，则上述两项义务失效。

2014年1月29日，联想和谷歌签署“收购协议”，联想收购谷歌持有的摩托罗拉移动100%股权。3月26日，商务部收到联想收购摩托罗拉移动经营者集中反垄断申报。谷歌出售摩托罗拉移动100%股权后，不再生产智能移动设备，但保留摩托罗拉移动的通信技术专利。10月16日，商务部作出不予禁止联想收购谷歌持有的摩托罗拉移动100%股权案的审查决定。10月30日，联想发布公告称已完成对摩托罗拉移动的收购。基于上述事实，商务部于2015年1月6日发布2015年第2号公告，决定同意谷歌申请，确认商务部2012年第25号公告第二项义务解除，其余内容继续有效。

尽管本案中的并购交易发生在两个美国公司之间，但仍需要向美国以外的国家的反垄断执法机构申报，体现了反垄断法域外适用的问题。谷歌并购摩托罗拉移动公司案获得美国、欧盟等的反垄断执法机构无条件批准；而商务部在批准这一并购案时附加了条件，以5年为期是考虑到互联网是个飞速发展的行业，5年之后这一市场的竞争状况可能会发生很大变化。正是基于市场环境的变化，2015年1月6日商务部解除了该附加条件中的第2项内容。

思考题

1. 试析我国的反垄断执法体制。
2. 试析我国《反垄断法》规定的程序制度与一般行政程序制度的关系。
3. 我国《反垄断法》规定的非正式的协商和解程序有什么意义？
4. 试析我国《反垄断法》所规定的行政责任制度。
5. 如何理解和适用我国《反垄断法》规定的民事责任制度？
6. 我国反垄断法的域外适用制度在实施中应当注意哪些问题？

《　　　　　》※任课教师调查问卷

为了能更好地为您提供优秀的教材及良好的服务，也为了进一步提高我社法学教材出版的质量，希望您能协助我们完成本次小问卷，完成后您可以在我社网站中选择与您教学相关的 1 本教材作为今后的备选教材，我们会及时为您邮寄送达！如果您不方便邮寄，也可以申请加入我社的**法学教师 QQ 群：436438859（申请时请注明法学教师）**，然后下载本问卷填写，并发往我们指定的邮箱（cruplaw@163.com）。

邮寄地址：北京市海淀区中关村大街 31 号中国人民大学出版社 806 室收

邮　　编：100080

再次感谢您在百忙中抽出时间为我们填写这份调查问卷，您的举手之劳，将使我们获益匪浅！

基本信息及联系方式：※

姓名：______________ 性别：______________ 课程：______________________________

任教学校：______________________________ 院系（所）：__________________________

邮寄地址：______________________________ 邮编：______________________________

电话（办公）：______________ 手机：______________ 电子邮件：____________________

调查问卷：※

1. 您认为图书的哪类特性对您选用教材最有影响力？（　　）（可多选，按重要性排序）

   A. 各级规划教材、获奖教材　　B. 知名作者教材

   C. 完善的配套资源　　D. 自编教材

   E. 行政命令

2. 在教材配套资源中，您最需要哪些？（　　）（可多选，按重要性排序）

   A. 电子教案　　B. 教学案例

   C. 教学视频　　D. 配套习题、模拟试卷

3. 您对于本书的评价如何？（　　）

   A. 该书目前仍符合教学要求，表现不错将继续采用

   B. 该书的配套资源需要改进，才会继续使用

   C. 该书需要在内容或实例更新再版后才能满足我的教学，才会继续使用

   D. 该书与同类教材差距很大，不准备继续采用了

4. 从您的教学出发，谈谈对本书的改进建议：______________________________________

____

____

选题征集：如果您有好的选题或出版需求，欢迎您联系我们：

联系人：黄　强　吴静雨　联系电话：010-62515955/5727

索取样书：书名：____

书号：____

备注：※ 为必填项。